Andalusien

Susanne Lipps und Oliver Breda
mit Beiträgen von Hans-Peter Burmeister

DUMONT RICHTIG REISEN

Inhalt

Wissenswertes über Andalusien

Andalusien: Lebensfreude, Kultur und Natur 12
Steckbrief Andalusien 14

Natur und Umwelt 16
Daten aus der Erdgeschichte 16
Mittelmeerflora 17
Tierwelt 22
Naturschutz 23

Wirtschaft 25
Handel und Tourismus 25
Industrie 25
Bauwirtschaft 26
Landwirtschaft 26
Wasser 26
Olivenöl 27
Viehzucht 28
Fischerei 28
Der Süden bricht auf 28

Geschichte 29
Frühe Kulturen 29
Das römische Baetica 29
Westgoten 30
Mauren 30
Nach der christlichen Rückeroberung 32
Habsburger und Bourbonen 32
Der Weg ins 20. Jh. 32
Bürgerkrieg und Diktatur 34
Demokratie 34
Zeittafel 36

Gesellschaft und Alltagskultur 38
Lebensweise 38
Bevölkerung 39
Religion 40
Feste 43

Architektur, Kunst und Kultur 48
Von Römern und Westgoten 48
Maurische Architektur 48

Von der Gotik zur Renaissance 49
Barock 51
Malerei des Goldenen Zeitalters 51
Weiße Dörfer 52
Kulturbetrieb bis zur Gegenwart 52

Essen und Trinken 54
Speiselokale 54
Andalusische Spezialitäten 55
Kulinarisches Lexikon 58

Wissenswertes für die Reise

Informationsquellen 62
Reise- und Routenplanung 64
Anreise und Verkehr 69
Unterkunft 74
Sport- und Aktivurlaub 77
Einkaufen 81
Ausgehen 82
Gut zu wissen 83
Reisekasse und Reisebudget 84
Reisezeit und Reiseausrüstung 85
Gesundheit und Sicherheit 86
Kommunikation 87
Sprachführer 88

Unterwegs in Andalusien

Kapitel 1 Westlich von Málaga

Auf einen Blick: Westlich von Málaga 94
Die klassische Costa del Sol 96
Málaga 96
Richtig Reisen-Tipp: Jardín de la Concepción –
Ein Garten bei Málaga 105
Torremolinos 106
Benalmádena 107
Fuengirola 109
Mijas 110

Inhalt

Marbella 111
Richtig Reisen-Tipp: Exkursion zu drei archäologischen Stätten 115
Benahavís 116
Sierra Blanca und Sierra de las Nieves 116
Estepona 118
Im Osten von Los Alcornocales 120
Gibraltar 126
Algeciras 132

Antequera, Ronda und weiße Dörfer 134
Antequera 134
Richtig Reisen-Tipp: Paraje Natural El Torcal 136
Archidona 138
Garganta del Chorro 139
Fuente de Piedra 140
Richtig Reisen-Tipp: Laguna de Fuente Piedra – Flamingos in freier Wildbahn 141
Ronda 141
Cueva de la Pileta 151
Ronda la Vieja 151
Die weißen Dörfer 152
Richtig Reisen-Tipp: Parque Natural Sierra de Grazalema 153

Kapitel 2 Atlantikküste

Auf einen Blick: Atlantikküste 164
Südliche Costa de la Luz 166
Tarifa 166
Richtig Reisen-Tipp: Ausflug nach Marokko 168
Bolonia 170
Zahara de los Atunes 172
Barbate 172
Caños de Meca 173
Durch das Hinterland der südlichen Costa de la Luz 175
Richtig Reisen-Tipp: Bergbesteigungen im Parque Natural de Los Alcornocales 178
Conil de la Frontera 180
Novo Sancti Petri 183
Sancti Petri 185
Richtig Reisen-Tipp: Minikreuzfahrten ab Sancti Petri 185

Cádiz und das Sherrydreieck 186
Cádiz 186
Richtig Reisen-Tipp: Museo de Cádiz 190
San Fernando 196
El Puerto de Santa María 196
Jerez de la Frontera 199
Richtig Reisen-Tipp: Bodega-Besichtigung in Jerez 206
Sanlúcar de Barrameda 207
Die Küste des Sherrydreiecks 210

Nördliche Costa de la Luz 212
Huelva und die Kolumbusroute 212
Mazagón 219
Matalascañas 219
Parque Nacional de Doñana 220
Richtig Reisen-Tipp: Entdeckertour im Parque Nacional 221
Richtig Reisen-Tipp: Bodegones in Bollullos Par del Condado 222
El Rocío 223
El Rompido 226
Die Küste von Lepe 226
Isla Cristina 227
Ayamonte 228
Richtig Reisen-Tipp: Abstecher nach Portugal 230
Minas de Riotinto 230
Durch die Sierra de Aracena 232

Kapitel 3 Städte und Landschaften am Guadalquivir

Auf einen Blick: Städte und Landschaften am Guadalqivir 240
Sevilla 242
Ein Blick in die Geschichte Sevillas 242
Catedral Santa María 243
Richtig Reisen-Tipp: Semana Santa in Sevilla 250
Real Alcázar 251
Centro 253
Barrio de Santa Cruz 255
Guadalquivir und El Arenal 255
La Macarena 259
Jenseits des Guadalquivir 260
Richtig Reisen-Tipp: Tapear – Tapas essen in Sevilla 263

Inhalt

Die Umgebung von Sevilla 268
Itálica 268
Carmona 271
Durch die Campiña 273
Richtig Reisen-Tipp: Wanderung zur Ruinenstadt Munigua 277
Parque Natural Sierra Norte de Sevilla 278

Córdoba 280
Ein Blick in die Geschichte 280
La Mezquita/Catedral 281
Am Guadalquivir 286
Westlich der Mezquita 287
Östlich der Mezquita 288
Richtig Reisen-Tipp: Die Patios in Córdoba 289
Centro und nördliche Stadtteile 291

Sierra de Córdoba und Sierras Subbéticas 296
Zur Sierra de Córdoba 296
Durch die Sierras Subbéticas 298
Richtig Reisen-Tipp: Radwandern auf der Vía Verde La Subbética 302
Im Parque Natural de las Sierras Subbéticas 303
Priego de Córdoba 303

Jaén und Umgebung 305
Jaén 305
Baeza 311
Úbeda 316
Durch die Sierra de Cazorla 320
Richtig Reisen-Tipp: Wanderungen am Río Borosa 324

Kapitel 4 Granada, Almería und Küsten

Auf einen Blick: Granada, Almería und Küsten 328
Granada und die Alhambra 330
Granada 330
Ein Blick in die Geschichte Granadas 330
Alhambra 332
Centro 340
Albaicín und Umgebung 342
Sacromonte 345
Westliche Stadtteile 345
Realejo und Antequeruela 346

Die Umgebung von Granada 351
Vega de Granada 351
Alhama de Granada 353
In die Sierra Nevada 354
Durch die Alpujarra 356
Guadix 362
Von Guadix zur Küste 363

Costa Tropical und die Axarquía 366
Zwischen Adra und Motril 366
Salobreña 366
Almuñécar 369
La Herradura 369
Nerja 370
Richtig Reisen-Tipp: Strände an den Acantilados de Maro 371
Frigiliana 373
Torrox 374
Durch die Axarquía 376
Abstecher nach Almáchar und Comares 380
Vélez-Málaga 381
Torre del Mar 382
Cueva del Tesoro 382
Richtig Reisen-Tipp: In den Parque Natural Montes de Málaga 384

Almería und Umgebung 385
Almería 385
Richtig Reisen-Tipp: Die Alcazaba von Almería 390
Aguadulce 392
Roquetas de Mar 392
Paraje-Reserva Natural Punta Entinas – Sabinar 393
Almerimar 393
Los Millares 393
Desierto de Tabernas 394
Sorbas 395
Níjar 396
Durch den Parque Natural Cabo de Gata-Níjar 396
Richtig Reisen-Tipp: Naturstrände bei San José 400
Mojácar 402
Sierra María 404

Register 408

Abbildungsnachweis/Impressum 432

Inhalt

Themen

Andalusische Orchideen	19
Die Katholischen Könige	31
Stierkampf	42
Flamenco	45
Gärten – Abbilder des Paradieses	50
Pablo Picasso	101
Los Bandoleros – Räuber in den Bergen	146
Würzsoße der Römer	171
Sherry – Tradition und Zukunft	204
Christoph Kolumbus in Stichworten	216
Via Augusta – die alte Römerstraße	270
Maimonides und Ibn Ruschd	290
Wie funktionierten maurische Bäder?	308
Tropisches Obst	368
Von Adlern und Geiern – Andalusiens Greifvögel	405

Alle Karten auf einen Blick

Westlich von Málaga, Überblick 94
Málaga: Cityplan 98
Im Osten von Los Alcornocales 121
Ronda: Cityplan 143
Sierra Grazalema 153

Atlantikküste, Überblick 164
Cádiz: Cityplan 188/189
Jerez de la Frontera: Cityplan 202/203

Städte und Landschaften am Guadalquivir, Überblick 240/241
Sevilla: Cityplan 244/245
Real Alcázar 252
Córdoba: Cityplan 282/283
La Mezquita: Grundriss 284
Sierras Subbeticas 300
Jaén: Cityplan 310
Baeza: Cityplan 313
Úbeda: Cityplan 317
Sierra de Cazorla 321
Wanderung am Río Borosa 324

Granada, Almería und Küsten, Überblick 328
Alhambra: Grundriss 332/333
Granada: Cityplan 338/339
Alpujarra 357
Axarquía 377
Almería: Cityplan 388/389
Alcazaba: Grundriss 390
Cabo de Gata 401

Reiseatlas Andalusien 416

Pferde gehören zu Andalusien wie Flamenco und Tapas: Reiter in Medina Sidonia

Wissenswertes über Andalusien

Lebensfreude, Kultur und Natur

Ewige Sonne, blühende Natur, Flamenco, Stierkampf und das faszinierende Erbe der Mauren sind in unserer Vorstellung mit dem Namen Andalusien verbunden. Die Region im Süden Spaniens beschwört exotische Bilder und Klänge herauf wie kaum ein anderes Reiseziel in Europa.

Andalusien ist ein wunderbares Land, in dem selbst Bekanntes und millionenfach Besuchtes reizvoll geblieben sind, ganz zu schweigen von zahlreichen unentdeckten Landschaften, Plätzen und Orten. Die Region steckt voller Gegensätze, an denen der Reisende teilhaben kann.

Jede Jahreszeit zeigt ein anderes Bild. Das Frühjahr ist die Zeit der geheimnisvollen Osterprozessionen, aber auch der rauschenden *fiestas.* Blühende Wiesen laden zu Spaziergängen oder ausgedehnten Wanderungen ein, Strände zu Ausritten, Pinienwälder zu Radtouren. Die sommerliche Hitze dörrt die Landschaft aus, doch schattige, arabisch anmutende Gärten, in denen Brunnen plätschern, spenden Bewohnern und Besuchern erholsame Frische. Oder aber man sucht Abkühlung beim Wassersport. Erst nachts, wenn sich Strandkneipen und Tapas-Bars mit Menschen füllen, scheint in den heißen Monaten das Land zum Leben zu erwachen. Bis weit in den Herbst hinein ist das Meer warm genug zum Baden. Dann bietet es sich an, die engen Gassen und stillen Winkel der weißen Dörfer zu durchstreifen, strenge mittelalterliche Burgen zu erkunden und hoch über bizarren Gebirgen den Flug von Adler und Geier zu verfolgen. Eine stille Zeit ist der Winter. Dann lassen sich die Kulturschätze der Städte in Ruhe, ohne den großen Touristenrummel, genießen. Einen Zufluchtsort für alle, die der mitteleuropäischen Kälte entfliehen wollen, bilden die Küsten mit ihrem milden Klima.

Geschichtsträchtig und modern zugleich sind die Großen Drei: Sevilla mit einer der größten Kathedralen der katholischen Welt und malerischen Winkeln, Córdoba mit der Säulenhalle der Mezquita und farbenfrohen *patios,* Granada mit der berühmten, märchenhaften Alhambra, der ehemaligen arabischen Königsburg. Römer und Mauren sowie Christen haben ihre Spuren aber auch in vielen anderen andalusischen Städten hinterlassen, die manches architektonische Kleinod bergen. Von phönizischen Seefahrern gegründet, ist Cádiz gar die älteste Stadt Europas. Jerez de la Frontera steht für Wein und Pferde, die in der Hofreitschule ihre Dressurkünste zeigen. Beide sind wie Sevilla und Granada Hochburgen des Flamenco. Als Geburtsstadt von Pablo Picasso punktet Málaga mit einem Museum, das sich dem Künstler widmet, sowie mit üppigen tropischen Parks. Stilvoll im klassisch spanischen Sinn ist Almería, unverfälscht präsentieren sich die Renaissancestädte Baeza und Úbeda. Das pittoreske Ronda beansprucht für sich, den Stierkampf in der heutigen Form erfunden zu haben. Allen gemeinsam ist ein mediterraner Lebensstil, der sich oft auf angenehme Weise zeigt.

Andalusien ist ein bergiges Land. In der Sierra Nevada ragen die höchsten Gipfel der Iberischen Halbinsel auf, monatelang sind sie von Schnee bedeckt. Andere Sierras haben eher Mittelgebirgscharakter, sind aber immer ebenfalls schroff und karg oder von dichten

Urwäldern bedeckt. In der Sierra de Cazorla gedeihen knorrige Kiefern zwischen Wasserfällen und Bergseen, in der Sierra de Grazalema liegen die dunklen Wälder der letzten Igeltannen. Immer wieder gibt es prähistorische Dolmen oder auch Tropfsteinhöhlen voller Fledermäuse und steinzeitlicher Felskunst zu besichtigen. Dazwischen eingestreut leuchten die weißen Dörfer mit ihren hell gekalkten Häusern und labyrinthartigen, auf die Mauren zurückgehenden Straßenzügen. Einige besitzen lieblichen Charakter, mit Plätzen, auf denen die Cafés ihre Tische unter Orangenbäume stellen. Andere bestechen durch ihre Ursprünglichkeit. Große Teile der Gebirge stehen als Natur- oder Nationalparks unter Schutz. Hier leben Wildtiere wie Luchs oder Steinbock, die andernorts fast verschwunden sind.

Die Küsten

Am Mittelmeer sind die Winter milder, die Sommer heißer. In besonderem Maße gilt dies für die Costa del Sol, ein klassisches Touristenziel seit Jahrzehnten, mit dem Nobelferienort Marbella, der Einkaufsvergnügen und viel Flair bietet. Unberührter zeigen sich Teile des Hinterlands mit romantischen Dörfern und fruchtbaren Tälern. Ebenso die östlich angrenzende Costa Tropical und die in Teilen fast wüstenhafte Costa de Almería mit dem Vulkangebiet am Cabo de Gata. Noch recht jung ist der Tourismus an der Atlantikküste, der Costa de la Luz. Sie wird für ihr ganz besonderes Licht gerühmt, aber auch für die kilometerlangen, naturbelassenen Sandstrände, an denen sich Surfer tummeln. Dahinter dehnen sich vielfach Pinienwälder, Dünen und sumpfiges Marschenland aus, in dem zahlreiche Zugvögel rasten, speziell in dem riesigen ehemaligen Jagdgebiet Doñana, heute Spaniens wohl berühmtester Nationalpark, in den abenteuerliche Jeep- und Flussschifffahrten führen. Andernorts gedeihen Weinreben, die in etlichen Bodegas im sogenannten Sherrydreieck zu dem viel gerühmten gleichnamigen Tropfen verarbeitet werden. In Palos de la Frontera startete Kolumbus zu seiner ersten Atlantiküberquerung, überall wandelt man dort auf den Spuren des Entdeckers. Ausflüge in die kuriose britische Enklave Gibraltar, ins Andalusien ähnliche und doch so andere Nachbarland Portugal oder per Schnellfähre ins nahe Marokko komplettieren das Angebot.

Küste in der Provinz Almería

Steckbrief Andalusien

Daten und Fakten

Name: Andalucía. Leitet sich von *landahlauts* (= landlos) ab, so hießen die Vandalen in gotischer Sprache. Unter den Mauren wurde daraus Al-Andalus, damals noch als Name für den gesamten von ihnen beherrschten Teil Spaniens.

Fläche: 87 595 km^2. Andalusien ist damit nach Kastilien-León die zweitgrößte Autonome Region Spaniens (17,3 % der Landesfläche).
Hauptstadt: Sevilla
Amtssprache: Spanisch (Kastilisch)

Einwohner: 7 975 000
Bevölkerungswachstum: 1,6 %
Lebenserwartung: Frauen 81 Jahre, Männer 74 Jahre
Zeitzone: MEZ, im Sommer MESZ

Landesvorwahl: 0034
Internet-Kennung: .es

Landesflagge: Die ›Versammlung von Ronda‹ schuf 1918 die grün-weiß-grüne Flagge, um Andalusien eine eigene Identität innerhalb des spanischen Staates zu geben. Die Farben gehen auf die maurischen Dynastien der Omajaden (grün) und Almohaden (weiß) zurück.

Geografie

Andalusien liegt an der Südwestspitze des europäischen Kontinents. Afrika ist an der schmalsten Stelle der Straße von Gibraltar nur 14 km entfernt. Im Westen sind Río Guadiana und Río Chanza Grenzflüsse zu Portugal. Die über 1300 m hohe Sierra Morena trennt Andalusien im Norden von der Kastilischen Hochebene mit den Regionen Extremadura und Kastilien-La Mancha. Südlich der Sierra Morena fließt der wichtigste Fluss Andalusiens, der Guadalquivir. Noch weiter südlich bedecken die Bergketten der Sierras Béticas (Betische Kordillere) fast zwei Drittel der Fläche Andalusiens. Zu den Sierras Béticas gehört auch das höchste Gebirge der Iberischen Halbinsel, die Sierra Nevada, die im Mulhacén (3482 m) gipfelt. Der schmale Küstenstreifen am Mittelmeer heißt in der Provinz Málaga Costa del Sol, in der Provinz Granada Costa Tropical. Im Hinterland der flacheren Costa de Almería gibt es wüstenähnliche Landschaften. Im Osten grenzt die Provinz Almería an die Region Valencia. Die Westküste Andalusiens (Costa de la Luz) liegt am Atlantik. Dieses Gebiet wird vom flachen Mündungsgebiet des Guadalquivir dominiert.

Geschichte

Aus der Steinzeit sind in Andalusien 20 000 Jahre alte Höhlenmalereien bezeugt, ab 2500 v. Chr. entstanden Megalithbauten. Um 1100 v. Chr. gründeten Phönizier Cádiz, später errichteten die Karthager Handelsniederlassungen. Rom eroberte 206 v. Chr. Andalusien. Im 5. Jh. n. Chr. übernahmen die

Westgoten die Herrschaft. 711 begann die arabische Epoche. Ab 1230 eroberte das christliche Kastilien einen Großteil Andalusiens. Nur Granada blieb bis 1492 ein maurisches Königreich. Im selben Jahr entdeckte Kolumbus Amerika. Sevilla und ab 1717 Cádiz erhielten das Monopol auf den Amerikahandel. 1898 verlor Spanien seine letzten Kolonien. Während des Spanischen Bürgerkriegs (1936–1939) stand Andalusien unter der Herrschaft der Anhänger Francos. Nach Beendigung der Franco-Diktatur 1975/76 führte der heutige König von Spanien – Juan Carlos I. – das Land in die Demokratie.

Staat und Politik

1981 erhielt Andalusien den Status einer Autonomen Gemeinschaft. Seither verwaltet es sich selbstständig, ähnlich wie die deutschen Bundesländer. Hauptstadt und Sitz der Regierung *(Junta de Andalucía)* ist Sevilla. Alle vier Jahre wird das Parlament mit 109 Mitgliedern gewählt. Dieses wiederum wählt den Präsidenten Andalusiens, der zugleich Regierungschef ist. Ihm steht ein Regierungsrat *(Consejo de Gobierno)* mit 13 Mitgliedern zur Seite, den Leitern der verschiedenen Behörden.

Andalusien wird traditionell von der PSOE *(Partido Socialista Obrero Español)* regiert. Als sozialistische Arbeiterpartei gegründet, ist sie heute eine sozialdemokratische Partei. Zurzeit regiert sie auch in Madrid. In Andalusien musste die PSOE vier Jahre lang mit der Regionalpartei *Partido Andalucista* koalieren. Doch 2004 eroberte Regierungschef Manuel Chaves die absolute Mehrheit zurück. In der Opposition befindet sich die christlich-konservative PP *(Partido Popular)*.

Die 17 Autonomen Gemeinschaften Spaniens setzen sich aus Provinzen zusammen. Jede wird von einer Abordnung *(Diputación)* verwaltet. In Andalusien gibt es acht Provinzen: Málaga, Cádiz, Huelva, Sevilla, Córdoba, Jaén, Granada und Almería. Kleinste Verwaltungseinheit ist die Gemeinde *(Municipio)*.

Eine britische Enklave auf andalusischem Boden ist Gibraltar.

Wirtschaft und Tourismus

Tragende Kraft der Wirtschaft ist mit 68 % der Dienstleistungssektor. Knapp 63 % der arbeitenden Bevölkerung sind in diesem Bereich tätig, wobei der Handel vor dem Tourismus rangiert. Die Anteile von Gewerbe/Industrie und Bauwirtschaft betragen ca. 13 bzw. 11 %. Landwirtschaft und Fischfang, einst wichtige Erwerbszweige in Andalusien, haben stark abgenommen. Hier sind nur noch 10,5 % der Beschäftigten tätig, der Anteil am Bruttoinlandsprodukt beträgt 8,6 %.

Pro Kopf beträgt das BIP rund 13 000 € im Jahr (Gesamtspanien ca. 18 000 €). Ein Privathaushalt hat netto ca. 600–1200 € im Monat zur Verfügung. Die Arbeitslosenquote liegt mit 19,6 % weit über dem spanischen Durchschnitt (11,4 %). Rund 20 Mio. Touristen besuchen jedes Jahr Andalusien, vor allem Spanier, Briten und Deutsche.

Bevölkerung und Religion

Die Bevölkerungsdichte in Andalusien liegt mit 92 Einw./km^2 etwa im spanischen Durchschnitt. Die meisten Menschen leben in den großen Städten und an den Küsten. Von den insgesamt 7 975 000 Einwohnern sind 420 000 zugewandert. Der Ausländeranteil beträgt damit ca. 5,3 %. Ein Großteil der Migranten kommt aus Afrika oder Lateinamerika. Etwa 18 000 Deutsche und 64 000 Engländer sind offiziell in Andalusien gemeldet, die meisten an der Costa del Sol.

Knapp 93 % der andalusischen Bevölkerung sind Katholiken, je knapp 3 % Protestanten und Muslime.

Natur und Umwelt

Viele Urlauber kommen wegen der Natur nach Andalusien. Über den Gipfeln der schroffen Bergzüge kreisen Adler und Geier. Auf Almwiesen und in dichten Wäldern leben Steinbock, Luchs, Wildkatze und Fischotter. An den Küsten wechseln Dünenstrände mit Sumpfgebieten und wüstenhaften Landschaften ab. Naturschutz wird in etlichen National- und Naturparks großgeschrieben.

Daten aus der Erdgeschichte

Geologisch ältester Bereich Andalusiens ist die **Sierra Morena,** ein Gebirgszug, der sich an der Nordgrenze des Landes über eine Länge von über 400 km erstreckt. Vor rund 280 Mio. Jahren wurde sie gefaltet und über den Meeresspiegel herausgehoben. Diesem Prozess war seit dem Erdaltertum (vor ca. 420 Mio. Jahren) die Ablagerung gewaltiger Sedimentschichten am Grund eines früher vorhandenen Meeres vorangegangen. Sie unterlagen zunächst der kaledonischen Gebirgsbildung, bei der sie durch tektonischen Druck in Schiefer und Quarzite verwandelt wurden. In Gesteinsgängen sonderten sich Metallerze ab: Eisen- und Kupferpyrite, Blei, Gold und Silber. Daher rührt der seit der Antike legendäre Reichtum an Bodenschätzen der Sierra Morena. Erosive Kräfte wirken schon seit langem an dem Gebirge und schufen im Wesentlichen ein Relief mit sanften, abgerundeten Formen. Im östlichen Teil gipfelt die Sierra Morena in Höhen über 1300 m, während sie in ihrem Westteil, der Sierra de Aracena, nur noch maximal 959 m erreicht.

Vor rund 200 Mio. Jahren, in der Trias, dem ersten Abschnitt des Erdmittelalters, öffnete sich durch das Auseinanderdriften des europäischen und des afrikanischen Kontinents ein Vorläufer des Mittelmeers, die sogenannte Tethys. In ihren Becken lagerten sich während des gesamten Erdmittelalters, das bis vor etwa 65 Mio. Jahren andauerte, bis zu 2000 m mächtige Sedimente ab.

In der Erdneuzeit kam es wiederum zu gewaltigen Umbrüchen in der westlichen Mittelmeerregion. Die Kontinentalplatten Afrikas und Europas drifteten aufeinander zu, wodurch die Tethys – einst fünfmal so groß wie das heutige Mittelmeer – immer schmaler wurde. Durch den Schub warfen sich die Sedimentpakete zu Faltengebirgen auf (Alpen, Pyrenäen u. a.). Auch die **Sierras Béticas** (Betische Kordillere) entstanden auf diese Weise. Dabei handelt es sich um einen Oberbegriff für eine rund 500 km lange Reihe von Gebirgszügen: Sierra de Grazalema (1654 m), Sierra de las Nieves (1918 m), Sierra Nevada (3482 m), Sierra de Cazorla (2107 m) u. a. Diese begrenzen – von Spaniens Südspitze ausgehend – die andalusische Mittelmeerküste. Einst hatten sie ihre Fortsetzung im marokkanischen Rifgebirge, bis sich vor etwa 5 Mio. Jahren durch tektonische Absenkung die Straße von Gibraltar bildete. Die Faltungs- und Hebungsprozesse der sogenannten alpidischen Gebirgsbildung begannen in Andalusien vor etwa 26 Mio. Jahren und endeten vor rund 2 Mio. Jahren. In ihrem Verlauf gelangten vor allem Sedimentgesteine der Trias (Buntsandstein, Muschelkalk), des Jura und der Kreide an die Oberfläche. Teile der Sierra Morena wurden in diese Phase einbezogen, daher gibt es dort örtlich Vorkommen von Trias- und Miozänkalken. Die Sierras Béticas bauen sich größtenteils aus Trias- und Jurakalken auf. In Los Alcornocales stehen silikatreiche Sandsteine der Trias an. Im zentralen Teil der Sierra Nevada herrschen Granite und kristalline Schiefer vor, die in großen Tiefen entstanden und im Verlauf der Gebirgsbildung gehoben wurden. Auch der Vulkanismus am Cabo de Gata steht mit diesen Vorgängen in Verbindung.

Sowohl in der Sierra Morena als auch in den Sierras Béticas gibt es attraktive **Tropfsteinhöhlen** (Gruta de las Maravillas in Aracena, Cueva de Nerja u. a.). Sie verdanken ihre Entstehung Verkarstungsprozessen durch Regenwasser in Kalkgestein, die sich vorwiegend während der letzten Eiszeit abspielten. Seit diese vor etwa 10 000 Jahren zu Ende ging und das Klima wärmer und trockener wurde, geht die Verkarstung deutlich langsamer vonstatten. Viele Tropfsteinhöhlen zeichnen sich nicht nur durch bizarre Stalagmiten und Stalaktiten aus, sondern auch durch Felsritzungen und Malereien, die Menschen der Steinzeit an ihren Wänden anbrachten. Karsterscheinungen ist auch die Ausbildung des bizarren Steingartens von El Torcal zuzuschreiben.

Zwischen der Sierra Morena und den Sierras Béticas bildete sich eine Senke, die über Jahrmillionen hinweg einen Meeresarm darstellte und wohl auch für längere Zeit die einzige Verbindung zwischen Atlantik und Mittelmeer war. Dort lagerte sich Erosionsmaterial aus den Bergen ab (Sande, Tone und Mergel). Später wurde das Gebiet tektonisch über den Meeresspiegel hinausgehoben. So entstand das **Guadalquivirbecken** mit seinem fruchtbaren Boden, auf dem intensiv Landwirtschaft betrieben wird.

Mittelmeerflora

Andalusien besitzt großenteils ein mediterranes Klima mit trocken-heißen Sommern und milden, niederschlagsreichen Wintern. Dies gilt in etwas abgeschwächter Form auch für die Atlantikküste. Die Vegetation hat sich auf diese Bedingungen eingestellt. So sind die meisten Pflanzen immergrün. Da es in den Monaten Mai bis September oft wochenlang nicht regnet, schützen Hartlaubgewächse ihre Blätter durch eine ledrige Oberfläche vor Verdunstung. Andere Pflanzen verringern die wasserverdunstende Oberfläche, indem sie nadel- oder dornenförmige Blätter ausbilden. Sukkulenten sammeln das lebensnotwendige Nass in verdickten Blättern, Stängeln oder Wurzeln. Manche Arten überstehen die Trockenzeit als Zwiebeln oder Knollen, die nach den ersten Regenfällen im Herbst wieder austreiben. Auch der für Mittelmeerpflanzen charakteristische Duft, hervorgerufen durch ätherische Öle, stellt eine Art Schutzschirm dar, der die Sonneneinstrahlung mindert.

Die Hauptblüte entfaltet sich im Frühjahr in den Monaten März bis Mai. Ab Ende September kommt es zu einer zweiten, nicht ganz so prachtvollen Blütezeit. In den Wintermonaten gibt es blühende Pflanzen nur in den Küstengebieten zu sehen.

In den Gebirgen wird das vorherrschende Mittelmeerklima durch den Einfluss der Höhenlage abgewandelt. Große klimatische Unterschiede bestehen auch zwischen Luv- und Leeseite der Gebirgszüge. Feuchte Luftmassen, die vom Atlantik herbeiziehen, steigen an den Westseiten der Gebirge auf, führen zu Wolkenbildung und Niederschlägen. Dementsprechend entwickelt sich eine weitaus üppigere Vegetation als an den Ost- und Südostabhängen, wo die Luft als warmer, trockener Fallwind hinabfällt. Letzteres betrifft vor allem die andalusische Mittelmeerküste, die landeinwärts komplett durch Gebirge abgeschirmt wird. So wird das Klima im Gebiet von Almería sogar als semiarid eingestuft, die Verhältnisse entsprechen also denjenigen in einer Halbwüste.

Die Küsten

Nicht zuletzt die ausgezeichneten Sandstrände machen die andalusischen Küsten als Urlaubsziel beliebt. An vielen Stellen besteht der Sand aus den erodierten Kalkgesteinen der Gebirge, denen er seine Feinheit und besonders helle Farbe verdankt. Andernorts handelt es sich um durch die Brandung zerriebene Schalen von Meerestieren (Muscheln, Schnecken). Hinter den langen Sandstränden der Costa de la Luz, in geringerem Ausmaß aber auch am Cabo de Gata sind natürliche Dünengebiete erhalten geblieben (z. B. bei Tarifa oder bei Matalascañas). Die Pflanzen müssen hier im Sommer mit besonders starker Austrocknung zurechtkommen. Hinzu kommt die ständige Überwehung mit Sand. Dennoch gedeiht eine artenreiche Flora, deren attraktivste Vertreter die Stranddistel und die Dünen-Trichternarzisse sind. Landeinwärts verzahnen sich die Dünen oft mit Pinienwäldern, z. B. im Nationalpark Doñana. Von Natur aus ersticken wandernde Dünen immer wieder Bäume, die aber im nächsten Dünental erneut Fuß fassen. Dieser Prozess ist durch Festlegung der Dünen heute vielerorts gestoppt. Im Unterholz des Pinienwaldes gedeihen Wildorchideen (Knabenkräuter, Ragwurz u. a.).

Die **Felsküste** ist durch Brandung und Wind oft einem salzhaltigen Sprühnebel ausgesetzt. Pflanzen, die unmittelbar am Meeressaum wachsen, besitzen daher dickfleischige Blätter, um sich gegen den durch das Salz verursachten Wasserverlust zu schützen. Am bekanntesten ist der Meerfenchel, dessen eingelegte, vitaminreiche Blätter Schiffsbesatzungen früher mitführten, um Skorbut vorzubeugen.

In Flussniederungen und im Bereich von Flussmündungen haben sich vielfach **Marschen** *(marismas)* gebildet. In Meeresnähe sind sie durch den Einfluss des Salzwassers geprägt, dort gedeiht eine salztolerante Flora. Oft befinden sich an solchen Orten ehemalige Salinenbecken, Salzgewinnung wird allerdings nur noch an wenigen Stellen betrieben. Landeinwärts wird die Marsch immer brackiger. Hier verändert sich die Landschaft sehr stark mit den Jahreszeiten. Am Ende des Winters ist sie von Wasser bedeckt, auf dem oft ein weißer Blütenteppich aus Wasserhahnenfuß schwimmt. Im Sommer hingegen trocknet sie aus. Ähnliche, für die Pflanzenwelt sehr extreme Bedingungen finden sich teilweise auch weit landeinwärts an den Lagunas – **Salzseen** in abflusslosen Senken, die im Sommer oft fast ganz verschwinden (z. B. Laguna de Fuente Piedra, s. S. 140 f.).

Matorral

Unter der Bezeichnung Matorral fassen die Andalusier alle Strauchformationen zusammen, von der Steppenflora bis hin zu üppigem Gebüsch, das schon nahezu in Wald übergeht. Die Botaniker unterteilen den Matorral in Garigue und Macchie. Große Teile der andalusischen Mittelmeerabhänge sind von **Garigue** überzogen. Diese artenreiche Vegetation verdankt ihre Bezeichnung dem südfranzösischen Namen der Kermeseiche *(gariulia)*. Hier gedeihen Stauden und Zwergsträucher, die kaum mehr als 1 m Höhe erreichen. Aromatische Kräuter wie Rosmarin oder Lavendel sind ebenso vertreten wie Zwergpalme und Zickzackdorn, ein dorniger Strauch mit zickzackförmigen Zweigen. Sie erfüllen die Luft mit ihrem würzigen Duft. Von Mitte März bis Mitte Mai verwandelt sich die Garigue in ein Blütenmeer. Der Affodill – ein attraktives Liliengewächs – blüht weiß, die duftenden Zistrosen weiß und rosa, die Hauhechel – ein Schmetterlingsblütler – gelb. In den *barrancos* (Schluchten), durch die nach Regenfällen Wasser fließt und die Bodenfeuchtigkeit immer recht groß ist, wächst der wilde Oleander.

Anscheinend hat der Mensch einiges zur Entstehung der Garigue beigetragen. In der trockenen Region bei Almería kommt sie von Natur aus vor. Andernorts dürfte sie – abgesehen von felsigen Stellen – durch Abholzung und nachfolgende Nutzung als Weideland entstanden sein.

Zwischen Garigue und **Macchie** gibt es fließende Übergänge. Die Macchie – ein niedriger Buschwald – benötigt bessere Böden und mehr Feuchtigkeit. Auch an ihrer Verbreitung scheint der Mensch nicht ganz unschuldig zu sein. Charakteristische Pflanzen der andalusischen Macchie sind Wilder Ölbaum (im Gegensatz zu seinem kultivierten Verwandten ein dürrer Busch), Phönizischer Wacholder und der mit den Pistazien verwandte Mastixstrauch.

Andalusische Orchideen Thema

Kaum eine Pflanzengruppe fasziniert so sehr wie die Orchideen. Gewöhnlich schweifen die Gedanken dabei in die undurchdringlichen, geheimnisvollen Bergwälder der Tropen. Doch auch in Europa gibt es zahlreiche Orchideen. Nirgendwo sind sie so variantenreich vertreten wie in Andalusien.

Die Orchideen blühen im Frühjahr, je nach Höhenlage zwischen Februar und Juni. In der Sierra de Grazalema lassen sich etliche dieser botanischen Kostbarkeiten entdecken. Charakteristisch sind hier die Spiegel-Ragwurz und die Gelbe Ragwurz. Allgemein zeichnen sich die Blüten der Gattung Ragwurz durch eine bizarre Lippe aus, deren Gestalt an ein Insekt erinnert. Sie soll bestimmte Hautflügler anlocken, die die Blüte für das Weibchen halten. Bei der Spiegel-Ragwurz ist die Lippe kahl und glänzt wie ein Spiegel.

Im Schatten der dunklen Igeltannenwälder gedeihen nur wenige Blütenpflanzen. Zu ihnen gehört das Rote Waldvögelein, eine schlanke Orchidee mit ausgesprochen schönen, großen, rosafarbenen Blüten. Sie ist so robust, dass man sie Richtung Norden bis Skandinavien findet. Das weiß blühende Langblättrige Waldvögelein kommt in der Sierra de Grazalema in Gruppen von bis zu 500 Exemplaren vor. Weitere interessante, hier vertretene Arten sind die Pyramidenorchis mit ihrem kegelförmigen, dichten, rosafarbenen Blütenstand, die Bocks-Riemenzunge, bei der die Lippe zungenförmig verlängert ist und die Blüte einen Bocksgeruch verströmt, und das gelb blühende Insel-Knabenkraut.

Auch das Gebiet um die Garganta del Chorro und der Felsengarten von El Torcal nördlich von Málaga sind Fundgruben für Orchideen, speziell im März und April. Die Botaniker zählten über 30 Arten. Hier wie dort herrscht Kalkgestein vor, das viele Orchideenarten bevorzugen. Bei El Chorro kommt die Atlas-Ragwurz vor, die ihren Verbreitungsschwerpunkt in Nordafrika hat und in Südspanien nur an wenigen Stellen zu finden ist. Auch ist hier das sehr auffällige Schmetterlings-Knabenkraut vertreten. Seine karminroten bis purpurfarbenen Blüten haben eine besonders große, fächerförmige Lippe. Die Pflanze wächst in Mandelbaumplantagen oft in größeren Gruppen.

In der Sierra de Cazorla blühen die Orchideen von März bis Mai. Neben diversen Ragwurz-Arten ist vor allem das purpurrosa blühende Manns-Knabenkraut erwähnenswert. Seinen Namen verdankt es der Hodenform seiner Knollen. Es ist auch in Mitteleuropa zu finden, bildet aber in Spanien eine besonders locker blühende, schlankwüchsige Unterart. In den Höhenlagen der Sierra Nevada ist es zu kühl für Orchideen, doch in den Steineichenwäldern in mittleren Lagen findet sich eine der schönsten Orchideen Andalusiens, der Violette Dingel. Nicht nur die Blüten, sondern auch der gesamte Stengel sind violett. Die Pflanze ist in Spanien vom Aussterben bedroht, kommt aber in Nordwestafrika noch recht häufig vor. Die Gebirgszüge nördlich von Almería (Sierra de Gádor, Sierra de los Filabres, Sierra Cabrera) weisen trotz ihres trockenen Steppenklimas eine erstaunliche Vielfalt an Orchideenarten auf. Hier ist sogar das bis zu 80 cm hohe, rotbräunlich blühende Riesenknabenkraut zu Hause.

Eichenwälder

In üppigerer Macchie, vor allem im regenreicheren Westen Andalusiens, treten Erdbeerbaum und Steineiche auf. Sie leiten zu den eigentlichen Eichenwäldern über. Ausgedehnte Bestände von **Steineichen** gibt es z. B. noch in der Sierra de Grazalema und der Sierra de Aracena. Einst waren sie wohl weiter verbreitet, überall an den relativ feuchten Nordwestseiten der Gebirgszüge, wo sie bis in 1300 m Höhe vorkommen können. Vielleicht bedeckten sie auch Teile des Guadalquivirbeckens, wo sie durch Nutzflächen verdrängt wurden. Vielerorts fielen sie auch jahrhundertelang der heute nicht mehr betriebenen Holzkohlegewinnung zum Opfer. Die Verwandtschaft der Steineiche mit den mitteleuropäischen Eichenarten ist unverkennbar. Allerdings wird sie selten höher als 15 m und hat einen eher buschförmigen Wuchs. Ihre Blätter sind klein und haben auf der Unterseite einen filzigen Belag.

Eine Sonderform des Steineichenwalds ist die **Dehesa,** eine Waldweide mit lichtem Baumbestand. In der Sierra de Aracena, aber auch in anderen Teilen der Sierra Morena werden bis heute große Herden von schwarzen Iberischen Schweinen zur Eichelmast in die Dehesas getrieben. In Südwestandalusien weiden Kampfstiere mehrere Jahre lang auf diesen Waldweiden, bevor sie in der Arena sterben. Naturschützer stellen sich in Spanien gegen Tierschützer, wenn es um die Frage der Abschaffung des Stierkampfs geht. Denn die relativ naturnahen Dehesas sind ein wichtiger Lebensraum für seltene Pflanzen und Tiere und von Umwandlung in Weizenfelder oder Ölbaumplantagen bedroht.

Oberhalb von etwa 400 m Höhe treten in den westandalusischen Gebirgen (Naturpark Los Alcornocales, Sierra de Grazalema, Sierra de Aracena) **Korkeichen** hinzu. Sie gedeihen nur auf silikatreichen, kalkarmen Böden und benötigen ein ozeanisches Klima mit milden Wintern und relativ hoher Luftfeuchtigkeit. Die Korkeichenwälder werden intensiv wirtschaftlich genutzt. Etwa alle neun Jahre ist der Kork am Stamm dick genug

Pause: Hirte unter Korkeichen in der Sierra Morena

(7–10 cm). Dann lösen erfahrene Erntearbeiter ihn im Sommer in Platten ab, ohne die lebenswichtigen Leitgefäße darunter zu beschädigen. Der Stamm ist anschließend lange Zeit kräftig rotbraun. Nach Portugal ist Spanien größter Korkproduzent der Welt.

Als dritte Eichenart kommt in Gebirgstälern (z. B. Sierra de Grazalema, Sierra de Cazorla), in denen die Luftfeuchtigkeit hoch und der Boden tiefgründig ist, die **Portugiesische Eiche** (Buchenblättrige Eiche) vor. Sie ist im Gegensatz zu Stein- und Korkeiche nicht immergrün, sondern wirft ihr Laub beim Austreiben neuer Blätter ab.

Als Besonderheit haben sich in den Schluchten *(canutos)* des Naturparks Los Alcornocales Restbestände eines **Lorbeerwalds** gehalten, der vor Jahrmillionen in Europa weit verbreitet war, die Eiszeiten aber nur auf den milden Atlantikinseln (Azoren, Madeira, Kanaren) überlebt hat.

Igeltannenwald

Eine große botanische Kostbarkeit ist die Igeltanne oder Spanische Tanne (span. *pinsapo*), die hohe Niederschläge benötigt (über 2000 mm pro Jahr), wie sie in Andalusien nur in wenigen Gebirgslagen zu verzeichnen sind. Sie ist in Südspanien endemisch, kommt also nirgendwo sonst vor. Vor Jahrmillionen war sie weiter verbreitet, konnte sich aber bis heute nur an wenigen Standorten halten.

Am Nordabhang der Sierra de Grazalema, in Höhenlagen oberhalb von 900 m, hat sie ihren größten Bestand (300 ha), außerdem ist sie noch in der Sierra de las Nieves und in der Sierra Bermeja bei Estepona vertreten. Ihren deutschen Namen verdankt die Igeltanne den Nadeln, die nach allen Seiten abstehen. In ihrem Unterwuchs gedeihen Pfingstrosen und verschiedene Orchideenarten.

Kiefernwälder

In den Gebirgen Ostandalusiens sind Kiefernwälder verbreitet. Den größten natürlichen Bestand hat die für ihren außerordentlichen Waldreichtum berühmte Sierra de Cazorla. Viel Trockenheit verträgt die **Aleppokiefer,** die dementsprechend in der tieferen, niederschlagsärmeren Zone dominiert. Mit ihr wurde oft auch in Küstennähe aufgeforstet, wo sie dann häufig mit der Pinie verwechselt wird. Letztere zeichnet sich jedoch durch eine unverkennbar schirmförmige Krone aus. Oberhalb von 900 m wird die Aleppokiefer in den Gebirgen von der **Sternkiefer** (Strandkiefer) abgelöst. Sie ist ein wichtiger Forstbaum. Oberhalb von 1300 m schließlich ist die **Schwarzkiefer** zu Hause, ein sehr attraktiver Baum, der lichte, von Gesteinsschuttflächen unterbrochene Bestände bildet. Den Aleppo- und Strandkiefernwäldern sind oft andere Baumarten beigemischt, z. B. die Steineiche. Im Unterwuchs gedeihen Straucharten der Macchie.

Gefährlich werden dem Kiefernwald die Raupen des **Prozessionsspinners,** eines unscheinbaren Nachtschmetterlings, der nur ein paar Tage lebt. In dieser Zeit legen die Weibchen mehrere hundert Eier an den Spitzen der Kiefernzweige ab. Die Raupen umgeben sich mit Gespinsten aus Seidenfäden, in deren Schutz sie sämtliche junge Kiefernnadeln abfressen. Im Frühjahr wandern sie dann in Prozessionsformation die Stämme hinab, um sich im Boden zu verpuppen. Wenn sich der Schmetterling massenhaft vermehrt, kann er ganze Bäume zum Absterben bringen.

Im Gebirge

Der waldfreie Gipfelbereich der Sierra Nevada wird durch Geröllschuttfelder *(cascajares)* charakterisiert. Sie entstehen durch Temperaturunterschiede. Tagsüber dehnt sich das Gestein durch Hitze aus, nachts zieht es sich durch Kälte zusammen, es bilden sich Risse. Wenn in diese Risse Wasser eindringt und gefriert, verursacht dies eine Sprengung des Gesteins. Hier gedeiht eine äußerst artenreiche Flora, die mit derjenigen der Pyrenäen, Alpen und Karpaten verwandt ist. Die geografische Isolierung der Sierra Nevada gegenüber anderen europäischen Hochgebirgen sorgte für eine eigenständige Entwicklung, weshalb in den Geröllfeldern allein 64 Endemiten anzutreffen sind und darüber hinaus viele, die außerhalb Spaniens nicht vorkommen.

Zwischen 1900 und 2600 m Höhe ist der Blaue Stachelginster (Igelginster) verbreitet. Dazwischen wachsen Pfingstrosen und die gelb blühende Wilde Tulpe. Dann folgt bis zu den höchsten Gipfeln eine Zone sehr dünnen Bewuchses, für die das endemische Veilchen *Viola crassiuscula* und der Sierra-Nevada-Krokus besonders charakteristisch sind.

Tierwelt

Der Iberische Steinbock kommt vor allem noch in der Sierra Nevada (5000 Exemplare), Sierra de Grazalema, Sierra de las Nieves und Sierra de Cazorla vor. Gefährdet ist der Bestand des Pardelluchses. Er ist nur noch im Nationalpark Doñana mit etwa 50 Exemplaren vertreten. Dort leben auch Mungos und die Nordafrikanische Ginsterkatze. Sie ist äußerst scheu und nur nachts aktiv. Daher bekommt sie kaum jemand zu sehen. Nicht zu verwechseln ist sie mit der Wildkatze, die z. B. noch in der Sierra Norte und den Montes de Málaga nachgewiesen ist. Der vorwiegend nachtaktive Fischotter ist in den vielen Bächen und kleinen Flüssen der Alcornocales und der Sierra de Grazalema zu Hause und hat hier seinen größten Bestand in ganz Europa. Oft entdeckt man nur seine Fußspuren im Schlick. Rothirsch und Wildschwein erfreuen sich als Jagdwild großer Beliebtheit. Ihr Fleisch ist auf den Speisekarten mancher Landgasthäuser zu finden. Sie halten sich vorwiegend im Nationalpark Doñana und in den andalusischen Gebirgen auf.

Auch Vögel sind reichlich vertreten. Besonders majestätisch sind einige große Greifvogelarten: der stark gefährdete Iberische Kaiseradler (Doñana, Sierra de Aracena), außerdem Steinadler (Sierra de las Nieves, Sierra de Cazorla, Sierra Nevada), Gänsegeier (Los Alcornocales, Sierra de Grazalema, Sierra de Cazorla) und andere (s. S. 405). Nachts ist in der Sierra de las Nieves und der Sierra María der Uhu unterwegs. In Korkeichen oder auch auf Schornsteinen oder Telegrafenmasten brütet vielerorts der Schwarzstorch, insbesondere im Norden Andalusiens. Kuhreiher halten sich gern in der Nähe von weidenden Kampfstieren auf, um von diesen aufgeschreckte Insekten zu fangen. Für viele Zugvogelarten sind die Feuchtgebiete der andalusischen Atlantikküste, vor allem der Nationalpark Doñana, wichtige Überwinterungsziele oder auch Stationen auf dem Weg von Europa nach Nord- und Westafrika. Zeitweise sind hier Zehntausende von Flamingos, Graugänsen, Uferschnepfen und Entenarten zu sehen. Auch die Europäische Sumpfschildkröte ist in Feuchtgebieten nicht selten anzutreffen. In trockeneren Landstrichen begegnet man relativ häufig Eidechsen, z. B. der attraktiven, aber scheuen Perleidechse, die mit bis zu 80 cm eine stattliche Länge erreicht. Der Mauergecko bevorzugt

Ein Traum in Rosa: Flamingos sieht man vor allem im Nationalpark Doñana

küstennahe Gebiete. Dort klettert er auf Insektenfang seinen Haftzehen nachts gern auch an Hauswänden. Tagsüber versteckt er sich unter Steinen. Schlangen sind ebenfalls hin und wieder zu sehen, z. B. an Wasserflächen die Vipernnatter, im Matorral die fast 2 m lange Eidechsennatter (deren Biss beim Menschen Schwellungen und Fieber verursacht) und in Dünengebieten die mit der Kreuzotter verwandte und ähnlich giftige Stülpnasenotter.

Naturschutz

In Andalusien gibt es heute eine ganze Reihe von Nationalparks *(parque nacional),* Naturparks *(parque natural)* und anderen Schutzgebieten. Großenteils gingen sie aus Jagdgebieten *(coto)* hervor, die früher von Königen und Adligen genutzt wurden. Sie blieben von den für Flora und Fauna nicht immer förderlichen Auswirkungen der Landwirtschaft verschont und sind heute Refugien für seltene Tier- und Pflanzenarten. Zwar ist in vielen dieser Gebiete die Jagd nach wie vor erlaubt, doch unterliegt sie inzwischen im Sinne des Naturschutzes starken Einschränkungen.

Parque Natural Sierra de las Nieves: Schroffes Kalkgebirge im Hinterland der Costa del Sol, das zugleich Unesco-Biosphärenreservat ist. Hier leben Steinböcke, Fischotter, Steinadler und Uhus. An den Nordabhängen wächst Igeltannenwald. Die

Infrastruktur für Besucher ist noch im Aufbau (s. S. 116 ff.).

Paraje Natural El Torcal: 1171 ha großer Felsengarten bei Antequera mit bizarren Gesteinsformationen und reicher Orchideenflora. Der Zugang ist beschränkt, nur ein Rundweg frei zugänglich (s. S. 136).

Reserva Integral Laguna de Fuente Piedra: 7 km langer Salzbinnensee unter komplettem Schutz im Rahmen der internationalen RAMSAR-Konvention. Im Frühjahr brüten hier bis zu 40 000 Flamingos (s. S. 140 f.).

Parque Natural Sierra de Grazalema: Seit 1977 ist der Gebirgszug Biosphärenreservat, seit 1984 als ältester andalusischer Naturpark (51 695 ha) ausgewiesen. Wichtige Tierarten sind Fischotter und Gänsegeier. Gute Wandermöglichkeiten. Die Igeltannenwälder im zentralen Teil dürfen nur eingeschränkt betreten werden (s. S. 153).

Parque Natural de Los Alcornocales: Größter Korkeichenbestand Europas. Gute Wandermöglichkeiten (s. S. 120 ff, und 177 ff.).

Parque Natural del Estrecho: Küstenstreifen zwischen Algeciras und Bolonia, wo von August bis Oktober der spektakuläre Vogelzug nach Afrika zu beobachten ist. Von Januar bis April/Mai kehren die Tiere in kleineren Trupps wieder zurück (s. S. 170).

Parque Natural Breña y Marismas del Barbate: Pinien-Küstenwald bei Barbate mit Kuh- und Seidenreiherkolonie, Orchideenflora und Wanderwegen sowie Marschland an der Mündung des Río Barbate (s. S. 173).

Parque Natural de la Bahía de Cádiz: Rund 10 000 ha großes Feuchtgebiet mit Marschen, Dünen, Brackwasser und aufgelassenen Salinenbecken. Per Boot zu erkunden (s. S. 185).

Parque Nacional de Doñana: Ausgedehnter Nationalpark (54 000 ha) im Delta des Guadalquivir mit Dünen, Pinienwäldern, Buschland und Feuchtgebieten. Reich an Zugvögeln und Wild, Rückzugsgebiet von Pardelluchs, Ginsterkatze und Mungo. Beschränkt zugänglich auf markierten Wegen, per Boot oder Jeepausflug (s. S. 220 ff.).

Parque Natural Marismas de Isla Cristina: Amphibische Landschaft im Delta Río Guadiana mit reicher Vogelwelt. Auf einem Fußweg zugänglich (s. S. 227 f.).

Parque Natural Sierra de Aracena y Picos de Aroche: Gebirgspark mit guten Wandermöglichkeiten. Pardelluchs und Iberischer Kaiseradler leben hier (s. S. 232 ff.).

Parque Natural Sierra Norte: Mit 165 000 ha sehr ausgedehnter Park. Lebensraum von Luchs, Wildkatze, Schwarzstorch und verschiedenen Adler- und Geierarten. Gutes Wanderwegenetz (s. S. 278 f.).

Parque Natural de las Sierras Subbéticas: Mehrere schroffe Kalkgesteinszüge mit abwechslungsreichen Karstformen stehen auf 31 600 ha Fläche unter Schutz. Markierte Wanderwege (s. S. 298 ff.).

Parque Natural de las Sierras de Cazorla, Segura y Las Villas: Größter Naturpark Andalusiens (214 336 ha) und Biosphärenreservat, sehr waldreich. Wandern an Gebirgsbächen und zu Karstseen (s. S. 320 ff.).

Parque Nacional Sierra Nevada: Größter spanischer Nationalpark (860 000 ha). Großer Bestand des Iberischen Steinbocks, zahlreiche Schmetterlinge und botanische Raritäten der Hochgebirgsflora (s. S. 354 ff.).

Parque Natural de las Sierras de Tejeda, Almijara y Alhama: Drei Gebirgszüge im Hinterland der östlichen Costa del Sol. Markierte Wege, vom Spaziergang bis zur Ganztagestour (s. S. 376).

Parque Natural Montes de Málaga: Gebirgszug mit ausgedehntem Kiefernwald, in dem Wildkatze, Königsuhu und Chamäleon leben. Markierte Wanderwege (s. S. 384).

Paraje-Reserva Natural Punta Entinas – Sabinar: Natürliche Dünenstrände und ehemalige Salinen, ein Paradies für Wasservögel (Flamingos u. a). Nur zu Fuß oder per Fahrrad zugänglich (s. S. 393).

Parque Natural Cabo de Gata – Níjar: 60 km langer Küstennaturpark und Biosphärenreservat, mit Unterwasserschutzgebiet. Naturbelassene Strände, gutes Wanderwegenetz, botanische Raritäten (s. S. 396 ff.).

Parque Natural Sierra María – Los Vélez: Bis über 2000 m hoher Bergpark (22 670 ha) mit gutem Wanderwegenetz. Rückzugsgebiet für Adler, Geier und Uhus (s. S. 304 ff.).

Wirtschaft

Andalusien lebt heute zu einem nicht unerheblichen Teil vom Tourismus. Daneben spielen verschiedene Sparten der Landwirtschaft eine Rolle: Weinbau, insbesondere die Erzeugung des berühmten Sherry, Produktion von Olivenöl, Anbau und Export von Obst und Gemüse. Trotz wirtschaftlicher Erfolge zählt das Land nach wie vor zu den ärmeren Regionen Spaniens.

Handel und Tourismus

Rund 63 % der erwerbstätigen Bevölkerung Andalusiens ist im Dienstleistungssektor tätig, wobei der Tourismus nach dem Handel erst an zweiter Stelle steht. Der Handel spielt sich vorwiegend auf dem Binnenmarkt ab (Groß- und Einzelhandel) und beschäftigt hauptsächlich jüngere Frauen, die oft unterdurchschnittliche Einkommen beziehen. Der Tourismus trägt etwa 11 % zum Bruttoinlandsprodukt und 7 % zur Beschäftigung bei. In Andalusien sind etwa 15 % der insgesamt rund 1,5 Mio. Gästebetten in Spanien registriert. Fast 20 Mio. Touristen pro Jahr besuchen das Land. Etwa 8 Mio. kommen aus Spanien selbst, die übrigen 12 Mio. aus dem Ausland, vor allem aus Großbritannien und Deutschland, zunehmend auch aus Portugal und Osteuropa. Während die spanischen Touristen meist mit dem eigenen Pkw anreisen und seltener im Hotel, hingegen eher in der eigenen Zweitwohnung oder bei Verwandten übernachten, benutzen die Ausländer heute überwiegend das Flugzeug. Als Motive für eine Reise nach Andalusien gaben in neueren Umfragen deutsche Urlauber das Natur- und Landschaftserlebnis (30 %), Sonne und Strand (27 %), Städte und Baudenkmäler (15 %) sowie Sport (5 %) an. Der Trend geht immer mehr weg vom bloßen Pauschaltourismus hin zu hochwertigen, individueller gestalteten Aufenthalten, worauf die Veranstalter mit neuen Angeboten reagieren. In Konkurrenz zur immer verbreiteteren Direktbuchung via Internet offerieren sie Bausteine, die jeder zu seinem persönlichen Ferienpaket schnüren kann. Immer mehr Urlauber zieht es weg von den im Sommer überlaufenen Küsten in schicke ländliche Quartiere oder sie weichen auf ruhigere Jahreszeiten aus.

Industrie

Am Bruttoinlandsprodukt von Andalusien haben Gewerbe und Industrie einen Anteil von 13 %. Sie geben 11,7 % der Beschäftigten Arbeit. Industrielle Zentren (Erzverhüttung, Schiffbau und chemische Industrie) sind die Hafenstädte Algeciras, Cádiz und Huelva. Huelva ist heute das zweitgrößte Zentrum der Chemieindustrie in Spanien. Der andalusische Bergbau hat kaum noch Bedeutung. Nur bei Minas de Ríotinto wird noch Kupfererz abgebaut. Noch wird ein Großteil des in Andalusien verbrauchten Stroms auf konventionelle Weise erzeugt. Doch Experimente mit neuen Energien finden öffentliche Beachtung. In der Halbwüste bei Almería, wo 3000 Stunden im Jahr die Sonne scheint, steht bei Tabernas ein Versuchssonnenkraftwerk. Windräder wurden an verschiedenen Stellen in der Provinz Cádiz installiert, z. B. bei Tarifa, wo die Bedingungen äußerst günstig sind. Allerdings formiert sich Widerstand gegen die Errichtung weiterer Windenergieparks, die als landschaftszerstörend angesehen werden.

Bauwirtschaft

Nach wie vor lässt sich in der andalusischen Baubranche viel Geld verdienen. An der Costa del Sol, aber auch an Teilen der Costa Tropical und der Costa de Almería entstehen ständig neue Apartment- und Bungalowsiedlungen, in denen vor allem Spanier und Briten einen Zweitwohnsitz erwerben. Kleinere und größere Skandale um Baugenehmigungen machen von Zeit zu Zeit Schlagzeilen, sind aber meist schnell vergessen. Der Wirtschaftszweig profitierte in den vergangenen Jahren auch stark von Zuschüssen der EU, die Infrastrukturmaßnahmen (Straßenbau, Wasserversorgung u. a.) in Andalusien finanzierte. Die Bauunternehmen beschäftigen 13,6 % der Arbeitskräfte und erwirtschaften 10,7 % des Bruttoinlandproduktes.

Landwirtschaft

Noch in den 1980er-Jahren arbeiteten fast 40 % der Erwerbstätigen in Andalusien in der Landwirtschaft. Heute beschäftigt der Sektor nur noch rund 10 % der Arbeitskräfte, die gut 8 % zum Bruttoinlandsprodukt beitragen.

In der Provinz Jaén, aber auch in vielen anderen Gegenden dominiert die Herstellung von Olivenöl (s. u.), vor allem im Sherrydreieck um Jerez de la Frontera wird in großem Maßstab Wein produziert (s. S. 204 f.). Eine gewisse Rolle spielt insbesondere im Gebirgszug Los Alcornocales die Gewinnung von Kork (s. S. 177 ff.). Das Tal des Guadalquivir und die angrenzenden Hügellandschaften sind von Feldern überzogen, auf denen Weizen, Sonnenblumen, Zuckerrüben und Hülsenfrüchte gedeihen. Erdbeeren kommen aus dem Hinterland der nördlichen Costa de la Luz, subtropische Früchte (Cherimoyas, Avocados, Loquats u. a.) von der Costa Tropical. Tomaten, Gurken, Zucchini, Paprikaschoten, Auberginen und andere Gemüsesorten werden in der Umgebung von Almería in Gewächshäusern herangezogen und in andere spanische Regionen und nach Mitteleuropa exportiert. Diese Gewächshäuser sind bei Landschaftsschützern heiß umstritten. Vom *mar plástico* (Plastikmeer) ist die Rede, denn große Teile des flachen Landes hinter der Costa de Almería sind bereits davon bedeckt, sodass von weitem der Eindruck entsteht, auf eine ausgedehnte Wasserfläche zu schauen. Kaputte Folien, von denen angeblich 20 000 t pro Jahr anfallen, werden zu biologisch nicht abbaubarem Müll. In den 1970er-Jahren machten die ersten Gewächshäuser die Landwirte von Almería quasi über Nacht reich. Heute lassen sie vorwiegend afrikanische Einwanderer die Arbeit in der schwülwarmen Treibhausatmosphäre verrichten, was wiederum in den vergangenen Jahren zu Spannungen mit der einheimischen Bevölkerung geführt hat.

Wasser

Ein Dauerbrenner ist in Andalusien das Thema Wasserversorgung. Immerhin handelt es sich um die trockenste Region Europas. Mehr als 80 % des verfügbaren Wassers werden von der Landwirtschaft für die Bewässerung von Obst und Gemüse benötigt. Den Rest müssen sich Industrie, öffentliche und Privathaushalte und Touristen teilen. In den Hotels wird pro Kopf der dort wohnenden Urlauber immer noch rund das Doppelte an Wasser verbraucht, das den Einheimischen zur Verfügung steht, die sich auf dem Land teilweise noch aus eigenen Zisternen versorgen. Daher bitten viele Hotels ihre Gäste um sparsamen Umgang mit dem kostbaren Nass. Um die erhöhte Nachfrage im Sommer mit den vorwiegend in den Wintermonaten fallenden Niederschlägen in Einklang zu bringen, wurden eine Reihe von Talsperren in den regenreicheren Gebirgszonen Andalusiens angelegt. Für die kommenden Jahre wird aufgrund des ständig steigenden Verbrauchs ein Wasserdefizit erwartet. Der von der Aznar-

Regierung geplante, aber höchst umstrittene Wassertransfer durch Tankschiffe aus dem nordspanischen Ebrobecken in die Provinz Almería mit ihren Gemüsekulturen wurde inzwischen von der jetzigen PSOE-Regierung in Madrid abgesagt. Stattdessen soll der Bedarf durch Recycling von Brauchwasser, vor allem aber durch Meerwasserentsalzung gedeckt werden. In Carboneras ist derzeit die zweitgrößte Entsalzungsanlage Europas im Bau.

Olivenöl

Die Kulturolive und die Ölpresse gelangten schon mit den Römern nach Andalusien, das sich dank des günstigen Klimas rasch zum wichtigsten Lieferanten für Olivenöl im Reich entwickelte. Der große Vorteil des Ölbaums ist, dass er nicht bewässert werden muss. Heute erzeugt Andalusien 20 % des insgesamt auf der Welt hergestellten Olivenöls. Ölbaumplantagen bedecken vor allem in den Provinzen Jaén und Córdoba riesige Flächen. Einen Großteil des Öls exportieren die Landwirte nach Italien, wo es – mit der knappen einheimischen Produktion verschnitten – abgefüllt wird. Andalusien erzeugt aber auch immer mehr hochwertige, kaltgepresste Jungfernöle. Wichtigste Sorten sind Hojiblanca, Picual und Picuda. Durch das Gütesiegel D.O.C. *(denominación de origen)* sind zwei Herkunftsgebiete besonders geschützt: Baena (Provinz Córdoba) und Sierra de Segura (Provinz Sevilla). Das andalusische Olivenöl ist oft dunkler als andere Sorten und schmeckt fruchtiger.

Hier wird die Spreu vom Weizen getrennt

Viehzucht

Eine vergleichsweise geringe Bedeutung hat die Viehzucht. Nur im Atlantikbereich gibt es, bedingt durch das feuchtere Klima, größere Grünflächen. Die Großgrundbesitzer züchten dort Pferde und Kampfstiere, wofür riesige Ländereien im Hinterland der Costa de la Luz reserviert sind. In den ebenfalls relativ feuchten Niederungen entlang des Guadalquivir grasen Rinder, die die Großstädte Sevilla und Córdoba mit Milchprodukten und Fleisch versorgen. In den Eichenwäldern der Sierra de Aracena weiden immer noch zahlreiche der berühmten ›schwarzen Schweine‹, die zu leckerem *Jamón Serrano* verarbeitet werden (s. S. 236). Hingegen wird das Fleisch für den berühmten Trevélez-Schinken heute aus anderen Landesteilen importiert (s. S. 359 f.). Ansonsten werden in einigen Gebirgsregionen, z. B. in den Sierras Subbéticas südlich von Córdoba, noch in bescheidenem Maß Schafe und Ziegen gehalten.

Fischerei

Obwohl Spanien eine der größten Fischfangnationen der Welt ist, ging die Fischerei in Andalusien, wo sie früher einen wichtigen Erwerbszweig darstellte, stark zurück. Im ohnehin nicht sonderlich fischreichen Mittelmeer sind die Fanggründe aufgrund von Überfischung immer weniger ergiebig. Wichtigster Fischereihafen ist dort Garrucha, wo vorwiegend Muscheln und Garnelen angelandet werden. Der Atlantik enthält mehr Fisch. Daher haben an der Costa de la Luz die Häfen Barbate und Isla Cristina nach wie vor einige Bedeutung für den Fang von Tunfisch und Sardinen. Die besonders fischreiche Westsaharabank, zu der die andalusische Fangflotte früher auslief, wurde 1982 auf einer UN-Seerechtskonferenz Marokko zur alleinigen Nutzung zugesprochen, da sie sich innerhalb der 200-Seemeilen-Zone dieses Landes befindet. In den Folgejahren führte dies immer wieder zu Streitigkeiten zwischen den Fischern beider Länder. Um nicht vollständig von Fischimporten aus anderen Regionen Spaniens abhängig zu sein, wird heute im Golf von Cádiz Aquakultur betrieben.

Der Süden bricht auf

Andalusien war lange Zeit eine Region großer sozialer Gegensätze, gekennzeichnet durch die gesellschaftliche Kluft zwischen einer das Land besitzenden Aristokratie und den Besitzlosen, die es bearbeiteten. Noch immer ist der wirtschaftliche und politische Einfluss der Großgrundbesitzer in Andalusien groß, noch immer arbeiten viele Andalusier als Tagelöhner oder mit Zeitverträgen in prekären Beschäftigungsverhältnissen. Die Landarbeiter hatten seit dem 19. Jh. wiederholt ihre Situation durch spontane, anarchistische Aktionen zu verändern versucht. 1843 wurde die spanische Guardia Civil eigens zu dem Zweck gegründet, um diese Aufstände zu bekämpfen. Eine besondere Rolle spielte in Spanien seit Beginn des 20. Jh. die gewerkschaftliche Arbeiterbewegung. Diese Anarcho-Syndikalisten richteten sich vehement gegen Staat und Kirche. Mit ihren stärksten Einfluss hatten sie unter den Landarbeitern Andalusiens. Während des Bürgerkriegs verteilten sie in den 1930er-Jahren in Andalusien Anbauflächen nach dem Prinzip: ›Das Land denen, die es bearbeiten‹, unterlagen dann aber den putschenden Militärs unter Franco.

Erst 1984 kam es schließlich zu einer Agrarreform, die im Endeffekt aber kaum Früchte trug. Zahlreiche Andalusier gingen in der Vergangenheit als Gastarbeiter nach Nord- und Mitteleuropa, andere wanderten in die spanischen Industriezentren Madrid, Barcelona und Bilbao ab. Heute leben die meisten wieder zu Hause. Zwar ist die Arbeitslosigkeit mit rund 20 % nach wie vor hoch, aber die Region ist kein Armenhaus mehr. Noch immer gibt es materielle Not, doch ist Andalusien politisch selbstbewusst und ein dank großzügiger EU-Hilfen, Tourismus, Chemieindustrie und exportorientierter Landwirtschaft ökonomisch aufstrebendes Land geworden.

Geschichte

Auf andalusischem Boden kämpften schon Römer und Karthager um die Vorherrschaft am Mittelmeer. Germanische Völker wanderten ein und dominierten das Land für Jahrhunderte. Fast 800 Jahre dauerte die Zeit der Mauren. Alle diese Kulturen haben in der geschichtsträchtigen Region ihre Spuren hinterlassen.

Frühe Kulturen

Von der andalusischen Urbevölkerung zeugen Gräber und Höhlenmalereien, die zwischen 20 000 und 15 000 Jahre alt sind. Ab dem 4./5. Jt. v. Chr. begann die **Megalithkultur.** Ihre Wurzeln sind im östlichen Mittelmeer zu suchen. Ein Zentrum der Megalithkultur befand sich in Los Millares bei Almería (s. S. 393 f.). Gegen 2000 v. Chr. entwickelte sich dort die Bronze zu Waffen und Schmuck verarbeitende El-Argar-Kultur.

1000 v. Chr. existierte an der Mündung des Guadalquivir das Reich von **Tartessos.** Dessen Wohlstand beruhte auf der Förderung von Kupfer und Zinn. Die Bronzeverarbeitung und damit auch die Herstellung von Waffen blühten auf. Gold- und Silberfunde taten ein Übriges, um eine Vorrangstellung zu erlangen. Die Phönizier kümmerten sich um den Export per Schiff. Sie kamen aus der Gegend des heutigen Libanon und legten schon um 1100 v. Chr. den Grundstein für Handelsniederlassungen an der Atlantikküste, indem sie die älteste Stadt Spaniens gründeten: Cádiz.

Jahrhunderte später begannen die punischen Nachfahren der Phönizier, die in Karthago (im heutigen Tunesien) ansässig waren, eine Reihe von Städten entlang der andalusischen Mittelmeerküste anzulegen. Zeitgleich ließen sich dort griechische Kaufleute und Handwerker nieder. Auch die Kultur der Iberer, der ursprünglichen Bevölkerung der Halbinsel, erlebte eine Blütezeit.

Das nordafrikanische **Karthago** entwickelte sich zu einem selbstständigen Machtzentrum des Mittelmeerraumes. Im Kampf um die Vorherrschaft kam es zu den Punischen Kriegen gegen die Römer. Der karthagische Heerführer Hamilkar hielt sich jahrelang in Andalusien auf, ebenso sein berühmter Sohn Hannibal. Im Zweiten Punischen Krieg 218 v. Chr. zog dieser mit seinen Elefanten durch Spanien, Frankreich und über die Alpen, um die Römer in Italien zu schlagen. Sein römischer Gegenspieler Scipio hatte dadurch die Gelegenheit, die Karthager auf iberischem Boden 206 v. Chr. zu besiegen. Damit begann die 600 Jahre dauernde römische Herrschaft.

Das römische Baetica

Die Römer teilten Iberien in drei Provinzen: Tarraconensis umfasste den Osten und Norden, Lusitania den Westen, während die Provinz **Baetica** etwa dem heutigen Andalusien entsprach. Baetis hieß der große Fluß der Region, dessen heutiger Name aus arabischer Zeit stammt: Guadalquivir. Verwaltungszentrum für Baetica war das heutige Córdoba. Die Römer stellten die Oberschicht dar und gaben dem Land eine Zivilisationsstruktur, deren Spuren noch heute sichtbar sind. Sie gründeten Städte wie Itálica (s. S. 268 ff.) nahe Sevilla, Baelo Claudia (s. S. 170) an der Costa de la Luz oder Ocuri bei Ubrique (s. S.

158), errichteten Straßen, Brücken und Wasserleitungen, Theater, Tempel und Thermen. Die römischen Bewässerungssysteme ermöglichten eine intensive Nutzung des Bodens. Neben Mineralien wurden Öl, Wein, Fisch und das beliebte *garum,* ein Standardgewürz in der römischen Küche (s. S. 171), in das Mutterland exportiert. Latein war im erstmals einheitlich verwalteten Iberien offizielle Sprache. Seit dem 1. Jh. n. Chr. setzte sich das Christentum immer mehr durch.

Westgoten

Im Verlauf des Zerfalls des Weströmischen Reichs zogen im 5. Jh. germanische Völker, zunächst Alanen, Sueben und Vandalen, plündernd durchs Land. Die mit Rom verbündeten Westgoten trieben die Sueben in die Randgebiete Nordwestspaniens und verdrängten die Vandalen, die nach Afrika übersetzten.

Die Westgoten (span. *visigodos)* blieben in Spanien und herrschten fast 300 Jahre, bis Anfang des 8. Jh. Sie bildeten eine schmale Oberschicht, die dem arianischen Glauben anhing und sich zunächst nicht mit der iberoromanischen Bevölkerung vermischte. Erst nachdem die Westgoten 589 den katholischen Glauben angenommen hatten, kam es zu Mischehen. Bis heute allerdings beruft sich der spanische Hochadel auf seine westgotische Herkunft.

Während der gesamten Zeit ihrer Herrschaft schwankte das Königtum der Goten zwischen Wahl- und Erbmonarchie. Amtierende Herrscher erlitten häufig ein trauriges Schicksal, indem sie von Rivalen ermordet wurden. Das Land wurde an den Adel verteilt, der es wiederum an seine Gefolgsleute verpachtete. Das freie Bauerntum verschwand zusehends und in der Folge bearbeiteten hauptsächlich Sklaven den Boden. Der soziale Gegensatz verstärkte sich immer mehr. Als die Mauren das innerlich zerrissene Westgotenreich angriffen, fand zeitgleich ein Massenaufstand der Hispano-Romanen gegen die westgotische Oberschicht statt. Einzelne Gebiete stellten sich unter den Schutz der Mauren.

Mauren

Unter dem Ansturm der im Islam vereinigten Araber und Berber zerbrach das Westgotenreich innerhalb kurzer Zeit. Die islamischen Eroberer kamen als Krieger – also ohne ihre Familien – ins Land. Sie nahmen sich einheimische Frauen, und – anders als unter den Westgoten – kam es schnell zu einer Vermischung von Eroberern und Einheimischen. Daher ging der Siegeszug des Islams nicht nur rasch, sondern auch mit dauerhaftem Erfolg vonstatten. 711 setzten von Nordafrika aus die ersten muslimischen Krieger bei Gibraltar über. Erst 1492, also fast 800 Jahre später, fiel mit dem Königreich Granada die letzte maurische Bastion an die Christen.

Die Araber bildeten nun die neue Oberschicht. Aber es kamen mehr und mehr Berber aus der römischen Provinz Mauretanien (dem heutigen Marokko). Daher stammt auch die Bezeichnung ›Mauren‹ für alle ehemals in Spanien ansässigen Muslime. Andalusien erlebte eine wirtschaftliche und kulturelle Blüte: Die Araber errichteten oder verbesserten Bewässerungsanlagen und führten neue Anbaumethoden und Kulturpflanzen ein, wie Reis, Orangen, Zuckerrohr und Dattelpalmen. Sie verfeinerten das Handwerk und entwickelten neue Gewerbe. Stoffe, Teppiche, Glasarbeiten, Keramik und Waffen aus Al-Andalus waren weltweit begehrt.

Ähnlich wie zur Römerzeit und im Gegensatz zur Herrschaft der Westgoten konzentrierte sich das kulturelle Leben in den Städten. Zunächst erlebte **Córdoba** als Kalifenstadt eine Blüte (s. S. 280 f.). Die damalige Millionenstadt war neben Konstantinopel die glänzendste Metropole im Mittelmeerraum. Religionsfreiheit und weitgehende Selbstverwaltungsrechte für die verschiedenen Bevölkerungsgruppen ermöglichten es sowohl Juden als auch Mozarabern (arabisierte Christen im islamischen Spanien), unbehelligt zu leben.

Die Katholischen Könige

Thema

Isabella I., Königin von Kastilien, und Ferdinand II., König von Aragón, vereinten 1469 durch ihre Heirat die beiden zuvor unabhängigen Königreiche. Gemeinsam herrschten sie von da an über fast das gesamte christliche Spanien und verfolgten das Ziel, den Islam von der Halbinsel zu verbannen.

Den Ehrentitel Katholische Könige (span. *reyes católicos)* verlieh ihnen Papst Alexander VI. 1496, vier Jahre nach der endgültigen Vertreibung der Mauren aus Andalusien. Isabella war eine starke Persönlichkeit, neben der ihr Gatte Ferdinand zu verblassen scheint. So machte er etwa im Ehevertrag das Zugeständnis, nach Kastilien überzusiedeln und das Land ohne die Erlaubnis seiner Ehefrau Isabella nicht zu verlassen. Zeitgenossen sprachen hinter seinem Rücken vom ›*Rey jupón*‹ (König Unterrock). Für den italienischen Politiktheoretiker Niccolò Machiavelli (1469–1527) war Ferdinand von Aragón allerdings das Muster seines berühmten *principe,* des Fürsten. Er galt zu seiner Zeit als blendendes Beispiel für geschicktes politisches Handeln ohne Moral oder Skrupel und als Meister der Machtgewinnung und Machterhaltung.

Isabella wird in Spanien bis heute verehrt. Das galt vor allem, aber nicht nur für die nationale Bewegung Francos. So übernahm seine Falange-Partei das Emblem Isabellas, ein Pfeilbündel. Am schmiedeeisernen Gitter der Capilla Real von Granada, in der die Katholischen Könige beigesetzt sind, prangt es neben dem Emblem des Ochsenjochs, das für Isabellas Gemahl Ferdinand steht. Außen an der Maßwerkbrüstung treten reliefartig die Buchstaben F und Y im Wechsel hervor. Dies sind die Initialen von Ferdinand und Ysabella, und die Embleme wurden danach ausgewählt: Pfeile heißen auf Spanisch *flechas* und das Ochsenjoch *yugo.* Beide erhielten so ein Zeichen mit dem Anfangsbuchstaben des anderen. Keiner sollte mächtiger sein, sie sollten einander stützen.

Häufig waren Isabella und Ferdinand in den vielen Jahren der Reconquista voneinander getrennt, da sie unterschiedlichen Heeresteilen vorstanden. Zwischen den Feldzügen gebar Isabella ihre Kinder. Der einzige Sohn Juan starb früh, ein Verlust, den die Königin nie richtig überwinden konnte. Ihre Töchter verheiratete sie günstig. Die Zweitälteste, Johanna, wurde für die Thronfolge bestimmt, denn ihr von den Eltern erwählter Gatte galt als besonders gute Partie. Er war der Sohn des deutschen Kaisers Maximilian und offenbar auch nicht unansehnlich: Johanna entflammte für den Habsburger Philipp den Schönen. Dieser erwiderte die Leidenschaft jedoch nur anfänglich. Bald reagierte er ablehnend auf die rasende Eifersucht, die zunehmend von Johanna Besitz ergriff. Als der geliebte Mann in frühen Jahren an einem Fieber starb, wollte sie nicht einmal den Leichnam hergeben. Aus der empfindsamen Johanna war ›La loca‹ geworden: Johanna die Wahnsinnige. Nach Isabellas Tod steckte Ferdinand seine Tochter in das Kloster Santa Clara in der Festung von Tordesillas, um die Macht in Kastilien nicht an sie abtreten zu müssen. Dort lebte sie noch fast so lange wie ihr Sohn, der an ihrer Stelle später die Thronfolge antrat: Karl V., deutscher Kaiser und als Carlos I. König von Spanien.

Nach dem Zerfall des Kalifats (1031) bildeten sich eine Reihe kleiner ***taifas*** (Teilkönigreiche), die auch gegeneinander Krieg führten. Die Toleranz gegenüber Andersgläubigen nahm ab. Zudem rückte das christlich-kastilische Herrschaftsgebiet von Norden her weiter vor. Die iberischen Mauren holten die streng islamischen Berberstämme der Almoraviden und der **Almohaden** zu Hilfe. Letztere zogen zunächst erfolgreich gegen die Kastilier in den Kampf, blieben in Andalusien und machten **Sevilla** zu ihrer Hauptstadt (s. S. 242 f.). 1212 besiegten die Christen jedoch die Almohaden und eroberten ab 1230 große Teile Andalusiens.

Als letztes Refugium der Mauren blieb ab 1232 noch das Königreich **Granada** (s. S. 330 ff.). Dessen Herrscher aus dem Haus der Nasriden war allerdings schon Vasall des christlichen Königs von Kastilien, der inzwischen in Sevilla residierte. In den gut 250 Jahren nasridischer Herrschaft in Granada kam es noch einmal zu einer kulturellen Blüte.

Nach der christlichen Rückeroberung

1492 war für Europa und besonders für Spanien ein folgenschweres Jahr. Die Katholischen Könige **Isabella** von Kastilien-León und **Ferdinand** von Aragón – durch ihre Heirat waren die beiden Königreiche verbunden – eroberten Granada und beendeten damit die maurische Herrschaft auf iberischem Boden. Sie einten ganz Spanien zu einer Nation unter katholischem Vorzeichen. Mit der Glaubensfreiheit war es endgültig vorbei. Mauren und Juden mussten das Land verlassen, sofern sie sich nicht zum Christentum bekannten. Doch auch die Konvertiten wurden bald von der Inquisition gnadenlos verfolgt.

Noch während der Belagerung Granadas erhielt Kolumbus (s. S. 216 f.) von Königin Isabella die Erlaubnis einen Seeweg nach Indien zu suchen. Bis dorthin kam er zwar nicht, doch die Entdeckung des amerikanischen Kontinents bedeutete für Spanien eine enorme Ausdehnung seines Einflussbereichs. **Sevilla** bekam das Monopol auf den Amerikahandel und war damit das Tor zur Neuen Welt (s. S. 242).

Habsburger und Bourbonen

Die Katholischen Könige (s. S. 31) vermählten ihre Tochter Johanna (›die Wahnsinnige‹) mit dem Habsburger Philipp (›dem Schönen‹). Dies führte zur Vereinigung zweier riesiger europäischer Reiche. Der Sohn von Johanna und Philipp war die beherrschende Figur des 16. Jh. Als deutscher Kaiser **Karl V.** und zugleich spanischer König Carlos I. herrschte er über ein Reich, in dem sprichwörtlich die Sonne nie unterging. Das Gold und andere Reichtümer aus Amerika verschluckten zum großen Teil die Kriege, in die sein Großreich verwickelt war. Sein Sohn Philipp II. stand ihm in nichts nach. Die Habsburger erhielten und erweiterten ihre Macht durch geschickte Heirats- und Familienpolitik. Dem letzten spanischen Habsburger Karl II. (Regent bis 1700) fehlte es an Zeugungskraft für einen Thronfolger. Die Nachfolge blieb offen.

Die österreichischen Habsburger und das französische Herrscherhaus der **Bourbonen** meldeten Thronansprüche an. Es folgte der Spanische Erbfolgekrieg, in den die meisten europäischen Länder verwickelt waren. England nahm damals den Felsen von Gibraltar in Besitz. Im Frieden von Utrecht erhielten die Bourbonen 1714 den spanischen Thron zugesprochen. Dabei blieb es bis heute.

Der Weg ins 20. Jh.

Die Bourbonen regierten Spanien nach französischem Vorbild zentralistisch. Die Teilreiche verloren an Autonomie und der Einfluss

Gemälde von Adolf Seel (1886): Mit der Eroberung der Alhambra öffnete sich eine märchenhafte Welt, die seit Jahrhunderten Besucher fasziniert

des Klerus wurde zeitweise eingedämmt. Im 18. Jh. erlebte Spanien noch einen bescheidenen Aufschwung. Aber die Folgezeit war weithin durch Kriege und wirtschaftliche Not geprägt. Anfang des 19. Jh. tobte sechs Jahre lang der spanische **Unabhängigkeitskrieg** gegen das napoleonische Frankreich im eigenen Land. Die Franzosen konnten vertrieben werden, aber die bürgerlich-liberale Verfassung von Cádiz (1812) scheiterte. Nachdem sich schon Anfang des 19. Jh. die meisten lateinamerikanischen Länder von der spanischen Herrschaft befreit hatten, verlor Spanien 1898 im Krieg gegen die USA seine letzten überseeischen Kolonien. Das Agrarland Spanien war arm geblieben, in weiten Teilen des Landes herrschte Hunger.

1923 putschte **General Primo de Rivera** mit Unterstützung von König Alfons XIII. und errichtete eine Militärdiktatur. 1930 formierten sich die Anhänger einer Republik. Primo de Rivera trat zurück, der König ging ins Exil. Die Republikaner errangen einen überwältigenden Sieg bei den Wahlen zur Verfassungsgebenden Versammlung. Aber diese **Zweite Republik** konnte die Probleme des Landes nicht lösen. Eine Agrarreform war gegen den Widerstand der konservativen Regierung nicht durchzusetzen und scheiterte. Wenige Aristokratenfamilien besaßen in Andalusien riesige, zumeist unbewirtschaftete Ländereien. Die mittellosen Landarbeiter – in Andalusien bis zu 80 % der Bevölkerung – wendeten sich verstärkt den **Anarchisten** zu. Diese forderten eine Enteignung der Großgrundbesitzer. Ihren Gegenpart bildete die rechtsextreme Partei Falange Española. Es kam zu zahlreichen Aufständen und Gewaltakten.

Bürgerkrieg und Diktatur

1936 wurde das Parlament aufgelöst. Bei den Neuwahlen erreichte die Vereinigung der Linksparteien (Volksfront) die Mehrheit. Die Lage spitzte sich zu und die Rechte reagierte darauf mit einem Militärputsch *(alzamiento nacional* = nationale Erhebung). Mit Hilfe faschistischer italienischer Truppen und der Luftwaffe des nationalsozialistischen Deutschlands besiegte die spanische Armee unter General Franco nach einem verheerenden dreijährigen Krieg 1939 die Verteidiger der spanischen Republik. Bis auf die eher spärliche Hilfe der Sowjetunion unterstützte kaum ein Land die Republikaner militärisch. Auch die Teilnahme ausländischer Intellektueller an den Kämpfen konnte den Sieg General Francos nicht verhindern. Etwa eine halbe Million Opfer forderte der Spanische Bürgerkrieg. Abgesehen von Almería und Málaga wurde Andalusien schon zu Kriegsbeginn von den Nationalen erobert, sodass weitere Kampfhandlungen und Zerstörungen ausblieben.

Diktator **Francisco Franco Bahamonde,** von seinen Anhängern Generalísimo Franco oder *Caudillo* (span. Führer) genannt, repräsentierte die Interessen der besitzenden Schicht und der katholischen Kirche. Armee und Guardia Civil setzten sie gewaltsam durch. Ökonomisch lag Spanien nach dem Bürgerkrieg am Boden. Nur etwa 2,5 % der Bevölkerung gehörten der herrschenden Oberschicht an, 17 % bildeten den Mittelstand und 80 % zählten zur verarmten Unterschicht. Eine Art staatlich kontrollierte zentrale Planwirtschaft sollte die Produktion in Gang bringen – erfolglos.

Erst als in den 1950er-Jahren die Wirtschaft liberalisiert wurde und ausländische Investoren ins Land gebeten wurden, begann ein gewisser Aufschwung – regional allerdings sehr unterschiedlich verteilt. Andalusien blieb lange Zeit das Armenhaus Spaniens. Erst mit dem Aufbau des Tourismus an der Mittelmeerküste kamen die dringend benötigten Arbeitsplätze.

Demokratie

Mit dem Tod Francos 1975 endete die letzte Diktatur Westeuropas. Schon 1969 von Franco zu seinem Nachfolger bestimmt, bestieg der heutige König **Juan Carlos I.** den spanischen Thron und leitete die Demokratisierung, die sogenannte *transición* (Übergang) ein. 1977 fanden die ersten freien Wahlen seit 1936 statt. 1978 definierte sich Spanien als parlamentarische Monarchie mit dem Ziel einer »fortschrittlichen demokratischen Gesellschaft«. Einen Militärputsch im Februar 1981 konnte Juan Carlos I. durch eindeutige persönliche Stellungnahme verhindern. Im selben Jahr erhielt Andalusien den Status einer **Comunidad Autónoma** mit Regierungssitz Sevilla, nachdem sich die Wähler ein Jahr zuvor in einem Volksentscheid für die Autonomie entschieden hatten. Als vierte Region Spaniens, die eine Teilautonomie erlangte, kann sich Andalusien seither weitgehend selbst verwalten.

Die ersten Wahlen in Andalusien gewann 1982 die PSOE *(Partido Socialista Obrero Español).* Einst als sozialistische Arbeiterpartei gegründet, ist sie heute eine sozialdemokratische Partei.

1992 organisierte Sevilla zur 500-Jahr-Feier der Entdeckung Amerikas die Weltausstellung EXPO 92. Sie stellte einen entscheidenden ökonomischen Impuls für Andalusien dar. Der Infrastruktur des Landes kamen die neuen Schienenwege, Straßen, Flugplätze und Dienstleistungsbetriebe zugute, die im Zusammenhang mit der EXPO entstanden waren. Davon profitierten nicht nur der Tourismus, sondern auch der Handel und die Landwirtschaft, die sich nach dem EU-Beitritt Spaniens 1986 auf den gesamteuropäischen Markt einstellen musste. Dennoch blieb die Realität hinter den Erwartungen zurück. Aus dem angestrebten Technologiezentrum auf dem EXPO-Gelände wurde nichts, ebenso wenig konnte eine der wichtigen europäischen Behörden nach Sevilla gelockt werden. Zudem lastet bis heute noch immer ein Schuldenberg auf Stadt und Land, den die Kosten für die Weltausstellung verursacht haben.

Ein Zankapfel ist weiterhin die ehemalige britische Kronkolonie (jetzt *dependent territory).* Spanien und Großbritannien hatten bereits über eine gemeinsame Hoheit verhandelt. Doch bei einem Referendum entschieden sich im Jahr 2002 über 99 % der Wahlberechtigten in Gibraltar für den Erhalt des jetzigen Status, weil die Enklave dank der Mehrwertsteuerfreiheit vorwiegend von ihrer Attraktivität als Finanzoase lebt.

Der PSOE gelang es in den 1980er- und 1990er-Jahren, die schlimmste Armut in Andalusien zu beseitigen. Bis zum Jahr 2000 konnte die Partei in der Region unangefochten allein regieren, seit 1990 unter der Führung von Manuel Chaves. Dann musste sie vier Jahre lang mit der Regionalpartei Partido Andalucista koalieren. 2004 eroberte Chaves die absolute Mehrheit zurück. Sein Handlungsspielraum ist allerdings begrenzt. Wichtige wirtschaftliche und politische Fragen werden nach wie vor in Madrid entschieden, wo seit 2004 ebenfalls die PSOE unter José Luis Rodríguez Zapatero regiert.

Jüngste Entwicklungen

Die jüngste Entwicklung in Andalusien wird durch Gegensätze geprägt: Zum einen lässt der legale und illegale Strom von Wirtschaftsflüchtlingen aus Afrika nicht nach. Alljährlich kommen ca. 45 000 zusätzliche Migranten in die Region. Nachdem 2005 Hunderte afrikanische Einwanderer die Grenzzäune um die spanischen Enklaven Ceuta und Melilla gegenüber Marokko gestürmt hatten und diese daraufhin erhöht wurden, werden Menschen oft unter dramatischen Umständen per Boot nach Spanien eingeschleust. Zum anderen hat nach der Euroeinführung 2002 ein bis heute anhaltender Bauboom insbesondere an der Costa del Sol eingesetzt, wo vor allem viele Briten einen Zweitwohnsitz im Umfeld eines der zahlreichen Golfplätze erwerben. Auch Kultur und Infrastruktur profitieren davon. 2003 wurde in Málaga das Picasso-Museum eröffnet, 2007 gab die Regionalregierung bekannt, den Schienenverkehr in Andalusien weiter auszubauen. Neben der kurz vor der Eröffnung stehenden Bahnstrecke, die den Anschluss von Málaga an die Hochgeschwindigkeitstrasse Sevilla–Madrid herstellen wird, sollen S-Bahn-Strecken *(cercanías)* und in den großen Städten Metros und Straßenbahnen gebaut werden.

Zeittafel

ab 2500 v. Chr.	Andalusien ist Zentrum der Megalithkultur.
1100 v. Chr.	Gründung von Cádiz durch die Phönizier.
ab 650 v. Chr.	Griechische Kolonisierung der spanischen Mittelmeerküste, wenig später karthagische Stadtgründungen.
206 v. Chr.	Beginn der römischen Herrschaft.
ab 409 n. Chr.	Westgoten und Vandalen fallen auf der Iberischen Halbinsel ein.
ab 474	Die Westgoten verlegen ihr Königreich nach Iberien.
711	Beginn der maurischen Herrschaft über Spanien.
ab 929	Das Emirat Córdoba wird zum Kalifat erhoben.
1031	Das Kalifat zerfällt in Kleinkönigreiche *(taifas).*
1086	Die berberischen Almoraviden dominieren Al-Andalus.
ab 1147	Die nordafrikanischen Almohaden erobern Al-Andalus.
1212	Schlacht bei Las Navas de Tolosa; Sieg der vereinigten Christen über die Almohaden. Ab 1230 erobern Kastilien und Aragón einen Großteil Andalusiens.
1232	Gründung des islamischen Königreichs von Granada.
1479	Isabella von Kastilien und Ferdinand von Aragón (die Katholischen Könige) vereinigen ihre Reiche und herrschen in Personalunion.
1481	Beginn des Krieges gegen das Königreich Granada.
1492	Eroberung von Granada; Kolumbus entdeckt Amerika.
1503	Sevilla erhält das Monopol für den Amerikahandel.
1516	Der Habsburger Carlos I. wird König von Spanien; ab 1519 ist er als Karl V. zugleich deutscher Kaiser.

Ausweisung der Morisken unter Philipp II.	**1609**
Ende der Habsburger-Herrschaft; Beginn des Spanischen Erbfolgekriegs.	**1700**
Frieden von Utrecht; die Bourbonen übernehmen den spanischen Thron; Gibraltar bleibt englisch.	**1714**
Cádiz übernimmt von Sevilla das Monopol für den Amerikahandel.	**1717**
Schlacht bei Trafalgar; Sieg der Briten unter Lord Nelson über die französisch-spanische Flotte.	**1805**
In Cádiz tagen die Cortes und erarbeiten eine bürgerlich-liberale Verfassung. Zwei Jahre später wird König Ferdinand II. wieder eingesetzt, die Liberalen werden verfolgt.	**1812**
Erste Republik.	**1873–1874**
Spanien verliert seine letzten Kolonien (Kuba u. a.).	**1898**
Diktatur von General Primo de Rivera, 1931 Beginn der Zweiten Republik.	**1923–1930**
Bürgerkrieg zwischen Nationalen und Republikanern, anschließend Beginn der Franco-Diktatur.	**1936–1939**
Tod Francos; Juan Carlos I. wird spanischer König, zwei Jahre später erste demokratische Wahlen seit 1936.	**1975**
Andalusien wird Comunidad Autónoma (autonome Gemeinschaft).	**1981**
Spanien tritt der EG (heute EU) bei.	**1986**
500-Jahr-Feier der Entdeckung Amerikas; Sevilla organisiert die Weltausstellung EXPO 92.	**1992**
Die sozialistische PSOE unter Zapatero gewinnt nach dem U-Bahn-Anschlag von Madrid die spanischen Parlamentswahlen.	**2004**
Der Schienenverkehr wird in Andalusien intensiv ausgebaut.	**2007**

Gesellschaft und Alltagskultur

Ein feuriges Temperament wird den Andalusiern nachgesagt. Bei Feierlichkeiten trifft das sicher zu. Doch der Alltag hat auch hier Höhen und Tiefen. Die Freizeit wird traditionell mit der Familie oder in gesellschaftlichen Zirkeln verbracht. Junge Leute bevorzugen andere Vergnügungen, ziehen mit Freunden los oder suchen sportliche Abenteuer.

Lebensweise

Das klassische Klischee: Die Frau als ›Carmen‹ im Rüschenkleid. Der Mann im weiten, weißen Hemd mit schwarzer, kurzer Weste, der sie voller Leidenschaft begehrt; oder als Matador in der Arena, der von ihr Blumen zugeworfen bekommt. Die moderne Variante: Mit Freunden beim täglichen Tapeo durch die Stadt bis spät in die Nacht. Oder mit der kompletten Großfamilie bei der Fiesta bis in den frühen Morgen. Manch einer stellt sich die Andalusier so vor. Bei den zahlreichen Feierlichkeiten, aber auch am Wochenende oder in der Ferienzeit trifft dies tatsächlich manchmal zu.

Der Alltag

Im Alltag lebt es sich in Andalusien erstaunlich ›normal‹. Sogar die klassische Siesta – die mehrstündige Mittagspause – findet in größeren Betrieben und Büros kaum mehr statt (s. S. 83). Großfamilien, die mit mehreren Generationen unter einem Dach wohnen, lösen sich auf. Die Frauen zeigen im Land des *Machismo* immer mehr Selbstbewusstsein. An einigen wichtigen Universitäten überwiegen schon weibliche Studenten. Heutzutage zieht es den modernen Andalusier in die Stadt. Viele leben dann in kleinen Apartments in Hochhäusern, denn das Angebot an Wohnraum ist knapp. Wer es sich leisten kann, hat zusätzlich ein kleines Haus auf dem Land oder wohnt in einem Einfamilienhaus in einem der besseren Viertel am Stadtrand. Die Bevölkerung in den Dörfern überaltert. Wenn die Jungen weggehen, ziehen oft Ausländer nach, die sich den Traum vom Zweitwohnsitz im Süden erfüllen.

Typisch andalusisch

Aber dennoch, es gibt Unterschiede zu nördlicheren Ländern. Das gesellschaftliche Leben spielt sich vorwiegend im Freien ab. Der private Wohnbereich ist Gästen selten zugänglich. Man trifft sich tagsüber oder am Feierabend in Bars und Cafés. Am Sonntag zeigen sich Paare und Familien herausgeputzt auf der Promenade zum Sehen und Gesehenwerden. Auch wenn die Großfamilie immer mehr an Bedeutung verliert, so ist doch der sonntägliche Familienausflug zu einem Picknickplatz *(zona recreativa)* bei vielen noch beliebt und festes Ritual. Vormittags bereiten die Frauen den Proviant vor, den ganzen Nachmittag wird dann gegessen und getrunken.

Im Vergleich zu anderen Ländern geht es gelassener zu. Das förmliche Sie *(usted)* wird selten benutzt. Jeder duzt *(tú)* jeden, sogar in Banken und auf Ämtern. *Mañana* lautet ein weiteres Zauberwort. Es bedeutet so viel wie morgen, übermorgen oder irgendwann einmal. Auf gelegentliche Unannehmlichkeiten ist eine typische Reaktion *»no te preocupes«:* Was kümmert's dich? Lass es, wie es ist.

Überall wo Menschen zusammenkommen, geht es laut zu, und nur wenige Andalusier stören sich daran. Stille bedeutet für sie Einsamkeit. Lärm dagegen steht für Geselligkeit und Ausgelassenheit, Leben und Fortschritt. Auch wenn die Geburtenrate heute niedriger als etwa in Deutschland liegt – kinderfreundlich sind die Andalusier fraglos, die Kleinen dürfen alles, vor allem toben, schreien und laut sein. Jugendliche imponieren mit knatternden Mopeds und laute Musik ist nicht allein ihr Privileg. Noch vor wenigen Jahren gab es in jedem Dorf nur einen Fernseher, und der stand in der Bar. Dort läuft er heute noch, und mancherorts weiterhin in einer Lautstärke, als wolle man den ganzen Ort beschallen.

Lastwagen, die direkt vor dem Fenster auf der Autobahn vorbeidonnern, werden nicht als unliebsames Übel angesehen, sondern zeugen vielmehr vom Aufschwung. Wohnungen in der Einflugschneise von Flughäfen sind demzufolge nicht unbedingt billiger als anderswo.

Bevölkerung

Großgrundbesitzer, Arbeiter, neue Mittelschicht

Nach der Reconquista teilten die neuen christlichen Herrscher das andalusische Land unter wenigen Adeligen auf. An diesen Besitzverhältnissen hat sich bis heute kaum etwas geändert. Weniger als 5 % der Landbesitzer gehört über 50 % des Grund und Bodens. Bearbeitet werden die Ländereien vielfach durch Tagelöhner. Traditionell sind daher die sozialen Gegensätze immens. Schon im 19. Jh. versuchten die Landarbeiter durch anarchistische Aktionen gegen die Großgrundbesitzer ihre Lage zu verbessern. Im Spanischen Bürgerkrieg (1936–1939) kämpften sie mit den Republikanern gegen das putschende Militär. 1984 kam es zwar zu einer Agrarreform, die unter gewissen Voraussetzungen die Enteignung von Großgrundbesitz erlaubt. Geändert hat sich aber bisher wenig. Selbst in guten Jahren kann ein Tagelöhner nur mit ca. sechs Monaten Arbeit und Einkommen rechnen.

Eine neue Mittelschicht in den Städten, die im Handel- und Dienstleistungsbereich tätig ist, entstand allmählich nach der Demokratisierung Spaniens. Sie gewann in den vergangenen 30 Jahren zunehmend an Bedeutung.

Gitanos

Gitanos (span. Zigeuner) wanderten schon im 15. Jh. nach Spanien ein. In Andalusien leben heute ca. 300 000 von ihnen. Sie nennen sich selbst *Calé* oder *Kale*. Dabei handelt es sich neben Sinti und Roma um eine der größeren Gruppen ehemals nicht sesshafter Menschen. Heute sieht man allerdings nur noch vereinzelt Wagenburgen von mobilen *Calé*. In den 1950er- und 1960er-Jahren wurden die meisten sesshaft und bewohnen seither Sozialwohnungen und Elendsviertel am Rand der großen Städte. Bisher ist eine Integration in die spanische Gesellschaft nicht gelungen. *gitanos* leben in Sippen aus mehreren Großfamilien, an die sie sich ihr Leben lang gebunden fühlen. Der Zusammenhalt ist groß, geheiratet wird meist nur untereinander. Eine der schlimmsten Strafen ist der Ausstoß aus der Sippe. Deren strenge Moralvorstellungen und Gesetze werden nur mündlich weitergegeben. ›Nicht-Zigeuner‹ stehen ihnen eher skeptisch gegenüber und meiden den Kontakt. Wenn Kinder von *gitanos* in die Schule geschickt wurden, kam es immer wieder zu Protesten der anderen Eltern. So wird die Schulpflicht oft nicht eingehalten, und die Analphabetenrate bei den *gitanos* ist nach wie vor recht hoch.

Bis ins 18. Jh. wurden sie in Spanien von offizieller Seite diskriminiert und verfolgt. Oft mussten sie sich daher mit Gelegenheitsarbeiten, Betteln und Diebstählen das Überleben sichern. In moderner Zeit sind die traditionellen Tätigkeiten der *gitanos* wie Kesselflicken, Scherenschleifen, Korbflechten und auch Pferdehandel entfallen. So bleibt den Frauen oft nur der Verkauf von Nelken oder das Betteln in den Innenstädten. Männer betätigen sich als inoffizielle Parkwächter oder Altmetallhändler. Viele rutschen in die Kleinkriminalität ab, nur wenigen gelingt es, aus der Armut auszubrechen: als Stierkämpfer oder Flamencotänzer, wie das berühmte Vorbild Joaquín Cortés.

Die Unión Romaní (www.unionromani.org) setzt sich für eine soziale Eingliederung der spanischen Zigeuner ein, aber auch für den Erhalt ihrer Kultur, Lebensweise und Sprache *(romanò-kalò)* sowie für gegenseitige Toleranz, jenseits der üblichen ›Zigeuner-Romantik‹ .

Migranten

Zwischen 2000 und 2005 hat sich die Zahl der Migranten in Andalusien von 129 000 auf 420 000 mehr als verdreifacht. Neuere Zahlen waren zur Zeit der Drucklegung nicht veröffentlicht, sie dürften sich aber nochmals deutlich erhöht haben. Die meisten Zuwanderer stammen aus Ländern der Europäischen Union (ca. 135 000). Briten stellen darunter mit ca. 64 000 die Mehrheit, gefolgt von knapp 18 000 gemeldeten Deutschen. Daneben gibt es eine unbekannte Zahl von Ausländern mit Zweitwohnsitz in Andalusien. Die meisten haben sich an der Costa del Sol niedergelassen. Zahlreiche neue Urbanisationen am Rand der Ferienorte sind das sichtbare Zeichen dafür.

Lange Zeit bildeten Mittel- und Südamerikaner die größte Gruppe der Einwanderer, die in Spanien bessere Arbeitsbedingungen fanden als in ihrer Heimat. Heute kommen auch viele Afrikaner in der Hoffnung auf ein besseres Leben. Die meisten stammen aus Marokko (knapp 75 000). Einige versuchen illegal über die spanischen Exklaven Ceuta oder Melilla oder auch per Boot nach Spanien einzureisen. Schwarzafrikaner werden von Schlepperbanden als ›Schiffbrüchige‹ vor den Kanarischen Inseln abgesetzt. Die Behörden leiten sie meist auf das spanische Festland weiter. Falls sie nicht wieder ausgewiesen werden, bleibt ihnen meist nur harte Arbeit für geringen Lohn in der Landwirtschaft, oft in den großen Gewächshäusern bei Almería. Die spanische Regierung versucht durch verschärfte Grenzkontrollen und Einwanderungsgesetze den Zustrom von Migranten einzudämmen.

Religion

Katholischer Glaube und Marienverehrung

Knapp 93 % der Einwohner von Andalusien bekennen sich offiziell zur katholischen Kirche. Doch nur noch etwa die Hälfte gelten als praktizierende Katholiken. Vor allem die jüngeren Menschen bleiben dem Gottesdienst fern. Ähnlich sieht es in der Priesterschaft aus, die zunehmend überaltert. Schon jetzt haben rund die Hälfte der Gemeinden keinen eigenen Pfarrer mehr. Das soziale Engagement der kirchlichen Institutionen wird zwar allgemein als positiv bewertet, hingegen können sich nur noch wenige Andalusier mit den moralischen Positionen der Kirche identifizieren. In privatem Rahmen gehören aller-

dings religiöse Zeremonien (Taufe, Kommunion, Trauung) immer noch selbstverständlich dazu.

Weiterhin lebendig – wenn auch von vielen jüngeren Andalusiern inzwischen ebenfalls kritisch beäugt – ist die Volksreligiosität. Sie äußert sich in einer geradezu enthusiastischen Verehrung gewisser Heiligen- und vor allem Marienfiguren. Wichtigste Beispiele sind die Semana Santa (Karwoche) in Sevilla (s. S. 250) und die Wallfahrt von El Rocío (s. S. 223 ff.). Hier leben kaum verborgene vorchristliche Traditionen der Verehrung einer weiblichen Gottheit weiter. Diese wurden im 16. und 17. Jh., im Zeitalter der Gegenreform, von der katholischen Kirche ins religiöse Zeremoniell eingebunden, um die Gefühlsaspekte der Religion gezielt zu nutzen und den drohenden Einfluss des Protestantismus abzuwehren. 1616 legitimierte eine Erklärung des Papstes die zuvor schon stark ausgeprägte Marienverehrung. Hingebungsvoll betete man nun die schöne, reine und gnadenreiche Schmerzensmutter an, während die Inquisitionstribunale Abweichler einschüchterten und verfolgten. Der gefundene Kompromiss überdauerte die Inquisition und hält nun schon seit Jahrhunderten.

Renaissance des Islam

Eine kleine Minderheit andalusischer Intellektueller trat in jüngster Zeit zum Islam über. Schwerpunkt ist hierbei Granada mit seiner großen Universität. Angehörige der linken, alternativen Studentenszene suchen eine neue spirituelle Heimat. Von den ca. 15 000 Musli-

Marienverehrung: Die Muttergottes ist nach wie vor Adressatin für Bitten und Nöte

Stierkampf

Thema

»Das einzige Land, dessen Nationalschauspiel der Tod ist«, schrieb Federico García Lorca über seine spanische Heimat. Was Tierschützer heute als archaisches, nicht mehr zeitgemäßes Ritual anprangern, ist ein Erbe antiker Mittelmeerkulturen.

Phönizier und Griechen verehrten ihre Götter Baal und Zeus in Menschen- wie auch in Stiergestalt – als Inbilder der Potenz. Junge Männer mussten sich vor der Hochzeit mit dem Stier messen, um Zeugungskraft zu gewinnen und ihre Mannbarkeit zu beweisen. Erste Abbildungen des Stierkampfs auf Wänden und Vasen stammen von Kreta und sind über 3000 Jahre alt. Vom Ursprung her handelt es sich um eine Opferzeremonie, die tödlich für denjenigen ausging, der dem Stier unterlag. Beim heutigen Stierkampf genießt die Unversehrtheit des Toreros eine sehr hohe Prioriät, dennoch gibt es immer wieder schwere Unfälle.

Kaiser Karl V. tötete 1527 in Valladolid vom Pferd aus einen Stier. Noch im 17. Jh. stellten sich berittene Adelige dem Stier auf den Plätzen der spanischen Städte entgegen. Ein königlicher Erlass verbot den Kampf zu Pferd zu Beginn des 18. Jh. Daraufhin erfand Francisco Romero aus Ronda den Stierkampf in seiner modernen Form, zu Fuß (s. S. 148). Von nun an war er nicht mehr allein Sache des Adels. Bis heute wetteifern die Großgrundbesitzer darum, die besten Stiere zu züchten. Aber ein erfolgreicher *torero* zu werden ist seither der Traum der Armen. In der Arena begegnen sich somit die Welten der Großgrundbesitzer und der Landarbeiter, während das Interesse am Stierkampf bei Intellektuellen und im Bürgertum gering ist.

Stierkampfsaison ist von Mitte Februar bis Mitte Oktober. Die Veranstaltungen werden auf Plakaten angekündigt und finden oft im Rahmen örtlicher Feste statt. Zunächst marschieren feierlich die *toreros* – so nennt man alle, die am Kampf gegen den Stier beteiligt sind – mit ihrem Gefolge ein. Vor der Loge des Präsidenten, der den weiteren Ablauf der Zeremonie dirigiert, salutieren sie. Auf ein Musiksignal hin stürmt der Stier in die Arena und rennt gegen die Fahnenschwenker an – junge, noch unbekannte *toreros,* die jetzt ihren Mut und ihre Geschicklichkeit beweisen können. Zunächst wirkt das Tier stark und überlegen. Alles, was dann folgt, das Reizen mit dem Tuch und das Umherlaufen, dient seiner Erschöpfung. Der *picador,* ein gepanzerter Berittener, beendet schließlich das schnelle Spiel. Während der Stier das Pferd auf die Hörner zu nehmen versucht, stößt er ihm mit einer Lanze in den Nacken. Drei *banderilleros* laufen dem Stier von vorne entgegen und platzieren mit Widerhaken versehene Spieße in dessen Nacken. Danach erst tritt der auf den Plakaten angekündigte *matador* (span. *matar* = schlachten, erlegen) auf. Ist der Stier erschöpft zum Stehen gekommen, versenkt der *matador* einen Degen bis zum Knauf im Nacken des Tiers. Die richtige Stelle, um Herz und Lunge in einem Stoß zu durchbohren, ist nicht leicht zu treffen. Die Gunst des Publikums kann schnell in Unmut umschlagen, wenn dies nicht beim ersten Versuch gelingt. Falls aber doch, ist dem *matador* begeisterter Beifall sicher. Man feiert ihn und bewirft ihn mit Blumen und Geschenken.

men in Granada soll es sich bei einem Drittel um konvertierte Christen handeln, mit steigender Tendenz. 2003 wurde seit der Reconquista erstmals wieder eine Moschee in Granada eingeweiht. Die Konvertiten glauben an einen Islam ohne religiösen Fanatismus als Modell für die Zukunft. Die maurische Zeit mit ihrer relativen religiösen und sozialen Toleranz ist für sie die glanzvollste Epoche in der Geschichte Andalusiens. Im Gegensatz zum christlichen Spanien soll es im maurischen Andalusien keinen Feudalismus gegeben haben, sondern ein soziales System, das auf Ausgleich zwischen verschiedenen Bevölkerungsschichten setzte. Frauen hätten in der Wissenschaft und Kunst, aber auch im öffentlichen Leben hohes Ansehen genossen, zudem hätte Religionsfreiheit geherrscht. An dieses Erbe möchten diejenigen anknüpfen, die sich heute dem Islam zuwenden.

Kritiker dieser Bewegung wenden ein, dass die maurischen Herrscher nur im Vergleich mit den damaligen Christen tolerant und fortschrittlich waren, nicht aber nach heutigen Maßstäben. So galt Religionsfreiheit nur eingeschränkt. Christen und Juden war es bei Todesstrafe verboten, unter Muslimen zu missionieren. Auch die Situation der Frauen kann nicht wirklich als gleichberechtigt bezeichnet werden. Ebenso war Rechtssicherheit im heutigen Sinne nicht gewährleistet, vielmehr war eine gewisse Willkür der Herrscher gang und gäbe.

Feste

Cruces de Mayo

In vielen andalusischen Städten stellen Katholiken am ersten Maiwochenende auf den Plätzen Kreuze auf und schmücken sie mit Blumen und Rosmarinzweigen. Die Stadtviertel wetteifern dabei speziell in Córdoba und Granada um die schönste Dekoration. Abends tanzt und feiert eine lustige Gesellschaft rund um die Kreuze, weit bis in den Morgen hinein. In ländlichen Gebieten segnet der Pfarrer die Äcker. Dieser Brauch offenbart die vorchristlichen Wurzeln des ursprünglichen Fruchtbarkeitsfestes. Offizieller christlicher Anlass ist die Auffindung des angeblich wahren Kreuzes Christi in Jerusalem am 3. Mai 326. Der hl. Franz von Assisi soll 1224 am Kreuzfindungstag (der übrigens inzwischen nicht mehr im offiziellen Festtagskalender der katholischen Kirche steht) die Wundmale Christi empfangen haben. Wahrscheinlich haben Franziskanermönche, die nach der Reconquista missionierten, das Fest in Andalusien populär gemacht. An diesem Tag genossen Sklaven und Leibeigene einige Freiheiten, durften z. B. wie ihre Herren gekleidet gehen. Bis heute wird das Fest in Granadas ehemals arabischem Stadtviertel Albaicín besonders inbrünstig begangen.

Mysterienspiele

Mysterienspiele, mit den Passionsspielen des deutschen Sprachraums verwandt, werden in Andalusien zu verschiedenen Anlässen aufgeführt. Ihre Wurzeln sind im kultischen Theater der Antike zu suchen. Später fanden sie Eingang in die christliche Liturgie. Im Hochmittelalter wurden die Aufführungen populärer und das Geschehen verlagerte sich von den Kirchen auf die Straßen. Zwar wurden die Spiele in Spanien 1765 durch den Reformkönig Carlos III. untersagt. Doch das Verbot wurde vielfach umgangen.

Am bekanntesten sind die **Moros y Cristianos,** nachgestellte Kämpfe der Mauren gegen die Christen im Rahmen örtlicher Patronatsfeste in der Alpujarra und in Mojácar. Die Feiernden erinnern damit an Ereignisse während und nach der Reconquista. Die ›Christen‹ kämpfen gegen bunt gekleidete ›Mauren‹, die mit furchterregenden Krummsäbeln bewaffnet sind. Selbstverständlich endet die Schlacht für die Christen siegreich. Der Triumph wird mit einer feierlichen Messe begangen. Ein weiteres Mysterienspiel ist **Belén Viviente** (›lebende Krippe‹). In Arcos de la Frontera wird es am Samstag vor Weihnachten aufgeführt. Hunderte von Laienschauspielern nehmen teil, um in 30 Szenen die Geburt des Jesuskindes nachzuspielen.

Feiertage und Feste

In Spanien werden die 14 **gesetzlichen Feiertage** in den einzelnen Regionen jährlich neu festgelegt. In Andalusien sind dies in der Regel:

1. Januar – Neujahr
6. Januar – Drei Könige
28. Februar – Andalusientag
Gründonnerstag
Karfreitag
1. Mai – Tag der Arbeit
25. Juli – Sankt Jakob
15. August – Mariä Himmelfahrt
12. Oktober – Tag der Entdeckung Amerikas
1. November – Allerheiligen
6. Dezember – Tag der Verfassung
8. Dezember – Mariä Empfängnis
25. Dezember – Weihnachten
26. Dezember – Sankt Stephanus

Außerdem bestimmt jede Gemeinde zwei örtliche Feiertage, häufig den **Ostermontag** oder **Pfingstmontag,** sowie den **Namenstag des Ortspatrons.** Fällt ein Feiertag auf einen Sonntag, wird am folgenden Montag nicht gearbeitet! Inoffiziell ist fast überall die gesamte Karwoche (Semana Santa), also die Woche vor dem Ostersonntag, arbeitsfrei. Viele Andalusier nutzen diese Zeit für einen Kurzurlaub.

Stiertreiben

Ähnlich wie bei den berühmten Sanfermines in Pamplona findet vielerorts in Andalusien zu Ostern (Arcos de la Frontera, Vejer de la Frontera) oder im Rahmen von Patronatsfesten im August/September (Chipiona u. a.) der **Encierro** statt. Stiere werden durch Gassen und Straßen getrieben, Türen und Fenster sind verbarrikadiert. Junge Männer, manchmal auch Frauen laufen dem schnaubenden Pulk davon und stellen sich, um ihren Mut zu beweisen, den Tieren auch schon einmal in den Weg. Immer wieder kommt es zu schweren Verletzungen. Krankenwagen stehen vorsorglich bereit. Zuschauer, die kein Risiko eingehen möchten, betrachten das Spektakel von Balkonen oder Fenstern in den oberen Stockwerken. Ursprünglich war der Encierro (span. einsperren) die Hatz zum eigentlichen Stierkampf, der früher auf den zentralen Plätzen stattfand. In die dortigen Ställe trieben die Hirten ihre Stiere, nachdem sie sich vor dem Stadttor versammelt hatten.

Feria

Fast jede größere Stadt in Andalusien hat ihre mehrtägige Feria, am bekanntesten ist diejenige von Sevilla (s. S. 266). Der Termin fällt meist mit der Feier eines Ortsheiligen zusammen. Ferias haben ihren Ursprung in jahrhundertealten Viehmärkten. Im 19. Jh. wurden daraus offizielle Jahrmärkte, auf denen nicht nur Vieh, sondern auch landwirtschaftliche und handwerkliche Erzeugnisse verkauft wurden. Zugleich hatten (und haben) diese Veranstaltungen Festcharakter – mit viel Musik, Stierkämpfen, Pferderennen, Züchterwettbewerben und Feuerwerk. In den Metropolen Sevilla, Córdoba, Málaga, Jerez und Almería entwickelten sich die Ferias zu gesellschaftlichen Ereignissen, zu denen traditionsbewusste Andalusier herausgeputzt, oft in Tracht oder gar hoch zu Ross erscheinen. Viehmärkte werden nur noch selten abgehalten. Hingegen stehen Stierkämpfe heute im Zentrum der Aufmerksamkeit. Als Konzession an die Jüngeren dürfen inzwischen auch die international üblichen Kirmesattraktionen nicht fehlen. Für die Feria ist meist ein Gelände am Stadtrand vorgesehen, wo Vereine und andere Organisationen ihre Festzelte *(casetas)* errichten, in denen sie essen, trinken, tanzen und feiern. Generell bleiben die Andalusier dabei eher unter sich, viele *casetas* sind privat. In andere – vor allem die der politischen Parteien – wird man auch als Außenstehender eingelassen.

Romería

Für die andalusischen Katholiken hat die Marienverehrung eine besondere Bedeutung. Bei der Romería handelt es sich um eine Wallfahrt, die zum *santuario* (Heiligtum) einer speziellen Madonnenfigur (seltener eines anderen Heiligen) veranstaltet wird. Ein Santuario liegt außerhalb von Ortschaften und kann

Flamenco

Thema

Seit dem 15. Jh. ließen sich die *gitanos* (Zigeuner) in Cádiz, Sevilla, Jerez und Granada nieder, den heutigen Hochburgen des Flamenco. Lange wurden sie diskriminiert und von der Inquisition verfolgt. In dieser Zeit entwickelten sie eine Musik, deren Thema die Qualen des Lebens sind: Einsamkeit, Liebesleid, Unterdrückung.

Die ursprünglichste Form des Flamenco erinnert an ein Ritual zur Geisterbeschwörung. Der Gesang *(cante)* beginnt häufig wie eine Anrede. Während der Sänger sein Leid mit kehligen Tönen besingt, scheint er dämonische Kräfte anzurufen, die von ihm Besitz ergreifen. Schreie und sein schmerzverzerrtes Gesicht zeugen davon. Die Zuhörer feuern an und klatschen. So ›tragen‹ sie den Sänger, der sein Inneres mitteilt, schließlich bis zum *duende,* dem mystischen Moment der Ekstase.

Die *gitanos* selbst brachten wohl aus ihrer indischen Heimat die Elemente des Flamencotanzes *(baile)* mit. Charakteristisch sind die aufrechte Haltung und das rhythmische Stampfen mit den Füßen. Bewegungen von Armen und Händen erinnern an indische Tempeltänze.

Darüber hinaus gibt es weitere musikalische Wurzeln. So beschrieb der römische Schriftsteller Juvenal die Tänzerinnen von Cádiz und ihre Musik, die Kaiser Theodosius im 4. Jh. wegen ›Unsittlichkeit‹ verbot. Doch blieben sicherlich Spuren davon erhalten. Im 9. Jh. richtete ein Sänger namens Ziryab aus Bagdad am Hof von Córdoba eine Schule für Musik und Gesang ein und brachte persische Traditionen nach Europa, z. B. den Gebrauch von Laute und Gitarre *(toque)* sowie von Kastagnetten. Einfluss übten auch jüdische Synagogenlieder aus, vor allem Trauergesänge.

Erst ein Erlass des Bourbonenkönigs Carlos III. von 1782 erlaubte den *gitanos* offiziell eine menschenwürdige Sesshaftigkeit. Seither konnten sie es wagen, ihre Musik öffentlich zu machen. Damals tauchte auch der Name Flamenco auf, dessen Herkunft bis heute ungeklärt ist. Es entwickelte sich der klassische Flamenco, bei dem übrigens sparsame Gesten ein Zeichen der Meisterschaft sind. Zwischen 1860 und 1910 erlebte er seine Blütezeit. In den *cafés de cante* gab es nun fest angestellte Künstler. Nicht mehr alles wurde der Improvisation und der Eingebung des Augenblicks überlassen. Nicht-*gitanos* begannen Flamenco zu singen und zu tanzen. Vom Café wanderte der Flamenco auf die Theaterbühne. Südamerikanische Musikelemente gingen ins Repertoire ein, die strengen Formen lösten sich auf, der Flamenco verlor an Stil. Schon zu Beginn der 1920er-Jahre versuchten Federico García Lorca und Manuel de Falla den ›echten‹ Flamenco zu rehabilitieren.

Tatsächlich erlebte der Flamenco in den letzten Jahrzehnten eine faszinierende Renaissance und erfuhr nun auch weltweite Beachtung. Er berührte sich mit einer anderen Musiktradition der Unterdrückten, dem Jazz, mit Auswirkungen auf die Tanzformen. Bei vielen kommerziellen Vorführungen bekommt man zwar nur noch die Spuren einer ehrwürdigen Tradition zu Gesicht. Aber in manchen *tablaos* (ursprünglich einfache Bretterbühnen, heute Flamencolokale) treten wieder ausdrucksstarke Sänger und Tänzer auf, die den Zauber des Flamenco aufleben lassen.

ein einfacher Schrein sein, ist meist aber eine kleinere bis größere Kirche, umgeben von idyllischen Gartenanlagen. Die Pilger kommen zu Fuß, auf prächtig geschmückten Festwagen oder hoch zu Ross. Religiöser Höhepunkt ist eine Messe mit anschließender Prozession. Schließlich mündet die Pilgerfahrt in ein ausgiebiges Picknick bei der Wallfahrtskirche. Nicht selten wird die Nacht hindurch gefeiert. Romerías von lediglich örtlichem Interesse sind meist in die **Fiesta** integriert, die Kirchweihfeier. An anderen, wie der berühmten Romería nach El Rocío (s. S. 224 f.), nehmen Pilger aus ganz Andalusien teil. Weitere wichtige Wallfahrten führen zur Virgen de los Ángeles (bei Alájar, s. S. 233 f.), Virgen de la Sierra (bei Cabra, s. S. 303) und auf den Mulhacén zur Virgen de las Nieves (s. S. 359).

Besondere Feste

Reyes: Am 5. Januar, dem Vorabend des Dreikönigsfestes, findet die Bescherung für die Kinder statt. Ihr geht ein Umzug voraus, bei dem drei als die Heiligen Drei Könige verkleidete Männer auf Prunkwagen durch die Straßen fahren und Bonbons an die Kinder verteilen. In größeren Städten kann der Auftritt der Reyes schon einmal etwas spektakulärer ausfallen, indem sie z. B. per Helikopter einschweben.

Carnaval: Sehr ausgiebig wird der Karneval gefeiert. Tagsüber finden Prunkumzüge statt und Gruppen ziehen durch die Straßen, die politische Spottlieder singen. Nach Mitternacht treffen sich die Jüngeren zu lautstarken Tanzveranstaltungen unter freiem Himmel. Am Aschermittwoch ist die Feuerbestattung einer überdimensionalen Sardine aus Pappmaché ein Höhepunkt. Ursprünglich handelte es sich um einen antiklerikalen Akt, mit dem die Karnevalisten dagegen protestierten, während der nun beginnenden Fastenzeit nur Fisch essen zu dürfen. Dieses ›traurige‹ Ereignis bildet nicht den Abschluss. Das närrische Treiben geht noch mindestens bis zum Wochenende danach weiter. Den berühmtesten Karneval des spanischen Festlandes hat Cádiz (s. S. 194 f.).

Semana Santa: Höhepunkt des Jahres ist für viele Andalusier nach wie vor die Karwoche, also die Woche vor Ostern. In dieser Zeit ziehen Prozessionen durch die Straßen der Städte und Dörfer, die den mit Blumen geschmückten, gekreuzigten Christus zusammen mit María Dolorosa, der ›Schmerzensreichen‹ Jungfrau, mit sich tragen. Die mannshohen Holzskulpturen sind auf schwere Wagen oder Gestelle montiert. Ihre Träger quälen und schinden sich und holen sich blutige Nacken. Jeder Stadtteil und jede Kirchengemeinde möchte die schönste Madonna vorführen, die wie eine Königin ausstaffiert wird. Die Geduld der Zuschauer scheint grenzenlos, während schier endlose Reihen von Kapuzenmännern, Menschen, die Fackeln tragen, sich Ketten an die nackten Füße gebunden haben und Holzkreuze auf dem gebeugten Rücken schleppen, an ihnen vorüberziehen. Manche Prozessionen verlaufend schweigend, andere werden von Trommlern oder gar lebhafter Musik begleitet. Mit der Semana Santa wird nicht nur der Kreuzigung und Auferstehung Jesu gedacht, sondern der Jahreszyklus beginnt in diesen Tagen immer wieder neu.

San Juan: In der Johannisnacht (23./24.Juni) scheint jeder Andalusier auf den Beinen zu sein. Wer ein Stadthotel bezogen hat, sollte sich auf eine schlaflose Nacht einrichten oder lieber gleich mitfeiern. Jugendliche leiten das Event tagsüber mit Knallkörpern ein. Gegen 21 Uhr starten die Familien zum Paseo. Alles fiebert dem Höhepunkt entgegen: dem mitternächtlichen Feuerwerk. Anschließend wird bis zum Morgengrauen gefeiert. Besonders lebhaft geht es in den Küstenorten zu, wo am Strand die *juanillos* und *juanillas* verbrannt werden – Puppen, die das Böse symbolisieren. Zur spirituellen Reinigung waschen sich viele das Gesicht mit Meerwasser.

Virgen del Carmen: Der 16. Juli ist Ehrentag der Karmeljungfrau, der Schutzheiligen der Fischer. Aus diesem Anlass finden vielerorts Bootsprozessionen statt.

Semana Santa: Büßerprozession

Architektur, Kunst und Kultur

Von den frühen Stadtgründungen der Phönizier, Karthager und Römer blieb relativ wenig erhalten. Eine kulturhistorische Besonderheit Andalusiens sind die Errungenschaften der maurischen Epoche. Nach der *Reconquista* (Rückeroberung) durch die Christen entstanden prächtige Kirchen und Paläste im Stil der Renaissance und des Barock.

Von Römern und Westgoten

In der spanischen Sprache hinterließen die Römer ihre deutlichsten Spuren. Mit Siedlungen, Straßen, Brücken, Aquädukten, Theatern und Stadtmauern prägten sie eine bis heute sichtbare zivile Struktur. Bei Sevilla ist Itálica zu besichtigen, die erste römische Gründung in Andalusien (204 v. Chr.). Sehenswert ist auch Baelo Claudia an der Costa de la Luz. In Ancipo bei Ronda sind Teile einer Römerstadt erhalten. Málaga wartet mit einem römischen Theater auf, in Córdoba stehen vor dem Rathaus römische Säulen. Die Stadtmauer von Carmona ist römischen Ursprungs und eine große Gräberstätte zeugt dort von der Anwesenheit der Römer.

Die auf die Römer folgenden Westgoten machten sich deren Infrastruktur zunutze. Sie bauten Vorhandenes aus, schufen aber wenig Neues. Kaum blieb Originäres erhalten.

Maurische Architektur

Anfangs gestalteten sich die maurischen Eroberungszüge kriegerisch. Auch die Muslime nutzten Vorhandenes, zerstörten und bauten aus. Im Laufe der Zeit entwickelte sich jedoch eine gut funktionierende Infrastruktur und es entstanden eindrucksvolle Bauwerke.

Häufig sind maurische Gebäude von außen im Vergleich zum Inneren eher schlicht. Bedeutendes Merkmal ist der **Hufeisenbogen,** der Einlass in Städte, Höfe und Räume bietet oder sich als zierendes Element über Säulen findet. Um die Raumwirkung aufzulockern, ist er oft zweifarbig gestaltet. Beste Beispiele sind die Hufeisenbögen in der Mezquita von Córdoba. Die filigranen Arabesken sind nicht immer aus edlen Materialien geschaffen, sondern – der einfachen Bearbeitung wegen – oft aus Gips oder Holz. Repräsentative Räume werden von **Muquarnas** überspannt. Diese Kuppeln sind aus vielen Einzelteilen zusammengesetzt und haben daher eine wabenähnliche Struktur. Von den einzelnen Elementen stehen oft Zapfen ab. Solche Kuppeln werden dann in Anlehnung an Tropfsteinhöhlen **Stalaktiten-Gewölbe** genannt. Besonders eindrucksvolle Beispiele sind in der Alhambra in Granada zu sehen.

Ein weiteres maurisches Merkmal sind die **Zwillingsfenster** – zwei Fenster, oft mit Hufeisenbogen, die durch einen schmalen Steg voneinander getrennt sind. Gelegentlich findet sich diese Konstruktion auch bei Türen. Ebenso auffallend sind die Wandverkleidungen aus verschieden bemalten oder unterschiedlich gebrannten Fliesen, den **Azulejos.** Diese Form der Dekoration übernahmen später die Christen. Das Wort Azulejo kommt nicht von blau (span. *azul*), auch wenn diese Farbe im Laufe der Jahrhunderte bei der Fliesenbemalung öfter in Mode war als andere. Vielmehr ist es auf den arabischen Ausdruck *al-zulayi* (kleiner Stein) zurückzuführen.

Gotteshäuser

Einzige erhaltene und zugleich auch älteste **Freitagsmoschee** Andalusiens ist die Mezquita in Córdoba (s. S. 281 ff.). Sie galt als Vorbild für alle folgenden, die jedoch während der Reconquista mehr oder weniger vollständig umgestaltet wurden. In einer Freitagsmoschee oder auch Großen Moschee finden sich die Muslime am Freitagnachmittag zum kollektiven Gebet und zur Predigt ein. Daneben gab es noch zahlreiche kleinere öffentliche und auch private Gotteshäuser.

Zu jeder Moschee gehört das **Minarett** – der Turm, von dem der Muezzin die Gläubigen fünfmal am Tag zum Gebet aufruft. Vielfach verwandelten die Christen das Minarett in einen Glockenturm für ihre Kirchen. Bestes Beispiel hierfür ist die Giralda in Sevilla (s. S. 248 f.). Weiterer wesentlicher Bestandteil einer Moschee ist das **Mirhâb,** die nach Mekka ausgerichtete Gebetsnische. Die **Maqsûra,** ein Gebetsraum, war nur dem Kalifen zugänglich. Da der Prophet Mohammed direkte figürliche Darstellungen von Menschen, Tieren und insbesondere Gottes ablehnt, finden sich Verzierungen fast nur in Form von **Arabesken** (Pflanzensymbole und kunstvolle Ornamente) oder kufischen Schriftzügen.

Befestigungsanlagen

Bei maurischen Befestigungsanlagen wird zwischen Alcazaba und Alcázar unterschieden. Die reine Festung (arab. *al-quasaba*) wird als **Alcazaba** bezeichnet. Oft steht sie oberhalb einer Ortschaft auf einem schwer zugänglichen Berg oder Hügel. Die Wachtürme und Wehrportale haben meist quadratischen Grundriss. Eingang und Ausgang liegen typischerweise nicht in einer geraden Linie hintereinander, sondern der Weg knickt im Turmbereich ab, um dann zu dem versetzt liegenden Ausgang zu führen. Die befestigte Residenz des Herrschers (*al-quasr* = arab. Haus) innerhalb der Stadtmauer wird als **Alcázar** bezeichnet. Dieser steht immer in der Nähe der Großen Moschee, oft auch mit direktem Zugang zu dieser. Nach außen wirken diese Königspaläste wehrhaft und abweisend, im Inneren zeigen sie sich prächtig und verspielt. Das Verwaltungs- und Geschäftszentrum einer maurischen Stadt war die **Medina.** Der Alhambra-Hügel in Granada stellt nach dieser Definition eine Stadt für sich dar.

Mudéjar

Eine Besonderheit in ganz Spanien, speziell in Andalusien, ist der **Mudéjarstil.** *Mudéjares* wurden jene Muslime genannt, die nach der christlichen Eroberung tributpflichtig in Spanien bleiben durften. Vorwiegend handelte es sich dabei um Baumeister, Handwerker und Künstler. Christliche Herrscher, denen der arabische Stil gefiel, beauftragten sie, ihre Häuser zu gestalten. Die maurischen Merkmale (s. o.) in der Dekoration kommen daher auch an christlichen Gebäuden vor, sehr eindrucksvoll z. B. am Palast Peters des Grausamen in Sevilla (s. S. 251 ff.).

Von der Gotik zur Renaissance

Mit dem Beginn der Reconquista entstanden in Spanien die ersten gotischen Kathedralen. Im Gegensatz zu den eher gedrungenen Gotteshäusern der Romanik wirken sie luftiger, schlanker und heller. Der Spitzbogen löste den romanischen Rundbogen ab. Da er einen geringeren Druck auf die Stützwände erzeugt, konnten diese feiner gebaut werden. Die Seitenwände stützten von außen Strebebögen. Dies ermöglichte den Einbau großer Fenster, da die Wände nun nicht mehr rein tragende Funktion hatten. Während viele gotische Kathedralen in Europa stark himmelwärts orientiert sind, gehen sie in Andalusien eher in die Breite. Die Grundmauern der Moscheen, auf denen fast alle errichtet wurden, gaben diese Form vor. Außerdem sind die Seitenschiffe in den gotischen Kathedralen Spaniens fast genauso hoch wie das Mittelschiff. Dadurch entsteht der Eindruck einer Halle. Eine weitere spanische Eigenheit ist der Chor in der Mitte des Hauptschiffes, z. B. in der Kathedrale von Sevilla (s. S. 243 ff.).

Gegen Ende der gotischen Periode kam der **Platereskstil** auf. Baumeister verzierten

Gärten – Abbilder des Paradieses

Thema

Die Sehnsucht nach dem verlorenen Garten Eden beschäftigt seit jeher die Anhänger des Alten Testaments. Vor allem aber der Islam verspricht für das Jenseits ein Paradies, das Mohammed – auf einem Feuerwagen zum Himmel getragen – geschaut haben soll. So kam der Ziergarten durch die Araber nach Europa.

Was wir heute als Garten bezeichnen, war ursprünglich als irdischer Vorgeschmack auf die Wonnen der seligen Gefilde gedacht. In altpersischer Sprache bedeutet *pairi-daeza* (wovon sich auch der Begriff ›Paradies‹ ableitet) so viel wie ›umfriedeter Garten‹. Als die Araber im 7. Jh. Persien islamisierten, staunten sie über die dort schon äußerst ausgeprägte Gartenkunst und begannen, ihrerseits ›Paradiese auf Probe‹ zu schaffen. Schon wenige Jahrzehnte später kam diese Mode mit den maurischen Eroberern nach Andalusien. Um die Herrscherpaläste entstanden prachtvolle Parkanlagen, und auch die Innenhöfe von Palästen und Moscheen sowie Karawansereien wurden durch gärtnerische Gestaltung zu Oasen des inneren und äußeren Friedens.

Im Paradies sollte – anders als in den oft gnadenlosen Wüsten und Halbwüsten, in denen die Araber zu Hause waren – kein Mangel herrschen, weder an opulenter Vegetation noch an Schatten oder Wasser. Charakteristisch für den arabischen Stil sind daher üppig überrankte, kühle Laubengänge, die vor der Mittagshitze schützen, und offene oder überdachte Zisternen, Brunnen und Fontänen. Oft führen vier Wasserkanäle auf ein zentrales rundes Wasserbecken hin. Sie symbolisieren die vier Flüsse des Paradieses, die in die vier Himmelsrichtungen weisen. Im Repertoire der Pflanzen spielen Palmen, Zypressen und Zedern, die mit ihrem ganzjährig kräftigen Grün den ewigen Frühling versinnbildlichen, aber auch duftende Zitrusfrüchte, Rosen und Myrten eine wichtige Rolle. Berühmte Beispiele sind die Innenhöfe der Alhambra und der Garten des Generalife in Granada (s. S. 332 ff.). Um sie anzulegen, musste mit Hilfe von Schöpfrädern Wasser aus dem Río Darro auf den Burghügel geleitet werden, eine nicht ganz einfach zu bewältigende technische Aufgabe. Ebenfalls aus arabischer Zeit stammen die Orangenhöfe mancher Moscheen, die später in Kirchen umgewandelt wurden (so z. B. Kathedrale von Sevilla). Auch die Gärten der *cármenes,* der alten Landsitze auf dem Albaicín von Granada und die blumengeschmückten Patios in Andalusien sind ein maurisches Erbe.

Neue Formen der Gartengestaltung aus dem Ausland veränderten in der Neuzeit in Andalusien so manche Gärten. So wurde der maurische Park des Alcázar von Sevilla im 16. Jh. im italienischen Stil der Renaissance erneuert. Brunnen, Grotten und Statuen lockern seine strengen geometrischen Formen auf (s. S. 251 ff.). Erst im 19. Jh. entstand dann im englischen Landschaftsgartenstil einer der berühmtesten und üppigsten Gärten Andalusiens, der Jardín Botánico-Histórico La Concepción bei Málaga (s. S. 105). Ein modernes Beispiel für gelungene Gartenarchitektur stellt der Jardín Botánico Molino de Inca in Torremolinos dar, der erst vor wenigen Jahren rund um eine restaurierte Getreidemühle angelegt wurde.

Wände und Fassade üppig mit Emblemen und Formen, so filigran als seien sie von Silberschmieden gefertigt. Daher rührt die Bezeichnung (*platero* = span. Silberschmied). Traditionelle Motive, die auch auf maurischen Vorbildern beruhten, überwogen.

Während der **Renaissance** lebten in Europa die Werte und Schönheitsideale des klassischen Altertums wieder auf. Der Mensch gewann mehr an Gewicht, der Humanismus breitete sich in den Wissenschaften aus. Architekten legten verstärkt Wert auf ausgewogene, am Menschen orientierte Proportionen und klare Linien. Klassische Säulen kamen vermehrt zum Einsatz. Der Gedanke der Renaissance entstand in Italien schon zu Beginn des 15. Jh., erreichte Spanien aber erst später. Eine klare Abgrenzung von der Gotik ist nicht immer möglich. So wurde z. B. die Kathedrale von Granada gotisch geplant, aber im Renaissancestil fertiggestellt. Auch an der Kathedrale von Córdoba finden sich Elemente von Gotik und Renaissance. Die Stilmischung aus Gotik, Renaissance und maurischen Elementen wird nach Königin Isabella von Kastilien **isabellinisch** genannt. Wichtige Renaissancebauten in Andalusien sind der Palast von Kaiser Karl V. in der Alhambra von Granada (s. S. 333 f.), die Casa de Pilatos und das Archivo General de las Indias (beide in Sevilla, s. S. 254 f. u. S. 253). Úbeda und Baeza sind für ihre Kirchen und Adelspaläste aus der Renaissance berühmt (s. S. 316 ff. und S. 311 ff.).

Barock

Allgegenwärtig ist in Andalusien der Barock. Er löste im 17. Jh. die Renaissance ab. Kirchen und Altäre wurden nun überschwänglich und verschnörkelt geschmückt. Alles sollte glänzen, Gold kam häufig zum Einsatz. Ebenso üppig gestalteten die Bildhauer Heiligenfiguren und verzierten sie mit wertvollen Behängen und Gewändern. Entscheidenden Einfluss darauf hatten die Jesuiten. Sie wollten die Menschen im Zeitalter der Gegenreformation durch Prachtentfaltung beeindrucken und so vom protestantischen Gedankengut fernhalten. Die Sevillaner Martínez Montáñez (1568–1649) und Juan de Mesa (1583–1627) waren bedeutende Barockbildhauer. Sie schufen zahlreiche Prozessionsfiguren für die *Semana Santa* (Karwoche). Schöne Beispiele für barocken Städtebau sind Antequera und Priego do Córdoba.

Im 18. Jh. erreichte der spanische Barock seinen Höhepunkt im übersteigerten Churriguerastil, benannt nach dem Bildhauer und Baumeister José de Churriguera (1665–1725). Bestes Beispiel ist die Sakristei des Klosters La Cartuja in Granada.

Malerei des Goldenen Zeitalters

Das *Siglo de oro* – Goldenes Zeitalter – spielt nicht auf das Gold aus Amerika an, sondern bezeichnet ein Jahrhundert spanischer Malerei und Literatur (Mitte 16. bis Mitte 17. Jh.).

Francisco Pérez Pacheco (1564–1654) konzentrierte sich vorwiegend auf religiöse Themen. Obwohl seine Malkunst nicht überall Anklang fand, beeinflusste er doch die großen Maler des *Siglo de oro.* In seiner Schule lernten unter anderem Alonso Cano und Diego Velázquez, der auch die Tochter seines Lehrmeisters heiratete. **Diego Velázquez** (1599–1660) gilt nicht nur als einer der bedeutendsten Künstler des 17. Jh., sondern auch als einer der wichtigen spanischen Humanisten. Trotz seiner bevorzugten Stellung als Hofmaler von Madrid und seinen in barocker Manier geschönten Porträts der Angehörigen des spanischen Hofes akzeptierte er nicht mehr, dass allein die soziale Stellung den Wert eines Menschen bestimmen sollte. Ein Multitalent seiner Zeit war der Architekt, Bildhauer und Maler **Alonso Cano** (1601–1667). Als Architekt gestaltete er die Hauptfassade der Kathedrale von Granada (s. S. 340). Seine Gemälde in der Hauptkapelle sind fein ausgeführt und wirken kühl-elegant. Als ›Maler der Mönche‹ bekannt ist **Francisco de Zurbarán** (1598–1664). Durch helldunkle Kontraste wirken seine religiösen Bilder mystisch. Ihm gelingt es, den Dargestellten dezent zu huldigen, ohne sie zu glorifizieren. Viele seiner Bilder zeigt das Museo de Cádiz (s. S. 190). **Bartolomé Estebán Murillo** (1618–1682) malte neben religiösen Szenen auch Milieustudien. Seine Bilder zeichnen sich durch weiche Farbtöne aus (vgl. Hospital de la Caridad in Sevilla, S. 258). Dadurch erhalten auch die eher schweren Lebensumstände seiner Modelle einen romantischen Anstrich. Ganz im Gegensatz dazu stehen die Bilder von **Juan Valdés Leal** (auch Juan de Nisa, 1622–1690). Realistisch zeigt er, dass auch die Herrschenden sich mit dem Tod abfinden müssen (vgl. Hospital de la Caridad in Sevilla, S. 258). Murillo lobte den Realismus des Malerfreundes mit der Bemerkung, dass er sich beim Anblick von dessen Todesbildern die Nase zuhalten müsse. Zurbarán, Murillo und Valdés Leal bildeten die **›Schule von Sevilla‹**. Viele Werke der Künstler sind im Museum der schönen Künste von Sevilla zu sehen (s. S. 259).

Weiße Dörfer

Für die Sierra de Grazalema, aber auch für viele andere Gebirgsgegenden Andalusiens charakteristisch sind die ***pueblos blancos*** (weiße Dörfer). Diese Form der Volksarchitektur avancierte zu einem touristischen Aushängeschild der Region. Die meisten weißen Dörfer wurden in der Zeit maurischer Herrschaft angelegt. Den Ortsgründern waren zwei Punkte wichtig: Es musste genügend Quellwasser vorhanden sein und das Dorf musste an einem Hügel liegen, der leicht zu befestigen war. Auf dessen Gipfel errichteten sie eine Burg, um den Ort zu verteidigen, der wiederum von einer Wehrmauer umgeben war.

Selbst kleine *pueblos blancos* wirken erstaunlich urban. Dies ist der engen, platzsparenden Bauweise mit schmalen, steilen Gassen und ineinander verschachtelten Häusern zu verdanken. Begrünte, mit Blumen geschmückte Innenhöfe ersetzen die Gärten. Früher war im Patio oft noch ein Bereich für Ställe abgetrennt, in denen Hühner und Kaninchen gehalten wurden. Hellrote Ziegel im arabischen Stil bedecken die Dächer. Brunnen, oft mit mehreren Wasserrohren, bunte Fliesenbilder (Azulejos) sowie schmiedeeiserne Gitter sind typische Architekturelemente auf den Plätzen und in den Gassen. In christlicher Zeit blieb der Grundriss der weißen Dörfer meist unverändert. Allerdings wuchsen viele über die arabische Wehrmauer hinaus in die angrenzende Ebene, erhielten breitere Straßen und Plätze, an denen die wohlhabendere Schicht der Bewohner ihre großzügiger konzipierten Häuser errichtete.

Eine andere, ebenfalls auf die Mauren zurückgehende Architekturform blieb in der Alpujarra bewahrt. Die dortigen weißen Dörfer erinnern an nordafrikanische Berbersiedlungen. Die Häuser haben Flachdächer, die von einer Schicht aus Gesteinsgrus, Gras und wasserundurchlässigem Lehm bedeckt sind. Daraus ragen einer oder mehrere pilzförmige Schornsteine hervor (s. S. 356 ff.).

Kulturbetrieb bis zur Gegenwart

Architektur

Politik und Wirtschaft stagnierten in Andalusien über große Teile des 19. und 20. Jh. hinweg. In dieser Zeit wurde kaum gebaut und wenig Kunst geschaffen. Die spanische Variante des Jugendstils – der *Modernismo* – fand nur im Bürgertum Anklang, das im Sherrydreieck bei Cádiz Privat- und Handelshäuser in diesem Stil baute. Wesentlich populärer wurde der Eklektizismus, der Elemente aus Baustilen der Vergangenheit aufgriff. Schönste Beispiele sind die Gebäude der Ibero-Amerikanischen Ausstellung in Sevilla von 1929 (s. S. 256 ff.). Erst in den letzten Jahrzehnten gewann Andalusien wieder Anschluss an die allgemeine Entwicklung. Einheimische Architekten haben heute Gelegenheit, ihr Können an Hotels, Häusern und öffentlichen Bauten zu erproben. Anlässlich der EXPO 1992 wurden in Sevilla mehrere spektakuläre Brücken über den Guadalquivir gespannt.

Malerei
Auf dem Gebiet der Malerei machte sich Julio Romero de Torres (1874–1930) einen Namen mit seinen umstrittenen Frauenbildnissen. Ihm ist heute in seiner Geburtsstadt Córdoba ein Museum gewidmet (s. S. 291). Pablo Picasso (1881–1973) stammt zwar aus Málaga, verbrachte aber sein Erwachsenenleben außerhalb von Andalusien. Dennoch ließ er sich zeitlebens von Motiven aus seiner Heimat inspirieren (s. S. 101). Sein Schüler Daniel Vázquez Díaz schuf 1929/30 die Fresken im Kloster Santa María de la Rábida (s. S. 214). In jüngerer Zeit machten zwei Künstler aus Vélez-Málaga auf sich aufmerksam: Jaime Pimentel (geb. 1933) fertigte 1991 die berühmte Bronzeplastik der Niña de Benalmádena (s. S. 107), Evaristo Guerra (geb. 1942) malte zwischen 1995 und 2006 eine Kirche in Vélez mit Fresken aus (s. S. 382).

Land der Poeten
In maurischer Zeit war Lyrik in Andalusien ein Gesellschaftsspiel. Arabische Fürsten sollen ihre Lieblingsfrauen danach ausgesucht haben, ob diese einen begonnenen Vers mit einer passenden Wendung vollenden konnten. Ihren Höhepunkt erlebte die Dichtkunst im 11. Jh. Die Teilkönigreiche *(taifas)* konkurrierten um die besten Poeten an ihrem Hof.

Ende des 16. Jh. begründeten Fernando Herrera aus Sevilla und Luis de Góngora aus Córdoba die klassische Lyrik in kastilischer Sprache. Im ersten Drittel des 20. Jh., einer Blütezeit der modernen Poesie in Spanien, kamen deren bedeutendste Vertreter ebenfalls aus Andalusien. Federico García Lorca (1898–1936) aus Granada verband wie kein anderer die Traditionen seines Landes mit den Erfahrungen der Moderne (s. S. 351 f.). Mit einem Nobelpreis für Literatur geehrt wurde 1956 Juan Ramón Jiménez (1881–1958) aus Moguer bei Huelva. Er war auf einer religiös motivierten Suche nach einer reinen, zeitlosen Poesie für eine »gewaltige Minderheit«, was vor allem in seinem letzten Gedichtband ›Wesen der Tiefe‹ (1949) zum Ausdruck kommt. Zu der von Jiménez beeinflussten ›Generation von 1927‹ gehörte Vicente Aleixandre (1898–1984) aus Sevilla. 1977 erhielt er den Literaturnobelpreis für sein Gesamtwerk.

Musik, Oper, Film
Andalusien brachte mit Manuel de Falla (1876–1946) aus Cádiz einen der bedeutendsten spanischen Komponisten hervor. Er war durch altspanische Musik, Folklore und Flamenco inspiriert, aber auch durch den französischen Impressionismus. Zu seinen bekanntesten Werken zählen das Ballett ›Der Liebeszauber‹ (1915) und das Orchesterwerk ›Nächte in spanischen Gärten‹ (1911–1915).

Zwei mystische Figuren aus Sevilla lieferten den Stoff für weltberühmte Opern: ›Carmen‹ (1875) von Bizet und ›Don Giovanni‹ (1787) von Mozart. Die Geschichte der stolzen, verführerischen Carmen wurde dem französischen Schriftsteller Prosper Mérimée 1840 in Granada erzählt, der sie in seiner gleichnamigen Novelle verarbeitete. Ob Carmen existiert hat, ist ungewiss. Aber das Ambiente – die Tabakfabrik, die Zigarettendreherinnen, die Schmuggler von Ronda, der Stierkampf, die *gitanos* – ist authentisch. Don Juan, der Frauenheld, ist eine Figur, die im 16. Jh. auf Marktplätzen vorgeführt wurde. Er faszinierte die Menschen, weil er die Grenzen des mittelalterlichen Lebens sprengte, auch wenn er am Ende vom Teufel geholt wurde. Eingang in die Literatur fand Don Juan durch den spanischen Priester und Dramatiker Tirso de Molina. Die Uraufführung seines ›Spötters von Sevilla‹ erfolgte 1624 in Madrid.

Spanische Filme spielen meist in Madrid oder Barcelona. Eine frühe Ausnahme stellt ›Willkommen, Mr. Marshall‹ (1953) von Luis García Berlanga dar, eine Parodie auf andalusische Klischees, die gern auf ganz Spanien übertragen werden. Carlos Saura feierte mit der Tanz-Trilogie ›Bluthochzeit‹ (1981), ›Carmen‹ (1983) und ›Liebeszauber‹ (1986) Erfolge. Jüngere andalusische Filmemacher haben sich dem sozialkritischen Realismus verschrieben, so etwa Benito Zambrano in ›Solas‹ (1999). In ›7 Jungfrauen‹ (2005) von Alberto Rodríguez zieht ein 16-Jähriger durch die Armenviertel von Sevilla, scheiterte jedoch schließlich an der Ausweglosigkeit.

Essen und Trinken

So unterschiedlich wie die Landschaften Andalusiens, so vielseitig zeigt sich auch die Küche. Die traditionellen Gerichte unterscheiden sich nicht nur von Region zu Region, sondern folgen auch dem jahreszeitlichen Wechsel.

Frühstück

Sogar im ›Frühstücksland‹ Deutschland beschränken sich immer mehr Menschen morgens auf eine Tasse Kaffee. In Andalusien hat diese Sitte Tradition. Ein *café solo* (Espresso), *cortado* (Espresso mit Milch) oder *café con leche* (Milchkaffee) – oft unterwegs in einer Bar eingenommen – reicht meist aus. Einen dünnen schwarzen Kaffee, der ähnlich wie Filterkaffee schmeckt *(café americano),* gibt es, er wird aber selten bestellt. Manchmal wird zum Frühstück ein Croissant verzehrt, häufiger eine *tostada* (geröstetes Brot, eventuell mit Butter). Gelegentlich gibt es *churros* (Fettgebäckstangen, die je nach Region auch *tejeringos, porras* oder *calentitos* heißen) und dazu eine dickflüssige Trinkschokolade.

Große Hotels in Städten und Ferienorten stellen meist ein opulentes Frühstücksbuffet bereit, von dem sich inzwischen auch spanische Urlauber und Geschäftsreisende ausgiebig bedienen. In einfacheren Pensionen oder *hostales* fällt das Frühstück – wenn es eines gibt – traditionell spärlich aus.

Vormittags und mittags

Den ganzen Vormittag halten auch traditionsbewusste Andalusier nicht durch, ohne etwas zu essen. Ein *bocadillo* (belegtes Baguette) in der nächstgelegenen Bar ist dann willkommen. Meist sind die Brote mit *jamón* (luftgetrockneter Schinken), Wurst oder Käse belegt, oft auch mit *lomo* (gepökelter Schweinerücken, kalt oder warm), *atún* (Tunfisch), oder *tortilla* (Kartoffelomelette). Im Landesinneren und in Lokalen, in denen Einheimische verkehren, sind die *bocadillos* meist so groß, dass sie ein Mittagessen ersetzen können.

Für das Mittagessen *(almuerzo)* nehmen sich die Andalusier meist ab 14 Uhr Zeit. In den Städten trifft man sich in Tapabars (s. S. 55). Als Alternative für den größeren Hunger bieten viele Restaurants günstige dreigängige Tagesmenüs an.

Abends und in der Nacht

Ein ausgiebiges Abendessen *(cena)* beginnt für Spanier zwischen 21 und 22 Uhr. Besonders beliebt ist der *tapeo:* Man zieht von Bar zu Bar, probiert die Spezialitäten der jeweiligen Küche in winzigen Portionen und trinkt dazu ein Gläschen *(una copa).* Auch hier gibt es wieder die Alternative, ein ›richtiges‹ Abendessen in einem Restaurant zu sich zu nehmen. Es besteht meist aus mehreren Gängen, die à la carte bestellt werden.

Speiselokale

Traditionell unterscheiden sich die Arten von Speiselokalen. In gehobenen Restaurants ist es üblich, auf einen Kellner zu warten, der den Gästen einen Platz zuweist. In einfacheren Lokalen kann man den Platz selbst wählen. Dabei ist zu beachten, dass es in Spanien als unhöflich gilt, sich dazuzusetzen. Getrennte Rechnungen an einem Tisch sind nicht üblich. Nur dort wo viele Touristen verkehren, sind die Kellner darauf eingestellt.

In der klassischen spanischen **Bar** spielt sich das gesellschaftliche Leben – traditionell das der Männer, heute auch immer mehr das der Frauen – ab. Bars sind meist von früh bis spät geöffnet. Den ganzen Tag über kann man *bocadillos* bestellen, von mittags bis abends bieten viele auch *tapas* an (sonntags oft nicht). Metalltheke und gefliester Boden sind am einfachsten sauber zu halten und daher die häufigste Form der Einrichtung.

Eine **Tasca** oder **Taberna** bietet mehr Sitzgelegenheiten als eine Bar und die Auswahl an Mahlzeiten ist größer. Oft steht auch ein Mittagsmenü auf der Speisekarte. **Bodegas** sind Weinschänken, die oft nur abends öffnen. Ursprünglich gab es dort nur Wein und ein paar Kleinigkeiten zu essen. Heute sind sie zugleich oft gehobene Restaurants. Eine **Cafetería** ist irgendwo zwischen Bar, Café, Imbissbude und Restaurant angesiedelt. In kleineren Städten ist sie oft der zentrale Treffpunkt. Hier gibt es kostengünstige Mahlzeiten, oft Tellergerichte *(platos combinados).*

An ein **Restaurant** ist meist eine Bar angeschlossen *(Bar/Restaurante).* In der einfachen Ausführung befindet sich vorne im Eingangsbereich die Bar, im Hinterzimmer der eigentliche Speiseraum *(comedor).* Je gehobener der Anspruch, desto mehr rückt der Speiseraum ins Zentrum des Geschehens.

Eine Besonderheit sind die großen Restaurants an Landstraßen oder Ortsrändern. Sie werden mittags gern von Fernfahrern und Bauarbeitern aufgesucht. Die Tagesmenüs sind deftig und reichhaltig. Urlauber wagen sich selten in solche Lokale, obwohl man dort zu günstigem Preis satt wird; Grundkenntnisse in Spanisch sind hilfreich.

Andalusische Spezialitäten

Das Erbe der Mauren

Die von den Mauren kultivierten Nutzpflanzen, Früchte, Gewürze und Gemüsesorten sind nach wie vor in der andalusischen Küche präsent. Artischocken, Auberginen, Kichererbsen und Reis sind typische Zutaten für Eintöpfe. Fleischgerichte werden mit Orangen, Aprikosen, Feigen, Mandeln und Pistazien verfeinert, nicht zu vergessen mit Granatapfelkernen. Exotische Gewürze wie Kreuzkümmel, Koriander, Zimt, Anis, Sesam, Minze, Ingwer und Safran kommen in traditionellen Rezepten reichlich zum Einsatz. Allgegenwärtig sind Hammel- und Lammgerichte. Manches Rezept war schon fast in Vergessenheit geraten. Heute beleben innovative Köche die maurische Küche wieder.

Tapas

Auf dem Land ist es immer noch Brauch, dem Gast eine winzige Portion des Eintopfs oder Schmorgerichts, das gerade in der Küche gart, auf dem Topfdeckel zum Probieren anzureichen. Daher dürfte der Name für die berühmten Appetithäppchen (*tapa* = span. Deckel) stammen. In Bars wurden früher Oliven oder Mandeln oder auch eine Scheibe Schinken, Wurst oder Käse auf einem kleinen Teller zum Drink serviert. Auch hier liegt ein Ursprung der modernen Tapakultur. Heute sind die Tapas anspruchsvoller: Frittierte oder eingelegte Sardellen *(boquerones),* geschmorte Paprikaschoten mit grobem Salz *(pimientos de Padrón)*, Speckdatteln *(dátiles con bacon)* oder maurische Fleischspieße *(pinchos morunos)* sind nur einige Beispiele. Daneben gibt es eine deftige Variante. Bars, in denen Landarbeiter verkehren, halten zubereitete Speisen (z. B. Fleischragouts, Aufläufe) bereit. Es gibt sie als *media ración* (halbe Portion) oder *ración.* Letztere hat schon die Ausmaße eines Hauptgerichts. Demgegenüber sind die Tapas verschwindend klein. Vier bis fünf braucht man mindestens, um einigermaßen satt zu werden. Aber dazu sind sie auch nicht bestimmt. Wenn Andalusier ihren abendlichen *tapeo* zelebrieren (s. o.), bestellen sie nie gleich das ganze Sortiment. Stattdessen genießen sie die Tapas nach und nach, gern in mehreren Bars.

Eintöpfe und Suppen

In einer landwirtschaftlich geprägten Region wie Andalusien ernährte sich die Bevölkerung traditionell von Suppen *(sopa)* und Eintöpfen *(cocido, olla* oder *puchero).* Während diese im Winter, vor allem im Gebirge, wärmen sollten, waren sie im Sommer wichtig für den Flüssigkeitsbedarf und den Salzhaushalt. Die Provinz Granada wartet mit speziellen Eintöpfen auf: *Habas con jamón* (dicke Bohnen mit Schinken) finden sich auch in Tapatheken. *Olla de trigo* ist eine deftige Angelegenheit mit Weizen, Kichererbsen und Schweinefleisch. In der *olla de San Antón* werden Weizen und Kichererbsen durch dicke Bohnen ersetzt, zusätzlich kommt Blutwurst hinzu. Bei Hitze ist der kalte *gazpacho andaluz* eine angenehm leichte Mahlzeit. Die Grundlage bilden Tomaten, Paprika, Knoblauch, Brot und Gurken, alles in Essig und Öl püriert. Eine Abwandlung ist der *salmorejo cordobés,* eine Tomatenkaltschale, zu der es oft Tunfisch, Schinken oder Ei gibt. In der Region Málaga wird eine kalte Knoblauch-Mandelsuppe *(ajo blanco)* mit Trauben garniert.

Aus dem Wasser

Im Landesinneren erfreuen sich Forellen *(truchas)* großer Beliebtheit. In El Bosque (s. S. 158) und in der Sierra de Cazorla (s. S. 320 ff.) stehen sie oft auf dem Speiseplan, vor allem aber in Riofrío (s. S. 380). An den Küsten beherrschen Salzwasserfische *(pescado)* und Meeresfrüchte den Speiseplan. Am häufigsten finden Tunfisch, Sardinen, Sardellen, Tintenfische, Muscheln, Gambas und Langostinos Verwendung. In den Provinzen Málaga, Cádiz und Sevilla wird das Meeresgetier oft frittiert *(pescaíto frito). Freidurías* verkaufen nach Gewicht auf die Hand. In Strandkneipen *(chiringuitos)* und Fischlokalen wird meist gegrillt. Aufwendiger und geschmacklich ausgefeilter sind Fischeintöpfe *(guisados)* und Suppen *(sopa de pescado).* Stockfisch *(bacalao)* wird immer raffinierter zubereitet, z. B. als Eintopf mit Tomaten und Oliven oder in Form von Kroketten *(croquetas de pescado).*

Fleisch, Schinken, Wurst

Liebhaber von Fleisch werden sich vor allem im Landesinneren wohl fühlen. Reh *(corzo),* Hirsch *(ciervo)* und Wildschwein *(jabalí),* mal deftig, mal auf orientalische Art, finden sich auf den Karten. Kaninchen *(concjo)* und Zicklein *(cabrito,* speziell in Granada: *choto)* gibt es oft und in verschiedenen Varianten.

Al horno (im Ofen langsam geschmort) ist die häufigste Zubereitungsart. Recht deftig sind Braten *(asado).* Teile von Hühnchen *(pollo)* und Schwein *(cerdo)* gibt es manchmal auch *a la plancha* (gegrillt). Reichlich Knoblauch ist fast immer dabei. Von guter Qualität sind das andalusische Rindfleisch *(carne de vaca)* und Kalbfleisch *(ternera).* Restaurants im Umkreis von Stierkampfarenen bieten *rabo de toro* (Stier- oder Ochsenschwanz) an. Oft wird er geschmort und mit schmackhafter Soße serviert.

Einen hohen Stellenwert hat die Schweinezucht. Überregional bekannt ist die Paprika-Schweinswurst *chorizo.* Ähnlich gewürzt gibt es die *chorizo* auch als Hirsch- oder Wildschweinwurst. Bei der *chorizo blanco* (oder *salchicha*) wird Paprika durch Knoblauch ersetzt. *Morcillo* ist eine meist orientalisch gewürzte Blutwurst mit Zwiebeln, Pinienkernen, Reis oder Mandeln, *longaniza* eine würzige Hartwurst. Internationale Berühmtheit erlangte der *jamón serrano* (luftgetrockneter Gebirgsschinken). Besten Ruf genießen der in der klaren Bergluft von Trévelez gereifte Schinken sowie derjenige von Jabugo in der Sierra de Aracena. Als qualitativ besonders hochwertig gilt der *jamón ibérico.* Er stammt vom schwarzen iberischen Schwein. Spitzenklasse ist der *jamón ibérico de bellota.* Für ihn wird das Fleisch von Schweinen verwendet, die in Steineichenwäldern leben und sich ausschließlich von Eicheln *(bellotas)* ernähren. Diese werden auch zu der dicken, exquisiten *morcón de chorizo ibérico de bellota* verarbeitet, einer Wurst mit wenig Fett und dafür mehr Fleisch.

Süßes

Die enorme Vielfalt an Süßspeisen und Kuchen verdankt Andalusien den Mauren, die das Zuckerrohr auf die Iberische Halbinsel brachten. Törtchen und Plätzchen spielen eine große Rolle. Vielfach werden sie von Nonnen nach traditionellen Rezepten zubereitet. So erklären sich auch die Namen: Him-

Gekonnt kredenzt: Sherry aus Jerez müssen Sie probieren

melsspeck (*tocinos del cielo,* aus Eigelb und Zucker), *yemas de San Leandro* (*yemas* = span. Eigelb) oder Engelshaar (*cabello del ángel,* aus Melone und Zucker).

Weine und Spirituosen

Andalusische Qualitätsweine werden nach ihrer Ursprungsbezeichnung *(denominación de origen,* D. O.) gegliedert. Am bekanntesten sind die schweren Südweine, deren Alkoholgehalt – meist durch Zugabe von hochprozentigem Brandy – bei 15 bis 18 Vol.-% liegt, die oft viele Jahre im Fass lagern und als Aperitif oder zum Dessert getrunken werden. Hier ist natürlich allen voran der Sherry aus der Gegend um Jerez de la Frontera zu nennen (s. S. 204 f.). In der Qualität vergleichbar sind die Südweine aus dem Gebiet Montilla-Moriles (Provinz Córdoba), die ohne ›Aufspriten‹ einen sehr hohen Alkoholgehalt erreichen (s. S. 204 f.). Hier wie dort reicht die Palette vom trockenen, meist jung getrunkenen *fino* über den länger gelagerten, halbtrockenen *amontillado* bis hin zum schweren Dessertwein *oloroso.* Wichtige Rebsorten sind Palomino und Pedro Ximénez. Aus der Provinz Huelva kommen der bernsteinfarbene *Condado Viejo* und der leichtere, blassgelbe *Condado Pálido* (s. S. 222). Málaga ist eine kleine, aber bedeutende Anbauregion. Der von hier stammende süße, samtweiche Wein aus der Moscatel-Traube wird seit der Antike als Heil- und Genussmittel gerühmt. Heute werden hier auch Pedro-Ximénez-Trauben gekeltert, aus denen ein *fino* entsteht.

Weniger Bedeutung haben die Tischweine. Hier sind aus der Provinz Huelva (D.O. Condado) trockene, fruchtige Weißweine hervorzuheben. Ein spritziger Weißer stammt aus Arcos de la Frontera *(tierra blanca).* Außerdem kommt ein bekannter Tropfen aus Laujar de Andarax in der Alpujarra. Neben den berühmten Weinen wird in vielen Regionen gut trinkbarer, trockener Landwein *(vino de tierra)* produziert. Zum Abschluss eines edlen Essens gehört ein guter Brandy. Je länger dieser im Fass reift, desto weicher und geschmacksintensiver wird er *(solera:* mind. 6, *solera reserva:* mind. 12, *solera gran reserva:* mind. 36 Monate). Empfehlenswert sind z. B. die Marken Gran Duque de Alba, Conde de Osborne oder Carlos I.

Kulinarisches Lexikon

Im Restaurant

Ich möchte einen Tisch reservieren.	Quisiera reservar una mesa.
Die Speisekarte, bitte.	El menú, por favor.
Weinkarte	carta de vinos
Die Rechnung, bitte.	La cuenta, por favor.
Vorspeise	entrada/ primer plato
Suppe	sopa
Hauptgericht	plato principal
Nachspeise	postre
Beilagen	guarnición
Tagesgericht	plato del día
Gedeck	cubierto
Messer	cuchillo
Gabel	tenedor
Löffel	cuchara
Glas	vaso
Flasche	botella
Salz/Pfeffer	sal/pimienta
Öl/Essig	aceite/vinagre
Olivenöl	aceite de oliva
Kellner/Kellnerin	camarero/camarera

Zubereitung

a la plancha	gegrillt
al ajillo	in Knoblauchsoße
al horno	im Ofen geschmort
ahumado/-a	geräuchert
asado/-a	gebraten/gegrillt
brocheta	Spieß
crudo/-a	roh
empanado/-a	paniert
frito/-a	frittiert
guisado/-a	geschmort
hervido/-a	gekocht

Snacks und Suppen

ajo blanco	kalte Knoblauch-suppe
bocadillo	belegtes Brötchen
caldo de pollo	Hühnersuppe
chorizo	Paprika-Schweins-wurst
cocido, puchero	Eintopf
embutidos	Wurstwaren
gazpacho	kalte Gemüsesuppe
huevos fritos	Spiegeleier
jamón	Schinken
lomo	gepökelter Schwei-nerücken
pan (tostado)	(getoastetes) Brot
panecillo	Brötchen
perro caliente	Hot Dog
queso	Käse
revuelto	Rührei
salmorejo cordobés	Tomatenkaltschale
tortilla	Omelette

Fisch und Meeresfrüchte

atún	Tunfisch
almejas	Venusmuscheln
bacalao	Stockfisch
boquerones	Sardellen
gambas	Garnelen
langostinos	Riesengarnelen
rape	Seeteufel
trucha	Forelle
cangrejo	Krebs
croqueta de pescado	Fischkrokette
mariscos	Meeresfrüchte
mejillones	Miesmuscheln
pescado	Fisch

Fleisch und Geflügel

ahumado	Kasseler (Schwein)
albóndigas	Hackfleischbällchen
aves	Geflügel
cabrito/choto	Zicklein
carne	Fleisch
carne de vaca	Rindfleisch
carne en salsa	Fleischstücke in Soße
cerdo	Schweinefleisch
chuleta	Kotelett
chuletas de cerdo	Schweinekoteletts
ciervo	Hirsch
conejo	Kaninchen
cordero	Lamm

escalope	Schnitzel
jabalí	Wildschwein
pato	Ente
pavo	Truthahn
pechuga de pollo	Hähnchenbrust
perdiz	Rebhuhn
picadillo	Hackfleisch
pierna de puerco asado	gegrillte Schweinshaxe
pollo	Hühnchen
rabo de toro	Stierschwanz, Ochsenschwanz
salchicha	Würstchen
solomillo	Filet/Lendenstück
ternera	Kalb

Gemüse und Beilagen

aceitunas	Oliven
aguacate	Avocado
ajo	Knoblauch
alcachofa	Artischocke
arroz blanco	weißer Reis
berenjena	Aubergine
calabaza	Kürbis
cebolla	Zwiebel
col	Kohl
ensalada	Salat
espárragos	Spargel
espinaca	Spinat
fideos	Fadennudeln
garbanzos	Kichererbsen
guisantes	Erbsen
hinojo	Fenchel
judías verdes	grüne Bohnen
lechuga	grüner Blattsalat
lentejas	Linsen
patatas	Kartoffeln
patatas fritas	Pommes frites
pepino	Gurke
pimiento	Paprikaschote
puré de patatas	Kartoffelbrei
remolacha	rote Bete
setas	Pilze
verdura	Gemüse
zanahoria	Möhre

Nachspeisen und Obst

almendras	Mandeln
arroz con leche	Milchreis mit Zimt und Zucker
cereza	Kirsche
flan	Eierpudding
fresa	Erdbeere
galleta	Keks
helado	Eiscreme
higo	Feige
limón	Limone
manzana	Apfel
melocotón	Pfirsich
melón	(Honig-)Melone
naranja	Apfelsine
natillas	Cremespeise
pasas	Rosinen
pastel	Kuchen
piña	Ananas
piñones	Pinienkerne
sandía	Wassermelone
toronja	Grapefruit
uva	Weintraube

Getränke

agua (con/sin gas)	Wasser (mit/ohne Kohlensäure)
agua mineral	Mineralwasser
batido	Milchshake
café	Kaffee
café americano	großer schwarzer Kaffee
café solo	Espresso
cortado	Espresso mit Milch
fino	frischer, trockener Sherry
amontillado	halbtrockener Sherry
oloroso	schwerer, süßer Sherry
cerveza	Bier
cava	Sekt
jugo	Saft
leche	Milch
rón	Rum
vino blanco/tinto	Weiß-/Rotwein

Ausgelassen und temperamentvoll: Andalusier wissen wie man feiert

Wissenswertes für die Reise

Andalusien im Internet

www.spain.info
Website des spanischen Fremdenverkehrsverbandes. Umfangreiche Informationen zu ganz Spanien. Auch in deutscher Sprache.
www.andalucia.org
Offizielle Seite der andalusischen Tourismusbehörde, auch auf Deutsch. Infos zu allen wichtigen Orten und Sehenswürdigkeiten, praktische Tipps, Reiseinformationen, Veranstaltungshinweise.
www.andalucia.com
Breit gestreute Informationen auf Englisch und Spanisch. Vor allem für Ausländer bestimmt, die sich in Andalusien niederlassen wollen, aber darüber hinaus auch für Touristen interessant.
www.andalusien.info
Texte zu Land und Leuten, Geschichte, Städten und Regionen, Kultur und vielem mehr, u. a. deutschsprachig.
www.andalusien-web.com
Routen für Autofahrer, Radfahrer und Wanderer, Besichtigungsvorschläge für Städte, Hinweise auf sportliche Aktivitäten und Sprachferien, auch deutschsprachig.

Fremdenverkehrsämter

In Deutschland

Turespaña Berlin
Kurfüstendamm 63, 5. OG, 10707 Berlin
Tel. 030/882 65 43, 030/882 65 41,
Fax 030/882 66 61, berlin@tourspain.es

Turespaña Düsseldorf
Grafenberger Allee 100, Kutscherhaus,
40237 Düsseldorf
Tel. 02 11/680 39 81, 02 11/698 54 05, Fax 02 11/680 39 85, dusseldorf@tourspain.es

Turespaña Frankfurt/Main
Myliusstraße 14, 60323 Frankfurt
Tel. 069/72 51 45, 069/72 50 38, Fax 069/72 53 13, frankfurt@tourspain.es

Turespaña München
Schubertstraße 10, 80336 München
Tel. 089/530 74 60, 089/53 07 46 14,
Fax 089/53 07 46 20, munich@tourspain.es

In Österreich

Turespaña Wien
Walfischgasse 8, 1010 Wien, Tel. 01/512 95 80, Fax 01/512 95 81, viena@tourspain.es

In der Schweiz

Turespaña Zürich
Seefeldstraße 19, 8008 Zürich
Tel. 044/253 60 50, Fax 044/252 62 04,
zurich@tourspain.es

Diplomatische Vertretungen

In Málaga unterhalten die deutschsprachigen Staaten Vertretungen, die im Falle des Verlusts von Ausweispapieren und/oder Finanzen aushelfen sowie bei schweren Unfällen oder Problemen mit der spanischen Polizei Unterstützung leisten:

Deutsches Konsulat Málaga
Calle Mauricio Moro Pareto 2–5
Edificio Eurocom, Bloque Sur
Tel. 952 36 35 91
Mo–Fr 10–13 Uhr

Österreichisches Konsulat Málaga
Alameda de Colón 26, 2. Stock links
Tel. 952 60 02 67
Di u. Do 11–13 Uhr

Schweizer Konsulat Málaga
Calle San Lorenzo 4–6, Edificio Cahispa
Tel. 952 21 72 66 oder 645 01 03 03
Mo–Fr 10–13 Uhr

Karten

Straßenkarten

Sowohl im deutschen Buchhandel als auch vor Ort sind Straßenkarten in großer Auswahl erhältlich. Das Straßennetz in Andalusien wird laufend erweitert, neue Strecken sind eventuell noch nicht eingezeichnet (vgl. dazu Reiseatlas in diesem Buch).

Wanderkarten

Für den Nationalpark Sierra Nevada/Alpujarra sowie für einige Naturparks (z. B. Sierra de Grazalema, Sierra de Cazorla, Cabo de Gata) hält der örtliche Handel Wanderkarten der Serie Mapa-Guía Excursionista von Editorial Alpina (www.editorialalpina.com) im Maßstab 1:40 000 oder 1:50 000 bereit (ca. 9 €, inkl. Wanderbeschreibungen; Spanisch, Englisch).

Einen brauchbaren Überblick über die Naturparks geben die Karten in den jeweiligen grünen Faltblättern Guía Básica Español, die in den Touristeninformationsbüros der Junta de Andalucía erhältlich sind.

Topografische Karten

Das Centro Nacional de Información Geográfica (CNIG) gibt die Mapa Topográfico Nacional de España in den Maßstäben 1:50 000 und 1:25 000 heraus. Beide können vor Ort in großen Buchläden (z. B. LTC in Sevilla, Avenida Menéndez Pelayo 42) oder in den Verkaufsstellen des CNIG in den acht andalusischen Provinzhauptstädten (Adressen unter www.cnig.es) erstanden oder vor der Reise über den Buchhandel bezogen werden. Als Wanderkarten sind sie nur bedingt geeignet.

Lesetipps

Sachbücher

Marianne Barrucand und Achim Bednorz: Maurische Architektur in Andalusien, Köln 2002. Der Überblick über die arabische Baukunst ist nach Epochen gegliedert und reich mit Bildern und Skizzen ausgestattet.

André Clot: Das maurische Spanien, Düsseldorf 2004. Eine detaillierte, aber verständlich geschriebene Geschichte der arabischen Kultur speziell in Andalusien.

Pierre Guichard: Al-Andalus – Acht Jahrhunderte muslimischer Zivilisation in Spanien, Tübingen/Berlin 2005. Großformatiges Buch, das sich in Wort und Bild mit der Geschichte der Mauren vor allem in Andalusien auseinandersetzt.

Margit Kunzke: Andalusien – Küche & Kultur, München 2006. Großzügig bebilderter Band mit zahlreichen Kochrezepten und Hintergrundreportagen zu kulinarischen Themen.

Jürgen Paeger: Wandern in Andalusien, Ostfildern 2007. 35 Wanderungen, detailliert beschrieben, mit Höhenprofilen und Karten.

Carmen Rohrbach: Spanien – Vom Jakobsweg bis ins maurische Andalusien, München 2006. Die Autorin macht den Leser mit den mystischen Stätten speziell auch Andalusiens vertraut. Das Spektrum reicht von steinzeitlichen Felsmalereien bis hin zur Alhambra.

Belletristik

Frank Baer: Die Brücke von Alcantara, München 1996. Roman, der die Schicksale von Christen, Mauren und Juden im mittelalterlichen Andalusien miteinander verknüpft.

Ernest Hemingway: Gefährlicher Sommer, Reinbek bei Hamburg 2001. Zwei Jahre vor seinem Tod reist Hemingway noch einmal kreuz und quer durch Spanien, um über den spanischen Stierkampf zu berichten.

Luigi Malerba: Der geheime Zirkel von Granada, Berlin 2003. Ein historischer Roman um die Liebe eines Wanderhändlers zu der schönen Mariana, um Banditen in der andalusischen Wüste und einen Goldschatz.

Juan Ramón Jiménez: Platero und ich, Frankfurt a. M. 1992. Schilderung eines Jahresablaufs in Moguer in poetisch-autobiografischer Form.

Andalusien als Reiseziel

Auf Individualisten, die Land und Leute kennenlernen und die grandiosen Landschaften und vielfältigen kulturellen Aspekte des Landes genießen wollen, übt Andalusien eine große Anziehungskraft aus. Wer den Schwerpunkt auf das Naturerlebnis legt, findet im Frühjahr und Herbst ideale Wandergebiete in den naturgeschützten Gebirgen, wo zahlreiche Wildblumen blühen und sich Luchse, Wildkatzen, Steinböcke, Adler, Geier und Fischotter tummeln. Abenteuerliche Jeeptouren und Flussschifffahrten führen in amphibische Deltalandschaften. Ein Badeurlaub an den schier endlosen Sandstränden der Mittelmeer- oder Atlantikküste – vielleicht in der ruhigeren Vor- oder Nachsaison – lässt sich mit sportlichen Betätigungen (Wassersport, Radfahren, Reiten) oder Ausflügen zu den kulturellen Highlights im Hinterland verbinden. Klassisch ist der Besuch der ›Großen Drei‹: Sevilla, Granada, Córdoba. Fast schon zum Pflichtprogramm gehört auch Ronda, die Hochburg des Stierkampfs. Wer mehr Zeit mitbringt, kann zahlreiche weniger bekannte, aber nicht minder sehenswerte Städte für sich entdecken. Citytouren bieten nicht nur Architekturgenuss auf den Spuren der Römer, Mauren und christlichen Eroberer, sondern auch südländisches Flair, Shoppingvergnügen und nächtliche Streifzüge durch Tapabars und Flamencokneipen.

Was ist sehenswert?

Sevilla glänzt mit der Kathedrale und dem Glockenturm Giralda. Weitere Highlights sind das malerische Stadtviertel Barrio de Santa Cruz und der Real Alcázar (Königspalast). Kunst des Goldenen Zeitalters beherbergt

Ein Stück vom Paradies: Patio de la Acequía im Generalife, Granada

das Museo de Bellas Artes. Zu den ganz großen Sehenswürdigkeiten der Welt zählt die Alhambra, die ehemalige maurische Königsburg von Granada, mit dem berühmten Löwenhof. Darüber hinaus bietet die Stadt das arabisch anmutende Gassenlabyrinth des Albaicín, wo die bunte Studentenszene hippe Teestuben bevölkert, die Höhlenwohnungen des Sacromonte, in denen Flamencoklänge ertönen, und die Capilla Real mit dem Grabmal der Katholischen Könige. In Córdoba beeindruckt die Große Moschee Mezquita durch ihre gewaltige Säulenhalle. Pittoreske Patios betören mit ihrer Blumenpracht. Idyllisch etwas außerhalb liegt Madinat al-Zahra, die Palaststadt der Kalifen.

Dicht drängen sich die Häuser von Ronda an eine Schlucht, die maurische Altstadt von christlicher Neustadt trennt. Seit über 200 Jahren überspannt sie den viel fotografierten Puente Nuevo. Málaga punktet als Geburtsstadt von Pablo Picasso mit einem Museum für den berühmten Künstler. In exotischen Parks gedeihen dort tropische Gewächse üppiger als irgendwo sonst im Land. Mondän und mit lauschiger Altstadt zeigt sich der Nobelferienort Marbella. Cádiz, die alte Phönizierstadt und Metropole des Amerikahandels, hat bis heute einen wichtigen Hafen und dazu eine lebendige Altstadt. Im Sherry-Dreieck zwischen Jerez de la Frontera, El Puerto de Santa María und Sanlúcar de Barrameda laden ehrwürdige Bodegas zur Besichtigung und Probe ein. In Jerez ist die Königliche Reitschule nicht nur für Pferdefreunde eine Attraktion. Kleinode der Renaissancearchitektur sind die Zwillingsstädte Baeza und Úbeda. Almeria schließlich, abseits der großen Touristenströme, bewahrt das andalusische Flair vergangener Jahrzehnte.

Klassische Ausflugsziele sind Andalusiens weiße Dörfer. Von weitem betrachtet wirken sie wie Schneefelder in ihrer meist gebirgigen Umgebung, so strahlend hell sind die Hauswände gekalkt. Typisch sind sie für die Sierra de Grazalema sowie für die historischen Landschaften Axarquía und Alpujarra, die letzten Rückzugsgebiete der andalusischen Mauren.

Andalusien für Naturliebhaber

Landschaftliche Höhepunkte bieten die beiden andalusischen Nationalparks: Die Doñana im Flussdelta des Guadalquivir ist ein Mosaik aus Dünen, Pinienwäldern, Marschen und Lagunen und für Zugvögel eines der letzten Paradiese Europas. In der Sierra Nevada ragt mit dem Mulhacén der höchste Gipfel der Iberischen Halbinsel auf. Oft ist er monatelang von Schnee bedeckt. Dort können Wanderer ›richtige‹ Bergtouren unternehmen. Botanikliebhaber freuen sich über die reiche Gebirgsflora. Darüber hinaus stehen in Andalusien große Flächen als Naturparks unter Schutz. Zu den schönsten zählen der Park am Cabo de Gata mit Vulkanlandschaft und einsamen Stränden, der Gebirgspark Sierra de Grazalema mit bizarren Felsen und dunklen Igeltannenwäldern und die wildreiche Sierra de Cazorla mit Wasserfällen, Bergseen und knorrigen Kiefernbeständen.

Strand- und Aktivurlaub

Kilometerlange Sandstrände säumen überall die Küsten. An der milden Costa del Sol hat der Badetourismus lange Tradition. In jüngerer Zeit wurden die Costa Tropical, an die exotische Obstplantagen grenzen, und die Costa de Almería mit ihrem wüstenhaften Hinterland erschlossen. Die touristische Infrastruktur an den Mittelmeerküsten ist gut, allerdings hier und da begleitet von Bausünden. Speziell die westliche Costa del Sol zwischen Málaga und Estepona ist fast durchgehend bebaut und wirkt geradezu verstädtert. Individualisten zieht es ans Cabo de Gata oder in die Umgebung von Nerja. Ebenfalls erst in den letzten Jahren entwickelte sich die Costa de la Luz am Atlantik zum bei Mitteleuropäern beliebten Badeziel. Die

Strände sind hier streckenweise noch völlig naturbelassen und auch größere Feriensiedlungen gliedern sich optisch anspruchsvoller in die Landschaft als in manchem Urlaubsort am Mittelmeer. Allerdings ist der Atlantik rauer, das Wasser bewegter und der Wind bläst stärker. Wer surfen, Rad fahren, reiten oder golfen möchte, kommt an der Costa de la Luz auf seine Kosten.

Für denjenigen, der einen Bade- oder Aktivurlaub an der Küste mit Erkundungstouren ins Hinterland verbinden möchte, bietet sich ein fester Standort an. Marbella, Nerja oder Almuñécar empfehlen sich für Individualisten, die ein gewisses urbanes Umfeld nicht missen möchten. Für sportliche Ferien ist Novo Sancti Petri ›der‹ Standort, Surfer finden in Tarifa die beste Infrastruktur. Wem die großen Urlauberorte zu umtriebig erscheinen, der kann z. B. am Cabo de Gata oder in Bolonia individuelle Quartiere beziehen, aber auch etwas abseits der Costa del Sol in den Dörfern der Axarquía. Um Strände zu erreichen, ist dann allerdings ein Mietwagen von Nutzen. Dieser ist auch das Verkehrsmittel erster Wahl für Ausflüge in die weißen Dörfer oder die Naturparks in der jeweiligen Umgebung. Für Abstecher in die großen Städte bietet sich hingegen das gut ausgebaute Netz von Linienbussen an, denn der Verkehr z. B. in Granada oder Sevilla ist unübersichtlich und die Parkhäuser sind teuer. Eine Alternative können organisierte Ausflüge sein, die in vielen Ferienhotels angeboten werden und die durchaus individuell zu gestalten sind. Um nach Gibraltar oder Marokko zu fahren, ist dies meist die stressfreie Variante.

Sprachurlaub

Wer in Andalusien außerhalb der Metropolen Granada, Málaga oder Sevilla einen spanischen Sprachkurs besuchen möchte, kann dies im Frühjahr oder Herbst in Conil de la Frontera tun und befindet sich dann in Gesellschaft vieler junger Leute, die großenteils aus Deutschland kommen. Es gibt zwei Sprachschulen, die auch Unterkünfte vermitteln: Academia Andaluza de Idiomas (Calle Confederación s/n, Tel. 956 44 05 52 oder (in Deutschland) Tel. 02 01/861 91 49, www.academia.andaluza.net) und Academia Atlántika (Calle Bodegueros 5, Tel. 956 44 12 96 oder (in Deutschland) Tel. 040/47 75 87, www.atlantika.net).

Vorschläge für Rundreisen

Wer möglichst viel von Andalusien sehen will, reist wahrscheinlich mit dem eigenen Fahrzeug an und bringt im Idealfall mindestens vier Wochen Zeit mit. Wer Andalusien mit öffentlichen Verkehrsmitteln erkunden möchte, sollte einen ähnlich großzügigen zeitlichen Rahmen vorsehen. Es ist aber durchaus auch möglich, das Land auf einer ein- oder zweiwöchigen Rundreise intensiv zu erleben, indem man nach Andalusien fliegt und dort am Flughafen einen vorab über ein Reisebüro oder das Internet reservierten Mietwagen übernimmt. Wer nur eine Woche Zeit hat, erspart sich viel Stress bei der Quartiersuche durch die Buchung einer individuellen Paketrundreise, wie sie anspruchsvolle Reiseveranstalter in verschiedenen Varianten anbieten. Im Reisepreis von ca. 1500–2000 € für zwei Personen sind Flug, Mietwagen und Übernachtung mit Frühstück enthalten. Die Tage gestaltet man nach eigenen Vorstellungen, vorgegeben ist lediglich das abendliche Ziel. Die Standardrouten beginnen in Málaga und ermöglichen den Besuch der Städte Granada, Baeza, Úbeda, Córdoba, Sevilla, Ronda und Marbella. Übernachtet wird je nach Programm jeweils ein oder zwei Nächte in zentral gelegenen Stadthotels oder unterwegs in stimmungsvollen Landhotels, in der Luxusvariante auch in Paradores. Wer sich lieber Raum für spontane Entscheidungen lässt und die Rundreise selbst organisiert, tut gut daran, zumindest das erste Hotel in nicht allzu weiter Entfernung vom Flughafen vorzubuchen und eher 14 Tage Reisezeit einzuplanen.

14 Tage: Die klassische Andalusientour

1. Tag: Flanieren Sie über die Meerespromenade von Málaga, besuchen Sie die maurische Burg und das Picasso-Museum. Am Nachmittag lohnt ein Besuch des üppig-subtropischen Gartens Jardín de la Concepción.
2. Tag: Wer nach Ronda fährt, besichtigt meist die Stierkampfarena. Schlendern Sie anschließend über den waghalsig gespannten Puente Nuevo und entdecken Sie romantische Winkel in der Altstadt. Ein Abstecher führt zu den prähistorischen Felszeichnungen der Cueva de la Pileta.
3. Tag: Die weißen Dörfer stehen auf dem Programm. Beim malerischen Grazalema bleibt vielleicht Zeit für eine Wanderung durch die wilde Berglandschaft. Danach lockt Arcos de la Frontera mit seiner Bilderbuchaltstadt.
4. Tag: Jerez de la Frontera ist berühmt für seine Hofreitschule und die großen Sherry-Bodegas. Genießen Sie am Abend Fisch und Meeresfrüchte aus dem Atlantik in El Puerto de Santa María.
5. Tag: Ein Fährboot bringt Sie von El Puerto de Santa María nach Cádiz, wo das Museo de Cádiz einmalige Funde aus phönizischer Zeit zeigt. Anschließend bietet sich ein Einkaufsbummel durch die Altstadt an.
6. Tag: Besichtigen Sie in Sevilla die Kathedrale mit der Giralda, die Königsburg Real Alcázar und das Gelände der Ibero-Amerikanischen Ausstellung von 1929. Dann geht es zum *tapeo* in den Barrio de Santa Cruz.
7. Tag: Ein Ausflug führt zur römischen Ausgrabungsstätte Itálica. Am Nachmittag steht die Sonne am günstigsten, um auf dem Guadalquivir eine Bootsfahrt mit Blick auf Sevilla zu unternehmen.
8. Tag: Wandeln Sie bei Palos de la Frontera auf den Spuren von Christoph Kolumbus. Der Strand zwischen Mazagón und Matalascañas lädt zum Baden ein. In den Nationalpark Coto de Doñana führen kurze Abstecher zu Fuß.
9. Tag: Besonders eindrucksvoll ist die Mezquita von Córdoba. Bummeln Sie danach durch die Altstadt, um Einblicke in blumengeschmückte Patios zu gewinnen und in den kleinen Läden der Silberschmiede zu stöbern. Eine Rundfahrt am Nachmittag erschließt die Kalifenstadt Madinat al-Zahra und die idyllischen Ermitas.
10. Tag: Weiter geht es durch die Sierras Subbéticas. In Baena wird hochwertiges Olivenöl verkauft, Zuheros begeistert durch seine Lage und die Barockstadt Priego de Córdoba lohnt einen Bummel.
11. Tag: Nach Jaén fährt man wegen des prächtigen Palacio de Villardompardo mit den arabischen Bädern. Nächstes Ziel ist Baeza mit seiner Renaissancealtstadt.
12. Tag: Auch Úbeda ist ein Museum der Renaissancebaukunst. Anschließend fährt man durch riesige Olivenplantagen nach Guadix, das für seine Höhlenwohnungen berühmt ist.
13. Tag: Höhepunkt des Aufenthalts in Granada ist die Besichtigung der Alhambra. Schlendern Sie auch durch die engen Gassen des Albaicín und besuchen Sie die Capilla Real mit der Grabstätte der Katholischen Könige. Abends lohnt der Besuch eines Flamencolokals am Sacromonte.
14. Tag: Über das nostalgische Kurbad Alhama de Granada und durch die historische Landschaft der Axarquía mit ihren schmucken Dörfern geht die Fahrt zurück nach Málaga.

Variante für eine 10-Tage-Tour

Wer nur 10 Tage Zeit hat, kann den 5. Tag (Cádiz) und den 8. Tag (Palos, Doñana) aussparen und am 10. Tag direkt nach Granada fahren, wobei dann der Besuch von Jaén, Baeza, Úbeda und Guadix entfällt.

Tierisches Vergnügen: Strandspaziergang an der Costa del Sol

Varianten für längere Reisen

Nach dem Baukastensystem sind hier einige Abstecher aufgeführt, die man ganz nach Belieben und zur Verfügung stehender Zeit in die oben beschriebene Route einpassen kann:

Nach Antequera (ab Málaga): Eine Tagestour führt nach Antequera mit sehenswerter Altstadt und drei bedeutenden Ganggräbern der Megalithkultur. In der Nähe lohnt der bizarre Felsengarten El Torcal einen Besuch.

An die südliche Costa de la Luz (ab Jerez): Einen Tag sollte man für die Fahrt entlang der Küste nach Vejer de la Frontera und zum Cabo Trafalgar einplanen. Bei Barbate bieten sich Spaziergänge durch Pinienwälder an. Bei Bolonia liegt die Ruinenstadt Baelo Claudia.

In die Sierra de Aracena (ab Sevilla): Erkunden Sie in zwei bis drei Tagen die Gegend mit guten Wandermöglichkeiten. Besuchen Sie in Aracena die Tropfsteinhöhle und in Jabugo die Produktionsstätten des Serranoschinkens. Eine Besichtigung des Bergbauparks von Minas de Ríotinto lohnt.

In die Sierra de Cazorla (ab Úbeda): Allein die Rundfahrt durch das wald- und wasserreiche Gebirge dauert schon einen Tag. Wer wandern möchte, sollte zwei Tage einplanen.

In die Alpujarra (ab Granada): Wegen der kurvenreichen Bergstraßen ist eine Zwischenübernachtung zu empfehlen. Besonders schön ist das Poqueira-Tal. Trevélez ist für seinen Schinken bekannt. Hier wie dort führen Wanderwege in die Sierra Nevada.

Nach Ostandalusien (ab Granada): In Almería scheint das klassische Spanien noch lebendig. Hauptsehenswürdigkeit ist die Alcazaba. Nördlich der Stadt liegt die einzige europäische Wüste, Desierto de Tabernas. Im Osten schließt das Vulkangebiet am Cabo de Gata an, mit Stränden, Wanderwegen und einer seltenen Flora. Zwei bis drei Tage sollte man sich für die Erkundung Zeit nehmen.

Einreisebestimmungen

Ausweispapiere: Die Grenzkontrollen für Reisende aus den Schengen-Ländern (z. B. Deutschland, Österreich) und seit 2007 auch aus der Schweiz entfallen. Personalausweis (Schweiz: Identitätskarte) oder Pass sind aber beim Einchecken am Flughafen, bei Mietwagenfirmen und in Hotels vorzuzeigen. Außerdem besteht in Spanien Ausweispflicht. Das Ausweispapier sollte noch mindestens drei Monate gültig sein. Sinnvoll ist es, für den Fall des Verlustes Fotokopien mitzuführen, um leichter Ersatz beschaffen zu können.

EU-Bürger dürfen sich unbegrenzt lange in Spanien aufhalten, Schweizer ohne Visum nur maximal drei Monate. Letztere beantragen für längere Aufenthalte bei der spanischen Botschaft (3000 Bern 16, Kalcheggweg 24, Tel. 031/350 52 52) ein Visum.

Zollbestimmungen: Innerhalb der EU dürfen Waren für den persönlichen Gebrauch unbeschränkt mitgeführt werden. In der Praxis akzeptiert der Zoll 3200 Zigaretten, 400 Zigarillos, 200 Zigarren oder 3 kg Tabak, 10 l Spirituosen, 20 l weinhaltige Getränke, 90 l Wein oder 110 l Bier. Wer mehr mitnehmen möchte, muss die private Verwendung nachweisen.

Für die Schweiz gelten die internationalen Freigrenzen: 200 Zigaretten, 100 Zigarillos, 50 Zigarren oder 250 g Tabak sowie 2 l Tafelwein und 1 l alkoholische Getränke über 22 Vol.-% (pro Person ab 15 bzw. 17 Jahren), 500 g Kaffee und 60 ml Parfum oder 250 ml Eau de Toilette. Geschenke sind bis zu 175 € bzw. 300 sfr zollfrei. Diese Grenzen gelten auch bei Reisen innerhalb der EU, wenn die Einkäufe in Travel-Value-Shops oder im Flugzeug getätigt wurden.

Mitnahme von Haustieren: Für Hunde, Katzen und Frettchen ist der amtliche EU-Heimtier-Ausweis vorgeschrieben (beim Tierarzt, 12 €). Das Tier muss anhand einer Tätowierung oder eines Mikrochips identifizierbar sein (ca. 40 €). Im Ausweis ist die letzte Tollwutimpfung eingetragen (mindestens einen Monat, maximal ein Jahr alt).

Tiere bis 6 kg Gewicht (inkl. Tragebox) fliegen meist in der Fluggastkabine (ca. 25 €). Größere Tiere werden im Frachtraum untergebracht (Aufpreis wie bei Übergepäck). Unbedingt rechtzeitig anmelden!

In den meisten Hotels und Restaurants werden keine Hunde akzeptiert. Sie werden auch nicht in Bussen, Bahnen oder Taxis mitgenommen. In manchen Ferienhäusern sind auf Anfrage kleine Haustiere erlaubt.

Anreise

Mit dem Flugzeug

Die Flugzeit ab Mitteleuropa nach Andalusien beträgt rund drei Stunden. Der wichtigste Flughafen, Málaga, liegt nicht weit von den Ferienorten an der Costa del Sol und Costa Tropical und eignet sich auch gut als Ausgangspunkt für Rundreisen. Ins Stadtzentrum sowie nach Torremolinos/Fuengirola besteht Anschluss per Nahverkehrszug, nach Marbella gibt es direkte Busverbindungen. Die südliche Costa de la Luz ist am besten über Jerez de la Frontera zu erreichen (kein Busanschluss, Taxi nach Jerez ca. 12 €). Bei Pauschalreisen zur nördlichen Costa de la Luz wird oft Faro (Portugal) angeflogen. Für Individualreisende gestaltet sich die Anreise über Faro umständlicher als über Sevilla (Stadtbusanschluss). Almería (Stadtbusanschluss) ist Zielflughafen für das östliche Andalusien. Für Rundreisende interessant: Manche Mietwagenfirmen bieten an, den Wagen in Málaga zu übernehmen und später in Almería abzugeben.

Málaga, Almería, Jerez und Faro werden im Sommerhalbjahr von zahlreichen Ferienfluggesellschaften ab Deutschland, Österreich und der Schweiz angeflogen. Im Winterhalbjahr ist der Flugverkehr eingeschränkt. Die Tickets gibt es mit oder ohne Pauschalarrangement (Unterkunft, Transfer oder Mietwagen) in Reisebüros oder im Internet, Nur-Flug-Tickets auch direkt bei den Fluggesellschaften. Hin und zurück kostet der Flug je nach Saison etwa zwischen 130 und 300 € (inkl. Flughafen-Sicherheitsgebühr).

Etwas teurer (hin und zurück ab ca. 250 €) wird es mit Lufthansa und Swiss, die Málaga nonstop ab Frankfurt bzw. ab Zürich und Genf anfliegen. Mit der spanischen Liniengesellschaft Iberia gelangt man ab ca. 150 € (hin und zurück) von mehreren deutschen Flughäfen sowie von Wien, Zürich und Genf nach Andalusien, allerdings mit Zwischenlandung in Madrid oder Barcelona. Zielflughäfen sind Sevilla, Granada, Almería, Málaga und Jerez.

Mit Billigtickets nach Andalusien (ab ca. 29 € pro Strecke) werben u. a. Air Berlin (www.airberlin.com), Condor (www.condor.de), Germanwings (www.germanwings.de). Durch Kerosinzuschläge und Gebühren kommt man dabei auf etwa 50 € pro Strecke. Die Zahl der verfügbaren Plätze ist gering. Wer dabei ein Schnäppchen machen möchte, muss Geduld mitbringen, zeitlich flexibel sein und sofort zuschlagen, wenn sich eine Chance ergibt.

Mit der Bahn

Die umweltfreundliche, allerdings gegenüber dem Flug nicht kostengünstigere Bahnanreise dauert ab Deutschland, Österreich und

Heißt Schiffe aus aller Welt willkommen: der Leuchtturm am Hafen von Málaga

der Schweiz je nach Abfahrtsort zwischen ca. 24 und 36 Stunden. Unterwegs ist mehrmaliges Umsteigen erforderlich. Am zügigsten geht es über Barcelona oder Paris nach Madrid und von dort weiter per Hochgeschwindigkeitszug AVE über Córdoba nach Sevilla. Alternativ kann man von Barcelona aus über Valencia nach Almería oder Granada fahren.

Mit dem Europabus

Europabusse der Eurolines, eines internationalen Zusammenschlusses von 32 Busgesellschaften (in Deutschland die Deutsche Touring) fahren regelmäßig von Großstädten in Deutschland, Österreich und der Schweiz nach Málaga, Sevilla und in andere Städte in Andalusien. Die Busse sind komfortabel, dennoch kann die Fahrt (ca. 35 Stunden) anstrengend werden. Die Kosten liegen um 250 € für Hin- und Rückfahrt. Infos und Reservierung in den Ticketcentern der Busbahnhöfe; in Deutschland über DER- und DB-Reisebüros oder die Deutsche Touring, Tel. 069/790 35 01 oder 01 80/579 03 03, www.deutsche-touring.com; in Österreich über Eurolines Austria-Blaguss, Tel. 01/798 29 00, www.eurolines.at; in der Schweiz über Alsa + Eggmann, Tel. 09 00/57 37 47, www.eurolines.ch.

Mit dem Pkw

Die Fahrt von Mitteleuropa nach Andalusien dauert rund drei Tage. Sowohl in Frankreich als auch in Spanien fallen Autobahngebühren an. Die Kosten für Benzin und Autobahnen sollte man mit rund 500 € veranschlagen, hinzu kommen Zwischenübernachtungen.

In der Regel erfolgt die Anfahrt von Mitteleuropa zunächst nach Barcelona und weiter auf der Autobahn entlang der Küste über Valencia und Murcia in den Osten und Süden Andalusiens. Um Córdoba, Sevilla oder die Costa de la Luz zu erreichen, bietet sich ab Barcelona die Route über Madrid auf nicht kostenpflichtigen Schnellstraßen *(autovías)* an. Wer im Westen oder Norden Deutschlands wohnt, kann alternativ über Paris nach Madrid und weiter nach Andalusien fahren.

Per **Autoreisezug** gelangt man bequem von verschiedenen deutschen Bahnhöfen über Nacht in ca. 20 Std. bis Narbonne in Südfrankreich. Die einfache Fahrt kostet für zwei Personen im Liegewagen plus Pkw ab ca. 260 €. Infos: www.autoreisezug.de; Buchung: Tel. 01 80/524 12 24.

Die **Grüne Versicherungskarte** ist zwar in Spanien nicht Pflicht, kann sich aber bei Kontrollen dennoch als nützlich erweisen.

Die Automobilclubs ADAC und ÖAMTC unterhalten zwei **24-Stunden-Notrufnummern** in Spanien: Barcelona: Tel. 935 08 28 28, Madrid: Tel. 915 93 00 41. Notrufnummer des TCS: Tel. 0041-22-417 22 20.

Verkehrsmittel in Andalusien

Autofahren

Auf Autobahnen (AP, *autopista)* werden in gewissen Abständen **Mautgebühren** kassiert. Die Benutzung von vierspurigen Schnellstraßen (A, *autovía)* ist kostenlos.

Benzin: Die meisten Mietwagen benötigen Eurosuper (95 Oktan) oder Diesel. 1 l kostete im Frühjahr 2007 ca. 0,95 bzw. 0,89 €.

Promillegrenze: 0,5

Höchstgeschwindigkeiten: In den Ortschaften 50 km/h, auf Landstraßen 90 km/h, auf *autovías* 100 km/h, auf Autobahnen *(autopista)* 120 km/h. Bei auch nur geringfügiger Übertretung drohen hohe Strafgebühren, die sofort kassiert werden. Gleiches gilt bei falschem Parken, beim Telefonieren mit dem Handy während der Fahrt ohne Freisprechanlage und für weitere Ordnungswidrigkeiten.

Unfallaufnahme: Immer sofort die Mietwagenfirma anrufen (Nummer steht auf dem Vertrag). In gravierenden Fällen Guardia Civil (Tel. 062) hinzuziehen.

Verkehrsregeln: Beim Halten im Parkverbot (maximal zwei Minuten) darf der Fahrer das Auto nicht verlassen. Im Pannenfall müssen Personen, die das Auto verlassen, eine orangefarbene Warnweste tragen (liegt im Wagen). Es sind zwei Warndreiecke aufzustellen – vor und hinter dem Fahrzeug.

Parken: Parkeinweiser weisen auf freie Lücken hin und assistieren beim Einparken. Teilweise arbeiten sie in eigener Regie und erwarten ein Trinkgeld. Heute sind sie aber meist offiziell von der Gemeinde angestellt, an farbigen Leuchtwesten zu erkennen, verteilen Parkscheine und kassieren ca. 1 €.

Besonderheiten: Auf Autobahnen empfiehlt sich eine defensive Fahrweise, die Unfallhäufigkeit ist hoch. Vorsicht auf Landstraßen vor langsamen Fahrzeugen, die oft unvermittelt einbiegen. Innerorts sind Vorfahrtsstraßen nicht als solche gekennzeichnet. Es gibt nur Stoppzeichen für den nicht vorfahrtberechtigten Verkehr. Schlecht einsehbaren Kreuzungen vorsichtig nähern! Sehr häufig sind Kreisverkehre. Der Kreisverkehr hat normalerweise Vorfahrt. Vorsicht ist geboten, wenn zwei Spuren vorhanden sind. Die rechte Spur wählt man nur, wenn man bei der nächsten Möglichkeit wieder aus dem Kreisverkehr hinausfahren will. Auf Landstraßen biegt man häufig nicht direkt nach links ab, sondern wird nach rechts auf eine Abbiegerspur geleitet, um von dort aus die Straße zu überqueren. Durch Linksblinken zeigen vorausfahrende Fahrzeuge an, dass ein Hindernis in Sicht kommt und nicht überholt werden soll.

Al-Andalus Expreso: Der Andalusien-Express bietet – ähnlich wie der legendäre Orient-Express – den Komfort eines Luxushotels. Vier Tage dauert die Fahrt ab Sevilla mit dem Nobelzug, in dem nur 40 Passagiere Platz finden. Córdoba, Granada, Ronda und Jerez werden angesteuert, die dortigen touristischen Highlights füllen das Rahmenprogramm. Pro Person im DZ mit Vollpension kostet der Spaß rund 1500–2500 €. Buchbar in Deutschland über Ibero Tours, 40212 Düsseldorf, Berliner Allee 22, Tel. 02 11/86 41 52-0, www.iberotours.de oder direkt unter Tel. 00 34/900 80 04 31.

Mietfahrzeuge

Voraussetzung für das Mieten eines Wagens oder eines Motorrads ab 125 ccm ist der (mindestens ein Jahr alte) nationale Führerschein. Der Fahrer muss mindestens 21 bzw. 23 Jahre alt sein.

Einen Kleinwagen erhält man ab ca. 35 € pro Tag bzw. 115 € pro Woche (inkl. Vollkasko und unbegrenzten Kilometern). Ein zweiter Fahrer wird oft extra berechnet (ca. 4 € pro Tag). In der Hochsaison (Juli/Aug.) steigen die Preise. Meist ist eine Kaution zu hinterlegen, im Idealfall mit Hilfe der Kreditkarte. Die Deckungssummen der Haftpflichtversicherung reichen nicht immer aus. Ist das Fahrzeug über einen deutschen Reiseveranstalter angemietet, gelten die deutschen Deckungssummen. Andernfalls deckt die sogenannte ›Mallorca-Police‹ die Differenz ab (bei manchen Kfz-Versicherungen schon eingeschlossen).

Wird der Wagen im Voraus gebucht, kann man ihn auch bei Ankunft am Flughafen übernehmen. Dort befinden sich – ebenso wie in allen größeren Ferienorten – Büros verschiedener Autovermieter. Außerdem übernehmen Hotelrezeptionen die Vermittlung.

Busse

Andalusien verfügt über ein dichtes Netz an Überlandbuslinien. In größeren Ortschaften gibt es einen Busbahnhof *(estación de autobuses).* Tickets sollte man dort rechtzeitig vor Abfahrt kaufen, um sich einen Platz zu sichern. Es sind nur so viele Passagiere zugelassen, wie der Bus Sitzplätze hat. Wer unterwegs zusteigen möchte, kann sich also nicht darauf verlassen mitgenommen zu werden. Auf freier Strecke stoppen die Busfahrer auch an Haltestellen meist nur auf Handzeichen. Fahrräder werden in Linienbussen nicht mitgenommen.

Wichtig ist der Unterschied zwischen *directo* (Bus nimmt die kürzeste Strecke zwischen zwei Orten und hält unterwegs selten) und *ruta* (Bus fährt alle an der Strecke liegenden Ortschaften an).

Preisbeispiele:
Málaga–Granada ca. 9 €
Málaga–Sevilla ca. 13 €

Es gibt eine Reihe von Busgesellschaften, die verschiedene Landesteile abdecken (vgl. dazu Informationen bei den einzelnen Ortsbeschreibungen). Teilweise überschneiden sich ihre Liniennetze. Neuere Busse müssen die Beschriftung ›Transportes Públicos de Andalucía‹ tragen, sind aber weiterhin in den Farben der jeweiligen Firma lackiert.

Infos und Fahrpläne: Aktuelle Busfahrpläne händigen die Schalter der verschiedenen Anbieter in den Busbahnhöfen sowie auch örtliche Touristeninformationsbüros und Hotelrezeptionen aus. Hotlines und Internetadressen wichtiger Busgesellschaften:

Alsa: Tel. 902 42 22 42, www.alsa.es
Alsina Graells: Tel. 902 33 04 00, www.alsinagraells.net
Amarillos: Tel. 902 21 03 17, www.losamarillos.es
Casal: Tel. 954 90 69 77, www.autocarescasal.com
Comes: Tel. 902 19 92 08, www.tgcomes.es
Damas: Tel. 959 25 89 00, www.damas-sa.es
Linesur: Tel. 954 98 82 20, www.linesur.com
Portillo: Tel. 902 14 31 44, www.ctsa-portillo.com

Stadtbusse: Größere Städte und auch manche Ferienorte (diese teilweise nur im Sommer) betreiben Stadtbusnetze. Im Bereich Cádiz/Jerez gibt es einen Verkehrsverbund. Die Einzelfahrt kostet rund 1 €. Günstigere Mehrfachtickets (›Bono-Bus‹) verkaufen Kioske. Außerdem werden in Großstädten kommentierte Stadtrundfahrten per Cabrio-Dopppeldeckerbus angeboten, wobei man beliebig oft die Fahrt unterbrechen kann (ca. 8–12 € für 24 Std.). Infos bei den jeweiligen Stadtbeschreibungen.

Züge

Die spanische Bahngesellschaft RENFE (Tel. 902 24 02 02, www.renfe.es) betreibt in Andalusien acht Bahnlinien. Die meisten gehen von Sevilla aus: A 1 nach Jerez/Cádiz, A 2 nach Córdoba/Jaén, A 3 nach Málaga bzw. Granada, A 7 nach Huelva, A 8 über Zafra in die Extremadura. Am Verkehrsknotenpunkt Bobadilla (bei Antequera) kann man in die A 5 Richtung Algeciras umsteigen. Bobadilla ist außerdem per A 4 mit Córdoba verbunden. Linie A 6 verbindet Linares-Baeza mit Granada bzw. Almería. Regionalzüge, die etwa 4 x pro Tag auf den genannten Strecken verkehren, halten unterwegs relativ häufig. Allerdings sind weniger Orte per Bahn erreichbar als per Bus. Vor allem fehlen Verbindungen entlang der Küsten. Der Preis einer Fahrt im Regionalzug liegt im Vergleich zum Bus meist geringfügig höher. Sehr viel teurer kommen Fernverkehrszüge wie der superschnelle AVE (Córdoba–Sevilla ab ca. 22 €), der demnächst auch nach Málaga verkehren wird.

Von Málaga fährt über den Flughafen zu den Ferienorten Torremolinos, Benalmádena und Fuengirola mit häufiger Frequenz eine S-Bahn *(cercanía).* Das Netz dieser Nahverkehrszüge soll in Andalusien in den kommenden Jahren zügig ausgebaut werden.

Taxi

Die Tarife sind uneinheitlich. Als Faustregel gilt: Grundgebühr um 2 €, jeder gefahrene Kilometer um 0,60 €. Es dürfen Gepäck-, Nacht-, Wochenend- und Flughafenzuschläge erhoben werden. In mehreren Städten werden nostalgische Rundfahrten per **Pferdekutsche** angeboten (ca. 25 €).

Buchung

Auch für Individualtouristen kann die Buchung über einen Reiseveranstalter sinnvoll sein. Dies ist in manchen Fällen billiger als die Direktbuchung per Telefon oder E-Mail. Bei den großen Veranstaltern können Unterkünfte oft separat vom Flug gebucht werden, auch tageweise. Es ist heute keineswegs ungewöhnlich, Flug, Unterkunft und Mietwagen bei jeweils verschiedenen Veranstaltern einzukaufen. Einfache Hotels und Pensionen sind allerdings nur selten über Veranstalter buchbar. Die örtlichen Touristenbüros informieren über Unterkünfte, übernehmen aber keine Vermittlung. Privatquartiere gibt es in Andalusien kaum.

Für die Hauptreisesaison im Juli und August und für die Karwoche *(semana santa)* muss man Wunschquartiere mehrere Monate im Voraus buchen, in der übrigen Zeit sind sie meist auch kurzfristig zu haben. Stadthotels und viele ländliche Quartiere sind durchgehend in Betrieb. Hingegen schließen in den Ferienorten an der Küste viele Hotels in den Wintermonaten. Ganzjährig etwas los ist vor allem an der Costa del Sol, teilweise auch an der übrigen Mittelmeerküste und an der südlichen Costa de la Luz.

Paradores: Die legendäre spanische Hotelkette betreibt in Andalusien 16 Häuser, die meisten mit vier, einige mit drei Sternen dekoriert. Viele befinden sich in historischen Gebäuden und bieten viel Atmosphäre, gepaart mit Luxus und Komfort. Andere bestechen durch ihre landschaftlich besonders attraktive Lage. Spaniens bekanntester, aber auch teuerster Parador ist in die Alhambra von Granada integriert. Reservierungszentrale: Tel. 915 16 66 66, Fax 915 16 66 57, www.parador.es. Buchbar auch über Veranstalter.

Offiziell werden in Spanien nach standardisierten Ausstattungskriterien Hotels mit 1–5 Sternen bewertet, Apartmenthäuser mit 1–4 Schlüsseln. Ästhetik, Service oder Essensqualität bleiben unberücksichtigt, daher ist daran nicht unbedingt zu erkennen, ob einem das Quartier behagen wird.

Unterkünfte am Meer

Für die Ferienorte an den Küsten haben die bekannten Reiseveranstalter ein breites Angebot im Programm. Der Ausstattungsstandard ist in der Regel gut bis sehr gut. Je nach Jahreszeit ist aber die nächtliche Lärmbelästigung aus der Hausbar oder aus benachbarten Kneipen oder Discos als feste Größe einzuplanen, vor allem dann, wenn die gebuchte Unterkunft nicht der Luxuskategorie angehört. Wer nicht mitfeiert, fühlt sich oft fehl am Platz. Sofern es die Zeitplanung ermöglicht, empfiehlt es sich, auf die ruhigere Vor- oder Nachsaison (Juni oder Sept./Okt.) auszuweichen. Zwischen November und März zieht es dank günstiger Langzeitangebote viele Senioren zum Überwintern in die Ferienorte der Costa del Sol und Costa de Almería.

Wenn Halbpension gebucht ist, werden Frühstück und Abendessen meist in Form gut bestückter Buffets eingenommen. In größeren Hotels wird vielfach in zwei Schichten zu Abend gegessen. **Apartmenthäuser** sind meist einfacher ausgestattet. Manchmal sind sie an ein Hotel angeschlossen oder haben ein eigenes Restaurant. Reiseveranstalter unterscheiden in ihren Katalogen zwischen Studios (kombinierter Wohn-Schlafraum mit Küchenzeile) und Apartments (Wohnraum mit Küchenzeile und ein oder zwei separate Schlafzimmer). Wer auf eigene Faust ein Apartment mieten möchte, kann sich an Turespaña (s. S. 62) wenden. Sie verschicken Unterkunftslisten für die einzelnen andalusischen Provinzen, in denen auch *apartamen-*

tos aufgeführt sind. Die Zahl der offiziell registrierten Apartmenthäuser ist im Verhältnis zu den Hotels eher gering. Zwar gibt es an den Küsten Andalusiens sehr viele Ferienwohnungen, doch fast alle befinden sich in Privatbesitz und werden nicht vermietet.

Einige Küstenabschnitte sind wegen ihrer speziellen Atmosphäre bei Individualisten beliebt. Östlich von Almería ist dies der Naturpark Cabo de Gata mit Ferienorten, in denen es relativ preisgünstige, familiäre Hotels und Hostales (einfache Hotels) gibt. Besonders schöne Naturstrände liegen bei Nerja. Wer dort dem Trubel des Urlauberortes entgehen möchte, bezieht Quartier im benachbarten Maro oder aber im Hinterland, in den weißen Dörfern der Axarquía. Auch an die südliche Costa de la Luz zieht es viele Individualurlauber. Tarifa, Bolonia, Zahara de los Atunes, Caños de Meca und Conil sind dort als Bade- und Surferorte ›in‹. Wer einen gewissen Komfort zu schätzen weiß und sportlich orientiert ist, urlaubt in Novo Sancti Petri.

Ferienwohnungen und Ferienhäuser

Wer es individueller mag, findet an den andalusischen Küsten und in ihrem Hinterland ein recht gutes Angebot an Ferienwohnungen und -häusern. Zu buchen sind diese über Reisebüros oder über das Internet (z. B. www.fincaferien.de, www.fewo-direkt.de, www.interhome.de). Die Mindestaufenthaltsdauer beträgt oft eine Woche, in der Hochsaison manchmal sogar einen Monat. Für die Monate Juli und August sollte man sehr frühzeitig reservieren.

Stadthotels

Um in die Atmosphäre andalusischer Städte einzutauchen, empfiehlt es sich jeweils eine oder zwei Übernachtungen in möglichst zentraler Lage einzuplanen. Am schönsten wohnt man in umgebauten Stadtpalästen, die das Flair früherer Jahrhunderte mit zeitgemäßem Komfort vereinen. Für den kleineren Geldbeutel bieten sich die Hostales an, einfachere, aber oft romantische Hotels. Größere Stadthotels sind über Reisebüros buchbar, kleinere muss man in der Regel selbst reservieren (Adressen s. Reiseteil). Am Wochenende gibt es oft günstige Paketangebote.

Ferien auf dem Land

Im Trend liegt überall in Andalusien der Country-Tourismus. Man wohnt sehr individuell in ehemaligen Gutshäusern oder Jagdlodges, die als kleine, komfortable Hotels geführt werden. Oft sind sie von weitläufigen Feldern und Ölbaumplantagen umgeben, betreiben nebenher weiterhin Landwirtschaft und bieten manchmal auch Reitgelegenheit, Ausfahrten per Kutsche, Jeeptouren, Mountainbikeverleih oder geführte Wanderungen. Die in der Regel geschmackvolle, oft in jedem Zimmer unterschiedliche Einrichtung orientiert sich am traditionellen andalusischen Stil. Zu buchen meist direkt, manche auch über Veranstalter. Außerdem vermitteln folgende Organisationen ländliche Unterkünfte: Red Andaluza de Alojamientos Rurales, Tel. 902 44 22 33, Fax 950 27 16 78, www.raar.es (auch Ferienhäuser und Feriendörfer); Asociación de Hoteles Rurales de Andalucía, Tel. 957 54 08 01 oder 952 37 87 75, Fax 957 54 19 21 oder 952 37 87 84, www.ahra.es (nur Landhotels).

Zwischenübernachtungen

An den größeren Landstraßen und *autovías* finden sich in regelmäßigen Abständen Hostales (einfache Hotels), in denen vielfach

Fernfahrer übernachten. Das DZ mit Frühstück kommt dort auf ca. 50 €, ein dreigängiges Menü mit Getränken kostet 10–12 €. Eine Reservierung ist nicht erforderlich, auch in der Hochsaison ist es nicht schwierig ein Zimmer zu bekommen. Für einen längeren Aufenthalt kommen diese Unterkünfte zwar kaum in Frage, können aber für eine Zwischenübernachtung sehr nützlich und praktisch sein.

Camping und Hütten

Eine aktuelle Liste mit detaillierten Angaben zu den einzelnen Campingplätzen ist in der Broschüre ›Hoteles, Campings y Apartamentos‹ enthalten, die vom spanischen Fremdenverkehrsverband für jede Provinz herausgegeben wird und über die Turespaña-Büros (s. S. 62) gratis zu beziehen ist.

An den andalusischen Küsten ist die Campingplatzdichte relativ groß. Die Zahl der für einen längeren Aufenthalt geeigneten, komfortableren Anlagen beläuft sich auf rund 30, die sich über alle Küstenabschnitte gleichmäßig verteilen. Die Preise liegen im Durchschnitt pro Person bei 5 € (für Kinder meist kaum niedriger). Für ein Auto plus Zelt oder Wohnwagen bzw. für ein Wohnmobil kommen noch rund 10 € hinzu. Frühzeitige Reservierung ist ratsam. Dies gilt auch für die Wintermonate, in denen Langzeiturlauber meist Rabatte erhalten.

Im Landesinneren sind Campingplätze dünn gesät. Dies gilt auch für National- und Naturparks. Meist handelt es sich dort um eher einfache Anlagen, die oft nur in den Sommermonaten öffnen. Besonders preisgünstig, manchmal sogar gratis sind die *áreas acampadas* (Zeltgelände), bei denen allerdings auf fast jeglichen Komfort (außer vielleicht Toiletten und kalte Duschen) verzichtet werden muss. Informationen erteilen die Besucherzentren der Naturparks.

Auf vielen Campingplätzen finden sich **Bungalows** oder **Chalets.** Ihr Vorteil: Es muss keine eigene Ausrüstung mitgebracht werden und der Komfort ist relativ groß. Eine Besonderheit sind Campinganlagen auf dem Gelände von Gutshöfen oder Landhäusern *(camping cortijo).*

Grundsätzlich ist in Spanien das einmalige Übernachten im Wohnwagen oder Wohnmobil außerhalb eines Campingplatzes – an Straßen, Park- oder Rastplätzen – gestattet. Allerdings gibt es vielerorts durch Verbotsschilder angezeigte Einschränkungen. Wildes Campen an Stränden und in naturgeschützten Bereichen ist generell verboten.

Einige **Berghütten** *(refugio)* als einfache Unterkünfte für Wanderer gibt es in der Sierra Nevada. Infos erteilt das Centro de Visitantes El Dornajo (s. S. 355).

Jugendherbergen

Jugendherbergen heißen in Spanien *Albergues Juveniles.* Insgesamt gibt es in Andalusien 21 Häuser, die nicht alle ganzjährig geöffnet sind. Eine Altersbegrenzung gibt es nicht, ein internationaler Jugendherbergsausweis ist vorzulegen. Manche Herbergen, wie diejenige von Málaga (s. S. 103 f.), wurden modernisiert und verfügen über Doppelzimmer mit eigenem Bad. Andere wiederum sind sehr einfach ausgestattet. Für die Übernachtung mit Frühstück sind pro Person mit 10–20 € zu rechnen. Informations- und Buchungszentrale Inturjoven: Tel. 902 51 00 00, Fax 955 03 58 48, www.inturjoven.com.

Preisangaben

Die Übernachtungspreise in diesem Buch gelten für zwei Personen im Doppelzimmer (DZ) inkl. Frühstück und Mehrwertsteuer, falls nicht anders angegeben.

Golf

Andalusien ist mit rund 70 Plätzen eine der bedeutenden europäischen Golfsportdestinationen. Traditionelles Zentrum am Mittelmeer ist die Costa del Sol bei Marbella. Einige neuere Plätze sind an der Atlantikküste entstanden. Vielen Anlagen sind Luxushotels (Golf Resort) angegliedert. Meist sind Gastspieler willkommen. Die Platzgebühr (Greenfee) beträgt für 18 Löcher um 70 €. Die Golfakademie des Club de Golf Novo Sancti Petri (s. S. 184) führt ganzjährig Kurse in deutscher Sprache durch.

Die jeweils aktuelle Ausgabe des Albrecht Golf Guide ›Golf in Spanien‹ (Albrecht Golf Verlag, Gräfeling/München) enthält Adressen und Beschreibungen aller Plätze mit Preisangaben. Infos der Federación Andaluza de Golf im Internet: www.fga.org.

Klettern, Canyoning

Viele Andalusier haben diese Sportarten für sich entdeckt. Von Kletterern bevorzugte Reviere sind die Garganta del Chorro (s. S. 139), die Steilwand San Bartolo bei Tarifa (s. S. 166 ff.) und der Peñón Grande bei Grazalema (s. S. 156). Dort gibt's auch Kurse.

Fürs Canyoning eignen sich die Wildwasserläufe der Naturparks Los Alcornocales und Sierra de Grazalema. Organisation und Ausbildung übernehmen Amatur in Alcalá de los Gazules (Tel. 956 41 30 05), Horizon in Grazalema (Tel. 956 13 23 63, www.horizon aventura.com) und Al-qutun in Algodornales (Tel. 956 13 78 82, www.al-qutun.com).

Radfahren

Für Radfahrer ist in Andalusien in den Wintermonaten Saison, wenn in Mitteleuropa ungünstige klimatische Verhältnisse herrschen. Die besten Voraussetzungen bietet die Costa de la Luz mit ihrem flachen bis leicht hügeligen Hinterland. Hier hat sich Novo Sancti Petri zum wichtigsten Standort für Tourenfahrer entwickelt. Auch wer sich ohne große sportliche Ambitionen aufs Rad setzen möchte, kann in Novo Sancti Petri einen Drahtesel mieten (ab ca. 8 € pro Tag). Ideale Radwege im Landesinneren stellen die vier **Vías Verdes** dar, stillgelegte Bahnstrecken, die in Andalusien auf insgesamt 166 km Länge für den Radsport ausgebaut und mit einer entsprechenden Infrastruktur (Infostellen, Verleih, Rastplätze) versehen wurden. Informationen: www.viasverdes.com.

15 Mountainbikerouten in Andalusien mit Übersichtskarten sind der Broschüre ›Guías Practicas – Mountainbike‹ (auf Englisch) zu entnehmen, die in den Informationsbüros der Junta de Andalucía für 3,60 € erhältlich ist.

Die deutschsprachige Firma Almería Bike Tours (s. S. 391) vermietet Mountainbikes und organisiert individuelle Touren. Ansonsten sind Verleihfirmen bisher eher rar. Wer das eigene Rad mit nach Andalusien nehmen möchte, kann dies gegen Aufpreis (ca. 30 €) bei den meisten Fluggesellschaften tun. Spätestens einige Tage vor Abflug anmelden! Ein spezieller Transportbehälter empfiehlt sich.

In Spanien besteht für Radfahrer Helmpflicht! Bei schlechtem Wetter ist reflektierende Kleidung vorgeschrieben.

Reiten

Für Reiter ist Andalusien ein Eldorado, wegen der berühmten Pferde und der enorm abwechslungsreichen Ausrittmöglichkeiten auf alten Viehauftriebswegen, über riesige Weideflächen oder entlang der Atlantikstrände. Insbesondere bei den Ferienorten der südlichen Costa de la Luz (Tarifa, Novo Sancti Petri) und im Umkreis des Nationalparks Doñana (Mazagón, Matalascañas, El Rocío) gibt es Reitställe (Yeguada, Clube Hípico), die geführte Ausritte (deutsch- oder englischsprachig) anbieten. An der Costa del Sol empfiehlt sich die Escuela de Arte Ecuestre bei Estepona (Tel. 952 80 80 77, www.escuela-ecuestre.com), ein großes Reitsportzentrum mit Unterricht in deutscher Sprache. Reitgelegenheit bieten auch viele Landhotels.

Reiterferien ab Deutschland organisiert Pferd & Reiter (Rader Weg 30 A, 22889 Tangstedt, Tel. 040/607 66 90, Fax 60 76 69 31, www.pferdreiter.de).

Strände

Andalusien bietet an seiner insgesamt 836 km langen Küste 221 gezählte Strände. Bei den Ferienorten sind sie touristisch erschlossen, mit Gastronomie, Sanitärgebäuden, Bewachung, Verleih von Strandliegen und Sonnenschirmen (pro Teil ca. 4 €), Tretbooten usw. (meist nur im Sommerhalbjahr geöffnet). Es finden sich aber auch unbebaute, teilweise unter Naturschutz stehende Abschnitte. Die Wasserqualität wird regelmäßig kontrolliert und gilt im Allgemeinen als gut, seit die meisten Ferienorte über Kläranlagen verfügen. An über 60 Playas weht die Blaue Flagge *(bandera azul)*. Diese sind in der Broschüre ›Spaniens beste Strände‹ verzeichnet, die über die Büros von Turespaña zu beziehen ist (s. S. 62). Allerdings wird die Auszeichnung nur auf Antrag verliehen und es müssen dafür auch andere Kriterien erfüllt werden (z. B. Vorhandensein einer Erste-Hilfe-Station), weshalb Strände ohne die Blaue Flagge durchaus nicht schmutziger sein müssen. Weniger gut schneiden bei den Untersuchungen die Strände ab, die neben großen Häfen und bei Flussmündungen liegen.

Eine Auswahl der gern von Individualisten aufgesuchten Strände von Ost nach West entlang der Mittelmeer- und Atlantikküste:

Playa de Macenas (S. 404): Südlich von Mojácar, über eine Piste zu erreichen. Im Sommer Strandlokal. Nahebei ein paar abgeschiedene FKK-Buchten.

Playa de los Genoveses und Playa Mónsul (S. 400): Idyllische Naturstrandbuchten im Naturpark Cabo de Gata. An der Playa Mónsul FKK.

Punta del Sabinar/Punta Entinas (S. 393): Lange, von Dünen begrenzte Naturstrandzone bei Roquetas de Mar. Nur zu Fuß oder per Fahrrad zu erreichen.

Acantilados de Maro (S. 371): Vier naturbelassene Strände an der Felsküste zwischen La Herradura und Nerja. Ein Paradies für Schnorchler.

Playa de Almayate (S. 382): Unberührter Strand bei Torre del Mar. Im Hinterland gedeihen Zuckerrohr und Gemüse.

Playa de Casablanca und Playa Los Monteros (S. 116): Zwei Strände bei Marbella, von Dünen und Pinien gesäumt und eine gute Alternative zum stark frequentierten Stadtstrand.

Playa de Torrecarbonera (S. 122): 1 km langer Naturstrand südlich von Sotogrande bei der Landspitze Punta Mala.

Playa de los Lances und Playa de Valdevaqueros (S. 169): Beliebte, 12,5 km lange Surferstrände bei Tarifa. Das Badevergnügen kann durch starken Wind beeinträchtigt sein.

Playa de Bolonia (S. 170): Im Naturschutzgebiet, praktisch unbebaut, 4 km lang und weißsandig.

Cabo de Trafalgar (S. 174 f.): Zu beiden Seiten des Kaps schließen lange Sandstrände an. Herrlich für Wellensurfer und Reiter.

Cabo Roche (S. 181): Mehrere reizvolle Felsbuchten unterhalb der Steilküste bei Conil, zu Fuß über Treppen zu erreichen.

Playa de la Costilla (S. 211): Von Pinienwäldern gesäumter Naturstrand westlich von Rota, für Strandspaziergänge ideal.

Cuesta de Maneli (S. 219): Mitsamt der angrenzenden versteinerten Dünen naturgeschützt, über einen 1 km langen Holzplankenweg zu Fuß zu erreichen.

Tennis

Zu allen größeren Hotels gehören Tennisplätze, die auch von Nicht-Hotelgästen gemietet werden können (10–12 € pro Stunde). Eine besondere Adresse ist Matchpoint Sports in Novo Sancti Petri (Tel. 650 46 36 09, www.mp-sports.de) mit Platzvermietung, Schnupperkursen und professionellem Unterricht in deutscher Sprache.

Wandern

Immer mehr entwickelt sich Andalusien auch zu einem beliebten Reiseziel für Wanderer. In den heißen Sommermonaten eignen sich nur die höheren Gebirgslagen (Sierra Nevada, Sierra de Cazorla) zum Wandern. Für die übrigen Wandergebiete, die eher Mittelgebirgscharakter haben, sind die besten Zeiten das Frühjahr (Feb.–Mai) und der Herbst (Sept.–Nov.).

Feste Wanderstiefel (Trekkingstiefel) empfehlen sich immer. Im Winter und bei Wanderungen im Gebirge sollten Regenschutz und eine wärmende Windjacke im Gepäck sein.

Das Wanderwegenetz insbesondere in den zahlreichen Naturparks wird ständig erweitert und markiert. Hinweise zu besonders lohnenden Wandergebieten sowie spezielle Tourenbeschreibungen sind im Kapitel ›Unterwegs in Andalusien‹ zu finden.

Wassersport

Jachtsport

An der andalusischen Mittelmeerküste gibt es rund 20 Jachthäfen, darunter mit der Marina del Este (bei Almuñécar) einen der schönsten und mit dem Puerto Banús bei Marbella den mondänsten ganz Spaniens. Die Costa de la Luz bietet rund 12 Jachthäfen. Törns können entlang der Küste bis nach Portugal oder über die Straße von Gibraltar nach Marokko führen. Costa del Sol Yacht Charter verchartert z. B. Jachten ab Benalmádena (Tel. 952 57 60 18, Fax 952 44 61 50, www.costadelsolcharter.com). Eine 10-Meter-Segeljacht für vier bis sechs Personen gibt es ab ca. 1500 € pro Woche. Die Liegegebühren in den Häfen sind im Schnitt etwa doppelt so hoch wie an Nord- oder Ostsee. Ankerplätze in romantischen Buchten gibt es nur an wenigen Stellen (z. B. Cabo de Gata).

Kajak und Kanu

An den Küsten werden mancherorts Seekajaks verliehen (ca. 30 € pro Tag) und geführte Touren angeboten, z. B. in San José am Cabo de Gata (s. S. 399 f.) oder in Sancti Petri (s. S. 185). Mit Kajak oder Kanu lässt sich auch mancher Stausee im Binnenland erkunden, allen voran der Embalse del Tranco de Beas in der Sierra de Cazorla (Bootsverleih).

Surfen

Ein Paradies für fortgeschrittene Surfer ist das Starkwindgebiet bei Tarifa. Mehrere Anbieter führen dort Kurse (auch deutschsprachig) im Wind- und Kitesurfing durch und verleihen Gerät. Wellensurfer bevorzugen das Revier bei Caños de Meca. Das eigene Board mit Zubehör kann man meist im Flugzeug mitnehmen (hin und zurück ca. 50 €, rechtzeitig anmelden).

Tauchen

Entlang der andalusischen Küste gibt es eine Reihe von Tauchbasen *(centros de buceo).* Beliebteste Reviere sind am Mittelmeer das Cabo de Gata und die Acantilados de Maro (bei La Herradura) sowie am Atlantik die Küste zwischen Tarifa und Bolonia, die Steilküste bei Barbate und das Cabo Roche bei

Wie aus 1001 Nacht: Wellnesstempel laden zum Entspannen ein

Conil. Kurse werden meist auf Spanisch abgehalten, manchmal auf Englisch. Für Fortgeschrittene kommt ein Tauchgang mit geliehener Ausrüstung auf ca. 40 €. Infos des andalusischen Tauchsportverbands FAAS im Internet: www.fedas.es/federac/and.htm.

Wellness

Hotels der gehobenen Kategorien warten oft mit gut ausgestatteten Spabereichen (Hallenbad, Sauna, Dampfbad, Jacuzzi u. a.) auf und bieten überdies Massagen, fernöstliche Therapien und vieles mehr. Einzelheiten sind den Katalogen der Reiseveranstalter zu entnehmen. Einige Hotelspas stehen auch Tagesgästen gegen Gebühr offen.

Eine Besonderheit sind die maurischen Bädern nachempfundenen **Hamams.** Der Hamam Sancti Petri in Novo Sancti Petri (s. S. 184) bietet unterschiedlich temperierte Pools und Dampfbäder sowie Massagen mit duftenden Ölen. Auch in den Baños Árabes von Málaga (s. S. 104) und im Hammam von Granada (Tel. 958 22 99 78, www.hammamspain.com/granada) kann man sich verwöhnen lassen.

Andalusien besitzt eine Reihe **natürlicher Mineralquellen.** Die Baños de Hedionda bei Manilva (s. S. 122) und die warmen Quellen von Alhama de Granada (s. S. 353) bieten ursprüngliche Badeerlebnisse inmitten der Natur. Der Balneario de Chiclana (s. S. 184 f.), Tolox (s. S. 117) und Lanjarón (s. S. 356) sind traditionelle Kurbäder mit Heilwasser, das von den Andalusiern sehr geschätzt wird. In Carratraca, 60 km nördlich von Málaga, ist ein modernes Nobelthermalbad mit 5-Sterne-Hotel im Aufbau.

Kunsthandwerk

Keramik aus Granada ist weiß glasiert und mit grünen und blauen Rankenmustern und dem Granatapfelmotiv bemalt. Typisch für Guadix sind reich verzierte Tonpokale. Bäuerliche Keramik in kräftigen Farben stammt aus Níjar. Der Ort ist auch für Flechtarbeiten bekannt, ebenso die Doñana. Aus Letzterer stammen außerdem traditionelle Metallarbeiten *(forja),* z. B. Ölkännchen oder Kochgeschirr. Sehr begehrt sind gewebte Wolldecken aus Grazalema. In den Dörfern der Alpujarra werden ebenso wie in Níjar aus Schafswolle bunte Flickenteppiche *(jarapas)* nach maurischer Tradition gefertigt. Aus Granada kommen kunstvolle Einlegearbeiten aus Holz sowie von Hand gefertigte Gitarren.

Mode und Schmuck

Teure Designermode gibt es in den Nobelboutiquen von Marbella. Für den etwas kleineren Geldbeutel bietet sich Mode der spanischen Labels Zara, Mango und Cortefiel an, die in den großen Städten Stores in Fußgängerzonen und in Einkaufszentren in der Peripherie unterhalten. In Andalusien selbst ist Priego de Córdoba traditionelles Zentrum der Textilherstellung. Einige Familienbetriebe haben Fabrikverkaufsstellen am Stadtrand. Ubrique ist Zentrum der Schuh- und Lederwarenfabrikation. Einige Hersteller beliefern bekannte internationale Marken und unterhalten Shops an der Durchgangsstraße. Schöne Lederwaren nach maurischem Vorbild aus weichem Ziegen- oder Schafsleder gibt es in Córdoba. Wer Carmenkleider, *mantillas* (Umhänge), Fächer oder Flamencoschuhe erstehen möchte, wird z. B. in Sevillas Barrio Santa Cruz fündig. Eine Besonderheit ist Silberschmuck aus Córdoba. Meist ist das Design traditionell, manchmal aber auch hochmodern.

Kulinarische Spezialitäten

Hier ist allem voran das Olivenöl zu nennen. Am begehrtesten ist das biologisch produzierte Öl aus Baena. Südweine (Sherry, Montilla, Málaga) kann man in den Herkunftsgebieten in Bodegas vor dem Kauf probieren. Leichtere Tischweine werden in Lanjarón gekeltert. Berühmt sind die luftgetrockneten Schinken aus Trevélez und Jabugo. Verschiedene Wurstspezialitäten *(embutidos)* kommen aus Colmenar, außerdem ein hervorragender Bienenhonig. Das Gegenstück zu Letzterem, *miel de caña* (Zuckersirup), stammt aus einer ehrwürdigen Fabrik in Frigiliana, die einheimisches Zuckerrohr verarbeitet. Ziegen- und Schafskäse verkaufen Molkereien in den Sierras Subbéticas. Die Hafenstadt Barbate ist bekannt für luftgetrockneten Tunfischschinken, Räucherfisch und in Öl eingelegte Sardinen und Sardellen. In Riofrío werden geräucherte Forellen, Kaviar und Fischpasteten erzeugt. Süßes Backwerk *(dulces)* kauft man am besten in den Pastelarías von Gaucín, Medina Sidonia und Laujar de Andarax.

Wochenmärkte

Fast jeder Ort in Andalusien hat seinen Wochenmarkt *(mercadillo),* auf dem die Händler nicht nur Gemüse, Obst und Gewürze anpreisen, sondern auch Kleidung und Hausrat. Für Reisende sind diese Märkte eine ideale Gelegenheit, mit der Bevölkerung des Landes in Kontakt zu kommen. Die Stände verteilen sich in der Regel auf dem zentralen Platz in der Nähe der Kirche und in den Gassen rundum. Im Angebot sind z. B. bäuerliche Keramik, Lederwaren aus andalusischer und marokkanischer Produktion, typische Würste, Käse, eingelegte Oliven, Gewürze und Trockenfrüchte. Termine s. Kapitel ›Unterwegs in Andalusien‹.

Flamenco

Als Hochburgen des Flamenco (s. S. 45) gelten Sevilla und Jerez de la Frontera, aber auch Cádiz und Granada. Programme verteilen die Informationsbüros. Professionelle Vorführungen, die sich vorwiegend an Touristen wenden, finden inklusive Dinner in *tablaos* statt (30–100 € p. P.). Sie beginnen meist um 20 oder 21 Uhr. Über örtliche Reiseleitungen oder Hotelrezeptionen kann man die Tickets und eventuell auch den Transfer buchen. Preisgünstiger wird es in Lokalen, die kein Abendessen anbieten. Dort ist oft das erste Getränk im Eintrittspreis enthalten (um 12 € p. P.). Besonders authentisch sind die *peñas* (Laienclubs), wo – meist am Wochenende ab ca. 22 Uhr – junge Flamencokünstler auftreten. Im Rahmen örtlicher Feierlichkeiten (Ferias u. a.) finden häufig Flamencofestivals oder -wettbewerbe statt (auf Broschüren in Tourismusbüros und auf Plakate achten).

Tapeo

Die klassische Form des Ausgehens in Andalusien ist der *tapeo.* Am Wochenende ziehen in den großen Städten vom frühen Abend bis in die Morgenstunden hinein Cliquen gut gelaunter Menschen von Bar zu Bar, wo sie jeweils zu einem Glas *fino* (trockener Sherry) ein leckeres Häppchen *(tapa)* verspeisen (s. S. 54 f.). In den Sommerferien verlagert sich das Geschehen in die Ferienorte, in denen viele Spanier urlauben (z. B. Conil de la Frontera, Almuñécar). Die Studentenszene, speziell in Granada, vertreibt sich auch gerne in orientalischen Teestuben *(teterías)* den Abend. Ein zweifelhaftes Vergnügen sind hingegen die berüchtigten *botellones* – nächtliche Massengelage auf öffentlichen Plätzen, bei denen sich viele junge Andalusier bis zur Besinnungslosigkeit betrinken. Seit 2002 stehen auf die Teilnahme hohe Geldstrafen.

Chiringuitos, Cocktailbars und Discos

In den Sommerferien sind die andalusischen Küstenorte Schauplätze eines sehr ausgeprägten Nachtlebens, speziell dort wo viele junge Leute urlauben. Zunächst trifft man sich in einem der zahlreichen *chiringuitos* (Strandkneipen), wo man nicht nur die ersten Drinks zu sich nehmen, sondern auch lecker Fisch essen kann. Ab 23 Uhr ist die nächste Station meist ein Musiklokal oder eine Cocktailbar, wo eine Caipirinha oder ein Mojito munden. In den angesagten Discos und Clubs ist vor 24 Uhr gar nichts los, meist geht es erst ab 1 Uhr richtig zur Sache – dann aber bis zum Morgengrauen.

Als Hochburg des Nachtlebens gilt Torremolinos mit seinen zahlreichen schrillen Bars und Discos, in denen sich am Wochenende auch die feierfreudige Jugend aus Málaga einfindet. Nobel geht es hingegen in Marbella zu. In den feinen Clubs begegnet man schon einmal dem einen oder anderen Promi. Im ›Bermudadreieck‹ von Tarifa ist das Nightlife von der Surferszene geprägt. In kleinerem Maßstab gilt dies auch für Caños de Meca.

Kulturelle Veranstaltungen

Málaga, Cádiz, Sevilla, Córdoba und Granada sowie Marbella verfügen ganzjährig über einen umfangreichen Veranstaltungskalender. Im Sommer kommen Events in den Ferienorten hinzu. Informationen gibt es in den Touristeninformationsbüros. Oft finden klassische, aber auch Rock- und Pop-Konzerte statt. Jazz ist z. B. im Juli in Almuñécar während des Festivals Jazz en la Costa zu hören (s. S. 369). Im Magic Palace in Torremolinos wird jeden Abend eine raffinierte Illusionsshow von internationalem Format präsentiert (s. S. 107).

Frauen allein unterwegs

Andalusien ist im Allgemeinen ein Reiseziel, an dem sich Frauen relativ frei und ungestört bewegen können. Wer ganz ohne Begleitung unterwegs ist, sollte sich allerdings auf eine gewisse Form von Anmache einstellen. Diese kommt vor allem von älteren Männern, die noch in der ›Tradition der Machos‹ aufgewachsen sind.

Kleidung

In den Speisesälen der besseren Hotels und in gediegenen Restaurants wird angemessene Kleidung erwartet. Dies bedeutet lange Hosen für Herren und ein gemäßigt elegantes Outfit für Frauen. In den Ferienorten ist ansonsten lässige Urlaubskleidung angesagt, während man in dieser in den großen Städten sofort als Tourist auffällt. Nach wie vor ist eine gewisse Zurückhaltung in Kirchen angebracht, obwohl dort kurze Hosen und Tops, meist zumindest, toleriert werden.

Rauchen

Seit 2006 ist in Spanien das Rauchen in öffentlichen Gebäuden verboten. Restaurants, Cafés und Bars müssen ab einer bestimmten Größe eine Nichtraucherzone ausweisen (in der Praxis leider oft in einem unattraktiven Bereich des Lokals). Kleinere Gaststätten dürfen wählen, ob sie reine Nichtraucher- oder reine Raucherlokale sein möchten. Da in Spanien nach wie vor viel geraucht wird, entscheiden sich die Wirte meist für Letzteres.

Siesta

In den Sommermonaten (ca. Juli–Sept.) geht es in der heißesten Zeit, also in den frühen Nachmittagsstunden, in Andalusien recht ruhig zu. Viele Geschäfte, teilweise auch Museen und andere Sehenswürdigkeiten schließen etwa von 14 bis 17 Uhr. Die übrigen Monate (ca. Okt.–Juni) gelten als Winter. In dieser Zeit fällt die Siesta kürzer aus, dauert meist nur etwa von 14 bis 16 Uhr. Vielen Spaniern gilt die Siesta inzwischen als Relikt aus Zeiten, als ein Großteil der Bevölkerung noch in der Landwirtschaft arbeitete. Durch die Angleichung innerhalb Europas und bedingt durch die Bedürfnisse von Berufspendlern schaffen immer mehr Behörden und große Unternehmen die Siesta ab, lassen durchgehend arbeiten und dafür früher Feierabend machen. Einkaufszentren, größere Supermärkte und manche Sehenswürdigkeiten öffnen inzwischen ebenfalls über Mittag durchgehend. Dies gilt auch für viele Geschäfte in den Ferien- und Ausflugsorten.

Umgangsformen

Unbekannten gegenüber sind die Einheimischen meist zurückhaltend höflich. Wenn man sich länger kennt, wird es herzlicher. Männer und Frauen und Frauen untereinander begrüßen sich dann mit Wangenküsschen, Männer untereinander mit Handschlag oder leichtem Schulterklopfen. Ansonsten reicht ein *holá – buenos días* (vormittags) oder ein *holá – buenas tardes* (nachmittags). Allgemein verbreitet ist das Duzen. Auch im öffentlichen Leben, in Geschäften, Banken usw. wird man überall ganz selbstverständlich mit *tu* angesprochen.

Zeit

In Andalusien gilt die Mitteleuropäische Zeit (MEZ). Sommer- und Winterzeit beginnen zu denselben Terminen wie bei uns. Die Uhr muss also nicht verstellt werden.

Reisekasse und Reisebudget

Geld

Spanien gehört zur Euro-Zone. 1 Euro = 1,62 sfr (Stand Sommer 2007).

EC/Maestro-Karte: Bei allen Bankfilialen stehen Geldautomaten. Sie sind in deutscher Sprache zu bedienen. Es werden ca. 2,5 % Gebühren abgebucht. In vielen Supermärkten und an Tankstellen kann man mit EC/Maestro-Karte gebührenfrei bezahlen.

Kreditkarten: Werden von Autovermietungen, Tankstellen, Hotels, größeren Restaurants und Geschäften akzeptiert. Visa und Mastercard sind die gängigsten.

Reiseschecks: Sind eher nicht zu empfehlen. Manchmal kann man sie im Hotel einlösen (rund 2 % Kommission). Hingegen werden sie nur noch von wenigen Banken in Spanien akzeptiert. Banken öffnen meist Mo–Fr 8.30–14.30 Uhr, teilweise Sa 9–13 Uhr. Personalausweis oder Pass sind vorzulegen!

Preisniveau

Generell liegt das Preisniveau knapp unter dem mitteleuropäischen. In einfachen Hostales kann man für 15–20 € pro Person im Doppelzimmer übernachten. Hauptgerichte gibt es in preiswerten Restaurants ab ca. 7 €, das kleine Bier oder ein Kaffee kosten um 1,50 €. Kleine Tapas bekommt man in Bars für 1–1,50 €, größere *raciones* für ca. 6 €. Nach oben sind kaum Grenzen gesetzt. Luxus pur zu entsprechendem Preis wird vor allem in den Großstädten und in einigen Ferienorten an der Costa del Sol offeriert.

Die Eintritte in städtische oder staatliche Museen sind für EU-Bürger oft gratis und liegen ansonsten bei 1,50–3 €. Große Besuchermagneten (Alhambra u. a.) verlangen bis zu 10 €. In privat geführten Aquarien, Vergnügungsparks, Bodegas usw. zahlt man zwischen 5 und 12 €. Der ermäßigte Preis für Kinder beträgt ca. die Hälfte bis zwei Drittel. Auch Studenten und Senioren erhalten manchmal Ermäßigungen (Ausweis mitnehmen). In einigen Städten (Ronda, Granada u. a.) verkaufen die Tourismusbüros Bonuskarten, in denen verschiedene Eintritte und Fahrten mit dem Stadtbus enthalten sind und auf die viele Geschäfte Rabatte gewähren.

Sportliche Aktivitäten sind meist relativ günstig. So kostet eine Runde Golfen (Greenfee) um 70 €. Reitställe verlangen für Ausritte pro Stunde um 15 €. Beim Tennis kommt die Platzmiete pro Stunde auf etwa 10 €, Fahrräder werden ab ca. 8 € pro Tag vermietet.

Sperrung von EC-und Kreditkarten bei Verlust oder Diebstahl*:

0049-116 116

oder 0049-30 4050 40509
(* Gilt nur, wenn das ausstellende Geldinstitut angeschlossen ist, Übersicht: www.116116.eu)
Weitere Sperrnummern:
- MasterCard: 0049-69-79 33 19 10
- VISA: 0049-69-79 33 19 10
- American Express: 0049-69-97 97 1000
- Diners Club: 0049-69-66 16 61 23

Bitte halten Sie Ihre Kreditkartennummer, Kontonummer und Bankleitzahl bereit!

Trinkgeld

In Restaurants und Cafés, in denen am Tisch bedient wird, ist der Service im Preis enthalten. Man lässt sich das Wechselgeld herausgeben und bei Zufriedenheit Münzen auf dem Tisch liegen (ca. 5–10 %). An der Theke in einer Bar wird kein Trinkgeld gegeben. Taxifahrer erwarten kein Trinkgeld, man kann aber aufrunden. Zimmermädchen erhalten zu Beginn eines Aufenthalts ca. 3 €, danach kann man alle paar Tage etwas geben.

Reisezeit und Reiseausrüstung

Klima

Das Klima in Andalusien ist sommertrocken, wie in großen Teilen der Mittelmeerregion. Von Ende Mai bis Mitte September fallen kaum Niederschläge. Die Hitze ist dann in den tieferen Lagen des Landesinneren am stärksten ausgeprägt, speziell im Guadalquivirbecken zwischen Sevilla und Córdoba. Milder ist es im Sommer an den Küsten, vor allem am Atlantik.

Von Oktober bis Mitte Mai ist mit Regenfällen zu rechnen, in den Bergen weitaus häufiger als in den Niederungen. Die Sierra de Grazalema gilt sogar als feuchteste, die Gegend um Almería hingegen als trockenste Region ganz Spaniens. Die Mittelmeerküste hält auch im Winter ein angenehmes Klima mit vielen Sonnentagen bereit. Nur wenige Kilometer entfernt liegt dann in den Bergen nicht selten Schnee.

Reisezeit

Badesaison an den Küsten ist vor allem von Juni bis September. Längere Stadtbesichtigungen können dann aufgrund der Hitze sehr anstrengend werden. Der Herbst (Okt./Nov.) bietet demgegenüber für Reisende den Vorteil, dass Baden im Meer noch möglich, das Klima aber wesentlich milder ist. Der Winter (Dez.–Feb.) bietet sich insbesondere für einen Erholungsaufenthalt im milden Klima der Mittelmeerküsten oder für sportlich orientierte Ferien im Atlantikbereich an. In dieser Zeit kann man die großen andalusischen Städte weitgehend ohne Touristenrummel genießen. Das Frühjahr (März–Mai) besticht durch die blühende Natur, eignet sich also besonders gut für Wanderungen. In größeren Höhen bleibt es allerdings bis Ende April noch empfindlich kühl. Die Gipfelregion der Sierra Nevada ist bis weit ins Frühjahr hinein verschneit.

Kleidung und Ausrüstung

Von Mai bis September benötigt man leichte Sommerkleidung. Für abends sowie für kulturelle Besichtigungen und Stadtbesuche empfiehlt sich die Mitnahme von gediegeneren Kleidungsstücken. Von Oktober bis April ist das Gepäck umfangreicher. Genügt in Málaga im Dezember oder Januar ein T-Shirt, kann es z. B. in Granada kalt sein. Regenschutz und warme Kleidung sind für Abstecher in die Gebirge wichtig. An den Küsten kann Wind die gefühlte Temperatur erheblich sinken lassen. Zu jeder Jahreszeit ist Sonnenschutz erforderlich. Dazu gehört am besten auch eine Kopfbedeckung.

Elektrizität

220 Volt sind üblich, nur in älteren Häusern auf dem Land trifft man manchmal noch auf 125-Volt-Steckdosen. Dann kann man vor Ort einen Adapter *(adaptoro de grueso a fino)* für ca. 1 € kaufen.

Klimadaten Málaga

	J	F	M	A	M	J	J	A	S	O	N	D
Tagestemperaturen in °C	16	17	19	21	24	27	30	30	28	24	19	17
Nachttemperaturen in °C	8	8	9	11	13	17	20	20	18	14	11	8
Wassertemperaturen in °C	15	14	14	15	17	18	21	22	21	19	17	16
Sonnenstd./Tag	5	6	7	7	9	10	11	10	8	7	6	5
Regentage/Monat	6	4	4	5	4	2	0	1	2	4	5	6

Krankenversicherungsschutz

Mitglieder einer gesetzlichen Krankenversicherung werden in Spanien in öffentlichen Krankenhäusern kostenfrei behandelt, wenn sie die neue Europäische Krankenversicherungskarte (EHIC) vorlegen (ersetzt die alten Auslandskrankenscheine). Vorsicht bei Ambulanztransporten: Touristen werden oft in (sehr teure!) Privatkrankenhäuser gefahren. Bei Kassenpatienten kann es dann Probleme mit der Kostenerstattung geben.

Niedergelassene Ärzte bestehen in Andalusien meist auf Barzahlung. Solche Kosten werden von den gesetzlichen Krankenkassen übernommen (detaillierte Rechnung ausstellen lassen), allerdings sind nicht alle Leistungen abgedeckt und die Rückerstattung erfolgt nur bis zur Höhe der heimischen Gebührensätze. Die Kosten eines eventuell erforderlichen Rücktransports übernimmt die gesetzliche Krankenversicherung nicht. Daher ist der Abschluss einer privaten Auslandskrankenversicherung (z. B. über das Reisebüro) sinnvoll. Privatversicherte zahlen die Behandlungskosten vor Ort und bekommen sie zu Hause gegen Vorlage der Rechnung erstattet. Weitere Infos unter www.travelmed.de.

Ärzte und Apotheken

In den größeren Ferienorten sind Ärzte und Apotheken auf Touristen eingestellt. Oft wird Deutsch verstanden. Etwas anders sieht es abseits der Urlauberzentren aus, wo man sich aber meist auf Englisch verständigen kann.
Internationale Kliniken und Arztpraxen:
Torremolinos: Salus Medical Centre, Avda. Carlota Alessandri, Tel. 900 44 49 99 (gebührenfreier 24-Stunden-Notruf mit Arzt- und Krankenwagendienst). Mit Filialen in Benalmádena und Fuengirola.
Marbella: Hospital ›Costa del Sol‹, Ctra. Cádiz km 192, Tel. 952 86 27 48.
Novo Sancti Petri: Deutsche Arztpraxis ›Naturmedizin‹, Novo Center, Tel. 956 49 63 40, Notruf Tel. 616 94 42 49.
Torre del Mar: Clínica Rincón, Calle San Andrés 23, Tel. 952 54 37 44 (deutsche Ärzte für Allgemeinmedizin, Gynäkologie und Zahnheilkunde; Filialen in Rincón de la Victoria und Nerja).

Gut sortierte Apotheken *(farmacia)* gibt es überall, zu erkennen an einem grünen Kreuz auf weißem Grund. Reguläre Öffnungszeiten sind Mo–Fr 9–13 und 17–19 Uhr. Ein Schild an der Tür gibt an, welche Apotheke Notdienst hat.

Sicherheit

Wertgegenstände sollten im Idealfall im Hotelsafe deponiert werden (in den Hotels höherer Kategorien ist ein solcher in der Regel vorhanden, ca. 2 € pro Tag). Ist das nicht möglich, so empfiehlt es sich diese am Körper zu tragen (Brustbeutel, verdeckte Gürteltasche o. Ä.).

Taschendiebe fühlen sich vor allem in den Hauptsaisonzeiten in Menschenmengen in ihrem Element. An unbewachten Parkplätzen kommen Autoaufbrüche vor. Wo Diebstähle anzuzeigen sind (Bescheinigung für die Reisegepäckversicherung!), erfährt man an der Hotelrezeption.

Notruf

Allgemeiner Notruf (Polizei, Krankenwagen, Feuerwehr, auch in deutscher Sprache): Tel. 112
Polizeilicher Notruf (Guardia Civil): Tel. 062
ADAC Barcelona: Tel. 935 08 28 28 (Fahrzeugschaden) oder Tel. 915 93 00 41
Kreditkartensperrung: s. S. 84

Internetzugang

In den Empfangshallen größerer Hotels stehen Computer mit Internetzugang (15 Min. kosten 1–2 €). Internetcafés gibt es in jedem größeren Ort (15 Min. ca. 0,50 €). Wer mit dem Laptop unterwegs ist, findet in Hotels der höheren Kategorien oft einen Anschluss auf dem Zimmer. Eventuell kann es notwendig sein, vor Ort ein passendes Modem zu erwerben.

Post

Das Porto für Postkarte und Standardbrief bis 20 g beträgt 0,57 € (Stand Frühjahr 2007). Briefmarken (*sellos*) kann man auf der Post (*correos,* meist Mo–Fr 9–13/14 Uhr, Sa 9–12/13 Uhr), in Tabakläden (*estancos*) und an vielen Hotelrezeptionen kaufen.

Fernsehen und Radio

In vielen Unterkünften stehen Fernseher in den Gästezimmern. Ferienhotels an der Küste bieten mehrere deutschsprachige Sender zur Auswahl. Im Landesinneren werden manchmal nur spanisch- und englischsprachige Sender ins hoteleigene Netz eingespeist.

Programm und Frequenzinformationen der Deutschen Welle (Radio und TV) gibt es gratis bei: Deutsche Welle, Technische Beratung, Kurt-Schumacher-Str. 3, 53113 Bonn, Tel. 02 28/429-32 08, Fax 429-32 20, info@dw-world.de, zum Herunterladen: www.dw-word.de

Telefonieren

Vom Ausland ist Spanien über die Vorwahl 0034 zu erreichen. Es gibt keine Ortsvorwahlnummern. Alle Telefonnummern sind neunstellig. Festnetznummern beginnen mit 9, Handynummern mit 6, Hotline-Nummern (z. B. von Flug- oder Fährgesellschaften) mit 902.

Die **Vorwahlnummern** für Gespräche aus Spanien: nach

Deutschland: 0040
Österreich: 0043
Schweiz: 0041

Dann die nationale Ortsvorwahl ohne die Null und die Teilnehmernummer wählen.

Telefonzellen nehmen sowohl Münzen an (bei Auslandsgesprächen mindestens 2 €) als auch Telefonkarten *(teletarjeta,* in Tabakläden ab 5 €). In größeren Ferienorten gibt es Telefonläden, in denen man die Gebühren nach dem Gespräch an der Kasse zahlt. Deutlich teurer kommt das Telefonieren vom Hotel aus, es sei denn man benutzt eine *teletarjeta* mit Geheimnummer zum Abrubbeln (Abbuchung über eine internationale Vermittlung). Von 22 bis 8 Uhr sowie am Wochenende gilt ein ermäßigter Tarif. Generell sind die Telefongebühren recht hoch.

Handybenutzer zahlen für Gespräche ins europäische Ausland seit Herbst 2007 maximal 0,49 € pro Minute, für ankommende Anrufe maximal 0,24 € pro Minute. Die Gebühren sollen 2008 und 2009 schrittweise weiter gesenkt werden. Für Handytelefonate innerhalb Spaniens zaht man 25 % Aufpreis auf die nationalen Gebühren (immer die Landesvorwahl 0034 mitwählen).

Deutsche Telefonauskunft in Spanien: 11841

Zeitungen und Zeitschriften

Deutschsprachige Zeitungen und Magazine liegen in den Ferienorten an der Küste und in den Großstädten schon am Erscheinungstag in vielen Kiosken.

Sprachführer

Ausspracheregeln

In der Regel wird Spanisch so ausgesprochen wie geschrieben. Treffen zwei **Vokale** aufeinander, so werden beide einzeln gesprochen (z. B. E-uropa). Die **Betonung** liegt bei Wörtern, die auf Vokal, n oder s enden, auf der vorletzten Silbe, bei allen anderen auf der letzten Silbe. Liegt sie woanders, wird ein Akzent gesetzt (z. B. teléfono).

Konsonanten:

c	vor a, o, u wie k, z. B. casa; vor e, i wie englisches th, z. B. cien
ch	wie tsch, z. B. chico
g	vor e, i wie deutsches ch, z. B. gente
h	wird nicht gesprochen
j	wie deutsches ch, z. B. jefe
ll	wie deutsches j, z. B. llamo
ñ	wie gn bei Champagner, z. B. niña
qu	wie k, z. B. porque
y	am Wortende wie i, z. B. hay; sonst wie deutsches j, z. B. yo
z	wie englisches th, z. B. azúcar

Allgemeines

guten Morgen/Tag	buenos días
guten Tag (ab 12 Uhr)	buenas tardes
guten Abend/ gute Nacht	buenas noches
auf Wiedersehen	adiós
Entschuldigung	perdón
hallo/grüß dich	hola/¿Qué tal?
bitte	de nada/por favor
danke	gracias
ja/nein	si/no
Wie bitte?	¿Perdón?

Unterwegs

Haltestelle	parada
Bus/Auto	autobús/coche
Ausfahrt/-gang	salida
Tankstelle	gasolinera
rechts	a la derecha
links	a la izquierda
geradeaus	todo recto
Auskunft	información
Telefon	teléfono
Postamt	correos
Bahnhof/Flughafen	estación/aeropuerto
Stadtplan	mapa de la ciudad
alle Richtungen	todas las direcciones
Eingang	entrada
geöffnet	abierto/-a
geschlossen	cerrado/-a
Kirche	iglesia
Museum	museo
Strand	playa
Brücke	puente
Platz	plaza/sitio

Zeit

Stunde	hora
Tag	día
Woche	semana
Monat	mes
Jahr	año
heute	hoy
gestern	ayer
morgen	mañana
morgens	por la mañana
mittags	al mediodía
abends	a la noche
früh	temprano
spät	tarde
Montag	lunes
Dienstag	martes
Mittwoch	miércoles
Donnerstag	jueves
Freitag	viernes
Samstag	sábado
Sonntag	domingo

Notfall

Hilfe!	¡Socorro!
Polizei	policía
Arzt/Zahnarzt	médico/dentista
Apotheke	farmacia
Krankenhaus	hospital
Unfall	accidente
Schmerzen	dolores
Panne	avería

Übernachten

Hotel	hotel
Pension	pensión
Einzelzimmer	habitación individual
Doppelzimmer	habitación doble
mit/ohne Bad	con/sin baño
Toilette	servicio
Dusche	ducha
mit Frühstück	con desayuno
Halbpension	media pensión
Gepäck	equipaje
Rechnung	cuenta

Einkaufen

Geschäft/Markt	tienda/mercado
Kreditkarte	tarjeta de crédito
Geld	dinero
Geldautomat	cajero (automático)
Bäckerei	panadería
Lebensmittel	víveres
teuer	caro/-a
billig	barato/-a
Größe	talla
bezahlen	pagar

Zahlen

1	uno
2	dos
3	tres
4	cuatro
5	cinco
6	seis
7	siete
8	ocho
9	nueve
10	diez
11	once
12	doce
13	trece
14	catorce
15	quince
16	dieciséis
17	diecisiete
18	dieciocho
19	diecinueve
20	veinte
21	veintiuno
30	treinta
40	cuarenta
50	cincuenta
60	sesenta
70	setenta
80	ochenta
90	noventa
100	cien
150	ciento cincuenta
1000	mil

Die wichtigsten Sätze

Allgemeines

Sprechen Sie Deutsch/Englisch?	¿Habla Usted alemán/inglés?
Ich verstehe nicht.	No entiendo.
Ich spreche kein Spanisch.	No hablo español.
Ich heiße …	Me llamo …
Wie heißt Du/heißen Sie?	¿Cómo te llamas/se llama?
Wie geht es Dir/Ihnen?	¿Cómo estás/está Usted?
Danke, gut.	Muy bien, gracias.
Wie viel Uhr ist es?	¿Qué hora es?

Unterwegs

Wie komme ich zu/nach …?	¿Cómo se llega a …?
Wo ist …?	¿Dónde está …?
Könnten Sie mir bitte … zeigen?	¿Me podría enseñar …, por favor?

Notfall

Können Sie mir bitte helfen?	¿Me podría ayudar, por favor?
Ich brauche einen Arzt.	Necesito un médico.
Hier tut es mir weh.	Me duele aqui.

Übernachten

Haben Sie ein freies Zimmer?	¿Hay una habitación libre?
Wie viel kostet das Zimmer pro Nacht?	¿Cuánto vale la habitación al día?
Ich habe ein Zimmer bestellt.	He reservado una habitación.

Einkaufen

Wie viel kostet …?	¿Cuánto vale …?
Ich brauche …	Necesito …
Wann öffnet/schließt …?	¿Cuándo abre/cierra …?

Andalusische Grafik: Landschaftsteppich in der Provinz Jaén

Unterwegs in Andalusien

Paragliding bei Málaga: dem Himmel(blau) so nah

Kapitel 1

Westlich von Málaga

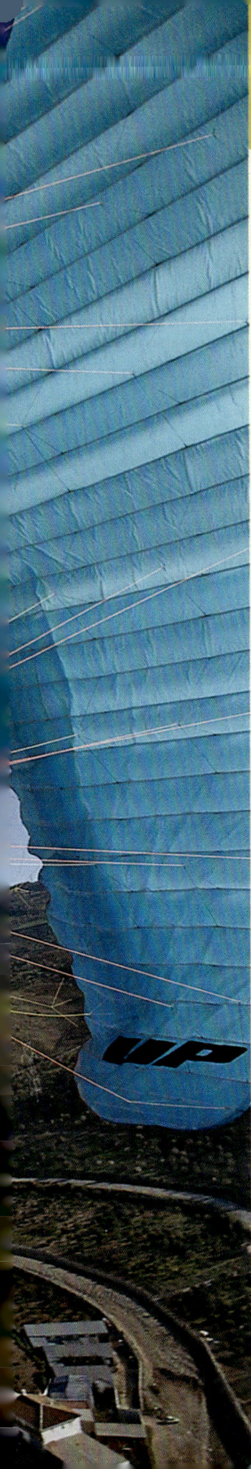

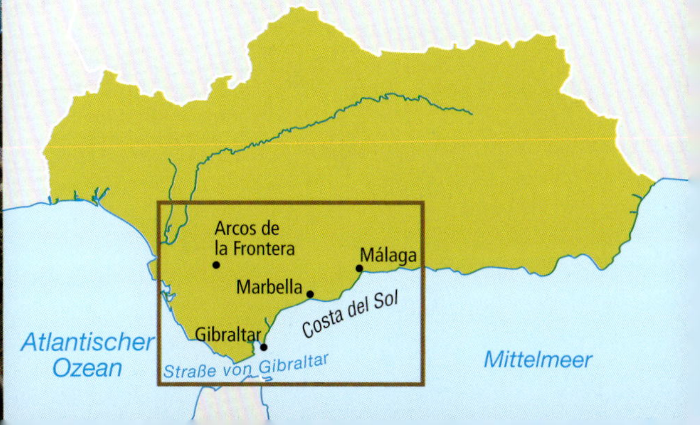

Auf einen Blick: Westlich von Málaga

Europas mildeste Küste

Málaga ist der erste Anlaufpunkt an der Costa del Sol. Vom Flughafen verteilen sich die Touristenströme in die angrenzenden Ferienorte. Die Stadt selbst übt durch ihre Urbanität, die sehenswerte arabische Burg und das Picasso-Museum Anziehungskraft auf Tagesbesucher aus. Die klassische Costa del Sol mit ihrem milden Klima grenzt westlich an Málaga. Mit bekannten Badeorten wie **Torremolinos, Marbella** und **Estepona** liegen dort die ganz großen Touristenmagneten. Obwohl die Küste selbst sehr zugebaut ist, gibt es in dem Häusermeer doch Schönes zu entdecken. Nicht so richtig zu Andalusien und doch irgendwie zur Costa del Sol gehört die britische Enklave **Gibraltar,** ein beliebtes Ausflugsziel.

Das vergleichsweise unberührte Hinterland der Costa del Sol lädt zu Erkundungstouren durch seine schroffen Gebirgszüge ein. Zu seinen Füßen liegen die sehenswerten Städte **Antequera** und **Ronda,** letztere als Wiege des Stierkampfes bekannt. In den Bergen gibt es wuchtige Megalithbauten und geheimnisvolle Höhlen mit steinzeitlichen Felsmalereien zu entdecken, aber auch bizarre Felsformationen und wilde Schluchten. Wer die körperliche Herausforderung sucht, kann dort klettern oder anderen Extremsportarten frönen. Für ihre weißen Dörfer ist die **Sierra de Grazalema** berühmt, die auch Wanderer und Naturgenießer wegen ihrer besonderen Flora und Fauna gerne aufsuchen.

Highlights

1 **Marbella:** Der mondänste Ferienort an der Costa del Sol glänzt mit einer herausgeputzten Altstadt, gepflegten Stränden und exklusivem Flair (s. S. 111 ff.).

2 **Dólmenes de Menga, Viera y Romeral:** Drei Ganggräber der Megalithkultur sind bei Antequera zu besichtigen, die eindrucksvollsten ihrer Art in Spanien (s. S. 135 ff.).

3 **Ronda:** Wahrzeichen des romantischen Gebirgsortes ist die ›neue Brücke‹, eine waghalsige Konstruktion aus dem 18. Jh. zwischen Alt- und Neustadt (s. S. 141 ff.).

4 **Grazalema:** Als eines der schönsten weißen Dörfer liegt Grazalema vor einer malerischen Bergkulisse (s. S. 156 f.).

5 **Arcos de la Frontera:** Attraktiv präsentiert sich die Altstadt von Arcos: enge, von maurischen Bögen überspannte Gassen auf einem steilen Felsen (s. S. 159 f.).

Empfehlenswerte Routen

Sierra Blanca und Sierra de las Nieves: Nicht weit von der Costa del Sol beherbergen beide Gebirgszüge eine alpin anmutende Flora und Fauna. In den Dörfern geht es zu wie in alten Zeiten (s. S. 116 ff.).

Im Osten von Los Alcornocales: Von Manilva führt die Route landeinwärts entlang der Sierra Bermeja mit ihren Bergdörfern und weiter zum Ostrand des urwüchsigen Naturparks Los Alcornocales (s. S. 120 ff.).

Die weißen Dörfer: Kreuz und quer geht es durch die Sierra de Grazalema. Mit ihren weißen, kubischen Häusern und verwinkelten Straßenzügen liegen die Dörfer wie Tupfer in der Landschaft verstreut (s. S. 152 ff.).

Reise- und Zeitplanung

Für einen Badeurlaub an der Costa del Sol eignen sich die Monate Mai bis Anfang November. Wer auf den Sprung ins Meer verzichten kann, wird sich hier auch im Winter wohlfühlen. Dann ist die beste Zeit für Erkundungen des unmittelbaren Hinterlands, die von einem Standort in Küstennähe gut als Tagesausflüge durchführbar sind. Um die Gegend um Antequera oder die Sierra de Grazalema kennenzulernen, sollte man allerdings mehrere Tage einplanen. Schönste Zeiten für Gebirgswanderungen sind März bis Mai, wenn alles in Blüte steht, sowie Oktober bis November mit dem ›Herbst-Frühling‹, einer zweiten Blüte nach den trockenen Sommermonaten.

Richtig Reisen-Tipps

Jardín de la Concepción – Ein Garten bei Málaga: Als einer der schönsten Gärten Spaniens gilt dieser wie ein tropischer Dschungel anmutende Park. Er geht auf einen Adels-Landsitz aus dem 19. Jh. zurück (s. S. 105).

Exkursion zu drei archäologischen Stätten: Drei antike Ruinenfelder sind bei Marbella zu besichtigen: eine frühchristliche Basilika, die antiken Thermen Las Bóvedas und eine römische Villa mit schönen Mosaikfußböden (s. S. 115).

Paraje Natural El Torcal: Bizarre steinerne Gebilde schuf die Karsterosion auf dem Plateau bei Antequera. Rundwege führen durch den Felsengarten von El Torcal, der die Fantasie beflügelt (s. S. 136).

Laguna de Fuente Piedra – Flamingos in freier Wildbahn: Andalusiens größter Binnensee ist ein wichtiger Brutplatz für Flamingos, die sich oft zu Tausenden hier zeigen (s. S. 141).

Parque Natural Sierra de Grazalema: Ein grünes und alpin wirkendes Landschaftsbild zeigt die Sierra de Grazalema, deren Gipfelzone unter Naturschutz steht und reizvolle Wandermöglichkeiten bietet (s. S. 153).

Die klassische Costa del Sol

Cityplan S. 98/99, Karte S. 121

In Málaga spielt sich das Leben der Einheimischen ab – auf schattigen Promenaden, in gepflegten Einkaufsstraßen und engen Altstadtgassen. Hingegen scheinen die Strände zwischen Málaga und Gibraltar ganz den Urlaubern zu gehören, die hier eine perfekte Infrastruktur finden. Manches Kleinod wartet abseits der Küste darauf, entdeckt zu werden.

Málaga

Cityplan: S. 98/99, **Reiseatlas:** S. 10, D 4

Die Hafenstadt Málaga (560 000 Einw.), eine der ältesten Städte Spaniens, ist die Drehscheibe des Südens. Auf ihrem Flughafen landen die meisten Besucher der Costa del Sol. Viele bleiben – wenn überhaupt – nur kurz. Dabei ist das Zentrum der quirligen, authentischen Hafenstadt sehr erlebenswert.

Am Meer

Erster Anlaufpunkt ist meist die von Palmen gesäumte Hafenpromenade **Paseo del Parque** 1. An sie grenzt der Parque de Málaga, mit zahlreichen tropischen und subtropischen Pflanzen. Mit den Gartenanlagen von Puerta Oscura am Südhang des Burgberges von Gibralfaro und den sehenswerten Gärten beim Rathaus beträgt die begrünte Fläche über 30 000 m². Das **Rathaus** 2 selbst glänzt in den Farben blassgelb und weiß. In ganz Andalusien findet man öffentliche oder wichtige Gebäude mit einem solchen Anstrich.

In Hafennähe hat die Stadt Málaga in einem ehemaligen Großmarkt von 1939 das **Centro de Arte Contemporáneo** 3 eingerichtet. Auf 6000 m² finden wechselnde Ausstellungen moderner Künstler statt (Calle Alemania, Di–So 10–20 Uhr, Eintritt frei).

Um den Mercado Central

Der städtische **Mercado de Atarazanas** 4 liegt wenig nördlich der Alameda Principal. In der über 100 Jahre alten Markthalle herrscht vormittags turbulentes Treiben. Faszinierend sind die duftenden Blumen und Früchte, die Fische und Meeresfrüchte und die Gemüse- und Gewürzstände. Fische werden lautstark angepriesen und vor den Augen des Käufers zerlegt. Hier trifft der Besucher auf den Inbegriff mediterraner Vielfalt.

Den Südeingang des Marktgebäudes markiert ein großes maurisches Portal (13. Jh.). Es gehörte zum Arsenal einer Schiffswerft des nasridischen Königreichs. Das Meer lag damals noch einige hundert Meter näher. Der Name des Marktes (*atarazanas* = span. Schiffszeughaus) erinnert daran.

Nördlich der Markthalle am Río Guadalmedina ist das **Museo de Artes y Tradiciones Populares** 5 (Museum für volkstümliche Kunst und Gebräuche) im Mesón de la Victoria untergebracht, einem ehemals herrschaftlichen Wohnhaus aus dem 17. Jh. In insgesamt 19 Räumen – um einen malerischen Innenhof angeordnet – werden Exponate gezeigt, die das Stadt- und Landleben zum Thema haben, z. B. Werkzeuge einer Schmiede oder Tragegeschirre für Lasttiere. Ein Saal widmet sich den Seeleuten, ein weiterer dem bürgerlichen Leben in der Stadt (Pasillo Santa Isabell 10, 1.10.–15.6.: 10–13.30, 16–19 Uhr, 16.6.–30.9.: 10–13.30, 17–20 Uhr, 2 €).

Shopping in der Altstadt

Die **Plaza de la Constitución** 6 bildet das Zentrum der Altstadt. Von zahlreichen Cafés

Mit den Autoren unterwegs

Kaffeepause mit Ausblick

Einen ruhigeren und luftigeren Platz für eine Kaffee- oder Mittagspause als die Terrasse des staatlichen Nobelhotels **Parador del Gibralfaro** wird man in Málaga schwerlich finden. Dazu bietet sich ein herrlicher Blick über die Stadt (s. S. 103).

Kulinarische Bestseller

Fisch und Meeresfrüchte servieren die urigen Lokale in Málagas ehemaligen Fischervierteln Pedregalejo und El Palo besonders frisch (s. S. 104).

Empfehlenswerte Basisstation

Benalmádena Pueblo liegt küstennah und ist doch ein klassisches weißes Dorf, mit Cafés die unter duftenden Orangenbäumen ihre Tische ins Freie stellen, und mittelpreisigen, gediegenen Unterkünften (s. S. 107 f.).

Appetit auf Kunst?

Museo Picasso: Seine Heimatstadt Málaga huldigt dem großen Künstler in einem typisch andalusischen Grafenpalais (s. S. 100).

Am Rand von Torremolinos liegt der **Jardín Botánico Molino de Inca,** ein Kleinod moderner Gartenkunst. Eine funktionierende Wassermühle und alte Quellhäuser wurden in die idyllische Anlage einbezogen (s. S. 106 f.).

Wer an der mondänen Atmosphäre von Marbellas ›Goldmeile‹ teilhaben möchte, besucht das edle **Museo Rallí** für lateinamerikanische und europäische moderne Kunst (s. S. 113).

Auf einem jährliche Workshop entstehen in **Genalguacil** moderne Skulpturen, die das abgelegene Bergdorf in seiner Gesamtheit zu einem Kunstwerk machen (s. S. 124).

Per pedes

In der **Sierra Blanca** starten markierte Wanderwege in Ojén, am Refugio de Juanar und in Monda (s. S. 116). Jimena de la Frontera und Castellar de la Frontera sind Eingangstore zum ebenfalls für Wanderer reizvollen Naturpark **Los Alcornocales** (s. S. 124 ff.).

aus lässt sich hier das Geschehen beobachten. Als Hauptachse des Einkaufsviertels führt die **Calle Marqués de Larios** auf den Platz zu. Die Prachtstraße ist Fußgängerzone und strahlt in restauriertem Glanz. An der Alameda Principal erinnert ein Denkmal an ihren Namenspatron, den Marqués Don Manuel Domingo Larios y Larios. Der Markgraf hatte Ende des 19. Jh. den Bau der Straße finanziert. In den Altstadtgassen zwischen dem Ufer des Río Guadalmedina im Westen, der Calle Alcazabilla im Osten und der Calle Álamos und der Carretería im Norden haben sich zahlreiche Handwerker, kleine Geschäfte und Boutiquen niedergelassen.

Catedral

An der Stelle der weithin sichtbaren **Catedral** 7 stand zuvor die große Moschee von Málaga. 1528 wurde mit dem Bau der Kathedrale nach Plänen von Pedro López und Diego de Siloé begonnen. Sie gehört zwar mit den Bischofskirchen von Granada, Jaén und Cádiz zu den vier größten Renaissancegotteshäusern Andalusiens, doch wollte das Werk auf Anhieb nicht recht gelingen. Im Laufe der Jahre fehlte es an Geld und an Einigkeit unter den beteiligten Architekten. Deshalb zogen sich die Bauarbeiten bis 1783 hin. Die lange Bauzeit und wechselnde künstlerische Konzeptionen haben eine Ansammlung verschiedener Stilformen hinterlassen. Die Hauptfassade sollte von zwei Türmen flankiert werden. Nur der Nordturm wurde fertiggestellt. Der Südturm blieb ein Torso, es fehlt der Aufsatz. Daher nennen die Bewohner Málagas ihre Kathedrale auch liebevoll *La Manquita* (»die kleine Einarmige«).

Besonders eindrucksvoll wirkt der Innenraum vom Chor aus betrachtet. Bögen, Halbrunde und Kreise bestimmen das Bild harmonischer Geschlossenheit der drei 48 m ho-

Málaga: Cityplan

Sehenswürdigkeiten

1 Paseo del Parque
2 Ayuntamiento (Rathaus)
3 Centro de Arte Contemporáneo
4 Mercado de Atarazanas
5 Museo de Artes y Tradiciones Populares
6 Plaza de la Constitución
7 Catedral
8 Palacio Episcopal
9 Museo Picasso
10 Casas de Campos
11 Casa Natal de Pablo Ruiz Picasso
12 Iglésia de Santiago
13 Alcazaba
14 Teatro Romano
15 Castillo de Gibralfaro
16 Plaza de Toros

Übernachten

1 Parador del Gibralfaro
2 Hotel Larios
3 Hotel Don Curro
4 Hotel Sur
5 Hotel Castilla
6 Jugendherberge

Essen und Trinken

7 Café de Paris
8 Antonio Martín
9 Casa Pedro

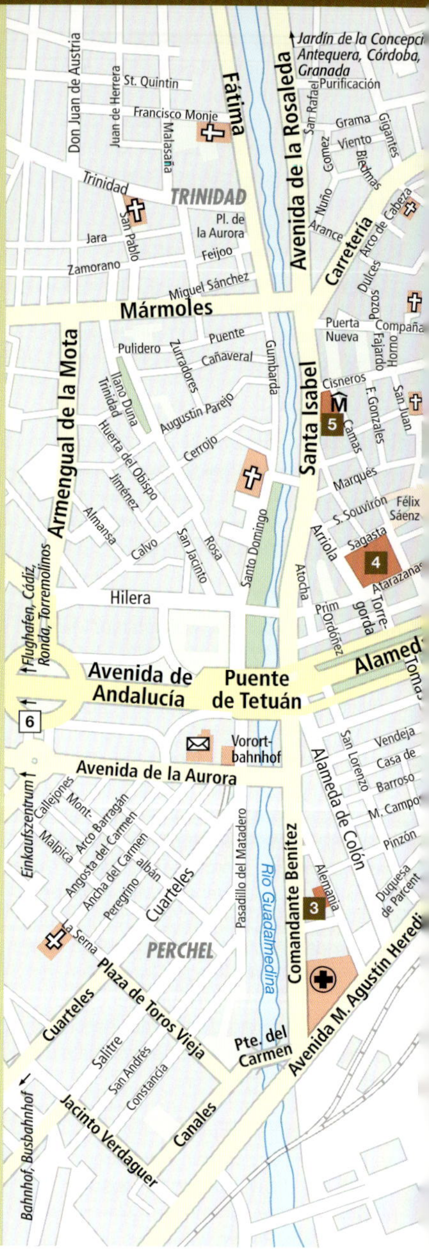

Teatro Cervantes
Gibralfaro
Dos Aceras
Mari-blanca
Hinestrosa
Ramos Marín
Frailes
Huerto del Conde
Picacho
Pallete
Juan de Letrán
Madre de Dios
P. Campos
Alamos
Plaza de la Merced
Victoria
Santa María
Almería, Pedregalejo/El Palo, Gibralfaro
T. y R. Méndez N.
Pl. del Teatro
Padilla
Casapalma
Beatas
Fran-quelo
Grana-dos
Tomás de Cozar
Mundo Nuevo
Comedias
Convalecientes
Velázquez
Calderería
Uncibay
Guevara
Granada
Alcazabilla
Pozo del Rey
Cilla
Túnel de la Alcazaba
Santa Lucía
Carbón
Granada
Echegaray
José Agustín
Campos Elíseos
Paseo de Reding
Santa María
Duque de la Victoria
San
P. Toledo
Moya
Plaza Aduana
Guillén Sotelo
Molina Lario
Císter
Cañón
Jardines Puerta Oscura
Monroy
Plaza del Obispo
Juan de Málaga
Nogales
Libertad
Cervantes
Maestranza
Marqués de Larios
Strachan
Abades
Av.
Cortina del Muelle
Paseo del Parque
Parque de Málaga
Gánovas del Castillo
Cervantes
Bolsa
de Lara
Luján
Sancha
Paseo de los Curas
Vélez-Málaga
Pl. de la Marina
Muelle Guadiaro
San Nicolás
Faro
Reding
Málaga Ost (s. Detailkarte)
Grund
Santísima Trinidad
LA MALAGUETA
Paseo de la Farola
Magallanes
Muelle Ricardo G. Orueta
La Malagueta
Paseo Marítimo
Estación Autobuses Suburbanos
Marchena
Córdoba
Fährenleger
Topete
Hafen
0
250
500 m
PEDREGALEJO
Torre de S. Telmo
Pereda
Conde Gálvez
Gabriel y Galán
Molino
ACACIAS
Amador de los Ríos
España
L. Taboada
Varadero
Navas Ramírez
Marcos Zapata
EL PALO
Avda. Juan Sebastián Elcano
Valparaíso
Villafuerte
E.
Sellés
Cenachero
Bolivia
Paseo El Pedregal
Playa de las Acacías
Restaurants
Restaurants
Pintor
E. Florida
Echevarría
M. Moya
Club de Palo y Remo de Pedregalejo
Av. Salvador Allende
N

hen Schiffe. Korinthische Kapitelle gliedern die Säulenauflagen bereits in mittlerer Höhe. Ebenfalls sehenswert ist der **Chor** für sich. Ihn zieren 103 geschnitzte Heiligenfiguren. 40 davon schuf Pedro de Mena Mitte des 17. Jh. Eine Besonderheit ist auch die Rosenkranzmadonna von Alonso Cano in der Capilla del Rosario (Kathedrale und Museum: Mo–Fr 10–18.45, Sa 10–17.45 Uhr, So/Fei für Besichtigungen geschl., 3,50 €).

Gegenüber steht der **Palacio Episcopal** 8 aus dem 18. Jh. Er ist nur im Rahmen von Ausstellungen zu besuchen.

Museo Picasso

Der Palacio Buenavista beherbergt seit Oktober 2003 mit dem **Museo Picasso** 9 die vielleicht bedeutendste Sehenswürdigkeit der Stadt. Nach Paris und Barcelona besitzt Málaga nun das drittwichtigste Picasso-Museum der Welt. Schon das Renaissancegebäude (16. Jh.) an sich ist sehenswert, besonders aber die verzierten Holzdecken im Aufgang und in der oberen Galerie. Bei Restaurierungsarbeiten entdeckte man Reste aus phönizischer und römischer Zeit sowie eine Zufahrt zum Palast aus dem 16. Jh. (im Kellergeschoss zu besichtigen).

Erdgeschoss und Obergeschoss widmen sich Gemälden, Zeichnungen, Skulpturen und Keramiken Picassos, die großenteils vor 2003 unbekannt waren. Die Palette reicht von frühen, noch realistischen Porträts vornehmer Frauen der Wende vom 19. zum 20. Jh. über Picassos verschiedene Stilphasen und Abstraktionsformen hinweg bis hin zu den letzten grotesk selbstreflexiven, aber in ihrer zupackenden Kraft nicht nachlassenden Gemälden zum Thema ›Der Maler und sein Modell‹ aus den 1970er-Jahren (Calle San Agustín 8, Di–Do, So/Fei 10–20, Fr/Sa 10–21 Uhr, Mo, 25.12. u. 1.1. geschl., Museum 6 €, wechselnde Ausstellungen 4,50 €, Kombiticket 8 €).

Plaza de la Merced und Casa Natal de Picasso

Die quadratische **Plaza de la Merced** dient als urbaner Treffpunkt, dessen quirliges Leben sich auf zahlreiche Bars, Cafés und Restaurants verteilt. Im nordöstlichen Teil des Platzes stehen in zwei Komplexen die prächtigen **Casas de Campos** 10. Die Häuser ließ der Markgraf von Iznate – Antonio Campos Garín – in den 1870er-Jahren errichten. Das Haus mit der Nr. 15 wurde allerdings schon 1861 fertiggestellt. Bei ihrer Hochzeit 1880 mieteten es die Eltern von Pablo Ruiz y Picasso, wie der vollständige Name des Künstlers lautet. Er kam hier als Erstgeborener zur Welt. Die **Casa Natal de Pablo Ruiz Picasso** 11 (Picasso-Geburtshaus) gehört heute als Kulturdenkmal der Stadt Málaga und beherbergt das Museum der Stiftung Pablo Ruiz Picasso (Plaza de la Merced 15, Mo–Sa 10–20, So 10–14 Uhr, Fei geschl., 1 €).

Weiter südlich steht die **Iglésia de Santiago** 12 mit sehenswertem Mudéjarturm. Die Fassade ist renovierungsbedürftig. Diese Kirche ist für Kunstliebhaber deshalb von Interesse, weil Picasso hier am 10. November 1881 getauft wurde (Calle Granada 78).

Alcazaba und Teatro Romano

Der **Alcazaba** 13, die maurische Burg, entstand ab dem 11. Jh. Während ihrer Blütezeit unter den Nasriden wurde sie im 14. Jh. stark erweitert. Ein Mauerring umfasst den unteren Bereich der ehemals königlichen Residenz, ein zweiter befestigt den oberen Teil. Besucher betreten den ersten Ring durch die **Torre del Cristo** und gelangen in den begrünten **Patio de Armas** (ehemaliger Waffenhof). Zum oberen Bereich erfolgt der Zugang durch die Puerta de los Cuartos de Granada. Hier sind Wohnquartiere und mehrere Paläste mit Innenhöfen und Gärten zu besichtigen. Die Säle des Nazari-Palastes sind heute zum Teil Museum. Sie beherbergen Keramik und andere Fundstücke. Im Osten am höchsten Punkt der Anlage steht die Ruine des Verteidigungsturms **Torre del Homenaje.**

Nach der Vertreibung der Mauren 1487 diente die Alcazaba auch den Christen als Burg, verfiel aber immer mehr. Erst 1931 wurde sie zum Nationaldenkmal erklärt und restauriert. Eine zweite große Restaurierungsphase begann in den 1990er-Jahren.

Pablo Picasso

Thema

Picasso war einer der berühmtesten Künstler des 20. Jh. Wie kein anderer prägte und revolutionierte er die Kunstszene. Er lebte unkonventionell, ließ sich gern in gestreiften T-Shirts oder gar nur im Bademantel fotografieren. Obwohl er Spanien früh verließ, blieb er seiner andalusischen Heimat immer verbunden.

Pablo Ruiz Picasso wurde am 25. Oktober 1881 in Málaga geboren. Sein Vater, José Ruiz Blasco, war freischaffender Künstler und Zeichenlehrer. Vom Vater angeregt und geleitet begann Picasso breits in frühester Kindheit zu zeichnen und zu malen. 1891 zog die Familie nach A Coruña in Galizien.

Die frühen Zeichnungen seiner Teenagerjahre bestechen durch ihre Realitätsnähe und eine ungewöhnlich starke Aufnahmefähigkeit physischer und psychischer Feinheiten. Das Wunderkind absolvierte schon im Alter von 15 Jahren erfolgreich die Aufnahmeprüfung an der Kunsthochschule in Barcelona. Ein Jahr später wechselte Picasso nach Madrid. Als 20-Jähriger bereiste er regelmäßig Paris und bekam Kontakt zur dortigen Künstlerszene. Während dieser Zeit entstanden die in Farbe und Form stark reduzierten Bilder seiner ›Blauen Phase‹ (1901–1904), die Außenseiter der Gesellschaft thematisieren.

1904 zog Picasso endgültig nach Paris. In der folgenden ›Rosa Phase‹ (1905–1907) faszinierte ihn die Welt des Zirkus, der Gaukler und Artisten. Seine ›Kubistische Phase‹ (1907–1920) wird gekennzeichnet durch Motive, die sich aus verschiedenen geometrischen Formen zusammensetzen. Das Gemälde ›Demoiselles d'Avignon‹ markiert den Beginn dieses Abschnitts. In dieser Zeit entstand auch sein unverwechselbarer Stil, Objekte so darzustellen, als sähe man sie von allen Seiten gleichzeitig. Der Einfluss der Surrealisten auf Picasso wird in den 1920er-Jahren deutlich sichtbar, in den 1930er-Jahren beschäftigte er sich stark mit dem Stierkampf und seiner mythologischen Bedeutung.

Während des Spanischen Bürgerkriegs bezog Picasso eindeutig Stellung für die Republikaner. Sein Bild ›Guernica‹, das die Bombardierung der gleichnamigen baskischen Stadt durch Franco-Anhänger thematisiert, gehört weltweit zu den bekanntesten Antikriegsbildern. Nach Francos Machtübernahme 1939 schwor Picasso, zu dessen Lebzeiten Spanien nicht mehr zu betreten. 1944 setzte der Künstler ein weiteres Zeichen, indem er Mitglied der kommunistischen Partei Frankreichs wurde. Das weltbekannte Symbol der Friedenstaube kreierte er 1949 für die Weltfriedenskonferenz in Paris.

Nach dem Zweiten Weltkrieg experimentierte Picasso mit Lithografie, Bildhauerei und Keramik. Seine letzten Lebensjahre verbrachte er dann mit seiner zweiten Ehefrau Jacqueline Roque zurückgezogen in Südfrankreich. Picasso beschäftigte sich nun mit seinem Alterungsprozess, dem Zerfall und dem Kontrast seiner selbst zu seiner schönen jungen Frau. Gegen Ende wurde er derart produktiv (zeitweise ein Bild pro Tag), dass Jacqueline Roque die am häufigsten dargestellte Frau seines gesamten Werks ist.

Am 8. April 1973 starb Picasso. Er wurde in seinem Schloss Vauvenargues bei Aix-en-Provence begraben.

Von der Calle Guillén Sotelo hinter dem Rathaus führt ein Aufzug in den Palastbereich. So kann man sich den Anstieg ersparen. Oder man beginnt mit der Besichtigung an der Plaza de la Aduana hinter dem Zollpalast. Auf einem Serpentinenweg geht es dort hinauf in die eigentliche Anlage (Plaza de la Aduana/Calle Alcazabilla, Di–So April–Okt. 9.30–20, Nov.–März 8.30–19 Uhr, 24., 25., 31.12. u. 1.1. geschl., 1,95 €).

Am Fuß der Alcazaba, neben dem Eingang an der Plaza Aduana, liegt das **Teatro Romano** 14 aus der Zeit von Kaiser Augustus. Den Mauren diente es lange Zeit als Steinbruch. Erst 1951 wurde es wieder entdeckt. Heute finden hier gelegentlich Aufführungen statt (Calle Alcazabilla s/n, Di–So 10–14.30, Di u. Sa zusätzlich 17–20 Uhr, Fei geschl., im Eintritt der Alcazaba enthalten).

Castillo de Gibralfaro

Von der begehbaren Mauer des **Castillo de Gibralfaro** 15 ergibt sich ein Blick auf die Stierkampfarena und ganz Málaga. An dieser Stelle stand schon in den Zeiten der Phönizier, Römer und Westgoten eine Burg. Den heutigen Bau ließ allerdings erst Yusuf I. im 14. Jh. errichten. Die effektivere Artillerie der Christen machte diese Befestigungsanlage oberhalb der Alcazaba notwendig. Die *caracha,* ein befestigter Wehrgang, verband die Burg mit der maurischen Residenz. Im ehemaligen Pulvermagazin zeigt ein Besucherzentrum eine Ausstellung zur Geschichte der Festung (tgl. April–Okt. 9–19.45, Nov.–März 9–17.45 Uhr, 24., 25., 31.12. u. 1.1. geschl., 1,95 €).

Der Castillo de Gibralfaro ist zu Fuß vom Eingang der Alcazaba in 15 Min. zu erreichen. Außerdem fährt der Stadtbus Nr. 35 ca. alle 45 Min. ab Avenida Cervantes (nahe Touristeninformation) hinauf.

Plaza de Toros

Die **Plaza de Toros** 16, ein Bau im Neomudéjarstil, wurde 1876 eingeweiht. Wer sich für die *corrida* interessiert, sollte das Museum in der Stierkampfarena besuchen (Paseo Reding 8, Mo–Fr 10–13, 17–20 Uhr, Fei geschl., 1,80 €).

Auf der Landzunge südlich der Plaza de Toros erstreckt sich das exklusive Wohnviertel **La Malagueta.** Östlich schließt der Stadtstrand **Playa de la Malagueta** an.

i **Oficina Municipal de Turismo: Central:** Pl. de la Marina 11, 29015 Málaga,Tel. 952 12 20 20, Fax 952 12 20 23, www.malagaturismo.com, Mo–Fr 9–19 Uhr, Sa/So 9–14 Uhr. **Casita del Jardinero:** Av. Cervantes 1, Tel. 952 20 96 03, Fax 952 21 41 20, Mo–Fr 9–14.30 Uhr. Städtische Informationsbüros. Über die Stadt verteilen sich mehrere **Infokioske.**
Oficina de Turismo: Pasaje de Chinitas 4 (nahe Pl. de la Constitución), Tel. 951 30 89 11, Fax 951 30 89 12, www.andalucia.org, Mo–Fr 9–19.30, Sa 10–19, So/Fei 10–14 Uhr. Infobüro der andalusischen Landesregierung, gut bestückt. Mit Zweigstelle in der An-

In der Heimatstadt Picassos setzen auch die Straßenkünstler auf die Popularität des Begründers des Kubismus

kunftshalle des **Flughafens** (Mo–Fr 8.30–20.30, Sa/So 9–14, Fei 10–14 Uhr).

Parador del Gibralfaro [1]: Castillo de Gibralfaro, Tel. 952 22 19 02, Fax 952 22 19 04, www.parador.es. Stilvoll-rustikale Architektur, Pool. Die Zimmer sind komfortabel eingerichtet, es gibt unterschiedliche Kategorien. DZ 185–196 €.

Hotel Larios [2]: Calle Marqués de Larios 2, Tel. 952 22 22 00, Fax 952 22 24 07, www.hotel-larios.com. 41 individuell eingerichtete Zimmer mit Safe, Klimaanlage, Minibar, Digital-TV, einige mit Balkon. Auch Nichtraucherzimmer. Schöne Dachterrasse mit Blick auf die Kathedrale. DZ ab ca. 150 €.

Hotel Don Curro [3]: Calle Sancha de Lara 7, Tel. 952 22 72 00, Fax 952 21 59 46, www.hoteldoncurro.com. Klassisches Stadthotel mit 120 großen, modern eingerichteten Zimmern. Eigene Parkgarage. DZ 113–124 €, am Wochenende 93 €.

Hotel Sur [4]: Calle Trinidad Grund 13, Tel. 952 22 48 03, Fax 952 21 24 16, www.hotelsur.com. Recht zentral, Zimmer ordentlich und funktional mit Heizung und Klimaanlage. DZ 57–66 €, Garagenplatz um 12 €.

Hotel Castilla [5]: Calle Cordoba 7, Tel. 952 21 86 35, www.hotelcastillaguerrero.com. Komplett renovierte Zimmer mit Heizung und Klimaanlage sowie ordentlichen Bädern. Nachts vergünstigtes Parken in der öffentlichen Garage Plaza de la Marina. DZ 53–60 €.

Jugendherberge [6]: Plaza Pio XII 6, Tel. 952 30 85 00, Fax 951 30 81 75, www.inturjoven.com. 200 Plätze in Zimmern mit 2–4 Betten, meist mit eigenem Bad. Rezeption rund um die Uhr besetzt. Allerdings recht weit vom Zentrum (ca. 30 Min. Fußweg oder mit Stadtbus Nr. 14 ab Paseo del Parque). In der Hoch-

Stadtrundgänge: Auf dem kostenlosen Stadtplan, den die Touristenbüros verteilen, sind drei Spaziergänge durch Málaga verzeichnet. Die Route *Monumental Básico* führt an den Hauptsehenswürdigkeiten vorbei. Mit Besichtigungen kann diese Tour einen ganzen Tag in Anspruch nehmen. Der schattige Spaziergang *Jardín Mediterráneo* ist an heißen Tagen nicht nur für Pflanzenfreunde empfehlenswert. Einen ursprünglichen Teil Málagas erschließt die Route *Málaga Tradicional*.

saison oft ausgebucht. Je nach Saison 9,50–14,50 € pro Person unter 26 Jahren, 13–19 € für Ältere, jeweils mit Frühstück.

Zahlreiche Tapalokale finden sich in den Seitenstraßen der **Calle Marqués de Larios** und im Bereich **Plaza de la Constitución.** Restaurants der gehobenen Kategorie gibt es vorwiegend im Stadtteil **La Malagueta** und an der **Playa de la Malagueta.** An diese schließen Richtung Osten die ehemaligen Fischerviertel **Pedregalejo** und **El Palo** an. An der dortigen Uferpromenade lässt sich in urigen Lokalen vorzüglich Fisch essen (Stadtbus Nr. 11).
Café de Paris [7]: Calle Vélez-Málaga 8, Tel. 952 22 50 43, www.rcafedeparis.com, Di–Sa 13.30–15.30, 20.30–23 Uhr. Sternegekröntes Restaurant von José Carlos García. Das junge Küchenteam interpretiert klassische und traditionelle Küche neu. Reservieren ist ratsam. Menú de Mercado (wechselnd nach Marktangebot) ca. 40 €.
Antonio Martín [8]: Playa de la Malagueta, Tel. 952 22 73 98, www.restauranteantonio martin.com, tgl. 13–17, 21–0.30 Uhr, Nov.–Feb. So geschl. Spezialität sind Fischgerichte, z. B. *fritura malagueña* oder Reis mit Meeresfrüchten. Auch große Auswahl an Fleisch. Hauptgerichte ab 7 €, Edelfische ca. 14 €.
Casa Pedro [9]: Quitapeñas 121, Playa El Palo, Tel. 952 29 00 13, Di–So 13–17, 20.30–0.30 Uhr. Beliebtes traditionelles Fischlokal. Die gegrillten Sardinen sind schlicht, aber gut. 3-Gänge-Menü 20 €.

Die einheimische Jugend trifft sich während der Sommermonate in den Musikbars und Diskotheken an der **Playa Pedregalejo.** Auch die **Playa de la Malagueta** entwickelt sich immer mehr zur Ausgehzone. Ansonsten ist am Wochenende der Bereich zwischen Kathedrale und der **Plaza de la Constitución** sehr beliebt. Hier wie in der **Calle Granada** gibt es zahlreiche Bars.
Bodegas El Pimpi: Calle Granada 62, 19–2 Uhr. Die alteingesessene Bar besticht mit vielen gemütlichen Räumen und Innenhöfen. Die Musik spricht ein eher junges Publikum an.
Café Central: Plaza de la Constitución. Sehr beliebtes und nicht nur abends, sondern auch tagsüber meist gut besuchtes Café mit Terrasse auf dem Platz.

Teatro de Cervantes: Calle Ramos Martin, Tel. 952 22 41 00, www.teatro cervantes.com. Regelmäßig gute klassische Musik- und Tanzaufführungen, auch Flamenco. Programminfo im Touristenbüro.
Semana Santa: Karwoche. Eine Besonderheit von Málaga sind die *tronos* – die größten Heiligenbilder ganz Spaniens. Die örtlichen Bruderschaften tragen sie bei den Osterprozessionen durch die Straßen der Stadt.
Costa Pop: an einem Samstag Ende Mai oder Anfang Juni. Spaniens größtes Pop- und Tanzfestival, früher als World Dance Costa del Sol bekannt. Mehr als 100 000 Fans zieht es jedes Jahr zu diesem Ereignis. Im Fußballstadion Rosaleda treten spanische und lateinamerikanische Popgrößen auf.
Feria de Málaga: eine Woche ab dem 2. Augustsamstag. Größtes Stadtfest. Viele Kneipen öffnen rund um die Uhr. Umfangreiches kulturelles Beiprogramm mit Umzügen, Flamenco, Stierkampffestival.
Fiesta de Verdiales: 28. Dez. Großes Flamenco- und Folklorefestival mit Aufführungen im Teatro Cervantes (s. o.).

Bootstouren: Cruceros Málaga, Puerto de Málaga, Muelle 2, am Haupteingang zum Hafen (nahe Plaza de la Marina), Tel. 952 12 22 88, www.crucerosmalaga.com. Verschiedene Fahrten entlang der Costa del

Sol. Ganztägig mit Mittagessen und Badepause ca. 40 €.
Baños Árabes: Calle Tomás de Cózar 13, Tel./Fax 952 21 23 27, www.elhammam.com, tgl. 10–20 Uhr. In den ›arabischen Bädern‹ kann man nach Art der Mauren baden und sich verwöhnen lassen.

Flüge: Aeroporto Pablo Ruiz Picasso, ca. 11 km südwestlich von Málaga in Richtung Torremolinos, Tel. 952 04 88 44 (Info), www.aena.es. Stadtbus 19 ins Stadtzentrum (ca. alle 15 Min.). Nahverkehrszug *(cercanías)* nach Málaga und Torremolinos/Fuengirola (ca. alle 30 Min., 6–23.30 Uhr, Haltestelle gegenüber Terminal 2). Taxi: Nach Málaga ab 12 €, 22–6 Uhr ab 15 €, So/Fei, 3–6 Uhr weiterer Zuschlag.
Fernzüge: RENFE-Bahnhof, Explanada de la Estación, Tel. 902 24 02 02 (Auskunft), www.renfe.es. Gepäckschließfächer. Nach Madrid, Sevilla und Córdoba ca. 6 x tgl., nach Barcelona ca. 2 x tgl. Zahlreiche Buslinien fahren vom RENFE-Bahnhof ins Zentrum.
Nahverkehrszüge: *Cercanías* (www.renfe.es/cercanias) fahren in der Nähe der Alameda Principal und am RENFE-Bahnhof ab. Eine Art S-Bahn mit vielen Haltestellen über Flughafen, Torremolinos und Benalmádena weiter nach Fuengirola, ca. 6–22.30 Uhr halbstdl.
Busse: Fernbusbahnhof, Paseo de los Tilos, Tel. 952 35 00 61, www.estabus.emtsam.es. Zahlreiche Verbindungen nach Andalusien und ganz Spanien, Europabusse. Gepäckschließfächer.
Stadtverkehr: Málaga verfügt über ein gutes Bussystem. Aktuelle Fahrpläne in den Touristenbüros oder am Paseo del Parque, der zentralen Abfahrtsstelle fast aller Busse.
Bus Turístico: Offene Doppeldeckerbusse fahren alle Sehenswürdigkeiten der Stadt an. Über Kopfhörer erhält man Erläuterungen

Richtig Reisen-Tipp:
Jardin de la Concepción – Ein Garten bei Málaga

Einer der schönsten Gärten Spaniens ist der **Jardin Botánico-Histórico de la Concepción** am Nordrand von Málaga. An heißen Tagen bietet die schattige, dschungelartige Anlage wohltuende Kühle. Besonders interessant sind die riesigen Gummibäume mit gewaltigen Brettwurzeln am Abzweig zum ›historischen Garten‹. Insgesamt wachsen hier über 800 tropische und subtropische Bäume, davon ca. 100 verschiedene Palmenarten. Graf von Loring und seine Frau ließen den Garten im Jahre 1857 anlegen. Die folgenden Besitzer erweiterten die Anlage. Seit 1990 ist sie im Besitz der Stadt Málaga und seit 1994 der Öffentlichkeit zugänglich.

Das kleine **Museo Loringiano** ist einem antiken Tempel nachempfunden. Vier dorische Säulen bewachen den Eingang. Davor stehen römische Statuen und Figuren. Im einzigen kleinen Innenraum sind Mosaiken zu sehen.

Der Weg zum **Mirador histórico** wird von hohen Zypressen gesäumt. Von einer Pergola mit fliesenverzierter Kuppel genießt man dort einen Blick auf die Kulisse von Málaga.

Für botanisch Interessierte empfiehlt sich ein Besuch der angeschlossenen **Themengärten,** die sich noch im Aufbau befinden.

Anfahrt: Mit dem Pkw: Von Málaga (Zentrum) auf der N-331 Richtung Sevilla. Kurz vor Erreichen der Autobahn weist die Beschilderung nach rechts. Zunächst fährt man dort parallel zur Autobahn, quert dann durch eine Unterführung und fährt wieder ein Stück nach links zurück. Mit dem Stadtbus: Sa/So/Fei fährt Linie 61 direkt zum Garten. Ansonsten mit Linie 2 bis Endstation, dann noch 15 Min. zu Fuß. Der Bus Turístico (s. o.) fährt den Garten ebenfalls an.

Info: Carretera de las Pedrizas (A-45), km 166, Tel. 952 25 21 48 laconcepcion.ayto-malaga.es, April–Sept. Di–So 9.30–20.30, Okt.–März Di–So 9.30–17.30 Uhr, 25.12. u. 1.1. geschl., letzter Einlass 90 Min. vor Schließung, 3,15 €.

auch in Deutsch. Man kann beliebig oft ein- und aussteigen, das Ticket gilt 24 Std. (12 €).
Fähren: Ab Estación Marítima fährt die Acciona Trasmediterránea (Tel. 952 06 12 06, www.trasmediterranea.es) tgl. nach Melilla und über Algeciras nach Tanger und Ceuta.
Mit dem Pkw: Hauptverkehrsachse ist küstenparallel die Alameda Principal mit der Plaza de la Marina. Dort und in der Verlängerung nach Osten, um den Paseo del Parque, gibt es einige Parkhäuser (s. Cityplan).

Torremolinos

Reiseatlas: S. 10, D 4
Bei **Torremolinos** beginnt die klassische ›Sonnenküste‹. Den wohlklingenden Namen Costa del Sol ersann in den 1960er-Jahren das für den Tourismus zuständige Ministerium in Madrid. Torremolinos steht inzwischen stellvertretend für den Massentourismus und alles Negative, was die öffentliche Meinung oft damit verbindet. Dabei waren es seinerzeit vorwiegend Hippies, die hier urlaubten und das Image des Ortes prägten. Der amerikanische Schriftsteller James A. Michener hat diese Zeit in seinem Kultroman »Die Kinder von Torremolinos« verewigt.

Ab den 1970er-Jahren wurde dann eine Ferienstadt gewaltigen Ausmaßes quasi aus dem Boden gestampft. Heute gesellen sich zu den rund 58 000 gemeldeten Einwohnern in der Hochsaison Zehntausende von Urlaubern. Die Einförmigkeit der Architektur – hinter dem 7 km langen, feinsandigen Strand dominiert der Beton – täuscht auf den ersten Blick darüber hinweg, dass eine professionell betriebene Freizeitwelt in Torremolinos fast das ganze Jahr über eine Menge Urlauberattraktionen bereithält. Für die einen mag dies die Hölle sein, für die anderen ist es das Paradies.

Alte Stadtviertel

Zwei Stadtteile stechen durch eine gewisse Individualität hervor: Aus einer winzigen Fischersiedlung ging **La Carihuela** hervor. Bis heute blieb etwas vom Hafenflair erhalten, vor allem in den hervorragenden Fischlokalen an der Strandpromenade. **El Bajondillo** liegt an der gleichnamigen Playa am Nordrand von Torremolinos, die von La Carihuela durch eine Felsnase getrennt ist. In seinen engen Gassen spiegelt sich noch die Struktur eines andalusischen Dorfes wider.

Molinos und Jardín Botánico

Gemeinsam mit einem alten arabischen Wachturm, der sich heute in den Häuserschluchten von El Bajondillo versteckt, gaben einige Mühlen Torremolinos den Namen (*torre* = Turm, *molino* = Mühle). Wasser aus dem Quellgebiet **Los Manantiales** am Fuß der Sierra de Mijas trieb sie an, um Getreide und Öl zu mahlen. Bis zu 19 waren über ein Gefälle von mehr als 100 m hinweg hintereinandergeschaltet.

Der **Molino de Inca** wurde als Museumsmühle restauriert und in den neuen **Jardín Botánico** einbezogen – ein idyllischer Ort am Rand der Touristenstadt. Er bezieht sein Wasser aus einem in den Berg getriebenen Stollen. Ein Müller stellt Weizenmehl her und verkauft es. Im Mühlengebäude sind auch die Räumlichkeiten zu besichtigen, in denen 1926 König Alfons XIII. und seine Gemahlin Victoria Eugenia anlässlich eines Besuchs in Torremolinos übernachteten. Im kreisrunden Labyrinthgarten erhebt sich eine über 100 Jahre alte Norfolktanne *(Araucaria excelsa)*. Eine weitere Attraktion ist der Palmengarten mit Teichen und Skulpturen, die die vier Jahreszeiten repräsentieren (ab Umgehungsstraße Circunvalación Antigua nahe Aqualand Schildern ›Los Manantiales Jardín Botánico Molino de Inca‹ folgen, Mai–Sept. Di–So 11.30–13.30, 18–21, Okt.–April Di–So 10.30–13.30, 16–18 Uhr, 3 €).

i **Oficina de Turismo:** La Carihuela: Plaza del Remo, 29620 Torremolinos, Tel. 952 37 18 92; Playa del Bajondillo: Plaza de Comunidades Autónomas (am Strand), Tel. 952 37 19 09, www.visitetorremolinos.com.

Hotel Residencia Miami: La Carihuela, Calle Aladino 14, Tel./Fax 952

38 52 55, www.residencia-miami.com. Ein Cousin Picassos ließ die idyllische Villa 1950 für die Flamencotänzerin Lola Medina errichten. Das damalige Ambiente blieb bewahrt. Prächtiger Garten mit Pool, einige Zimmer mit Terrasse und Meerblick. DZ 41–64 €.

El Roqueo: Calle Carmen 35, Tel. 952 38 49 46, Di Ruhetag, Mitte Dez.–Mitte Jan. geschl. Großzügige Terrasse am Strand, erstklassige Meeresfrüchte und Fisch, das wissen auch die vielen einheimischen Gäste. Hauptgerichte um 18 €.
Casa Juan Los Mellizos: Calle San Ginés 18, Tel. 952 37 35 12, www.losmellizos.net/casajuan. Traditionslokal in La Carihuela, die Fischrezepte fußen auf der örtlichen Tradition. Hauptgerichte 8–15 €.

Donnerstags **Wochenmarkt,** auch Souvenirs (am Stadion, ca. 9–14 Uhr).

In den Sommermonaten ist hier rund um die Uhr etwas los. Beliebte Treffpunkte sind die *chiringuitos* (Kioske am Strand). Das Nachtleben in den schrillen Bars, Pubs und Discos im Stadtviertel La Nogalera, der Calle Casablanca und Av. Carlotta Alessandri ist von vielen jungen Leuten unterschiedlichster Nationalitäten geprägt.
Magic Palace: Calle Cuba 3 (nahe Aqualand), Tel. 952 05 88 52, www.magicpalace.info. Jeden Abend präsentieren Oscar, Renzo und Mara ein Spektakel internationalen Formats, das alle Altersgruppen anspricht.

Aqualand: Calle Cuba 10 (nahe Umgehungsstraße Circunvalación Antigua), Mai–Sept. tgl. 10–22 Uhr, Erwachsene 16, Kinder 11,20 €. Familien freuen sich über die vielfältigen Attraktionen des größten Wasserparks der Costa del Sol.

Nahverkehrszüge: s. Málaga S. 105.
Busse: Busbahnhof zentral im Stadtteil El Bajondillo, Calle Hoyo (nahe Plaza Costa del Sol), Tel. 952 38 24 19. Mit *Portillo* mehrmals tgl. z. B. nach Ronda oder La Línea (bei Gibraltar).

Benalmádena

Reiseatlas: S. 9, C 4
An Torremolinos schließt nahtlos **Benalmádena Costa** an. Im Jachthafen (Puerto de Benalmádena) geht es recht exklusiv zu. Die zugehörigen Apartmenthäuser zeichnen sich durch einen gefälligen, maurischen Vorbildern nachempfundenen Baustil aus. Ansonsten gleicht die Bebauung der 9 km langen, grauen, eher grobsandigen Strandzone der von Torremolinos.

Benalmádena Pueblo

Das schmucke weiße Dorf **Benalmádena Pueblo** liegt landeinwärts am Fuß der Sierra de Mijas. Vom Parkplatz am unteren Ortsrand fährt ein Aufzug zur vorgeschoben auf einem Felssporn stehenden **Iglesia Santo Domingo** hinauf. Die Kirche umgibt der Terrassen- und Aussichtspark **Jardines del Muro.** Weit schweift der Blick von hier aus über die Küste. Wohl idyllischster Fleck am Ort ist die kleine **Plaza de España.** Sitzbänke unter Orangenbäumen oder auch die Tische mehrerer Cafés laden hier zur Entspannung ein mit Blick auf einen Brunnen mit der Skulptur der *Niña de Benalmádena* – eines Mädchens mit Muschelschale in der Hand. Die Bronzeplastik schuf 1991 der aus Vélez-Málaga stammende Bildhauer Jaime Pimentel (geb. 1933). Sie entwickelte sich rasch zum Wahrzeichen von Benalmádena.

Das **Museo de Benalmádena** (im Ort ausgeschildert) ist bekannt für seine Sammlung präkolumbianischer Kunst aus Lateinamerika. Sie ging aus einer Stiftung des mexikanischen Malers und Anthropologen Felipe Orlando hervor, der die meisten der rund 400 Exponate von seinem Großvater erbte. Für Besucher der Costa del Sol fast noch interessanter sind die im Untergeschoss ausgestellten Funde aus der Umgebung. Sie stammen aus verschiedenen in der Jungsteinzeit bewohnten Höhlen, aus kupferzeitlichen Siedlungen (9./8. Jh. v. Chr.) sowie aus dem Römerdorf Benalroma und zwei römischen Fischfabriken an der Küste von Benalmádena (Av. Juan Luis Peralta 49, Tel. 952 44 85 93,

Di–Sa 9.30–13.30, 17–19, So 10–14 Uhr, 1.1., 6.1., Karfreitag, 1.5., 24./25.12. u. 31.12. geschl., Eintritt frei).

Oficina de Turismo: Av. Antonio Machado 10 (Küstenstraße), 29630 Benalmádena Costa, Tel. 952 44 24 94, www.benalmadena.com.

In die Hotels an der Küste bringen fast nur britische Veranstalter Gäste.

Hotel La Fonda de Benalmádena: Benalmádena Pueblo, Calle Santo Domingo 7, Tel. 952 56 83 24, Fax 952 56 82 73, www.fondahotel.com. Geschmackvolle Anlage, vom Künstler César Manrique aus Lanzarote entworfen. Schöner Meerblick, mehrere Patios mit Pflanzen und Brunnen, reichhaltiges Frühstücksbuffet. Mit Restaurant (Hauptgerichte 11–12 €). DZ 67–99 €.

Hotel La Plazoleta: Av. Juan Luis Peralta s/n, Tel. 952 44 81 97, Fax 952 56 99 79. Charmantes Haus im Ortszentrum. Die meisten der 10 Zimmer (alle mit Balkon oder Terrasse) schauen auf die ruhige Plaza de Andalucía mit Palmen, Bänken und Brunnen. DZ ohne Frühstück 56–78 €.

Fidel's: Benalmádena Pueblo, Calle Maestra Ayala 3 (nahe Rathaus), Tel. 952 44 91 65, Mo–Sa nur abends, So auch mittags, August Betriebsferien. Gehobene Küche in rustikalem Ambiente. Spezialität ist *pollo kiew* (Hähnchenbrust mit Kräuterfüllung). Reservieren! Hauptgerichte 14–22 €.

Wochenmarkt: Fr 9–14 Uhr, auf dem Tivoli-Parkplatz in Arroyo de la Miel.

Gediegene, britisch geprägte Bars für ältere Semester finden sich im Puerto de Benalmádena (Jachthafen).

Sea Life: an der Einfahrt zum Jachthafen, Tel. 952 56 01 50, www.sealifeeurope.com, tgl. 10–18 (Juni bis 20, Juli/Aug. bis 24 Uhr), Erwachsene 9, Kinder 7 €. Eine interaktive Aquarienlandschaft mit über 2000 Arten von Meeresbewohnern. Besondere Attraktionen sind das Korallenriff mit Haitunnel, die Amazonas-Flusslandschaft und mehrere Becken mit Seeschlangen.

Bootsausflüge: Im Jachthafen von Benalmádena Costa starten in der Saison mehrmals täglich Ausflugsboote nach Fuengirola und Málaga (hin und zurück jeweils um 11, Kinder 7 €).

Nahverkehrszüge: s. Málaga S. 105.

Busse: *Portillo* hält in Benalmádena Costa an der Av. Antonio Machado (Küstenstraße) nahe Tourismusbüro. Busse u. a. nach Ronda und La Línea. Nach Benalmádena Pueblo tgl. mehrmals ab Torremolinos, Benalmádena Costa und Fuengirola.

Seilbahn: Der Teleférico verbindet Benalmádena mit dem rund 800 m hohen Gipfel des Monte Calamorro. Oben warten Ausritte auf Eseln, Greifvogelvorführungen und eine Pferdeshow. Wem das alles zu umtriebig erscheint, der kann von der Bergstation zu verschiedenen Aussichtspunkten mit weiten Küstenblicken laufen. Auch der Abstieg nach

Benalmádena auf markierten Wegen ist möglich (Arroyo de la Miel, nahe Tívoli-Park, Tel. 902 19 04 82 o. 952 57 50 38, www.telefe rico.com, April 10–20, Mai/Juni u. Sept. 10–21, Juli/Aug. 10–24, Okt.–März 10–18 Uhr, Anfang Jan.–Anfang Feb. außer Betrieb, Hin- und Rückfahrt inkl. Shows 10, Kinder 7 €).

Fuengirola

Reiseatlas: S. 9, C 4
In **Fuengirola** urlauben neben Spaniern vorwiegend Briten und Skandinavier. Vielgeschossige Apartmenthäuser beherrschen das Bild. Allerdings verfügt Fuengirola über einen mehrere Kilometer langen, gepflegten Strand mit Promenade, einen intakten Stadtkern und einen hübschen Jachthafen mit im orientalischen Stil gestalteter Ladenzeile.

Parque del Castillo

Auf die Mauren geht der **Castillo Sohail** am südwestlichen Stadtrand zurück. Er erhebt sich unmittelbar hinter dem Strand auf einem isolierten Hügel, der als **Parque del Castillo** heute eine gepflegte Gartenanlage ist. Sohail hieß das heutige Fuengirola bei den Phöniziern nach dem gleichnamigen Stern, den wir Canopus nennen und der von hier gerade noch klar sichtbar ist.

Die im 10. Jh. unter dem Almoraviden-Herrscher Abderramán III. errichtete Burg diente zum Schutz der Pilgerroute nach Mekka, die von Córdoba nach Algeciras und von dort übers Meer führte. Die unmittelbar benachbarte Mündung des Río Fuengirola fungierte als Militärhafen. Im 16. Jh. ließ Kaiser Karl V. die Festung erneuern, um Landungsversuche des algerischen Piraten Barbarossa zu vereiteln. Die achteckige arabische Wehrmauer blieb dabei erhalten.

Am größeren der beiden aus Ziegelsteinen gemauerten Türme erinnert gleich neben dem Eingang zur Burg ein zugemauerter Hufeisenbogen ebenfalls noch an die maurische Zeit. Während der Napoleonischen Kriege besetzten französische Soldaten die Burg für zwei

Benalmádena: So sieht es mancherorts an der Costa del Sol aus

Jahre. Nach ihrem Abzug 1812 vergruben sie ihre Kanonen am Strand. Inzwischen wurden sie wieder ausgebuddelt und auf der *batería* aufgestellt, dem Bollwerk, von dem aus man den Wehrgang fast rundum abmarschieren kann. Im Innenhof, wo sich früher Häuser und eine Moschee befanden, sind nur noch ein paar Mauerreste zu besichtigen. Rechts steht neben einem Brunnen die Ruine eines Backofens, links hinten erahnt man die ehemaligen Pferdeställe (A-7 Fuengirola–Marbella, Ausfahrt Hipódromo, Tel. 687 66 30 66, Sept.–Juni tgl. ca. 10–19 Uhr, Juli/Aug. nur zu Veranstaltungen, s. u., 3, Kinder 2 €, Eintritt in den Parque del Castillo frei).

Fuengirola Zoo

Durchaus empfehlenswert ist ein Besuch im **Fuengirola Zoo.** Er ist als Miniaturausgabe eines tropischen Regenwalds gestaltet, mit modernen, geräumigen Gehegen hinter Glaswänden. Dazwischen plätschern Wasserläufe. Räumlich gliedert sich die Anlage in die Themenbereiche Äquatorialafrika, Madagaskar und Südostasien. Außerdem ist die Tierwelt der Mangrovengewässer vertreten. Der Fuengirola Zoo nimmt an 35 europäischen Programmen zur Erhaltung bedrohter Arten teil und unterstützt internationale Projekte zum Schutz der Wälder (Calle Camilo José Cela 8–10, hinter dem Hafen südlich des Zentrums, Tel. 952 66 63 01, www.zoofuengirola.com, Sept.–Juni tgl. 10–18, z. T. bis 20 Uhr, Juli–Aug. tgl. 10–24 Uhr, Eintritt 12, Kinder 8 €, Rabatte bei Anfahrt per Zug).

Oficina Municipal de Turismo: Paseo Jesús Santos Rein 6 (nahe Busbahnhof), 29640 Fuengirola, Tel. 952 46 74 57, www.fuengirola.org.

Märkte: Am Dienstagvormittag ist das Feria-Gelände Schauplatz des bunten Wochenmarkts, am Samstagvormittag findet hier ein Flohmarkt statt.

Castillo Sohail: In der zweiten Augusthälfte findet in der Burg ein viertägiger **Mittelaltermarkt** statt.

Bootstouren: Im Hafen von Fuengirola startet der Glasbodenkatamaran **Aqua Vista** zu eineinhalbstündigen Ausfahrten entlang der Küste. Oft sind unterwegs Delfine zu beobachten. Im Juli/Aug. gibt es eine Nachtfahrt (22 Uhr). Infos: Tel. 952 66 66 07, www.cruceroaquavista.com. März–Dez. je nach Jahreszeit und wetterabhängig 1–5 x tgl., pro Person 15, Kinder 8 €.

Nahverkehrszüge: s. Málaga S. 105.
Busse: Busbahnhof in der Av. Tejada (nahe Bahnhof), Tel. 952 47 50 66.

Mijas

Reiseatlas: S. 9, C 4

Im unmittelbaren Hinterland der Costa del Sol ist **Mijas** ein Vorzeigeort mit musealem Charme. Zwar zählt die Gemeinde heute 61 000 Einwohner, seit sich – im Gefolge von Künstlern und Schriftstellern, die Mijas in den 1950er-Jahren entdeckten – zahlreiche ausländische Residenten in der Umgebung niedergelassen haben. Doch im alten Kern drängen sich weiße, kubische Häuser mit blumengeschmückten Patios. Souvenirläden, Restaurants und Cafés warten auf die Tagesbesucher.

Stadtrundgang

Ausgangspunkt für eine Erkundung von Mijas ist die Plaza Virgen de la Peña oberhalb des großen Parkhauses am Ortseingang. Dort befindet sich linker Hand der **Santuario de la Virgen de la Peña.** Mönche des Karmeliterordens schlugen die Höhlenkapelle zwischen 1656 und 1682 in einen exponiert stehenden Felsen. Zuvor sollen an dieser Stelle zwei Hirtenkinder, denen eine Taube den Weg wies, die heute in dem Heiligtum verehrte Marienfigur gefunden haben. Der balkonartige **Mirador del Compas** vor dem Heiligtum bietet einen schönen Blick auf die Küste bei Fuengirola.

Die Avenida del Compas führt zur **Plaza de la Constitución.** Hier und in den angrenzenden Straßen spielt sich ein Großteil des touristischen Geschehens ab. Oberhalb der Plaza erinnert einiges an die Zeit, als der Ort Teil des *Reino de Mijas* war, eines unabhängigen mozarabischen Reiches (s. S. 139). Sein Herrscher, der christliche König Samuel I., verhielt sich gegenüber seinen moslemischen Untertanen sehr tolerant. 866 ließ er ihnen eine große Moschee in Mijas errichten, die nach der Reconquista im 16./17. Jh. zur heutigen, schlichten Pfarrkirche **Nuestra Señora de la Inmaculada Concepción** umgebaut wurde. Beachtung verdient vor allem ihr gedrungener Ziegelsteinturm im Mudéjarstil.

An die Kirche grenzen Reste der Königsburg von 883 an, die auch nach dem Untergang des *Reino de Mijas* im 10. Jh. für weitere sechs Jahrhunderte die wichtigste Festungsanlage der Gegend darstellte. Erhalten blieben der **Torreón,** ein wuchtiger Turm, sowie **Las Murallas** – Reste der äußeren Verteidigungsmauer. Die parkartige **Ruta Botánica La Muralla** erschließt diesen Bereich für Fußgänger und berührt dabei eine Abfolge von Miradores mit Blick auf das Tal von Mijas und große Teile der Costa del Sol. In den gepflegten Gartenabschnitten wurde die Bepflanzung so geschickt gewählt, dass zu jeder Jahreszeit Blüten zu sehen sind.

Der Kirche vis-à-vis steht seit dem Jahr 1900 die **Plaza de Toros,** eine winzige Stierkampfarena. Sie nimmt für sich in Anspruch, als einzige in Andalusien oval anstatt rund zu sein (zu besichtigen inkl. Stierkampfmuseum tgl. 10–19, im Sommer bis 22 Uhr, 3 €).

Wer jetzt landeinwärts durch die Calle del Pilar zum Fuß des angrenzenden Berghangs schlendert, kann im oberen Teil des Ortes noch authentische Atmosphäre schnuppern. Dort führt ein alter Kreuzweg aus dem Gassenlabyrinth hinaus zur **Ermita del Calvario** hinauf, wo sich ein herausragender Küstenblick bietet. Auch diese winzige Einsiedelei, die übrigens nur am Karfreitag geöffnet ist, gründeten Karmelitermönche.

Oficina Municipal de Turismo: Plaza Virgen de la Peña 2, 29650 Mijas, Tel. 952 58 90 34, Fax 952 58 90 35, www.mijas-digital.es.

El Mirlo Blanco: Plaza de la Constitución 2, Tel. 952 48 57 00. Hübsches altes Stadthaus mit Terrasse über dem zentralen Platz, regionale Küche. Hauptgerichte 10–20 €. Angeschlossen ist ein Hostal.

Feria de Mijas: erste Septemberhälfte. Mehrtägiges Patronatsfest mit breitem Kultur-, Musik- und Sportprogramm. Höhepunkte sind der Umzug der Festköniginnen, begleitet von Riesenfiguren und ›Großköpfen‹, sowie die feierliche Prozession zu Ehren der Virgen de la Peña mit den Stadthonoratioren und religiösen Bruderschaften.

Eselreiten: Wer nicht zu Fuß zur Ermita del Calvario steigen möchte, reitet auf dem Rücken eines Esels für 7 € hinauf. Im Eselskarren kann man sich für 14 € herumkutschieren lassen. Die Idee zu dieser außergewöhnlichen Attraktion entstand in den 1960er-Jahren, als frühe Touristen Bauern, die mit ihrem Grautier von der Feldarbeit kamen, baten, für einen Schnappschuss aufsitzen zu dürfen (Burros-Taxis, Plaza Virgen de la Peña, tgl. 10–18, im Sommer bis 22 Uhr).

Busse: Haltestelle an der Av. de la Peña. Mit *Portillo* nach Fuengirola ca. halbstdl., nach Benalmádena Costa und Torremolinos ca. stdl.

Auto: Am unteren Ortsrand Parkhaus Virgen de la Peña (ausgeschildert) mit Aufzug zur Plaza de la Peña.

1 Marbella

Reiseatlas: S. 14, E 2

Königin Isabella die Katholische soll hier beim Anblick des Meeres ausgerufen haben: »¡Que mar bella!« (Welch schönes Meer!). Zwar geht **Marbella** (125 000 Einw.) in Wirklichkeit auf das arabische Marbiliya zurück. Doch die Lage der Stadt in einer lang gedehnten, gar nicht einmal zu sehr zugebauten Bucht ist wirklich beachtlich. Die schroffe Sierra Blanca bildet eine großartige Kulisse und schützt vor Nordwinden.

Die klassische Costa del Sol

Nachdem Prinz Alfons von Hohenlohe 1953 den legendären Marbella-Club gründete – Treffpunkt für Adlige, Industrielle und Filmstars –, prägten lange Zeit Illustriertenberichte über Prominente den Ruf des exklusiven Ferienortes. Inzwischen steht Marbella diesbezüglich etwas im Schatten von Mallorca. Als bekannteste Residenten auf Zeit sind noch das Schauspielerehepaar Antonio Banderas und Melanie Griffith verblieben. Sean Connery hingegen soll vor dem Medienrummel die Flucht ergriffen haben.

Promenaden und Strand

Zentrale Anlaufstelle in Marbella ist die kurze, aber mondäne **Avenida del Mar.** Diese autofreie Flanierzone ist zugleich eine Art Freilichtmuseum für moderne Kunst. Salvador Dalí entwarf die zehn großen Bronzefiguren, die in Verona von Bovincini gegossen wurden. Die Avenida trifft auf den von schicken Esslokalen und Cafés gesäumten **Paseo Marítimo.** Ihm ist die äußerst gepflegte **Playa de la Venus** vorgelagert. Sie erstreckt sich zwischen dem Fischereihafen mit der Marina Bajadilla im Osten und dem kleinen Jachthafen des *Club Marítimo* im Westen. Von letzterem aus führt, an der Playa Fontanilla vorbei, der Paseo Marítimo als prächtige Palmenpromenade mit Blick auf Gibraltar weiter die Küste entlang.

Landeinwärts von der Avenida del Mar stellt der **Parque de la Alameda** mit üppiger tropischer Bepflanzung die Verbindung zur Altstadt her. In der Mitte ziert ihn die Fuente Virgen del Rocío, ein kreisrunder Springbrunnen mit Fliesenbildern, die Szenen aus Andalusien zeigen. Bunt gefliest sind auch die hübschen Sitzbänke im Park.

Altstadt

In Marbellas **Casco Antiguo** gibt es noch Winkel mit viel Atmosphäre. Hinter den modernen Häuserfronten an der Küstenstraße verstecken sich schattige, ruhige Gassen, deren Verlauf noch dem des 16. Jh. entspricht, gesäumt von weißen, blumengeschmückten Häusern. Individualurlauber finden in der Altstadt kleine Hostales – für die Costa del Sol eine Ausnahme.

Mit Springbrunnen und Straßencafé bietet die **Plaza de la Victoria** einen schattigen Ort zum Verweilen. Den Mittelpunkt der Altstadt markiert die mit Orangenbäumen bepflanzte und mit Strandkieseln gepflasterte **Plaza de los Naranjos.** Zwischen Blumenbeeten stellen Cafés ihre Tische auf. An der Nordseite des Platzes erhebt sich seit dem 16. Jh. das Rathaus an der Stelle, wo 1485 nach der Reconquista die besiegten Mauren den Stadtschlüssel an die Christen übergaben. Gegenüber grenzt unmittelbar an den ›Orangenplatz‹ die kleinere Plaza Fernando Alcalá mit einem achteckigen Renaissancemarmorbrunnen von 1604 und der **Ermita Nuestro Señor Santiago,** der ältesten Kirche der Stadt.

Weiter östlich befestigten die Mauren einen Hügel. Große Teile der **Murallas del Castillo Árabe,** der Burgmauer aus dem 9./10. Jh., blieben erhalten und umgeben heute ein kleines Wohnviertel, in dem man Lokale und Boutiquen vergeblich sucht, dafür aber Authentizität findet.

In einem renovierten Renaissancegebäude am Ostrand der Altstadt, im 16. Jh. als Armenhospital errichtet, befindet sich das **Museo del Grabado** mit spanischen Gravuren, Lithografien, Holzschnitten und Radierungen des 20. Jh. Picasso, Miró, Dalí, Tàpies und Chillida sind ebenso vertreten wie weniger bekannte zeitgenössische Künstler. Außerdem wird über die Technik der Gravierkunst informiert (Hospital Bazán, Tel. 952 76 57 41, www.museodelgrabado.com, Di–So im Winter 10–14, 17.30–20.30, im Sommer 10–14, 18–21 Uhr, 2,50 €).

La Milla de Oro

Westlich der Altstadt von Marbella beginnt ein 7 km langer Küstenstreifen, der als **La Milla de Oro** (›Goldmeile‹) Berühmtheit erlangte, aber auch unter dem Namen **Nueva Andalucía** bekannt ist. Eine nicht gerade finanzschwache Klientel fliegt seit den 1970er-Jahren regelmäßig aus Saudi-Arabien und den angrenzenden Emiraten ein. Diese ›Ölscheichs‹, allen voran König Fahd von Saudi-Arabien, ließen sich hier exotisch anmutende Villen im orientalischen Stil errichten. Dezent

Plaza de los Naranjos in Marbella: das Zentrum der Altstadt

versteckern sich die Anwesen hinter Pinien, Palmen und Zypressen. Längst nicht alle Bewohner kommen jedoch aus dem Nahen und Mittleren Osten. Auch mehr oder weniger bekannte Prominenz von anderswo zieht es in die exklusive Idylle.

Wer von der eleganten Atmosphäre schnuppern möchte, kann das im Stil eines antiken Tempels gehaltene **Museo Rallí** besuchen. Es zeigt Werke von Salvador Dalí, Aristide Maillol, Max Ernst und Henry Moore sowie die bedeutendste Sammlung lateinamerikanischer Kunst in Europa (Av. Ricardo Soriano, Urb. Coral Beach, Tel. 952 85 79 23, Di–Sa 11.30–14, 18.30–21 Uhr, Eintritt frei).

Puerto Banús

Die ›Goldmeile‹ erstreckt sich bis zum **Puerto Banús,** dem wohl mondänsten Jachthafen Spaniens. Auch hier ist der Baustil orientalisch angehaucht. Luxusjachten von gewaltigen Dimensionen – der Hubschrauberlandeplatz an Deck ist schon fast selbstverständlich – liegen an den Stegen vertäut. Daneben parken die ausgefallensten Nobelschlitten. In der Shopping- und Restaurantmeile am Kai werden Luxuswaren und Gaumenspezialitäten aller Länder offeriert. Nicht von ungefähr lockt Puerto Banús jedes Jahr 4 Mio. Schaulustige an, die ein wenig Jet-Set-Atmosphäre schnuppern möchten.

San Pedro de Alcántara

Ein sehr traditioneller Ortsteil von Marbella ist der **Barrio del Ingenio,** der Siedlungskern von **San Pedro de Alcántara.** Der Marqués del Duero gründete ihn 1860 als landwirtschaftliche Kolonie und ließ in der Umgebung

Zuckerrohr anbauen. Die Verarbeitung erfolgte in einer Zuckermühle, dem *ingenio,* der sich neben der A-7 erhebt. Jetzt ist in dem Gebäude ein Kulturzentrum untergebracht. Rundum scharen sich die Häuser der ehemaligen Landarbeiter. Einige der heutigen Bewohner gingen noch bis vor wenigen Jahren dem Fischfang nach, wie die Wracks einiger Fischerboote an der nahen Mündung des Río Guadaiza bezeugen. Sie dienen einem urigen *chiringuito* als Dekoration.

Der angrenzende Strandabschnitt lädt zu Spaziergängen ein. Ihn umweht noch ein Hauch von Ursprünglichkeit, wenn nicht gerade Saison für Jetskis ist, die ein Verleih in großer Zahl bereithält. Richtung Osten schließt vor einer Villenurbanisation eine Strandzone mit Palmenpromenade an, auf der sich frühmorgens Jogger und Walker ein Stelldichein geben. Mehrere Strandrestaurants servieren Fisch und Meeresfrüchte.

Oficina de Turismo: Plaza de los Naranjos 1, 29600 Marbella, Tel. 952 82 35 50, Fax 952 77 36 21, www.marbella.es. Weitere Filialen an der Glorieta de la Fontanilla (nahe Jachthafen) und in den beiden Eingangstoren der Stadt an der A-7: Arco de Marbella und Arco de San Pedro.

Hotel Guadalmina Spa & Golf Resort: San Pedro de Alcántara, A-7 km 168, Tel. 952 88 22 11, Fax 952 88 22 91, www.hotelguadalmina.com. Luxusherberge mit großer Geschichte. In die Gästeliste trugen sich Soraya und Greta Garbo sowie Mitglieder der englischen Königsfamilie ein. Strandnahe Lage, drei eigene Golfplätze. DZ 160–290 €.

Hotel El Fuerte: Av. El Fuerte s/n, Tel. 952 86 15 00, Fax 952 82 44 11, www.fuerte hoteles.com. Traditionshotel, nur durch die Uferpromenade vom Strand getrennt und zugleich in Altstadtnähe. Schöner Garten mit Pool, Beachclub, Fitness, Sauna. DZ 134–217, Suite 184–301 €.

Hostal Enriqueta: Calle Los Caballeros 18, Tel. 952 82 75 52. Hinter der Plaza de los Naranjos in einer ruhigen Fußgängergasse. Recht große Zimmer, die schönsten weisen zum Innenhof. Öffentliche Tiefgarage in der Nähe. DZ 55–60 €.

Buenaventura: Plaza de la Iglesia de la Encarnación 5, Tel. 952 85 80 69, www.demarbella.net, Juli/Aug. nur abends. Typisches Altstadthaus mit begrüntem Patio und rustikalem Speiseraum. Die Küche verfeinert regionale Rezepte auf innovative Weise. Hauptgerichte 24–30 €.

Santiago: Paseo Marítimo 5, Tel. 952 77 00 78, www.restaurantesantiago.com, Nov. geschl. Gerühmter Klassiker an der Strandpromenade mit Schwerpunkt auf Fisch und Meeresfrüchten. Tradition und Moderne sind hier keine Gegensätze. Riesige Weinauswahl. Vorspeisen 15–25, Hauptgerichte 20–30 €.

Luxuriöse **Geschäfte** warten in der Av. Ricardo Soriano sowie im Puerto Banús auf zahlungskräftige Kundschaft. Für den weniger gut gefüllten Geldbeutel bieten sich nette Boutiquen und Geschenkartikelläden in der Altstadt an, z. B. in der Calle Ancha.

Wochenmärkte mit buntem Angebot, auch an Souvenirs, finden jeweils ca. 9–14 Uhr statt: montags in Marbella (am Fußballstadion), donnerstags in San Pedro Alcántara (Calle Vega del Mar) und samstags in Puerto Banús (hinter dem Casino).

Wer hofft, in Bars und Discos auf Schritt und Tritt Promis zu begegnen, wird meist enttäuscht. Diese verkehren vorwiegend in Clubs, die nur Mitglieder zulassen. Otto Normalverbraucher beginnt den abendlichen Streifzug in den *tascas* der Altstadt und wechselt dann an den Puerto Deportivo oder nach Puerto Banús. Die Namen der angesagten Locations wechseln häufig, aktuelle Infos unter www.guiamarbella.com oder im ›Guía Magazine Día y Noche‹, dem alle zwei Monate erscheinende Heft mit brandneuen Tipps zum Nachtleben, erhältlich in den Tourismusbüros.

Casino Marbella: Puerto Banús, A-7 Richtung Algeciras, Hotel H 10 Andalucía Plaza, Tel. 952 81 40 00, www.casinomarbella.com,

Richtig Reisen-Tipp: Exkursion zu drei archäologischen Stätten

San Pedro de Alcántara wartet mit drei interessanten Sehenswürdigkeiten aus römischer und frühchristlicher Zeit auf. Da sie auf Privatgrundstücken liegen, können sie nur von weitem betrachtet werden, es sei denn man schließt sich einer geführten Besichtigungstour an (s. u.).

Im strandnahen Eukalyptushain östlich der Mündung des Río Guadaiza bei San Pedro de Alcántara, gegenüber der Calpe School, befindet sich die Ruine der frühchristlichen **Basílica Paleocristiana de Vega del Mar** (6. Jh.), die einem westgotischen Fischerdorf als Kirche diente. Eine Besonderheit, die nordafrikanischen Einfluss verrät, sind die zwei Absiden, eine nach Osten und eine nach Westen gerichtet. Das Gelände rundum diente als Friedhof. Rund 200 Steingräber fanden die Archäologen. Außer Mauerresten und zwei Absiden blieben von der Basilika zwei Taufbecken erhalten: ein kreuzförmiges, 1 m tiefes für Erwachsene und ein kleineres für Kinder.

Las Bóvedas (Termas Romanas) sind hohe Gewölbe aus dem 3. Jh., die einen achteckigen zentralen Hof mit angrenzenden Räumlichkeiten überspannen. Entweder handelte es sich um eine riesige Zisterne, die über einen Aquädukt herangeführtes Wasser aufnahm, oder – wegen der architektonischen Ähnlichkeit mit römischen Thermen – um eine öffentliche Badeanstalt. Die archäologische Stätte befindet sich am Strand von San Pedro de Alcántara gleich westlich der Mündung des Río Guadaiza, neben dem Wachturm Torre de las Bóvedas (16. Jh.).

Die **Villa Romana de Río Verde** – eine römische Villa aus dem 1. Jh. – liegt zwischen Marbella und Puerto Banús in der Urbanización Río Verde. Sie blieb von der römischen Siedlung Silniana erhalten. Zum von Säulen umrahmten Innenhof orientierten sich ein Dutzend Räume. Schöne, in Schwarz-Weiß gehaltene Mosaikfußböden sind zu besichtigen. Ihre Motive sind antikes Küchengerät, Szenen aus dem Fischerleben und als I-Tüpfelchen der Kopf einer Medusa, die mit ihren Schlangenhaaren Böses vom Haus fernhalten sollte.

Geführte Exkursionen zu den drei archäologischen Stätten veranstaltet die Gemeinde Marbella: zur Zeit der Drucklegung Di, Do 12 Uhr. Da sich die Wochentage ändern können, unbedingt vorher in einem der städtischen Tourismusbüros nachfragen. Der eigene Wagen muss mitgebracht werden. Treffpunkt ist die Oficina de Turismo am Arco de San Pedro, einem riesigen Torbogen an der A-7 zwischen Marbella und San Pedro Alcántara. Anmeldung ein bis zwei Tage vorher unter Tel. 952 78 13 60 erforderlich.

Eintritt ca. 4 €. An den Automaten geht es ab 12 Uhr zur Sache, an den Spieltischen im Winter ab 19 Uhr, im Sommer ab 21 Uhr.

Tablao Ana María: Plaza Santo Cristo 4/5, Tel. 952 77 56 46, Jan.–Okt. Di–So ab 20.30 Uhr, Eintritt 19 €. Wenn Flamenco an der Costa del Sol, dann bei der spanienweit bekannten Tänzerin Ana María, die ihre Show persönlich leitet. Im landwärtigen Teil der Altstadt. Reservierung obligatorisch.

Olivia Valere: Ctra. de Istán km 0,8, www.oliviavalere.com, tgl. 24–6.30 Uhr, Eintritt Sept.–Juli 30, Aug. 42 €. ›Der‹ Nightclub in Marbella. Hin und wieder werden sogar Mitglieder der spanischen Königsfamilie gesichtet. Wie eine Märchenlandschaft aus 1001 Nacht: mit ›maurischen‹ Tanzpatios, Springbrunnen und schummrigen Barbereichen.

La Notte: Camino de la Cruz, Las Lomas, Mo–Sa 22.30–3.30 Uhr. Wunderschöne Bar an der Milla de Oro mit Art-déco-Einrichtung und Pianomusik. Auch hier vertreibt sich schon einmal Prominenz die Nacht.

Baden & Beachen: Der Stadtstrand von Marbella ist sehr gepflegt, aber in

der Hochsaison stark frequentiert. Alternativ bieten sich die 1,5 km lange, weniger besuchte **Playa de Casablanca** (vor der Milla de Oro) und die 2 km lange, von Dünen und Pinienhainen gesäumte **Playa Los Monteros** (östlich von Marbella bei der gleichnamigen Urbanisation) an.
Radfahren: Bike Station Marbella, Calle Nuestra Señora de Gracia 28, Tel. 952 86 18 07, Fax 952 77 64 86. Verleih von Tourenrädern für die Erkundung des Ortes und der Küste (ca. 9 € pro Tag).

Busse: Busbahnhof am Nordrand der Stadt (Av. del Trapiche, Tel. 952 76 44 00), von dort Stadtbus Linie 7 zur Altstadt. *Portillo* fährt ab Marbella mehrmals tgl. u. a. Málaga, Ronda und La Línea (bei Gibraltar) an. Zum Flughafen von Málaga gibt es einen Direkttransfer (Fahrzeit 45 Min., ca. 4 €).
Tren Turístico: Der Minizug verkehrt auf einem Rundkurs zwischen Altstadt, Kongresszentrum und Paseo Marítimo.
Mit dem Auto: Zentral gelegenes Parkhaus unter der Avenida del Mar.

Benahavís

Reiseatlas: S. 14, E 2
Oberhalb von San Pedro Alcántara, etwa 7 km von der Küste entfernt, liegt das gepflegte Dorf **Benahavís.** Zu erreichen ist es durch die wildromantische Schlucht **Las Angosturas,** die der Río Guadalmina hier geschaffen hat. Heute befindet sich in fast jedem Haus ein Restaurant, über 30 sind es insgesamt. Sie wirken echt spanisch, sollen aber in den 1980er Jahren von britischen Firmen gegründet worden sein und wenden sich vorwiegend an ein britisches Publikum, das das ›Typische‹ sucht. Insgesamt ist diese Ansammlung von Gourmettempeln eher kurios.

Hotel Amanhavís: Calle Pilar 3, Tel. 952 85 60 26, Fax 952 85 61 51, www.amanhavis.com. Palastartiges, altrosa getünchtes Gebäude, in die Bausubstanz des Bergdorfs perfekt integriert. Originell wie in einer andalusischen Burg eingerichtete Zimmer, z. B. mit Falltür und Fluchttunnel oder als Gemach von Sultan Boabdil. Preisgekröntes Restaurant (Menü ca. 35 €). DZ 128–192 €.

Sierra Blanca und Sierra de las Nieves

Reiseatlas: S. 14, E/F 1/2
Erstes Ziel auf dieser Route, die von Marbella nach Ronda führt, ist **Ojén,** ein weißes Dorf, das sich trotz der Nähe zur Costa del Sol einen großen Teil seiner Ursprünglichkeit bewahrt hat. Es gibt einige individuelle Unterkünfte und nette Lokale. Eine Ölmühle aus dem 19. Jh. mit restauriertem Wasserantrieb bildet den attraktiven Rahmen für das **Museo del Molino,** in dem – falls die Mühle nicht sogar in Betrieb ist – ein Video ihre Funktion demonstriert. Zugleich befand sich in dem Gebäude eine Schnapsbrennerei, an die ein Destillierkolben erinnert. Das Museum dient auch als Touristeninformationsstelle (s. u.).

Wanderer finden am südlichen Ortseingang bei der Tankstelle den Einstieg in den **Sendero Ojén-Istán,** einen als PR-A 167 ausgeschilderten, mittelschweren Wanderweg, der in rund 4 Std. 30 Min. nach Istán führt, einem maurisch anmutenden Bergdorf. Rund 650 Höhenmeter sind dabei zu überwinden. Am Ausgangspunkt ist die Route auf einer Infotafel detailliert beschrieben. An- und Abfahrt lassen sich gut per Linienbus realisieren.

Die A-355 führt von Ojén weiter in die **Sierra Blanca** hinauf, zum Puerto de Ojén (580 m). Gleich hinter dem Pass bietet sich nach links ein Abstecher auf der Ma-5300 zum 5 km entfernten Hotel **El Refugio de Juanar** an. In dessen waldreicher Umgebung gedeihen unter Kastanien und Igeltannen seltene Orchideenarten. Vielleicht begegnet man sogar Steinböcken, Steinadlern oder Uhus. Beim Hotel wird die Straße zur Piste, die noch etwa 500 m weit befahrbar ist. Dann geht es zu Fuß auf dem weiß-rot markierten Fernwanderweg GR-243 weiter zum 1,5 km entfernten **Mirador** am Puerto de Marbella.

Bei günstigen Sichtverhältnissen schweift der Blick von dort bis nach Afrika.

Weiter führt die A-355 nach **Monda.** Seit dem 9. Jh. überragt die **Fortaleza de Al-Mundat** den hübschen Ort. Die Katholischen Könige ließen die Festung 1485 schleifen. Endgültig zerstörten sie maurische Aufständische 1568. In jüngerer Zeit wurden Teile der charmanten Burgruine zu einem Hotel ausgebaut (s. u.).

Museo del Molino: Calle Charcao, 29610 Ojén, www.villadeojen.com. Museum und Touristeninformation im Aufbau.
Oficina Municipal de Turismo: 29110 Monda, Ctra. de Guaro La Villa, Tel. 952 45 70 69. An der Zufahrt zum Castillo.

Hotel El Castillo de Monda: El Castillo s/n, Tel. 952 45 71 42, Fax 952 45 73 36, www.castillodemonda.es. In der Burg über dem Ort. Schöne Ausblicke vom Pool mit Sonnenterrasse. Zimmer klassisch-elegant und mit jedem Komfort, z. T. mit Sauna oder Jacuzzi. Andalusisch-mediterrane Küche im vornehmen Restaurant Al-Bacar (Hauptgerichte 18–22 €). DZ 113–224 €.
Hotel El Refugio de Juanar: 5 km vom Puerto de Ojén, Tel. 952 88 10 00, Fax 952 88 10 01, www.juanar.com. Schattig und einsam gelegenes ehemaliges Jagdhaus von König Alfons XIII., dem Großvater des heutigen Königs. Im Zimmer Nr. 3 beendete General Charles de Gaulle 1970 seine Memoiren. Stilvoll eingerichtet, mit Pool. Gutes Restaurant, spezialisiert auf Wildgerichte. DZ 90–100 €.
Hotel Rural La Hostería de Don José: Ojén, Paseo del Nacimiento, Tel./Fax 952 88 11 47, www.hdonjose.com. Ruhiges Landhotel am oberen Ortsrand mit sechs rustikal eingerichteten Zimmern, davon vier mit großem Südbalkon. DZ 65–90 €.

Monte Aventura: Ojén, Plaza de Andalucía, Tel. 952 88 15 19. Organisiert Mountainbiketouren, Jeepausflüge und Wanderungen in die Sierra Blanca und Sierra de las Nieves. Eventuell Abholung in verschiedenen Hotels in und bei Marbella.

Wanderungen: Monda eignet sich gut als Standort für Wanderer. Drei beschilderte, einfach zu begehende Wege erschließen südlich des Ortes die Abhänge der Sierra Blanca. Ihr gemeinsamer Ausgangspunkt befindet sich jenseits der A-355 bei der Abfahrt Camino de Alpujarra (ab der zentralen Plaza de la Ermita durch die Calle Hospital zu erreichen). Der PR-A 276 führt zur Fuente de los Morales (hin und zurück ca. 3 Std.), der PR-A 275 zum Höhenrücken Cerro Gordo (hin und zurück ca. 6 Std.). Ein zweieinhalbstündiger Rundweg über den Camino Alto (hoher Weg) ist der PR-A 277.

Busse: Von Ojén nach Marbella fast stdl.

Zur Sierra de las Nieves

Auf der A-366 Richtung Ronda gelangt man zum Badeort **Tolox** (2300 Einw.). Seit 1871 wird außerhalb des Ortes im **Balneario de Fuente Amargosa** der Kurbetrieb kontinuierlich aufrechterhalten (s. u.). In die kürzlich modernisierten Anlagen kommen Kurgäste aus ganz Spanien.

Tolox liegt am Ostrand der **Sierra de las Nieves**, einem recht unwegsamen Gebirge mit schroffen Kalkbergen und tiefen Schluchten. Es gipfelt im Torrecilla (1919 m), wo früher im Winter Schnee (span. *nieve*) gesammelt und in Schächte gepresst wurde. Dort verwandelte er sich in Eis, das während der Sommermonate in den umliegenden Orten verkauft wurde. 1931 wurde dieser Handel endgültig eingestellt. Wegen der vielfältigen Flora und Fauna und der noch sehr ursprünglichen Wirtschaftsweise der Bewohner erklärte die Unesco die Sierra de las Nieves zum Biosphärenreservat. An den Nordhängen gedeihen die berühmten Igeltannen (s. S. 21). Die Tierwelt ähnelt derjenigen der Sierra Blanca. Hinzu kommt der seltene Fischotter.

Besser als von Tolox ist der Naturpark von **Yunquera** aus zugänglich, dem größten Ort in dieser Gegend. Die rund 3300 Einwohner nennen ihre imposante Pfarrkirche Encarnación (16. Jh.) gern voller Stolz *catedral de la* *sierra*. Ebenfalls ein günstiger Ausgangspunkt ist **El Burgo,** ein eher bäuerlich geprägter Ort mit allerdings guten Übernachtungsmöglichkeiten. Von El Burgo bietet sich die Weiterfahrt nach Ronda (s. S. 141 ff.) an.

Centro de Iniciativas Turísticas de la Sierra de las Nieves: Calle del Pozo 17, 29410 Yunquera, Tel. 952 48 28 21, Fax 952 48 29 44, www.sierranieves.com. Infos über Zugangsmöglichkeiten zum Biosphärenreservat Sierra de las Nieves, ländliche Unterkünfte u. a.

Hotel La Casa Grande del Burgo: El Burgo, Calle Mesones 1, Tel. 952 16 02 32, Fax 952 16 02 52, www.hotel-lacasagrande.com. Restauriertes altes Herrenhaus. Im Restaurant Fleischspezialitäten der Region (Lamm, Kaninchen u. a.) und leckere hausgemachte Desserts. DZ 56–74 €.
Hotel Posada del Canónigo: El Burgo, Calle Mesones 24, Tel. 952 16 01 85, www.posadadelcanonigo.es. Stilvolles Haus aus dem 19. Jh. Rustikal mit Holz und Naturstein. Landestypische Küche, z. B. Kaninchen mit Thymian oder Fleischbällchen *(albóndigas)* in Mandelsauce. DZ 45–52 €.
Hostal Asencio: Yunquera, Calle Mesones 1, Tel. 952 48 27 16. Zentral gelegene, freundliche Pension mit Restaurant. DZ 37 €.

Kuranwendungen: Tolox, Balneario de Fuente Amargosa, Tel. 952 48 70 91, www.balneariodetolox.com, Mai–Okt. Das bitter schmeckende Heilwasser wird insbesondere bei Atemwegserkrankungen inhaliert.

Busse: Sierra de las Nieves, Tel. 952 23 12 00, www.pacopepe.com. Von Málaga nach Ronda über Yunquera und El Burgo 2–3 x tgl.

Estepona

Reiseatlas: S. 14, E 2
Zwar hat sich das Profil von **Estepona** (59 000 Einw.) durch den Tourismus gewandelt, doch es geht insgesamt ruhig zu und Urlauber bestimmen selbst in der Hauptsaison nicht völlig das Bild. Die traditionsreiche Siedlung – wohl eine phönizische Gründung – blieb sehr lange maurisch. Erst 1457, als Granada den Tribut an Kastilien verweigerte, fiel sie an christliche Truppen. Die **Altstadt** bewahrte ihr arabisches Gepräge mit weißen, kubischen Häusern und schmiedeeisernen Balkonen. Die engen Gassen sind mit Blumen geschmückt. Im Mittelpunkt des Geschehens steht die hübsche, autofreie **Plaza de las Flores.** Hier konzentrieren sich die Tapabars. Sehenswert ist die Pfarrkirche **Nuestra Señora de los Remedios,** die auf ein Franziskanerkonvent von 1725 zurückgeht. An ihrer Fassade vermischen sich in kurioser Weise Elemente des Rokoko mit denen des lateinamerikanischen Kolonialstils.

Am Hafen

Haupteinnahmequelle von Estepona war bis vor wenigen Jahrzehnten die Fischerei. Immer noch hat sie neben dem Tourismus ei-

Lehmrote Erde, silbergrüne Blätter: Olivenplantagen soweit das Auge reicht

nige Bedeutung. Im Hafen sind Netze flickende oder ihren Fang anlandende Fischer noch keine folkloristisch anmutende Seltenheit. Jeden Morgen findet eine sehenswerte Fischauktion statt (unbedingt vor 7 Uhr kommen). Wie in einem tropischen Park wuchern im Jachthafenbereich die exotischsten Pflanzen. Der Baustil der Laden- und Restaurantzeile ist – wie so oft an der Costa del Sol – orientalisch inspiriert. Nichtsdestotrotz kann man in einem der Cafés bequem ein englisches oder deutsches Frühstück einnehmen. Zu beiden Seiten des Hafens säumt eine mit Palmen bestandene Promenade (Paseo Marítimo) die **Playa de la Rada.** Vor allem Richtung Osten reihen sich an dem rund 2,5 km langen Strand die Hotels, wobei Luxusherbergen eher weiter außerhalb liegen.

Selwo Aventura

Der weitläufige Wildpark (s. u.) erstreckt sich über mehrere Täler und Bergrücken. Tiere aus fünf Kontinenten leben hier zwischen exotischen Pflanzen in riesigen Gehegen fast wie in freier Wildbahn. So ist beispielsweise die Schlucht der Vögel nur mit einem Netz überspannt. Per Jeepsafari wird das Gelände erkundet, wobei die Begegnung mit Löwen, Elefanten und Nilpferden recht wahrscheinlich ist. Selbstverständlich ist auch die passende Infrastruktur (Restaurants, Geschäfte usw.) vorhanden, um die rund eine Million jährlichen Besucher zufriedenzustellen.

i **Oficina de Turismo:** Av. San Lorenzo 1, 29680 Estepona, Tel. 952 80 20 02, Fax 952 79 21 81, www.infoestepona.com. Do 10 Uhr geführte Touren durch die Altstadt, die Teilnahme ist kostenlos.

Kempinski Hotel Bahía Estepona: Ctra. de Cádiz km 159, Bahía El Padrón, Tel. 952 80 95 00, Fax 952 80 95 50, www.kempinski-spain.com. Eine absolute Luxusadresse, umgeben von einer weitläufigen Garten- und Poollandschaft. Drei Restaurants, drei Bars, großer Wellnessbereich und vieles mehr. Die Zimmer des 5-Sterne-

Hotels sind teilweise klassisch, teilweise modern eingerichtet. DZ über Veranstalter 272–440, laut Preisliste 400–515 €.
Hotel Buenavista: Paseo Marítimo 180, Tel. 952 80 01 37. Zentral gelegen und mit schönem Blick auf die umtriebige Promenade und aufs Meer. Geräumige, ordentliche Zimmer. Parkgarage (5,50 € pro Tag). DZ 50–80 €.
Hostal El Pilar: Plaza de las Flores 10, Tel./Fax 952 80 00 18, pilarhos@anit.es. Klassisches Hostal in einem alten Stadthaus. Zimmer einfach, aber mit Bad, einige mit Balkon zum Platz. DZ 36–50 €.

El Mirador: im Kempinski Hotel Bahía Estepona, Tel. 952 80 95 00. An der ganzen Costa del Sol berühmt ist der **Sunday Brunch** (13–16 Uhr) mit Jazz auf der Terrasse. Das Vergnügen kostet mit Cava und Säften ca. 70 € pro Person.

Am Mittwochvormittag wird auf der Avenida Juan Carlos I der bunte **Wochenmarkt** aufgebaut.

Das eher gesetzte Publikum vergnügt sich abends auf der Plaza de Flores und am Paseo Marítimo. Im Jachthafen bietet sich die Terrasse des **Jazz Pub** (im Hafenturm, Tel. 952 79 39 26, Mo geschl.) für einen gepflegten Drink an. Am Donnerstag und Freitag gibt es dort Livemusik ab 22 Uhr.

Reiten: Escuela de Arte Ecuestre, von der A-7 bei km 159 ca. 1 km landeinwärts, Tel. 952 80 80 77, Fax 952 80 80 78, www.escuela-ecuestre.com. Großes Reitsportzentrum. Unterricht für Anfänger und Fortgeschrittene auch in deutscher Sprache.
Selwo Aventura: Tel. 902 19 04 82, www.selwo.es, Feb.–Okt. tgl. 10–18 (an Wochenenden z. T. bis 19), Juli/Aug. bis 20, Nov.–Mitte Dez. Fr–So 10–18 Uhr, Erwachsene 21,50, Kinder 15 €. Anfahrt: Von Estepona auf der A-7 ca. 7 km Richtung Marbella, dann 2 km landeinwärts. Linienbus *(Portillo)* nur ab Málaga/Torremolinos/Marbella, von Estepona nur per Taxi. Das Angebot im Wildpark spricht auch Erwachsene an (s. o.).

Busse: Tel. 952 80 02 49. Busbahnhof südwestlich des Stadtzentrums in der Calle San Roque (Durchgangsstraße). Mit *Portillo* mehrmals tgl. nach Marbella, Málaga, Ronda, La Línea (bei Gibraltar).

Im Osten von Los Alcornocales

Karte: S. 121
Die Route führt ins Hinterland der westlichen Costa del Sol, wo es noch recht unbekannte weiße Dörfer zu entdecken gilt. Sie berührt den Naturpark Los Alcornocales, der gute Ausflugs- und Wandermöglichkeiten bietet.

Manilva

Authentisch geht es im 2 km von der Küste entfernten, auf einer Anhöhe gelegenen **Manilva** 1 zu, auch wenn in jüngerer Zeit eine verstärkte Bautätigkeit zu verzeichnen ist. Seit ab 1515 die damaligen Feudalherren, die Grafen von Arcos, ausgedehnte Ländereien mit Rebstöcken bepflanzen ließen, prägt der Weinbau den Charakter des Ortes.

Zwar gibt es im zur Gemeinde Manilva gehörigen Fischerort **Sabinillas** (auch San Luis de Sabinillas) einen gewissen Tourismus, doch fehlt der Trubel der großen Ferienstädte. Bei Sabinillas liegt der hübsche Jachthafen **Puerto de la Duquesa,** dessen Bebauung im andalusischen Stil gehalten ist – fast eine kleine Stadt für sich mit internationaler Atmosphäre. Den **Castillo de la Duquesa** ließ 1767 ein gewisser Francisco Paulino aus Sevilla auf eigene Kosten errichten. Der Kauf teuren Baumaterials blieb ihm erspart, denn er konnte die Steine einer römischen Villa wiederverwenden, deren Ruine sich zuvor dort befand. Im Gegenzug übertrug ihm der spanische König die Befehlsgewalt über eine Kavalleriekompanie.

Südlich von Manilva befindet sich mit **Sotogrande** Europas vielleicht teuerstes Golf-Resort. Die Zufahrten zu dem exklusiven Ferienort sind durch Schlagbäume und Wachpersonal gesichert. Hier urlauben vorwiegend vermögende Briten.

Im Osten von Los Alcornocales
Embalse de Guadalcacín
Sierra de las Cabras
La Alcaria
Ubrique
705 m
Cerro del Jabato
A-373
Huerta del Americano
Atajate
Ronda
679 m
Garcisobaco
Cortes de la Frontera
Benadalid
Reserva Nacional de
La Cañada del Real Tesoro
Benalauría
Puerto de Gáliz 417 m
787 m
A-375
Loma del Castillo 937 m
Río Guadiaro
Venta Nueva de Galiz
Algatocín
Casa La Paloma
Picacho 883 m
Cortes de la Frontera
El Colmenar
Garganta Las Buitreras
Benarrabá
5
Genalguacil
La Sauceda
Canuto Largo 840 m
A-375
Aljibe 1091 m
C-3331
Gaucín
Castillo del Águila
4
Loma de Lapa
Sierra del Aljibe
Cueva de Laja-Alta
Cortijo de la Potrica
A-377
Majada Madrid
A-369
Alcalá de los Gazules
Sierra Crestellina 926 m
Sierra Bermeja
Pico del Montero 912 m
Río Hozgarganta
El Polvorín
San Pablo o Buceite
Río Genal
Corzo de los Lobos 569 m
3
Patrite
Casares
Río Alberite
Piedra de la Alcoba 510 m
6
Jimena de la Frontera
Los Ángeles
Río Guadiaro
Río de Manilva
E-15
Parque Natural
A-377
AP-7
A-7
Río Guadarranque
Sambana
Embalse de Barbate
Baños de Hedionda
Lomas del Padrón
Manilva
2
Marchenilla
1
Jautor
Puerto de la Duquesa
Sabinillas
Palacio de Jautor
Cortijo Matillas
Cortijo El Marqués
Castillo de la Duquesa
601 m
San Martín o El Tesorillo
Martagina
Embalse de Guadarranque
Castillo de Castellar
Río Hozgarganta
Punta Europa
Casa del Castaño
Castellar de la Frontera
7
San Diego
Punta de la Chullera
Sierra de Montecoche
Nuevo Castellar
Guadiaro Nuevo
Guadiaro
Torre Guadiaro
563 m
Almoraima
Sotogrande
Sierra Blanquilla
La Polvorilla
Urbanización Sotogrande
633 m
Embalse de Charco Redondo
Sierra del Arca
E-15
Casa de Valdespera
Casa de Alcaria
Venta del Cojo
Río Guadarranque
A-369
Punta Mala
Zanona
Sierra Sequilla
A-381
Casa de la Huerta del Capullar
San Roque
A-7
Torre Nueva
Taraguilla
Carboneras
Sierra del Niño
Los Barrios
310 m
Santa Margarita
Palmones
780 m
A-383
El Tiradero
N-351
La Línea de la Concepción
de Los Alcornocales
Bahía de Algeciras
San Bernabé
Moorish Castle
St. Michael's Cave
Sierra de Ojén
Luna 786 m
Ermita de Murillo
A-7
Algeciras
Gibraltar
649 m
El Rodeo
(ZU GROSSBRITANNIEN)
El Pelayo
Punta de Europa
Santuario Nuestra Señora de la Luz
E-5
Getares
N-340
Mittelmeer
Sierra del Cabrito
La Peña
El Bujeo
Punta del Carnero
Castillo de Tolmo
Torre
Punta del Fraile
Puerto del Cabrito
Mirador del Estrecho
Pedro Valiente
La Costa
Casas de Matatoros
Tarifa
Castillo de Guzmán el Bueno
Estrecho de Gibraltar
(Straße von Gibraltar)
0
5
10 km

Oficina de Turismo: Ctra. Sabinillas–Manilva km 0,2, 29692 Manilva, Tel. 952 89 08 45, www.ayto-manilva.net, www.manilva.es. In einer ländlichen Villa. Mit Ausstellung von Funden aus der Römerzeit.

Hotel Doña Luisa: Calle Duque de Arcos 53, Tel. 952 89 22 50, Fax 952 89 23 01, www.hoteldluisa.com. Hübsches, überschaubares Strandhotel 300 m vom Puerto de la Duquesa entfernt. Helle, freundlich eingerichtete Zimmer, die meisten mit Balkon. DZ 58–78 €.

Mesón del Castillo: Plaza Mayor, Castillo de la Duquesa (bei Puerto de la Duquesa), Tel. 952 89 07 66, Mo Ruhetag, im August Di–Fr nur abends, 2. Juni- und 2. Novemberhälfte geschl. Über 100 Jahre altes Traditionslokal in Strandnähe, die Dekoration ist vom Meer inspiriert. Fisch aus dem Ofen probieren! Hauptgerichte 13–18 €.

Fiesta de la Vendimia: 1. Wochenende im Sept. Zum Abschluss der Weinlese wird das Fest für die auswärtigen Erntehelfer organisiert, um sie bis zum nächsten Jahr zu verabschieden. Die Winzer pressen den ersten *vino mosto* (Federweißer), um ihn Freunden und Besuchern zum Kosten anzubieten.

Baden & Beachen: Ein fast noch natürlicher Strand ist die 1 km lange **Playa de Torrecarbonera** südlich von Sotogrande bei der Landspitze Punta Mala. Allerdings gibt es weder Infrastruktur noch Bewachung.

Busse: Mehrmals tgl. mit *Portillo* u. a. nach Estepona, Marbella, Málaga. Haltestelle u. a. am Puerto de la Duquesa.

Ingenio Chico und Baños de la Hedionda

Ein interessanter Ausflug führt in das Tal des Río de Manilva. Die Grafen von Arcos (s. o.) errichteten an dem wasserreichen Fluss zwei Zuckermühlen. Eine davon, der **Ingenio Chico** (17. Jh.), steht noch heute am *camino viejo* (alten Weg) nach Casares, der vom Kreisverkehr an der Flussmündung taleinwärts führt (Schild: *camino*). Über den gut erhaltenen Aquädukt wurde Wasser herangeführt, um das Mahlwerk anzutreiben.

Weiter geht es talaufwärts zu den inmitten fast unberührter Natur gelegenen, ehemals römischen und später von den Mauren erweiterten **Baños de Hedionda** 2. Um das heute noch benutzte Thermalbad zu erreichen, folgt man dort, wo die Asphaltstraße nach links biegt (ca. 4 km ab Küste), einer holprigen Piste noch rund 1 km geradeaus (am besten zu Fuß). Es geht an der einsamen Ermita San Adolfo und einem alten, geschlossenen Kurhaus vorbei und dann auf einem Pfad rechts steil abwärts zur Talsohle, wo das Bad zwischen Johannisbrotbäumen und Schilfrohr eingebettet liegt.

Mehrere schwefel- und eisenhaltige Quellen speisen das von einer Kuppel überwölbte Becken. Das milchig blaue Wasser riecht zwar nach faulen Eiern, ist aber ganzjährig mindestens 18 °C warm. Julius Caesar, dessen Truppen 61 v. Chr. in der Nähe lagerten, soll persönlich den Bau der Badeanlage in Auftrag gegeben haben, nachdem er in dem Wasser eine Gelbsucht auskurieren konnte. Vor allem aber soll es gut für die Haut sein. Die Leute aus der Umgebung schwören auf folgende preiswerte Schönheitsbehandlung: Nach dem Bad in dem Quellwasser schmieren sie sich von oben bis unten mit nassem Lehm aus dem Bachbett nebenan ein. Dann warten sie, bis der Lehm vollständig getrocknet und rissig ist und waschen ihn durch ein Bad im Fluss wieder ab …

Casares

Die kurvenreiche A-377 führt durch Kiefern- und Korkeichenwälder bergauf zum malerisch gelegenen **Casares** 3 (4300 Einw.). Trotz der Nähe zur Costa del Sol machen sich erstaunlich wenige Touristen auf den Weg hierher. Nur zur Feria de Agosto (Jahrmarkt am 1. Augustwochenende) und zur Feria del Cristo (s. u.) kommen Reisebusse. Rund um die **Plaza de España** bildet die barocke **Igle-**

Casares in der Sierra Bermeja: der Inbegriff eines weißen Dorfes

sia de San Sebastián mit den umliegenden, teilweise noch aus dem 17. Jh. stammenden Häusern ein denkmalgeschütztes Ensemble. Ein nettes Café stellt Tische auf den Platz.

Von der Plaza geht es durch ein anmutiges Gassengewirr aufwärts. Die Häuser schmiegen sich an einen steilen Hügel, den die Ruine des geräumigen **Castillo Árabe** aus dem 13. Jh. krönt. Innerhalb der Burgmauern stehen die **Ermita de la Vera Cruz** und die Ruine der alten **Iglésia de la Encarnación** von 1505. Die neue Kirche gleicher Widmung befindet sich am gegenüberliegenden Talhang.

Feria del Cristo: ein Wochenende um den 14. Sept. (Fr–So). Alle Bewohner beteiligen sich an traditionellen Gesängen, Tänzen und Spielen.

Busse: Mit *Portillo* nach Estepona/Manilva 1–3 x tgl.
Mit dem Pkw: Der nicht sehr große Parkplatz bei der Bushaltestelle am Ortseingang ist 500 m von der Plaza de España entfernt. Wenn er besetzt ist, parkt man weiter außerhalb entlang der Zufahrtsstraße.

Gaucín

Kaum weniger pittoresk gelegen ist **Gaucín** 4, das seine Ursprünglichkeit noch weitgehend bewahrt hat, obwohl sich zu den rund 1900 einheimischen Bewohnern in jüngerer Zeit ca. 370 meist britische Künstler und andere Aussteiger gesellten. Sein goldenes Zeitalter erlebte der Ort im 19. Jh., als er Hauptstadt eines Gerichtsbezirks war, der zahlreiche Siedlungen in der Umgebung umfasste. Bei den Bürgerhäusern aus dieser Zeit fallen die tief heruntergezogenen, vergitterten Erdgeschossfenster mit ihren gefliesten Fensterbrettern auf. Sehr viel betagter, nämlich von 1628, ist die gefasste **Fuente de los 6 Caños** in Rathausnähe. Als Wasserspeier dienen dem Brunnen sechs Fratzen. Er gilt als ältestes christliches Architekturdenkmal in Gaucín.

Am Rand des Dorfes wacht auf einer Felskuppe der **Castillo de Águila** (Adlerburg). Die maurische Festung, heute Ruine, wurde wohl schon Ende des 9. Jh. errichtet. Ihre strategisch bedeutsame Lage auf der Wasserscheide zwischen Río Genal und Río Guadiaro wussten sogar noch die napoleonischen Truppen Anfang des 19. Jh. zu nutzen, die den Castillo zu diesem Zweck renovierten. Nicht nur die alte Kanone am Eingang schaut Richtung Gibraltar, sondern auch der Besucher kann die Sicht dorthin genießen. Rechter Hand lädt der **Santuario del Santo Niño** (18. Jh.) zu einem Besuch ein. Daneben steht ein Pavillon mit einer Sammlung von Kanonenkugeln. Weiter oben vom höchsten Turm der Burg, bietet sich einer der wohl schönsten Panoramablicke Andalusiens (schwierige Anfahrt, daher besser vom Ortszentrum der Beschilderung zu Fuß folgen, Mi–So 10.30–13.30 sowie im Winter 16–18 bzw. im Sommer 18–20 Uhr).

Ein Abstecher führt zur **Garganta de Las Buitreras,** einer spektakulären Schlucht. Bis zu 90 m tief hat sich der Río Guadiaro hier ins Gestein geschnitten. Die Bahnlinie Ronda–Algeciras folgt dieser Engstelle. Der beste Einstieg befindet sich in **El Colmenar,** der Bahnstation von Gaucín. Wagemutige – gute körperliche Verfassung vorausgesetzt – können von dort talaufwärts, parallel zu den Bahngleisen, die Schlucht erkunden. Achtung: Bei zu erwartendem Hochwasser sollte die Schlucht nicht betreten werden!

Gaucín ist berühmt für seine leckeren *roscos de almendra* (Mandelschnecken). Sie werden in Konditoreien und Bars im Ort angeboten.

Züge: Linie A5 Granada–Ronda–Algeciras ca. 4 x tgl.; Bahnhof 14 km vom Ort entfernt in El Colmenar.

Taxi: Tel. 952 15 11 30.

Busse: Von der Zugstation mit *Lara* (Tel. 952 87 22 60) Mo–Fr 1 x tgl. nach Ronda und La Línea. Keine Verbindungen nach Casares.

Miradores: Die A-369 von Gaucín nach Ronda wurde zu einer regelrechten Panoramastraße ausgebaut. Eine Reihe von sorgfältig angelegten Aussichtspunkten *(miradores)* sorgt – über die Strecke verteilt – für immer neue, faszinierende Ausblicke.

Genalguacil

Jetzt lohnt ein Abstecher auf landschaftlich besonders reizvoller Strecke über Algatocín in das sehr verschwiegen am Nordabhang der Sierra Bermeja gelegene **Genalguacil** 5 (500 Einw.). Bekannt ist das Bergdorf für den Workshop **Encuentros de Arte,** der seit 1994 jedes Jahr in den ersten zwei Augustwochen stattfindet. Zwölf Bildhauer realisieren dabei rund 150 Projekte im Freien, wobei die Symbiose von Kunst und Kultur im Vordergrund steht. Abends finden während dieser Zeit Konzerte und Theatervorführungen statt. Die meisten Skulpturen verbleiben in Genalguacil und können auch den Rest des Jahres über in den verwinkelten Gassen oder im Dorfmuseum besichtigt werden.

Jimena de la Frontera

Die Route folgt nun der A-369 südwestwärts. Nächste Station ist **Jimena de la Frontera** 6, ein ruhiger, von Korkeichenwäldern, Ölbaumplantagen und Kampfstierweiden umgebener Ort. Der ganze Dorfkern steht unter Denkmalschutz. Überragt wird er von einer maurischen Burgruine (13./14. Jh.), die auf römischen Fundamenten fußt.

Jimena de la Frontera ist eines der Eingangstore zum **Parque Natural de Los Alcornocales** (s. S. 177 ff.). Von hier aus kann man durch wunderschöne Berglandschaft nach **La Sauceda** fahren (s. S. 178).

Der 2 km entfernte Weiler **Los Ángeles,** wo sich die Bahnstation von Jimena de la Frontera befindet, besteht im Wesentlichen aus dem Convento de los Ángeles – einem Kloster von 1860. Die romantische Anlage wird gern von einem älteren Mann aufgeschlossen, der sich meist in der Nähe aufhält (Eintritt frei, Spende wird erwartet).

Schon in der Bronzezeit, vor mindestens 3000 Jahren, war die Gegend bewohnt. Dies bezeugen schematische Zeichnungen in der **Cueva de Laja-Alta,** einer Höhle 9 km nordwestlich des Ortes. Herausragend sind die Darstellungen von Schiffen, die für einen Kontakt der Bewohner mit den damals das Mittelmeer beherrschenden Phöniziern sprechen. Der Punto de Información (s. u.) organisiert eventuell Führungen. Ansonsten ist eine Erkundung – Taschenlampe vorausgesetzt – auch allein möglich. Man fährt Richtung La Sauceda in den Naturpark hinein. Hinter einem Picknickplatz bei einem Bauernhof ist die Höhle links ausgeschildert. Sie liegt jenseits des Río Hozgarganta.

i **Punto de Información:** in der ehemaligen Iglesia de la Misericordia (15. Jh.), 11330 Jimena de la Frontera, Tel. 956 64 05 69. Der Infopunkt des Naturparks Los Alcornocales gibt Auskünfte über Wanderwege und Unterkünfte.

Hostal el Anón: Calle Consuelo 36, s. o., Tel. 956 64 01 13, Fax 956 64 11 10, www.hostalanon.com. 12 charmante Zimmer und Apartments im Ortskern in zwei benachbarten Häusern mit Patios und weinberankten Terrassen. Die amerikanische Eignerin lebt seit 1977 in Jimena und gibt ihre hervorragenden Kenntnisse der Gegend gern an ihre Gäste weiter. Bar, gutes Restaurant (Menü um 22 €, Mi Ruhetag), Dachterrasse mit Pool. DZ 62, Apartment für Selbstverpfleger 72 €.

El Ventorrillero: Plaza de la Constitución 2. Im Ortszentrum, auch bei Einheimischen sehr beliebt, deftige Fleischküche. Hauptgerichte ca. 8–10 €.

Reiten: Rancho Los Lobos, Tel. 956 64 04 29, Fax 956 64 11 80, www.rancholoslobos.com. Ausritte in den nahe gelegenen Naturpark unter österreichisch-schweizerischer Leitung. Hierher zieht es vor allem Individualisten. Auch Anfänger werden ins Geländereiten eingewiesen.

Wandern: Direkten Zugang zum Naturpark Los Alcornocales bietet von Jimena de la Frontera aus ein 4 km langer Wanderweg durch das Flussbett des **Río Hozgarganta.** Der Ausgangspunkt (Schild: *Sendero Río Hozgarganta*) befindet sich nördlich des Ortes, kurz vor dem Campingplatz Los Alcornocales. Von dort geht es hinab zum Fluss und links daran entlang talabwärts. Man passiert – von einer Felswand flankiert – zunächst *La Teja,* die Ruine eines Brunnens, aus dem sich die Bevölkerung von Jimena früher mit Trinkwasser versorgte. Bald darauf zweigt links die *Vereda de la Encubierta* ab, ein Pfad, der zum Ort hinaufführt. Es bietet sich aber an, weiterhin dem Flussbett zu folgen, an einigen traditionellen *huertas* (Gemüse- und Obstgärten) vorbei bis zum alten Kanal der ehemaligen königlichen Artilleriefabrik von 1780. Sein Wasser trieb die Blasebälge zum Anfachen des Schmiedefeuers an. Der Kanal endet bei einer Wassermühle, von der aus es auf einem schmalen Weg aufwärts bis zum Südrand von Jimena geht.

Züge: Linie A5 Granada–Ronda–Algeciras ca. 4 x tgl.; Bahnhof 2 km vom Ort entfernt in Los Ángeles.

Busse: Mit *Comes* ab Zugstation 3 x tgl. nach Algeciras, Mo–Fr 1 x tgl. nach Ronda/La Línea.

Castellar de la Frontera

Die ursprünglichen Bewohner haben das exponiert gelegene Bergdorf **Castellar de la Frontera** 7 in den 1970er-Jahren verlassen und leben inzwischen weiter unten im Tal in Nuevo Castellar, wo es zwar kein besonderes Flair, dafür aber Neubauten, elektrisches Licht und bequem zu bewältigende Wege gibt. Oben im alten Dorf hat sich daraufhin eine bunte Gemeinschaft von rund 200 Aussteigern gebildet und eingerichtet. Viele von ihnen sind Deutsche.

Eine schmale Nebenstraße (Schild: *Castillo de Castellar*) führt durch Korkeichen- und Eukalyptuspflanzungen hinauf. Der Mauerring aus arabischer Zeit (12. Jh.) umgibt den Ort noch heute. Ein Spaziergang durch die Gassen ist äußerst reizvoll. Neben pittoresken Zeugnissen des Verfalls stehen liebevoll renovierte Wohngebäude, geschmückt mit üppiger Blütenpracht.

Jetzt wird Castellar de la Frontera auch von der Schickeria entdeckt. Zahlreiche wohlhabende Spanier aus Madrid und anderen Großstädten haben sich bereits eingekauft. Sogar Ex-Regierungschef Felipe González soll hier ein Grundstück besitzen. Der ehemals herrschaftliche Wohnbereich der Burg wird derzeit in ein exklusives Hotel umgewandelt.

Punto de Información: am Parkplatz bei der Burg, 11350 Castellar de la Frontera, Tel. 956 23 68 87. Infostelle des Naturparks Los Alcornocales.

Antigua Casa Convento La Almoraima: 8 km vom Ort nahe der A-369, Tel. 956 69 30 02, Fax 956 69 32 14, www.laalmoraima.com. Ehemaliges Kloster von 1603 und späterer Jagdsitz der Grafen von Castellar mit einzigartigem Ambiente. In einem Park gelegen, umgeben von riesigen Ländereien, die auf einer mehrstündigen Jeep-Exkursion erkundet werden können. Begrünter Patio im einstigen Kreuzgang, elegante Salons. Tennisplatz, Pool. Im Restaurant Wildspezialitäten, z. B. Hirsch oder Wildschwein (Abendessen ca. 20 €). DZ 86–111 €, .

Casas Rurales Castillo de Castellar: Calle Rosario 3, Tel. 956 23 66 20, Fax 956 23 66 24, www.tugasa.com. Von einfachem Zuschnitt und dennoch komfortabel – 11 kleine restaurierte Dorfhäuser für 2–6 Pers. mit Kochgelegenheit innerhalb des ummauerten Altstadtbezirks. Mit dem Restaurant El Aljibe (Hauptgericht um 12 €). Haus für 2 Pers. 70–75 €.

Peña de Flamenco: In der Tapabar gegenüber den Casas Rurales zeigen an Sommerwochenenden oft einheimische Flamencotänzer ihr Können.

Wandern: Castellar de la Frontera befindet sich inmitten des Parque Natural de los Alcornocales. In unmittelbarer Nähe, aber tief unterhalb des Orts, liegt der zu Fuß erreichbare Stausee Embalse del Guadarranque. Über weitere Wandermöglichkeiten informiert die Infostelle (s. o.).

Züge: Linie A 5 Granada–Ronda–Algeciras, Bahnhof ca. 7 km vom Ort in Almoraima. Bedarfshaltestelle: Nur 1–2 Züge pro Tag halten, und dies nur, wenn der Kunde vorher am Bahnhof Fahrinteresse anmeldet. Kein Busanschluss nach Castellar de la Frontera.

Gibraltar

Reiseatlas: S. 14, D 3

Strategisch äußerst günstig liegt der Felsen von Gibraltar auf einer Halbinsel an der Meerenge zwischen Mittelmeer und Atlantik. So war er 711 erster Anlaufpunkt der maurischen Invasion. Guzmán el Bueno eroberte 1309 Gibraltar vorübergehend für Kastilien, doch erst 1462 mussten es die Mauren endgültig verlassen. Kaiser Karl I. ließ den Felsen im 16. Jh. zum Schutz gegen nordafrikanische

Seeräuber zur Festung ausbauen. Im Zusammenhang mit dem Spanischen Erbfolgekrieg besetzten die Engländer 1704 Gibraltar. Im Frieden von Utrecht 1713 wurde es ihnen offiziell zugesprochen, ist aber bis heute ein Zankapfel zwischen Spanien und Großbritannien geblieben. Staatschef Franco ließ 1969 den Grenzübergang bei La Línea schließen, der allerdings seit 1982 für Fußgänger und seit 1985 auch für Fahrzeuge wieder geöffnet ist.

Die britische Kronkolonie (oder *dependent territory,* wie sich Gibraltar heute offiziell nennt) dient zwar immer noch als Marine- und Luftwaffenstützpunkt. Allerdings ist gemeinsame Hoheit von Spanien und Großbritannien im Gespräch. Doch bei einem Referendum entschieden sich 2002 über 99 % der Wahlberechtigten für den Verbleib beim Vereinigten Königreich. Sie befürchten die Aufgabe des exklusiven Status als mehrwertsteuerfreie Finanzoase, der Gibraltar als *offshore*-Handelsplatz äußerst attraktiv macht. Die Angaben zur Anzahl der registrierten Firmen schwanken zwischen 25 000 und 75 000.

Zwar herrscht in Gibraltar nicht Links-, sondern Rechtsverkehr. Ansonsten aber ist die Kronkolonie in geradezu grotesker Weise englisch geprägt, von Doppeldeckerbussen über rote Telefonzellen bis hin zum Pfund als Währung. Die rund 30 000 Gibraltar-Briten stammen nur zum Teil von Engländern ab. Viele leiten ihre Herkunft von Fachkräften für Schiffsreparaturen ab, die von der britischen Marine im 18. Jh. aus Genua angeworben wurden. Außerdem trugen Juden, Malteken und Portugiesen zu dem Bevölkerungsgemisch bei. Inder betreiben die meisten der allgegenwärtigen Duty-Free-Shops (s. u.). Eine recht große Gruppe stellen die marokkanischen Gastarbeiter dar, die meist nur mit be-

Vor der Kulisse des Felsen von Gibraltar gehen Fischer seit Jahrhunderten ihrer Arbeit nach

Trickbetrüger: Vor der Grenze versuchen findige Gauner angebliche Eintrittskarten oder Parkscheine für Gibraltar zu verkaufen. Gerne verwenden sie dafür abgelaufene Lose der spanischen Blindenlotterie Once, die entgegen den Beteuerungen nichts mit dem englischen Wort *once* (einmal) zu tun hat.

fristeten Arbeitsverträgen ausgestattet sind. Auch viele Spanier pendeln zur Arbeit nach Gibraltar. Offizielle Amtssprache ist Englisch. Gesprochen wird hingegen oft *llanito* (oder *yanito),* eine eigentümliche Mischung aus Spanisch und Englisch mit einem unverwechselbaren Singsang. Typisch ist das unvermittelte Umschalten von Englisch auf Spanisch oder umgekehrt, oft im selben Satz.

North Town

Die City am westlichen Fuß des Felsens ist zweigeteilt. Geschäfts- und Bankenzentrum, in dem es auch die meisten Restaurants und Pubs gibt, ist die **North Town,** an die unmittelbar westlich der ausgedehnte Hafenbereich grenzt. Die meisten Duty-Free-Shops (s. u.) befinden sich gleich am Beginn dieses Stadtviertels, am **Grand Casemates Square.** Entlang der **Main Street** reihen sich Geschäfte mit englischen Lebensmitteln und anderen Waren von der Insel. Dort liegen auch drei wichtige Sehenswürdigkeiten: Die **Catholic Cathedral of Saint Mary the Crowned** war in maurischer Zeit Moschee und wurde 1502 von den Spaniern im gotischen Stil zur Kirche umgebaut. Hingegen stammt die zweite große Kirche Gibraltars, die **Anglican Cathedral of the Holy Trinity,** den arabisch anmutenden Hufeisenbögen zum Trotz aus englischer Zeit, nämlich von 1821. Ein ehemaliges Franziskanerkloster von 1531 nutzen die Briten seit 1728 als Sitz des Gouverneurs. Heute residiert hier der von der Bevölkerung gewählte Chief Minister, der den Gouverneur inzwischen ersetzte. Vor der **Governor's Residence The Convent** findet jeden Dienstag um 11 Uhr die traditionelle Wachablösung *(changing of the guards)* statt. New Guard und Old Guard treffen sich im Vorhof und tauschen symbolisch Schlüssel aus, von Marschmusik begleitet.

Das **Gibraltar Museum** dokumentiert die Geschichte des Felsens von der Steinzeit bis heute aus britischer Sicht. Wichtigstes Exponat ist die Nachbildung des Neandertalerschädels, der 1848 an der Nordseite des Felsens gefunden wurde – acht Jahre vor der Entdeckung des namengebenden Knochenfunds im Neandertal bei Düsseldorf. Das Original befindet sich im National History Museum in London. Wie jüngere, erst 2006 bekannt gegebene Funde andeuten, scheint der Neandertaler hier noch vor 28 000 Jahren gelebt zu haben – länger als irgendwo sonst in Europa. Im Untergeschoss des Museums ist eine restaurierte maurische Badeanlage (14. Jh.) zu besichtigen, deren Schönheit hinter den Bädern der Alhambra in Granada kaum zurücksteht (Bomb House Lane, Mo–Fr 10–18, Sa 10–14 Uhr, 2 £).

Die 1816 angelegten **Gibraltar Botanic Gardens** (früher Alameda Gardens) am Südrand der North Town sind eine Oase. Der irische Schriftsteller James Joyce wählte den Garten als einen der Schauplätze seines 1922 erschienenen Romans ›Ulysses‹. Über 600 subtropische Pflanzenarten gedeihen hier. Viele stammen aus dem britischen Commonwealth, insbesondere aus Südafrika und Australien. Schon 1842 legte ein genuesischer Gärtner mit *The Dell* den ältesten Gartenteil im damals aktuellen italienischen Stil an. Anfang des 20. Jh. kamen zwei Springbrunnen und ein Wasserfall mit Goldfischteich hinzu. Im ehemaligen Gärtnerhaus aus dem 17. Jh., *The Cottage*, ist eine Ausstellung über Botanik und Naturgeschichte Gibraltars zu sehen. *The Nature Shop* verkauft Pflanzen, Samen, Geschenkartikel und Postkarten (Europa Road, tgl. 8 Uhr bis Sonnenuntergang, Eintritt frei). Beim Garten befindet sich die Talstation der **Cable Car** (s. u.).

South Town

Jenseits der Gibraltar Botanic Gardens beginnt die *very british* geprägte **South Town,** ein Villenviertel mit angrenzenden Badestränden südlich des Hafens. Hier legte in der Rosia Bay 1805 die HMS Victory mit den sterblichen Überresten des in der Schlacht von Trafalgar gefallenen Admirals Nelson an. Angeblich wurde die Leiche in einem Rumfass gelagert, um sie zu konservieren. Die genaue Stelle dieser Begebenheit ist heute als **Nelson's Anchorage** zu besichtigen.

Nahebei an der **Napier of Magdala Battery** steht eine der berühmt-berüchtigten 100-Tonnen-Kanonen aus viktorianischer Zeit. Nur zwölf von ihnen wurden 1870 in Newcastle-upon-Tyne gebaut, zwei davon nach Gibraltar geschickt. 35 Mann waren nötig, um so ein Ungetüm zu bedienen, das – einmal mit Hilfe einer Dampfmaschine in Position gebracht – alle vier Minuten einen Schuss abfeuern konnte. Ein Besucherzentrum liefert weitere Informationen (Rosia Road, Mo–Sa 9.30–17.15 Uhr, 1 £).

Europa Point

Die Südspitze Gibraltars mit einem sehenswerten **Leuchtturm** von 1841 – ähnliche Exemplare, die als Trinity House Lighthouses bekannt sind, gibt es ansonsten nur im Vereinigten Königreich selbst – ist auf einer 5 km langen, kurvenreichen Panoramastraße zu erreichen. Von der Aussichtsterrasse wirkt Afrika zum Greifen nah.

In der Nähe des Europa Point steht die Seefahrerkapelle **Shrine of Our Lady of Europe.** Sie ging 1462 nach der Reconquista aus einer Moschee hervor. Seither brennt stets ein Licht in einem Turm über der Kapelle – einem Vorläufer des heutigen Leuchtturms. Außer zahlreichen Votivgaben der Seeleute birgt das Gotteshaus eine hoch verehrte Madonnenfigur, die wie durch ein Wunder verschont blieb, als der berüchtigte türkisch-algerische Pirat Barbarossa die Landspitze im 16. Jh. überfiel und plünderte (Mo–Fr 10–13, 14–19, Sa/So 11–13, 14–19 Uhr).

Nicht weit davon erhebt sich seit 1997 die **Moschee Ibrahim-al-Ibrahim.** König Fahd von Saudi-Arabien gab sie in Auftrag, um die Seelsorge für die zahlreichen marokkanischen Gastarbeiter in Gibraltar sicherzustellen. Sie gilt als größte Moschee in einem nichtislamischen Land.

Upper Rock Nature Reserve

Der obere Teil des Felsens steht unter Naturschutz. Unter den 530 Pflanzenarten, die hier gezählt wurden, befinden sich etliche Endemiten. Hauptblütezeit ist März bis Mai. Auch ist The Rock Rastplatz für zahlreiche Zugvögel auf ihrem Weg. Die meisten Besucher kommen allerdings wegen der *attractions* (Sehenswürdigkeiten), die im Rahmen der eineinhalbstündigen Official Rock Tour von Sammeltaxis (7 £ pro Person ohne Eintrittsgebühren, s. u.) angefahren werden. Manche Punkte sind bei dieser Tour Pflichtstationen (s. u.), andere können zusätzlich angefahren werden. Die Rundfahrt lässt sich auch mit dem Privat-Pkw durchführen. So oder so werden bei der Einfahrt in das Naturreservat pro Person 7 £ kassiert (Kinder 4, Auto 1,50 £).

An der Südflanke des Felsens geht es zunächst zur **Saint Michael's Cave,** einer als Konzert- und Theatersaal eingerichteten Tropfsteinhöhle mit bunt ausgeleuchteten Stalaktiten und Stalagmiten. Früher glaubten die Bewohner von Gibraltar, es gäbe einen geheimen Weg durch die Höhle, der unter der Meerenge hinweg nach Afrika führen sollte (tgl. im Sommer 9.30–19, im Winter 10–17.30 Uhr, 2 £). Auf der Weiterfahrt wird eine Treppe passiert, wo man den mit 426 m **Highest Point** (höchsten Punkt) des Felsens erklimmen kann.

Zweite offizielle Attraktion ist **Apes' Den,** das legendäre Affenlager. Hier leben Berberaffen, eine schwanzlose Makakenart, die wahrscheinlich im 8. Jh. von den Mauren nach Europa gebracht wurde. Die gar nicht scheuen Tiere machen sich an allem zu schaffen, was nicht niet- und nagelfest ist: Autos, Rucksäcke, Kameras … Sie können auch etwas bissig sein, daher ist eine gewisse Vorsicht im Umgang mit ihnen nicht verkehrt. Von den Bewohnern Gibraltars werden die Affen gehätschelt. Solange sie hier leben, so heißt es, bleibt The Rock unter britischer Hoheit. Als der Bestand während des Zweiten Weltkriegs besorgniserregend schrumpfte, ließ Winston Churchill daher weitere Artgenossen aus Marokko importieren. Ein Sergeant des Militärs ist eigens dazu abgestellt, die heute etwa 160 Tiere umfassende Herde zu versorgen. Besucher dürfen übrigens nicht füttern.

Weiter geht es Richtung Norden zu den **Great Siege Tunnels.** Mit dem Graben der komplexen Tunnelanlage – damals noch mit Hilfe von Vorschlaghämmern und Stemmeisen – wurde während der großen Belagerung *(The Great Siege)* durch spanische Truppen zwischen 1779 und 1783 begonnen. Stellungen für Kanonen entstanden darin, die Gibraltar praktisch uneinnehmbar machten. Noch im Zweiten Weltkrieg erweiterten die Briten das Tunnelsystem auf jetzt über 70 km Länge. Ein Großteil davon ist gar nicht oder nur im Rahmen einer dreistündigen Gruppenführung (vorherige Anmeldung unter Tel. 558 42) zugänglich. Die meisten Besucher müssen sich auf einen 15-minütigen Fußweg durch den Holyland Tunnel bis zur Ostseite des Felsens beschränken, wo sich ein grandioser Meeresblick ergibt (tgl. 10–17.30, im Sommer bis 19 Uhr, 1 £). Rund um die Great Siege Tunnels lebt ein weitaus größerer Teil der Berberaffen als am Apes' Den.

Vierte und letzte *attraction* ist das **Moorish Castle.** Die Ursprünge der maurischen Burg reichen angeblich bis ins 8. Jh. zurück. Allerdings stammt der heutige Bau vorwiegend von 1333 (zzt. wegen Renovierung geschl.).

Wer The Rock per **Cable Car** (Seilbahn) besichtigt, muss längere Fußwege zurücklegen, um alle Attraktionen zu erleben. Nur der Affenfelsen ist gut zu erreichen. Er liegt gleich südlich der Mittelstation. Dann geht es weiter zur 395 m hoch gelegenen Bergstation, wo ebenfalls einige Makaken leben. Ein Self-Service-Restaurant glänzt dort mit einem schönen Afrika-Blick (Auffahrt: Mo–Sa 9.30–16.15, im Sommer bis 17.15 Uhr, z. T. auch So, letzte Abfahrt jeweils 30 Min. später, Rückfahrticket 9 £, hinzu kommt der Eintritt in das Naturreservat, s. o.).

Telefonnummern: In Gibraltar sind die Telefonnummern fünfstellig. Von Spanien aus wird die vierstellige Ziffernkombination 95 67 davorgesetzt, aus allen anderen Ländern (auch von ausländischen Handys) die Landesvorwahl 003 50.

Tourist Information Office: Grand Casemates Square, Gibraltar, Tel. 749 82, Fax 749 43, www.gibraltar.gi.
Gibraltar-Führer: Die Broschüre ›Guided Tour of Gibraltar‹ von T. J. Finlayson gibt in englischer Sprache detaillierte Infos zu den Sehenswürdigkeiten der Kronkolonie. Für 2 £ im Gibraltar Museum erhältlich.

... in Gibraltar:
Bristol Hotel: Cathedral Square 10, Tel. 768 00, Fax 776 13, www.bristolhotel.gi. Zentral in geschmackvollem Kolonialstilgebäude, mit subtropischem Garten zum Relaxen, Pool. Komfortable Zimmer, Snackbar, Gratis-Parkmöglichkeit. DZ 84–89 £.
Cannon Hotel: Cannon Lane 9, Tel. 517 11, Fax 517 89, www.cannonhotel.gi. Schlichtes altes Stadthaus. Restaurant/Bar im hübschen Innenhof. Kleine, aber nette Zimmer, nur z. T. mit eigenem Bad. Englisch Breakfast! DZ 36,50–45 £.
... in La Línea:
Hotel AC La Línea: Calle Los Caireles 2, Tel. 956 17 55 66, Fax 956 17 15 63, www.achotels.com. Modernes, komfortables Haus, Pool, Parkgarage. Im stylishen Restaurant wird Wert auf die Verwendung regionaler Produkte und von Fischen aus örtlichem Fang gelegt. DZ 72–115 €.

In Gibraltar isst man selbstverständlich *fish'n'chips.* Den englischen Klassiker servieren zahlreiche Pubs in der North Town. Das passende Getränk dazu ist *ale* vom Fass.

Etwa 6 Mio. – vorwiegend spanische – Touristen zieht es jedes Jahr v. a. wegen der Duty-Free-Shops in die Steueroase. Unterhaltungselektronik, Uhren und Kameras sind – obwohl keine Mehrwertsteuer erhoben wird – nicht immer wirkliche Schnäppchen. Wer hier einkauft, sollte die Preise genau kennen. Außerdem erhält man oft keine Garantie

Changing of the guards: **In Gibraltar wird die britische Tradition hochgehalten**

und Elektronikartikel entsprechen häufig nicht den deutschen Sicherheitsbestimmungen. Offizielle Währung ist das Gibraltar-Pound. Dessen Kurs entspricht dem des britischen, es kann aber außerhalb von Gibraltar kaum rückgetauscht werden. Daher empfiehlt es sich – was fast überall möglich ist –, in Euro zu zahlen, auch wenn Geschäfte einen etwas ungünstigeren Kurs berechnen. Der Wechselkurs ist Schwankungen unterworfen (Stand Sommer 2007: 1 £ = 1,48 €, 1 € = 0,67 £). Öffnungszeiten der Geschäfte: meist Mo–Fr 9–19.30, Sa 9–13 Uhr, z. T. auch So. Bei der Rückreise nach Spanien gelten am Zoll die internationalen Freigrenzen für Nicht-EU-Länder (200 Zigaretten oder 50 Zigarren oder 250 g Tabak, 2 l Wein und 1 l Spirituosen mit über 22 Vol.-% Aklkoholgehalt pro Person ab 15 bzw. 17 Jahren, 500 g Kaffee, 60 ml Parfum, Geschenke im Wert bis zu 175 €).

Crystal Glass Factory: Grand Casemates Square. Herstellung und Verkauf feiner Glaswaren. Besucher können den Produktionsprozess verfolgen.

Delfinbeobachtung: Zum *Dolphin Watching* in der Meerenge starten am Hafen mehrere Anbieter (z. B. The Original Dolphin Safari, Marina Bay, Tel. 719 14). Im Sommer (April–Sept.) fährt jedes Boot tgl. 2–3 x aus, im Winter meist nur 1 x. Die Begegnung mit Delfinen gilt als fast sicher, manchmal wer-

Ceuta: Der spanische Militärstützpunkt auf afrikanischem Boden ist zollfreie Zone und bietet günstige Einkaufsmöglichkeiten. Ceuta wird von Spaniern gern im Rahmen von Tagesausflügen besucht. Die unmittelbar gegenüber von Gibraltar gelegene Halbinsel wurde 1415 zunächst von den Portugiesen besetzt, kam aber im 16. Jh. zu Spanien. Das Stadtbild ist europäisch, gegenüber Marokko ist Ceuta durch einen Gürtel von Stacheldrahtzäunen abgeschottet. Über örtliche Reiseleitungen und Reisebüros können organisierte Tagesausflüge nach Ceuta in Kombiniation mit der benachbarten marokkanischen Stadt Tétouan gebucht werden, einem bunten Handelszentrum mit großem Souk.

den auch Wale gesichtet. Dauer der Fahrten ca. 2,5 Std., pro Person 20, Kinder 10 £.

Flüge: Nach London mit GB Airways (Tel. 793 00, www.gbairways.com), nach London oder Manchester mit Monarch Airlines (Tel. 474 77, www.flymonarch.com). Oneway nach London ab ca. 50 £. Büros am Flughafen.

Busse: Nach La Línea (Busbahnhof Pol. San Felipe, Tel. 956 17 00 93) jeweils mehrmals täglich mit *Portillo* von Málaga und den Orten der südlichen Costa del Sol, mit *Comes* von Tarifa und Cádiz. Von dort zu Fuß über die Grenze, wo Stadtbusse starten: Linie 9 zum Market Place (alle 10–30 Min.), Linie 3 über Cathedral Square und Cable Car bis Europa Point (alle 15–30 Min.). Vom Stadtzentrum fährt Linie 4 alle 20–45 Min. zur Rosia Bay.

Fähre: Nur 1 x wöchentl. (Fr 6 Uhr) startet eine Autofähre nach Tanger. Tickets: Turner & Co, Irish Town 65, Tel. 783 05. Vorausbuchung empfiehlt sich.

Mit dem eigenen Auto: Die grüne Versicherungskarte ist Pflicht. Parkplätze sind in Gibraltar knapp und teuer. Außerdem kann die Wartezeit bei der Einreise und vor allem bei der Rückreise per Pkw nach Spanien wegen eingehender Kontrollen insbesondere im Sommer bis zu drei Stunden betragen. Spanische Mietwagenfirmen schließen in ihren Verträgen in der Regel die Fahrt nach Gibraltar aus. Daher lassen die meisten Besucher das Auto in einer Tiefgarage in La Línea oder einem riesigen Parkplatz außerhalb stehen und gehen zu Fuß über die rund um die Uhr geöffnete Grenze (Pass oder Personalausweis vorzeigen).

Taxi/zu Fuß: Hinter der Grenze warten Sammeltaxis auf Kundschaft. Sie bieten eine eineinhalbstündige Standard-Rundfahrt (Official Rock Tour) an, die Aussichtspunkte (jeweils kurzer Fotostopp), die Saint Michael's Cave (30 Min. Stopp) und den Apes' Den (10 Min. Stopp) berührt. Anschließend bleibt Zeit für einen Rundgang durch die City mit Einkaufsbummel. Der Rückweg zur Grenze erfolgt per Stadtbus (s. o.) oder zu Fuß (ca. 20 Min.), wobei die Landebahn des Flughafens zu queren ist. (Bei den nur je zwei bis drei Starts und Landungen pro Tag wird die Straße vorübergehend für wenige Minuten gesperrt.)

Algeciras

Reiseatlas: S. 14, D 3

Die moderne, von einem Hochhausgürtel und petrochemischen Fabriken umgebene Stadt **Algeciras** (113 000 Einw.) ist durch den wichtigen Fähr- und Handelshafen geprägt. Für Reisende ist sie meist nur Durchgangsstation, um Autofähren nach Tanger oder Ceuta zu besteigen (s. o. und S. 168). Knapp 3,5 Mio. Menschen setzen hier jedes Jahr von und nach Afrika über. Im Sommer handelt es sich vorwiegend um in Europa arbeitende Marokkaner auf Heimaturlaub.

Innenstadt

Weniger bekannt ist, dass Algeciras einiges Sehenswerte bereithält. Nach der Reconquista wurde die Stadt zerstört und erst 1724 von Spaniern wieder besiedelt, die Gibraltar nach der Besetzung durch britische Truppen verlassen hatten. Aus dieser Zeit stammt das Zentrum mit der hübschen, von Palmen beschatteten **Plaza Alta.** Zwei barocke Gotteshäuser stehen sich dort gegenüber: die Pfarrkirche Nuestra Señora de la Palma und die **Capilla Nuestra Señora de Europa**. Letztere hat große symbolische Bedeutung für die Bewohner. In ihr verehren sie das Bild der Muttergottes von Europa, das die Flüchtlinge aus Gibraltar mitbrachten. 1864 wurde die Statue wieder dorthin überführt (s. S. 129). In Algeciras steht heute eine Kopie.

Hier wie im westlich angrenzenden Stadtviertel San Isidro, dessen Gassen weiße, blumengeschmückte Häuser säumen, geht es erstaunlich beschaulich zu. Weiter nördlich in der **Casa Consistorial,** dem alten Rathaus von 1897, wurde 1906 der Vertrag von Algeciras unterschrieben. Damals sicherten sich Frankreich und Spanien gemeinsam die Kontrolle über Marokko, nachdem im Verlauf der vorangegangenen ersten Marokkokrise das Deutsche Reich durch einen persönlichen Besuch Kaiser Wilhelms II. in Tanger versucht hatte, Einfluss in Nordafrika zu gewinnen.

Nicht weit davon sind im **Parque Maria Cristina** Reste einer maurischen Badeanlage zu sehen. Daneben steht die Nachbildung einer *noria,* eines früher von Tieren angetriebenen Schöpfradbrunnens, der das Bad mit Wasser versorgte. Vom Südrand der Gartenanlage erstreckt sich Richtung Meer der **Parque Arqueológico de las Murallas Meriníes.** Ein 200 m langer Abschnitt der Stadtmauer der sogenannten Villa Nueva (Neustadt), die unter maurischer Herrschaft zwischen 1279 und 1285 entstand, wurde hier mitsamt vier Türmen freigelegt.

Schließlich lohnt der **Mercado Ingeniero Torroja** von 1935 im Süden des Zentrums nicht nur wegen des bunten Angebots einen Besuch. Mit ihrer für die damalige Zeit bahnbrechenden, achteckigen Stahlbauweise gilt die von einer riesigen Kuppel überspannte Markthalle als außerordentliches Beispiel für die Verbindung von Architekturkunst und Ingenieurtechnik.

Oficina de Turismo de la Junta de Andalucía: Calle Juan de la Cierva s/n (am Hafen), 11201 Algeciras, Tel. 956 57 26 36, Fax 956 57 04 75, www.andalucia.org.

Hotel Reina Cristina: Paseo de la Conferencia s/n, Tel. 956 60 26 22, Fax 956 60 33 23, www.reinacristina.es. Sehr exklusives Traditionshaus von 1901 im englischen Stil am Stadtrand, großer Park, Schwimmbad, Tennisplatz. Für Kinder nicht geeignet. DZ 82–117 €.

Hotel Don Manuel: Calle Segismundo Moret 4, Tel. 956 63 46 06, Fax 956 63 47 16. Kleines, ordentliches Hotel in Hafennähe. DZ 45–54 €.

Züge: Linie A 5 Granada–Ronda–Algeciras ca. 4 x tgl.; Bahnhof an der Calle San Bernardo (in Hafennähe).

Busse: Busbahnhof in der Calle San Bernardo 1 (nahe Bahnhof, Tel. 956 65 34 56). Bisher starten dort nur Busse von *Comes* (Atlantikküste, Sevilla, La Línea). *Portillo* fährt noch ab Calle Virgen del Carmen 15 (Costa del Sol, Granada), *Linesur* ab Calle Virgen del Carmen 31 (Jerez, Sevilla). Beide Gesellschaften sollen in die Calle San Bernardo wechseln. **Europabusse** fahren ab Estación Marítima (Fährterminal am Hafen).

Fähren: Nach Ceuta Schnellfähre mit Autotransport, Fahrzeit 35 Min., pro Person ca. 20, pro Pkw 60–80 €. Nach Tanger Autofähre Fahrzeit 2,5 Std., Schnellfähre 1 Std., je ca. pro Person 25, pro Pkw 60–80 €. Im Sommer jeweils ca. stdl., auch im Winter häufig. Mehrere Fährgesellschaften, Tickets am jeweiligen Hafenschalter oder bei einer der vielen Agenturen in der Avenida La Marina (kein Preisunterschied). Ticketvermittler, die Touristen auf der Straße ansprechen, verlangen hingegen hohe Aufpreise.

Mit dem Auto: Beim Parken in der Hafengegend sollte man unbedingt den Parkplatz im abgeschlossenen Hafengelände oder ein bewachtes Parkhaus aufsuchen.

Drogen: Unter der Hand wird in Algeciras häufig *chocolate* (Haschisch) angeboten. Die Kontrollen der spanischen Polizei sind allerdings sehr streng, und es drohen hohe Strafen auch auf den Besitz kleiner Mengen.

Antequera, Ronda und weiße Dörfer

Cityplan S. 148
Karte S. 153

In den Jahrhunderten nach der Reconquista entwickelte sich Antequera zu einem wichtigen Handelszentrum. In Ronda wird die maurische Vergangenheit zum Leben erweckt. Prähistorische und antike Stätten laden ebenso wie landschaftliche Besonderheiten zum Besuch ein. Weiße Dörfer, in Andalusien allgegenwärtig, häufen sich in der Sierra de Grazalema, die zudem ein Paradies für Wanderer ist.

Antequera

Reiseatlas: S. 10, D 3

Besonders schön zwischen felsigen Hügeln eingebettet liegt die weiße Stadt **Antequera** (44 000 Einw.). Keine hässlichen Hochhausgürtel stören den Anblick. Angeblich sind nirgendwo in Spanien so viele Kirchtürme auf engem Raum vereint wie im historischen Zentrum von Antequera. Tatsächlich werden rund 40 Kirchen gezählt. Dabei wurde die Stadt erst 1410 durch christliche Truppen von den Mauren zurückerobert. Doch ab dem 16. Jh. erlebte sie ein rund 300 Jahre währendes goldenes Zeitalter dank ihrer Lage an der Kreuzung bedeutender Verkehrswege. Kastilische Adlige ließen sich in Antequera nieder, um von hier aus Handel zu treiben. Ihnen folgten die religiösen Orden. So entstand ein reiches architektonisches Erbe an Kirchen, Klöstern und Palästen im Renaissance- und Barockstil. Dennoch liegt Antequera abseits der großen Touristenströme. Besucher erleben also eine erfrischend normale, mittelgroße andalusische Stadt.

Rund um die Alcazaba

Auf einem Hügel am Südrand der Stadt erhebt sich die **Alcazaba** mit großenteils noch aus arabischer Zeit (14. Jh.) stammenden Mauern. Unter den drei verbliebenen Türmen ist die Torre Blanca besonders bemerkenswert, denn ihr wurde 1582 ein Glockenstuhl aufgesetzt. Vom Inneren der Burg blieb praktisch nichts erhalten, daher wurde es zu einem Park umgestaltet (tagsüber geöffnet, Eintritt frei). Zu erreichen ist der Castillo durch den **Arco de los Gigantes** (Torbogen der Riesen) von 1585, ein 7 m hohes Tor mit dem Stadtwappen, das sich aus einer Vase mit Lilien, der kastilischen Burg und dem Löwen von León zusammensetzt. Von der Burg schweift der Blick nicht nur über Antequera, sondern auch in östlicher Richtung zu einem markanten Felsen: der 874 m hohen **Peña de los Enamorados** (Fels der Verliebten). In maurischer Zeit soll der Legende nach eine Liebesgeschichte zwischen einem jungen Christensklaven und der Tochter seines Herrn hier ihr tragisches Ende gefunden haben. Auf der aussichtslosen Flucht vor dem Vater des Mädchens stürzten sich die beiden eng umschlungen die Steilwand hinab in den Tod.

Zu Füßen der Burg, neben dem Arco de los Gigantes, steht mit der **Real Colegiata Santa María** (16. Jh.) ein architektonisch herausragendes Gotteshaus. Es soll sich um das älteste Renaissancebauwerk Andalusiens handeln, nach italienischen Vorbildern errichtet. Der Bischof von Málaga erteilte den Auftrag, hier ein Stift und eine Grammatikschule einzurichten. Für die monumentale Fassade fanden Quadersteine aus den Ruinen der nahe gelegenen Römerstadt Singilia Verwendung. Die drei Schiffe tragen Mudéjardecken. In den Chorraum fällt relativ viel

Mit den Autoren unterwegs

Nicht verpassen!
In der vom Renaissance- und Barockstil geprägten **Altstadt von Antequera** präsentieren sich Kirchen, Klöster und Paläste in außergewöhnlicher Pracht (s. S. 134 f.).
Casa del Rey Moro: Im Palast des Maurenkönigs in Ronda ist La Mina zu besichtigen, ein Stollen mit steiler Treppe zum Fluss, auf der Sklaven in Belagerungszeiten Wasser heraufschleppen mussten (s. S. 144).
Abenteuerlich gestaltet sich der Besuch der Tropfsteinhöhle **Cueva de la Pileta,** in der man sich selbst den Weg zu steinzeitlichen Felsmalereien leuchtet (s. S. 151).

Atmosphäre schnuppern
Archidona besitzt mit der **Plaza Ochavada** den einzigen achteckigen Platz Andalusiens, wie ein arabischer Patio gebaut und doch gerade einmal 200 Jahre alt. In den Gassen nahebei häufen sich Tapabars (s. S. 138 f.).

Naturerlebnis
Die grandiose Schlucht **Garganta del Chorro** hat der Río Guadalhorce 3 km lang und 400 m tief in Kalkgestein geschnitten. Ein Wanderweg führt zum Schlund (s. S. 139 f.).

Beste Aussichten
In Ronda bieten die **Jardines Ciudad de Cuenca** tiefe Einblicke in die Schlucht El Tajo. Das denkmalgeschützte weiße Bergdorf **Zahara de la Sierra** besticht auch durch den Panoramablick (s. S. 145 und 154 ff.).

Erinnerungsstücke
Wolldecken: Weber in Grazalema verstehen sich seit jeher auf die handwerkliche Herstellung von Decken und Tüchern aus Schafswolle (s. S. 156 f.).
Lederwaren: Alle erdenklichen Artikel aus Leder entstehen in den Werkstätten von Ubrique (s. S. 158).

Licht durch die eleganten Fenster im Florentiner Stil. Die Kirche wird heute nicht mehr für Gottesdienste genutzt, sondern für Konzerte und Wechselausstellungen (Di 10.30–14, Mi–Fr 10.30–14, 16.30–18.30, im Sommer 20.30–22.30, Sa 10.30–14, So 11.30–14 Uhr).

Museo Municipal
Unter den Adelspalästen von Antequera sticht der **Palacio de Nájera** (18. Jh.) hervor, der am damaligen Marktplatz Coso Viejo errichtet wurde. Er besitzt eine besonders schöne *torre mirador* (Aussichtsturm) im Barockstil. Solche Türme waren in Antequera seit dem 16. Jh. in Mode, damit Geschäftsleute rechtzeitig informiert waren, wenn sich Warentransporte der Stadt näherten. Im Inneren des Palastes besticht der von Arkaden umgebene Patio. Heute ist hier das **Museo Municipal** zu Hause. Wichtigstes Ausstellungsstück ist der Ephebe von Antequera aus dem 1. Jh., eine 1,54 m hohe römische Bronzeskulptur eines Jünglings, nach griechischem Vorbild gestaltet. Epheben wurden in der Antike junge Männer genannt, die eine Militärausbildung durchliefen, um das Bürgerrecht zu erlangen. Eine wertvolle Statue des hl. Franziskus von Assisi schuf Pedro de Mena. Auch die Werke des zeitgenössischen einheimischen Malers Cristóbal Toral (geb. 1940) verdienen Beachtung (Tel. 952 70 40 21, Di 10.30–14, Mi–Fr 10.30–14, 16.30–18.30, im Sommer 20.30–22.30, Sa 10.30–14, So 11.30–14 Uhr, 3,10 €).

2 Dólmenes de Menga, Viera y Romeral
Die bedeutendsten Zeugen der Megalithkultur in Spanien sind östlich von Antequera zu besichtigen. Ähnlich eindrucksvolle Ganggräber findet man ansonsten nur in der Bretagne und auf den Britischen Inseln. Zwei dieser drei Dolmen stehen als **Yacimiento Arqueológico Dólmenes de Menga y Viera** dicht beeinander an der Avenida de Málaga . Ein großes Besucherzentrum ist dort im Bau.

Richtig Reisen-Tipp: Paraje Natural El Torcal

Eine der eindrucksvollsten Karstlandschaften Europas ist das Plateau **El Torcal** (Reiseatlas: S. 9, C 3) südlich von Antequera. Der bis zu 1336 m hoch gelegene und 1171 ha große Felsengarten steht als **Paraje Natural El Torcal** unter Schutz. Poröser Kalkstein, vor rund 150 Mio. Jahren am Meeresboden abgelagert und später gehoben, wurde mittlerweile durch Verwitterung und Erosion zu bizarren Skulpturen geformt. Eine reiche Orchideenflora ist im Torcal heimisch (s. S. 19). Im April/Mai blühen Pfingstrosen, Schwertlilien und Narzissen. Vom **Mirador Las Ventanillas** beim Parkplatz fasziniert der Ausblick bis zur Costa del Sol.

Nur die **Ruta Verde** darf frei begangen werden. Der knapp einstündige Rundweg durch das Felsenlabyrinth beginnt am Parkplatz beim Centro de Visitantes (Besucherzentrum, Tel. 952 03 13 89, www.egmasa.es, 10–17, 24.12. u. 31.12. 10–14 Uhr, 1.1., 6.1. u. 25.12 geschl.) und ist dank grüner Markierungen nicht zu verfehlen. Er ist schmal, manchmal rutschig, aber ohne größere Schwierigkeiten zu bewältigen (Genehmigungen für zwei weitere Wege im Besucherzentrum einholen).

Anfahrt: Auf der Ma-424 von Antequera 12 km Richtung Villanueva de la Concepción, dann auf einer schmalen Straße nach rechts (beschildert) noch etwa 4 km.

Kein Linienbusanschluss. Das Touristenbüro in Antequera (s. o.) vermittelt aber Taxis, die zum Festpreis von 25 € (inkl. 1 Std. Wartezeit) hinauffahren.

Hinweis: Bei starker Bewölkung lohnt die Auffahrt nicht, denn dann liegt El Torcal im Nebel. Selbst bei strahlendem Sonnenschein kann es hier oben recht kühl sein, weshalb sich die Mitnahme eines wärmenden Kleidungsstücks empfiehlt.

Fantastische Kalksteingebilde erwecken die Felskegellandschaft zum Leben

Die oval geformte Grabkammer des **Dólmen de Menga** besitzt mit 27,50 m Länge, 6 m Breite und 2,70 m Höhe majestätische Ausmaße. 15 riesige, leicht schräg gestellte Tragsteine bilden die Seitenwände. In der Mitte stützen drei mächtige Steinpfeiler die Deckplatten aus Kalkstein. Am ersten seitlichen Tragstein links sind Ritzzeichnungen zu erkennen. Archäologen deuten sie als stilisierte menschliche Figuren. Die größte Deckplatte am Ende des Gangs wiegt geschätzte 170 t. Sie wurde um 2500 v. Chr. aus 1 km Entfernung vermutlich mit Hilfe von Baumstämmen herangerollt. Ein Brunnen in diesem Bereich der Kammer mit einem 19,50 m tiefen Schacht wurde erst kürzlich ausgegraben.

Nebenan befindet sich der etwa 500 Jahre jüngere **Dólmen de Viera.** Am Ende seines Eingangskorridors muss man durch einen sogenannten Fensterstein schlüpfen, um in eine enge Kammer zu gelangen. Die einzige, quadratische Deckplatte wird von vier Monolithen gestützt. Nach Fertigstellung bedeckten die prähistorischen Baumeister die Dolmen mit einem flachen Erdhügel (Tumulus). Die Kammern konnten dann nur noch durch schmale Gänge betreten werden.

Das dritte und jüngste Ganggrab, der **Dólmen de Romeral** entstand um 1800 v. Chr. Die Bautechnik war damals schon deutlich fortgeschritten, wie die sorgfältig aufgeschichteten und mit Lehm verbundenen Steine bezeugen. Er weist das größte Volumen auf, das sich allerdings auf zwei kreisförmige Kammern mit kuppelförmigen Decken verteilt. Die hintere, kleinere birgt einen Steinaltar, auf dem vermutlich Opfer dargebracht wurden.

In allen drei Dolmen wurden zwar Gräber gefunden. Doch ist zu vermuten, dass hier generell nur wenige, hierarchisch hochgestellte Persönlichkeiten beigesetzt wurden. Keinesfalls waren die Dolmen für alle Toten der damaligen Gesellschaft bestimmt. Vielmehr dienten sie wohl auch als Tempel. Zahlreiche Reste von Dörfern aus der Zeit der Megalithkultur konnten in der Umgebung identifiziert werden, die damals offenbar recht dicht besiedelt war (Dólmenes de Menga y Viera: bei einer Repsol-Tankstelle an der Avenida de Málaga, von Antequera aus vor der Umgehungsstraße Ronda Norte, Tel. 670 94 54 53; Dólmen de Romeral: der Avenida de Málaga stadtauswärts folgen und hinter einem Industriegebiet an einem Kreisverkehr links auf die Antigua Ctra. N-232 Richtung Córdoba abbiegen, unmittelbar hinter einer Brücke über die Eisenbahn Ausschilderung beachten, Tel. 670 94 54 52, jeweils Di–Sa 9–18, So 9.30–14.30 Uhr, 1.1., 1.5. u. 25.12. geschl., Eintritt frei).

Oficina Municipal de Turismo: Plaza San Sebastián 7, 29200 Antequera, Tel./Fax 952 70 25 05, www.antequera.es.

Hotel Las Villas de Antikaria: Av. de la Cruz Blanca 1, Tel. 952 84 48 99, Fax 952 84 56 21, www.hotellasvillas.com. Gut ausgestattetes, modernes Hotel mit angenehmem Lesesaal und Café. Im Restaurant (Tagesmenü ca. 14 €) einheimische Spezialitäten. Parkgarage (7 €). Jeweils nur 5 Min. zu Fuß von Bahnhof und Busbahnhof entfernt. DZ 78–91 €.

Hostal Hospedería Madrona: Calle Calzada 31, Tel. 952 84 00 14. Im schönen Altstadtviertel gelegen, ordentliche Zimmer mit Bad, Restaurant. DZ ca. 30 €.

El Angelote: Plaza Coso Viejo, Tel. 952 70 34 65, Di–So 12–17, 19–23 Uhr. Kleine Tapabar mit günstigen Tagesmenüs (außer am So) und guten Fischgerichten. Hauptgerichte 6–15 €.

La Espuela Centro: Calle San Agustín 1, Tel. 952 70 30 31, Di–So 13–16, 20–23 Uhr. Klassiker in der Altstadt mit viel einheimischem Publikum, andalusische Küche. Hauptgerichte 8–12 €.

Züge: Linie A 3b Granada–Sevilla 1 x tgl., Linie A 5 Granada–Ronda ca. 4 x tgl. Am Knotenpunkt Bobadilla (eine Station westlich von Antequera) ist Umsteigen in die Linien A 3a Málaga–Sevilla und A 4 Bobadilla–Córdoba möglich. Bahnhof 1 km nördlich der Stadt (Busanschluss).

Busse: Busbahnhof am Paseo García del Olmo (Tel. 952 84 13 65). Mehrmals tgl. mit *Casado* (Tel. 952 84 19 57) nach Málaga und Bobadilla, mit *Alsina Graells* nach Málaga, Sevilla, Córdoba, Granada.
Tren Turístico-Cultural: Abfahrten Mo–Fr ca. 11, 12, 18, 20 und 22.30 Uhr an der Plaza de Castilla, Tel. 952 70 25 05. Der supermoderne Minizug bewältigt auch enge Gassen und starke Steigungen. So eignet er sich ideal dazu, auf zwei Rundkursen das Stadtzentrum (1 €) oder die Altstadt (4 €) von Antequera kennenzulernen.

Archidona

Reiseatlas: S. 10, D 2
Obwohl **Archidona** (8600 Einw.) wenig besucht wird, ist es doch eine Perle unter den andalusischen Kleinstädten. Das historische Zentrum steht in seiner Gesamtheit unter Denkmalschutz. Mit der zentral gelegenen **Plaza Ochavada** besitzt Archidona den wohl einzigen achteckigen Platz Andalusiens und vielleicht sogar ganz Spaniens. 1780 gaben die damaligen Feudalherren, die Herzöge von Osuna, ihn in Auftrag, um ein als unhygienisch geltendes Altstadtviertel zu sanieren. Achteckige Grundrisse waren damals in Frankreich im Rahmen des klassizistischen Baustils gerade in Mode. Den beiden einheimischen Architekten gelang erfolgreich die Umsetzung der Vorgabe *a lo francés* in eine volkstümliche Sprache. Nach Art eines arabischen Patios ist die ansonsten an allen Seiten bebaute Plaza nur durch Torbögen zu betreten. Die verschieden langen Seiten werden von weißen Häusern gesäumt, deren Türen und Fenster von rotem Ziegelmauerwerk umrahmt sind. Cafés stellen auf der Plaza Ochavada Tische ins Freie. In den Gassen nebenan finden sich einige Tapabars.

Ein weiteres bemerkenswertes Baudenkmal ist **La Cilla,** das Zehnthaus. Einziger Schmuck des ansonsten – dem Zweck entsprechend – sehr schlichten Gebäudes ist das schöne Barockportal (18. Jh.) mit dem Wappen der Herzöge von Osuna. Diese übten bis ins 19. Jh. hinein die Feudalherrschaft über Archidona aus. Im Zehnthaus lagerten sie die Abgaben, die die Bevölkerung in Form von Naturalien (Getreide, Olivenöl usw.) entrichten musste.

Castillo

Malerisch schmiegt sich Archidona an den Hang eines Berges, dessen strategisch günstige Lage schon die Phönizier und Karthager zu schätzen wussten, denn hier verlief der Handelsweg zwischen ihren Hafenstädten Gadir (heute Cádiz) und Cartagena. Auf den Resten der karthagischen Festung errichteten die Araber im 9. Jh. eine **Burg,** von der zwei Verteidigungsringe noch vorhanden sind. Sie sicherten nur die der heutigen Stadt zugewandte Seite des Bergs, denn die andere ist so steil, dass sie als uneinnehmbar galt. 1462 konnten die christlichen Truppen die Burg von Archidona immerhin erst nach zweimonatiger Belagerung stürmen.

Schon die Aussicht ist den Aufstieg wert, der von Osten her durch ein restauriertes maurisches Tor führt. In arabischer Zeit umschlossen die Burgmauern das Wohnhaus des Gouverneurs, eine Zisterne und eine Moschee. Letztere blieb außergewöhnlich gut erhalten. Sie wurde nach der Reconquista in ein Marienheiligtum umgewandelt, den **Santuario Virgen de Grácia.** Königin Isabella die Katholische stiftete das Taufbecken. Die drei älteren, in die Moschee hineingebauten Kirchenschiffe weisen nach Osten. Im 17. Jh. wurden drei weitere Schiffe in Nord-Süd-Richtung hinzugefügt.

Oficina de Turismo: Plaza Ochavada, 29300 Archidona, Tel. 952 71 64 79.

Hotel Escua: Ctra. Jeréz–Cartagena km 176, Tel. 952 71 70 21, Fax 952 71 71 42, www.hotelescua.com. Hübscher Komplex im örtlichen Baustil etwas außerhalb der Stadt. Zimmer im Landhausstil, gut ausgestattet. Im rustikalen Restaurant saisonal wechselnde Hausmannskost, traditionelle Schmorgerichte (*guisados*) aus dem Holzofen

(Halbpensionsmenü 13 €). DZ ca. 60, DZ spezial (mit Salon und Jacuzzi) ca. 98 €.

Züge: Vgl. Antequera. Bahnhof 7 km nördlich der Stadt an der Ma-221 nach Villanueva.

Garganta del Chorro

Reiseatlas: S. 9, C 3

Für Kletterer sind die oftmals senkrechten Wände der **Garganta del Chorro** (auch Desfiladero de los Gaitanes genannt) ein Eldorado. Bis zu 400 m tief, 3 km lang und manchmal nur 10 m breit hat sich der Río Guadalhorce hier entlang einer tektonischen Bruchlinie in das Kalkgebirge geschnitten. Spektakulär verläuft die alte Eisenbahnlinie Málaga–Córdoba am Ostrand der unter Naturschutz gestellten Schlucht durch zwölf Tunnel und über sechs Brücken.

Nördlich der Schlucht erhält der Río Guadalhorce Zufluss durch den Río Turón und den Río Guadalteba. Sie wurden zu drei Seen aufgestaut, um die flussabwärts gelegenen Zitruskulturen zu bewässern. Landschaftlich am reizvollsten und zum Baden am besten geeignet ist der südwestliche See **Embalse del Conde de Guadalhorce.** Eine Stichstraße führt von Süden an seinem Ufer entlang, ein riesiges Campinggelände passierend, bis zum großen Damm des Doppelstausees **Embalse de Guadalteba-Guadalhorce.** Unterwegs wird ein Tunnel passiert, vor und hinter dem sich jeweils Parkplätze befinden. Hinter dem zweiten Parkplatz ist die Weiterfahrt Anliegern vorbehalten (Schranke).

Der kleinere, ältere **Embalse Gaitanejo** liegt unterhalb der großen Seen unmittelbar am engen Nordausgang der Garganta del Chorro. Er wird heute nicht mehr gebraucht, ist an den Ufern dicht bewachsen und bietet zahlreichen Pflanzen und Tieren Lebensraum. Hier kreisen oft Gänsegeier und Steinadler.

Rundweg

Etwa 1 Std. dauert diese leichte Wanderung. Vor dem Tunnel an der Zufahrt zum Staudamm des Embalse de Guadalteba-Guadalhorce (s. o.) läuft man einen Fahrweg rechts aufwärts (Schild: *Desfiladero de los Gaitanes*). An einer Gabelung geht es zunächst links zu einer Aussichtsplattform mit schönem Blick über die Stauseen. Zurück an der Gabelung gelangt man in der anderen Richtung auf dem Sendero de Gaitanejo durch Kiefernwald in knapp 30 Min. zum ehemaligen Wasserkraftwerk am Beginn der Garganta del Chorro.

Von hier kann man zwar einen Blick in die Schlucht werfen, aber zurzeit nicht hineinlaufen. Der sogenannte **Caminito del Rey,** ein schwindelerregender Pfad in der Steilwand, führte früher durch die gesamte Schlucht nach Süden und diente den Arbeitern zum Heranschaffen von Baumaterial für das Kraftwerk. Zu dessen Einweihung reiste 1921 König Alfonso XIII. aus Madrid an und soll ein Teilstück des Weges begangen haben. Inzwischen mussten die Behörden den Caminito del Rey wegen Baufälligkeit der Stege und Geländer sperren. Er soll in den kommenden Jahren repariert werden. Solange dies nicht der Fall ist, geht man vom Kraftwerk aus nordwärts auf einem gut ausgebauten Weg am Embalse Gaitanejo entlang, der nach ca. 15 Min. geradeaus in einen Pfad übergeht. Dieser verlässt das Tal ansteigend und führt zurück zum Parkplatz.

Bobastro

Wie ein Adlerhorst sitzt südlich der Garganta del Chorro die sagenumwobene Burg von **Bobastro** auf der Hochebene Mesas de Villaverde. Hier unterhielt von 850 an mehrere Jahrzehnte lang Omar Ben Hafsún sein Hauptquartier, ein Rebellenführer aus westgotischem Geschlecht, dessen Vorfahren zum Islam übergetreten waren. Er selbst blieb diesem Glauben nur in seiner Jugend treu, dann konvertierte er zum Christentum. Von Bobastro ausgehend leitete er einen frühen Versuch der Reconquista ein. Mijas (s. S. 110 f.), wo damals mehr Christen als Mauren lebten, fiel ihm rasch zu. 856 ließ er sich zum König Samuel I. krönen und nannte sein Reich, das er mit der Zeit auf die gesamte Südhälfte Andalusiens ausdehnen konnte, Reino de Mijas. Bemüht, Bündnisse mit christlichen Herrschern in Nordspanien zu schließen, trachtete er danach, das Maurenreich in die Zange zu nehmen. 891 erlitt er allerdings bei dem Versuch Córdoba zu erobern eine entscheidende Niederlage. Erst nach seinem Tod 917 bahnte sich die unumschränkte Herrschaft des Kalifats in Andalusien an.

An der (beschilderten) Zufahrt nach Bobastro weist nach etwa 2,8 km links ein Schild zur **Iglesia Mozárabe,** einer angeblich von Omar Ben Hafsún errichteten, vielleicht aber auch älteren Kirche, in der er zunächst beigesetzt wurde. Abd-ar Rahman I. ließ den Leichnam allerdings exhumieren, nach Córdoba überführen und dort an den Schandpfahl nageln. Eine verwunschene Stimmung liegt über der Kirchenruine, die auf einem knapp 500 m langen Fußweg zu erreichen ist. Ihre drei Schiffe wurden regelrecht aus dem Fels herausgeschnitten und sind durch Hufeisenbögen miteinander verbunden.

Nach weiteren 2,5 km endet die Straße auf dem Gipfelplateau bei einem riesigen Wasserspeicherbecken. Dort steht die Ruine des **Castillo de Bobastro.** Es blieben nur Grundmauern des einstmals mächtigen Alcázar, denn Abd-ar Rahman I. nahm Bobastro 927 ein und befahl den befestigten Herrschersitz zu schleifen. Dennoch lohnt die Auffahrt wegen des Panoramablicks, der über Berge und Täler in die Ferne schweift.

El Chorro

Den winzigen Ort **El Chorro** am Südausgang der Garganta del Chorro, ursprünglich kaum mehr als eine Bahnstation, hat sich das bunte Völkchen der Kletterfreaks zum Standquartier erkoren. Sie quartieren sich oft wochen- oder monatelang in einfachen Herbergen oder auf dem Campingplatz ein, um ihrer Passion zu frönen. Nur im Hochsommer wirkt El Chorro wie ausgestorben, denn dann ist es zu heiß zum Klettern.

Hotel Mesón La Posada del Conde: Barriada Conde del Guadalhorce 16–18, Tel. 952 11 28 00, Fax 952 11 28 05. Wunderschön am Staudamm gelegen. Helle, gut ausgestattete Zimmer. Im Restaurant Grillspezialitäten (14–16 €). DZ 80–90 €.

Estación: El Chorro, Tel. 952 49 50 04. Witziger Treffpunkt der Kletterer ist das schattige Terrassenlokal im Bahnhof, auch als Bar Isabel bekannt. Tellergerichte *(platos combinados)* um 4 €. Auch vier einfache Zimmer – ehemalige Bahnarbeiterquartiere – werden vermietet (DZ ca. 24 €).
Castillo de Bobastro: Juni–Sept., eine Bar serviert bei der Burgruine Erfrischungen.

Aventur El Chorro: nahe Bahnhof, Tel. 952 49 52 18. Organisiert geführte Wanderungen und Kletterkurse und vermietet Mountainbikes (ca. 2 €/Std.), mit denen sich – gute Kondition vorausgesetzt – die Hochebene zu beiden Seiten der Schlucht erkunden lässt. Mit etwas Glück sind dort Steinböcke zu beobachten.

Züge: In El Chorro hält Linie A 3a Málaga–Sevilla 1–2 x tgl. In Bobadilla (eine Station weiter nördlich) Umsteigemöglichkeiten.

Fuente de Piedra

Reiseatlas: S. 9, C 2
Der größte natürliche See Andalusiens, die **Laguna de Fuente de Piedra,** ist zugleich der einzige Binnensee Europas, an dem Flamingos brüten, und neben der französischen Camargue der wichtigste ihrer Brutplätze überhaupt. Dies ist der Tatsache zu verdanken, dass sein Wasser einen hohen Salzgehalt aufweist. Die Hänge herabrinnendes winterliches Regenwasser führt dem See – wenn auch in geringen Mengen – aus dem Gestein gelöste Salze zu. Da er in einer abflusslosen Senke liegt und die Verdunstung den Niederschlag überwiegt, reichert sich das Salz in seinem Wasser immer mehr an. So können zwar keine Fische in der Lagune überleben, aber sie ist von kleinen Krebsen und Muscheln bevölkert, die neben Algen und In-

Richtig Reisen-Tipp: Laguna de Fuente de Piedra – Flamingos in freier Wildbahn

Zwischen Januar und August halten sich bis zu 40 000 Flamingos in der Lagune auf. Sie brüten hier von März bis Mai. In günstigen Jahren, wenn viel Wasser vorhanden ist, ziehen sie Tausende von Jungtieren auf. Um zu verhindern, dass in trockenen Jahren, wie früher oft geschehen, viele Jungvögel aufgrund von Nahrungsmangel sterben, wird heute bei Bedarf Wasser in die Lagune gepumpt.

Seit 1983 steht die Laguna de Fuente Piedra unter besonders strengem Schutz und ist eingezäunt. Das Betreten der Reserva Integral ist nicht erlaubt. Es besteht jedoch die Möglichkeit, den See per Auto oder Fahrrad zu umrunden (ca. 20 km) und hier und da Beobachtungsstopps einzulegen. Ein Fernglas im Gepäck ist dabei von Vorteil. Beste Tageszeit ist der frühe Morgen, wenn die Luft noch nicht über dem See flimmert. Die Flamingos bevorzugen den tieferen Südwestteil der Lagune. Wer den See vom Ort **Fuente de Piedra** aus gegen den Uhrzeigersinn umfährt, trifft zunächst beim Besucherzentrum (s. u.) auf den Mirador del Cerro del Palo. In diesem Teil des Sees halten sich die Vögel aber nur bei hohem Wasserstand auf. Nach ca. 5 km ab Fuente de Piedra wird dann der Gutshof La Herriza passiert. 2 km weiter befindet man sich genau gegenüber der Brutkolonie. Wer am Nachmittag kommt, trifft bessere Sichtverhältnisse vom Ostufer aus an. Dort kann man beim Gutshof La Plata einen 300 m von der Straße entfernten, steinigen Hügel besteigen, um auf den See zu blicken.

sekten den Speiseplan der Flamingos bestimmen. Dämme im See, auf denen die Flamingos gern ihre Nester aus Schlamm bauen, teilten früher Salinenbecken ab. Von 1892 bis 1951 wurde hier Salz gewonnen.

Mit den Jahreszeiten und von Jahr zu Jahr schwankt der Wasserstand – den unterschiedlichen Regenmengen entsprechend – sehr stark. Im Winter ist der See bis zu 2 m tief und erreicht mit knapp 7 km Länge und 2,5 km Breite seine größte Ausdehnung. Im Sommer bleibt davon oft nur eine dicke Salzkruste zurück.

Centro de Visitantes José Antonio Valverde: bei Fuente de Piedra an der Nordwestseite des Sees, Tel. 952 11 17 15, Di–So 10–14, 17–20 Uhr. Hinweise auf Beobachtungsstellen, Verkauf von Karten, Verleih von Ferngläsern (gegen Gebühr).

Hotel Fuente Piedra: Av. de Andalucía 1, Tel./Fax 952 73 60 14, www.hotelfuentepiedra.com, 24.12.–7.1. geschl. Wunderschöne Villa im Kolonialstil (19. Jh.) mit Innenhof, Garten und Pool, schöner Blick auf die Lagune, komfortable Zimmer. DZ 70 €, Suite mit Hydromassage-Bad 120 €.

Hostal La Laguna: Autovía Sevilla–Málaga km 135,4, Tel. 952 73 52 92. Freundliches kleines Haus an der Ausfahrt der Autovía nach Málaga, mit Terrassenrestaurant, Parkplatz vor dem Haus. DZ um 40 €.

Züge: Linie A 4 Bobadilla–Córdoba 2 x tgl. In Bobadilla Umsteigemöglichkeiten. Bahnhof westlich von Fuente de Piedra.
Busse: Von Antequera 4–6 x tgl. mit *Casado* (Tel. 952 84 19 57) nach Fuente de Piedra.

3 Ronda

Cityplan: S. 143, **Reiseatlas:** S. 14, E 1
In Ronda wurde der spanische Stierkampf in seiner heutigen Form erfunden. Schmuggler und Banditen machten einst die Umgebung unsicher. Und Poeten waren berührt von diesem Ort, der sich wie ein gespaltener Amboss über einem Hochplateau erhebt.

Ronda wurde schon von den Phöniziern vor nahezu 3000 Jahren besiedelt. Die Römer nannten den Ort Arunda. Später war die Stadt 770 Jahre lang eine maurische Festung, bis sie 1485 von den Katholischen Königen erobert wurde. Heute hat Ronda ca. 36 000 Einwohner, ist durch seine lange Geschichte reich an Sehenswürdigkeiten und mit Sicherheit einer der Höhepunkte jeder Andalusienreise. In den spanischen Sommerferien schieben sich zahlreiche Tagesausflügler durch die Straßen, die nicht zuletzt wegen der angenehm kühlen Temperaturen gerne nach Ronda kommen. Demgegenüber kann es im Winter aufgrund der Höhenlage (ca. 750 m über dem Meer) empfindlich kalt werden. Gelegentlich fällt sogar Schnee. Die besten Zeiten sind also Frühjahr und Herbst. Wer ein Quartier am Mittelmeer hat, kommt vielleicht für einen Tag. Um alle Sehenswürdigkeiten und auch die Umgebung zu erkunden, bietet sich ein längerer Aufenthalt an.

Stadtbild

Alt- und Neustadt von Ronda trennt ein 160 m tiefer Spalt – **El Tajo.** Tief unten fließt der Río Guadalevín. Der südliche Stadtteil **La Ciudad** entspricht der Altstadt, in der sich Baudenkmäler und Sehenswürdigkeiten konzentrieren. Zentrale Achse ist die Calle Armiñan mit Souvenir- und Antiquitätengeschäften, manche kitschig, einige stilvoll und wieder andere authentisch altmodisch.

Puente Nuevo

Die ›neue Brücke‹ ist Wahrzeichen der Stadt und beliebtes Fotomotiv. In jedem Bericht und jeder Reportage über Ronda oder gar Andalusien ist der **Puente Nuevo** 1 zu sehen. Eine Brücke an derselben Stelle aus dem Jahre 1735 hielt nur sechs Jahre, dann brach sie zusammen. 50 Menschen kamen damals ums Leben. Die heutige Konstruktion entstand zwischen 1751 und 1793. Sie ist knapp 100 m hoch und erlaubt beeindruckende Blicke in die Tiefe und auf die *casas colgadas* (hängenden Häuser), die abenteuerlich am Rand der Schlucht stehen. Im Raum über dem mittleren Bogen informiert

Ronda: Cityplan

Sehenswürdigkeiten

1 Puente Nuevo
2 Casa del Rey Moro
3 Palacio del Marqués de Salvatierra
4 Puente Viejo
5 Puente Árabe
6 Baños Arabes
7 Jardines Ciudad de Cuenca
8 Casa del Gigante
9 Museo Peinado
10 Palacio Mondragón/Museo de Ronda
11 Casa Don Bosco
12 Museo de Lara
13 Alminar
14 Museo del Bandolero
15 Ayuntamiento (Rathaus)
16 Catedral Santa María la Mayor
17 Puerta de Almocáber
18 Iglesia Espíritu Santo
19 Alameda del Tajo
20 Hotel Reina Victoria
21 Plaza de Toros

Übernachten

1 Parador de Ronda
2 Hotel San Gabriel
3 Hotel Alavera de los Baños
4 Hotel Don Miguel
5 Hotel Royal
6 Hostal Virgen del Rocio
7 Camping El Sur

Essen und Trinken

8 Tragabuches
9 Don Miguel
10 Pedro Romero
11 Doña Pepa
12 Almocábar
13 Hermanos Macías/Bar de la Verdad

Sevilla, Cádiz
Plaza de la Concepción
Bahnhof
Plaza del Ahorro
Córdoba, Granada, Madrid
Sevilla
Ollerías
Molino
Jerez
San José
Lauría
Infantes
Almendra
Setenil
Dr. Cajal
Naranja
Portichuelo
Montes
EL MERCADILLO
M. Souviron
Carrera Espinel
María Cabrera-Prim
Plaza los Descalzos
S. Vicente de Paul
Capitán Cortés
Pozo
Plaza de la Merced
El Niño Marina
L. Borrego
Alameda del Tajo
Virgen de la Paz
Plaza del Socorro
P. Romero
Taxi
Plaza de C. Abela
Santa Cecilia
Río Rosas
Las Tiendas
Ermita
Los Vicente
Cerillo
Santa Cecilia
Ríos
Paseo de Blas Infante
Nueva
Villanueva
Los Remedios
Plaza de España
Real
La Mina
El Tajo
Río Guadalevín
Sto. Domingo
Tenorio
S. Antonio
Ruedo D. Elvira
M. de Salvatierra
Armiñán
Plaza del Gigante
Plaza María Auxiliadora
Ruedo Gameros
M. Montero
Moctezuma
Esca-lona
Carmen
Escalera
Plaza Duquesa de Parcent
LA CIUDAD
Camino al fondo del Tajo
Armiñán
Espíritu Santo
Algeciras
Marbella, Málaga
200
400 m

ein kleines Brückenmuseum über den Bau und die Technik (Centro de Interpretación del Puente Nuevo, Mo–Fr 10–18 (Winter) bzw. 10–19 (Sommer), Sa 10–13.45, 15–18, So/Fei 10–15 Uhr, 2 €).

Casa del Rey Moro

Die **Casa del Rey Moro** 2 (Haus des Maurenkönigs) – in Wirklichkeit ein großzügiger Palast – geht auf das 11. Jh. zurück. Ein Großteil des restaurierungsbedürftigen Gemäuers stammt allerdings aus dem 18. Jh. Vom Palast führte eine Treppe mit 365 Stufen durch eine Art Stollen (*La Mina*) zum Fluss hinunter. Von dort mussten unter maurischer Herrschaft Christensklaven Wasser in Säcken nach oben tragen. Die Versorgung der Palastbewohner und der Stadt war so auch in Zeiten der Belagerung gewährleistet. Nach der Reconquista schickten die Katholischen Könige als Zeichen des Triumphs die Ketten der befreiten Sklaven in die damalige Hauptstadt Toledo, wo sie noch immer in der Klosterkirche San Juan de los Reyes hängen. Trittsichere Besucher können die heute nur noch ca. 200 Stufen hinabsteigen, um sich einen Eindruck von der Tortur zu verschaffen. Die Räume des Palastes sind nicht zu besichtigen, wohl aber die schönen Gärten, die über mehrere Ebenen hinweg 1912 unter der Leitung des französischen Architekten Nicolas Forestier angelegt wurden (Calle Santo Domingo 9, tgl. 10–19 Uhr, im Sommer bis 20 Uhr, 4 €).

Palacio del Marqués de Salvatierra

Ein typischer Adelspalast aus dem Jahre 1786 ist der **Palacio del Marqués de Salvatierra** 3. Er kann nur von außen bewundert werden. Das Familienwappen des Markgrafen Salvatierra über dem Portal tragen die Figuren von vier nackten Indios. Zwei davon verstecken ihre Scham, während die beiden anderen dem Betrachter frech die Zunge herausstrecken. Damit wird auf die Rolle der Familie Salvatierra bei der Verwaltung der spanischen Kolonien in Süd- und Mittelamerika angespielt.

Am Fuß von La Ciudad

Weniger spektakulär als die ›neue Brücke‹ führt weitaus tiefer der **Puente Viejo** 4 (alte Brücke) über die Schlucht El Tajo. Er stammt von 1616, wurde aber auf einem maurischen Fundament errichtet. Jenseits schließt ein sehr authentischer Teil des Stadtviertels El Mercadillo (s. u.) an, wo die Einheimischen noch meist unter sich sind. Vom Puente Viejo blickt man auf eine noch weiter unten gelegene Brücke, die zur Zeit der Drucklegung wegen Restaurierungsarbeiten gesperrt war: der **Puente Árabe** 5 (manchmal auch als ›römische Brücke‹ bezeichnet). Die Mauren errichteten ihn im 14. Jh. Der Name deutet

Die Stadt auf dem gespaltenen Felsplateau: Nirgendwo gibt sich Andalusien dramatischer als in Ronda

aber an, dass hier schon in römischer Zeit eine Brücke den Fluss überspannte.

Vom Puente Viejo führt eine Treppengasse hinab zu den **arabischen Bädern** **6** (13./14. Jh.), den am besten erhaltenen in Spanien. Sie mussten kaum restauriert werden. Mit einem Schöpfrad holten die damaligen Bademeister das Wasser aus dem Fluss und leiteten es in den Heizraum und die Badesäle. Es gab, wie auch schon bei den Römern, drei Bereiche: einen Schwitzraum mit heißem Wasser, einen Kühlraum und einen Erholungsbereich mit gemäßigten Temperaturen (Mo–Fr 10–18, Sa 10–13.45, 15–18 Uhr, So/Fei 10–15 Uhr, 2 €).

Anschließend bietet sich vom Puente Viejo ein Aufstieg zum Puente Nuevo durch die **Jardines Ciudad de Cuenca** **7** an. Auf mehreren Ebenen liegen die Gärten malerisch am Rand der Schlucht (tgl. Sommer 9.30–21.30, Winter 9.30–18.30 Uhr, Eintritt frei).

Casa del Gigante

Ein gut erhaltener Wohnpalast der Nazari-Epoche (13.–15. Jh.) ist die **Casa del Gigante** **8**. Sie weist eine Vielzahl arabischer Bauelemente auf: Hufeisenbogen, Stuckdekoration, schön verzierte Holzdecken. Nach seiner Restaurierung ist das Gebäude wieder für Besucher geöffnet (Plaza del Gigante, Mo–Fr

Los Bandoleros – Räuber in den Bergen

Thema

Zahlreiche Legenden ranken sich um die Räuber vergangener Jahrhunderte in den Bergen von Ronda und Málaga. Einige erlangten einen Ruf wie der berühmte Robin Hood aus Sherwood Forest. Ihr edler Wahlspruch lautete: Bestehle die Reichen, um die Beute unter den Armen zu verteilen.

Die südspanischen Gebirgszüge waren bis ins 20. Jh. hinein ziemlich unzugänglich und einsam. Für Reisende war ihre Durchquerung gefährlich, denn sie boten den legendären *bandoleros* (Straßenräuber, Banditen) Gelegenheit, dem Wegelagern, Rauben und Schmuggeln ungestört nachzugehen. Die sozialen Gegensätze zwischen den Großgrundbesitzern und der Masse mittelloser Landarbeiter und Tagelöhner trugen dazu bei, dass im ländlichen Andalusien das Räubertum lange Zeit nicht in den Griff zu bekommen war. Bis heute sind die Geschichten darüber in Andalusien beliebt und werden häufig romantisch verklärt. Die Opfer dürften vorwiegend reiche Viehbarone und Handelsreisende gewesen sein, während manche Bande ihre Beute mit der armen Landbevölkerung teilte, die deshalb den Banditen gegenüber recht positiv eingestellt war.

Die *bandoleros* lassen sich nicht einer bestimmten Epoche oder Region zuordnen. Vom 18. bis zum Beginn des 20. Jh. traten sie jedoch gehäuft in der Gegend von Ronda auf. Zu den frühesten überlieferten Namen gehört Diego Mateos, *el bandido generoso* (der edelmütige Bandit). Er wurde 1781 gefangen genommen, gehängt und gevierteilt.

Einer der bekanntesten Räuber war José María Hinojosa *(El Tempranillo).* 1820 beging er mit 15 Jahren einen Ehrenmord, flüchtete in die Sierra Morena und schloss sich der Bande *Siete niños de Écija* (Sieben Jungs von Écija) an. Als 20-Jähriger befehligte er bereits 14 Männer, die Kutschen überfielen und die Reisenden zwangen, Wegezoll zu zahlen. Auf Begehr der Bevölkerung hin tilgte der damalige spanische König seine Verbrechen. Wenig später starb *El Tempranillo* im Alter von 28 Jahren im Streit mit ehemaligen Weggefährten. Zu derselben Bande gehörte auch José Ulloa, genannt *El Tragabuches* (Fötus eines Esels). Den Spitznamen verdankte er der Tatsache, dass sein Großvater einen solchen wegen einer Wette essen musste. In seinem abwechslungsreichen Leben war er zunächst Stierkämpfer und dann – beeinflusst durch seine schöne Frau La Nena, eine Tänzerin – Flamencosänger. Zum *bandolero* wurde er, nachdem er 1814 seine Frau mit ihrem Liebhaber überrascht und diesen ermordet hatte.

Nachdem 1844 die *Guardia Civil* (spanische Gendarmerie) gegründet worden war und sich die Telegrafie allmählich durchsetzte, bahnte sich das Ende der Ära der *bandoleros* an. 1910 überraschte die *Guardia Civil* den Wegelagerer Francisco Ríos González *(El Pernales)* in der Sierra de Alcaraz bei Albacete und erschoss ihn. Francisco Flores Arrocha, der seinen Cousin und dessen Familie wegen Streitigkeiten um ein Stück Land ermordet hatte und anschließend Bandit geworden war, wurde 1932 von der *Guardia Civil* erschlagen. Mit Juan Mingolla *(Pasoslargos),* der sich jahrzehntelang als Wilddieb betätigt hatte und auf dessen Konto einige Rachemorde gingen, erschossen die Gendarmen 1934 den letzten *bandolero.*

10–18, Sa 10–13.45, 15–18, So/Fei 10–15 Uhr, 2 €).

Schräg gegenüber ist im Stadtpalast Casa del Marqués de Montezuma das **Museo Peinado** **9** untergebracht. Der Maler Joaquín Peinado (1898–1975) wurde in Ronda geboren, verbrachte aber den größten Teil seines Lebens in Paris. In seinem Stil ließ er sich stark von seinem Zeitgenossen Picasso beeinflussen (Plaza del Gigante, Mo–Sa 10–14, 16–19, So 10–14 Uhr, 3 €).

Palacio Mondragón und Museo de Ronda

An der lauschigen, mit Orangenbäumen bepflanzten Plaza Mondragón erhebt sich der wehrhaft wirkende **Palacio Mondragón** **10**. Hier residierten sowohl die maurischen Herrscher aus Granada als auch später die Katholischen Könige.

Aufgrund zahlreicher Umbauten hat sich das Bild des Palastes im Laufe der Jahrhunderte stark verändert. Die wuchtige Fassade erhielt er erst im 18. Jh. Seine Ecktürme im Mudéjarstil weisen über dem Dachgesims zwei Zwillingsfenster auf. Wie der Palast in islamischer Zeit ausgesehen hat, lässt sich nur vermuten. Wahrscheinlich kommen die Innenhöfe dem maurischen Original noch am nächsten. Zwar wurden auch sie von den christlichen Herrschern umgestaltet. Die arabischen Elemente sind aber nicht zu übersehen. Der Palast beherbergt heute das sehenswerte Stadtmuseum, das **Museo de Ronda** (Mo–Fr 10–18, Sa 10–13.45, So/Fei 10–15 Uhr, 2 €).

Casa Don Bosco

Ein Beispiel für adelige Wohnkultur des 20. Jh. ist die modernistische **Casa Don Bosco** **11**. Die Familie Grandinos hinterließ das Gebäude dem Salesianerorden. Alte und gebrechliche Ordensangehörige bewohnen heute das obere Stockwerk. Sehenswert ist der verspielt angelegte Garten mit herrlicher Aussicht auf die Umgebung von Ronda. Im Inneren sind Möbel und Wandbehänge aus dem 19. Jh. zu bewundern (Calle Tenorio 20, tgl. 10–18 Uhr, 1,20 €).

Museo de Lara

Dieses private ethnografische Museum verdankt die Stadt dem Gönner Juan A. Lara Jurado. In einem Stadtpalast aus dem 18. Jh. verteilen sich auf zwei Stockwerke ca. 3000 Exponate: Uhren, antike Waffen, regionale Kunstwerke und Antiquitäten, archäologische Funde, Musikinstrumente. Beim **Museo de Lara** **12** handelt es sich um das größte Privatmuseum Andalusiens. Im Keller ließ der Gründer einen typischen Weinkeller einrichten. Gelegentlich finden hier Flamencoaufführungen statt (Calle Armiñan 29, www.museolara.org, tgl. 11–19 Uhr, 4 €).

Alminar und Museo del Bandolero

An der Plaza Abul Beka steht der maurische **Alminar** **13** aus dem 14. Jh. Daneben befand sich ehemals eine Moschee, die 1485 zur Kirche San Sebastián umgebaut wurde. Geblieben ist nur das Minarett mit einem maurischen Hufeisenbogen als Eingangstor. Das Innere ist nicht zu besichtigen.

Nicht weit davon liegt das **Museo del Bandolero** **14** (s. S. 146), das sich den berühmten Räubern der Region widmet. Der Besucher gewinnt Einblicke in ihr Leben und kann sich ein Bild von ihrem Aussehen machen (Calle Armiñán 65, tgl. 10.30–18 Uhr, 3 €).

Ayuntamiento und Catedral

Im südlichen Teil der Altstadt steht an der parkähnlichen Plaza de Duquesa de Parcent der **Ayuntamiento** **15** (Rathaus). Nach seiner Errichtung 1734 diente er zunächst als Kaserne. Seinen heutigen Zweck erfüllt das langgestreckte Gebäude erst seit 1978.

Vis-à-vis erhebt sich die Kathedrale **Santa María la Mayor** **16**. Ihr auffälligstes Architekturmerkmal ist der Glockenturm, ein ehemaliges Minarett, das ein achteckiger Renaissanceaufsatz krönt. Einige Archäologen vermuten, dass an dieser Stelle schon ein römischer Tempel stand. Gesichert ist, dass die Mauren hier ihre Hauptmoschee errichteten. Von dieser blieb nur eine Gebetsnische mit Hufeisenbogen und Stuckdekorationen erhalten. Gleich nach der Eroberung Rondas

1485 begannen die Christen mit dem Umbau. Die Arbeiten zogen sich bis Ende des 17. Jh. hin, denn ein Erdbeben zerstörte 1580 den halbfertigen Bau. Ihm fielen mit Ausnahme der Säulen und Bögen der Seitenschiffe die meisten gotischen Elemente der Kirche zum Opfer. Das Chorgestühl aus Zedern- und Nussholz wurde im Renaissancestil geschaffen, der prächtige Hauptaltar im Stil des Barock (tgl. 10–18 Uhr, So mittags geschl., 3 €).

Puerta de Almocáber und Iglesia Espíritu Santo

Einlass in die maurische Medina, die heutige Altstadt, gewährte und gewährt bis heute von Süden her die **Puerta de Almocáber** 17 (13. Jh.). Zwei mächtige Rundtürme flankieren das hufeisenförmige Tor. Da es sich seinerzeit um den wichtigsten Eingang zur Stadt handelte, erbauten die Christen gleich nach der Eroberung 1485 unmittelbar dahinter die **Iglesia Espíritu Santo** 18 (Heiliggeistkirche). Die trutzige Kirche wirkt wie ein Mahnmal des Sieges der Christen über die Mauren. Außerhalb der ehemaligen Stadtmauer liegt das Viertel San Francisco. Einige Bars und Cafés bieten sich hier für eine Rast abseits des großen Rummels an.

El Mercadillo

Jenseits der Schlucht liegt **El Mercadillo,** die Neustadt, die allerdings schon um das Jahr 1500 gegründet wurde. Damals erhoben die Stadtväter Zölle auf alle Waren, die innerhalb der Stadtmauer umgeschlagen wurden. Die Händler verlegten daher ihre Geschäfte nach außerhalb, jenseits von El Tajo. El Mercadillo wartet zwar nicht mit so vielen Sehenswürdigkeiten auf wie La Ciudad, ist aber vielleicht gerade deswegen einen Besuch wert.

Der lebhafteste Teil des Stadtviertels liegt in unmittelbarer Nähe zur Plaza de Toros (s. u.). Vom Puente Viejo bis zur **Carrera Espinel** – der für die Einheimischen wichtigsten Einkaufsstraße – laden zahlreiche Geschäfte, Cafés und Bars zum Schlendern, Stöbern und zur Rast ein. Ein schattiger Park mit Aussichtsterrasse ist die **Alameda del Tajo** 19. Nordwestlich von dieser steht etwas abseits vom Geschehen in der Calle Jerez 25 das ehrwürdige **Hotel Reina Victoria** 20. Ende 1912/Anfang 1913 quartierte sich hier Rainer Maria Rilke (1875–1926) für einige Wochen ein und verfasste einen Teil der ›Duineser Elegien‹, seines bedeutendsten Spätwerks. Im Zimmer 208 wird mit einigen Ausstellungsstücken des Dichters gedacht (Besichtigung auf Anfrage).

Plaza de Toros

Die 1785 eingeweihte **Plaza de Toros** 21 (Stierkampfarena) von Ronda ist die älteste ihrer Art in ganz Spanien. Sie fasst 5000 Besucher. Der Kampfplatz hat einen Durchmesser von 66 m. Beim Finale muss der Matador den Stier in die Mitte treiben. Bei dieser Größe gestaltet sich das manchmal recht langwierig. Jüngere Arenen sind daher meistens kleiner.

Stierkampf hat eine lange Tradition in Spanien (s. S. 42). Aber erst im 18. Jh. wurde die Variante zu Fuß – so wie heute betrieben – populär. Zuvor kämpfte man hoch zu Ross. Als Erfinder des Stierkampfes zu Fuß gilt Francisco Romero aus Ronda. Bei der Einweihung der Arena trat sein Enkel Pedro Romero (1754–1839) auf, der als 17-Jähriger seinen ersten Stier getötet hatte. Er perfektionierte den Ablauf des Kampfes. Im Laufe seiner Karriere brachte er es auf über 5000 Stiere. Seinen letzten Auftritt hatte er im Alter von 77 Jahren in Madrid. Sein Regelwerk, die ›Schule von Ronda‹, besitzt heute noch Gültigkeit. Im 20. Jh. brachte die ebenfalls aus Ronda stammende Familie Ordoñez berühmte Stierkämpfer hervor.

Antonio Ordoñez war mit Orson Welles befreundet und auch Ernest Hemingway war von ihm fasziniert. Viele Inspirationen für seinen Roman ›Tod am Nachmittag‹ stammen aus Ronda (Plaza de Toros mit Stierkampfmuseum, Paseo de Blas Infante, tgl. 10–18 Uhr, 6 €).

i **Oficina Municipal de Turismo:** Paseo de Blas Infante (Nähe Stierkampfarena), 29400 Ronda, Tel. 952 18 71 19, www.turismoderonda.es. Städtisches Tourismusbüro.

Wesentliches Element der *corrida*: das Kampfritual zwischen Mensch und Tier

Oficina de Turismo: Plaza de España 9, Tel. 952 16 93 11, Fax 952 16 93 14, www.andalucia.org, Sommer Mo–Fr 9–20, Sa/So/Fei 10–14 Uhr, Winter Mo–Fr 9–19.30, Sa/So/Fei 10–14 Uhr. Informationsstelle der andalusischen Landesregierung.

Parador de Ronda [1]: Plaza de España, Tel. 952 87 75 00, Fax 952 87 81 88, www.parador.es. Herrliche Lage am Puente Nuevo. Schöner Ausblick vom Pool und den meisten Zimmern. Stilvolle, moderne Einrichtung. Restaurant mit andalusischer Küche (Menü 28 €). Gäste-Parkplatz. DZ 185–196 €.

Hotel San Gabriel [2]: Calle Marqués de Montezuma 19, Tel. 952 19 03 92, Fax 952 19 01 17, www.hotelsangabriel.com. Atmosphärischer Stadtpalast (18. Jh.). Die geräumigen Zimmer sind liebevoll mit antiken Möbeln ausgestattet, entsprechen aber modernem Standard (Heizung, Klimaanlage etc.). Eine Besonderheit ist das kleine, niveauvolle Privatkino. DZ 91–131 €.

Hotel Alavera de los Baños [3]: Hoyo San Miguel, Tel./Fax 952 87 91 43, www.andalucia.com/alavera. Zehn individuell eingerichtete Zimmer mit maurischem Ambiente, zwei davon mit privater Terrasse. Schöner Garten, Pool. Im Restaurant gute spanisch-arabische Küche. Unter deutsch-spanischer Leitung. Öffentliche Parkplätze bei den nahe gelegenen arabischen Bädern. DZ mit Terrasse 90–100, ohne Terrasse 80–100 €.

Hotel Don Miguel [4]: Calle Villanueva 4/8, Tel. 952 87 77 22, Fax 952 87 83 77, www.dmiguel.com. Schöne Lage an der Schlucht, zu der einige Zimmer orientiert sind. Gutes Restaurant (s. u.), Parkgarage (9 €). DZ 85 €.

Hotel Royal 5: Calle Virgen de la Paz 42, Tel. 952 87 11 41, Fax 952 87 81 32, www.ronda.net/usuar/hotelroyal. Funktionale Zimmer, moderner Komfort (Klimaanlage, Heizung etc.). Parkplatz vorhanden. DZ ab 45 €.

Hostal Virgen del Rocio 6: Calle Nueva 18, Tel./Fax 952 87 74 25, elrocio@ronda.net. Nahe Puente Nuevo zentral gelegen. Funktionale kleine Zimmer. Restaurant im Haus. DZ ab 40 €.

Camping El Sur 7: Ctra. Ronda–Algeciras km 1,5, Tel. 952 87 59 39, Fax 952 87 70 54, www.campingelsur.com. Komfortabler Campingplatz 3 km südlich von Ronda mit Pool und gutem Freizeitangebot. Erwachsene 4, Wohnmobil 10, Zelt 4, Mindestpreis pro Person 10 €. Auch Vermietung kleiner Holzbungalows (40 €) oder Hütten (20–30 €) für je zwei Personen.

Tragabuches 8: Calle José Aparicio 1, Tel. 952 19 02 91, So/Mo geschl. Mit einem Michelinstern ausgezeichnet. Edles Ambiente und kreative andalusische Küche. Reservierung empfehlenswert. Degustationsmenü ca. 60 €.

Don Miguel 9: Plaza de España 3, Tel. 952 87 10 90, www.dmiguel.com. Im gleichnamigen Hotel. Außerordentlich schön an der Schlucht gelegen, mit Terrasse. Spezialitäten aus der Bergregion. Hauptgerichte um 20 €.

Pedro Romero 10: Virgen de la Paz 18, Tel. 952 87 11 10, www.ronda.net/pedroromero. Mit zahlreichen Stierkampfplakaten und Fotos dekoriert. Ortstypische Küche, Spezialität ist *rabo de toro,* eine Art Gulasch aus Ochsenschwanz. Hauptgerichte um 19 €.

Doña Pepa 11: Plaza del Socorro 10, Tel. 952 87 47 77, www.dpepa.com, tgl. 12–24 Uhr. Sehr beliebt ist die Terrasse auf dem Platz. Im Inneren auch hier zahlreiche Andenken an Stierkämpfe. Solide andalusische Küche, gutes Preis-Leistungs-Verhältnis. Tagesmenüs 10–14 €.

Almocábar 12: Calle Alameda 5, Barrio San Francisco, Tel. 952 87 59 77, Di Ruhetag. Bei

Erfrischung fürs Auge: gelbes Farbenmeer in der kargen Landschaft

Einheimischen sehr beliebt, nur ab und an kommen Touristen hierher. Besonders zu empfehlen ist die Tapas-Auswahl in der Bar. Hauptgerichte um 10 €.

Hermanos Macías/Bar de la Verdad 13: Calle Pedro Romero 3, Tel. 952 87 42 38, macias.restaurantesok.com, tgl. 12–24 Uhr. Tapabar mit deftiger einheimischer Küche. *Raciónes* um 7 €.

Feria de Ronda: 20.–23. Mai. Stadtfest zur Erinnerung an die Reconquista mit Viehmarkt.

Romería de Nuestra Señora de la Cabeza: erster Junisonntag. Wallfahrt zur mozarabischen Felsenkirche Virgen de la Cabeza (9./10. Jh.), 2 km westlich von Ronda.

Fiestas de Pedro Romero: erste Septemberwoche. Fest zu Ehren eines berühmten einheimischen Stierkämpfers (s. o.) mit Stierkämpfen in goyesker Tracht (s. S. 42) und Flamencofestival. Ohne Reservierung ist in dieser Woche kaum ein Zimmer zu bekommen.

Pangea: Tel. 952 87 34 96, www.pangea-ronda.com. Großes Angebot an Aktivitäten: Mountainbiketouren, Wanderungen, Ausritte.

Züge: Bahnhof im Norden der Stadt (Av. Andalucía). Linie A 5 Granada–Bobadilla–Ronda–Algeciras ca. 4 x tgl.

Busse: Busbahnhof im Norden der Stadt (Plaza de la Concepción, Tel. 952 87 26 57)). Mit *Portillo* nach Málaga über Torremolinos/Marbella ca. 4 x tgl.; mit *Amarillos* nach Málaga ca. 10 x tgl.; mit *Comes* nach Arcos und Jerez de la Frontera ca. 5 x tgl.

Mit dem Pkw: Öffentliche Parkhäuser an der Plaza de la Merced und der Plaza el Socorro (ausgeschildert). Der Parkplatz an der Plaza Teniente Arce ist eng und meist besetzt.

Cueva de la Pileta

Reiseatlas: S. 9, A 4

Ein spezielles Erlebnis ist der Besuch dieser völlig unbeleuchteten Tropfsteinhöhle, deren Besonderheit prähistorische Felszeichnungen sind. Die **Cueva de la Pileta** ist nur im Rahmen einer einstündigen Führung zugänglich. Mit ausgegebenen Gas-, Öl- oder Taschenlampen leuchtet man sich selbst den Weg aus. An den Wänden sind abstrakte Strichzeichnungen, seltsame Figuren und menschliche Darstellungen zu erkennen. Eindrucksvoll wirken die naturalistischen Darstellungen eines dicken Fisches, eines schwangeren Pferdes und eines Stierkopfes. Die ältesten Bilder sind ca. 25 000 Jahre alt. Die Höhle wurde erst 1905 von Bauern aus der Umgebung entdeckt. Im Inneren werden konstant 15 °C gemessen, warme Kleidung ist daher ratsam. Auch empfiehlt sich festes Schuhwerk (Tel. 952 16 73 43, tgl. 10–13, 16–17, im Sommer bis 18 Uhr, Führungen ca. stündlich, min. 4, max. 25 Pers., falls geschlossen, rufen oder hupen, der Führer wohnt in der Nähe, 6,50 €).

Anfahrt: Von Ronda auf der A-376 Richtung Algodonales/Jerez de la Frontera, dann Richtung Montejaque/Benaoján abbiegen und Beschilderung ›Cueva de la Pileta‹ folgen.

Ronda la Vieja

Reiseatlas: S. 9, B 3

Von der Straße nach Algondonales (A-376) zweigt bald hinter Ronda eine schmale Nebenstrecke zu den rund 1000 m hoch gelegenen **Ruinas de Acinipo** ab, die auch als **Ronda la Vieja** (altes Ronda) bekannt sind. Acinipo war eine bedeutende römische Bezirksverwaltungsstadt, über die Plinius und Ptolemaios in ihren geografischen Werken berichten. Obwohl nur Ruinen erhalten sind, lohnt der Besuch.

Eine mächtige Innenmauer des Theaters (1. Jh. v. Chr.) blieb stehen. Ausgrabungen förderten Galerie, Orchester und Bühne zu Tage. Auch sind noch Reste von Thermen und Wohnhäusern aus dem 7. Jh. v. Chr. zu sehen. 429 n. Chr. zerstörten die Vandalen Acinipo. Byzantiner, die im 6./7. Jh. diesen

Teil Spaniens zwischenzeitlich beherrschten, bauten den Ort noch einmal auf. Sie nannten ihn Runda, woraus die fälschliche Bezeichnung Ronda la Vieja wurde (wechselnde Zeiten, meist Di–So 10–17 Uhr, Auskunft in den Info-Büros in Ronda oder unter Tel. 952 18 71 19, Eintritt frei).

Die weißen Dörfer

Karte: S. 153
Diese klassische andalusische Route berührt zahlreiche malerische Ortschaften. Zu dem Beinamen *pueblos blancos* (span. weiße Dörfer) kamen sie, weil die Bewohner ihre Häuser regelmäßig kalken. Die Übersetzung könnte Verwirrung stiften, da einige der ›Dörfer‹ von der Einwohnerzahl her eher Kleinstädte sind. Jedoch bewahrten auch sie im Kern ihre dörfliche Struktur.

Setenil

Setenil 1 (3000 Einw.) iegt ca. 18 km nördlich von Ronda am stark ausgewaschenen Flussbett des Río Guadalporcún. Dieses weiße Dorf zeichnet sich durch die einzigartige Bauweise seiner Häuser aus. Sie ducken sich unter überhängende Felsen, wobei das Gestein zum Teil als Dach oder Wand dient. Die versteckte Lage machte es den Katholischen Königen schwer Setenil zu erobern. Erst 1484 gelang es. Im Zentrum erhebt sich die gotische **Iglésia Mayor**. Rundum gibt es in den **Felshäusern** zahlreiche kleine Bars. Meist geht es im Dorf sehr ruhig zu, außer im Sommer, wenn zahlreiche Ausflugsbusse von der Küste Ronda und Umgebung anfahren.

Hotel El Almendral: Ctra. Setenil–Puerta del Monte, Tel. 956 13 40 29, Fax 956 13 44 44, www.tugasa.com. Familiär geführtes Haus, etwas außerhalb gelegen, 28 helle Zimmer. Schöner Garten mit Pool, Restaurant. DZ ca. 65 €.

Terraza Barbacoa El Mirador: Calle Calejón (nahe Plaza Andalucía), Tel. 956 13 42 61, Di–So ab 12 Uhr. Grillrestaurant mit andalusischer Küche, auch Fisch und Tapas. Terrasse mit schönem Blick auf die ›Felshäuser‹. Gelegentlich speisen hier Reisegruppen. Tagesmenü um 7 €.

Busse: Mit *Sierra de las Nieves* (Tel. 952 23 12 00, www.pacopepe.com) nach Ronda Mo–Fr je ca. 5 x, Sa 2 x; mit *Comes* nach Arcos de la Frontera 1 x tgl.

Olvera

Von Setenil führt eine landschaftlich reizvolle Nebenstrecke nach **Olvera** 2 (8600 Einw.). Zwei Bauwerke dominieren den Ort: die große **Iglésia de Encarnación** (19. Jh.) und auf einem Felsen gegenüber die Reste des **Castillo,** einer arabischen Festung aus dem 11. Jh. (Di–So 10–14, 16–19 Uhr, Eintritt frei). Die malerischsten Gassen und die Einkaufsstraßen liegen im Umkreis der Kirche. Auffallend sind in Olvera die mit schmiedeeisernen Gittern verzierten Balkone und Fenster.

Kleines Infobüro am Eingang zur arabischen Festung.

Busse: Mit *Amarillos* nach Ronda und Arcos je 1 x tgl., mit *Comes* nach Arcos 1 x tgl.

Algodonales

Das relativ große Dorf zwischen der Sierra de Lijar und dem Naturpark Sierra de Grazalema entwickelt sich immer mehr zum Standort für Aktivurlauber. Besonders beliebt ist **Algodonales** 3 (5700 Einw.) bei Gleitschirm- und Drachenfliegern, die in der Umgebung hervorragende Bedingungen vorfinden. Das Umland ist agrarisch geprägt. Es werden Oliven und Gemüse angebaut, auch Zitrusfrüchte. Im Zentrum um die Pfarrkirche Santa Ana (18. Jh.) herrscht meist nur vormittags lebhaftes Treiben. Hier gibt es einige Bars, die Frühstück anbieten.

Hostal Sierra de Lijar: Calle Ronda 5, Tel./Fax 956 13 70 65, hostal.sierra.lijar@tiscali.es. Einfache, aber gemütliche und

Richtig Reisen-Tipp: Parque Natural Sierra de Grazalema

1977 erklärte die Unesco das Gebiet zum Biosphärenreservat. Die Regierung Andalusiens rief 1984 den Naturpark ins Leben. Er liegt zwischen ca. 600 und 1600 m Höhe. Mit über 2000 l/m² werden in Teilen der Sierra de Grazalema die höchsten Jahresniederschläge Spaniens erreicht. Sie fallen vorwiegend in den Wintermonaten, gelegentlich auch als Schnee. So ist die Sierra ein erstaunlich grünes Mittelgebirge, andererseits aber durch Verkarstungsprozesse zerklüftet wie ein Hochgebirge und weist wie ein solches kahle Gipfelzonen auf. Besonderheit und Wahrzeichen des Parks ist die Spanische Tanne (span. *pinsapo),* die auch **Igeltanne** genannt wird, weil ihre Nadeln rundum aus den Zweigen herauswachsen. In der Sierra del Pinar nahe dem Ort Grazalema bildet sie einen dichten Wald.

Viele Besucher bekommen Greifvögel zu Gesicht. Am häufigsten kreist der **Gänsegeier** mit über 2 m Flügelspannweite über den Bergen. Den scheuen Steinbock wird man eher selten antreffen. Am Río El Bosque leben Fischotter, auch sie wagen sich kaum aus der Deckung.

Das Gebiet zwischen Grazalema, Zahara de la Sierra und Benamahoma ist **Zona de Reserva.** Die dortigen Wanderwege dürfen nur mit Genehmigung begangen werden. Diese erhält man kostenlos in den Informationsstellen von El Bosque und Grazalema (s. S. 158 f. u. S. 156 f.). In den Monaten Juli, August und September darf die Zona de Reserva wegen der Waldbrandgefahr nur in Begleitung eines Rangers betreten werden (Teilnahmegebühr ca. 15 €).

Besonders reizvolle Wege in der Zona de Reserva sind der **Sendero El Pinasapar** (Grazalema–Benamahoma, 5 Std.) und der **Sendero Gargante Verde** durch die Grüne Klamm (2,5 Std.). Außerhalb der Zona de Reserva führen schöne Touren entlang des **Río Bosque** (El Bosque–Benamahoma, 2 Std.), oder auf dem **Sendero del Salto del Cabrero** (Grazalema –Benaocaz, 4 Std.).

familiäre Unterkunft mit 10 Zimmern und Gästeparkgarage. Ein Restaurant ist angeschlossen. DZ ca. 50 €.

Al-qutun: Tel. 956 13 78 82, www.alqutun.com. Verschiedene Extremsportarten: Canyoning, Gleitschirmfliegen, Höhlenerkundung, Klettern, Kanufahren.

Busse: Nach Ronda ca. 8 x tgl., nach Cádiz über Arcos de la Frontera ca. 3 x tgl.

Zahara de la Sierra

Von der Straße Algodonales–Jerez zweigt die schmale Nebenstrecke Ca-531 nach **Zahara de la Sierra** 4 (1500 Einw.) ab. Leuchtend weiß schmiegt sich das malerische Dorf am Nordrand des Naturparks Sierra de Grazalema an einen mächtigen Felsen über dem Stausee Embalse de Zahara. Im Hintergrund ragen die Gebirgszüge der Sierra Margarita auf.

Über dem Dorf wacht die Ruine einer maurischen Burg (13.–15. Jh.). Im Verlauf der Reconquista war sie Schauplatz zäher Kämpfe. Nachdem Zahara de la Sierra von den Christen schon 1407 erobert worden war, erstürmte der Nasridenherrscher Abdul Hassan die Festung im Jahre 1481 noch einmal vorübergehend. Die **Torre del Homenaje** (Bergfried) ist noch gut erhalten. Vom Burgfelsen (ca. 15 Min. Fußweg) öffnet sich ein schöner Blick über das Dorf und die Nachbarorte Olvera und Algodonales.

Wer sich den Aufstieg ersparen möchte, genießt von der zentralen **Plaza de Zahara** einen ähnlichen Blick. Der Ortskern steht unter Denkmalschutz. Palmen und Orangenbäume säumen die breiteren Straßen. Die kleinen Türen und Fenster der Häuser aus dem 16. und 17. Jh. sind mit schmiedeeisernen Gittern geschützt. In späteren Jahrhunderten errichtete der Landadel insbesondere in der Hauptstraße Calle de San Juan repräsentative Stadtpaläste mit kunstvoll verzierten Fassaden.

Knapp 1 km hinter Zahara in Richtung Grazalema, an der CA-9104, die über den

Puerto de las Palomas führt (s. u.), befindet sich die **Ölmühle** El Vínculo. Von November bis Januar werden die Oliven geerntet und daraus ein qualitativ hochwertiges Öl gewonnen. Die Mühle, die zur Besichtigung offen steht, stammt noch aus dem 18. Jh., die Produktion erfolgt aber inzwischen nach modernen Gesichtspunkten. Das zum Verkauf angebotene Öl ist ein beliebtes Mitbringsel (Tel. 956 12 30 02, www.molinoelvinculo.com, tgl. ca. 10–19 Uhr).

Punto de Información: Plaza de Zahara, 11688 Zahara de la Sierra, Tel. 956 12 31 14, Mo–Sa 9–14, 17–19, So 9–14

Geschütze Lage: Zahara de la Sierra an einem Felsen über dem Stausee

Uhr. Auskünfte über den Naturpark, Verkauf von Produkten der Region.

Hotel Arco de la Villa: Paseo Nazarí, Tel. 956 12 32 30, www.tugasa.com. Komfortables und modernes Hotel mit 17 Zimmern nahe der Plaza de Zahara. Schöner Ausblick und Restaurant. DZ ca. 60 €.
Hostal Marqués de Zahara: Calle San Juan 3, Tel. 956 12 30 61, Fax 956 12 32 68, www.marquesdezahara.com. Gemütliche Unterkunft in einem alten Stadtpalast mit Innenhof. Große, freundlich eingerichtete Zimmer mit Heizung, einige mit Balkon. Im Restaurant solide spanische Küche. DZ 40–45 €.
Hostal Los Tadeos: Camino de la Fuente, Tel. 956 12 30 86. Familiäre, ordentliche Unterkunft etwas außerhalb, solides Restaurant. Einige Zimmer mit Balkon. DZ ca. 45 €.

Die Restaurants der ausgewählten Unterkünfte stehen auch externen Gästen zur Verfügung. Außerdem bieten in der Calle San Juan und an der Plaza de Zahara Bars und Restaurants ordentliche andalusische Küche zu angemessenem Preis an (Hauptgerichte 6–10 €).
Bar Nuevo: Calle San Juan 13, Tel. 956 12 31 94. Nette, beliebte Bar im Bistrostil mit Tischen vor dem Haus. Tagesmenü ca. 8 €.

Corpus Christi: Fronleichnam. Mit aufwendiger, farbenfroher Prozession, die über die Dorfgrenzen hinaus bekannt ist.

Rutas a Caballo Santiago Sánchez: Calle Guadalete 7, Tel. 956 12 30 57. Geführte Ausritte in den Naturpark Sierra de Grazalema.

Busse: Mit *Comes* nach Ronda 2 x tgl.

4 Grazalema

Zahara de la Sierra und Grazalema sind durch zwei landschaftlich reizvolle Straßen verbunden: Eine führt am Embalse de Zahara entlang, die andere – kurviger und schmaler – windet sich über den 1357 m hohen **Puerto de las Palomas** (Pass der Tauben). Vom Pass aus ist ein schöner Aussichtspunkt über Stufen zu erreichen. Auch während der Fahrt ergeben sich zahlreiche grandiose Ausblicke.

Grazalema (2200 Einw.) liegt im Zentrum des gleichnamigen Naturparks, umgeben von einer alpinen Kulisse mit der markanten Felsspitze **Peñón Grande.** Es bietet sich mit einer gut entwickelten touristischen Infrastruktur als Standort für Unternehmungen im Park an. Aufgrund der Höhenlage von 820 m kann es im Winter allerdings empfindlich kalt werden, gelegentlich ist auch mit Schnee zu rechnen. Mit seinen gepflegten Häusern und blumengeschmückten Gassen ist Grazalema eines der schönsten weißen Dörfer. Beliebter Treffpunkt ist die zentrale **Plaza de España,** an der sich das Rathaus und die **Iglésia de la Aurora** (18. Jh.) erheben. Letztere hat einen ungewöhnlichen, achteckigen Grundriss. Im Dreieck der nahe beieinander liegenden Plätze España, Andalucía und Pequeña sind einige Restaurants und Bars angesiedelt.

Die Wollweberei (s. u.) hat in Grazalema eine lange Tradition. Sie brachte gemeinsam mit der Landwirtschaft Anfang des 20. Jh. den Bewohnern noch ein gutes Einkommen. In Grazalema lebten damals 9000 Menschen. Prächtige Häuser der Händler zeugen von einstigem Reichtum. Heute ist der Tourismus wichtigster Wirtschaftszweig.

Oficina de Turismo Benzalema: Plaza de España 11, 11610 Grazalema, Tel. 956 13 22 25. Gut ausgestattetes Büro mit kompetenten und freundlichen Angestellten (teilweise auch deutschsprachig). Informationen zu Wanderungen, Genehmigungen für bestimmte Wege mit Zugangsbeschränkungen. Auch Verkauf von regionalen Produkten (Wolldecken, Keramik, Ziegenkäse, Honig der Region).

Hotel Puerta de la Villa: Plaza Pequeña 8, Tel. 956 13 23 76, Fax 956 13 20 87, www.grazalemahotel.com. Freundlich eingerichtet Zimmer und Apartments, komfortable, geräumig, mit Klimaanlage und Heizung, z. T. französische Balkone. Schöne Aufenthaltsräume, kleiner Pool, Fitnessraum, Sauna, Jacuzzi. Gästeparkplatz. DZ 105–130, Apartment für 4 Pers. 130–160 €.
Hotel Fuerte Grazalema: Ctra. A-372 km 53, Tel. 956 13 30 00, Fax 956 13 30 01, www.fuertehoteles.com. Großer Hotelkomplex 4 km außerhalb von Grazalema in beeindruckender Gebirgslage. Vom großen Pool Panoramablick. Komfortabel ausgestattete Zimmer (Heizung, Klimaanlage, Minibar, Satelliten-TV). Zwei Bars, ein Restaurant. Die Rezeption vermittelt Wanderungen, Ausflüge, Fahrräder und Ausritte. DZ über Veranstalter 66–84, laut Preisliste 88–105 €, Halbpension ca. 18 € Aufpreis.
Villa Turística de Grazalema: Ctra. Comarcal 344, El Olivar, Tel. 956 13 21 36, Fax 956 13 22 13, www.tugasa.com. Ferienanlage am Ortsrand in ansprechender Bauweise. Zimmer landestypisch und recht komfortabel eingerichtet. Weitläufige Außenanlagen mit Pool. Über die Rezeption können Wanderungen, Ausflüge etc. gebucht werden. DZ 65–70 €.
Hostal Casa de las Piedras: Calle Las Piedras 32, Tel. 956 13 20 14, Fax 956 13 22 38, www.casadelaspiedras.net. Einfache, aber stilvolle Unterkunft in einem Zusammenschluss aus mehreren alten Dorfhäusern nahe der Plaza de España. Die Zimmer sind von der Ausstattung und vom Komfort her unterschiedlich. Hilfsbereite Leitung. Gutbürgerliches Restaurant. DZ ca. 50 €.

La Garrocha: Plaza Pequeña 8, Tel. 956 13 23 76. Stilvolles Restaurant mit gehobener Küche, dem Hotel Puerta de la Villa angeschlossen. Hauptgerichte um 15 €.
Mesón El Simancón: Plaza Asomadero, Tel. 956 13 24 21. Beliebtes Restaurant, rustikale Einrichtung mit Terrasse. Spezialisiert auf regionale Fleisch- und Wildgerichte. Hauptgerichte um 15, Tagesmenü um 12 €.
El Torreón: Calle Agua 44, Tel. 956 13 23 13. Günstig, reichhaltig und gut. Wechselnde Tagesmenüs. Hauptgerichte unter 10 €.

In Grazalema werden qualitativ hochwertige, von Hand gewebte Textilwaren aus Schurwolle hergestellt: Decken, Ponchos, Schals, Tücher. Verkauf u. a. in der Oficina de Turismo (s. o.) sowie bei
Artesanía de Lana (Calle Corrales Terceros (nahe Plaza de España) und **Artesanía Téxtil de Grazalema** (Ctra. de Ronda, am Ortsrand).

Organisierte Wanderungen/Abenteuer: Horizon, Calle Corrales Terceros 29 (nahe Plaza de España), Tel./Fax 956 13 23 63, www.horizonaventura.com. Im Angebot sind zahlreiche Halbtages- und Tages-Wanderungen mit unterschiedlichem Schwierigkeitsgrad. Für sportlich Ambitionierte sieht das Programm auch Abenteuerevents vor.
Reiten: Al-Hazán, Ctra. Grazalema–Montecorto (ca. 3 km außerhalb von Grazalema, dann ausgeschildert), Tel. 956 23 42 35, alhazan@airtel.net. Reitstall unter deutscher Leitung. Ausritte unterschiedlicher Länge. Telefonische Anmeldung ist zu empfehlen.

Busse: Mit *Amarillos* nach Ronda und Ubrique je 2 x tgl., nach El Bosque 1 x tgl.

Villaluenga del Rosario

In **Villaluenga del Rosario** 5 (500 Einw.) geht es beschaulich zu. Das gepflegte Dorf liegt auf einer Hochfläche, rundum weiden Schafe. An der zentralen Plaza de la Alameda erhebt sich die Pfarrkirche. In ihr wird die Virgen del Rosario (Rosenkranzmadonna) verehrt – die Namenspatronin des Ortes. An der Plaza ist ein **Mirador** ausgeschildert. Der Aussichtspunkt versteckt sich hinter ein paar schmalen Gassen. Von hier bietet sich ein gutes Panorama über das Dorf.

Am Ortsrand in Richtung Grazalema liegt die kleine **Stierkampfarena.** Sie ist komplett aus Natursteinen der Umgebung gebaut. Manchmal steht das Tor offen, sodass man einen Blick hineinwerfen kann.

Los Llanos: Calle del Rosario (im Dorf ausgeschildert), Tel. 956 12 61 18, Fax 956 12 61 19. Solide spanische Küche und Spezialitäten aus der Umgebung. Gute Auswahl an Suppen. Hauptgerichte um 12 €.

Queso Payoyo: Tel./Fax 956 46 37 59, www.payoyo.com. Direktverkauf für Ziegen- und Schafskäse an der Umgehungsstraße.

Benaocaz

Benaocaz 6 gehört zur ausgewiesenen Route ›Ruta Arqueológico de los Pueblos Blancos‹. Malerisch liegt der Ort in der kargen Landschaft, genauso wie man sich ein weißes Dorf vorstellt. Mit dem **Barrio Nazari** blieb der älteste Ortsteil aus der Zeit der Nasriden gut erhalten. Die Gassen sind schmal und pittoresk, verschiedene lauschige Plätze liegen eng beieinander. Auch das barocke Rathaus an der Plaza de la Libertad fügt sich gut ins schmucke Bild ein. Ein kleines ethnologisches Museum zeigt Funde aus der Umgebung von der Steinzeit bis in die jüngste Vergangenheit (Sa/So 11.30–13.30, 17–19 Uhr).

Casa Olivia: Calle Lavadero/Plaza de Vista Hermoso, Tel. 956 12 55 98, Mi–Mo 13.30–16.30 Uhr. Uriges, mit landwirtschaftlichem Gerät liebevoll dekoriertes Lokal am Ortsrand. Gute andalusische Küche und Spezialitäten der Region. Hauptgerichte um 10 €.
Las Vegas: Plaza de la Libertad, Tel. 956 12 55 02. Typisches spanisches Restaurant mit

Bar. Einheimische Küche. Hauptspeisen ca. 9 €.

Calzada Romana: Eine kurze Wanderung führt auf einer alten Römerstraße aus dem 1. Jh. v. Chr. von Benaocaz nach Ubrique. Die Straße wurde sorgfältig restauriert. Wegen des groben Pflasters sind aber bequeme Wanderschuhe ratsam. Insgesamt sind ca. 450 Höhenmeter abzusteigen. Man benötigt dafür eine gute Stunde. Der Einstieg befindet sich unmittelbar unterhalb von Benaocaz an der Umgehungsstraße, gegenüber der Bushaltestelle.

Ubrique

Das in einer Landsenke gelegene **Ubrique** 7 (17 000 Einw.) wirkt insgesamt städtisch. Im **Casco histórico,** dem sehenswerten historischen Viertel, sind aber noch dörfliche Strukturen auszumachen. Kleine, aus Natursteinen gebaute Häuser säumen die Gassen. Sie haben Giebeldächer, wie sie in regenreichen Bergregionen üblich sind, im Gegensatz zu den ansonsten in Spanien vorherrschenden Flachdächern.

Die Gegend war schon in phönizischer Zeit besiedelt. Später errichteten die Römer hier den Ort **Ocuri.** Dessen Ruinen liegen außerhalb von Ubrique an der Straße nach Benaocaz. Sie zählen zu den am besten erhaltenen römischen Siedlungsresten Andalusiens und wurden zudem sorgfältig restauriert, sind aber vorerst nur von außen zu besichtigen.

Oficina de Turismo: Moreno de Mora 19, 11600 Ubrique, Tel./Fax 956 46 49 00.

Ein wichtiger Wirtschaftszweig von Ubrique mit langer Tradition ist die **Lederverarbeitung.** In der Durchgangsstraße Avenida Doctor Solis Pacual und ihrer Querstraße Avenida de España reihen sich Werkstätten sowie Boutiquen und Geschäfte, die Lederartikel verkaufen, aneinander.

Busse: Busbahnhof westlich des Zentrums (Av. Manuel de Falla, Tel. 956 46 80 11). Mit *Amarillos* nach Arcos de la Frontera 5 x tgl., nach Ronda über Grazalema 2 x tgl.

El Bosque

Am Westrand des Parque Natural Sierra Grazalema liegt **El Bosque** 8 (2000 Einw.) in etwa 290 m Höhe. Es wird als ›Tor zum Naturpark‹ bezeichnet. Der gleichnamige Fluss gilt als südlichstes Forellenfanggebiet Europas. Forellen sind daher Spezialität der meisten Restaurants im Ort.

Der **Jardín Botánico El Castillejo** befindet sich am oberen Rand von El Bosque. In dem kleinen botanischen Garten sind vor allem Pflanzen des Naturparks zu sehen, darunter einige Exemplare der Spanischen Tanne oder Igeltanne – dem Wahrzeichen des Naturparks Sierra de Grazalema (s. S. 153).

Centro de Visitantes de El Bosque: Av. de la Diputación, Tel. 956 72 70 29, Fax 956 71 63 39, April–Sept. Mo–Do 10–14, Fr 10–14, 18–20, Sa 9–14, 18–20, So 9–14 Uhr, Okt.–März Mo–Sa 16–18, So 9–14 Uhr. Das Besucherzentrum des Naturparks Sierra de Grazalema informiert im Rahmen einer permanenten Ausstellung über Flora, Fauna und das traditionelle Leben im Naturpark (nur auf Spanisch). Gute Auswahl an Kartenmaterial.

Hotel Las Truchas: Av. de la Diputacíon 1, Tel. 956 71 60 61, Fax 956 71 60 86, www.tugasa.com. Am unteren Ortseingang oberhalb der Stierkampfarena gelegen, mit ansprechender Architektur und gemütlichem Hof mit Pool. Funktionale, aber große Zimmer, einige mit Balkon. Das angeschlossene Restaurant (Hauptgerichte 8–14 €) serviert natürlich Forellen (span. *truchas*). DZ ca. 65 €.

Hostal Enrique Calvillo: Av. de la Diputacíon, Tel. 956 71 60 10 oder 956 71 61 05, www.casacalvillo.com. Funktionale, aber vernünftige Unterkunft mit urigem Restaurant und Terrasse an der Straße. DZ ca. 40, Apartments (einige mit Balkon) ca. 50 €. Auch Vermittlung von Landhäusern.

Camping: La Torrecilla, Antigua Carretera El Bosque-Urbique km 1, Tel./Fax 956 71 60 95, www.campinglatorrecilla.com. Komfortabler Platz. Pro Person 4,50, großes Zelt 4, Mindestpreis 16 €. Es werden auch klimatisierte Holzhütten vermietet (für 2 Pers./50 €).

Busse: Mit *Amarillos* nach Arcos de la Frontera 5 x tgl., nach Jerez de la Frontera und Grazalema 6 x tgl., nach Sevilla 2 x tgl.

Villamartín

Die Häuser von **Villamartín** 9 drängen sich eng an einen Hügel. Um den zentralen Platz mit der gotischen Pfarrkirche warten einige Bars und Cafés auf Gäste, aber insgesamt geht es in dem Landstädtchen ruhig zu. Ein arabisches Viertel gibt es nicht, denn der Ort wurde erst 1503, kurz nach der *Reconquista,* gegründet.

Etwa 5 km südlich von Villamartín liegt der **Dolmen de Alberite,** eine ca. 6000 Jahre alte Grabstätte der Megalithkultur. Sie ist auf zwei Straßen zu erreichen, wobei die am westlichen Ortseingang Richtung Arcos de la Frontera ausgeschilderte äußerst holprig und daher nicht zu empfehlen ist. Die bessere, ebenfalls beschilderte Zufahrt zweigt östlich des Orts von der A-373 nach Ubrique ab. Der Dolmen de Alberite ist in der Regel frei zugänglich. Das ca. 20 m lange Ganggrab wird von einer wuchtigen Stahl-Beton-Konstruktion vor Wind und Wetter geschützt. Seinen hinteren Bereich markieren 1,70 bis 2 m hohe Steinblöcke.

i Am Eingang zum Gelände wurde ein **Informationszentrum** mit Bar eingerichtet (unregelmäßig geöffnet).

Bornos

In der Umgebung von **Bornos** 10, einem kleinen Ort am gleichnamigen Stausee, ist die Landschaft sanft wellig und stark landwirtschaftlich geprägt. Riesige Felder und Olivenplantagen dehnen sich über ganze Hügel hinweg aus. Vereinzelt wird noch Baumwolle angebaut, die früher größere Bedeutung hatte. Die Bergrücken des Naturparks Sierra de Grazalema sind nur noch in der Ferne auszumachen. Dennoch ist auch Bornos ein weißes Dorf. Im Vergleich zu den kleinen Häusern wirken die Mauern des **Convento Corpus Christi** enorm wuchtig. Das Kloster wurde 1597 eingeweiht. Noch aus arabischer Zeit stammt der **Castillo Fontanar.** Die Burg wurde allerdings im 16. Jh. im Platereskstil umgebaut.

Espera

Wegen des schönen Ortsbilds lohnt ein Abstecher in das nördlich von Bornos gelegene **Espera** 11. Im alten Teil des Dorfes stehen noch Häuser aus dem 16. und 17. Jh. Über Espera erhebt sich der **Castillo Fatetar.** Die Burg stammt aus arabischer Zeit und ist sehr gut erhalten.

5 Arcos de la Frontera

Arcos de la Frontera ist – obwohl mit 30 000 Einwohnern recht groß – in seinem Kern ein repräsentatives weißes Dorf wie aus dem Bilderbuch. Malerisch liegt der komplett unter Denkmalschutz gestellte historische Teil auf einem steilen Felsen. Maurische Bögen *(arcos)* überspannen hier und da noch die engen Gassen. Trotz seiner Attraktivität, die zahlreiche Besucher anzieht, hat sich Arcos einen Teil seiner Ursprünglichkeit erhalten können und wirkt nicht kitschig-museal.

Die Calle Corredera führt durch ein Tor in die Altstadt, und schon wähnt man sich in einer anderen Welt: Kleine, kubische weiße Häuser teilen sich den engen Raum mit wuchtigen Sakralbauten und herrschaftlichen Palästen. Voraus ragt das reich verzierte Westportal der **Iglesia de Santa María de la Asunción** (16. Jh.) auf. Dem Glockenturm fehlt eine Spitze. Daher wirkt er, trotz barocker Elemente, klobig und düster. Das Hauptportal der Kirche weist nach Süden zum Hauptplatz, der Plaza del Cabildo. Es vereint die Stile der Gotik und der Renaissance. Im Inneren lohnt ein Blick auf den kunstvoll geschnitzten Chor und die schöne Orgel, beide aus dem 18. Jh. (Mo–Fr 10–13, 15.30–18.30, Sa 10–14 Uhr, 1,50 €).

Gegenüber der Kirche liegt an der Kante des hier steil abfallenden Felsens der Aussichtspunkt **Balcón de Arcos** (auch Mirador de la Peña). Er bietet einen weiten Blick über die Landschaft. Ebenfalls an der Plaza del Cabildo befindet sich die Touristeninformation, hinter der der **Castillo** von Arcos steht. Er ist arabischen Ursprungs, wurde aber im 15. Jh. völlig erneuert. Da die Burg in Privatbesitz und zudem von Wohnhäusern umbaut ist, kann sie nicht besichtigt werden.

Im Südosten der Altstadt erhebt sich die auf den Resten einer maurischen Burg erbaute **Iglesia de San Pedro,** die zweite wichtige Kirche von Arcos. Ende des 17. Jh. spaltete ein Streit die Gemeinde, welche der beiden Kirchen nun die Hauptkirche des Ortes sein sollte. Der Zwist konnte Mitte des 18. Jh. nur durch eine Entscheidung des Papstes beigelegt werden.

Oficina Municipal de Turismo: Plaza del Cabildo, 11630 Arcos de la Frontera, Tel. 956 70 22 64, Fax 956 70 22 26, www.ayuntamientoarcos.org. Mo–Sa 10–14, 16–20, So/Fei 10–14 Uhr.
Kiosco de Turismo: Paseo de Andalucía, Mo–Sa 10.30–13.30, 17–19, Sa 10–14 Uhr. Infokiosk am Parkhaus vor der Altstadt.

Parador de Arcos de la Frontera: Plaza del Cabildo, Tel. 956 70 05 00, Fax 956 70 11 16, www.parador.es. Tolle Lage im historischen Zentrum, stilvoll eingerichtet. Von einigen Zimmern und der Terrasse schöner Weitblick. Restaurant mit Gerichten der Region. Gäste dürfen auf dem Platz vor dem Haus parken. DZ 167–178 €.
Hotel Marqués de Torresoto: Calle Marqués de Torresoto 4, Tel. 956 70 07 17, Fax 956 70 42 05. Stilvolle Unterkunft im Adelspalast aus dem 17. Jh., Restaurant (s. u.). DZ 60–80 €.

Am Wochenende kommen viele einheimische Ausflügler nach Arcos zum Mittagessen. Die Auswahl an Tapabars und Restaurants ist groß, besonders in der zentralen **Calle Deán Espinosa** und der **Calle Marqués de Torresoto.**
El Convento: Calle Marqués de Torresoto 7, Tel. 956 70 32 22, Fax 956 70 41 28. Solides Restaurant des gleichnamigen Hotels. Man speist traditionelle regionale Küche in einen schönen Innenhof. Hauptgerichte ab 20 €.
Cárcel: Calle Deán Espinosa/Cuesta de Belén. Urige Bar mit typischen, teils aber auch ausgefallenen Tapas (ab 2 €).
Bar Típico Al Caraván: Calle Nueva 1. Schummriges Lokal, in dem deftige Tapas und Würste der Region aufgetischt werden.

Toro Aleluya: Ostersonntag. Im Rahmen der Semana Santa werden Stiere durch die engen Gassen der Altstadt getrieben. Einige Furchtlose stellen sich ihnen in den Weg – eine gefährliche Angelegenheit.
Fiesta Virgen de las Nieves: Drei Tage Anfang Aug. Flamencoaufführungen auf der Plaza del Cabildo (meist am 5.8.).
Feria de San Miguel: Um den 29. Sept. Vier Tage wird der Schutzpatron der Stadt gefeiert. Bei diesem wichtigsten Kirchenfest von Arcos bleiben die Einheimischen meist unter sich.
Belén Viviente: Wochenende vor Weihnachten. Hunderte von Stadtbewohnern spielen am Samstag ab 18 Uhr die Weihnachtsgeschichte in 30 Szenen nach. Die ganze Altstadt verwandelt sich dann in das antike Bethlehem. Jedes Jahr kommen mehr als 20 000 Besucher zu dem Spektakel.

Busse: Busbahnhof westlich der Altstadt (Calle de los Alcaldes/Calle Corregidor, Tel. 956 70 04 53), von dort 20 Min. zu Fuß ins Zentrum. Mit *Amarillos* nach Jerez de la Frontera ca. stdl., Cádiz ca. 5 x tgl., Sevilla 2 x tgl., El Bosque und Ubrique mehrmals tgl.; mit *Comes* nach Jerez und Cádiz 6–7 x tgl.; nach Ronda 4 x tgl., Málaga 1 x tgl.
Mit dem Pkw: In die enge Altstadt dürfen nur Anwohner fahren. Eine große unterirdische Parkgarage liegt unter dem Paseo de Andalucía in Fußgängerentfernung zur Altstadt.

Arcos de la Frontera: Glockenturm der Iglesia de Santa María de la Asunción

Gegründet in der Blütezeit des Amerikahandels: Kathedralplatz in Cádiz

Kapitel 2

Atlantikküste

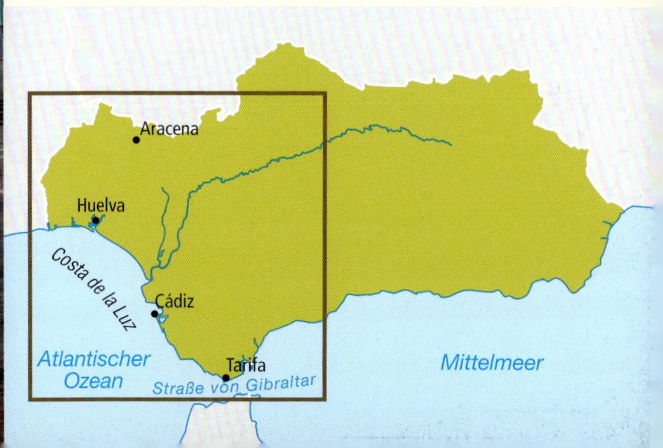

Auf einen Blick: Atlantikküste

Wildes Meer, gezähmte Pferde

Von ihrer schönsten Seite zeigt sich die Costa de la Luz (Küste des Lichts) im Süden. Kilometerlange Naturstrände, von Dünen und Pinienwäldern gesäumt, wechseln mit schroffen Steilküsten, ursprünglichen Fischerorten und maßvoll gebliebener Ferienbebauung ab. Schier endlose Korkeichenwälder prägen den **Naturpark Los Alcornocales,** der spannende Wandererlebnisse verspricht.

Im Sherrydreieck zwischen **Jerez de la Frontera, El Puerto de Santa María** und **Sanlúcar de Barrameda** spielen sich Anbau und Produktion des berühmten Sherrys ab. Andalusische Pferde prägen die Region ebenso wie der Flamenco. Eine Welt für sich scheint die Hafenstadt **Cádiz** zu sein, die eine Symbiose mit dem Atlantik eingegangen ist.

Hinter den flachen Sandstränden der nördlichen Costa de la Luz erstrecken sich weite Sumpfgebiete, voller Wasservögel und Amphibien. Kulturinteressierte wandeln auf den Spuren von Kolumbus oder erkunden das antike Bergbaugebiet am **Río Tinto.** In der **Sierra de Aracena** kommen Naturliebhaber in den Genuss unverdorbener Landschaft.

Richtig Reisen-Tipps

Ausflug nach Marokko: Mit dem Fährboot rückt Afrika ganz nah. Erlebnisreich ist ein Tagesausflug in die Hafenstadt Tanger (s. S. 168).

Bergbesteigungen im Parque Natural de Los Alcornocales: Zwei Gipfel ragen aus dem waldreichen Naturpark heraus (s. S. 178).

Minikreuzfahrten ab Sancti Petri: Per Boot werden die sumpfigen Marschlandschaften oder die vorgelagerte Insel erkundet (s. S. 185).

Museo de Cádiz: Aus phönizischer Zeit präsentiert das großzügig konzipierte Museum zwei einzigartige Sarkophage (s. S. 190).

Bodega-Besichtigung in Jerez: In kathedralartigen Hallen lagern die Sherryweine in ehrwürdigen Eichenfässern (s. S. 206).

Entdeckertour im Nationalpark: Im Parque Nacional de Doñana lassen sich Wild und seltene Vogelarten beobachten (s. S. 221).

Bodegones in Bollullos Par del Condado: Wo früher (nur) Wein in Fässern reifte, treffen sich heute die Feinschmecker (s. S. 222).

Abstecher nach Portugal: Nach der Überquerung des Grenzflusses per Boot reizt das Nachbarland durch Andersartigkeit (s. S. 230).

Highlights

6 **Cádiz:** In der riesigen Altstadt scheint die Blütezeit des Amerikahandels noch lebendig. Viel Atmosphäre strömen Plätze und Straßen, Strände und Hafen aus (s. S. 186 ff.).

7 **Jerez de la Frontera:** In den urigen Weinkellern der Sherryproduzenten lagern wertvolle Tropfen. Ein Besuch in der Hofreitschule ist nicht nur für Pferdeliebhaber ein Gewinn (s. S. 199 ff.).

8 **Parque Nacional de Doñana:** Das riesige Feuchtgebiet mit Sümpfen und Flussarmen, Dünengürteln und Pinienwäldern bietet einzigartige Lebensräume für eine reiche Tier- und Pflanzenwelt (s. S. 220 ff.).

Empfehlenswerte Routen

Durch das Hinterland der südlichen Costa de la Luz: Von Vejer de la Frontera, einer der hübschesten Städte im Bereich der andalusischen Küste, geht es in den Naturpark Los Alcornocales und weiter in die historische Stadt Medina Sidonia (s. S. 175 ff.).

Die Kolumbusroute: Huelva und seine Umgebung stehen im Zeichen von Kolumbus. In Palos de la Frontera startete der Entdecker zu seiner ersten Amerikareise (s. S. 212 ff.).

Durch die Sierra de Aracena: Eine abwechslungsreiche Rundfahrt durch das wohl grünste Gebirge Andalusiens berührt nette Dörfer, in denen noch die maurische Bewässerungskultur gepflegt wird (s. S. 232 ff.).

Reise- und Zeitplanung

Durch Atlantikwinde geprägt, präsentiert sich die Costa de la Luz um einiges rauer als die Mittelmeerküste Andalusiens. Bade- und Wassersportsaison ist von Juni bis Oktober. Die Frühjahrs- und Herbstmonate sind ideal für das Ausüben anderer Sportarten (Reiten, Radfahren, Golfen). Ein Aktivurlaub an der Küste lässt sich gut mit Erkundungstouren ins Hinterland verbinden, wo sich insbesondere der Naturpark Los Alcornocales und die Sierra de Aracena von Frühjahr bis Herbst zum Wandern anbieten.

Wer eine Rundreise durch ganz Andalusien plant, sollte in Cádiz oder in einer der Städte des Sherrydreiecks mindestens eine Übernachtung vorsehen.

Südliche Costa de la Luz

Reiseatlas S. 13, 14

Lange, oft naturbelassene Dünenstrände und das als einzigartig beschriebene Licht sind die Markenzeichen der südlichen Costa de la Luz. Reizvolle felsige Abschnitte wechseln mit Sandküste ab und bieten ideale Bedingungen für Surfer, Taucher und andere Aktivsportler. Das dünn besiedelte Hinterland prägen Stierweiden und Korkeichenwälder.

Tarifa

Reiseatlas: S. 13, C 3

Tarifa (17 500 Einw.) liegt am südlichsten Punkt Spaniens und an der engsten Stelle der Straße von Gibraltar. Die flache, dem Ort vorgelagerte **Isla Tarifa** markiert die geografische Grenze zwischen Atlantik und Mittelmeer. Sie ist durch einen Damm mit dem Festland verbunden, aber als militärisches Sperrgebiet nicht zugänglich. An der Luvseite wehten die vorherrschenden Westwinde 12 km lange hellsandige Strände an, das Markenzeichen von Tarifa. An der Ostseite des Damms, im Windschatten, liegt der Fährhafen, der die kürzeste Verbindung von Europa nach Afrika bietet. Nur 14 km trennen hier die beiden Kontinente voneinander – keine große Hürde für die Mauren, als sie im Jahre 710 unter dem Berberfürsten Tarif ibn Mâlik mit 400 Mann und 100 Pferden zu einem ersten Erkundungszug übersetzten.

Tarifa ist eine Wetterecke. Die relative Gewissheit, mit einer steifen Brise rechnen zu können, hat den Ort zum sommerlichen Mekka der Windsurfer werden lassen. Doch auch für etliche andere Sportarten ist Tarifa eine gute Adresse (s. u.).

Neue und alte Stadt

Reizvoll ist der Kontrast zwischen der geschlossenen, im Mittelalter als Festung ausgebauten Altstadt mit ihren schmalen Gassen und winzigen Läden und der Offenheit des westlich angrenzenden Hafenviertels mit einem jungen internationalen Publikum. Die Durchgangsstraße Calle Batalla del Salado quert den modernen Stadtteil und wird von einer bunten Mischung aus Surfshops, Straßencafés und Boutiquen gesäumt.

Wo sie in die Calle Amador de los Ríos übergeht, gewährt das Mudéjarhufeisentor **Puerta de Jerez** Einlass in das maurisch anmutende Gassengewirr der Altstadt. Auf einer efeuumrankten Fliesentafel wird dort die *muy noble muy leal y heroica ciudad* (sehr edle, sehr treue und sehr heldenhafte Stadt) gewürdigt, die 1292 von König Sancho IV. erobert wurde. Zwei Jahre später scheiterten die Mauren mit einem Rückeroberungsversuch. Befehlshaber in Tarifa war damals Alonso Pérez de Guzmán. Als die maurischen Truppen seinen Sohn, der in ihre Hände geraten war, vor die Mauern zerrten und ihn umzubringen drohten, falls die Stadt nicht übergeben würde, soll Guzmán sein Schwert hinuntergeworfen und sich abgewandt haben.

König Sancho verlieh Guzmán als Anerkennung für seine Dienste jedenfalls den Ehrentitel *El Bueno,* im Grunde eine spanische Wiederholung seines westgotischen Namens (guter Mann). Darüber hinaus beschenkte er ihn mit reichen Gütern. Seine Nachfahren, die Herzöge von Medina Sidonia, zählen bis heute zu den mächtigsten Familien Spaniens.

Das **Castillo Guzmán el Bueno** in der Nähe des Hafens gründeten die Mauren im 10. Jh. Es bietet eine gute Aussicht (Plaza Santa María, Di–Sa im Sommer 11–14, 18–

Mit den Autoren unterwegs

Zeitreisen

In der Antike wurde in **Baelo Claudia** Fisch aus dem Atlantik eingesalzen und nach Rom exportiert. Die gut erhaltene Ruinenstätte zeigt sehr anschaulich, wie eine römische Provinzstadt aufgebaut war (s. S. 170).

Das Gassenlabyrinth von **Vejer de la Frontera** scheint sich seit den Zeiten der Reconquista kaum verändert zu haben (s. S. 175 f.).

Der Atlantik lässt grüßen

Fischkonserven: Tunfisch und andere Atlantikfische in Öl oder Würzsaucen eingelegt, luftgetrocknet oder eingesalzen erwirbt man in Barbate im Direktverkauf (s. S. 172 f.).

Natur pur

Insbesondere zur Orchideenblüte im zeitigen Frühjahr oder im Winter, wenn die Pinienkerne geerntet werden, lohnt es die lichten Wälder des küstennahen **Naturparks Breña y Marismas del Barbate** zu durchstreifen (s. S. 173).

Das windumtoste Sandkap **Cabo de Trafalgar** erlangte durch die gleichnamige Seeschlacht Berühmtheit. Kilometerlange Naturstrände grenzen an und laden zu langen Spaziergängen ein (s. S. 174 f.).

Andalusische Leckereien

Für ihre appetitlichen Häppchen ist die Altstadt von Conil bekannt. Besonders am Wochenende füllen sich die zahlreichen **Tapabars** (s. S. 182).

Radtour gefällig

Auch ohne große sportliche Ambitionen schafft man es gut von Novo Sancti Petri zur **Dehesa de Roche**, einem bewaldeten Küstenplateau, von dem Treppen die Klippen hinab zu verschwiegenen Sandbuchten führen (s. S. 182).

Für jeden das Richtige

In der kleinen Strandsiedlung **Bolonia** ist selbst in der Hochsaison nicht viel los. Hier treffen sich Individualisten (s. S. 170).

Novo Sancti Petri ist ein am Reißbrett entworfener Ferienort mit guter Verkehrsanbindung: sehr großzügig konzipiert mit viel Platz am Strand und großem Sportangebot (s. S. 183 ff.).

20, im Winter 17–19, So 11–14 Uhr, 1,80 €). Vor der Burg zeigt ein Denkmal König Sancho IV. mit einem Löwen an seiner Seite.

Auch der **Hafen** mit seiner ansehnlichen Fischereiflotte lohnt einen Besuch. An Ort und Stelle werden die frischen Fische versteigert.

Mirador del Estrecho

Zehn Autominuten Richtung Algeciras liegt an der A-34, die hier rund 340 m oberhalb des Meeres verläuft, mit dem **Mirador del Estrecho** ein beeindruckender Aussichtspunkt. Bei gutem Wetter bietet sich der schönste Blick auf das marokkanische Rifgebirge.

i **Oficina de Turismo:** Paseo de la Alameda, 11207 Tarifa, Tel./Fax 956 68 09 93. Infos zum breiten Sportangebot.

Hotel Dos Mares: Ctra. N-340 Málaga–Cádiz km 79,5, Tel. 956 68 40 35, Fax 956 68 10 78, www.dosmareshotel.com. Am Strand 5 km außerhalb von Tarifa. Viele Surfer, angenehme Atmosphäre, Tennisplatz, Pool. DZ 95–132, Bungalow 102–147, Suite 200–284 €.

Hotel Hurricane Tarifa: Ctra. N-340 Málaga–Cádiz km 78, Tel. 956 68 49 19, Fax 956 68 03 29, www.hotelhurricane.com. In einem tropischen Garten 8 km außerhalb der Stadt, bei Surfern sehr beliebt, familiär. Im Restaurant, das auch viele externe Gäste aufsuchen, werden Gerichte mit marokkanischem Touch serviert (Hauptgerichte 10–14 €). DZ 83–155, Suite 141–266 €.

Hotel Misiana: Calle San Joaquín 2, Tel. 956 62 70 83, Fax 956 62 70 55, www.misiana.

Richtig Reisen-Tipp: Ausflug nach Marokko

Ein Ausflug nach **Tanger** kann in vieler Hinsicht eine bereichernde Erfahrung sein. Die marokkanische Hafenstadt besaß zwischen 1923 und 1956 einen internationalen Status und übte während dieser Zeit eine starke Anziehungskraft auf Schmuggler und Geheimagenten aus. In den 1950er- und 1960er-Jahren verkehrten hier Literaten der amerikanischen Beatgeneration, darunter viele Homosexuelle. Ein gewisses subkulturelles Erbe der Beatniks ist bis heute unverkennbar, nicht nur auf der Terrasse des legendären Hôtel Continental am Hafen. Europäer und Amerikaner erwerben Immobilien in der Altstadt (Medina) und im Umland, die Preise steigen ebenso wie die Zahl der Bars und Discos.

Neben dieser westlichen hat Tanger auch eine orientalische Seite. Sie manifestiert sich am eindrucksvollsten in der Medina, im Petit Socco, einem lebhaften Markt, auf dem man Teppiche und Schmuck erstehen kann. Ein großer Berbermarkt findet jeden Donnerstag und Sonntag auf dem Grand Socco am Rand der Altstadt statt. Bei ernsthaftem Kaufinteresse ist Handeln angesagt, wobei man nie mehr als ein Drittel der ursprünglich genannten Summe zahlen sollte. Oft wird zunächst sogar das Fünffache verlangt.

Fähre: Jetboote der **FRS** (Ticketschalter im Hafengebäude von Tarifa, Tel. 956 68 18 30, www.frs.es) nach Tanger 7–8 x tgl., Fahrzeit ca. 35 Min., Hin- und Rückfahrt pro Person 52,20 €, Autotransport möglich.

Organisierte Touren: Ein- oder Zweitagesausflüge nach Tanger (ca. 50 bzw. 90 €) können über andalusische Hotels und Reisebüros oder direkt bei FRS (s. o.) gebucht werden. Am Hafen von Tanger empfängt ein örtlicher, Deutsch oder Englisch sprechender Führer die Gruppe zu einer ganztägigen Stadtbesichtigung einschließlich Mittagessen und Gelegenheit zum Kamelritt. Bei zweitägigen Programmen erfolgt die Übernachtung oft in dem Künstler- und Badeort Assilah mit wunderschöner Altstadt und viel Flair. Ein Reisepass empfiehlt sich in jedem Fall, auch wenn bei organisierten Ausflügen für EU-Bürger theoretisch der Personalausweis genügt.

com. In der Altstadt. Farbenfrohes Understatement kennzeichnet die Einrichtung. Angeschlossen ist eine edle Café-Lounge. DZ 65–115 €.

Im Sommer treffen sich die Surfer zu vorgerückter Stunde in den zahlreichen Kneipen hinter dem Strand, um zur Caipirinha Surfvideos zu gucken. Das Nightlife in Tarifa selbst konzentriert sich auf die Altstadt, ist weithin als besonders cool bekannt und wird bereits mit dem von Ibiza verglichen. Erste Anlaufstelle ist ab ca. 23 Uhr die Bar **El Cateto** im sogenannten Bermudadreieck (zwischen Calle Invalidos und Calle Carnicería). Von dort geht es dann nach Mitternacht in einen der Tanztempel, z. B. in die ebenfalls im Bermudadreieck gelegene Disco-Kneipe **Pepepotamus** oder in die In-Disco **Ruina** (Calle Trinidad, im Winter nur am Wochenende). Aktuelle Infos über das Nachtleben von Tarifa unter www.tarifa.de.

La Gesta de Guzmán: erste Augustwoche. Folkloristisches Festival in der Burg, in dessen Mittelpunkt eine Aufführung der ›Geste‹ von Guzmán (s. o.) steht. Nicht in jedem Jahr. Infos in der Oficina de Turismo.

Windsurfing: Die Gewässer vor Tarifa gelten als High Wind Area. Windstärken von 4,5 Beaufort werden an rund 300 Tagen im Jahr erreicht. Dementsprechend surfen hier die Könner. Für Anfänger ist das Revier nicht geeignet. Surfzentren mit Schulung und Verleih: Eric Lubbe, Hotel Dos Mares (s. o.), Tel. 956 68 40 35. Club Mistral, Hotel Hurricane (s. o.), Tel. 956 68 49 19.

Kitesurfing: Dragon Kite School, Ctra. N-340 Málaga–Cádiz km 83,5, Tel. 660 88 27 10,

In der Medina von Tanger: Pause beim marokkanischem Nationalgetränk

Fax 956 62 74 67, www.dragonkiteschool.com. Individueller Unterricht, auch in deutscher Sprache, Kursbeginn jeden Tag für alle Stufen. Eintägiger Schnupperkurs 90 €.

Mountainbiking: Tarifa Bike, Ctra. N-340 Málaga–Cádiz km 77,1 (Apartamentos Las Flores), Tel. 696 97 36 56. Verleih unter deutscher Leitung.

Baden & Beachen: Die **Playa de los Lances** mit guter Infrastruktur zieht sich vom westlichen Stadtrand 7 km nach Norden bis zur Punta de la Peña. Kräftiger Wind, der Sandkörner über den Strand fegt, kann das Badevergnügen trüben. Jenseits der Landspitze schließt die 5,5 km lange **Playa de Valdevaqueros** an, die sich bei Surfern großer Beliebtheit erfreut. Hinter ihr erhebt sich die berühmte Riesendüne der Punta Paloma.

Whalewatching: Mehrere Anbieter fahren zur Wal- und Delfinbeobachtung aus, z. B. die wissenschaftlich orientierte Schweizer Organisation **Firmm** (Foundation for Information and Research on Marine Mammals), Calle Pedro Cortés 4, Tel. 956 62 70 08, www.firmm.org (pro Person 30 €, Reservierung 2–3 Tage vorher empfohlen, auch ein- oder zweiwöchige Beobachtungskurse).

Reiten: Hurricane Hípica, Ctra. N-340 Málaga–Cádiz km 78 (nahe Hotel Hurricane), Tel. 956 68 90 92, Fax 956 68 90 93, www.tarifahip.com. Ausritte unter Schweizer Führung (z. B. Strandritt 1 Std. für 25 €). Auch mehrtägige Ausflüge und Ferienangebote.

Busse: Mit *Comes* ab Calle Batalla del Salado (im Zentrum) mehrmals täglich nach Algeciras, Málaga, Conil, Cádiz, Sevilla. Stadtbusse von *Tarifabus* verkehren entlang der Strandzone und nach Bolonia.

Bolonia

Reiseatlas: S. 13, C 3

Die schöne, von felsigen Bergrücken eingerahmte Bucht von Bolonia liegt im **Parque Natural del Estrecho** und dürfte daher von größeren Bauvorhaben verschont bleiben. Sie besitzt einen 4 km langen, weißsandigen, praktisch naturbelassenen Strand. Im Westen begrenzt ihn eine Riesendüne. Dort wird FKK toleriert. Dahinter schließen Klippen an, die sich gut besteigen lassen. Von oben fällt bei klarem Wetter der Blick bis zum Leuchtturm von Tarifa und auf die afrikanische Küste.

Die lockere Bebauung des Ortes besteht lediglich aus ein paar *chiringuitos,* die frischen Fisch servieren, mehreren kleinen Hostales und ein paar Bauernhäusern. Bolonia bietet sich für ein paar erholsame Badetage an. Abgesehen von den Ferienmonaten Juli und August geht es hier sehr ruhig zu.

Baelo Claudia

Unmittelbar westlich von Bolonia ist mit **Baelo Claudia** die bedeutendste antike Ruinenstadt Andalusiens nach Itálica zu besichtigen. Auf besonders anschauliche Weise lässt sich Einblick in die Struktur einer römischen Siedlung gewinnen. Ein mit Pfeilen markierter Rundweg berührt alle wichtigen Punkte. In die Ausgrabungsstätte hinein führt eine der beiden gut erhaltenen Hauptstraßen, der *decumanus maximus*. Im rechten Winkel dazu verläuft der *cardo maximus* am Forum vorbei, wo die *basilica* (Ratsgebäude) und die Tavernen gut zu erkennen sind.

Bei der Statue des Kaisers Trajan handelt es sich um eine Kopie, das Original steht im Museo de Cádiz (s. S. 190). Das Forum überragten auf dem Kapitolshügel die Tempel für Juno, Jupiter und Minerva. Etwas seitlich befand sich außerdem ein Tempel für die ägyptische Göttin Isis, der als Beweis für Handelsbeziehungen ins Nildelta gewertet wird.

Die natürliche Hangneigung am Nordwestrand der Siedlung wurde genutzt, um die Ränge des kleinen Theaters anzulegen. Im Südwestteil der Ruinenstadt sind Reste einer kleinen Therme zu besichtigen (die Hauptthermen wurden bisher nicht gefunden).

Baelo Claudia war Standort einer bedeutenden Fischwirtschaft. Davon zeugen hinter dem Strand runde und viereckige Steintröge, in denen der Fang (vorwiegend Tunfisch) eingesalzen und gelagert wurde.

Baelo wurde Ende des 2. Jh. v. Chr. gegründet und erhielt unter Kaiser Claudius, der 41–54 n. Chr. regierte, die Rechte einer römischen Gemeinde und den Beinamen Claudia. Schon Ende des 2. Jh. zeichnete sich ein wirtschaftlich bedingter Niedergang ab. Ein Erdbeben zerstörte die Stadt völlig, die daraufhin von ihren rund 2000 Bewohnern verlassen wurde. Ab Anfang des 20. Jh. fanden Ausgrabungen statt, die noch lange nicht abgeschlossen sind (Conjunto Arqueológico de Baelo Claudia: Di–Sa 10–19, Juni–Sept. bis 20, Nov.–Feb bis 18, So/Fei ganzjährig 10–14 Uhr; 1.1., 6.1., 24./25.12 u. 31.12. geschl., für EU-Bürger gratis, sonst 1,50 €).

Pensión Bellavista: El Lentiscal 21, Tel. 956 68 47 18, ganzjährig. Zentral gelegen, dort wo die Zufahrtsstraße nach Bolonia auf den Strand trifft. Einige Zimmer haben Balkon und Meerblick. Mit Restaurant, dessen Terrasse Hauptanlaufstelle und idealer Ort für einen Drink ist. DZ mit Bad 40–60 €.
Pensión La Posada de Lola: El Lentiscal 26, Tel. 956 68 85 36, Fax 956 68 85 58, www.hostallola.com, ganzjährig. Hübsches Hostal mit üppigem Garten. DZ mit eigenem Bad 55, mit Gemeinschaftsbad 45 €. Im Sommer Mindestaufenthalt 7 Tage.

Marisma: El Lentiscal (nahe La Posada de Lola), Karfreitag bis Okt. tgl., sonst nur Sa/So. Beliebte überdachte Terrasse vor traditionellem Strohdachhaus, Fisch und Meeresfrüchte. Hauptgerichte 5–12 €.

Busse: *Tarifabus* ab Tarifa, Taktfrequenz je nach Jahreszeit.

Würzsoße der Römer

Thema

Auch wenn das Mittelmeer erst heute als überfischt gilt – besonders fischreich war es eigentlich noch nie. So mussten sich schon die Menschen der Antike Gedanken darüber machen, wie der im Atlantik in weit größeren Mengen vorhandene Fisch zu konservieren sei, um ihn nach Griechenland und Rom zu verschiffen.

Schon im 5. Jh. exportierten griechische Händler eingesalzenen Fisch aus dem damaligen Gadir (heute Cádiz). Sie erfanden auch das *garon,* eine kräftig riechende Soße, für die sie Fischabfälle verwerteten. Die Römer verfeinerten dieses Produkt zu ihrem berühmten *garum,* das am ehesten mit der asiatischen Fischsoße zu vergleichen ist, die noch heute in Thailand und Vietnam hergestellt wird. *Garum* wurde häufig anstelle von Salz verwendet, teilweise aber auch für Süßspeisen. Anfänglich war es ein kostspieliges Luxusprodukt ausschließlich für reiche Bürger erschwinglich. Später benutzten es alle Schichten, sodass die Köche der Wohlhabenden es bald für vulgär hielten und lieber Salz verwendeten. Umstritten ist bis heute, ob *garum* wirklich nur zum Würzen diente oder auch dazu, bei nicht mehr ganz frischen Speisen den schlechten Geschmack zu überdecken. Jedenfalls war die Soße nicht ganz einfach zu dosieren. Nahm der Koch zu viel davon, schmeckte das ganze Essen nach Fisch.

Für die Herstellung von *garum* wurden kleinere Fische (z. B. Anchovis) oder die Innereien von Makrelen, für bessere Qualitäten auch Innereien, Kiemen und Blut vom Tunfisch, zusammen mit Gewürzen in einem Gefäß eingesalzen und dieses zwischen einer Woche und zwei Monaten offen in die Sonne gestellt. Der dabei stattfindende Fermentationsprozess zersetzte das Fischeiweiß. Anschließend wurde der Inhalt des Gefäßes gesiebt oder man bohrte den Behälter an, um die entstandene Flüssigkeit – das *garum* – ablaufen zu lassen. Für den Export wurde es in Amphoren abgefüllt, die römischen Legionäre transportierten es auf ihren Feldzügen auch in kleinen Glasgefäßen. Solche wurden in großer Zahl bei archäologischen Ausgrabungen entdeckt, so auch in Germanien, wohin nachweislich erhebliche Mengen von *garum* aus Spanien gelangten. Das begehrteste *garum* kam aus der heutigen Provinz Cádiz *(garum gaditanum),* wo es allein in Baelo Claudia fünf *Garum*-Fabriken gab, die in Teilen noch erhalten sind. Weitere Produktionsstätten fand man auch an anderen Stellen der spanischen Küste, außerdem in Marokko und in geringerem Ausmaß am östlichen Mittelmeer.

Bis ins 16. Jh. hinein wurde in manchen Teilen Europas eine ähnliche Fischsoße hergestellt, das sogenannte *allex.* Im alten Rom hieß so das nach Absieben des *garum* verbleibende und weniger geschätzte Restprodukt. Heute bieten gehobene Restaurants in Andalusien, die sich einer modernisierten regionalen Küche verschrieben haben, gelegentlich wieder Gerichte mit *garum* an. Dieses hat mit dem Original in der Regel allerdings nur entfernte Ähnlichkeit. Um dem heutigen Geschmack entgegenzukommen, verwenden die Köche meist eine Paste aus Anchovis und Oliven, die in Andalusien eigentlich unter dem Namen *olivada* bekannt ist.

Zahara de los Atunes

Reiseatlas: S. 13, C 3
Der Ortsname **Zahara de los Atunes** (1000 Einw.) sagt bereits aus, wovon die Menschen hier seit dem Mittelalter lebten, nämlich vom Fischfang, vor allem vom Tunfisch (*atún*). Heute hat der Fischreichtum stark abgenommen und die Einheimischen beschweren sich darüber, dass ihr Fang en gros von den gut zahlenden Japanern gekauft wird und erst wieder als Konserve auf ihren Tisch kommt – was zum Glück nur zum Teil stimmt. Noch immer haben einige Fischer in Zahara de los Atunes ihr Auskommen. Am Strand liegen ihre kleinen, bunten Boote. Vor allem zwischen März und Juni treiben sie die Tunfische mit Schleppnetzen zusammen und stechen sie mit Harpunen ab. *La Almadraba* (Tunfischfalle) heißt diese Fangmethode schon seit maurischer Zeit. So trägt die Ruine der alten Burg im Ortszentrum, die den Fischern früher als Lagerhalle und Zufluchtsstätte diente, den Namen **Castillo de las Almadrabas.**

Heute ist jedoch das benachbarte Barbate wichtigster Fischerhafen dieses Küstenabschnitts. In Zahara de los Atunes setzt man auf den Tourismus. Vor allem unter jungen Spaniern gilt der Ort fast schon als Modedestination. Dennoch geht es hier noch sehr beschaulich und ursprünglich zu. Schöne, feinsandige und auch in der Hochsaison nicht überfüllte Strände erstrecken sich zu beiden Seiten von Zahara de los Atunes und Richtung Süden bis zur 4 km entfernten Feriensiedlung Atlanterra mit der großen Hotelanlage Meliá Atlanterra.

Kiosk am Strand nahe Castillo de las Almadrabas, Tel. 956 44 95 25, Ostern–Mitte Sept.

Hotel Pozo del Duque: Av. de las Palmeras, Tel. 956 43 90 40, Fax 956 43 90 87, www.pozodelduque.com. Am Ortsrand von Zahara de los Atunes am Strand, auf den auch viele Zimmer blicken. Ansprechende Architektur, Garten mit kleinem Pool. Junges Publikum. DZ 70–130 €.

Hotel Gran Sol: Av. de la Playa s/n, Tel. 956 43 93 09, Fax 956 43 91 97, www.gransolhotel.com, ganzjährig geöffnet. Ruhig und strandnah im Ortszentrum gelegenes, relativ großes Haus im andalusischen Baustil mit hübschem Garten und Pool. DZ 59–113 €.

Patio la Plazoleta: Plaza de Tamarón 3, Tel. 956 43 90 09. Zentral gelegen. Um ein altes Fischerboot gruppieren sich im Innenhof die Tische. Fischgerichte (z. B. gegrillter Tunfisch mit Zitrone), Spießspezialitäten und Pizza 9–10 €.

Im Juli/August öffnen am Strand ein paar einfache, in Zelten untergebrachte Bars und *teterías* (Teestuben nach arabischem Vorbild). Der **Chiringuito La Gata** ist für gute Live-Konzerte bekannt.

Busse: Mit *Comes* nach Barbate/Véjer/Cádiz 4–5 x tgl., nach Tarifa Mo–Fr 1 x tgl. Im Sommer häufigere Verbindungen.

Barbate

Reiseatlas: S. 13, B 3
Barbate (23 000 Einw.) ist eine relativ junge und schachbrettförmig angelegte Stadt. Hübsche Sommervillen aus den 1930er-Jahren säumen die Zufahrt zum Paseo Marítimo hinter dem gepflegten Strand. Die Ferienwohnungen in den angrenzenden Apartmenthäusern gehören ebenso wie die Villen fast ausschließlich Spaniern. Weniger der Tourismus ist von Bedeutung für Barbate als vielmehr der große Fischereihafen. In dessen Umfeld haben sich Konservenfabriken angesiedelt, die Tunfisch, Sardinen und Sardellen in Öl einlegen, lufttrocknen (*salazones*) oder räuchern (*ahumados*). Lange trug Barbate den Beinamen »de Franco«, weil General Franco hier 1936 zu Beginn des Spanischen Bürgerkriegs mit seinen Truppen aus Marokko kommend landete. Heute wird dieser – inzwischen von vielen Bewohnern als peinlich empfundene – Namenszusatz auf Straßenschildern, in Karten und Prospekten nicht mehr aufgeführt.

Parque Natural Breña y Marismas del Barbate

Beiderseits der Stadt erstreckt sich dieser mit 3000 ha zwar recht kleine, aber interessante Naturpark. In seinem östlichen Teil stehen die *marismas* (Gezeitensümpfe) unter Schutz, die der **Río Barbate** in seinem Mündungsgebiet gebildet hat. In Meeresnähe sind noch aufgelassene Salinenbecken zu erkennen, in denen heute zahlreiche Vogelarten auf Nahrungssuche gehen. Eine kleine Werft führt die Tradition des Holzbootbaus fort.

Im Westen grenzt an Barbate der **Pinar de la Breña**, weit und breit der ausgedehnteste Wald an der Costa de la Luz. Trotz der Entstehung durch Menschenhand – die Pinien wurden zu Beginn des 20. Jh. gepflanzt, um Wanderdünen festzulegen – wirkt er ganz natürlich und bildet heute ein wichtiges Biotop, in dem Zwergpalmen, duftende Kräuter und Wildorchideen gedeihen und zahlreiche Vogelarten brüten. Oberhalb der Playa de Hierbabuena (s. u.) beginnt an der A-2233 nach Caños de Meca (Wanderparkplatz zwischen km 21 und 20) ein Panoramaweg über der hier rund 100 m hohen Steilküste. In 1 Std. führt er zum spektakulär gelegenen Wachturm **Torre del Tajo** (auch Torre de la Tembladera) aus dem 16. Jh. und von dort in weiteren 45 Min. nach Caños de Meca. Ein weiterer Wanderparkplatz bei km 19 ist Ausgangspunkt für einen bequemen Spaziergang durch den Pinar, der ebenfalls den Torre del Tajo zum Ziel hat (hin/zurück ca. 1 Std.).

Oficina de Turismo: Calle Vázquez Mella s/n, 11160 Barbate, Tel. 956 43 39 62, www.barbate.es. Zusätzlich im Juli/August Info-Kiosk am Stadtstrand.
Wanderkarte: Eine kleine Karte des Naturparks ist für rund 1,50 € erhältlich.

Hotel Rural El Palomar de la Breña: Pago de la Porquería (ab A-2233 Barbate–Caños de Meca bei km 17 ausgeschildert, Zufahrt ist auf den letzten 800 m Piste), Tel. 956 43 50 03, www.palomardelabrena.com, Nov. geschl. Hacienda (18. Jh.) in sehr ruhiger Alleinlage am Nordrand des Pinar de la Breña. Großzügige Zimmer mit Balkon oder Terrasse, Restaurant (Hauptgerichte 10–12 €), freundliche Gastgeber. Den namengebenden Taubenschlag dürfen auch externe Gäste auf Anfrage besichtigen. Er ist nicht mehr in Benutzung, bot früher aber rund 5000 Paaren Platz. Sie produzierten 10–15 t Dünger pro Jahr und wurden auch als lebender Proviant an die Schiffe in Cádiz geliefert. DZ 55–95 €.

Auswärtige Besucher zieht es nach Barbate vor allem wegen der zahlreichen renommierten **Fischlokale** an der Meerespromenade. Spezialität des Ortes ist *atún encebollao* (Tunfisch mit Zwiebelsauce).

Tienda Museo Conservas y Salazones La Barbateña: am neuen Hafen, tgl. 10–24 Uhr. Leckere Souvenirs sind die nett verpackten Fischprodukte der ortsansässigen Firma. Außerdem gibt es Pinienkerne aus dem angrenzenden Pinar. Mit kleinem Museum, das den traditionellen Fischfang dokumentiert (Eintritt frei).

Baden & Beachen: Idyllischer als der Hauptstrand von Barbate ist die naturbelassene **Playa de Hierbabuena**, die außerhalb des Ortes westlich an den Hafen grenzt.

Busse: Busbahnhof am Nordende der Av. del Generalísimo, Tel. 956 43 05 94. Mit *Comes* häufig nach Vejer und Cádiz, 1 x tgl. nach Tarifa/Algeciras.

Caños de Meca

Reiseatlas: S. 13, B 3
Caños de Meca entwickelte sich in den 1970er-Jahren zum legendären Treffpunkt für Hippies. Sie übernachteten am Strand, der den Vorteil bot, recht windgeschützt zu liegen. Immer noch ist das Ferienpublikum hier jünger, bunter und individualistischer als anderswo. Improvisation wird nach wie vor groß geschrieben, vor allem bei den nächtlichen Musik-Sessions am Strand. Heute wohnen

die Sommergäste jedoch in kleinen *hostales* und Ferienwohnungen oder auch auf einem der drei Campingplätze. Inzwischen ist es vor allem die internationale Wellensurferszene, die im Sommer Leben in den Ort bringt.

Los Acantilados

Östlich des Ortes unterhalb der Steilküste (*acantilados*) gibt es praktisch menschenleere Buchten, die – am FKK-Strand (Playa Nudista) vorbei – nur bei Ebbe und mit größter Vorsicht über die Klippen zu erreichen sind. Von den Felswänden hängt dort ein üppiger Pflanzenvorhang herab, überall tropft Süßwasser. Nach ca. 30 Min. gelangt man zu den **Caños,** kleinen Wasserfällen, die dem Ort den Namen gaben. Achtung: Man muss rechtzeitig vor Einsetzen der Flut zurückkehren, denn der Atlantik hat spürbare Gezeiten und die Überquerung der Klippen ist bei Hochwasser unmöglich!

Cabo de Trafalgar

Westlich von Caños de Meca schiebt sich das nur 20 m hohe, aber windumtoste **Cabo de Trafalgar** weit ins Meer hinaus. Schon in römischer Zeit gab es hier einen Tempel für die Göttin Juno. Die Araber errichteten im 9. Jh. einen Wachturm, dessen Ruine neben dem weithin sichtbaren Leuchtturm von 1860 steht. Berühmt wurde das Cabo de Trafalgar durch den Sieg des hier tödlich verwundeten englischen Admirals Nelson über die spanisch-französische Flotte im Jahre 1805. Der Trafalgar Square in London erhielt daraufhin seinen Namen. Britische Touristen kommen aus nostalgischen Gründen hierher. Eine Infotafel unterhalb des Leuchtturms gibt detaillierte Auskunft über den Verlauf der Seeschlacht.

Der **Tómbolo de Trafalgar** – eine 800 m lange, sandige Landzunge mit zentralem Strandsee – verbindet die einstige Insel, die heute das Kap bildet, mit dem festen Land. Wellen und Wind häuften den Sand an und sorgten so für die Entstehung dieser landschaftlichen Kuriosität, die heute als Naturmonument unter Schutz steht – nicht zuletzt wegen der Zugvögel, die den See gerne als Futterplatz aufsuchen. Die Dünenstrände des

Schiffsfriedhof beim Cabo de Trafalgar

Tómbolo zu beiden Seiten des Kaps eignen sich zwar wegen unberechenbarer Strömungen nicht zum Baden, dafür aber für ungestörte Strandwanderungen. Von Caños de Meca läuft man bis zum Kap rund 30 Min. In nördlicher Richtung ist entlang des naturbelassenen Strandes in einer weiteren Stunde der Surferort **El Palmar** erreicht. Unterwegs lädt eine romantische Strandbar zur Rast ein.

Hostal Fortuna: Av. Trafalgar 34, Tel. 956 43 70 75, www.hotelfortuna.net. Sehr hübsche Architektur mit begrüntem Patio im andalusischen Stil, komfortable Zimmer, nach Balkon und Meerblick fragen. DZ 66 €.

Die Bar **Trafalgar** (mit Restaurant, Hauptgerichte 12–27,50 €)) ist ganzjährig Anlauf- und Treffpunkt. In der Sommersaison öffnen in Strandnähe zahlreiche weitere Bars. In einem Zelt mitten im Ort herrscht im Juli/August marokkanische Stimmung mit Tee, Couscous und Bauchtanz. Nach Mitternacht wechselt die Szene in die Disco **La Caracola**, einem originellen Bau in Form eines Schneckenhauses direkt an der Playa. Wer statt House- und Techno-Sounds andalusische Musik bevorzugt, kommt im **Tablao Flamenco El Tronío** auf seine Kosten.

Busse: Mit *Comes* nach Barbate Mo–Fr 3 x tgl., Conil/Cádiz Mo–Fr 2 x tgl. Im Sommer häufigere Verbindungen, auch nach Sevilla.

Durch das Hinterland der südlichen Costa de la Luz

Reiseatlas: S. 13/14, B–D 1–3
Von den Ferienorten an der südlichen Costa de la Luz lohnt ein Abstecher nach Vejer de la Frontera, das Ausgangspunkt für eine Tour durch die Region La Janda sein kann. Auf Nebenstrecken geht es durch die Flussniederung des Río Barbate zum Parque Natural de Los Alcornocales und weiter zur traditionsreichen Stadt Medina Sidonia.

Vejer de la Frontera

Reiseatlas: S. 13, B 3
Als vielleicht schönste Kleinstadt in der Nähe der andalusischen Atlantikküste liegt **Vejer de la Frontera** (13 000 Einw.) auf einem markanten Bergrücken. Es empfiehlt sich, den Wagen westlich der engen Altstadt beim Parque de los Remedios zu parken und der Avenida de los Remedios zu Fuß aufwärts bis zur **Plazuela** zu folgen, um von diesem hübschen kleinen Platz aus das Gassenlabyrinth zu durchstreifen. Besonders reizvoll sind die Einblicke in die begrünten Innenhöfe der weißen Häuser.

Von der Plazuela aus geht es, das Hotel im ehemaligen Franziskanerkloster (s. u.) im Rücken, aufwärts. In einem Adelspalast aus dem 18. Jh., der **Casa Marqués de Tamarón,** ist das örtliche Kulturzentrum untergebracht. Weiter oben liegt der innerste Kern der Altstadt, von **Las Murallas** umgeben, Resten einer Stadtmauer (15. Jh.). Durch eines der vier erhaltenen Tore, die **Puerta de La Segur,** betritt man das komplett unter Denkmalschutz stehende Ensemble. Gleich neben dem Tor steht die **Iglesia Parroquial Divino Salvador**. Sie wurde ab dem 14. Jh. erbaut und vereint Stilelemente des Mudéjar mit solchen der Spätgotik, die einer zweiten Bauphase (17. Jh.) zuzuschreiben sind. Deutlich erkennbar diente ein Minarett als Basis für den heutigen Glockenturm mit seinem spitzen, mit Fliesen verzierten Dach.

Nebenan zeigt der **Convento Concepcionistas** (16. Jh.), ein ehemaliges Nonnenkloster, ein schönes, wenn auch restaurierungsbedürftiges Renaissanceportal. Das Gebäude wird in der Gasse nebenan durch die vier aus Ziegelsteinen gemauerten **Arcos de las Monjas** (Nonnenbögen) abgestützt. Diese gewährten im Mittelalter Einlass in die Judería. Die gleichnamige Straße erinnert noch heute an das alte Judenviertel.

An der höchsten Stelle des Ortes befindet sich die restaurierte Ruine einer mittelalterlichen Burg (9./10. Jh.). Die Aussicht vom Wehrgang des **Castillo** ist bemerkenswert. Ein kleines Museum zeigt einen *cobijado*, ein schwarzes Gewand mit Schleier, das nicht –

wie oft angenommen – auf maurische, sondern auf kastilische Traditionen zurückgeht. Die Frauen von Vejer de la Frontera trugen es noch bis 1936. Dann wurde der Cobijado von der Volksfrontregierung in Madrid verboten, damit Franco-Anhänger ihn nicht als Verkleidung nutzen konnten, um Waffen zu transportieren. Heute ist der Cobijado nur noch als beliebtes Postkartenmotiv überall im Ort anzutreffen (Castillo und Museum waren zur Zeit der Drucklegung wegen Renovierung geschl.).

Im Osten des Altstadtkerns hat sich eine kleine Kunsthandwerkerszene unter Beteiligung ausländischer Aussteiger etabliert. Hier führt der **Arco de la Villa** aus dem Gassengewirr hinaus auf die hübsche **Plaza de España.** Der Platz ist mit Sitzbänken, altmodischen Lampen und einem Brunnen möbliert, die mit bunten, maurisch anmutenden Fliesen aus Sevilla verziert sind. Rundum spielt sich in einigen Tavernen und Restaurants das bescheidene Nachtleben von Vejer ab.

Oficina Municipal de Turismo: Parque de los Remedios, 11150 Vejer de la Frontera, Tel. 956 45 17 36, Fax 956 45 16 20, www.vejer.com.

Centro de Interpretación del Patrimonio: Casa de la Cultura, Calle Nuestra Señora de la Oliva 10, Tel. 956 45 01 91. Infos über die Baudenkmäler von Vejer.

Hotel Convento de San Francisco: La Plazuela, Tel. 956 45 10 01, Fax 956 45 10 04, www.tugasa.com. Im alten Franziskanerkloster (17. Jh.). Die ehemaligen Mönchszellen sind schlicht, aber charmant. Gutes Restaurant. DZ 70–80 €.

Hotel La Casa del Califa: Plaza de España 16, Tel. 956 44 77 30, Fax 956 45 16 25, www.lacasadelcalifa.com, 2. u. 3. Januarwoche geschl. Gediegenes Haus mit wunderbarem Ausblick und dem beliebten Restaurant El Jardín del Califa (Hauptgerichte 8–17 €). DZ 60–110 €.

Hostal La Posada: Av. de los Remedios 21, Tel. 956 45 02 58, www.hostallaposada.com, Weihnachten–Mitte Jan. geschl. Landestypische Pension. Nur 6 Zimmer, rechtzeitig reservieren. DZ 50, Garagenplatz 6 €.

Venta Pinto: Barca de Vejer, Ctra. Barbate–Medina Sidonia km 37, Tel. 956 45 00 69, www.ventapinto.com. In einer alten Poststation an der Landstraße. Deftige Küche, authentische Atmosphäre. In der rustikalen Bar hängen Schinken von der Decke. Tagesmenü um 16 €.

La Vera Cruz: Calle Eduardo Shelly 1, Tel. 956 45 16 83, nur abends, Mi u. Jan. geschl. In einer ehemaligen Kapelle (16. Jh.) im Altstadtkern, französisch inspirierte Speisekarte, gute Weine. Hauptgerichte 13–15 €.

Mesón Judería: Calle Judería 5, Tel. 956 44 76 57, Mi geschl. Viele einheimische Gäste schätzen die bewährte Küche und den schönen Ausblick. Hauptgerichte 10–14 €.

El Toro Embolao: Ostersonntag. Traditioneller Straßenstierkampf (s. S. 44) mit zwei Stieren (12 und 16 Uhr), anschließend wird die Nacht durchgefeiert.

Fiesta de Primavera: Zwei Wochen nach Ostern (Do–So). Begrüßung des Frühlings nach archaischem Brauch mit geschmückten Pferdekarren. Folklore-Wettbewerb, Stierkampf und Viehmarkt auf dem Festgelände bei den Windmühlen am Südrand der Stadt.

Busse: Ab Barca de Vejer (Ctra. Barbate–Medina Sidonia km 37; dorthin fährt ein Stadtbus) mit *Comes* mehrmals tgl. nach Tarifa/Algeciras und Conil/Cádiz. Nach Conil/Cádiz z. T. auch ab Parque de los Remedios nahe Stadtzentrum.

Freilichtmuseum Montenmedio

8 km östlich von Vejer de la Frontera liegt der Skulpturenpark der **Fundación NMAC.** Die private Stiftung gibt Künstlern die Möglichkeit, ihre Werke in die Natur einzufügen. Während die Rezeption des Freilichtmuseums für moderne Kunst in einer ehemaligen Militärbaracke logiert, verteilen sich die Arbeiten sowohl spanischer als auch internationaler Bildhauer (Roxy Paine, Sol LeWitt, Gunilla Bandolín u. a.) über einen weitläufigen Kiefernwald und sind

auf einem ausgedehnten Spaziergang zu erkunden (gutes Schuhwerk!).

Manche Werke entstanden unmittelbar vor Ort, inspiriert durch die Besonderheit der Landschaft, so der halb im Teich versenkte Polizei-Wasserwerfer *Fuente* (Quelle) von Fernando Sánchez Castillo (Fundación NMAC Montenmedio Arte Contemporáneo: Ctra. A-48 Vejer–Algeciras km 42,5, www.fundacionnmac.com, Di–So im Sommer 10–14, 17–20.30, im Winter 10–14.30, 16–18 Uhr, 5 €).

Benalup-Casas Viejas

Reiseatlas: S. 13, C 2

Auf schmalen Landstraßen geht es von Vejer über eine ländlich geprägte Ebene nordostwärts nach **Benalup-Casas Viejas**. Der aufstrebende Ort, der dank eines neuen Golfplatzes derzeit eine rege Bautätigkeit erlebt, schmiegt sich an einen Osthang. Der alte Siedlungskern liegt hier einmal nicht an der höchsten Stelle, sondern am unteren Rand. Dort gruppieren sich die **Casas Viejas** (alte Häuser) um die Kirche. Die **Plaza Casas Viejas** ist Bühne für sommerliche Konzerte. Etwas oberhalb davon befindet sich am Rand der Hauptstraße unterhalb von Treppenstufen die **Fuente de la Galera** mit Azulejos, Holzbalken und Ziegeldach – typisch andalusischen Dekorationselementen. Sie ist eine von zahlreichen gefassten Quellen im Ort, der für seinen Wasserreichtum bekannt ist. Die Quellen speisen sich aus einem gewaltigen unterirdischen Aquifer, der die gesamte Zone zwischen Barbate und Benalup einnimmt.

Oficina de Turismo: Calle Paterna 4, 11190 Benalup, Tel. 956 42 40 09, www.benalupcasasviejas.es.

Hotel Utopía: Calle Dr. Rafael Bernal 32, Tel. 956 41 95 32, Fax 956 41 79 39, www.hotelutopia.es. Surrealistische Wandmalereien im Stil der 1930er-Jahre zieren die Wände des ungewöhnlichen Hotels, das sogar über ein eigenes Museum verfügt und häufig kulturelle Events organisiert. Auch der Komfort kommt nicht zu kurz. DZ über Veranstalter 120–182, laut Preisliste 125–230 €.

Golf & Country Club Benalup: Calle la Torre, Tel. 956 42 49 28, Fax 956 42 49 29, www.benalupgolf.com. Der 18-Loch-Platz ist für Anfänger und Fortgeschrittene oder Profis geeignet. Wunderbar ist der Ausblick in Richtung Naturpark Los Alcornocales. Greenfee 9 Loch 60, 18 Loch 85 €.

Busse: Mit *Comes* Mo–Sa 2 x tgl. nach Medina Sidonia/Cádiz.

Tajo de las Figuras

Reiseatlas: S. 13, C 2

Benalup ist Ausgangspunkt für eine Besichtigung des **Tajo de las Figuras,** einer 7 km westlich des Ortes gelegenen archäologischen Stätte. Sie besteht aus sieben Höhlen sowie mehreren Dolmen und Grabstätten und birgt die bedeutendsten prähistorischen Felsmalereien Südspaniens. Das älteste Bild, wohl zu Beginn der Jungsteinzeit entstanden, befindet sich in der namengebenden Cueva del Tajo de las Figuras. Es stellt in schematischer Form einen großen Hirsch dar, den menschliche Figuren umtanzen. Vermutlich steht es in Zusammenhang mit einem Fruchtbarkeitskult. Ungewöhnlich sind die zahlreichen in den Höhlen abgebildeten Vögel. Eine mögliche Erklärung dafür wäre, dass sich bis Mitte des 20. Jh. die inzwischen trockengelegte Laguna de la Janda in der Nähe befand, ein Paradies für Zugvögel (Fr/Sa span., engl., franz. Führungen 10 u. 12.30 Uhr, Dauer 2 Std. 30 Min., 6 €, Minibus startet am Tourismusbüro von Benalup (s. o.), Reservierung notwendig, strapazierfähige Kleidung und Sportschuhe empfohlen).

Parque Natural de Los Alcornocales

Reiseatlas: S. 13/14, C/D 1–3

Alcalá de los Gazules ist ein typisches weißes Dorf und zugleich das Tor zum östlich angrenzenden **Parque Natural de Los Alcornocales.** In diesem stehen ausgedehnte Korkeichenwälder unter Schutz (*alcornoque* = span. Korkeiche, s. S. 20 f.).

Durch die Sierra del Aljibe führt von Alcalá eine kurvenreiche Straße zum 417 m hohen

Richtig Reisen-Tipp: Bergbesteigungen im Parque Natural de Los Alcornocales

Die imposantesten Berge des Naturparks Alcornocales sind relativ problemlos zu besteigen. Allerdings benötigt man eine offizielle Genehmigung von der **Oficina del Parque Natural Los Alcornocales** (s. o.). Höchster Gipfel ist mit 1091 m der **Aljibe.** Gleich nebenan erhebt sich der felsige Sandsteingipfel **Picacho** (883 m). Etwa 650 Höhenmeter sind beim Aufstieg auf den Aljibe zu bewältigen (hin und zurück ca. 4 Std.), 450 Höhenmeter auf den Picacho (hin und zurück ca. 3 Std.).

Beide Aufstiegsrouten beginnen gemeinsam gegenüber vom Picknickgelände El Picacho (s. Unterkunft). Eine Informationstafel zeigt die Wegverläufe. Nach 5 Min. ist die **Laguna del Picacho** erreicht. Im Frühjahr leben Molche und Frösche in dem kleinen See, der im Sommer allerdings austrocknet. An der Lagune geht es rechts vorbei. Etwa 100 m hinter einem einsamen Haus weist an einer Gabelung die Beschilderung nach rechts. Kurz darauf erreichen wir die **Garganta del Puerto Oscuro,** überqueren die Schlucht auf einer Holzbrücke und folgen dem Fluss aufwärts bis zu einem asphaltierten Fahrweg. Hier trennen sich die Wege.

Zum **Aljibe** geht es rechts auf dem Fahrweg weiter bis zu einer Forsthütte. Von dort steigt ein gut markierter Forstweg durch Steineichenwald bis zum Gipfel auf. Etwa bei 900 m Höhe ist eine natürliche Baumgrenze erreicht, bedingt nicht durch niedrige Temperaturen, sondern durch den ganzjährig wehenden, heftigen Ostwind (*levante*). Auf dem Aljibe gedeihen nur noch windgepeitschte Sträucher und als absolute Besonderheit eine kleine fleischfressende Pflanze, das Taublatt (*Drosophyllum lusitanica*), die zur Ergänzung des hier oben in den Felsspalten sehr kargen Mineralangebots mit ihren klebrigen Blättern Insekten einfängt.

Auch Hobbyornithologen kommen auf ihre Kosten: Gänsegeier, Zwerg- und Schlangenadler kreisen über den Gipfeln. V. a. aber gibt es ein Panorama zu bewundern, das bei guter Sicht von der Meerenge von Gibraltar bis in die Gegend von Málaga reicht.

Um zum **Picacho** zu gelangen, geht es über den oben erwähnten asphaltierten Fahrweg hinweg geradeaus weiter auf einem schönen Waldweg. Nach 1 Std. Gehzeit wird der Anstieg steiler. Weitere 15 Min. später ist das schräge Gipfelplateau erreicht, auf dem es bis zur höchsten Stelle des Berges weitergeht. Hier können zwar noch einige Korkeichen Fuß fassen, doch sie sind niedrig, dicht mit Flechten bewachsen und vom Wind verbogen.

Pass **Puerto de Gáliz,** wo auf landschaftlich reizvoller Strecke Anschluss nach Ubrique (s. S. 158) besteht. Ebenfalls sehr eindrucksvoll ist die Weiterfahrt auf der C-3331 durch den zentralen Teil des Naturparks über La Sauceda nach Jimena de la Frontera (s. S. 124 f.). **La Sauceda** diente Schmugglern früher als abgeschiedenes Versteck. Während des Spanischen Bürgerkriegs wurde der Ort bombardiert, weil sich hier Franco-Gegner verschanzt hatten. Das mittlerweile verlassene Dorf dient jetzt als Freizeitgelände (s. u.).

Bei La Sauceda ist es möglich, den für Südspanien untypisch üppigen Korkeichenwald in der Schlucht des Río Pasadallana zu Fuß zu durchstreifen und dabei uralte, knorrige Baumriesen zu Gesicht zu bekommen. Im Unterwuchs gedeihen Lorbeerschneeball, Erdbeerbaum, Myrthe und verschiedene Heidearten. Die Luftfeuchtigkeit ist so hoch, dass sogar Farne und Moose auf den Stämmen sitzen. Besonders schön ist es in den Alcornocales im November und Dezember, wenn die Früchte an Bäumen und Sträuchern reif sind und überall grüne Kräuter sprießen.

i **Centro de Visitantes El Aljibe:** Ctra. CA-2112 Alcalá–Benalup km 1, 11180

Alcalá de los Gazules, Tel. 956 42 05 29. Besucherzentrum des Naturparks Alcornocales. Kartenmaterial, Infos über das Gebiet.
Oficina del Parque Natural Los Alcornocales: Plaza San Jorge 1 (Casa del Cabildo), Alcalá de los Gazules, Tel. 956 41 33 07, Fax 956 42 05 11, Mo–Fr 8–15 Uhr.

Hotel San Jorge: Alcalá de los Gazules, Paseo de la Playa s/n, Tel. 956 41 32 55, Fax 956 42 01 75. Zentral in einer ruhigen Gasse, moderne Zimmer. DZ 45–55 €.
Campingplatz Los Gazules: 5 km östlich on Alcalá beim Weiler Patrite, Tel. 956 42 04 86, Fax 956 42 03 88, losgazules@hotmail.com, ganzjährig geöffnet. Großes Wiesengelände mit Pool, Lebensmittelladen, Restaurant. Auch Bungalows und Zeltverleih. Pro Person, Auto und Zelt je ca. 4 €.
Campen unter sehr einfachen Bedingungen ist möglich beim **Picknickplatz El Picacho** (etwa 11 km nördlich von Alcalá de los Gazules an der A-375 Richtung Puerto de Gáliz) und in **La Sauceda,** wo außerhalb von Wochenende und Sommerferien auch Hütten vermietet werden (Tel. 952 15 43 45).

Sendero Ruta de los Molinos: Eine problemlose Wanderung (hin und zurück ca. 2 Std.) führt ohne große Höhenunterschiede zu den **Molinos de Patrite.** Nicht weniger als 18 Wassermühlen – heute nur noch als Ruinen erhalten und oft von üppiger Vegetation zugewuchert – reihen sich am **Río Rocinejo** und seinem Zufluss, dem Arroyo del Montero, aneinander. Die unteren zehn liegen auf öffentlich zugänglichem Gelände. Ausgangspunkt ist das Straßenende der CA-2115 in Patrite, östlich von Alcalá de los Gazules. Von hier aus folgt die Route einem alten Viehauftriebsweg, der Alcalá mit Jimena de la Frontera verband. Dieser führt zunächst durch das bewaldete Tal des Río Rocinejo, später durch offeneres Gelände mit schönen Ausblicken. Nach Überqueren des Arroyo del Montero endet der Wanderweg beim *Molino Los Espartiores o Repartidores*, von wo es zurück zum Ausgangspunkt geht.

Sendero Garganta de Puerto Oscuro: Dieser kurze, aber sehr interessante Rundweg (30–45 Min.) durch den Naturpark Alcornocales ist zunächst mit den Aufstiegsrouten zum Aljibe und Picacho identisch (s. o., keine Genehmigung erforderlich). An der Gabelung hinter dem einsamen Haus geht es jedoch links in die Garganta de Puerto Oscuro hinein. Am Bach entlang führt die Route durch die feuchte, mit Steineichenwald bewachsene Schlucht abwärts bis zur Straße, der man nach links folgt, bis der Ausgangspunkt wieder erreicht wird.

Busse: Nach Alcalá de los Gazules 2–3 x tgl. mit *Comes* von Cádiz/Medina Sidonia.

Medina Sidonia

Reiseatlas: S. 13, B 2
Letzte Station der Route ist **Medina Sidonia** (11 000 Einw.). Der klangvolle Name erinnert daran, dass Phönizier, die vermutlich aus Sidon stammten, hier eine erste Siedlung gründeten. Auf Römer und Westgoten folgten als Herren der Stadt die Araber und in christlicher Zeit schließlich die Familie Guzmán (s. S. 166 f.). Juan Alonso III. de Guzmán wurde 1445 vom kastilischen König zum Herzog von Medina Sidonia geadelt, um seine Stellung als Befehlshaber an der Grenze zu den noch in maurischer Hand verbliebenen Gebieten zu stärken. Seine Nachfahren hatten später entscheidenden Anteil an der Erschließung der spanischen Kolonien in Übersee. Der Reichtum der Stadt im 16. Jh. war dem Amerikahandel zu verdanken.

Auch wenn die Herzogsfamilie im 19. Jh. ihre Lehnsherrschaft über die Stadt verlor, ist doch das dünn besiedelte Umland immer noch durch Großgrundbesitz geprägt. Auf riesigen Ländereien wächst Getreide, weiden Rinder. Medina Sidonia selbst ist eine ruhige, kaum von Touristen besuchte Provinzstadt.

Einlass in die Altstadt gewährt von Norden als Rest der arabischen Stadtbefestigung ein Tor in Form eines doppelten Hufeisenbogens, der **Arco de la Pastora** (10. Jh). Weiter oben gelangt man zu Resten der Ummauerung, die

Kombi-Ticket: Der Bono turístico ermöglicht die Besichtigung sowohl der Iglesia Santa María la Mayor la Coronada als auch des Conjunto Arqueológico Romano (Cloacas Romanas) für zusammen 4 €.

die Burganlage schützen sollte. Vom **Castillo de Medina Sidonia** selbst sind nur wenige Relikte erhalten. Um die **Torre de Doña Blanca**, den einzigen noch vorhandenen Turm, rankt sich eine Legende. König Peter ›der Grausame‹ von Kastilien soll seine Ehefrau Blanca de Borbón hier eingekerkert haben, um sich in Sevilla ungestört einer Geliebten widmen zu können (Castillo de Medina Sidonia: im Sommer 10–14, 18–20, im Winter 10–14, 16–18 Uhr, Eintritt frei).

Nahebei steht die **Iglesia Santa María la Mayor la Coronada** (14.–17. Jh.), die teils gotisch, teils im isabellinischen Stil der Renaissance ausgeführt ist. Ihr Inneres wurde prächtig ausgestattet. Sehenswert ist vor allem das manieristische, von Künstlern aus Sevilla ausgeführte Schnitzwerk des Hochaltars (16. Jh.). Auf den Bänken vor dem Chor – die Insignien Schwert, Palme und Dominikanerkreuz bezeugen es – tagten ehemals Dominikanermönche als Vertreter der Inquisition. Vom Glockenturm schweift der Blick in alle Himmelsrichtungen (Plaza de la Iglesia Mayor, gleiche Zeiten wie Touristeninfo, s. u., falls geschlossen, dort erkundigen, 2,50 €).

Im Innenhof eines Stadthauses sind die **Cloacas Romanas** zu besichtigen, die römische Kanalisation aus dem 1. Jh. Sie blieb auf einer Länge von 30 m erhalten. Betreten wird die Anlage durch einen ehemaligen römischen Wohnraum mit Resten eines Freskos (Conjunto Arqueológico Romano, Calle Ortega, Di–So 10–14, 16–18 Uhr, 3,10 €).

Ermita de los Santos Mártires

Südwestlich von Medina Sidonia steht die vielleicht älteste Kirche Andalusiens, die **Ermita de los Santos Mártires.** Sie wurde in westgotischer Zeit errichtet, um die Reliquien von nicht weniger als 13 Märtyrern aufzunehmen. Der damalige Bischof Pimenio soll sie im Jahre 630 persönlich geweiht haben. Der wehrhafte Turm der Ermita geht vielleicht sogar auf römische Ursprünge zurück (im Sommer 10.30–13.30, 17–20, im Winter 10.15–13.15, 16.15–18.15 Uhr, Eintritt frei, eine Spende wird erwartet).

Oficina Municipal de Turismo: Plaza Iglesia Mayor, 11170 Medina Sidonia, Tel./Fax 956 41 24 04, www.medinasidonia.com.

Hotel Medina Sidonia: Plaza del Llanete 1, Tel. 956 41 23 17, Fax 956 41 22 56, www.tugasa.com. Stilvoll in einem alten Stadtpalast mit hübschem Innenhof, Spezialitätenrestaurant. DZ 110–125 €.
Hotel El Duque: Ctra. Medina–Chiclana (Av. del Mar 10), Tel. 956 41 00 40, Fax 956 41 24 39, www.hotelelduque.com. Kleines Designhotel mit hübschem Terrassengarten am westlichen Ortsrand, sehr gutes Restaurant, Innenstadt zu Fuß erreichbar. DZ 50–70 €.

Süße Spezialität: Das Rezept für den Alfajor de Medina Sidonia, ein Zimtgebäck mit Mandeln, Haselnüssen und Honig, kannten schon die Mauren. Zu kaufen vor Ort in jeder Konditorei, z. B. bei Sobrina de las Trejas (Plaza de España 7) oder in der Pastelería Santa Rita im Innenhof des Convento San Cristóbal (Calle Hércules 1, nahe Plaza de España), wo ein Gitter die Nonnen beim Verkauf von den Kunden trennt.

Busse: Mit *Comes* nach Chiclana de la Frontera 4 x tgl., nach Jérez de la Frontera 1 x tgl.

Conil de la Frontera

Reiseatlas: S. 13, B 2
Conil de la Frontera (20 000 Einw.) ist ein wichtiger Badeort. Die Bewohner der lebhaften Stadt betreiben aber auch noch teilweise professionellen Fischfang. Der moderne Hafen liegt 5 km nördlich unterhalb der Steil-

Andalusische Wallfahrt: Nicht nur das Kostüm erinnert an Carmen

küste des Cabo Roche (s. u.). Vor dem Ort selbst dehnt sich ein breiter Sandstrand aus, die **Playa de los Bateles,** die trotz der Stadtnähe beinahe naturbelassen wirkt. Holzplankenstege führen über Salzwiesen und kleine Dünen zum Sandbereich am Meer. Dahinter verläuft mit dem **Paseo de Atlántico** eine breite, gepflegte Promenade, die sich sogar im Winter einigermaßen belebt. Im Norden schließt nahtlos die für ihre Fischlokale berühmte **Playa Fontanilla** an, hinter der sich das Hotelviertel von Conil mit über Veranstalter buchbaren Häusern der 3-und 4-Sterne-Klasse ausdehnt.

Altstadt

Eigentliche Sehenswürdigkeiten gibt es kaum. An die frühere Stadtmauer erinnert noch ein Torbogen, die **Puerta de la Villa.** Letzter Zeuge der einstigen Burg ist die gotische **Torre Guzmán** (15./16. Jh.). Der Turm trägt seinen Namen nach Alfonso Pérez de Guzmán, der Conil de la Frontera für seine Verdienste bei der Verteidigung von Tarifa (s. S. 166 ff.) erhielt. Später ging der Besitz in die Hände der Herzöge von Medinaceli über, die das Anwesen als Sommersitz nutzten. Nahebei an der von Palmen gesäumten Plaza de Santa Catalina erhebt sich die baufällige **Iglesia de Santa Catalina** (16. Jh.). Sie wird restauriert, um in Zukunft als Informationszentrum für Umwelt und Tourismus zu dienen.

Cabo Roche

Nördlich der Playa de la Fontanilla beginnt eine rötliche Steilküste, unter die sich der Fischerei- und Jachthafen von Conil duckt. Über ihm ragt auf dem **Cabo Roche** ein Leuchtturm auf, von dem ein beschilderter Wanderweg die Küstenklippen entlang in 30 Min. zur Ferienvillensiedlung Roche führt. An drei Stellen leiten Steintreppen hinunter in reizvolle Felsbuchten. Diese Strandzugänge *(acceso a playa)* sind von der Straße ausgeschildert, die Conil mit Roche verbindet.

Im Hinterland dehnt sich die **Dehesa de Roche** aus, eine flachwellige, locker mit Pinien bewaldete Ebene. Sie setzt sich nördlich von Roche bis Novo Sancti Petri fort. Von der Straße aus führen dort beschilderte Spazierwege zu einem Mirador über der Steilküste und quer über die Dehesa.

Oficina Municipal de Turismo: Ctra. El Punto 1, 11140 Conil de la Frontera, Tel. 956 44 05 01, Fax 956 44 05 00, www.conildelafrontera.es.

Hotel Almadraba Conil: Calle Señores Curas 4, Tel. 956 45 60 37, Fax 956 44 45 19, www.hotelalmadrabaconil.com. Moderne, komfortable Unterkunft in einem alten andalusischen Haus, mehrere Patios, strand- und altstadtnah, Parkmöglichkeit (gegen Gebühr). DZ 70–110 €.

Hostal La Posada: Calle Quevedo s/n, Tel./Fax 956 44 41 71, www.laposadadeconil.com. Gediegen eingerichtete Zimmer mit Gemeinschaftsterrassen und Meerblick, zentral nahe Puerta de la Villa, ausgezeichnetes Gartenrestaurant. DZ 50–90 €.

Francisco: Playa Fontanilla, Tel. 956 44 08 02, www.franciscofontanilla.com. Strandlokal für gehobenere Ansprüche. Drei Gänge à la carte 20–30 €.

La Fontanilla: Playa Fontanillla, Tel. 956 44 07 79. Einfacheres Lokal direkt nebenan, die *raciones* gebratener frischer Fisch schmecken hervorragend. Hauptgerichte 8–10 €.

Tapeo: Während sich tagsüber vor allem die Lokale am Paseo del Atlántico füllen, z. B. das El Pasaje, verlagert sich das Geschehen abends in die Altstadt. Dort bieten unzählige Bars und Restaurants Tapas und *raciones* an. Spezialitäten aus dem Meer sind *ortiguillas* (fritierte Seeanemonen) und *urta* (eine große Brassenart mit sehr zartem Fleisch).

Freitags vormittags (ca. 10–14 Uhr) trifft man sich zum Einkaufssbummel auf dem **Wochenmarkt** am Paseo de Atlantico.

In der Calle José Tomás Borrego (nahe Plaza de España) konzentrieren sich Musikbars, die sich schon am früheren Abend füllen, z. B. **El Adán** oder die angesagte Teestube **El Cafetín del Sur.** Eher jüngeres Publikum verkehrt in der Calle Ancha (bei der Kirche). Mit schönen Tanz-Innenhöfen, in denen oft erst ab 2 Uhr morgens die Post abgeht, z. T. bei Live-Musik, punkten dort **La Cochera** und **La Jacaranda.** Hier wie dort ist vorwiegend in den Sommermonaten etwas los. Ganzjährig öffnet die gediegene Cocktail-Bar **Café de la Habana** (Plaza de Santa Catalina).

Feria de la Primavera de El Colorado: erste Juniwoche. Ländliches Fest im 10 km entfernten Ortsteil El Colorado mit uriger Atmosphäre, originellen Wettbewerben, Reiterumzügen und Stierkämpfen.

Fiesta de la Virgen del Carmen: um den 16. Juli. Tag der Schutzpatronin der Seefahrer mit farbenfroher Bootsprozession.

Feria Nuestra Señora de las Virtudes: um den 5. Sept. Mehrtägiges Fest mit viel Tanz und Gesang, dazu fließt reichlich Wein um das Ende der Sommerferien zu begehen.

Wellness: Hotel Fuerte Costa Luz, Playa Fontanilla, Tel. 956 45 63 40, Di–So 10–14, 16–19 Uhr. Spa mit Sauna, türkischem Bad, Jacuzzi, schottischer Dusche. Externe Gäste zahlen 18 €.

Strand: Gemeinsam sind die Playa de los Bateles und die Playa Fontanilla über 2,5 km lang und nicht nur zum Baden, sondern dank ihres festen Sandes auch für Spaziergänge und Walking ideal.

Busse: Haltestelle Casa de Postas, 3 km außerhalb an der A-340. Mit *Comes* mehrmals tgl. u. a. nach Cádiz, Barbate, Algeciras. Manche Busse fahren ins Stadtzentrum (*parada central* an der Hauptstraße). Innerhalb von Conil, zur Playa Fontanilla und zur Busstation verkehren Stadtbusse.

Novo Sancti Petri

Reiseatlas: S. 13, B 2
Der auf dem Reißbrett geplante Ferienort **Novo Sancti Petri** entstand seit Anfang der 1990er-Jahre. Rund vier Fünftel der Gäste kommen aus Deutschland, die meisten, um sich aktiv dem Sport zu widmen. Es gibt in Novo Sancti Petri über 6000 Betten, alle in Hotels der 4- und 5-Sterne-Kategorie. Sie säumen – dezent konzipiert und nie mehr als drei Stockwerke hoch – in lockerer Folge die attraktive **Playa de la Barrosa**. Da sie Abstand zum Meer halten, wirkt der Strand mit seinen Dünen fast naturbelassen. Hinter der Hotelzeile erstreckt sich ein 36-Loch-Golfplatz. Einen gewachsenen Ortskern ersetzt das Einkaufs- und Restaurantzentrum Novo Center.

La Barrosa

Im Norden grenzt jenseits des Pinienhains **Parque La Barrosa** der Ort **La Barrosa** an – eine Gartenstadt gehobenen Niveaus. Wohlhabende Spanier besitzen hier oft geradezu herrschaftlich anmutende Ferienvillen. An der Strandpromenade reihen sich *chiringuitos* auf: bei Einheimischen wie Urlaubern gleichermaßen beliebte Fischrestaurants.

Chiclana de la Frontera

Dem Mutterort von Novo Sancti Petri und La Barrosa, **Chiclana de la Frontera** (64 000 Einw.), beginnt man den neuerdings durch den Tourismus an der Küste erworbenen Wohlstand anzusehen. Schon eröffnen in der lebendigen Altstadt Filialen schicker Mode-

Novo Sancti Petri: Natur pur an der Playa de la Barrosa

und Juwelierketten. Bis heute leben viele Bewohner von der Herstellung des Fino Chiclanero, eines dem Sherry ähnlichen, strohgelben Südweins mit Mandelaroma.

Oficina Municipal de Turismo: Calle Vega 6, 11130 Chiclana de la Frontera, Tel./Fax 956 53 59 69, www.chiclana.es. Filiale zwischen Novo Sancti Petri und La Barrosa, Tel./Fax 956 49 72 34, Ostern, Juni–Okt.

Die fast nur pauschal gebuchten Hotels in Novo Sancti Petri sind durchweg sehr komfortabel bis luxuriös ausgestattet, z. B. das **Hotel Meliá Sancti Petri** (www.solmelia.com), das All-Inclusive-**Hotel RIU Chiclana** (www.riu.com) und das **Hotel Iberostar Andalucía Playa** (www.iberostar.es).

Monasterio: Chiclana de la Frontera, Plaza de Jesús del Nazareno. Aus klösterlicher Produktion wird ausgezeichneter Mandelkuchen (*torta de almendra*) verkauft.
Wein aus Chiclana: Die Genossenschaft der örtlichen Weinbauern lädt ein zu Probe und Kauf (Bodegas Cooperativa Unión de Viticultores Chiclaneros: La Madera 5, nahe Kinocenter Las Salinas, Tel. 956 53 59 13, Fax 956 53 59 19, viticultores@terra.es. Für Besichtigungen am Vortag anmelden). Außerdem gibt es im Ort mehrere Bodegas und Bodegones mit Direktverkauf, denen meist auch urige Lokale angeschlossen sind..
Wochenmarkt: Di ca. 10–14 Uhr in Chiclana de la Frontera auf dem Festgelände im Stadtpark (Parque de las Albinas).

Golf: Club de Golf Novo Sancti Petri: Tel. 956 49 40 05, Fax 956 49 43 50, www.golf-novosancti.es. Teile des Platzes liegen inmitten eines Kiefernwaldes, andere mit Blick auf den Atlantik. Zahlreiche Wasserhindernisse. Für Spieler aller Spielstärken. Greenfee 9 Loch 39 €. Die angeschlossene Golfakademie bietet ganzjährig Kurse in deutscher Sprache (Anfänger 4 Std. 99 €).
Radfahren: Ein Netz von Radwegen führt durch Novo Sancti Petri und in die flachwellige Umgebung. Im Ort gibt es mehrere Fahrradverleihe. Der Ableger eines Schweizer Spezialveranstalters, **Holiday Bicycle Max Hürzeler** (Tel. 639 36 23 41, www.huerzeler.com), betreibt eine Radsportbasis im Hotel Iberostar Andalucía Playa (Verleih von Sport- und Rennrädern 65–85 pro Woche, geführte Touren um 8 € pro Tag). Das **Bike & Sport Center** (Tel. 956 49 21 25), eine spanisch-deutsch geführte Outdoor-Agentur neben dem Hotel Playa La Barrosa, bietet außer Mountainbike-Verleih (ab 12 € pro Tag) und Radtouren auch Wanderungen an.
Reiten: Yeguada La Patiña: Ctra. de Chiclana, Novo Sancti Petri, Tel. 647 30 05 96, Mo–Fr 9–13, 17–21 Uhr; Ausritte am Strand und durch Pinienwälder, Unterricht für Anfänger und Fortgeschrittene.
Club Hípico Joaquín Vázquez: Parcela ED 2, Novo Sancti Petri, Tel. 956 49 63 52, www.hipica-novo.com; deutschsprachiger Unterricht, Ausritte, Ponyreiten, Kutschfahrten.
Tennis: Matchpoint Sports: Novo Sancti Petri, hinter dem Novo Center, Tel. 650 46 36 09, www.mp-sports.de, tgl. 9–13, 15–19 Uhr. Platzvermietung (10–12 € pro Stunde), Schlägerverleih, Schnupperkurse und professioneller Unterricht, außerdem Gästeturniere und Tennis-Boutique. Filiale im Hotel RIU Chiclana. Außer Tennis auch **Nordic Walking** und **Schwimmkurse.**
Ausflugsfahrten: MontSolMar: Calle La Raya 2, Tel. 649 91 81 75, www.montsolmar.com. Exklusive Ausflüge ab Novo Sancti Petri in luxuriösen Kleinbussen und Vans zu verschiedenen Zielen in Andalusien, auch auf Routen abseits ausgetretener Pfade. Deutsche Leitung. Schnuppertour 29, Halbtagesfahrten 49–55, Ganztagesfahrten 88–125 €.
Wellness: Hammam Sancti Petri: Ctra. de la Loma s/n, Tel. 902 51 01 03, www.hammamsanctipetri.es; auf 1800 m² Fläche bieten unterschiedlich temperierte Pools und Dampfbäder sowie Massagen mit duftenden Ölen Entspannung; eine Auswahl an Tee, Cocktails und arabischen Gerichten sowie Bauchtanz-Shows runden das Angebot ab.
Balneario de Chiclana: Av. de Fuenteamarga (im Ort ausgeschildert), Jan. geschl.; echtes Thermalbad mit viel einheimischem Publi-

kum, das im schwefeligen Wasser rheumatische Beschwerden auskuriert; auch Druckstrahlmassagen, Schlammpackungen.

Busse: Häufige Verbindungen innerhalb des Verkehrsverbunds Bahía de Cádiz (s. S. 195 f.).

Sancti Petri

Reiseatlas: S. 13, B 2

Auf einer geschwungenen Halbinsel liegt der verlassene Ort **Sancti Petri.** Erst in den 1940er-Jahren für die Arbeiter einer Tunfischfabrik gegründet, wurde die Siedlung nach deren Schließung schon in den 1970er-Jahren wieder aufgegeben. Danach nutzte das spanische Militär Sancti Petri als Übungsgelände. Erst seit wenigen Jahren darf das Dorf wieder besucht werden und stellt seither ein beliebtes Ausflugsziel für die Bewohner der Umgebung dar. Pläne, die leer stehenden Häuser zu restaurieren und darin Kunstgalerien und schicke Restaurants anzusiedeln, wurden bisher nicht verwirklicht.

Die naturbelassene **Playa de Sancti Petri** an der Atlantikküste der Halbinsel ist im Sommer bei einheimischen Badenden, Windsurfern und Anglern gleichermaßen beliebt. Sie kehren gern in den einfachen *chiringuitos* ein, um Fisch und Meeresfrüchte zu essen und dann die Nacht hindurch zu feiern. An den Strand grenzt der **Puerto de Sancti Petri,** ein kleiner moderner Sportboothafen. Einen urigen Fischereianleger (*muelle pesquero*), wo die kleinen, bunten Holzboote der Fischer im Schlick eines stillen Meeresarmes liegen, gibt es nordöstlich des verlassenen Dorfs.

La Carpa: Calle de la Rivera s/n, Tel. 956 49 54 28, außer im Hochsommer nur mittags, im Winter Mo Ruhetag. Neben dem Wassersportclub am Sporthafen, je nach Fang wechselndes Angebot an Fisch und Meeresfrüchten. Tellergerichte ca. 8–10 €.

Bar Flotante: Muelle Pesquero, Di Ruhetag. Authentische Fischerkneipe, wo man den frischen Fang in Form von *tapas* (um 3 €) und *raciones* (um 8 €) verspeisen kann.

Seekayak: Sancti-Petri Kayak: Puerto de Sancti Petri, Tel. 676 36 37 18, spkayak@terra.es. Vermietung und Schule.

Tauchen, Wind- und Kitesurfen, Wasserski, Jetski: Novo Jet: Puerto de Sancti Petri, Tel. 956 49 20 26, www.novojet.net. Transfer von vielen Hotels in Novo Sancti Petri möglich.

Richtig Reisen-Tipp: Minikreuzfahrten ab Sancti Petri

Der Halbinsel vorgelagert ist die kleine **Isla de Sancti Petri**. Dort erhebt sich das gleichnamige Castillo, dessen Grundmauern noch aus arabischer Zeit stammen. Funde von Statuen bezeugen, dass in der Antike an dieser Stelle ein Tempel für Melkart stand, den Hauptgott Karthagos. Er entsprach dem griechischen Gott Herkules und wurde ähnlich wie dieser dargestellt. Prominente Besucher des Heiligtums sollen Hamilkar Barkas (der Vater Hannibals) und Julius Cäsar gewesen sein.

Die *marismas* (Gezeitensümpfe) des Südteils der Bucht von Cádiz stehen heute als **Parque Natural Bahía de Cádiz** unter Schutz. Das Feuchtgebiet umfasst rund 10 000 ha. Marschen, Dünen, mit Schilf bestandene Wasserflächen und kleine Inseln wechseln einander in verwirrender Folge ab. Dazwischen erstrecken sich ehemalige Salinen, die heute oft für die Fischzucht genutzt werden. Die ökologische Bedeutung als Rastplatz für Zugvögel ist enorm. Boote können das Gebiet auf einem Netz von Kanälen befahren.

Cruceros Sancti Petri–Bahía de Cádiz: Puerto de Sancti Petri, Tel. 617 37 88 94, www.albarco.com. 1. Juli–15. Sept. Abfahrt 2 x tgl., verschiedene Programme, Dauer ca. 1 Std., pro Person 10–12 €.

Cádiz und das Sherrydreieck

Cityplan S. 188/189, 203

Cádiz, das phönizische Gades, lockt mit kosmopolitischer Atmosphäre. Das angrenzende Sherrydreieck ist eine wellige Landschaft, von Weinbergen bedeckt, soweit das Auge reicht. Winzer und Erntearbeiter leben in einer der drei Städte – Jerez de la Frontera, El Puerto de Santa María, Sanlúcar de Barrameda – wo die großen Bodegas Besuchermagneten darstellen.

6 Cádiz

Cityplan: S. 188/189, **Reiseatlas:** S. 8, D 4

Die Touristenströme ziehen meist achtlos an Cádiz (130 000 Einw.) vorbei, was eigentlich schade ist. Zwar fehlen die spektakulären Sehenswürdigkeiten anderer andalusischer Großstädte. Dafür fasziniert die Atmosphäre am Hafen und in der belebten Altstadt. Als charakteristisch für Cádiz wird immer wieder das besondere Licht genannt. Es zeigt sich vor allem am frühen Abend, wenn die letzten Sonnenstrahlen die weißen Häuser an der Meerespromenade beleuchten und die Stadtbewohner hier ihren *paseo* zelebrieren.

Das historische Zentrum hat in jüngerer Zeit gründliche Sanierungsarbeiten erlebt. Es lag bis ins 19. Jh. hinein auf einer Insel. Erst dann entstand durch natürliche Anspülung von Meeressedimenten eine schmale Verbindung zum Festland. Dennoch ist die Altstadt immer noch fast rundum vom Atlantik umgeben. Mit ihren symmetrisch angeordneten Straßenfluchten und barocken Häuserfassaden wirkt sie in sich abgeschlossen und einheitlich. 1717 übernahm Cádiz von Sevilla das Monopol für den Handel mit Amerika, weil der Guadalquivir nicht mehr ausreichend schiffbar war. Die Bebauung stammt aus den Jahrzehnten danach, der Blütezeit der Stadt, in der drei Viertel des spanischen Amerikahandels von hier aus abgewickelt wurden. Damals war Cádiz die reichste und kosmopolitischste Stadt des Landes. Nach dem Wegfall der amerikanischen Kolonien, die Anfang des 19. Jh. ihre Selbstständigkeit erkämpften, verlor Cádiz bald seine Stellung als wichtige Handelsmetropole. Dennoch ist bis heute eine weltbürgerlich-liberale Stimmung zu spüren.

Aus der langen Geschichte davor – schließlich ist Cádiz die älteste Stadt Spaniens – blieb wenig erhalten. Die Phönizier gründeten Cádiz unter dem Namen Gadir (Festung) um 1100 v. Chr., von dem bis heute die Bezeichnung für die Bewohner, *gaditenos*, abgeleitet wird. Bald entwickelte sich die Stadt zur antiken Handelsmetropole, aber auch zu einem Zentrum der Naturwissenschaften. Griechische Forscher pilgerten nach Cádiz, um die Gezeiten zu studieren, die sich am Atlantik viel stärker bemerkbar machen als am Mittelmeer. Später ließen die Römer hier Schiffe bauen. Als erste Stadt auf der Iberischen Halbinsel nahm Cádiz römisches Recht und lateinische Sprache an. Die damaligen Reichtümer Andalusiens – Silber, Kupfer, Wein und Salzfisch – wurden von hier aus nach Rom verschifft.

Unter maurischer Herrschaft versank die Stadt rasch in Bedeutungslosigkeit und bekam erst nach der Entdeckung Amerikas wieder Aufschwung (s. o.). Heute lebt Cádiz vor allem von seinem Freihandelshafen mit Werften und Raffinerien sowie von Fischerei und Fischkonservenindustrie.

Mit den Autoren unterwegs

Cádiz von oben
In Cádiz konkurriert der **Torre Tavira** mit dem Westturm der Kathedrale um den schönsten Blick (s. S. 192). Bilder werden im Torre Tavira und im Turm des **Alcázar** von Jerez de la Frontera auf Leinwände projiziert (s. S. 199).

Olé España!
Nirgends ist der **Flamenco** authentischer zu erleben als in den *peñas* (Laienclubs) von Cádiz, dem benachbarten San Fernando und Jerez de la Frontera (s. S. 194, 196, 206).

Frisch auf den Tisch
Frisch und preiswert bekommt man **Fisch** und **Meeresfrüchte** zum Mitnehmen in vielen *freidurías* (Fischbratereien) in Cádiz (s. S. 194). In El Puerto de Santa María erfreuen sich die Spezialitäten aus dem Meer auch gekocht großer Beliebtheit und sind in *cocederos* erhältlich. Wer es gediegener mag, findet in El Puerto und Sanlúcar de Barrameda hervorragende Fischrestaurants (s. S. 198, 209).

Alle Mann an Bord
Um Cádiz, das früher auf einer Insel lag, zünftig zu bereisen, bietet sich die **Überfahrt von El Puerto de Santa María** per Fährboot an (s. S. 199). **Ausflugsfahrten auf dem Guadalquivir** ab Sanlúcar de Barrameda haben den Parque Nacional de Doñana zum Ziel, Abstecher zu Fuß in das interessante Feuchtgebiet sind unterwegs möglich (s. S. 210).

Guter Standort
Wer den Besuch des Sherrydreiecks mit einem Badeaufenthalt verbinden möchte, findet in **Rota** nette Unterkünfte, eine lebendige Altstadt und unverbaute Strände. Die Verkehrsanbindungen sind gut (s. S. 210 f.).

Plätze in der Stadt
Die enge Altstadt öffnet sich zu zahlreichen Plätzen, auf denen sich das Leben abspielt. In Hafennähe liegt die **Plaza San Juan de Dios** 1 mit dem Rathaus von 1799. An dessen Fassade prangen Reliefs in Form phönizischer Münzen und in der Mitte eine Darstellung des Gottes Herkules, des mythischen Gründers der Stadt. Um 10 Uhr erklingt hier jeden Tag ein Glockenspiel mit einer Melodie des 1876 in Cádiz geborenen Komponisten Manuel de Falla (s. S. 53) aus seinem Ballett »El Amor brujo« (Liebeszauber). Fallas Werk fußt auf der spanischen Volksmusik, auch wenn er später in Paris und schließlich in Argentinien lebte, wo er 1946 starb.

Im Zentrum der parkartigen **Plaza de España** 2 steht ein riesiges Denkmal für die *Cortes*, die verfassunggebende Versammlung von Cádiz im Jahre 1812. Damals wurde hier der Geist der Liberalität – Abschaffung der Inquisition, Presse- und Meinungsfreiheit, Gewaltenteilung – in einem Gesetzeswerk verankert und strahlte auf ganz Europa aus. Französische Truppen marschierten allerdings ein, um König Ferdinand VII. zu Hilfe zu kommen. 1823 eroberten sie das Fort von Trocadero in der Nähe von Cádiz, in dem sich die Liberalen verschanzt hatten. ›Trocadero‹ wurden daraufhin gleich eine ganze Reihe von Gebäuden und Plätzen in Paris genannt.

Ausgesprochen nett ist die **Plaza San Francisco** 3. Mehrere Lokale stellen Tische ins Freie. Von hier aus ist es nicht weit bis zur **Plaza de Mina** 4, auf der hohe exotische Bäume Schatten spenden. An den Platz grenzt das **Museo de Cádiz** (s. S. 190).

Nächstes Ziel kann die traditionsreiche **Plaza de San Antonio** 5 sein, auf der 1812 die berühmte Verfassung von Cadíz verkündet wurde. Der geräumige, helle Platz dient oft als Bühne, für Paraden und musikalische Darbietungen, vor allem während des Karnevals (s. u.). Die **Calle Ancha** ist Fußgängerzone. Hier widmen sich die Bewohner von Cádiz dem Shopping-Vergnügen. Im Haus Nr. 19 wohnte einst der Komponist Manuel de Falla. Die meist offen stehende Tür erlaubt ei-

Cádiz: Cityplan

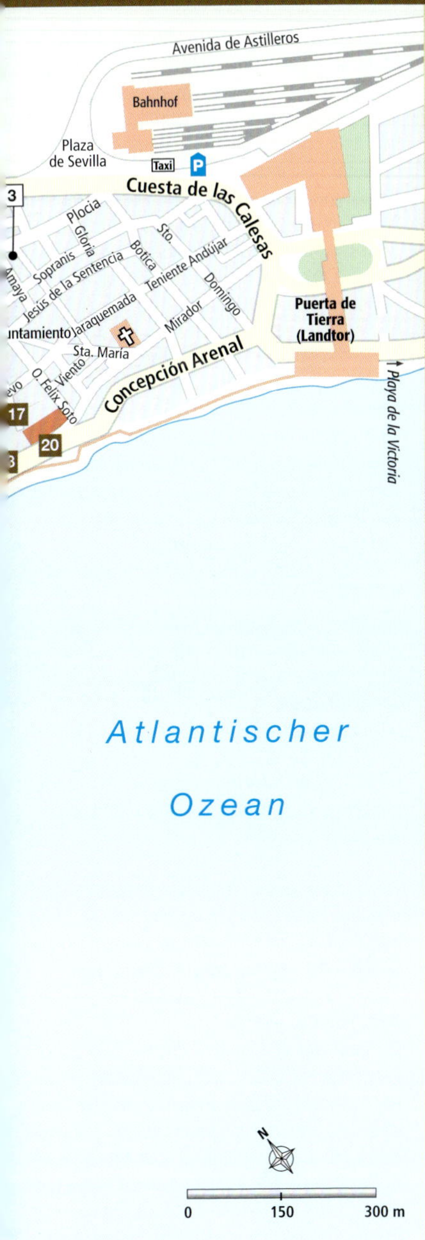

Sehenswürdigkeiten

1 Plaza San Juan de Dios
2 Plaza de España
3 Plaza San Francisco
4 Museo de Cádiz/Plaza de Mina
5 Plaza de San Antonio
6 Oratorio de San Felipe Neri
7 Museo de las Cortes de Cádiz
8 Baluarte de la Candelaria
9 Parque Genovés
10 Castillo Santa Catalina
11 Castillo de San Sebastián
12 Balneario de la Palma/Playa de la Caleta
13 Mercado Central
14 Plaza de las Flores
15 Torre Tavira
16 Catedral Nueva
17 Museo Catedralicio
18 Iglesia de Santa Cruz
19 Casa del Obispo
20 Teatro Romano

Übernachten

1 Hotel Spa Senator Cádiz
2 Hotel Francia y París
3 Hostal Bahía

Essen und Trinken

4 El Faro
5 El Balandro
6 Fogón de Mariana

Richtig Reisen-Tipp: Museo de Cádiz

Einen Ausflug wert ist Cádiz nicht zuletzt wegen des **Museo de Cádiz**. Es ist mitten in der Stadt in einem ehemaligen Franziskanerkloster untergebracht. Seine drei Abteilungen nehmen jeweils ein Stockwerk ein:

Prunkstücke in der **Abteilung für Archäologie** im Erdgeschoss sind zwei gewaltige Marmorsarkophage, die in der Nähe von Cádiz gefunden wurden und das einstmalige Vorhandensein eines phönizischen Gräberfeldes (Nekropole) bezeugen. Die Phönizier selbst sind nicht für Steinmetzarbeiten bekannt. Vermutlich fertigten griechische Handwerker die Steinsärge, wobei sie sich an Vorbildern aus Ägypten orientierten. Sie sind menschlichen Körpern nachgebildet und zeigen eine Frau mit Messer in der Hand sowie einen bärtigen Mann. Die Gesichter weisen orientalische Züge auf. Im Inneren fanden Archäologen tatsächlich ein männliches und ein weibliches Skelett aus dem 5. Jh. v. Chr.

Die Römer nutzten die Nekropole weiter, wie Grabbeigaben bezeugen: Terrakottastatuetten, Öllämpchen, Schmuck, Masken. Die überlebensgroße Statue des römischen Kaisers Trajan (98–117 n. Chr.) stand ehemals in Baelo Claudia, wo sich heute eine Kopie befindet (s. S. 170). Unterwasserfunde aus der Bucht von Cádiz, vor allem Amphoren, belegen den römischen Spanienhandel.

Im ersten Stock birgt die **Abteilung für Malerei** neben flämischen Gemälden von Jan van Eyck, van der Weyden und Rubens einige Kostbarkeiten der spanischen Malerei. Von Murillo sind mehrere Werke zu sehen, darunter sein letztes: »Desposorios de Santa Catalina« (Verlobung der hl. Katharina) von 1682. Ursprünglich zierte es den Altar der Kapelle des Kapuzinerinnenklosters von Cádiz. Bei den Arbeiten an diesem Bild stürzte der Künstler vom Gerüst und starb an den Folgen der Verletzungen. Den zentralen Teil der Sammlung bilden 18 Meisterwerke von Francisco de Zurbarán, darunter ein Zyklus, den dieser sogenannte »Maler der Mönche« 1638–39 für das Kartäuserkloster bei Jerez de la Frontera gemalt hatte. Selbst im Prado von Madrid und im Museo de Bellas Artes von Sevilla hängen keine eindrucksvolleren Bilder des Künstlers als diese.

Ein Stockwerk höher sind in der **Abteilung für Volkskunde** vor allem Puppen und Kulissen des andalusischen Marionettentheaters ausgestellt, das sich im 19. und bis weit ins 20. Jh. hinein speziell in Cádiz großer Popularität erfreute.

Museo de Cádiz: Plaza de Mina, Di 14.30–20.30, Mi–Sa 9–20.30, So 9–14.30 Uhr, Mo und an vielen Feiertagen geschl., EU-Bürger frei, alle anderen Mo–Sa 1,50 €, So gratis.

nen Blick in den Innenhof des vornehmen Stadthauses.

Weiter südlich liegt die Plaza de San Felipe Neri. Dort diente das **Oratorio de San Felipe Neri** 6 als Sitzungssaal der Cortes. Den Hauptaltar dieser schlichten, in Form eines Ovals gebauten Barockkirche aus dem 17. Jh. ziert ein Marienbildnis (»Unbefleckte Empfängnis«) von Murillo (Plaza de San Felipe Neri, Mo–Sa 10–13 Uhr, 2,50 €).

Nebenan zeigt das **Museo de las Cortes de Cádiz** 7 Gegenstände und Dokumente aus der Stadtgeschichte und lädt zu virtuellen historischen Rundgängen ein. Das Modell von Cádiz wurde 1779 für König Carlos III. aus Mahagoni und Elfenbein gefertigt (Calle Santa Inés 9, Di–Fr 9–13, 16–19, Juni–Sept. 17–20, Sa/So 9–13 Uhr, Fei geschl., Eintritt frei).

Am Meer

Truppen des englischen Grafen von Essex zerstörten die Stadt 1596. Man baute sie danach wieder auf und errichtete an der Seeseite eine Mauer. Von dieser blieben drei Bollwerke erhalten. Eines davon, der **Baluarte de la Candelaria** 8, schiebt sich im Norden in den Atlantik vor. Wegen der Aussicht über die Stadt lohnt es sich die Bastion zu besteigen.

Perspektivenwechsel an der Strandpromenade

Auf dem Weg zum nächsten Bollwerk wird der **Parque Genovés** 9 passiert, eine Art Botanischer Garten aus dem ausgehenden 19. Jh., in dem unterschiedlichste exotische Bäume und Sträucher wachsen. Kleine Plätze mit Springbrunnen und Bänken laden zum Verweilen ein, im Park verteilte Skulpturen zum Schauen.

An der Westseite der Altstadt befinden sich das **Castillo Santa Catalina** 10 mit sternförmigem Grundriss und das **Castillo de San Sebastián** 11. Letzteres nimmt eine ganze Felsinsel ein, die durch einen 750 m langen Damm mit der Stadt verbunden ist. Die Festung selbst ist zwar nicht zu besichtigen, doch bietet sich – falls die Wellen nicht zu hoch spritzen – ein Spaziergang über den Damm an, um das Stadtpanorama zu genießen.

Zwischen den beiden Castillos erstreckt sich der knapp 500 m lange Sandstrand **Playa de la Caleta** 12 mit bunten Fischerbooten und dem hübschen Jugendstil-Badehaus **Balneario de la Palma y de Real** von 1925. Von hier aus führt durch das alte Fi-

Eine Stadt und das Meer: Seefahrern zeigt sie sich von ihrer besten Seite

scherviertel **Barrio de la Vina** die von Orangenbäumen gesäumte Calle Virgen de la Palma landeinwärts, von Tapabars gesäumt.

Mercado Central

Einen Knotenpunkt in der Stadt stellt der **Mercado Central** 13 dar. Die Hauptmarkthalle wurde im 19. Jh. im klassizistischen Stil wie ein griechischer Tempel mit Säulengalerien errichtet. Einheimische Kunden kommen meist am Vormittag und gönnen sich nach dem Einkauf einen Kaffee auf der angrenzenden Plaza Topete. Wegen der vielen Blumenstände heißt sie auch **Plaza de las Flores** 14.

In der Nähe des Marktes steht die 34 m hohe **Torre Tavira** 15 (18. Jh.), die früher zum Haus eines Kolonialhändlers gehörte. Ähnliche Türme gibt es überall in der Altstadt. Ein Ausguck schaute von oben ständig aufs Meer, um rechtzeitig das Eintreffen eines Handelsschiffs anzukündigen. Die Besteigung lohnt wegen der hervorragenden Aussicht. Im Inneren des dreistöckigen Turms projiziert eine **Camera obscura** mit Hilfe von Spiegel und Linse aktuelle Bilder von Gebäuden, Gassen und Plätzen der Stadt auf einen Schirm. Jede halbe Stunde beginnt eine (auch in deutscher Sprache) kommentierte, 15-minütige Führung durch das Panorama (Calle Marqués del Real Tesoro 10, www.torretavira.com, tgl. 10–18, Mitte Juni–Mitte Sept. bis 20 Uhr, 25.12. u. 1.1. geschl., 3,50 €).

Rund um die Catedral Nueva

Weithin sichtbar steht die **Catedral Nueva** 16 mit ihrer gelben Zentralkuppel an der Plaza de la Catedral, wo nette Cafés zur Einkehr einladen. 1722 wurde der Bau im Barockstil begonnen. Teurer Marmor fand dabei Verwendung. Vollendet werden konnte das Gotteshaus dann erst 1838, als der klassizistische Stil in Mode war. Inzwischen war das Geld knapp geworden, weshalb der jüngere Teil aus preiswerterem Kalkstein gemauert wurde. Der Innenraum beeindruckt mit seinen Ausmaßen (85 m lang, 60 m breit und 52 m hoch). Das reich verzierte Chorgestühl aus Mahagoniholz ist älter als die Kathedrale. Es wurde 1702 geschnitzt und später von seinem ursprünglichen Ort, der Kartause von Sevilla, hierher gebracht.

Die schlichte Krypta der Kathedrale liegt unterhalb des Meeresspiegels. Hier befindet sich das Grabmal des Komponisten Manuel de Falla (s. o.). Unter der äußerst flachen Kuppel der Krypta ist ein ungewöhnliches Echo zu vernehmen, das sich fünfzehnmal wiederholt. Der **Torre de Poniente de la Catedral** (Westturm der Kathedrale) darf bestiegen werden. Von der Aussichtsplattform bietet sich ein hervorragender Rumdumblick (www.torredeponiente.com, tgl. 10–18, Mitte Juni–Mitte Sept. bis 20 Uhr; 25.12., 1.1. u. 6.1. geschl., 3,50 €).

In der Nachbarschaft ist in der Casa de Contaduria, dem ehemaligen Rechnungshof aus dem 16. Jh., das **Museo Catedralicio** 17 untergebracht. Es enthält Werke von drei Malern des Goldenen Zeitalters der spanischen Kunst: Zurbarán, Alonso Cano und Murillo. Vor allem aber birgt es den reichen Domschatz mit drei riesigen, jeweils aus mehreren hundert Kilogramm Gold und Silber geschmiedeten Monstranzen. Die gotische Custodia del Cogollo (16. Jh.) mit einem Amethystkreuz an der Spitze stammt von Enrique de Arfe (eigentlich Heinrich von Harff), der aus der Nähe von Köln 1506 mit dem Habsburgerkönig Philipp dem Schönen nach Spanien kam, wo er in kunstvoller Feinarbeit das erste aus Amerika mitgebrachte Gold und Silber verarbeitete. Die dreistöckige Custodia del Corpus Christi (17. Jh.) gilt mit fast 5 m Höhe als größtes Hostienbehältnis der Welt. Der Silberschmied Antonio de Suárez benötigte 16 Jahre, um sie zu fertigen. Die Custodia del Millón von 1721 ist mit unzählbar vielen Smaragden, Rubinen und Diamanten geschmückt. Eine Million sollen es sein. Zu Fronleichnam werden die Monstranzen im festlichen Umzug durch die Straßen getragen (Catedral Nueva und Museo de la Catedral: Plaza Fray Félix, Di–Fr 10–13.30, 16.30–18.30, Sa 10–13 Uhr, Kombiticket 4 €).

Die alte Kathedrale heißt heute **Iglesia de Santa Cruz** 18. Das schlichte Gewölbe und der Eingangsbogen stammen noch von 1263. Britische Korsaren fügten dem Gebäude 1596 schwere Schäden zu, weshalb es im Renaissancestil erneuert werden musste. Bruderschaften unterhalten die bunten Barockaltäre in den Seitenkapellen (Di–Do u. Sa 10–13, 17.30–20.30, Fr 9–13.30, 16.30–22 Uhr, Eintritt frei).

Archäologische Stätten

Zwischen den beiden Kathedralen, unter der **Casa del Obispo** 19, dem alten Bischofspalast (16. Jh.), wurden Häuserfundamente aus phönizischer, karthagischer und römischer Zeit ausgegraben. Offenbar befand sich hier seit dem 8. Jh. v. Chr. der Siedlungskern von Cádiz. Auf einem unterirdischen Lehrpfad taucht der Besucher hautnah in die Stadtgeschichte ein (Casa del Obispo: Plaza Fray Félix s/n, www.lacasadelobispo.com, tgl. 10–18, 15.6.–15.9. bis 20 Uhr, 25.12., 1.1. u. 6.1. geschl., 4 €).

Weiter östlich entdeckte man in Meeresnähe unter baufälligen Häusern die Ruinen des **Teatro Romano** 20, eines römischen Theaters aus dem 1. Jh. v. Chr., das 1990 teilweise ausgegraben wurde. Die Galerie unter den Sitzreihen kann betreten werden, während die Bühne noch unter angrenzenden Gebäuden verborgen ist (Campo del Sur: Di–So 10–14 Uhr, Eintritt frei).

i **Oficina Municipal de Turismo:** Plaza San Juan de Dios 11, 11005 Cádiz, Tel. 956 24 10 01, Fax 956 24 10 05, www.cadiz

turismo.com. Am Wochenende Kiosk gegenüber. Das Büro zieht bald in einen modernen Pavillon auf dem Paseo de Canalejas um.

Hotel Spa Senator Cádiz 1: Calle Rubio y Díaz/Plaza San Agustín, Tel. 956 20 02 02, Fax 956 29 39 02, www.senatorhoteles.com. Modern und doch klassisch andalusisch, mit Dachpool, Spa-Zentrum und Fitness. Elegante Atmosphäre. Parkplatz. DZ über Veranstalter 106–210, laut Preisliste 133–186 €.

Hotel Francia y París 2: Plaza San Francisco 6, Tel. 956 21 23 19, Fax 956 22 24 31, www.hotelfrancia.com. Traditionelles Bürgerhaus mit dem Charme vergangener Jahrzehnte, inmitten der Altstadt. DZ 77–87 €.

Hostal Bahía 3: Calle Plocia 5, Tel. 956 25 90 61, Fax 956 25 42 08, www.infocadiz.com. Kleine, modern und komfortabel eingerichtete Pension in hübschem Stadthaus. Günstig nahe der Plaza San Juan de Díos gelegen. DZ 50–70 €.

El Faro 4: Calle San Félix 15, Tel. 956 21 10 68, www.elfarodecadiz.com. Unter Gourmets landesweit bekannter Familienbetrieb mit dem Ehrgeiz, nicht nur die frischesten, sondern auch die ausgefallensten Sorten Fisch und Meeresfrüchte zu servieren. Hauptgerichte 15–20 €. An der Bar Tapas (um 7 €).

El Balandro 5: Alameda Apodaca 22, Tel. 956 22 09 92, www.restaurantebalandro.com. Di–Sa 13–16, 20–24, So 13–16 Uhr. Erstklassiger Fisch aus der Bucht von Cádiz und Fleisch aus Ávila. Der Erfolg der letzten Jahre hat das Publikum schicker werden und die Preise anziehen lassen. Menü um 30 €, beachtliche Auswahl an Tapas (um 3,50 €).

Fogón de Mariana 6: Calle Sacramento 39, Tel. 956 22 06 00, www.elfogondemaria.com. Wenn es einmal nicht Fisch sein soll: wegen der Qualität von Fleisch und Schinken geschätzte einfache Grillstube in der Innenstadt. Hauptgerichte 8–10 €.

Frischer Fisch: Zahlreiche *freidurías* (Fischbratereien) verkaufen in der Altstadt von Cádiz frittierten Fisch und Meeresfrüchte. Sofern die Braterei nicht selbst über ein paar Tische verfügt, dürfen die Leckereien oft in benachbarten Kneipen zum Bier oder Wein verzehrt werden (auf das Schild *Se admiten comidas de la calle* achten). Eine Portion zum Mitnehmen (ca. 250 g) kostet zwischen 3 und 7 €, je nachdem ob es sich um schlichte Makrelen oder z. B. um Gambas handelt.

Wochenmarkt: montagvormittags in der Calle Guadalquivir (nahe Corte Inglés, hinter der Playa de la Victoria).

Im Sommer feiert man gern am **Paseo Marítimo** hinter den Stränden der Neustadt. An Winterwochenenden verlagert sich das Geschehen in die Tapabars rund um die Altstadtplätze **Plaza de Mina** und **Plaza San Francisco.** Gegen Mitternacht wechselt die junge Szene in die Gegend des Jachthafens im äußersten Nordosten der Altstadt, um z. B. im **Anfiteatro** oder im **El Malecón** zu Latinorhythmen abzutanzen.

Flamenco, der in Cádiz eine besondere Tradition hat, gibt es sehr erlebenswert im **La Cava** (Calle Antonio López 16, Tel. 956 21 18 66, www.flamencolacava.com, Fr ab 22.30 Uhr Auftritte wechselnder Künstler, Eintritt frei), im **Peña La Perla de Cádiz** (Calle Carlos Ollero s/n, Fr ab 22 Uhr), in der **Sala Central Lechera** (Plaza Argüelles 10, mehrmals pro Woche, auch Pop- und Jazzkonzerte) und im **Baluarte de Candelaria** (s. o., Do).

Festival Manuel de Falla: Mai/Juni. Dieser Anlass lockt Liebhaber klassischer Musik nach Cádiz.

Festival Internacional de Folclore Ciudad de Cádiz: erste Julihälfte. Folklorefestival unter freiem Himmel im Parque Genovés.

Karneval: Von Weiberfastnacht an wird in Cádiz elf Tage lang der berühmteste Karneval des spanischen Festlands gefeiert. Vor allem am Wochenende vor Rosenmontag belebt sich die Altstadt mit Menschen, die die Nächte durch in fantasievoller Verkleidung trinken, tanzen und singen. Am Sonntag zieht eine vierstündige *cabalgata* (Umzug mit Prunkwagen) durch die Straßen. Am Rosenmontag sind überall kleinere und größere Gruppen mit den typischen Spottgesängen zu hören. In der Nacht zum Aschermittwoch wird um 24 Uhr der Dios Momo verbrannt, das Karnevalsmaskottchen. Erst am folgenden Sonntag endet der Karneval mit der *cabalgata de humor.* Hotelzimmer sollten frühzeitig reserviert werden! Infos: www.carnavaldecadiz.com.

Baden & Beachen: In der Neustadt erstrecken sich auf 7 km Länge die von Restaurants und Bars gesäumte, feinsandige **Playa de la Victoria** und die angrenzende **Playa de la Cortadura.** Beide gelten als ausgesprochen sauber, ebenso wie die altstadtnahe **Playa de la Caleta** (s. o.).

Verkehrsverbund: Die Orte rund um die Bucht von Cádiz sind zum Consorcio de Transportes Bahía de Cádiz (Tel. 956 01 21 00, www.cmtbc.com) zusammengeschlossen. Der Verbund betreibt ein dichtes, modernes Linienbusnetz zwischen Cádiz im Westen, Novo Sancti Petri im Süden, Jerez de la Frontera im Osten und Rota im Norden. Wer Cádiz stressfrei besuchen und dabei das Gefühl haben möchte, als Reisender anzukommen, kann von El Puerto de Santa María (s. S. 199, dort große Parkplätze am Hafen) mit einem Fährboot des Verkehrsverbunds hinüberfahren (Mo–Fr 13 x tgl., Sa 6 x tgl., So 3 x tgl., Fahrzeit 30 Min., einfache Fahrt 1,80 €). Eine weitere Fährverbindung besteht zwischen Rota und Cádiz.

Stadtrundfahrt: Zwei Unternehmen (Tour por Cádiz, Hop on Hop off) bieten ab Plaza de España Rundfahrten durch Cádiz mit oben offenen Doppeldecker-Bussen an, u. a. auf Deutsch kommentiert. Unterwegs kann man so oft aus- und wieder einsteigen, wie man will. Das Ticket gilt den ganzen Tag.

Züge: Linie A 1 nach Sevilla (über Puerto de Santa Maria und Jerez de la Frontera) alle 1 bis 2 Std. Direktzüge nach Córdoba 4 x tgl., Madrid 2 x tgl. Am Wochenende seltener.

Busse: Mit *Comes* ab Plaza de la Hispanidad 1 (Tel. 956 80 70 59) u. a. häufig nach Sevilla, Conil, Tarifa/Algeciras; mit *Amarillos* ab Av.

Playa de la Caleta: Stadtstrand mit Flair

Ramon de Carranza 31 (nahe Plaza San Juan de Dios, Tel. 956 28 51 50) 11 x tgl. nach El Puerto de Santa Maria/Sanlúcar de Barrameda/Chipiona, 5 x tgl. nach Arcos de la Frontera/Ubrique.

Fähren: Eine Autofähre der Acciona Trasmediterránea verkehrt 1–3 x wöchentlich ab Cádiz zu den Kanarischen Inseln mit Stopps in Santa Cruz de Tenerife und Las Palmas de Gran Canaria (Fahrzeit ca. 40 bzw. 48 Std.). Tickets an der Estación Marítima, Muelle Alfonso XIII. Infos: Tel. 902 45 46 45, www.trasmediterranea.es.

San Fernando

Reiseatlas: S. 13, B 2

Auf einer Halbinsel, die weit in die Bucht von Cádiz hineinreicht, großenteils von Wasser umgeben, liegt das noch recht junge, aber immerhin 93 000 Einwohner zählende **San Fernando.** Bis heute konnten sich die Bewohner nicht an den im 19. Jh. zusammen mit den Stadtrechten erworbenen Namen gewöhnen. Sie nennen ihre Heimatstadt immer noch *La Isla.* Denn im 18. Jh. wurde der Ort unter dem Namen Isla de León (Löweninsel) als Marinestützpunkt – der er bis heute geblieben ist – gegründet.

Camarón de la Isla

San Fernando ist eine Hochburg des Flamenco. Der legendärste Flamencosänger Andalusiens, Camarón de la Isla, stammte von hier. Er starb 1992 im Alter von erst 41 Jahren. An seiner Beerdigung nahmen mehr als 100 000 Menschen teil. Sein Mausoleum auf dem städtischen Friedhof (*cementerio municipal*) nordwestlich des Zentrums ist bis heute Pilgerstätte der Fans und steht unter Denkmalschutz. Die Verkaufszahlen seines Albums »Soy Gitano« von 1989 hat bisher keine andere Flamencoproduktion erreichen können.

Expomarine

Das moderne Aquarium **Expomarine** bringt Erwachsenen und Kindern die Unterwasserfauna der Bahía de Cádiz und des Golfo de Cádiz anschaulich näher. In 28 Schaubecken, die unterschiedlichen Biotopen nachgestaltet sind, leben Krustentiere, Tintenfische, Seeanemonen und kleinere Fische. Ein großer Wassertank beherbergt Haie und verschiedene Schwarmfische (Paseo de la Magdalena s/n, Mo–Fr 10–19, Sa, So 11–20 Uhr, 4, Kinder 2,50 €).

San Fernando wird für seine guten Fischlokale gerühmt. Sie reihen sich entlang der sogenannten **Ribera del Pescado** (Fischufer). Offiziell heißt die Straße Barriada de Buen Pastor.

Venta de Vargas: Plaza de Juan Vargas, am Ostende der zentralen Calle Real. Die Bar, in der Camarón de la Isla zu Beginn seiner Karriere (im Alter von acht (!) Jahren) auftrat, war damals Künstler- und Szenetreff und ist heute Kult. Die Wände sind mit Fotos des Sängers geradezu tapeziert. Spezialität des Hauses sind *tortillitas de camarones,* Teigtaschen mit kleinen Garnelen, die Pate für den Künstlernamen des Sängers standen, der eigentlich José Monge Cruz hieß. Flamenco ist in der Venta de Vargas seit Camaróns Tod nicht mehr zu hören.

Peña Camarón de la Isla: Calle Manuel de Arriaga s/n (nahe Calle Real). Jeden Samstag ab 22.30 Uhr wird hier ein sehr ursprünglicher Flamenco gesungen und teilweise auch getanzt. Von September bis Dezember ist das Lokal Austragungsort eines nationalen Flamenco-Wettbewerbs.

Züge: Linie A 1 Sevilla–Cádiz; tagsüber alle 1–2 Std.; Bahnhof am Nordrand der Innenstadt.

Busse: Häufige Verbindungen innerhalb des Verkehrsverbunds Bahía de Cádiz (s. S. 195 f.).

El Puerto de Santa María

Reiseatlas: S. 13, B 1

Nach der Entdeckung Amerikas zog **El Puerto de Santa María** (83 000 Einw.) wagemutige Seefahrer an, die hier ihre Schiffe für die Fahrt über den Atlantik ausrüsteten. Auch Kolumbus selbst – der in El Puerto seine erste Reise teilweise vorbereitete und zu seiner zweiten Reise sogar von hier aufbrach – befand sich darunter. Sein Steuermann Juan de la Cosa, der 1500 eine erste Weltkarte erstellte, stammte sogar aus El Puerto.

Das idyllische Stadtzentrum wurde planmäßig angelegt. In den rechtwinklig aneinander grenzenden Straßen stehen noch zahlreiche Barockpaläste (17./18. Jh.) von Händlern, die durch das Entdeckungsfieber zu Beginn der Neuzeit zu Wohlstand gelangt waren. Der barocke Brunnen, aus dem sich die Segelschiffe in früheren Jahrhunderten mit Trinkwasser versorgten, die **Fuente de las Galeras Reales,** steht bis heute am Südrand des Parque Calderón, der sich an der Mündung des Río Guadalete entlangzieht. In der **Calle Luna**, einer Fußgängerzone mit Geschäften und Straßencafés, lässt sich unverfälschtes Flair schnuppern.

Seit dem 18. Jh., als die ersten großen Bodegas gegründet wurden, ist El Puerto de Santa María der Ausfuhrhafen für die Sherryregion. Auch in El Puerto selbst wird Hochprozentiges produziert, wobei ein Schwerpunkt hier auf Brandy liegt.

Castillo San Marcos

Im Zentrum der Stadt ragt das **Castillo San Marcos** auf. Vom 15. bis weit ins 19. Jh. hinein herrschten die Herzöge von Medinaceli von der trutzigen Festung aus nahezu uneingeschränkt über die Stadt. Sie finanzierten übrigens die erste Fahrt von Kolumbus. Er und Juan de la Cosa waren in der Burg zu Gast. Der achteckige Hauptturm war einst ein Minarett. Die Burgkapelle trägt mit Hufeisenbögen, Resten einer Gebetsnische (*mihrab*) und Kufi-Schriftzeichen noch Züge der ehemaligen Moschee (Plaza Alfonso X., Juli–Sept. Di–Sa 10–14, Okt.–Juni Di–Do, Sa 11–14 Uhr, Fei geschl., 5 €, Di gratis).

Iglesia Mayor Prioral

Die Bauzeit der **Iglesia Mayor Prioral,** erstreckte sich nach der 1240 erfolgten Reconquista über vier Jahrhunderte. Dementsprechend sind verschiedene Stilrichtungen vertreten. Das überaus üppig im Platereskstil gestaltete Südportal Puerta del Sol nimmt die Vorderfassade ein. Im Hauptaltar wird die Virgen de los Milagros (Madonna der Wunder) verehrt. Sie soll König Alfons X. kurz vor der Rückeroberung der Stadt erschienen sein, um ihm eine kampflose Übergabe zu prophezeien. Ihre Statue stammt aus dem 13. Jh. Der gewaltige Silberaltar in der Kapelle rechts vom Hauptaltar, wurde im 17. Jh. in Mexiko angefertigt (Plaza de España, Mo–Fr 8.30–12.45, 18–20.30, Sa 8.30–12, 18–20.30, So 8.30–13.45, 18.30–20.30 Uhr, Eintritt frei).

Phönizische Siedlung

An der Straße nach El Portal liegt ca. 3 km östlich von El Puerto de Santa María nicht weit vom Río Guadalete die bedeutende archäologische Fundstelle **Doña Blanca.** Grundmauern einer phönizischen Handelsniederlassung, die vom 8. bis 3. Jh. v. Chr. bewohnt war, blieben hervorragend erhalten. Nebenan liegt eine Nekropole, in der Wissenschaftler einen Grabhügel mit Feuerbestattungsstellen identifizierten. In Zukunft sind hier wichtige Forschungsergebnisse über die Anwesenheit der Phönizier in Spanien und ihre Beziehungen zur einheimischen Bevölkerung zu erwarten. Nachdem die Römer die Iberische Halbinsel erobert hatten, geriet die Siedlung bis zum Mittelalter in Vergessenheit. Im 14. Jh. wurde nebenan ein Turm errichtet, der als Gefängnis für Doña

Kulinarisches: Viele Besucher kommen allein wegen der ausgezeichneten ***marisquerías*** und ***cocederos*** (für El Puerto typische Buden, in denen Meeresfrüchte in Salzwasser gekocht werden). Sie konzentrieren sich an der Ribera del Marisco (Meeresfrüchte-Ufer). Darüber hinaus lädt in der Innenstadt eine fast unüberschaubare Zahl von Bars zum **Tapeo** ein. Das vom Tourismusbüro verteilte Faltblatt »Ruta de la Tapa« empfiehlt 11 (!) Routen.

Blanca de Borbón gedient haben soll (Yacimiento Arqueológico Doña Blanca, Mi–So 10–14 Uhr, Fei geschl.).

Oficina de Turismo: Calle Luna 22, Tel. 956 54 24 13, Fax 956 54 22 46, 11500 el Puero de Santa María, www.turismoelpuerto.com.

Hotel Santa María: Avenida de la Bajamar, Tel. 956 87 32 11, Fax 956 87 36 52, www.hotelsantamaria.es. Ehemaliger Palast des Marques de la Cañada, beim alten Hafen, mit Pool. DZ 77–118 €.
Hostal Loreto: Calle Ganado 17, Tel./Fax 956 54 24 10, www.hostal-loreto.com. In Stadthaus mit schönem Innenhof, gediegen eingerichtet im Stil um 1900. DZ 42–48 €.

Casa Flores: Ribera del Marisco 13, Tel. 956 54 35 12, www.casaflores.com, tgl. 13–17, 20–24 Uhr. Traditionslokal für gehobene Ansprüche. Hauptgerichte 15–21, Fisch im Salzteig 38 € pro kg.
Los Portales: Ribera del Marisco 11, Tel. 956 54 21 16. Paco Custodio verwendet in seiner Küche vorwiegend Fisch und Meeresfrüchte aus der Bucht von Cádiz. Spezialität: *almejas a la marinera* (marinierte Muscheln, 40 € pro kg). Hauptgerichte 14–20 €.
Romerijo La Guachi: Ribera del Marisco/ Plaza de la Herrería 3, Tel. 956 54 12 54. Hier bekommt man mittags ein kühles Bier eingeschenkt und bedient sich selbst mit frischem Fisch und Meeresfrüchten (nach Gewicht in Papiertüten, 250 g Fisch ab ca. 3, Gambas je nach Sorte ab 5 €), um beides an einem schattigen Tisch im Freien zu genießen.
Nuevo Portuense: Calle Luna 31, Tel. 956 85 36 37, So Ruhetag. Beliebte Tapabar im Zentrum, am Tresen herrscht meist dichtes Gedränge. Spezialität: *sardinas empanadas* (panierte Sardinen). Tapas 1,50, halbe *raciones* 4,50, ganze 9 €.

Fischmarkt: Im modernen Fischereihafen, gegenüber vom historischen Stadtzentrum landen die Boote um 6 Uhr morgens ihren Fang an. Ihre Ankunft und die Versteigerung von Fisch und Meeresfrüchten in der *lonja* (Fischbörse) sind für Frühaufsteher ein besonderes Erlebnis.
Wochenmarkt: dienstagvormittags hinter der Playa de la Puntilla.
Bodegas Terry: Parque del Vino Fino, www.bodegasterry.com. Führungen auf Englisch ohne vorherige Anmeldung Di–Fr 10 u. 12, Sa 12 Uhr, 6,50 €. Nahe N-IV Richtung Jerez in einem ehemaligen Kloster.
Osborne Bodega de Mora: Calle Los Moros 7, Tel. 956 86 91 00, Fax 956 86 90 59, www.osborne.es, Mo–Fr 10–14; um 12.30 Uhr meist Führung auf Deutsch (5,50 €, vorherige Anmeldung notwendig). Am Südrand der Innenstadt, zwischen Fluss und Stierkampfarena.
Bodegas 501: Calle Valdés 9, Tel. 956 85 55 11, Fax 956 87 30 53, www.bodegas501.com. Führungen Mo–Fr 12 und 12.30 Uhr (4 €, besser vorher anmelden). Unweit südlich von Osborne.

La Pontona ist ein im Río Guadalete verankerter Ponton und zugleich Café-Bar. Am früheren Abend findet sich dort ein gesetzteres Publikum zu einer *copa* ein, um anschließend in eines der nahe gelegenen Restaurants zu wechseln. Zentrum des Nachtlebens ist der Jachthafen **Puerto Sherry.**

Campeonato del Mundo de Motociclismo de Jerez: Ende April oder Anfang Mai. Ein Riesenevent, zu dem Motorradfans von weit her anreisen, ist alljährlich der Grand Prix von Jerez (auf der Rennstrecke an der A-382 Richtung Arcos). Parallel dazu läuft das ganze Wochenende eine (inoffizielle) Party, die das Zentrum von El Puerto voll im Griff hat.
Ciclo de Música: jeden Donnerstag im August. Im Castillo de San Marcos wird jeweils um 21.30 Uhr ein klassisches Konzert oder Flamenco gegeben. Infos und Reservierung: Tel. 956 85 17 51.

Baden & Beachen: Eine Promenade führt nach Süden am Fluss entlang zur

Playa de la Puntilla. Der zwischen der Mündung und dem schicken Jachthafen Puerto Sherry gelegene Strand ist trotz der Hafennähe erstaunlich sauber. Ein bewaldeter Dünengürtel begrenzt ihn an der Landseite.

Züge: Linie A 1 Sevilla–Cádiz tagsüber alle 1–2 Std.; Bahnhof in Flussnähe am Nordostrand der Stadt.
Busse: Häufige Verbindungen innerhalb des Verkehrsverbunds Bahía de Cádiz (s. S. 195 f.). Außerdem mit *Amarillos* ab Stierkampfarena (Plaza de Toros) am Westrand der Innenstadt nach Chipiona/Sanlúcar 5–11 x tgl.
Fähre: Seit 1957 verkehrt die **Personenfähre** Adriano Tercero quer über die Bucht von El Puerto nach Cádiz. Die Einheimischen nennen das inzwischen als Kulturgut offiziell unter Schutz gestellte Boot liebevoll *el vaporcito* (Dampferchen). Zwei Vorläufer der heutigen Fähre waren seit 1929 im Einsatz. Abfahrt am Südrand des Parque Calderón, Fahrtdauer 45 Min. Infos: Tel. 629 46 80 14.
Schnellboot des Verkehrsverbunds Bahía de Cádiz 3–13 x tgl. nach Cádiz (s. S. 195 f.).

7 Jerez de la Frontera

Cityplan: S. 203, **Reiseatlas:** S. 8, D/E 4
Im Kerngebiet des Sherry, einer sanften, flachen und baumlosen Hügellandschaft mit weißlichem Kalkboden, liegt **Jerez de la Frontera** (200 000 Einw.). Obwohl größer als Cádiz, ist die Stadt nicht Provinzkapitale, dafür aber unangefochtene Hauptstadt des Sherry und der Pferdezucht.

Alcázar

Auf einem Hügel im Südteil der Innenstadt erhebt sich der maurische **Alcázar** 1 aus der Almohadenzeit (12. Jh.). Das wie ein Park gestaltete Innere der Burg birgt Reste arabischer Bäder und eine achteckige Moschee. Letztere diente später als Burgkapelle und wurde kürzlich originalgetreu restauriert. Noch in Wiederherstellung befindlich ist der Pabellón del Patio de Doña Blanca, ein kleiner arabischer Pavillon mit Kuppel (12. Jh.).

Im 18. Jh. ließ Lorenzo Fernández de Villavicencio inmitten des Alcázar einen Barockpalast errichten. In seinem Turmstockwerk werden alle 30 Min. aktuelle Bilder von Jerez mit Hilfe einer **Camera obscura** auf eine Leinwand projiziert und kommentiert, auch auf Deutsch (16.9.–30.4. tgl. 10–18; 1.5.–15.9. Mo–Sa 10–20, So 10–15 Uhr, 1,30, mit Camera obscura 3,30 €).

Catedral

Unterhalb des Alcázar-Hügels steht der bedeutendste christliche Bau der Stadt, die fünfschiffige **Catedral La Colegiata de Santa María la Mayor** 2. Ihre heutige Gestalt erhielt die Kathedrale, nachdem sie teilweise eingestürzt war, in der Barockzeit (18. Jh.). Eindrucksvoll sind die Freitreppe und die wie Flügel ausschwingenden Strebepfeiler. Letztere erinnern an den ursprünglich gotischen Bau aus dem 13. Jh. Der separat stehende Glockenturm im Mudéjarstil (15. Jh.) lässt noch seine ehemalige Funktion als Minarett erahnen (Plaza Domecq, Mo–Fr 11–13, 18–20, Sa 11–14, 18–20, So 11–14 Uhr, Eintritt frei).

Weiter im Zentrum befindet sich das ehemalige Rathaus aus dem 16. Jh., die **Antigua Casa del Cabildo** 3. Sie ist der schönste Renaissancepalast der Stadt.

Museo Arqueológico

Jerez blickt auf eine lange, bis zu den Phöniziern reichende Geschichte zurück. Diese ist im **Museo Arqueológico** 4 dokumentiert. Das spektakulärste Exponat ist in Saal 4 ein altgriechischer Helm (7. Jh. v. Chr.). Er wurde aus dem Río Guadalete geborgen und deutet darauf hin, dass in der frühen Antike Griechen in Jerez siedelten. Später wurde die Stadt römisch (Säle 4–6). Aus dieser Zeit wird u. a. ein schöner Mädchenkopf mit einer offenbar für die damalige Provinz Baetica typischen Frisur gezeigt. Ab 711 entwickelte sich *Xeret*, wie die Mauren die Stadt nannten, zu einem wichtigen wirtschaftlichen Zentrum (Säle 8–9), das schließlich 1264 von Kastilien erobert wurde (1.9.–14.6. Di–Fr 10–14, 16–19, Sa/So 10–14.30; sonst Di–So 10–14.30 Uhr, 2 €).

Centro Andaluz de Flamenco

Jerez ist eine der Hochburgen des Flamenco. Angeblich soll eine besonders feurige Form, die *bulería,* im ehemals vorwiegend von *gitanos* bewohnten Barrio de Santiago im Nordwesten der Altstadt entstanden sein. Die *peñas* (Flamencolokale, s. u.) sind stets mit Einheimischen gut gefüllt.

Speziell Interessierte können das **Centro Andaluz de Flamenco** 5 aufsuchen. Es widmet es sich der Erforschung und Pflege des Flamenco. Zu sehen sind Dokumente, Gegenstände und Gemälde, die sich mit dieser Musikform befassen. Die hauseigene Bibliothek birgt rund 4000 Bände zu dem Thema. Stündlich gibt es eine Filmvorführung. Auch Kurse werden angeboten (Plaza de San Juan 1, caf.cica.es, Mo–Fr 9–14 Uhr, Eintritt frei).

In den romantischen Garten der Finca La Atalaya mit jahrhundertealtem Baumbestand ist der innovative Ausstellungskomplex **Museos de la Atalaya** 6 eingebettet. Das alte Herrenhaus wurde in den Palacio del Tiempo verwandelt – ein einzigartiges Uhrenmuseum, das in zehn Sälen über 300 funktionsfähige Uhren aus dem 17.–19. Jh. zeigt. Barockmusik und Spezialeffekte versetzen den Besucher in vergangene Zeiten. In der ehemaligen Bodega von 1853 verbirgt sich unter dem Namen Misterio de Jerez ein zweites Museum, das zu einem geheimnisvollen Rundgang durch das kulturelle Umfeld der Sherryproduktion im 19. Jh. einlädt. Nicht nur der Wein selbst wird thematisiert, sondern auch Kulturdenkmäler, Flamenco, Pferde und vieles mehr (Calle Pizarro 19, Tel. 902 18 21 00, www.elmisteriodejerez.org; März–Okt Di–Sa 10–15, 18–20, So/Fei 10–15, sonst tgl. 10–15 Uhr, 1.1., 6.1., 24./25.12., 31.12. geschl., 9 €).

Real Escuela Andaluza del Arte Ecuestre

Im Villenviertel am Nordrand der Stadt verbergen sich hinter hohen Mauern die Paläste von Großgrundbesitzern und Weinproduzenten. Durch gewaltige Eisentore lassen sich Blicke auf gepflegte Parks mit englischem Rasen erhaschen. Dort gründete 1973 der

Sherrybaron und Pferdeliebhaber Álvaro Domecq die **Real Escuela Andaluza del Arte Ecuestre** 7, um die andalusische Pferderasse zu erhalten. Heute befindet sich die sogenannte Hofreitschule im Besitz der Region Andalusien. Hier wird die Dressurkunst gepflegt, die ursprünglich für militärische Zwecke und den Stierkampf zu Pferd gedacht war. Das Pferdeballett *Cómo bailan los caballos andaluces* (Tanz der andalusischen Pferde) zieht 75 Min. lang bis zu 1600 Zuschauer gleichzeitig in den Bann.

Auf dem Gelände der Reitschule befindet sich außerdem das **Museo del Arte Ecuestre.** Es befasst sich aus historischer und mythologischer Sicht mit der Kunst des Reitens (Av. Duque de Abrantes s/n, Info: Tel. 956 31 96 35, Reservierung: Tel. 956 31 80 08,

Feria del Caballo: Pferde, Stierkampf und Flamenco ...
... immer dabei: der *sombrero cordobés*

www.realescuela.org; Dressurshows: Di/Do, im Aug. auch Fr 12 Uhr, an Feiertagen keine Vorführungen, Tickets 17–23 € (online oder über örtliche Reisebüros); Training (*entrenamiento*), Besuch der Pferdeställe und des Museums nur an Tagen ohne Show: Mo, Mi, Fr, Sa 11–14 Uhr, 8 €).

Etwas abseits, gegenüber der Bodegas Sandeman, informiert das der Hofreitschule angeschlossene **Museo del Enganche** 8 (Kutschenmuseum) über das Anspannen von Pferden und zeigt eine Kutschenkollektion (Calle Pizarro 17, Mo–Sa 11–15 Uhr, 3 €).

Zoobotánico Jerez

Der WWF hat **Zoobotánico Jerez** 9 zu einem der drei besten Tierparks Spaniens gekürt (neben den Zoos von Madrid und Barcelona). Spezialität des Zoos sind Schlangen, die ein Zehntel der rund 400 vertretenen Tierarten stellen. Ein weiterer Schwerpunkt liegt auf der Pflege kranker oder verletzter Wildtiere und der Zucht bedrohter Arten. Derzeit läuft ein Projekt zur Auswilderung des Waldrapps *(Ibis eremita),* eines in Europa im 17. Jh. ausgestorbenen Schreitvogels, der in Nordafrika und Vorderasien überlebt hat und nun im Gebiet La Janda (s. S. 175) wieder angesiedelt werden soll. Der Zoobotánico Jerez ging aus Gärten hervor, die 1869 rund um ein städtisches Wasserreservoir entstanden. So ist er auch Botanischer Garten, dessen Pflanzenbestand laufend ergänzt wird. Ein *itinerario botánico* (botanischer Lehrpfad) führt zwischen Tiergehegen und exotischen Bäumen durch das gepflegte Gelände (Calle Taxdirt s/n, im Westen der Stadt, ausgeschildert, www.zoobotanicojerez.com, Di–So 10–18, Juni–Sept. bis 20, in der Karwoche Mo–Fr 10–16 Uhr, Mo geschl. außer Fei u. Mitte Juni–Mitte Sept., 7,50, Kinder 4,90 €).

La Cartuja

Etwa 5 km südöstlich von Jerez liegt das Kartäuserkloster **La Cartuja** von 1463. Zurbarán malte für das Kloster seine berühmten Mönchsbilder, die jetzt im Archäologischen Museum von Cádiz zu sehen sind (s. S. 190). Das prunkvolle Eingangstor zum Innenhof und die reich verzierte Kirchenfassade aus dem 16./17. Jh. täuschen über das asketische Leben jener Anhänger des heiligen Bruno (aus Köln) hinweg, die hier ihr einsiedlerisches Leben führten und in den Nischen der Fassade porträtiert sind (Ctra. A-381 Jérez–Medina Sidonia, nahe AP-4, Abfahrt Jerez Sur/Los Barrios, Kirche nur zur Messe um 17 Uhr geöffnet, Kunsthandwerksausstellung im Kreuzgang Sa 11–14 Uhr).

Das nahe gelegene Gestüt **Yeguada de la Cartuja-Hierro del Bocado** führt die traditionelle Pferdezucht der Kartäuser mit einem Bestand von rund 200 Tieren fort. Jeden Samstag ab 11 Uhr wird ein zweistündiges Besuchsprogramm durchgeführt. Zunächst ist ein kurzer Film zur Geschichte des Gestüts zu sehen, dann dürfen Stallungen und andere Vorrichtungen besichtigt werden, und schließlich gibt es eine Dressurvorführung. Anfahrt: von La Cartuja auf der A-381 Richtung Medina Sidonia, nach 5 km rechts Richtung El Portal abbiegen (Schild: *La Yeguada),* dann noch 1,6 km (Tel. 956 16 28 09, www.yeguadacartuja.com, Haupttribüne 18, seitliche Sitzreihe 13, Kinder 12 bzw. 8 €, Reservierung empfohlen).

Jerez de la Frontera: Cityplan

Sehenswürdigkeiten

1 Alcázar
2 Catedral La Colegiata de Santa María la Mayor
3 Antigua Casa del Cabildo
4 Museo Arqueológico
5 Centro Andaluz de Flamenco
6 Museos de la Atalaya
7 Real Escuela Andaluza del Arte Ecuestre
8 Museo del Enganche
9 Zoobotánico Jerez
10 Bodega Pedro Domecq
11 Bodega González Byass
12 Bodega Sandeman
13 Bodega Williams & Humbert
14 Bodega Harveys

Übernachten

1 Hotel Tryp Jerez
2 Nuevo Hotel
3 Hotel y Hostal San Andrés

Essen und Trinken

4 La Mesa Redonda
5 Juanito

i **Oficina de Turismo:** Alameda Cristina, 11403 Jerez de la Frontera Tel. 956 32 47 47; www.turismojerez.com, www.jerezconventionbureau.com.

Hotel Tryp Jerez 1: Alameda Cristina 13, Tel. 956 32 70 30, Fax 956 33 68 24, www.solmelia.com. In elegantem Stadtpalast, den eine Orangenallee säumt. Innen modern und geschmackvoll eingerichtet. DZ über Veranstalter 90–122 €, laut Preisliste 60–255 €, zur Feria del Caballo (s. u.) um 440 €.
Nuevo Hotel 2: Calle Caballeros 23, Tel. 956 33 16 00, Fax 956 33 16 04, www.nuevohotel.com. Ein Palast aus dem 19. Jh. mit überdachtem Patio. DZ 50 €.

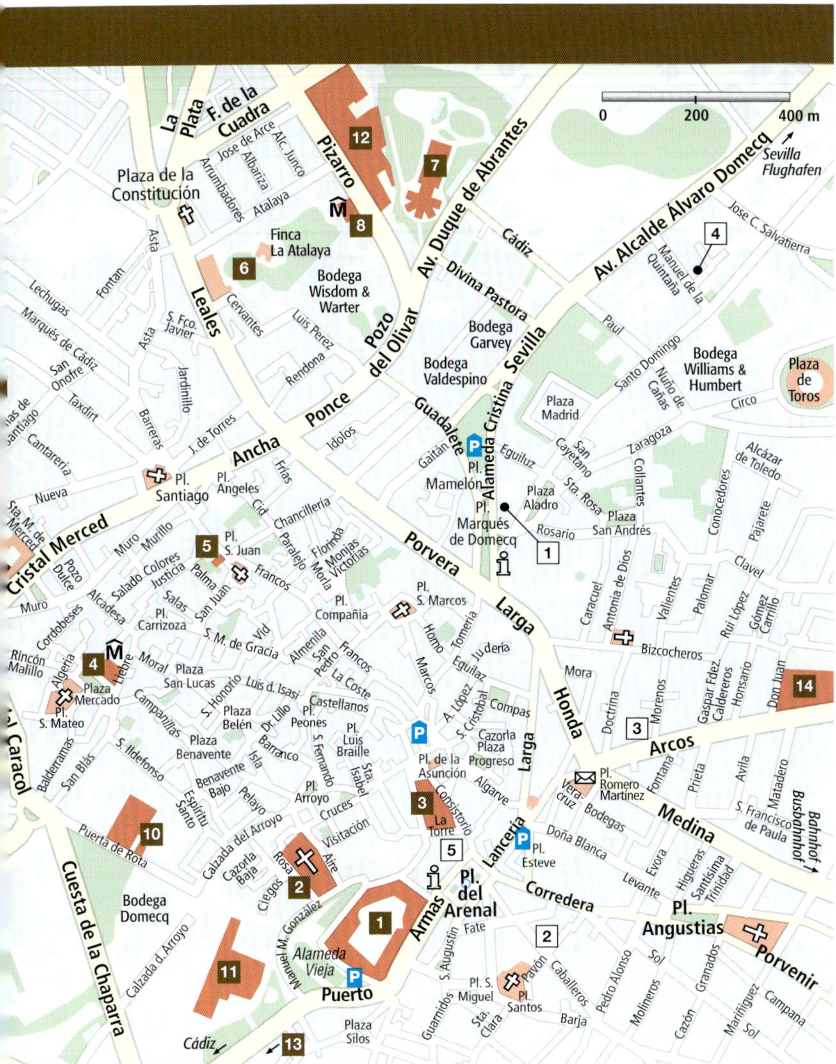

Hotel y Hostal San Andrés 3: Calle Morenos 14, Tel. 956 34 09 83, Fax 956 34 31 96. Das etwas komfortablere Hotel hat eine Dachterrasse, das benachbarte Hostal kann dafür mit einem dicht belaubten Patio punkten. Familiär geführt. Es werden auch Gitarren- und Flamencokurse vermittelt. DZ mit Bad 38 €, ohne Bad 28 €.

La Mesa Redonda 4: Calle Manuel de la Quintaña 3, Tel. 956 34 00 69, So/Fei u. erste drei Augustwochen geschl. Noble, zugleich familiäre Atmosphäre. Spezialisiert auf Wild. Hauptgerichte 12–15 €.

Juanito 5: Calle Pescadería Vieja 8–10, Tel. 956 33 48 38, im Sommer So geschl., im Mai eine Woche Betriebsferien. Klassische Tapa-

Sherry – Tradition und Zukunft

Im geografischen Dreieck zwischen Jerez de la Frontera, El Puerto de Santa María und Sanlúcar de Barrameda liegt das Anbaugebiet für die berühmten Sherryweine. Mildes Klima, kalkreicher Boden und jahrhundertealte Winzererfahrung tragen dazu bei, sie zu einem unvergleichlichen Geschmackserlebnis zu machen.

Bei Jerez wurde schon in der frühen Antike Wein angebaut. Als *cerentenes* tranken ihn die Römer. Sir Francis Drake nahm nach der Plünderung von Cádiz im Jahre 1594 auch 3000 Schläuche Wein auf seinen Schiffen mit nach England. Er schmeckte den Gentlemen der High Society. Sie nannten ihn Sherry, angeblich weil sie Jerez nicht aussprechen konnten. Wenig später ließ Shakespeare seinen Falstaff ihn mit den Worten preisen: »Ein guter Sherry hat eine zweifache Wirkung in sich. Er steigt Euch in das Gehirn, zerteilt da alle die albernen und rohen Dünste, die es umgeben, macht es sinnig, schnell und erfinderisch, voll von behenden, feurigen und ergötzlichen Bildern. [...] Die zweite Eigenschaft unseres vortrefflichen Sherrys ist die Erwärmung des Bluts [...] Wenn ich tausend Söhne hätte, der erste menschliche Grundsatz, den ich sie lehren wollte, sollte sein, dünnem Getränk abzuschwören und sich dem Sherry (›Sack‹) zu ergeben.«

Die Nachfrage stieg, einheimische Großgrundbesitzer und britische Weinhändler gründeten Exportfirmen. Im 18. Jh. entstanden die ersten der heute noch existierenden Bodegas. Zwar gibt es Hunderte von Sherryproduzenten. Doch die Lagerhallen der großen, international bekannten Hersteller wie González-Byass, Sandeman, Osborne, Harveys, Terry, Domecq und Barbadillo bestimmen das Bild. Sie kamen mit der Krise in den 1980er- und 1990er-Jahren des 20. Jh. am besten zurecht, als die Anbaufläche der Sherryreben Palomino und Pedro Ximénez wegen mangelnder Nachfrage von über 20 000 ha auf rund 10 000 ha zurückging. Zu lange hatten die Produzenten auf Masse statt Klasse gesetzt. In den Importländern – außer Großbritannien vor allem Deutschland und Frankreich – war der Sherry mittlerweile nur noch als billiger Supermarktwein bekannt. Mit Premiumqualitäten, die in der gehobenen Gastronomie und im Fachhandel vertrieben werden, wollen die Hersteller jetzt neue Kundenkreise gewinnen. Auch hoffen sie das Image zu modernisieren, indem sie vermehrt trockene Sherrys auf den Markt bringen, um die nicht mehr so gefragten süßen Sorten zu ersetzen. Tatsächlich hat der Absatz in den letzten Jahren wieder leicht zugenommen.

Allen Sherrys wird hochprozentiger Alkohol beigemischt. Dies war bei Südweinen früher notwendig, um ein ›Umkippen‹ bei längerer Lagerung zu verhindern. Heute ist es – ähnlich wie beim Portwein oder Madeira – ein Markenzeichen. Prinzipiell gibt es zwei Reifeprozesse, die zu den beiden bekanntesten Varianten des Sherry führen – dem *fino* und dem *amontillado.* Der Alkoholgehalt des hellen, trockenen *fino* übersteigt nie 15,5 Vol.%. So bleibt der Flor am Leben, eine helle Hefe, die auf dem Wein schwimmt und seine Oxidation verhindert. *Fino* muss jung getrunken werden und wird meist als Aperitif serviert. In Sanlúcar de Barrameda schmeckt er wegen der Nähe der Bodegas zum Meer leicht salzig und heißt dort *manzanilla.* Im Gegensatz

Thema

dazu darf der halbtrockene *amontillado* oxidieren, nachdem er auf 17 Vol. % aufgespritzt, das heißt dem Wein eine entsprechende Menge Alkohol beigemischt und so die Hefe zum Absterben gebracht wurde. Dadurch nimmt er eine dunklere Farbe und ein nussiges Aroma an. Er eignet sich für alle Gelegenheiten. Eine Sonderform ist der *oloroso*, bei dem der Alkohol sehr schnell zugefügt wird und der Flor kaum Zeit hat zu wachsen. Er ist besonders dunkel, süß und reich an Aromen und wird als Dessertwein bevorzugt.

In den Bodegas herrscht ganzjährig eine gleichbleibende Temperatur, die durch Luftzirkulation und angefeuchteten Sandboden erzielt wird. In mehreren Reihen übereinander liegt der Sherry in Fässern aus amerikanischer Eiche gestapelt, um im so genannten Solerasystem zu reifen. Mit *solera* (span. Sohle) ist die unterste Reihe der Fässer gemeint, die den ältesten Wein enthalten. Aus diesen wird jeweils der zur Abfüllung bestimmte Sherry abgesaugt, wobei jedoch mindestens zwei Drittel des Inhalts im Fass verbleiben. Anschließend wird mit jüngerem Wein aus der Reihe darüber nachgefüllt. So eliminieren die Winzer qualitative Unterschiede der einzelnen Jahrgänge und erzielen einen stets gleichen Geschmack. Jahrgangsweine stellen sie nur selten her, diese liegen aber neuerdings im Trend.

Jeder Sherry lagert mehrere Jahre. Edle Qualitäten bringen es im Schnitt sogar auf 30 Jahre. Solche Weine haben ihren Preis, der schon einmal bei 250 € und darüber liegen kann.

Von der Hand in den Mund

Richtig Reisen-Tipp: Bodega-Besichtigung in Jerez

Wichtigster Grund, um nach Jerez zu reisen, ist für die meisten Besucher die Besichtigung einer Bodega. Die großen Produktionsgewölbe für Sherry und Brandy liegen am Rand des Stadtzentrums. Meist ist eine Anmeldung per Telefon oder E-Mail spätestens am Vortag erforderlich. Im August sind viele Bodegas wegen Betriebsferien geschlossen.

Im Verlauf der ca. einstündigen Führungen erfährt man einiges über Gärung und Reifeprozess und die verschiedenen Sorten. Zu sehen sind ehrwürdige Fässer aus amerikanischer Eiche, in denen die wertvollsten Tropfen reifen, ebenso wie 50 000 l fassende Stahltanks und riesige Abfüllanlagen für die Massenproduktion. Bei González Byass geht es sogar teilweise per Minibahn durch die ausgedehnten Produktionsstätten. Im Anschluss an die Besichtigung ist stets die *cata* vorgesehen, eine Probe verschiedener Sorten. Am Ende wartet dann der Verkaufsraum ...

Eine komplette Liste mit den zu besichtigenden Bodegas und ihren Öffnungszeiten hält das Tourismusbüro bereit. Hier einige Beispiele:

Pedro Domecq 10: Calle San Ildefonso 3, Tel. 956 15 15 00, www.bodegasfundador pedrodomecq.com. Nobles Ambiente. Hier wird auch der bekannte Brandy Carlos I abgefüllt. Führungen auf Deutsch Juli–Sept. Mo–Fr 12, auf Spanisch/Englisch Mo–Fr 10–13 Uhr stündlich, 7 €. Reservieren!

González Byass 11:Calle M. María Gonzáles 12, Tel. 956 35 70 16, www.bodegas tiopepe.com. Auch unter dem Markennamen Tío Pepe bekannt, der auf den Onkel (*tío*) des Firmengründers zurückgeht. Führungen auf Deutsch im Sommer Mo–Sa 12.15, 17.15 Uhr, im Winter nach tel. Vereinbarung, 8 €; Di/Do/Sa 14 Uhr Spezialführung (auf Spanisch/Englisch) inkl. Tapa-Imbiss .

Sandeman 12: Calle Pizarro 10, Tel. 956 31 29 95, www.sandeman.com. Nahe Hofreitschule. Führungen (u. a. auf Deutsch) Mo/Mi/Fr 10.30–15, Di/Do 10–16, Sa 11–15 Uhr, 6 €.

Williams & Humbert 13: Ctra. N-IV Richtung El Puerto de Santa María, km 641, Tel. 956 35 34 10, www.williams-humbert.com. Laut Eigenwerbung größte Bodega Europas, 1877 gegründet. Führungen (auch auf Deutsch) Mo–Fr 9.30–15 Uhr, 4 €; Mi/Fr 12 Uhr bei geeignetem Wetter Pferde- und Kutschenvorführung (Eintritt frei).

Harveys 14: Calle Pintor Muñoz Cebrián (nahe Straße nach Arcos), Tel. 956 15 15 00, www.bodegasharveys.com. Führungen Mo–Fr 10–12 Uhr, 5 €. Reservieren!

bar, schon 1943 gegründet. Tapas um 2 €, *raciones* um 9 €.

Eine Reihe von Lokalen bieten an wechselnden Tagen Flamenco. Aktuelles Programm in der Oficina de Turismo. Bekannte Adressen sind:

Peña El Lagá de Tío Parrilla: Plaza del Mercado s/n. Shows Mo–Sa 22.30 u. 0.30 Uhr. Eintritt inkl. erstes Getränk ca. 12 €.

Peña Flamenca Tío José de Paula: Calle Merced 11. Einfaches Lokal mitten im Barrio de Santiago, hier stellen ambitionierte Amateure ihre Künste vor.

La Taberna Flamenca: Calle Angostillo Santiago 3, Tel. 956 32 36 93. Show Di–Sa 20–24, Di u. Do auch 12–16 Uhr, inkl. Menü pro Person 30 €. Im Barrio de Santiago.

Tablao del Bereber: Calle Cabezas 10, Tel. 956 34 00 16, www.tablaodelbereber.com. Dinner-Show Mo–Sa 21–24 Uhr, zu buchen über Hotelrezeptionen, örtliche Reiseleiter oder direkt, mit Transfer ab Hotel ca. 95 €.

Festival de Flamenco: Februar/März. Zwei Wochen mit zahlreichen Veranstaltungen rund um den Flamenco, darunter auch Auftritten bekannter Künstler. Schauplatz ist meist das Teatro Villamarta (Plaza Romero Martínez).

Feria del Caballo: zweite Maiwoche. Auf einem großen Platz in der Nähe des staatlichen Reitinstituts werden von Mittwoch bis Sonntag die schönsten und besten Pferde ganz Andalusiens präsentiert. Die Männer geben bei einer farbenfrohen Reiterparade den stolzen Caballero, die Frauen zeigen sich in Carmen-Kleidern. Die Tradition dieses Pferdemarktes geht bis ins 13. Jh. zurück.
Fiestas de Otoño: letzte zwei Septemberwochenenden, jeweils Fr–So. Der Reigen von Herbstfestlichkeiten beginnt mit der Fiesta de la Vendimia (Fest der Weinlese). Auf der Treppe der Kathedrale segnet ein Pfarrer die Trauben, die dann auf dem Platz gestampft werden. Mit der Fiesta de la Bulería (Festival der ortstypischen Flamencovariante in der Stierkampfarena) und anderen Highlights geht es weiter. Zwischen der Plaza Mayor und der Kathedrale wird ein Mittelaltermarkt abgehalten.

Stadtrundfahrt: an der Plaza del Arenal startet ca. stdl. (Juli/Aug. halbstdl., Winter Mi–So 6 x tgl.) ein Doppeldeckerbus mit offenem Dach zur Tour Oficial de Jérez, einer kommentierten Rundfahrt, die die wichtigsten Sehenswürdigkeiten der Stadt berührt. Auch an der Hofreitschule (s. u.) ist das Zusteigen möglich. Das Ticket (8 €) gilt 24 Std., die Fahrt darf beliebig oft unterbrochen werden. Info: Tel. 954 56 06 93.
Flüge: Aeropuerto de la Parra, Tel. 956 15 00 00 oder 902 40 47 04; 11 km östlich von Jerez; wird auch von deutschen Chartergesellschaften (z. B. Hapag-Lloyd) angeflogen. Busse von *Comes* 12 x tgl. nach Jerez und Cádiz. Taxi nach Jerez ca. 12 €.
Züge: Bahnhof am Ostrand der Stadt, Linie A 1 Sevilla–Cádiz alle 1–2 Std., Direktzug nach Madrid 2 x tgl.; am Wochenende seltener. .
Busse: Häufige Verbindungen innerhalb des Verkehrsverbunds Bahía de Cádiz (s. S. 195 f.). Ab Busbahnhof (Calle Cartuja, Tel. 956 34 52 07, soll demnächst zum Bahnhof verlegt werden) mit *Comes* mehrmals tgl. nach Sevilla, Rota, Conil, Arcos, Ronda; mit *Linesur* ca. stdl. nach Chipiona/Sanlúcar; mit *Amarillos* ca. stündlich nach Arcos de la Frontera.

Sanlúcar de Barrameda

Reiseatlas: S. 13, A 1
An der Mündung des Guadalquivir liegt **Sanlúcar de Barrameda** (64 000 Einw.), das sich den rauen Reiz eines vom Fischfang lebenden Küstenortes bewahrt hat. Es ist aber auch die Stadt des Manzanilla, einer herbtrockenen Variante des Sherry. Sein leicht salziges Aroma verdankt er der Reifung in der Nähe des Atlantiks.

Sanlúcar war schon vor Jahrzehnten bei den wohlhabenden Sevillanern als Badeort beliebt. Sie errichteten ihre Villen am Ufer des Guadalquivir, entlang der Avenida de Bajo de Guía. Der Strand ist wegen der Nähe der Flussmündung zum Baden nicht unbedingt ideal, dafür entschädigt die gediegene Atmosphäre. An der Promenade (*paseo marítimo*) laden Fischrestaurants zum Verzehr des frischen Fangs ein.

Castillo de Santiago

Auf einem Hügel oberhalb des Strandviertels liegt die Altstadt, **Barrio Alto,** gekrönt von den Ruinen eines mächtigen Kastells aus dem 15. Jh. Ein Teil des maurischen Vorgängerbaus blieb in Form des Bergfrieds (12. Jh.) erhalten. Das **Castillo de Santiago** befindet sich derzeit in Restaurierung und darf nicht betreten werden. Sobald es eröffnet wird, dürften von den Türmen schöne Ausblicke über die Mündung des Guadalquivir und den Südteil des Nationalparks Parque Nacional de Doñana möglich sein.

Parroquia de la O

Nahebei ragt die **Parroquia de la O** auf. Der seltsame Name der Pfarrkirche geht auf die hier verehrte Virgen de la O zurück, eine eher seltene der in Spanien so variantenreichen Mariendarstellungen. Vor Ort gilt die Bedeutung des O als umstritten, es steht vermutlich aber für *parto* (span. Geburt, Niederkunft). Das Gotteshaus mit reich verziertem Mudéjarportal stammt von 1360. Im Innern bietet der Hauptaltar (18. Jh.) ein Beispiel für den Churriguerastil (Plaza de la Paz s/n, Mo–Fr 10–13, So 10–12 Uhr).

Doppelter Genuss: Weinhandlung und Galerie

Schräg gegenüber steht an der Plaza Condes de Niebla der strenge gotische **Palacio Ducal de Medina-Sidonia** (s. S. 179 f.) aus dem 15. Jh. Den Herzögen von Medina Sidonia gehörte Sanlúcar jahrhundertelang als Lehen. Sie nutzten von hier aus den tierreichen Coto de Doñana (heute Nationalpark) als Jagdgebiet. Der Herzogspalast, der sich immer noch im Besitz der Familie befindet, wird derzeit in ein Gästehaus umgewandelt. Die Innenräume sind ausgeschmückt mit wertvollem altem Mobiliar und Gemälden spanischer Meister, u. a. Goya und Zurbarán. Ein sehr angenehmer Ort ist das angeschlossene Café (Besichtigung der Innenräume So 11, 12 Uhr, Anmeldung: Tel. 956 36 01 61, www.fcmedinasidonia.com, 3 €).

Weiter nördlich stehen **Las Covachas** (die kleinen Höhlen), der Rest einer Mauer, die ursprünglich das Areal des Herzogspalastes umgab. Ihre Fassade weist zehn gotische, mit Fabelwesen verzierte Bögen auf, unter denen im 15. Jh. Weinkeller untergebracht waren.

Palacio de Orleáns y Borbón

Der Herzog von Montpensier ließ den **Palacio de Orleáns y Borbón** Ende des 19. Jh. im Neomudéjarstil als Sommersitz errichten. Das war der Startschuss für den frühen Tourismus in Sanlúcar. Heute ist hier das Rathaus *(ayuntamiento)* von Sanlúcar untergebracht. Ein herrlicher Park umgibt das Gebäude. Ihn entwarf der französische Gartenarchitekt Lecolant, der auch für die Gestaltung des Parque María Luisa in Sevilla (s. S. 256) verantwortlich zeichnete (Calle Caballeros s/n, Mo–Fr 10–13.30 Uhr, Eintritt frei).

Fábrica de Hielo

Die **Fábrica de Hielo** stellte früher Eis zwecks Konservierung des Fischs her. Heute beherbergt die Eisfabrik ein **Besucherzentrum des Parque Nacional de Doñana** (s. S. 220 ff.). Es bietet eine interessante Ausstellung zur Natur, Geschichte und Kultur des Nationalparks. Von der dritten Etage bietet sich eine hervorragende Aussicht über den Fluss hinweg auf den Park.

Fischereihafen Bonanza

Etwa 4 km flussaufwärts liegt der Fischereihafen **Bonanza**. An Werktagen kann man hier erleben, wie in seiner *lonja* (Fischbörse) der frisch angelandete Fang versteigert wird. Im 15./16. Jh. war Bonanza ein wichtiger Stützpunkt der Entdeckungsfahrer. Kolumbus startete von hier aus 1498 zu seiner dritten Reise, 1519 legte der portugiesische Seefahrer Fernão de Magalhães (Magellan) hier ab. Er stand in spanischen Diensten und hatte den Auftrag, einen Westweg zu den Gewürzinseln zu erkunden. Nachdem er einen Seeweg um die Südspitze des amerikanischen Kontinents gefunden hatte, fiel er 1521 im Kampf gegen die Bewohner besagter Inseln, die später Philippinen genannt wurden, nach dem spanischen König Philipp II. Sein Steuermann Juan Sebastián Elcano vollendete die erste Weltumsegelung und kehrte nach Sanlúcar zurück – jedoch mit nur einem der ursprünglich aufgebrochenen fünf Schiffe.

Oficina de Turismo: Calzada del Ejercito, 11540 Sanlúcar de Barrameda, Tel. 956 36 61 10, Fax 956 36 61 32, www.aytosanlucar.org, www.turismosanlucar.com.
Centro de Interpretación Fábrica de Hielo: Bajo de Guía, Tel. 956 38 16 35, tgl. 9–19 Uhr. Informationen und Filmvorführungen zum Parque Nacional de Doñana, s. o.
Centro de Interpretación Bajo de Guía: Bajo de Guía, Tel. 956 36 07 15, Di–So 10–14, 18–20 Uhr. Ausstellung und Filmvorführungen über den dem Nationalpark als Peripheriezone vorgelagerten Parque Natural de Doñana.

Hotel Los Helechos: Plaza de la Madre de Díos 9, Tel. 956 36 13 49, www.hotelloshelechos.com. Am Rand der Altstadt in andalusischem Haus mit Innenhof und Dachterrasse, guter Komfort, stilvolle Einrichtung, Parkgarage. DZ 45–65 €.

Casa Bigote: Av. de Bajo de Guía, Tel. 956 36 32 42, So u. Nov. geschl. Gut besuchtes Restaurant mit großer andalusischer Küche, vor allem Fisch und Meeresfrüchte. Hauptgerichte 12–18 €.
Casa Balbino: Plaza del Cabildo 11, Tel. 956 36 05 13. Sehr gute Qualität und Auswahl an Tapas (ab 1,50 €) und *raciones* (ca. 9 €). Viel Atmosphäre mitten in der Altstadt.

Bodegas Barbadillo: Calle Luis de Eguilaz 11, Tel. 956 38 55 28, www.barbadillo.com. Führungen auf Engl. Di–Sa 11, auf Span. Di–Sa 12 u. 13 Uhr, 3 €. Die Weinkeller dieser 1821 gegründeten Winzerei produzieren nicht nur Manzanilla, sondern auch den fruchtig frischen Weißwein *Castillo de San Diego,* der zu den meistverkauften Marken von ganz Spanien gehört. Zu besichtigen ist u. a. der wohl eindrucksvollste Solera-Lagerraum der Region, die 12 m hohe sogenannte Kathedrale (Di–Sa 11–15 Uhr, Eintritt frei).
Bodegas Hidalgo-La Gitana: Banda de la Playa 42, Tel. 956 38 53 04, www.lagitana.es. Führungen auf Spanisch Mi/Fr/Sa 12 Uhr, 5 €. Aus dieser Winzerei – die bereits seit 1792 existiert – stammt einer der beliebtesten Manzanillas. Außerdem werden die Brandys Fabuloso und Hidalgo 200 hergestellt. Letzterer stammt aus langjährig gepflegten Privatbeständen der Familie Hidalgo, die Menge ist limitiert.
Bodegas Pedro Romero: Calle Trasbolsa 84, Tel. 956 36 07 36, www.pedroromero.es. Führungen auf Deutsch Mo 12, Mi/Fr 11 Uhr, 6 €. Produzent des bekannten Manzanillas Aurora, des Brandys Punto Azul und bester

Sherryessige. Der Brandy reift in Fässern aus amerikanischer Eiche.

Bodegón Cultural Mirabrás: Calle La Plata 50, tgl. ab 21 Uhr, Sa Show. Beliebteste Flamencobar am Ort.

Feria de la Manzanilla: Ende Mai oder Anfang Juni. Mehrtägige Feierlichkeiten rund um den Manzanilla-Wein mit Tanz, Reiterumzügen und Festzelten am Paseo de la Calzada.
Carreras de Caballo: zwei je dreitägige Zyklen im August. Die genauen Daten werden auf die Tage der Nipptide (niedrigster Wasserstand) festgelegt. Spektakuläre Serie von insgesamt 26 Pferderennen am Strand von Sanlúcar de Barrameda mit den besten Reitern Spaniens. Die Rennen beginnen gegen 17.30 Uhr und enden zum Sonnenuntergang. Seit 1845 durchgeführt und damals wie heute Treffpunkt der High Society. Der Ursprung geht auf informelle Wettbewerbe zurück, bei denen Reiter frisch gefangenen Fisch schnellstmöglich zum Markt brachten.

Viajes Doñana: Calle San Juan 8, Tel. 956 36 25 40. Fahrten per geländegängigem Bus in den Parque Nacional de Doñana. Di/Fr je 2 x tgl., Dauer ca. 3 Std. 30 Min., 33 €. Möglichst frühzeitig reservieren.
Bootsausflüge in den Nationalpark: Die Real Fernando, ein Nachbau des ersten spanischen Dampfers, der 1817 den Guadalquivir befuhr, startet am Fähranlager (Fábrica de Hielo). Unterwegs legt er zweimal an: am Poblado de la Plancha, einem rekonstruierten, für das Sumpfgebiet typischen Dorf (Aufenthalt 1 Std.), und an Las Salinas, einem Marschengebiet, in dem Flamingos zu sehen sind (Aufenthalt 30 Min.). An Bord werden Ferngläser vermietet (tgl. 10, März–Mai/Okt. 10 u. 16, Juni–Sept. 10 u. 17 Uhr, Dauer ca. 4 Std., Reservierung Tel. 956 36 38 13, in der Hochsaison ca. eine Woche, sonst 2–3 Tage vorher, Tickets: Fábrica de Hielo, s. o., 15,50 €).

Busse: Vom Busbahnhof *(*Av. de la Estación, nahe Calzada de Ejército) mit *Linesur* ca. stdl. nach Jerez; mit *Amarillos* häufig nach Chipiona, El Puerto de Santa María/Cádiz und Sevilla.

Die Küste des Sherrydreiecks

Dem Sherrydreieck vorgelagert sind mehrere Badeorte am Atlantik. Kilometerlange, helle Sandstrände prägen diesen flachen Küstenabschnitt. Rota und Chipiona glänzen mit modernen Jachthäfen, gepflegten Meerespromenaden und einer guten Bade-Infrastruktur. Während in Chipiona vor allem spanische Familien urlauben, ist Rota auch in Katalogen deutscher Reiseveranstalter zu finden.

Die Landschaft zwischen den beiden Orten blieb weitgehend unberührt, unterbrochen lediglich durch die noch recht neue, als besonders umweltfreundlich konzipierte Feriensiedlung Costa Ballena. Dahinter dehnt sich Bauernland mit traditionellen, oft noch mit Stroh gedeckten Höfen aus.

Rota

Reiseatlas: S. 13, A 1
Aus einer kleinen Fischersiedlung hervorgegangen, kann **Rota** (27 000 Einw.) in seiner netten Altstadt mit den weißen und kubischen Häusern die maurischen Wurzeln kaum verleugnen. Sie scharen sich um die fünf Türme des **Castillo de la Luna,** dessen Ursprünge im 11. Jh. liegen. Im 15. Jh. sollen die Katholischen Könige in der Burg übernachtet haben. Heute dient das Gemäuer oft als Bühne für kulturelle Events (Gratisführungen im Sommer Mi/Fr–So 3–4 x tgl., im Winter nur Sa/So; Anmeldung im Informationsbüro, s. u.).

Chipiona

Reiseatlas: S. 13, A 1
Bei **Chipiona** (14 500 Einw.) wird Wein der Moskateller-Rebe angebaut. Ein Teil der Bewohner betrieb jedoch immer auch Fischfang. Die Strandpromenade von Chipiona säumen zahlreiche kleinere Hotels und Pen-

sionen. Nur im Juli/August herrscht hier Betrieb.

Das nördliche Ende der Promenade markiert **El Faro,** der mit 69 m höchste Leuchtturm Spaniens. Angeblich ist er sogar der dritthöchste der Welt. Er wurde 1867 an der Einfahrt zur Guadalquivir-Mündung, errichtet. Schon die Römer sollen hier ein Leuchtfeuer betrieben haben. Bis zu seiner Kuppel sind 344 Stufen zu erklimmen (Führungen April–Okt. tgl. 18 u. 20 Uhr, 3 €; Anmeldung im Infobüro empfohlen, s. u.).

Am Südrand des Ortes steht das **Santuario Nuestra Señora de Regla** fast schon beängstigend nah am Meer. Augustinermönche gründeten das Kloster kurz nach der Reconquista. Als ältester Bauteil blieb der Mudéjarkreuzgang (15. Jh.) erhalten. Die heute hier lebenden Franziskaner erneuerten die Kirche Anfang des 20. Jh. im neugotischen Stil. In ihr verehren die Seefahrer eine Statue der Jungfrau von Regla.

Oficina de Turismo: Castillo de la Luna, 11520 Rota, Tel. 956 84 63 45, Fax 956 84 63 46; Av. Juan Carlos I, Costa Ballena, Tel. 956 84 73 83; Plaza Juan Carlos I 3, 11550 Chipiona, Tel. 956 37 72 63, Fax 956 37 31 82, www.chipiona.es.

... in Rota:
Hotel Duque de Nájera: Calle Gravina 2, Tel. 956 84 60 20, Fax 956 81 24 72, www.hotelduquedenajera.com. Palastartiges Bade- und zugleich Stadthotel beim Jachthafen. Pool und Liegeflächen im geräumigen Innenhof der schönen Anlage. Umweltschonend geführt. Sauna, Fahrradverleih, Parkgarage. DZ über Veranstalter 76–210 €, laut Preisliste 127–181 €.
Hostal El Torito: Calle Constitución 1, Tel. 956 81 33 69, www.eltoritoderota.com. 6 im Designerstil eingerichtete Zimmer und Apartments. Angeschlossen ist eine gemütliche Tapabar (Tel. 956 81 62 73) mit schattiger Außenterrasse. DZ 60–80 €.
... in Chipiona:
Hotel La Española: Calle Isaac Peral 3, Tel. 956 37 37 71, Fax 956 37 21 44, www.hotellaespanola.com, ganzjährig geöffnet. Jugendstilvilla, zentral an der hübschen Fußgängerzone. Ordentlicher Komfort, gutes Restaurant, Parkgarage. DZ 50–60 €.

Bodega El Castillito: Chipiona, Calle Castillo 11. Sehr ursprüngliche Winzerei, wo die Kunden bei der Herstellung des Moskateller-Weins zuschauen können.
Wochenmarkt: mittwochs in der Altstadt von Rota, ca. 10–14 Uhr.

Fiesta del Moscatel: ca. 11.–15. Aug. in Chipiona. Fest zur Weinlese mit Stiertreiben zum Strand und viel Flamenco.

Baden & Beachen: Rota verfügt über insgesamt 16 km lange Strände. Westlich des Ortes liegt die besonders schöne **Playa de la Costilla,** die großenteils von Kiefernwald gesäumt wird und zu Strandspaziergängen einlädt. Hauptstrand von Chipiona ist die 800 m lange **Playa de Regla.** Wer es einsamer mag, läuft Richtung Süden zu den zusammen 4 km langen Dünenstränden **Playa Camarón** und **Playa Tres Piedras.**
Wellness: Acquaplaya, Costa Ballena, Av. Juan Carlos I, Tel. 956 84 90 44, tgl. außer Mi. Wellness-Oase im Hotel Playaballena, die auch externe Gäste gegen Gebühr (15 € für 4 Std.) nutzen dürfen. Sauna, Whirlpool, Dampfbad, Eisgrotte und Früchtebad.
Costa Ballena Golf Course: Ctra. Chipiona–El Puerto de Santa María km 5, Tel. 956 84 70 70, Tel. 956 84 70 50, www.ballenagolf.com. Riesige, größtenteils naturnah belassene Anlage (100 ha), die für alle Leistungsstufen interessant und abwechslungsreich ist. Greenfee 9 Loch 45 €, 18 Loch 65 €.

Busse: Ab Rota häufige Verbindungen innerhalb des Verkehrsverbunds Bahía de Cádiz (s. S. 195 f.). Ab Chipiona mit *Linesur* ca. stdl. nach Jerez, mit *Amarillos* häufig nach Sanlúcar und El Puerto de Santa María/Cádiz.
Fähre: Ab Rota Schnellboot des Verkehrsverbunds Bahía de Cádiz 2–4 x tgl. nach Cádiz.

Nördliche Costa de la Luz

Reiseatlas S. 1, 7, 8

Flach und sandig zeigt sich die nördliche Costa de la Luz, mit Lagunen und Nehrungen, Dünen und Marschland. Auch wenn Baden, Wassersport und Golf immer größeren Raum einnehmen, steckt sie touristisch noch in den Kinderschuhen. Mehr und mehr gebirgig wird es Richtung Norden, wo die Sierra de Aracena großartige Naturerlebnisse bietet.

Huelva und die Kolumbusroute

Reiseatlas: S. 7, C/B 2

Huelva (146 000 Einw.) blickt auf eine lange Geschichte zurück. Ab etwa 1000 v. Chr. ließen die Phönizier und später die Römer in Bergwerken weiter im Norden wertvolle Metalle fördern. Damals wie heute war Huelva ein wichtiger Erzverschiffungshafen. Im 20. Jh. hat sich die Stadt zu einem Zentrum der Petrochemieindustrie entwickelt.

Zwar fehlen die großen Sehenswürdigkeiten, nicht zuletzt weil Huelva nach dem Erdbeben von 1755, das auch Lissabon verwüstete, fast vollständig neu aufgebaut werden musste. Dafür präsentiert sich die Innenstadt jung, lebendig und völlig untouristisch. Das **Museo de Huelva** informiert in seiner archäologischen Abteilung sehr ausführlich über die Geschichte des Bergbaus in der Provinz Huelva (Alameda Sundheim 17, Di 15–20, Mi–Sa 9–20, So 9–14 Uhr, Eintritt frei).

Paraje Natural Marismas del Odiel

Zwischen Huelva und der unmittelbar westlich gelegenen Strandsiedlung Punta Umbría bildet der **Río Odiel** ein ausgedehntes Mündungsdelta mit Marschland (*marismas*). In dessen brackigen Lagunen und Tümpeln fühlen sich Löffler, Reiher sowie verschiedene Wattvogel- und Entenarten wohl. Über 1000 Flamingos überwintern hier regelmäßig. Die zwei ausgewiesenen Wanderrouten im Naturpark dürfen nur mit schriftlicher Erlaubnis begangen werden. Informationen im Centro de Recepción La Calatilla-Anastasio Senra, Ctra. de las Islas km 3 (Anfahrt über A-497 Richtung Punta Umbría), Tel. 959 50 02 36, tgl. außer Fei 10–14, 17–21 Uhr. Dort ist auch eine Ausstellung über die Sumpflandschaft zu besichtigen.

Santuario de Nuestra Señora de la Cinta

Huelva eignet sich gut als Ausgangspunkt für eine Rundfahrt auf den Spuren von Christoph Kolumbus. Erstes Ziel kann das **Santuario Nuestra Señora de la Cinta** sein, wo der Entdecker 1492 gebetet haben soll, bevor er von Palos aus in See stach. Der Keramikkünstler Daniel Zuloaga stellte diese Szene auf einem Fliesenbild dar. Die Kapelle steht etwa 2 km nördlich des Stadtzentrums unweit der Avenida de Manuel Siurot auf einem Hügel. Der Ausflug lohnt auch wegen der wunderschönen Aussicht über das Schwemmland des Río Odiel (Anfahrt mit Stadtbus Linie 6, tgl. 8–18 Uhr, Eintritt frei).

Monumento a Cristóbal Colón

Die eigentliche **Ruta Colombina** (Kolumbusroute) beginnt bei dem 34 m hohen **Monumento a Cristóbal Colón,** einem Geschenk der USA an die Stadt Huelva in Erinnerung an den Entdecker Amerikas. Das Denkmal steht auf der Punta del Sebo, einer Landspitze südlich von Huelva, an der Brücke über den Mündungsbereich des Río Tinto Die amerikanische Bildhauerin Gertrude (Vanderbilt) Whitney schuf es 1929 aus Granit.

Oficina de Turismo: Av. Alemania 12 (nahe Busbahnhof), 21071 Huelva, Tel./Fax 959 25 74 03, www.huelvatour.com.
Oficina de Turismo: Av. Ciudad de Huelva, 21100 Punta Umbría, Tel. 959 31 46 19, Mo–Fr 8–15, 16–20, Sa/So 10–14 Uhr.

Hotel Los Condes: Alameda Sundheim 14, Tel. 959 28 24 00, Fax 959 28 50 41. Recht komfortable Zimmer, relativ stadtnah, Parkgelegenheit, Cafeteria mit Tagesmenü (ca. 12 €). DZ 60–75 €.

Las Meigas: Av. Guatemala 44, Tel. 959 28 48 58, So Ruhetag. Sehr renommiertes Lokal, etwas außerhalb im Osten hinter dem kuriosen ehemaligen britischen Bergarbeiterviertel Barrio Obrero Reina Victoria. Andalusische Küche mit galicischem Einfluss. Hauptgerichte 15–22 €.
Las Candelas: Ctra. Punta Umbría (Cruce de Aljaraque), Tel. 959 31 83 01, So Ruhetag. Ein Restaurant mit langer Tradition. Ausgezeichnetes Seafood sowie viele Gerichte vom Holzkohlengrill. Hauptgerichte 8–14 €.

Fiestas Columbinas: Ende Juli/Anfang Aug. Einwöchige Feierlichkeiten zu Ehren von Kolumbus, der am 3. August 1492 zu seiner ersten Amerika-Reise aufbrach. Segelregatten, Stierkämpfe, kulturelle Veranstaltungen sowie viel Musik und Tanz.

Bootstouren in den Naturpark Marismas del Odiel: Turismar (Tel. 959 31 55 26) ab Punta Umbría; weitere Infos im Tourismusbüro von Punta Umbría (s. o.).

Züge: Linie A 7a nach Sevilla ca. 4 x tgl., Linie A 7b über Jabugo nach Zafra ca. 2 x tgl.; Bahnhof in der Av. de Italia (am Südrand der Stadt).
Busse: Mit *Damas* ab Busbahnhof (Tel. 959 25 69 00) Calle Dr. Rubio ca. stündlich nach Sevilla. Außerdem viele Verbindungen in die Orte der Umgebung.

Mit den Autoren unterwegs

Unverzichtbar!

Parque Dunar: Holzplankenwege führen durch die Dünenlandschaft bei Matalascañas. Mittendrin informiert ein modernes Museum über Küste und Meer (s. S. 219).
Gruta de las Maravillas: Jules Vernes »Reise zum Mittelpunkt der Erde« wurde in der gewaltigen Tropfsteinhöhle in Aracena verfilmt (s. S. 232).

Wildwest oder Römerzeit?

El Rocío: Wie im Wilden Westen wähnt man sich in dem staubigen Ort, wo keine Straße asphaltiert ist. Zur Pfingstwallfahrt kommen Hunderttausende, das übrige Jahr wirkt El Rocío wie eine Geisterstadt (s. S. 223 ff.).
Parque Minero: Im Bergbaupark am Río Tinto ist nicht nur eine Mine aus der Römerzeit zu besichtigen. Man erkundet einen stillgelegten Stollen und fährt mit der Schmalspurbahn, die einst das Erz abtransportierte (s. S. 231).

Zurück zur Natur

Zum Paradies für Wanderer entwickelt sich immer mehr die **Sierra de Aracena.** Schöne markierte Wege führen von Aracena nach Alájar und rund um Cortegana (s. S. 232 ff.).

Für Genießer

Serrano-Schinken: In der Sierra de Aracena leben halb wild die berühmten schwarzen Schweine und ernähren sich von Eicheln. Sie liefern den Rohstoff für einen begehrten Schinken, der in Jabugo reift (s. S. 236).

Monasterio Santa María de la Rábida

Weiter geht es auf der Ruta Colombina zum Kloster **La Rábida,** das in einen großen Park eingebettet ist. Die Franziskanermönche von La Rábida nahmen 1486 den sechsjährigen Kolumbussohn Diego auf, während sich der

Vater jahrelang am Königshof in Sevilla um Mittel für die Realisierung seiner Entdeckungsfahrt bemühte. Zwischendurch genoss Kolumbus immer wieder die Gastfreundschaft der gebildeten, wissenschaftlichen Neuerungen gegenüber aufgeschlossenen Mönche. Dabei lernte er viel über Navigation und Astronomie. Einer der Ordensbrüder war Beichtvater von Königin Isabella I. und unterstützte Kolumbus dadurch offenbar entscheidend.

Im Vorraum nehmen die 1929/30 vom Picassoschüler Daniel Vázquez Días aus Huelva im Stil des Expressionismus gestalteten Fresken Bezug auf die Rolle des Klosters bei der Entdeckung Amerikas. In der Kirche nahmen die Besatzungen der Kolumbusschiffe am Vorabend der Abreise an einer letzten Messe teil. Hier wird eine Alabasterstatue der Santa María de la Rábida aus dem 13. Jh. verehrt. Nach ihr nannte Kolumbus sein Flaggschiff Santa María.

Besonders schön ist der Kreuzgang mit seinen Arkaden im Mudéjarstil (Anfang 15. Jh.). Das Refektorium (Speisesaal) benutzen die heute noch hier lebenden Mönche nur am 3. August, dem Tag als Kolumbus 1492 in See stach. Im Kapitelsaal hängt ein Reliefmedaillon, das die Porzellanmanufaktur Hutschenreuther aus Selb dem Kloster stiftete. Es wurde nach dem Vorbild eines Bronzeabgusses gefertigt, der 1505 angeblich von der Totenmaske des Entdeckers genommen wurde. In der Sala de las Banderas sind die Flaggen der ehemals spanischen Kolonien in Lateinamerika sowie kleine Kästen mit Erde aus den jeweiligen Ländern ausgestellt (www.monasteriodelarabida.com; im Sommer Di–So 10–13, 16–19, Aug. Di–So 10–13, 16.45–20, im Winter Di–So 10–13, 16–18.15 Uhr, 3 € inkl. Audioguide; Familienkarte 7 €).

Ein kurzer Spaziergang führt vom Kloster abwärts, am Foro Iberoamericano (einem Openair-Auditorium) vorbei, zum Flussufer. An der **Muelle de las Carabelas** liegen dort die anlässlich der Expo '92 auf einer Werft in Isla Cristina (s. S. 227 f.) nachgebauten Schiffe der Kolumbusflotte. Sie sind auch von innen zu besichtigen. Auf der Mole, die die Anlegestelle umschließt, ist etwas kitschig ein Dorf der Insel Guanahani nachgebildet, wo Kolumbus seine erste Begegnung mit Bewohnern Amerikas hatte. Die Cafeteria ist dem mittelalterlichen Ort Palos de la Frontera nachempfunden. Ein Ausstellungsraum zeigt Navigationsinstrumente, Kartenmaterial und Waffen aus der Zeit der Entdeckungsfahrer und informiert über das Leben an Bord (20.4.–20.9. DiFr 10–14, 17–21, Sa/So/Fei 11–20, sonst Di–So 10–19 Uhr, 3,20 €, Familienticket 6,70 €).

Unweit südlich der Karavellen, an der Straße nach Huelva, lädt der noch recht neue, weitläufige **Parque Botánico José Celestino Mutis** zu einer botanischen Reise über den Atlantik ein. Ein Großteil des Pflanzenbestands stammt aus Amerika (20.4.–20.9. Di–Fr 10–14, 17–21, Sa/So/Fei 11–20, sonst Di–So 10–19 Uhr, Eintritt frei).

Palos de la Frontera

Vom Kloster La Rábida begleitet eine Fußgängerpromenade die Straße nach **Palos de la Frontera** (8000 Einw.). Diese sogenannte Avenida de América ist parkartig gestaltet mit Sitzbänken, Bäumen und Sträuchern sowie Gedenksteinen zu den Entdeckungsfahrten.

Bevor Sevilla das Monopol als Ausgangspunkt für Fahrten in die Neue Welt errang, war Palos, am Unterlauf des damals noch schiffbaren Río Tinto gelegen, ein Zentrum der Entdecker, Ausrüster und Schiffsbauer. Die Originale der Pinta und der Niña liefen auf Werften in Palos de la Frontera bzw. Moguer (s. u.) vom Stapel. Von dem inzwischen verlandeten Hafen in Palos, der nicht mehr als solcher zu erkennen ist, brach Kolumbus am 3. August 1492 mit drei Karavellen auf, und hierher kehrte die Flotte am 15. März 1493 auch zurück.

Kolumbus selbst befehligte die Santa María. Die Kapitäne der beiden anderen Schiffe, die Brüder Pinzón, stammten aus Palos. Insbesondere Martín Alonso Pinzón, Kapitän der Pinta, hatte maßgeblichen Anteil am Gelingen der Expedition, indem er eine Mannschaft für das waghalsige Unternehmen, an dem kaum ein Seemann freiwillig teilnehmen mochte, rekrutierte. Unterwegs erwies er sich immer wieder als eigensinniger Konkurrent von Kolumbus, der mit seinem Schiff auf eigene Faust Erkundungstouren unternahm. Zuletzt versuchte er sogar vor Kolumbus Europa zu erreichen, um als Erster von der Reise berichten zu können. An ihn erinnert beim Rathaus ein Denkmal. Das Geburtshaus der Brü-

Muelle de las Carabelas: Nachbildungen der Schiffe des Kolumbus

Christoph Kolumbus in Stichworten

Viel ist über den großen Entdecker, der in Spanien Cristóbal Colón genannt wird, geschrieben worden. Nur selten sprach Kolumbus selbst über seine Herkunft, daher bleiben viele Einzelheiten aus den Jahren, bevor er öffentlich bekannt wurde, unklar. Auch die Biografien zweier Zeitgenossen enthalten manchen Widerspruch.

Die meisten Historiker gehen davon aus, dass Kolumbus um das Jahr 1451 in der italienischen Hafenstadt Genua als Sohn eines Wollwebers geboren wurde (obwohl auch eine Herkunft von Mallorca oder aus Portugal zur Diskussion steht). Seine Abenteuerlust, vielleicht auch politische Schwierigkeiten, verschlugen ihn nach Lissabon. Er selbst behauptete später, die genuesische Handelsflotte, mit der er damals segelte, sei vor der Südküste Portugals von französischen Korsaren angegriffen worden. Nach einer Verwundung sei er über Bord gegangen und habe schwimmend das Land erreicht. In Lissabon heiratete Kolumbus 1479 Felipa Moniz, die Schwester des Lehnsherrn von Porto Santo, der Nachbarinsel Madeiras. Durch diese Verbindung erlangte er Zutritt zu höheren Kreisen in Portugal, für den ehrgeizigen Mann ein wichtiger Karriereschritt. Nach der Geburt des Sohnes Diego (um 1480) siedelte die Familie nach Porto Santo über. In den nun folgenden Jahren exportierte Kolumbus offenbar im Auftrag eines italienischen Handelshauses Zucker von Madeira nach Europa.

Damals erhielt er auch entscheidende Anregungen von portugiesischen Seefahrern, die den Atlantik schon recht gut erkundet hatten. Eine viel zitierte Legende besagt, Kolumbus habe die Kenntnis über das Land jenseits des Ozeans von dem Steuermann eines Schiffes erhalten, das in einem Sturm weit nach Westen abgetrieben worden sei und dort eine unbekannte Insel gesichtet habe. Auf der Rückfahrt sei das Schiff mit todkranker Besatzung auf Porto Santo gestrandet und Kolumbus habe die Männer in sein Haus aufgenommen. Keiner habe überlebt, doch auf dem Sterbebett habe der Steuermann Kolumbus zum Dank für seine Großzügigkeit die genaue Lage der Insel verraten. Auch heißt es, Kolumbus habe regelmäßig den Strand von Porto Santo abgesucht und wurde dabei auf angeschwemmte Samen aufmerksam, die wie riesige Bohnenhülsen aussahen. Diese ›Kolumbusbohnen‹ stammen, wie man heute weiß, von einer tropischen Liane und werden tatsächlich vom Golfstrom aus der Karibik ostwärts transportiert. Wie auch immer, der Gedanke an einen Seeweg nach Japan ließ den künftigen Entdecker nicht mehr los.

1482 ging Kolumbus nach Lissabon zurück, wo er König Johann II. einen Plan für eine Atlantiküberquerung vorlegte. Zwar hatte sich inzwischen die Idee von der Kugelgestalt der Erde in der Wissenschaft durchgesetzt. Eine Gelehrtenkommission entdeckte jedoch Irrtümer bei der Berechnung der Entfernung nach Japan. So lehnte der portugiesische König das allzu fantastisch erscheinende Vorhaben schließlich ab. Enttäuscht und verarmt kehrte Kolumbus Portugal den Rücken und kam 1484 oder 1485 nach Kastilien. Auch Königin Isabella übergab die Angelegenheit einer Expertenkommission und ließ Kolumbus vier Jahre auf die Entscheidung warten, die schließlich ne-

Thema

gativ ausfiel. Während dieser Zeit starb seine Frau Felipa, deren Gestalt im Dunkeln geblieben ist. 1488 wurde Kolumbus' unehelicher zweiter Sohn Fernando geboren, einer seiner späteren Biografen.

Verzweifelt ließ Kolumbus seinen Bruder Bartolomeo in den Jahren 1489–1492 für das gemeinsame Unternehmen in Frankreich und England um Unterstützung werben. Doch für diese Nationen kam der Plan um Jahrzehnte zu früh, es fehlte dort an der Motivation und auch an den Finanzen. Die Eroberung Granadas am 2. Januar 1492 durch kastilische und aragonische Truppen hatte dann eine entscheidende Wende im Leben des Christoph Kolumbus zur Folge. Plötzlich kam die Zusage von Königin Isabella. Warum sie ihre Meinung änderte, ist unbekannt. So konnte Kolumbus mit drei Schiffen von Palos de la Frontera am 3. August 1492 auslaufen und trat mit seiner Rückkehr sechs Wochen später ins Rampenlicht der Geschichte. Noch drei weitere Fahrten führten ihn zu dem Kontinent jenseits des Atlantiks, von dem er Zeit seines Lebens glaubte, es handle sich um Asien. Dann fiel er wegen der zunächst geringen materiellen Ausbeute seiner Entdeckungen beim spanischen Hof in Ungnade und bekam seinen Titel ›Vizekönig von Indien‹ und alle damit verbundenen Privilegien aberkannt. Am 20. Mai 1506 starb Christoph Kolumbus einsam und vergessen, ohne dass jemand davon Notiz nahm. Erst die Nachwelt würdigte ihn als Entdecker Amerikas.

Eugène Delacroix: »Kolumbus vor König Ferdinand und Isabella« (1839)

der ist als **Casa Museo de Martín Alonso Pinzón** in der Calle Cristóbal Colón zu besichtigen (Mo–Fr 10–14 Uhr, Eintritt frei).

Ebenfalls in der Calle Cristóbal Colón, am Ortsrand Richtung Moguer, erhebt sich die gotische Backsteinkirche **San Jorge** (15. Jh.). In ihr baten Kolumbus und die Brüder Pinzón am frühen Morgen des Abreisetages die Virgen de los Milagros (Madonna der Wunder) um Schutz. Anschließend erhielten sie die Erlaubnis, die Kirche durch die zur gleichnamigen Plaza gewandte Puerta Los Novios zu verlassen – ein schönes Mudéjarportal, durch das normalerweise nur der Lehnsherr des Ortes schreiten durfte. Auch heute ist es meist verschlossen. Betreten wird die Kirche durch den Eingang gegenüber, den eine Reiterfigur des Namenspatrons Georg ziert (Di–So 10–12, 19–20 Uhr).

Unterhalb der Kirche steht das von den Arabern gemauerte Brunnenhaus **La Fontanilla.** Aus ihm schöpften die Besatzungen der Überlieferung nach Trinkwasser für ihre Schiffe, das bis zu den Kanarischen Inseln reichen musste, wo eine Zwischenstation eingelegt wurde. Heute ist der Brunnen ausgetrocknet. Ihn umgibt ein Park, der häufig als Bühne für zwanglose Flamenco-Abende dient.

Hotel La Pinta: Calle Rábida 79, Tel. 959 35 05 11, Fax 959 53 01 64. Erstes Haus am Platz, in Rathausnähe. Komfortable Zimmer, gutes Restaurant (Tagesmenü ca. 10 €), Parkgarage. DZ 50–70 €.

Busse: Mit *Damas* 3–6 x tgl. nach Mazagón und Huelva.

Moguer

Aus dem heute schmuck herausgeputzten Ort **Moguer** (16 000 Einw.) stammten elf der insgesamt 84 Seeleute, mit denen Kolumbus 1492 aufgebrochen war. Nach der Rückkehr von seiner ersten Amerikafahrt verbrachte Kolumbus die erste Nacht im **Monasterio de Santa Clara** wachend im Gebet, wozu er sich in einem Gelübde verpflichtet hatte, als er bei den Azoren in einen schweren Sturm geriet. Am Tag darauf ließ er eine Dankesmesse lesen. Die Grabstätte seiner Mäzenin und wohl auch Geliebten, Beatriz Enriquez de Araña, die als Witwe des Feudalherrn über Moguer gebot, befindet sich in der Klosterkirche. Das im gotischen Stil mit Mudéjarelementen errichtete ehemalige Klarissinnenkloster (14. Jh.) ist auch aus kunsthistorischer Sicht einen Besuch wert. Besondere Beachtung verdienen sieben gotische Grabmäler aus Alabaster. In ihnen wurden Adelsfamilien aus Moguer bestattet. Die zwei schönsten schuf ein Schüler Michelangelos (im Ortszentrum ausgeschildert; Führungen: Di–Sa 11, 12, 13, 17, 18 u. 19, So 11, 12 u. 13 Uhr, Fei geschl., 1,80 €).

In Moguer wurde 1881 der Dichter Juan Ramón Jiménez (s. S. 53) geboren, dessen wichtigste Schaffensperiode der spanische Jugendstil *(modernismo)* in den 1920er-Jahren war. 1956 erhielt er den Nobelpreis für Literatur. Zwei Jahre später starb Jiménez in Puerto Rico, wohin es ihn verschlagen hatte, nachdem er während des Spanischen Bürgerkriegs ins Exil gegangen war. Ihm und seiner Frau widmet sich die **Casa-Museo de Zenobia y Juan Ramón** in seinem einstigen Wohnhaus. Im Hof steht die Skulptur eines Esels in Anspielung auf sein Buch »Platero und ich«. Das Haus ist mit Originalmobiliar, Fotos, Büchern und anderen persönlichen Hinterlassenschaften des Paares eingerichtet und kann nur im Rahmen einer Führung besichtigt werden (Calle Juan Ramón Jiménez, Mo–Sa 10–14, 17–20, So 10–14 Uhr, Führung 15 Min. nach jeder vollen Stunde, 1,80 €).

Oficina de Turismo: Calle Castillo s/n, 21750 Moguer, Tel. 959 37 18 98, Fax 959 37 18 53, www.aytomoguer.es.

Hostal Pedro Alonso Niño: Calle Pedro Alonso Niño 13, Tel. 959 37 23 92. Nette Herberge in Stadthaus mit attraktivem gefliestem Innenhof, zu dem die schönsten Zimmer weisen. DZ 22 €.

Busse: Mit *Damas* ab Plaza Coronación (im Zentrum) nach Huelva über Palos 7–11 x tgl.

Mazagón

Reiseatlas: S. 7, C 2
Mazagón zeichnet sich vor allem durch seine 13 km lange, feinsandige Strandzone aus, hinter der sich teilweise noch Dünen und Pinienwälder ausbreiten. Angeblich hat der Ort die meisten Sonnenscheinstunden der gesamten Costa de la Luz. Dennoch wirkt die Siedlung außerhalb der spanischen Sommerferien wie ausgestorben. Zwar verläuft in Ortsnähe eine viel befahrene Schifffahrtsroute, denn hier beginnt die Hafeneinfahrt von Huelva, durch einen langen künstlichen Damm vom offenen Meer abgetrennt. Aber Richtung Matalascañas wird der Strand schnell sauberer. Noch liegen dahinter mehrere Campingplätze. Doch entstand, um die Saison zu verlängern und ausländische Gäste anzulocken, bereits ein Golfplatz. Parallel zur Küstenstraße wurde ein separater Radweg angelegt. Mehrere Hotels sind geplant.

Cuesta de Maneli

Etwa auf halbem Weg zwischen Mazagón und Matalascañas liegt die **Cuesta de Maneli,** ein Küstenabschnitt, der mitsamt den versteinerten Dünen dahinter als Naturdenkmal geschützt ist. Vom Parkplatz an der A-494 bei km 39 (Info-Hütte, Parkgebühr 1,50 €) sind es noch ca. 1000 m zu Fuß auf einem Holzplankenweg durch das sandige Gelände bis zum Meer. Im Hochsommer erfreut sich der Strand bei FKK-Badenden großer Beliebtheit. Dann öffnet auch eine Strandbar.

Oficina de Turismo: Plaza Odón Betanzos (landeinwärts vom Jachthafen), 21130 Mazagón, Tel. 959 37 63 00, Fax 959 37 60 44.

Parador de Mazagón: Playa de Mazagón, Tel. 959 53 63 00, Fax 959 53 62 28, www.parador.es. Sehr schön auf einer Klippe über dem Strand in Richtung Matalascañas gelegen, weiter Blick über den Atlantik. Von Grünanlagen und Pinienwald umgeben. An Gäste werden Fahrräder verliehen. Pool, Tennisplatz. DZ 175–196 €.

Reiten: Alejandro Ecija, Camping Doñana, Tel. 626 02 20 55. Ausritte, Unterricht, Kutschfahrten. Auch Fahrradverleih. Nur im Sommer geöffnet.

Busse: Mit *Damas* häufig nach Palos de la Frontera und Huelva sowie ca. 3 x tgl. nach Matalascañas.

Matalascañas

Reiseatlas: S. 7, C 3
Den feinsandigen Atlantikstrand von **Matalascañas** säumt eine lange, gepflegte Promenade. Viele Spanier aus Sevilla oder Madrid gönnen sich in der weitläufigen Feriensiedlung eine Villa, die sie nur in den Sommerferien nutzen. Außerdem gibt es ein paar Mittelklassehotels, die sich auch in den Katalogen deutscher Reiseveranstalter finden, sowie einige Pensionen.

Parque Dunar

Am Westrand von Matalascañas liegt der **Parque Dunar.** Markierte Wanderpfade führen durch den naturbelassenen Dünenpark und zu mehreren Aussichtspunkten, einige davon als breite Holzplankenstege ausgebaut. Auch ein Radweg und ein Reitweg sind ausgeschildert. Am Zugang befindet sich ein Besucherzentrum mit Infostelle (s. u.). Von dort etwa 800 m entfernt liegt mitten im Park das **Museo del Mundo Marino.** Dünen, Wale, das Ökosystem Meer, der Fischfang sowie Bootsbau und Schifffahrtswege werden thematisiert. An der Kasse ist ein Erläuterungsblatt u. a. auf Deutsch erhältlich (www.parquedunar.com; Park tgl. 9–18.30 Uhr, Eintritt frei; Museum, Tel. 959 44 84 09, Di–Sa 10–14, 15.30–18, So 10–14, Mitte Juni–Mitte Sept. Di–Sa 11–14.30, 18–21.30, So 11–14.30 Uhr; 5, Kinder 3 €).

Centro de Acogida/Oficina de Turismo: Parque Dunar, 21760 Matalascañas, Tel. 959 43 00 86, Fax 959 44 80 61.

Pensión Hostal El Duque: Calle Rafael Pinto 1, Tel./Fax 959 43 00 58.

Recht zentral gelegen, nicht weit von der Haltestelle der Überlandbusse. Guter Ausgangspunkt für Unternehmungen im Parque Nacional de Doñana. DZ 25–50 €.

El Rey de la Gamba: Plaza del Pueblo 6 (Sektor A), Tel. 959 44 81 48. Alteingesessene *freiduría* (Fischbraterei) mit Selbstbedienung. In der Saison immer gut besucht. Fisch und Meeresfrüchte nach Gewicht (250 g ca. 5–6 €).

Centro Hípico El Paso Doble: Parque Dunar, Tel. 956 44 82 41. Der Reitstall arrangiert zweimal täglich Ausritte am Strand und durch die Dünen für alle Altersklassen. Englischsprachige Begleitung. 22 €.

Busse: Mit *Damas* ca. 3 x tgl. nach Sevilla/Huelva. Zwischen Matalascañas, El Rocío und Almonte verkehren Stadtbusse, je nach Jahreszeit häufiger oder seltener.

8 Parque Nacional de Doñana

Reiseatlas: S. 7/8, C/D 2/3

Der **Parque Nacional de Doñana** im Mündungsbereich des Guadalquivir ist mit rund 54 000 ha Fläche eines der größten Naturschutzgebiete Europas. Einst bildete der Fluss hier ein ausgedehntes Delta, das bis in die Römerzeit in weiten Teilen schiffbar war. Heute ergießt sich der Fluss nur noch mit einem Arm ins offene Meer. Vor dem übrigen Delta hat sich eine gewaltige Sandbank gebildet, die fast 100 km weit von der Mündung des Río Tinto bis zum Ufer des Guadalquivir reicht.

Hinter dem Strand folgt zunächst ein breiter Dünengürtel, der landeinwärts flacher wird und dicht mit Pinien und Gebüsch bewachsen ist. In diesem wildreichen Gelände ging schon im 13. Jh. König Alfons X. auf die Jagd. Später kam ein Teil des Landes in den Besitz der Herzöge von Medina-Sidonia. Der siebte Herzog des Adelsgeschlechts ließ Ende des 16. Jh. nach der Niederlage der spanischen Armada, die er kommandiert hatte, einen Palast in dieser einsamen Gegend errichten, um sich aus der Öffentlichkeit zurückzuziehen. Seiner Gattin verdankte das Gebiet seinen früheren Namen, Coto de Doñana: Jagdrevier (span. *coto*) der Doña Ana, woraus Doñana wurde. Der Palacio de Doñana ist heute ein nicht öffentlich zugängliches Forschungszentrum.

Das Wald- und Buschland geht in die weiten, sumpfigen Flächen der *marismas* (Marsch) über, die in Meeresnähe noch durch den Einfluss des Salzwassers geprägt sind und landeinwärts immer brackiger werden. Riesige Schwärme von Zugvögeln rasten hier im Frühjahr und Herbst auf dem Weg von und nach Afrika wegen der in den Tümpeln und ehemaligen Flussarmen reichlich vorhandenen Nahrung. Für rund 125 Vogelarten ist der Parque Nacional de Doñana Brutplatz. Andere, darunter Zehntausende von Graugänsen und Flamingos, kommen zum Überwintern. Auch ist der Park letzte Zufluchtstätte für den Pardelluchs (es gibt noch rund 50 Exemplare) und Heimat von weiteren seltenen Säugetierarten wie Mungos und Ginsterkatzen.

1897 verkauften die Herzöge von Medina Sidonia ihr Jagdrevier an den Sherryexporteur William Garvey. Damals wurde man in Großbritannien erstmals auf die ökologische Bedeutung des Deltas aufmerksam. Dennoch wurden im Verlauf des 20. Jh. große Teile der Marismas trockengelegt, um sie für die Landwirtschaft urbar zu machen. Eine englische Wissenschaftlergruppe untersuchte das verbliebene Feuchtgebiet 1957 und gründete vier Jahre später in London den WWF (damals World Wildlife Fund, heute Worldwide Fund for Nature), mit dem Ziel, den Coto de Doñana zu retten. Mit Spendengeldern konnten 7000 ha Land aufgekauft und unter Schutz gestellt werden. 1969 entstand dann der damals 37 000 ha große Nationalpark. 1994 erklärte die Unesco den Park zum Welterbe der Menschheit, sein Kerngebiet zum Biosphärenreservat. 2004 konnte die Parkfläche um wertvolle Außenbereiche erweitert werden.

Richtig Reisen-Tipp: Entdeckertour im Parque Nacional

Für Naturinteressierte besteht Gelegenheit zu einer geführten Fahrt durch den Südteil des Parque Nacional de Doñana (*Recorrido en vehículo todo-terreno*). Die 80 km lange Route berührt alle wichtigen Ökosysteme des Parks. Im geländegängigen Bus geht die Tour am Strand entlang und durch den Dünengürtel, quert Wälder, Buschland und Marsch.

Meist sind frei laufende Pferde, Rinder und viel Wild zu beobachten, oft sieht man auch den seltenen Spanischen Kaiseradler, von dem es im Park etwa 15 Brutpaare gibt. Ferngläser, Proviant und ausreichend Getränke nicht vergessen!

Info: Tel. 959 43 04 32. Ohne telefonische Anmeldung (in der Nebensaison spätestens am Vortag, in der Hauptsaison mehrere Wochen vorher) geht meist nichts. Abfahrt ab Centro de Visitantes El Acebuche (s. u.), 1. Mai–15. Sept. Di–So 8.30 u. 17, 16. Sept.–30. April Di–So 8.30 u. 15 Uhr (in der Woche vor Pfingsten und um Weihnachten finden keine Fahrten statt), Dauer 4 Std., 20 € pro Person.

Ein Hobby für Geduldige: Vogelbeobachtung

Diese Maßnahmen wurden dadurch erleichtert, dass der Coto de Doñana seit jeher fast unbesiedelt war. Nur wenige Menschen lebten (und leben teilweise immer noch) in dem Gebiet.

Unterwegs im Parque Nacional

Das Betreten des Nationalparks unterliegt erheblichen Einschränkungen. Im Randbereich, ausgehend von der A-483 Matalascañas–El Rocío, dürfen mehrere markierte Wege auf eigene Faust begangen werden. Für die Vogelbeobachtung sind die frühen Morgenstunden in den Monaten März/April sowie Oktober die beste Zeit.

In einer ehemaligen Hacienda ist das Besucherzentrum **La Rocina** (s. u.) untergebracht. Nebenan steht eine *choza*, ein einfaches Haus mit Strohdach, wie es früher typisch für die Landschaft war. Es informiert mit einer kleinen Ausstellung über die Wallfahrt von El Rocío.

Bei dem in den 1960er-Jahren errichteten Besucherzentrum **Palacio del Acebrón** (s. u.) handelt es sich um eine ehemalige Jägerlodge. Es gab einige dieser Anwesen im Coto de Doñana, in denen sich der Eigner und seine Gäste während der Jagdsaison aufhielten. Einzigartig ist allerdings die neoklassizistische, für die Gegend ungewöhnliche Bauweise. Ein weitläufiger Park umgibt das Gebäude. Sein einstmals großartiger Bestand an exotischen Pflanzenarten ist aber nur noch zu erahnen. Die Anlage verwilderte, als

Richtig Reisen-Tipp: Bodegones in Bollullos Par del Condado

Nicht von ungefähr trägt **Bollullos Par del Condado** den Beinamen *La Ciudad del Vino* (Stadt des Weins). Ringsum und bei den Nachbarstädten Almonte und Rociana del Condado erstreckt sich das Anbaugebiet Condado de Huelva mit geschützter Herkunftsbezeichnung (D.O.C.). Obwohl auch gute Brandys aus Bollullos stammen, spielen die Hauptrolle doch Weißweine, die hier noch in den *bocoyes* reifen dürfen – gewaltigen Fässern aus Eichen- oder Kastanienholz, deren Gerbsäure den Geschmack des Inhalts prägt. Auf die längste Tradition blickt der bernsteinfarbene *Condado Viejo* zurück, ein alkoholreicher (16–22 %) Aperitif- oder Dessertwein, dem Sherry ähnlich. Es gibt ihn süß oder trocken. Der etwas leichtere (15–17 %), säurearme, blassgelbe *Condado Pálido* erfreut sich als Aperitif zu Tapas großer Beliebheit. Kenner sagen ihm ein leichtes Bittermandelaroma nach. Dem Trend zu leichten Weinen folgend gewinnt der *Condado Blanco* immer mehr Anhänger. Mit nur 10–12 % Alkohol ist dieser frische, spritzige Weißwein ein besonderer Genuss zu Fisch und Meeresfrüchten.

An der alten Durchgangsstraße von Bollullos reihen sich von Nord nach Süd die **Bodegones** – ehemals Kellereien, heute Restaurants. Zum Glas Wein speist man hier deftige Regionalkost: Fisch, gekochte Gambas, Fleisch und Würste, letztere gerne vom Grill. Bei Selbstbedienung an der Theke kostet eine Portion (*ración*) ab 7 €. Teurer ist es im gediegeneren Teil der Lokale, wo am Tisch serviert wird. Die Bodegones halten auch Wein zum Kauf bereit, dazu weitere kulinarische Produkte der Region. Ein Ereignis ist Anfang bis Mitte Oktober das Anzapfen des *mosto,* des jungen Weins, der dem Federweißen vergleichbar ist.

Restaurants:

Bodegón Abuelo Curro: Av. 28 de Febrero 105, Tel. 959 41 21 29. Beim *abuelo* (Großvater) Curro speist es sich vorzüglich. Der Ruf dieses Weinlokals reicht weit über Bollulos hinaus.

Bodega Roldán: Av. 28 de Febrero 111, Tel. 959 41 13 49. Auch diese Weinstube zählt zu den renommiertesten im Ort. Obwohl man draußen essen kann, ist doch v. a. die Atmosphäre im hohen Innenraum erlebenswert.

sie nach dem Tod des Gründers Luis Espinosa ein Jahrzehnt lang verwaist war. Zwei steinerne Löwen bewachen den Treppenaufgang zum Palast. Innen widmet sich eine permanente Ausstellung der Jagd im Coto de Doñana und dem bis in die 1970er-Jahre hinein sehr traditionellen Leben der Menschen in den Marismas und ihren Aktivitäten: Köhlerhandwerk, Viehhaltung, Fischfang, Sammeln von Muscheln und Pinienkernen, Kork- und Salzgewinnung. Die Dachterrasse, von der früher die Jäger nach Wild Ausschau hielten, bietet einen weiten Blick über die waldreiche Umgebung.

Centro de Visitantes El Acebuche: Zufahrt von der A-483, km 26, Tel. 959 43 04 51, www.donana.es, tgl. 7.30–15, 16–20 Uhr, um Pfingsten und Weihnachten geschl. Mit Cafeteria und Souvenirshop. Nach Bedarf (ca. stdl.) wird eine 20-minütige audiovisuelle Vorführung über die Ökosysteme des Parque Nacional de Doñana gezeigt.
Centro de Visitantes La Rocina: Zufahrt von der A-483, km 16, Tel. 959 44 23 40, www.donana.es, Sommer tgl. 9–15, 16–21, sonst je nach Jahreszeit nur bis 19 oder 20 Uhr, um Pfinsten und Weihnachten geschl. Ausstellung über die Wallfahrt von El Rocío.
Centro de Visitantes Palacio del Acebrón: Zufahrt von der A-483, km 16, 6 km abseits der Straße, Tel. 959 50 61 62, www.donana.es, Sommer tgl. 9–15, 16–21, sonst nur bis 19 oder 20 Uhr, um Pfinsten und Weihnachten geschl. Ausstellung über Jagd und traditionelle Lebensformen s. o.
Centro de Visitantes José Antonio Valverde: (am besten in einem der anderen Zentren Anfahrtsbeschreibung erbitten) Tel. 959 95 90 96, www.donana.es, tgl. 10–19 Uhr, um Pfingsten und Weihnachten geschl. Mit Bar und Shop . Am Ufer des Caño de Guadiamar gelegen, eines breiten, ganzjährig Wasser führenden Altarms inmitten der Marismas, bietet das Zentrum hervorragende Voraussetzungen für das Birdwatching und lockt zudem mit einer Ausstellung über Wasserwege im Delta.

In der Cafeteria des Centro de Visitantes El Acebuche (s. o.) steht Honig aus der Doñana zum Verkauf, u. a. auch mit Pinienkernen oder Nüssen verfeinert.

Spazierwege: An den Informationszentren beginnen mehrere Fußwege, die den Randbereich des Parque Nacional de Doñana erschließen. Sumpfige Stellen überwinden sie mit Holzplanken. Beobachtungsstände an Bächen und Tümpeln machen es möglich, die Wasservogelwelt aus der Tarnung heraus in Ruhe zu betrachten. Am Centro de Visitantes El Acebuche starten der **Sendero Laguna del Acebuche** (1,5 km) durch Buschland *(matorral)* zu einem großen, See sowie der **Sendero Lagunas del Huerto y las Pajas** (3,5 km) durch Pinienwald zu mehreren kleineren Wasserflächen. Vom Centro de Visitantes La Rocina führt der **Sendero Charco de la Boca** (3,5 km) am Ufer des Arroyo de la Rocina entlang zu einem dicht mit Schilf bestandenen kleinen See. Am Centro de Visitantes Palacio del Acebrón beginnt der **Sendero Charco del Acebrón** (1,5 km) rund um einen von Pinien- und Korkeichenwald umgebenen Tümpel (Infos: www.donana.es).

Busse: Stadtbusse verkehren je nach Jahreszeit mehr oder weniger häufig auf der A-483 von Matalascañas über El Rocío nach Almonte. Bedarfshaltestellen an den Zufahrten zu den Besucherzentren (Busse halten nur auf Handzeichen).

El Rocío

Reiseatlas: S. 8, D 2
Die bedeutendste *romería* (Wallfahrt) Andalusiens führt zu Pfingsten regelmäßig bis zu einer Million Menschen nach **El Rocío,** das sich den Rest des Jahres mit seinen wenigen Hundert Einwohnern still und beschaulich zeigt. Die breiten, staubigen Sandstraßen erinnern mehr an den Wilden Westen als an das moderne Andalusien. So ist es auch allgemein üblich, durch den Ort zu reiten und die Pferde vor den Häusern festzubinden.

Romería del Rocío: Wallfahrt mit Wildwestcharme

Im **Santuario de la Virgen del Rocío** am südlichen Ortsrand wird die Virgen del Rocío (Jungfrau vom Morgentau) mit dem Beinamen *La Blanca Paloma* (weiße Taube) verehrt. Angeblich fanden Gläubige die Marienfigur hier kurz nach der Reconquista im 13. Jh. in einem Baumstamm. Daraufhin veranlasste König Alfons X. höchstpersönlich den Bau einer ersten Kapelle, die sich rasch zu einem wichtigen Wallfahrtsziel entwickelte. Die heutige, weitaus größere Kirche wurde 1969 geweiht (Mo–Fr 8.30–19, Sa/So/Fei 8.30–20 Uhr).

Der weitläufige Kirchvorplatz grenzt an einen von Wasservögeln bevölkerten See, der den nahen Parque Nacional de Doñana ankündigt. Mehrere Aussichtsbalkons an der Uferpromenade sind mit Münzferngläsern ausgestattet, damit Interessierte die Tierwelt genauer in Augenschein nehmen können.

Die Pfingstwallfahrt

Einer Tradition aus dem 17. Jh. folgend, machen sich jedes Jahr 78 Bruderschaften (*hermandades*) aus der ganzen Region zur Pilgerfahrt nach El Rocío auf den Weg. Ihnen gehören jeweils Hunderte oder gar Tausende von Mitgliedern an, die sich stolz *rocieros* nennen. Die Frauen in Carmen-Tracht fahren in prächtig geschmückten, von Ochsen oder Pferden gezogenen Planwagen, von ihren *caballeros* hoch zu Ross begleitet. Sie sammeln sich in Huelva, Sevilla und Sanlúcar de Bar-

rameda, um auf drei Hauptrouten gemeinsam weiterzuziehen. Ab Sanlúcar dürfen die Pilger mit Sondergenehmigung sogar den Parque Nacional de Doñana passieren. Unterwegs zelten sie oder schlafen in ihren Wagen. Abends köchelt über dem Holzfeuer die *caldereta rociera,* ein Pilgereintopf aus Lammfleisch, Paprika, Zwiebeln und Tomaten.

Am Pfingstsamstag treffen die drei Züge in El Rocío ein. Das Hauptfest beginnt am Sonntag auf dem riesigen Dorfplatz, wo musiziert und getanzt wird. In den frühen Morgenstunden des Pfingstmontags steuert die Feier ihrem Höhepunkt entgegen. Dann tragen ein paar kräftige Männer die Madonna aus der Kirche heraus auf den Platz. Dort soll sie – alten Vorschriften entsprechend (der Morgentau gilt seit jeher als Fruchtbarkeitssymbol) – das erste Licht der aufgehenden Sonne erblicken. *Viva* und *olé* schallt es dann von allen Seiten aus der Menge, ein tumultartiges Gedränge setzt ein. Ziel vieler Pilger ist, die als wundertätig geltende Madonna wenigstens einmal im Leben kurz berührt zu haben. Im Verlauf eines mehrstündigen Umzugs stattet die Jungfrau nun jeder der Bruderschaften einen Besuch ab – in ihren kapellenähnlichen Häusern, die sie in El Rocío unterhalten und die zum besonderen Flair des Ortes beitragen. Am Nachmittag kehrt die Statue in ihre Kirche zurück, die Pilger machen sich auf den Weg nach Hause.

i **Oficina de Turismo:** Kiosk bei der Kirche, Tel. 959 44 38 08, Fax 959 44 38 11, www.rocio.com.

Übernachten während der Romería: Zur Pfingstwallfahrt sind die wenigen Unterkünfte hoffnungslos überbucht. Dann steigen die Preise um bis zu 500 %. Die meisten Pilger zelten oder schlafen im Auto.
Hotel El Cortijo de los Mimbrales: Ctra. Rocío–Matalascañas, A-483, km 30, Tel. 959 44 22 37, Fax 959 44 24 43, www.cortijomimbrales.com. 3 km außerhalb unmittelbar am Parque Nacional de Doñana in Orangenhaine eingebetteter Hof. Exklusives Ambiente, Gourmetrestaurant (Hauptgerichte 17–21 €). Die Zimmer – in den früheren Häusern der Plantagenarbeiter – sind über einen eigenen Gartenpatio zugänglich. Fahrradverleih, Reitmöglichkeit, Kutschfahrten. DZ über Veranstalter ca. 122–130 €, laut Preisliste 130–165 €.
Hotel Toruño: Plaza del Acebuchal 22, Tel. 959 44 23 23, Fax 959 44 23 38, hotel-toruno@terra.es. Praktisch eingerichtete Zimmer, teilweise mit schönem Blick auf die Lagune von El Rocío, im ersten Stock mit Balkon. Ruhig gelegen. Gleichnamiges, gutes Restaurant schräg gegenüber (Halbpensionsmenü 15,50 €). DZ 75 €, zu Pfingsten 330 €.

Forja y Mimbre Doñana: hinter der Kirche. Authentische Metallarbeiten (*forja*), z. B. traditionelles Kochgeschirr, sowie Geflochtenes aus Weide (*mimbre*) aus der Doñana.

Jeeptouren: Doñana Nature, Las Carretas 10 (bei der Kirche), Tel./Fax 959 44 21 60, www.donana-nature.com. Mehrstündige geführte Touren mit Allradfahrzeugen oder Kleinbussen durch die Peripheriegebiete des Nationalparks, z. B. durch den Coto del Rey, ein wildreiches Waldgebiet. Auch speziell auf Fotografen oder Ornithologen abgestimmte Angebote. Mit Naturshop.
Reiten: Doñana Ecuestre, Av. Canaliega s/n, Tel. 959 44 24 74 oder 667 79 51 84. Geführte Ausritte (z. B. 2 Std. inkl. Tapa-Imbiss ca. 21 €), auch mehrtägige Touren und Kutschfahrten werden angeboten.

Busse: Vgl. Matalascañas.

El Rompido

Reiseatlas: S. 7, B 2
Eine langgestreckte, sandige Halbinsel lenkt den Lauf des Río de las Piedras vor **El Rompido** nach Osten. Der Fischerort versteckt sich jenseits der Flussmündung hinter dieser Nehrung, liegt also nicht direkt am Atlantik. *La Flecha del Rompido* (der Pfeil von Rompido), wie die 12 km lange Sandbank bezeichnenderweise heißt, schiebt sich dank der Sedimentzufuhr durch Fluss und Meeresströmungen pro Jahr um 30 m vor.

Katen und nette Fischlokale charakterisieren das charmante Dorfzentrum von El Rompido. In jüngster Zeit erlebt der Ort eine rasante touristische Entwicklung. Im Gefolge eines 18-Loch-Golfplatzes eröffneten Komforthotels, die auch in den Katalogen deutscher Reiseveranstalter zu finden sind.

Hotel Hacienda San Miguel: Ctra. de Cartaya (2 km landeinwärts von El Rompido), Tel./Fax 959 50 42 62. Einsam mit schönem Blick über die Umgebung gelegenes, gut geführtes Landhotel. DZ 55–80 €.

Baden & Beachen: An der Atlantikseite der Flecha del Rompido liegt mit der **Playa de Nueva Umbría** ein kilometerlanger, unbebauter Traumstrand. Mehrere Personenfähren setzen während der Badesaison dorthin über, eine davon ab dem Hafen von El Rompido. Keinerlei Einrichtungen, FKK ist erlaubt.
El Rompido Golf Club: Ctra. Cartaya–El Rompido km 7, Tel. 959 02 42 42, Fax 959 02 42 43, www.clubdegolfelrompido.es. Der noch recht neue Platz liegt an der Mündung des Río Piedras, umgeben von amphibischem Land, das unter Naturschutz steht. Sowohl die ersten 9 Bahnen in der Flussmarsch als auch die zweiten 9 Lagunenbahnen sprechen anspruchsvolle Golfer an. Greenfee 18 Loch 49–70 €.

Busse: Mit *Damas* mehrmals tgl. nach Huelva.

Die Küste von Lepe

Die etwas landeinwärts gelegene Stadt **Lepe** (24 000 Einw.) bietet wenig Aufregendes, dafür aber deutlich bessere Einkaufsmöglichkeiten als die nahen Küstenorte. Ausgedehnte Erdbeerfelder umgeben den Ort. Viele Bewohner leben vom Anbau und Export der süßen Früchte.

El Terrón

Reiseatlas: S. 7, B 2
Der kleine Fischerhafen von Lepe besitzt noch die andernorts oft schon im Verschwinden begriffene Ursprünglichkeit. Wie in alten Zeiten landen die Fischer hier ihren Fang an, der direkt an Händler und Gastwirte versteigert wird. Letztere servieren ihn gleich am Hafen in ihren schlichten, aber renommierten Lokalen. Örtliche Spezialität sind gekochte oder gebratene *langostinos* (Kaisergranat).

El Terrón liegt an der Mündung des Río Piedras, wo der Atlantik dank der Gezeiten ein brackiges Marschland (*marismas*) geschaffen hat. Mit diesem Sumpfgebiet und der angrenzenden Strandzone beschäftigt sich die **Aula Marina de El Terrón,** ein kleines Museum mit Aquarium, in dem über 70 Tierarten des Golfs von Cádiz zu sehen sind (Juli–Mitte Sept. Mo–Fr 17.30–21.30, sonst Mo–Fr 12–14, 16.30–19 Uhr, 4 €).

La Antilla

Reiseatlas: S. 7, A 2

Das alte Dorfzentrum der Fischersiedlung **La Antilla** ist zwar glanzlos, aber nicht ohne Charme. Da die vorwiegend spanischen Eigner ihre Apartments und Villen am Strand nur im Urlaub nutzen, sind die rund 500 Bewohner von La Antilla meist unter sich. Am westlichen Ortsrand spielt sich im **Barrio de los Pescadores** noch traditionelles, pittoreskes Fischerleben ab.

Von der über 2 km langen und bis zu 100 m breiten Playa de la Antilla profitiert auch die weiter westlich gelegene Feriensiedlung **Islantilla.** Deren Bebauung wurde bewusst niedrig gehalten und zeigt architektonische Anklänge an Nordafrika. Um ein Einkaufszentrum mit Boutiquen, Restaurants und Cafés gruppieren sich mehrere Komforthotels, die über Veranstalter gebucht werden können, sowie ein 27-Loch-Golfplatz.

Oficina de Turismo: Av. Ríofrío s/n, 21449 Islantilla, Tel. 959 64 60 13.

Baden & Beachen: Bislang vollkommen unbebaut blieb die 2 km lange **Playa Redondela** westlich von Islantilla. Dünen und Kiefernwald säumen den breiten Naturstrand.

Busse: Mit *Damas* mehrmals tgl. von La Antilla nach Huelva sowie nach Isla Cristina.

Isla Cristina

Reiseatlas: S. 7, A 2

Mit seinem lebendigen Hafen hat sich der Fischerort **Isla Cristina** einen spröden Charme bewahrt. Am attraktiven Atlantikstrand reihen sich entlang der Avenida de la Playa Hotels und Apartmenthäuser. Im Kontrast dazu glänzt das Ortszentrum an der Ría Carreras, einem weit ins Land reichenden Meeresarm, durch Authentizität. Dabei ist Isla Cristina mit seinen schachbrettförmig angelegten Straßenzügen noch recht jung. Erst im 18. Jh. gründeten Fischer aus Katalonien den heute 20 000 Einwohner zählenden Ort.

Die vor allem morgens und gegen Abend einlaufenden Kutter landen Sardinen und Tunfisch an, die in einer großen Fabrik eingedost werden. Spezialitäten, die es überall im Ort zu kaufen gibt, sind Pökelfisch und luftgetrockneter Tunfischschinken. Den überwiegenden Teil des Fangs ersteigern jedoch Großhändler aus Sevilla, Córdoba und Madrid direkt am Hafen in der **Lonja del Pescado,** einer der wichtigsten Fischbörsen Spaniens.

Ein nettes Ziel für einen Spaziergang ist die **Punta del Caimán** mit ihrem strahlend weißen Leuchtturm (*faro*), der die Hafeneinfahrt von Isla Cristina markiert. Wer in der Bar El Faro einkehrt, kann das Kommen und Gehen der Fischerboote und Jachten verfolgen. An beiden Ufern der Ría Carreras widmen sich kleine Werften noch dem Holzbootbau. Hier entstanden anlässlich der Expo ’92 die Nachbauten der Kolumbusflotte (s. S. 214).

Marismas

Bevor ein künstlich aufgeschütteter Damm die Verbindung zum Festland schuf, lag Isla Cristina – wie der Name andeutet – auf einer Insel. Im Norden erstreckt sich allerdings kein Meer, sondern ein amphibischer Gürtel aus Lagunen, Altarmen, Kanälen, ehemaligen Salinenbecken, Sümpfen und Marschland. Dieser Teil des Deltas des Río Guadiana steht heute als **Parque Natural Marismas de Isla Cristina** unter Schutz. Die Wasserflächen bieten zahlreichen Vogelarten Nahrung und Schutz, darunter Flamingos und Löffelreihern.

Von der A-472 aus ist bei dem Dorf Pozo del Camino, 2 km nördlich von Isla Cristina, der Sendero de Molino Mareal de Pozo del Camino angezeigt, ein 1 km langer Fußweg durch das Gebiet. Dort befindet sich in einer ehemaligen Gezeitenmühle auch das **Centro de Visitantes El Hombre y la Marisma**, ein kleines Besucherzentrum mit einer Ausstellung über das Verhältnis des Menschen zur Marsch (Juli/Aug. Mo 17.30–19, Do 10–12 Uhr , Eintritt frei).

Oficina de Turismo: Av. Madrid, 21410 Isla Cristina, Tel. 959 33 26 94.

Isla Cristina Palace Hotel & Spa: Av. del Parque 148, Tel. 959 34 44 99, Fax 959 34 44 98, www.islacristinapalace.com. Andalusische Atmosphäre paart sich mit dezentem Luxus. Ein kleiner Pinienhain trennt die Anlage vom weitläufigen Strand, wo das 5-Sterne-Hotel einen Beachclub betreibt. Großer Wellnessbereich. DZ über Veranstalter 108–196 €, laut Preisliste 160–300 €.
Hotel Los Geranios: Av. de la Playa, Tel. 959 33 18 00, Fax 959 33 19 50, geranios@yahoo.com. Traditionshotel in Strandnähe aus den 1970er-Jahren, stilvoll renoviert, individuell dekorierte Zimmer, kleiner Pool. DZ 80–220 €.

Casa Rufino: Av. de la Playa 1, Tel. 959 33 08 10, außerhalb der Sommerferien nur mittags. Renommiertes, nicht ganz billiges Strandlokal mit reicher Auswahl an Fisch und Meeresfrüchten. Menü 20 €.

Bootsausflüge: Cruceros Torre del Oro, im Jachthafen (nahe Leuchtturm), Tel. 618 44 91 11. Die Boote steuern verschiedene Ziele an, u. a. die Mündung des Río Guadiana (pro Person 12 €). Manche Fahrten starten auch von Isla Canela (s. u.).

Busse: Mit *Damas* ab Calle Manuel Siurot (Tel. 959 33 16 52, am nördlichen Stadtrand) nach Huelva ca. 14 x tgl. (z. T. über Islantilla und La Antilla), Ayamonte 5 x tgl., Sevilla 1–3 x tgl.

Ayamonte

Reiseatlas: S. 7, A 2
Auf einem Hügel am Ufer des Río Guadiana liegt der charmante Fischerort **Ayamonte**, (19 000 Einw.) zugleich ein wichtiger Grenzübergang. Seit 1991 spielt sich der Verkehr über den Fluss vorwiegend auf einer Autobahnbrücke ab. Aber auch eine Fähre ist noch in Betrieb (s. u.). Ayamonte ist für die Portugiesen ein beliebtes Ziel für Tagesausflüge, in deren Mittelpunkt das Shopping steht.

Angenehm präsentieren sich im neueren Zentrum die von Palmen gesäumten Plätze **Paseo de la Ribera** und **Plaza de la Laguna** mit Cafés und Zeitungskiosken. Sie sind mit bunten Fliesen (*azulejos*) gepflastert. Fliesen zieren auch den Brunnen und die Sockel der schmiedeeisernen Lampen. Als wollte sich hier schon das nahe Portugal ankündigen, sind zudem im nördlichen, älteren Stadtviertel **La Villa** die weißen Fassaden von Häusern und Kirchen oftmals mit den insbesondere für das Nachbarland typischen Heiligenbildern aus Fliesen geschmückt.

Neben einigen Palästen aus vergangenen Zeiten sind vor allem die Mudéjarkirchen **Iglesia de San Francisco** und **Parroquia de El Salvador** (beide in der Calle San Francisco) einen Blick wert. Ihre Ursprünge reichen ins 15. Jh. zurück. Der Turm von El Salvador kann bestiegen werden und bietet einen schönen Blick auf Stadt und Hafen.

Isla Canela und Punta del Moral

Nur über Ayamonte auf einer 7 km langen, schmalen Straße zu erreichen liegt die weitläufige Feriensiedlung **Isla Canela** am Atlantikstrand. Die feinsandige Playa hat eine gute Infrastruktur. Hotels und Apartments beleben sich vorwiegend in den Sommermonaten. Am Strand Richtung Westen lassen sich lange, einsame Spaziergänge bis zur Sandbank an der Mündung des Río Guadiana unternehmen.

Nicht weit von Isla Canela und der Hafeneinfahrt von Isla Cristina gegenüber liegt **Punta del Moral.** Die Bewohner der Umgebung rühmen den Fischerort für seine einfachen Restaurants, deren Spezialität Reisgerichte, kombiniert mit Fisch und Meeresfrüchten sind. Die Boote landen u. a. die besonders begehrten Gambas aus dem

Im Fischereihafen von Isla Canela: Jedes Jahr wird der Bootsanstrich erneuert

Mündungsbereich des Guadianadeltas an. Richtung Meer liegt an der Playa Punta de la Mojarra eine neue Feriensiedlung mit mehreren Komforthotels, deren Zimmer über deutsche Reiseveranstalter buchbar sind.

Parador Costa de la Luz: Ayamonte, El Castillito, Av. de la Constitución, Tel. 959 32 07 00, Fax 959 02 20 19, www.parador.es. Modernes Haus oberhalb des alten Viertels La Villa. Schöner Blick auf die Stadt und bis zum Atlantik. Mit Pool. DZ 130–162 €.
Hotel Marqués de Ayamonte: Ayamonte, Calle Trajano 14, Tel. 959 32 01 25. Zentral gelegenes Stadthotel, nostalgisches Ambiente. DZ 35–45 €.

Casa Barberi: Ayamonte, Paseo de la Ribera 12, Tel. 959 47 02 89, tgl. 12–16.30, 20–23.30 Uhr. Traditionslokal von 1917. Vielseitige, für das Guadianadelta typische Reisgerichte (um 9 €), z. B. *arróz marismeño* (Reis nach Art des Marschlands).

Flusskreuzfahrt: Eine beschauliche Tageskreuzfahrt führt von Ayamonte den Río Guadiana hinauf nach Sanlúcar del Guadiana und in das gegenüberliegende portugiesische Alcoutim. In Sanlúcar besteht Gelegenheit zu einem Stadtrundgang, in Alcoutim zur Besichtigung des Kastells. Ein Mittagessen ist eingeschlossen. Gestartet wird urlauberfreundlich erst um 11 Uhr, die Rückkehr erfolgt gegen 18.30 Uhr (42, Kinder 19 €). Für Eiligere werden Panoramatouren durch die Mündung des Río Guadiana veranstaltet (12–17 Uhr, 8 €, Kinder 5 €, inkl. Getränke). Cruceros del Guadiana: Ayamonte,

Richtig Reisen-Tipp: Abstecher nach Portugal

Da Portugal ebenso wie Spanien sowohl der Schengen- als auch der Euro-Zone angehört, entfallen Grenzkontrollen und Geldwechsel. Ein Ausflug in das westliche Nachbarland ist also ohne großen Aufwand durchführbar – am stilvollsten per Fähre von Ayamonte, die bis 1991 die einzige Verbindung über den Grenzfluss Río Guadiana darstellte. Sie steuert **Vila Real de Santo António** an, eine schachbrettförmige Stadt, die der portugiesische Bauminister Marquês de Pombal 1774 innerhalb von fünf Monaten aus dem Boden stampfen ließ. Zuvor hatte sich hier nur eine winzige, von den Hochwasserfluten des Flusses immer wieder zerstörte Fischersiedlung befunden. Pombal hatte sich schon um den Wiederaufbau Lissabons nach dem verheerenden Erdbeben von 1755 verdient gemacht. Nun wollte er mit dem Bau der neuen »königlichen« Grenzstadt ein Zeichen gegenüber dem oft als übermächtig empfundenen Nachbarn Spanien setzen und die Fortschrittlichkeit Portugals demonstrieren. Innerhalb weniger Jahre ließ er 5000 Menschen aus verschiedenen Landesteilen nach Vila Real de Santo António umsiedeln.

Ein Obelisk auf dem mit Orangenbäumen bepflanzten zentralen Platz erinnert an den Marquês de Pombal. Ringsum laden Cafés und kleine Restaurants zum Verweilen ein. Im Ort geht es recht beschaulich zu. Die heute rund 10 000 Bewohner leben vorwiegend von spanischen Tagesausflüglern, die auf der Suche nach Schnäppchen ins vermeintlich billigere Portugal kommen. Längst haben sich jedoch die Preise in den Geschäften beiderseits der Grenzen angeglichen.

Wer Zeit und Lust hat, kann von Vila Real de Santo António per Linienbus (Busbahnhof nördlich des Fähranlegers) einen Abstecher in das landeinwärts gelegene Dorf **Castro Marim** machen. Von seiner wuchtigen Burg schweift der Blick weit über das Land. Castro Marim wurde kurz nach der Reconquista, ab 1319, zunächst Hauptsitz des legendären Christusritterordens – des portugiesischen Nachfolgeordens der kurz zuvor verbotenen Templer. Schiffe konnten damals vom Río Guadiana direkt bis zum Burghügel fahren. Die inzwischen verlandete Senke ist noch zu erkennen. In ihr fühlen sich Flamingos wohl. Schon 1356 verlor Castro Marim seinen Status als Machtzentrale der Christusritter, als diese ihren Sitz nach Tomar verlegten.

Autofähren der Transportes Fluvial del Guadiana S.L. pendeln täglich zwischen Ayamonte und Vila Real de Santo António (Tel. 959 47 06 17, Juni–Sept. 9.30–21 Uhr halbstdl., Okt.–Mai 9–19 Uhr alle 40 Min, einfache Überfahrt 1,10 €.

Av. de Andalucía 31, Tel./Fax 959 64 10 02, www.guaditour.com.

Isla Canela Club de Golf: Ctra. de la Playa, Tel. 959 47 72 63, Fax 959 47 72 71, www.golfislacanela.com. Vielseitige 18-Loch-Anlage mit Dünen und Lagunen, Ölbaum- und Orangenhaine. Anfänger wie Fortgeschrittene fühlen sich hier wohl. Greenfee 18 Loch 68 €.

Busse: Mit *Damas* ab Busbahnhof (Av. Cayetano Feu, östlich des Stadtzentrums von Ayamonte, Tel 959 23 11 71) ca. 10 x tgl. nach Huelva, je 5 x tgl. nach Isla Cristina und Sevilla.

Minas de Riotinto

Reiseatlas: S. 1, C 3

Schon in der Antike bauten Iberer, Phönizier und Römer am Oberlauf des Río Tinto verschiedene Metalle ab. Die Vorräte an Gold und Silber sind bereits seit langem erschöpft. Kupfererz wird jedoch immer noch im Tagebau gewonnen. Durch Regenwasser weggeschwemmte Kupfer- und Eisenoxide färben das Flusswasser violettrot (span. *tinto*). Tagebaugruben, Schlackehalden, vor sich hin rostende Fördertürme prägen das Bild dieser Landschaft.

Nach dem Zerfall des Römischen Reiches gerieten die Erzvorkommen fast in Vergessenheit. 1873 erwarb die englische Río Tinto Mining Company die Schürfrechte und hatte sie bis 1954 inne. Sie eröffnete moderne Gruben und gründete **Minas de Riotinto** (4400 Einw.) als Ersatz für ein Dorf, das dem Tagebau weichen musste.

Parque Minero de Riotinto

Der **Parque Minero** bietet ein buntes Programm, das es ermöglicht, die Geschichte des Bergbaus in der Region auf anschauliche und vergnügliche Weise kennenzulernen. Das Angebot setzt sich aus drei Bausteinen zusammen, die einzeln oder gemeinsam gebucht werden können. Im ehemaligen Hospital der Río Tinto Mining Company zeigt das **Museo Minero de Riotinto Ernest Lluch** als interessantestes Exponat den *Vagón del Maharajah*. 1892 ließ Königin Victoria von England diesen luxuriösesten Schmalspurwaggon aller Zeiten in Birmingham für eine Reise durch Indien bauen. Diese führte sie allerdings nie durch. Stattdessen nutzte später Spaniens König Alfons XIII. den Waggon für einen Besuch in Minas de Riotinto. Erschütternd wirkt der Nachbau einer römischen Mine unter dem Museum, in der Sklaven in nur 1 m hohen Stollen Erz abbauen mussten. Ein handbetriebenes Schöpfrad hielt die Mine frei von Wasser. Im Eintrittspreis enthalten ist die Besichtigung der **Casa 21,** eines viktorianischen Hauses von 1883 mit Originaleinrichtung im Wohnviertel Bella Vista, das die Río Tinto Mining Company für ihre englischen Techniker errichten ließ. Mit seiner anglikanischen Kirche nebst Friedhof wirkt es noch immer *very british* (Museo Minero: 1.10.–15.7. tgl. 10.30–15, 16–19, 16.7.–30.9. tgl. 10.30–15, 16–20 Uhr, 4 €).

Geführte Besichtigungsfahrten starten am Museo Minero zur **Peña de Hierro** bei Nerva, einer 1972 stillgelegten Mine. Eingeschlossen sind die Erkundung eines 200 m langen Stollens sowie der Besuch der Quelle des Río Tinto (wechselnde Zeiten, aber garantiert täglich 1–2 Fahrten, 8 €).

Eine Eisenbahnstrecke, auf der die Río Tinto Mining Company das Erz Richtung Niebla und von dort zum Hafen von Huelva transportierte, wurde ab 1873 innerhalb von zwei Jahren fertiggestellt, trotz des schwierigen, von Schluchten durchzogenen Geländes. 1300 Waggons und 143 Dampflokomotiven waren für den Waren- und Personenverkehr im Einsatz. Seit 1984 führt die spanische Nachfolgegesellschaft der Río Tinto Mining Company den Transport per Lkw durch. Auf 12 km Länge ist die Schmalspurstrecke aber noch befahrbar. Hier verkehrt der **Ferrocarril Turístico Minero,** dessen Wagen aus viktorianischer Zeit stammen, den Fahrgästen jedoch etwas schlichteren Komfort bieten als der königliche Waggon. Normalerweise werden die Loks mit Diesel angetrieben. Als besonderer Leckerbissen wird dem Zug aber zwischen November und April an jedem ersten Sonntag im Monat eine Dampflokomotive vorgespannt, übrigens die älteste Lok Spaniens. Die etwa einstündige Fahrt beginnt bei den Talleres Mina, einer alten Eisenbahn-Reparaturwerkstatt 2,5 km östlich von Minas de Riotinto an der A-476 nach Nerva (Abfahrt 1.3.–31.5. Mo–Fr 13, Sa/So/Fei 16, 1.6.–15.7. tgl. 13.30 , 16.7.–30.9. tgl. 13.30 u. 17, Okt.–Feb. nur Sa/So/Fei 16 Uhr, aktuelle Zeiten am besten unter Tel. 959 59 00 25 oder unter www.parqueminero deriotinto.com überprüfen, 10 €).

Mirador Cerro Colorado

Ungefähr 1 km nördlich von Minas de Riotinto an der A-461 Richtung Aracena bietet der Mirador Einblicke in die Corta Cerro Colorado. In dieser Tagebaugrube wird immer noch Kupfererz gewonnen. Es erstaunt, dass

Kombitickets: Wer im Museo Minero gleich ein Kombiticket für die verschiedenen Angebote kauft, spart gegenüber dem Erwerb von zwei oder drei Einzeltickets. Museum und Peña de Hierro kosten zusammen 9 € und einschließlich der historischen Zugfahrt 17 €. Am 1.1., 6.1. und 25.12. ist der ansonsten täglich geöffnete Parque Minero komplett geschlossen.

der Cerro Colorado (bunter Hügel) noch zu Beginn des 20. Jh. ein Berg war. Inzwischen wurde er nicht nur vollständig abgetragen, sondern unter ihm ein riesiges Loch gegraben.

Hotel Santa Bárbara: Cerro de los Embusteros s/n, Tel. 959 59 06 09, Fax 959 59 06 27. An erhöhter Stelle über der Stadt , recht komfortables Haus. Angeschlossen ist ein Restaurant (Tagesmenü 9 €). DZ 65–70 €.

Hostal Galán: Av. La Esquila 10, Tel. 959 59 08 40. Angenehme Pension neben dem Bergbaumuseum. Nicht alle Zimmer mit Bad. Eigenes Restaurant (Tagesmenü 8,50 €). DZ um 40 €.

Busse: Mit *Casal* 2 x tgl. ab Sevilla, mit *Damas* 6 x tgl. ab Huelva.

Organisierte Ausflüge: Wer nicht selber fahren mag, kann von Ferienorten an der nördlichen Costa de la Luz Tagesfahrten per Bus zum Parque Minero de Riotinto buchen.

Durch die Sierra de Aracena

Reiseatlas: S. 1, C 3

Mit Eichen und Kastanien bewaldete Hänge und feuchte Niederungen, in denen Schwarzstörche leben, wechseln in der **Sierra de Aracena** mit Gipfeln von fast 1000 m Höhe ab. Burgen und Bergdörfer schmücken die grüne, an Flüssen und Stauseen reiche Landschaft, in der Schweine, Ziegen, Schafe und Pferde weiden. Große Teile des Gebirges stehen als Lebensraum für die gefährdeten Pardelluchse und Iberischen Kaiseradler im **Parque Natural Sierra de Aracena y Picos de Aroche** unter Schutz. Eine Erschließung des Gebiets durch Wanderwege ist im Gang. Ein Geheimtipp für Entdecker wird die Sierra de Aracena aber wohl noch lange bleiben.

Aracena

Im Luftkurort und alten Marktzentrum **Aracena** (7200 Einw.) zeigt sich die Mittelgebirgswelt der Sierra de Aracena von ihrer vielleicht schönsten Seite. Schon die Mauren wussten den Wasserreichtum der Gegend, die mehr Feuchtigkeit vom Atlantik empfängt als das übrige Andalusien, zu schätzen. Reste der arabischen Burg stehen auf dem **Cerro de Castillo,** an dessen Nordhang sich der Ort schmiegt. Die Burg kam nach der Reconquista vorübergehend in den Besitz des 1312 verbotenen Templerordens. Dieser errichtete auf den Grundmauern einer Moschee die heute noch neben der inzwischen verfallenen Befestigungsanlage aufragende, gotische **Iglesia del Castillo** mit originellem Glockenstuhl, der zugleich als Toreinfahrt dient (tgl. 11–19 Uhr, Eintritt frei).

Beim Bummel durch das Ortszentrum trifft man immer wieder auf Skulpturen zeitgenössischer Künstler aus Andalusien, die zum **Museo de Arte Contemporáneo al Aire Libre** arrangiert wurden. Jede Plastik erinnert an ein bestimmtes Ereignis. Der einheimische Bildhauer Pepe Noja regte dieses Freilichtmuseum moderner Kunst an und leistete damit Pionierarbeit. Viele andere spanische Städte sind inzwischen dem Beispiel von Aracena gefolgt.

Mitten im Ort befindet sich der Eingang zur **Gruta de las Maravillas**, einer auf 1200 m Länge erschlossenen, gewaltigen Tropfsteinhöhle im Inneren des Burghügels. In verschiedensten Farben spiegeln sich ihre Stalaktiten und Stalagmiten in sechs unterirdischen Seen, deren größter 60 m breit ist. Die Höhle war Schauplatz von Dreharbeiten im Rahmen der Verfilmung von Jules Vernes »Reise zum Mittelpunkt der Erde« (45-minütige Führungen, tgl. 10–13.30, 15–18 Uhr, 7,70 €; Zugang pro Tag auf 1000 Personen beschränkt, daher in der Saison reservieren unter Tel. 959 12 83 55).

Um alles Wissenswerte rund um das berühmte ›schwarze Schwein‹ (s. S. 56) zu dokumentieren, wurde in Aracena das **Museo del Jamón** (Schinkenmuseum) geschaffen. Der Besucher erfährt viel über Aufzucht und Haltung des *cerdo ibérico* und die Produktion des begehrten Schinkens von Jabugo (Gran Vía s/n, tgl. 11–18.30 Uhr, 3 €).

Oficina de Turismo: Calle Pozo de la Nieve s/n (gegenüber Gruta de las Maravillas), 21200 Aracena, Tel./Fax 959 12 82 06, www.aracena.es.
Centro de Visitantes del Parque Natural: Cabildo Viejo, Plaza Alta 5, Tel. 959 12 88 25, www.sierradearacena.net. Broschüre »Die Wanderwege der Sierra de Aracena und der Picos de Aroche« (auf Deutsch) mit Beschreibungen von ca. 60 markierten Wegen im Naturpark. Auch Organisation von Wanderungen in der Umgebung.

Hotel Los Castaños: Av. Huelva 5, Tel. 959 12 63 00, Fax 959 12 62 87, www.loscastanoshotel.com. Erstes Haus am Platz, relativ zentral, Parkgarage, komfortable Zimmer. Speiseraum im 3. Stock mit Gebirgsblick. DZ um 65 €.

José Vicente: Av. Andalucía 53, Tel. 959 12 84 55, So/Mo/Mi/Do nur mittags, Fr/Sa mittags u. abends, im Sommer Mi–Mo mittags u. abends, Di u. Mitte Juni–Mitte Juli geschl. Klassiker, der die Spezialitäten der Sierra de Aracena serviert: Jabugo-Schinken, Haxe vom ›schwarzen Schwein‹, Pilze und Schnecken. Hauptgerichte um 15 €, Tagesmenü 15 €.

La Tetería Andalusi: Av. Reina de los Ángeles. Teestube mit dem Ambiente der Alhambra, kleine arabische Gerichte, sehr gutes Eis. Jeden Samstagabend Tanzspektakel.

Busse: Ab Av. de Sevilla mit *Casal* 2 x tgl. nach Sevilla (Plaza de Armas), 1 x tgl. zur portugiesischen Grenze (Umsteigemöglichkeit in portugiesische Linienbusse Richtung Lissabon u. a.), Mo–Sa 2 x tgl. nach Minas de Riotinto; mit *Damas* 2 x tgl. nach Huelva, 3 x wöchentlich nach Lissabon.
Bus und Bahn in der Sierra de Aracena: Ab Aracena Busse der Gesellschaft *Casal* in viele Orte der Sierra de Aracena, z. B. 2 x tgl. (außer So) über Linares de la Sierra nach Alájar und Almonaster la Real und 4 x tgl. über Fuenteheridos und Jabugo nach Cortegana. Außerdem quert die Bahnlinie A 7b Huelva–Zafra das Gebirge und bedient 2 x tgl. die Haltestellen Almonaster–Cortegana (Bahnhof zwischen den beiden Orten), Jabugo–Galaroza (Bahnhof in El Repilado, 4 km westlich von Jabugo) und Cumbres Mayores.

Linares de la Sierra

Von Aracena führt die A-470 in südwestlicher Richtung durch einen der schönsten Teile der Sierra. Etwas abseits der Straße liegt das winzige Bergdorf **Linares de la Sierra** (300 Einw.), dessen labyrinthisches System verwinkelter Gassen arabischen Ursprungs ist. Charakteristisch für den Ort sind die gepflasterten Teppiche aus hellem und dunklem Gestein vor vielen Hauseingängen. Sie dienten mit ihren individuellen geometrischen Mustern nicht nur der Dekoration, sondern sollten auch das Vieh – wohl durch den Wiedererkennungseffekt – am Zurückscheuen hindern, wenn es abends in die Ställe in den Innenhöfen geführt wurde. Auf der Plaza de la Fuente ist noch ein öffentlicher Waschplatz in Betrieb und soll es nach dem Willen der Linarenser auch bleiben – Traditionspflege der besonderen Art.

Mesón Arrieros: Linares de la Sierra, Calle Arrieros 2, Tel. 959 46 37 17, Mo und Mitte Juni–Mitte Juli geschl. Weithin gerühmte Regionalküche mit Schwerpunkt auf Fleisch- und Pilzgerichten. Im Sommer wird auf der Aussichtsterrasse gespeist, im Winter im stilvoll mit altem Mobiliar eingerichteten Inneren vor dem Kaminfeuer. Hauptgerichte 12–15 €.

Alájar

Alájar (800 Einw.) ist ein reizvoller Ort mit original andalusischer Atmosphäre. Hier lohnt die Einkehr in eine der Bars auf der zentralen Plaza. Vor allem aber erhebt sich unweit nördlich von Alájar der an Wochenenden viel besuchte Aussichtsberg **Peña de Arias Montano** mit der **Ermita Virgen de los Ángeles**, zu der eine schmale Straße führt. Im Kalkgestein der Peña hat die Natur durch Verkarstungsprozesse viele kleine Höhlen geschaffen. Eine davon, die Sillita del Rey, war nachweislich schon von Angehörigen der Megalithkultur bewohnt. Im 5. Jh. soll ein hl. Viktor als Eremit auf der Peña gelebt haben. Eine Nische im Gestein wird als frühchristliches Taufbecken aus dieser Zeit interpretiert.

Seinen heutigen Namen verdankt der Berg dem spanischen Humanisten und königlichen Berater Benito Arias Montano (1527–1598). Er schuf eine der ersten Weltkarten und setzte sich für die Übersetzung der Bibel in verschiedene Sprachen ein, was ihm zeitweilig Schwierigkeiten mit der Inquisition einbrachte. Seine persönliche Sinnsuche führte Arias Montano in den 50er-Jahren des 16. Jh. nach Alájar, wo er dem Orden von Santiago beitrat, der damals den Ort beherrschte. Zur inneren Einkehr zog er sich auf die Peña zurück, bis er von König Philipp II. zur Betreuung der Bibliothek des Escorial bei Madrid abberufen wurde.

Der Ursprung der Ermita Nuestra Señora de los Ángeles und der Verehrung des in ihr aufbewahrten Bildnisses (13. Jh.) der Patronin der Sierra de Aracena liegen im Mittelalter. Arias Montano ließ die Ermita erneuern und auch den frei stehenden Renaissancebogen errichten, der früher wohl Einlass in einen Garten gewährte.

Hotel La Posada: Alájar, Calle Médico Emilio González 2, Tel./Fax 959 12 57 12, www.laposadadealajar.com. Nichtraucherhotel in einem Dorfhaus (18. Jh.) bei der Kirche. 8 individuell dekorierte Zimmer. Im Restaurant traditionelle Küche (Halbpensionsmenü 11 €). Verleih von Pferden und Fahrrädern. DZ 55 €.

Romería de Nuestra Señora de los Ángeles: 8. September. Die Wallfahrt beginnt am Vorabend mit dem Auszug von El Poleo, einem Komitee religiöser und ziviler Würdenträger aus Alájar, zur Peña de Arias Montano. Am nächsten Morgen treffen Bruderschaften aus der ganzen Sierra per Kutsche, hoch zu Ross oder zu Fuß in Alájar ein. Gemeinsam folgen sie einer Prozession zur Bergkapelle. Im Ort wird noch bis zum folgenden Sonntag gefeiert.

Almonaster la Real

Kurz vor **Almonaster la Real** (1900 Einw.) bietet sich ein Halt am **Mirador de San Cristóbal** mit weitem Blick über die Sierra de Aracena an.

Den Ort selbst überragt eine Burgruine, in der noch die maurische **Mezquita** (10. Jh.) steht. Sie erscheint wie ein kleiner Nachbau des großen Vorbilds in Córdoba. Die Moschee fußte auf einer westgotischen Kirche, wie Details am Portal sowie ein Rest des Altars, in den eine Taube und Engelsflügel gra-

Einzug in die Stierkampfarena von Almonaster la Real: Der *picador* zu Pferde führt den *paseillo* an

viert sind, den Kunsthistorikern verraten. Nach der Reconquista wurde sie wiederum zur Kirche, blieb aber baulich praktisch unverändert, mit Hufeisenbögen, Mihrab (Gebetsnische) und arabischen Inschriften (Sa/So 9.30–20 Uhr, Eintritt frei).

Die Ursprünge der Pfarrkirche **San Martín** liegen im 14. Jh. Sie leitet von der Architektur her – einzigartig in der Sierra de Aracena – zum benachbarten Portugal über. Dekorative Steinmetzarbeiten, die für den dortigen manuelinischen Stil stehen, finden sich an ihrem Portal Puerta del Perdón. Sie stellen verknotete Schiffstaue, Muscheln und andere Meerestiere dar: Symbole, die in Zusammenhang mit der Seefahrt und den Entdeckungsfahrten des 15./16. Jh. stehen.

Casa García: Av. San Martín 2, Tel. 959 14 31 09, Fax 959 14 31 43. Schickes kleines Hotel in altem Dorfhaus. Besonders schön ist die Suite mit Jacuzzi und Privatterrasse. Service wird groß geschrieben. Gutes Restaurant mit regionaler Küche (Hauptgerichte 9–12 €). DZ um 60 €.

Fiestas de la Cruz: letztes April- und erstes Maiwochenende. Zwar ist der ›Tag der Auffindung des wahren Kreuzes Christi‹ (3. Mai) kein offizieller katholischer

Festtag mehr. Doch in den Ortschaften der Sierra de Aracena, insbesondere in Almonaster la Real, wird er noch kräftig gefeiert – mit Fandangotänzen und farbenprächtigen Trachten.

Cortegana

Beim Bergdorf **Cortegana** (5000 Einw.) finden sich in feuchten Bachtälern noch schöne Beispiele für die von den Mauren gepflegte und später weitergeführte Bewässerungskultur. Winzige Kanäle führen das kostbare Nass aus Staubecken zu den terrassenförmig angelegten Obstgärten, in denen eine begehrte Apfelsorte gedeiht. Auch einige Mühlen wurden früher mit dem reichlich vorhandenen Wasser angetrieben.

Ein jüngst restaurierter **Castillo** aus dem 13. Jh. überragt Cortegana. Es beherbergt eine Ausstellung über die Burgen und Befestigungsanlagen in der Sierra de Aracena. Im Verlauf der Reconquista markierten sie die Frontlinie zu den maurischen Gebieten Südandalusiens. Später dienten sie auch dazu, potenzielle Angreifer aus Portugal abzuschrecken. Von den Türmen und Wehrgängen des Castillo bietet sich ein hervorragender Ausblick weit über die Landschaft (tgl. 11–14, 17–19 Uhr; 1,25 €).

Oficina de Turismo: Calle Cervantes 19, 21230 Cortegana, Tel. 959 13 11 88.

Hostal Cervantes: Calle Cervantes 27, Tel. 959 13 15 92. Nette Pension in zentraler Lage, manche Zimmer mit Bad, andere ohne. DZ 18–24 €.

Jornadas Medievales: August. Große Mittelalterparty mit Ritterturnieren, Falknervorführungen, Wettbewerben im Bogenschießen. Viele Teilnehmer erscheinen fantasievoll kostümiert.

Wanderwege: Die Umgebung von Cortegana bietet gute Wandermöglichkeiten. Eine Variante des Fernwanderwegs von Cumbres Mayores (s. u.) nach Aroche nahe der portugiesischen Grenze führt, als GR 42.1 weiß-rot markiert durch den Ort. Außerdem sind fünf örtliche Wanderwege weiß-gelb markiert und mit PR *(pequeño recorrido)* beschildert. Eine Karte dieses Wegenetzes *(mapa de senderos)* verteilt das Rathaus von Cortegana kostenlos.

Jabugo

In **Jabugo** (2500 Einw.) wird einer der berühmtesten Schinken Andalusiens hergestellt. Er ist luftgetrocknet und stammt von dunklen iberischen Schweinen, die sich in der Sierra de Aracena von den Früchten der Steineichen ernähren. An der Hauptstraße von Jabugo reihen sich Bars und Geschäfte, die den *jamón ibérico* in hervorragender Qualität und zu günstigem Preis anbieten. Gleich nebenan stehen die riesigen Trockenräume (*secaderos*), in denen die Schinken nach dem Einsalzen vier bis fünf Monate verbringen. Für die Reifung in der *bodega* benötigen sie anschließend je nach Größe weitere vier Monate bis eineinhalb Jahre.

La Silladilla: Los Romeros s/n (3 km westlich von Jabugo), Tel. 959 50 13 50, silladi@teleline.es. Vier Bauernkaten auf dem Gelände einer großen Finca, die auf die Zucht des ›schwarzen Schweins‹ spezialisiert ist, wurden in Ferienhäuser umgewandelt. Sie bieten viel Komfort und sind stilvoll dekoriert. Im Hauptgebäude mehrere Hotelzimmer, Restaurant (*raciones* ab 6 €) und Lebensmittelgeschäft . DZ 89 €, Ferienhaus 108–178 €.

Cumbres Mayores

Von Jabugo führt ein Abstecher auf der A-435 quer durch die Sierra de Aracena in das nahe der Grenze zur Extremadura gelegene Bergdorf **Cumbres Mayores** (2000 Einw.). Seine Ursprünge liegen in keltischer Zeit. Seit Menschengedenken rasteten hier auf dem Hauptkamm des Gebirges Hirten mit riesigen Herden auf dem oft mehrere 100 km langen Weg von den Sommerweiden im Gebirge zu den winterlichen Weidegründen in den Ebenen. Nach der Reconquista entstand die gewaltige, 400 m lange Verteidigungsmauer, innerhalb derer damals das gesamte Dorf Platz fand. Inzwischen hat der Ort längst die Grenzen dieser Befestigungsanlage gesprengt. Das nette Zentrum will zu Fuß erkundet werden.

Corpus Christi: Fünf Tage rund um Fronleichnam (Mi–Mo). Dieses wohl älteste Fest der Sierra de Aracena geht auf das 8. Jh. (!) zurück. Die Bruderschaften Esperanza und Santísimo Sacramento schicken jeweils zehn Jungen tanzend und musizierend durch die Straßen. Archaisch muten ihre Instrumente an: Dudelsäcke, Trommeln, Kastagnetten.

Fuenteheridos

Die Rückfahrt nach Aracena kann über **Fuenteherido**s (700 Einw.) führen, das durch ein besonders schönes Ortsbild gefällt. Reichliche Grundwasservorkommen in den umliegenden Kalkfelsen, die aus verschiedenen Quellen sprudeln, prägen den Ort. Nach der Reconquista siedelten sich die ersten kastilischen Bewohner rund um die **Fuente de los Doce Caños** an. Die gefasste Quelle mit ihren zwölf wie Orgelpfeifen angeordneten Rohren ist noch heute an der Plaza del Coso zu besichtigen, wo sich auch ein wesentlicher Teil des sozialen Lebens im Ort abspielt. Das Quellwasser speist die *lievas*, kleine Bewässerungskanäle, die das kostbare Nass zu den Feldern rings um den Ort führen. Am Paseo de Arias Montano wurde ein schöner Platz rund um den Ursprung dieser Kanäle angelegt.

Das Erdbeben von 1755, das Lissabon zerstörte, war auch in der Sierra de Aracena zu spüren. In Fuenteheridos erlitt die **Iglesia Parroquial del Espíritu Santo** so schwere Schäden, dass sie anschließend im klassizistischen Stil neu aufgebaut werden musste. Im Inneren wird eine barocke Statue der Virgen de la Fuente (Quelljungfrau) verehrt, der Schutzpatronin von Fuenteheridos.

Reizvoll in die Landschaft eingebettet steht am Weg zum außerhalb des Ortes gelegenen Friedhof einer der wenigen *humilladeros* Andalusiens. Solche Heiligenschreine wurden – wie in diesem Fall – an königlichen Straßen (*caminos reales*) aufgestellt, um den Reisenden zur Rast und inneren Einkehr zu veranlassen. Im Volksmund ist der Schrein als **Cristo de la Verónica** bekannt.

Hostal El Barrio: Calle Esperanza Bermúdez s/n, Tel. 959 12 50 33, tgl. 9 Uhr bis spät abends. 6 rustikal eingerichtete Zimmer. Spezialität des Restaurants ist gegrilltes Fleisch, natürlich vom schwarzen Schwein aus der Sierra (Hauptgerichte um 10 €). DZ um 50 €.

Quema de Judas: Karsamstag. Die Fiesta beginnt am Nachmittag auf der Era de la Carrera, einem Aussichtshügel beim Ort, wo früher Getreide gedroschen wurde. Unter reger Beteiligung der Bevölkerung entstehen dort überdimensionale Judaspuppen aus Lumpen. Die schönste erhält einen Preis. Gegen Mitternacht erfolgt dann die Verbrennung des Judas.

Villa Onuba

Ein exotischer Garten umgibt die 1 km nördlich von Fuenteheridos an der A-433 gelegene **Villa Onuba**. Die Einheimischen nennen die Anlage auch *jardín de Sunda*, wobei Sunda wohl eine Verballhornung des Nachnamens von Wilhelm Sundheim ist. Der deutsche Ingenieur kam im 19. Jh. nach Spanien, um den Bau der Eisenbahnstrecke zwischen Zafra und Huelva zu leiten. Er erkor die Villa zunächst zu seinem Sommersitz, verkaufte sie aber bald an einen anderen Deutschen, Karl Dötsch, der hier seine Vision von einem kleinen Paradies auf Erden verwirklichte. In seinem Auftrag schuf ein französischer Gartenarchitekt zwischen 1895 und 1914 ein Arboretum aus zahlreichen Koniferen (Mammutbäume, Thujas, Zypressen, Zedern u. a.). Außerdem legte er einen dekorativen Garten im französischen Stil mit Hecken und Zierpflanzen an.

Seit 1955 ist die Villa Onuba im Besitz der Maristen-Brüder. Stets halten sich vier Brüder in der Villa auf. Wenn sie nicht gerade spirituelle Exerzitien vornehmen, empfangen sie gern Besucher, die sich wie sie an der Natur erfreuen und diese respektieren.

Olivenernte:
vielerorts noch Handarbeit

Kapitel 3

Städte und Landschaften am Guadalquivir

Auf einen Blick: Städte und Landschaften am Guadalquivir

Die Lebensader Andalusiens

Das Schwemmland des größten andalusischen Flusses, des Río Guadalquivir, ist das wirtschaftliche Kerngebiet des Landes. Auf den riesigen Latifundien reiht sich Ölbaum an Ölbaum und die Getreidefelder reichen bis zum Horizont. Dazwischen liegen geschichtsträchtige Städte, die mit architektonischen Kleinoden wie auch mit prallem südländischem Leben locken.

Allen voran trifft dies natürlich auf **Sevilla** zu. Keine andere andalusische Stadt erweckt so viele Emotionen. Gern wird Sevilla mit den Büßerprozessionen der Karwoche und der heiteren Jahrmarktstimmung der Feria de Abril in Verbindung gebracht. Die Hauptstadt des Landes präsentiert sich aber auch als moderne Metropole mit mondänen Hotels und eleganten Einkaufsstraßen.

Die Landstädte der **Campiña** können sich daran nicht messen, glänzen aber durch barocke Baudenkmäler und römische Grabungsfunde.

In **Córdoba** blieben aus der Zeit des maurischen Kalifats die Säulenhalle der Mezquita und die Palaststadt Madinat al-Zahra erhalten. In den Altstadtgassen gibt es hübsche Innenhöfe zu entdecken. Ein Ausflug führt auf die dicht bewaldete **Sierra de Córdoba** mit der stillen Einsiedlergemeinde **Las Ermitas,** ein weiterer in die schroffen **Sierras Subbéticas,** zu den Ölplantagen von Baena und den Bodegas von Montilla.

Kein Landstrich Andalusiens wird so von Ölbaumpflanzungen geprägt wie die Umgebung von **Jaén.** Bei einer Stadtbesichtigung bilden Kathedrale und arabische Bäder die Höhepunkte. Die intakten Renaissancealtstädte von **Baeza** und **Úbeda** schmücken sich mit dem Titel Weltkulturerbe. Wanderer zieht es in die Wälder der wasserreichen **Sierra de Cazorla.**

Highlights

9 **Sevilla:** Hauptsehenswürdigkeit ist die gewaltige **Kathedrale** mit der **Giralda,** dem Glockenturm, der einst ein Minarett war. Wer ins quirlige Stadtleben eintauchen möchte, geht zum *tapeo* ins **Viertel Santa Cruz** (s. S. 242 ff.).

10 **Itálica:** Schöne Mosaikfußböden, Thermen und das drittgrößte Amphitheater des Reiches blieben von der ältesten Römerstadt Andalusiens übrig (s. S. 268 ff.).

11 **Córdoba:** 800 Säulen bilden in der Mezquita, der ehemaligen Kalifenmoschee, einen regelrechten Wald – äußerst beeindruckend! In der verwinkelten Altstadt öffnen sich blumengeschmückte Patios (s. S. 280 ff.).

Empfehlenswerte Routen

Durch die Campiña: Hübsche Landstädte, reich an wenig bekannten Sehenswürdigkeiten (s. S. 273 ff.).

Zur Sierra de Córdoba: Ein halber Tag führt zur Märchenstadt des Kalifen und zu stillen Einsiedeleien (s. S. 296 ff.).

Von Córdoba in die Sierras Subbéticas: Durch Weinberge und Ölbaumplantagen wird die bizarre Gebirgskette mit der Barockstadt Priego de Córdoba erreicht (s. S. 298 ff.).

Reise- und Zeitplanung

Im Guadalquivirbecken sind die Sommer trocken und heiß, mit hohen Temperaturen bis 45 °C, die Winter hingegen relativ kühl. Beste Reisezeiten für die Städte zwischen Sevilla und der Provinz Jaén sind daher Frühjahr und Herbst. Sierra Morena und Sierra de Cazorla sind auch in den Sommermonaten lohnende Ziele, wobei es in der Vor- und Nachsaison ruhiger zugeht als in der Ferienzeit. Jede der großen Städte ist mindestens eine Tagesbesichtigung wert, für Sevilla lohnt es sich auch zwei oder drei Tage einzuplanen. Gleiches gilt für die im Kapitel vorgeschlagenen Routen. Wer die Region auf Wanderungen kennenlernen möchte, sollte für die Gebirgsrouten jeweils mehrere Tage veranschlagen.

Richtig Reisen-Tipps

Semana Santa in Sevilla: Schaurig-schöne Büßerprozessionen während der Karwoche (s. S. 250).

Tapear – Tapas essen in Sevilla: Kulinarischer abendlicher Zug durch Sevillas Kneipenszene (s. S. 263).

Wanderung zur Ruinenstadt Munigua: Nur zu Fuß erschließen sich die versteckten römischen Ausgrabungen (s. S. 277).

Die Patios in Córdoba: Im Mai sind die schönsten Innenhöfe Besuchern zugänglich (s. S. 289).

Radwandern auf der Vía Verde La Subbética: Eine stillgelegte Eisenbahnstrecke ist heute zu einem idealen Rad- und Wanderweg umfunktioniert (s. S. 302).

Wanderungen am Río Borosa: Vorschläge für eine kürzere und eine längere Wanderung im schönsten Teil der Sierra de Cazorla (s. S. 324).

9 Sevilla

Cityplan S. 244/245, Grundriss S. 252

Sevilla ist eine stolze und elegante Stadt mit großartigen Sehenswürdigkeiten. Viele ihrer Qualitäten erschließen sich dem Besucher nicht auf den ersten Blick, sondern warten im Verborgenen und wollen entdeckt werden. Kaum jemand kann sich dem Reiz und den unterschiedlichen Gesichtern der Hauptstadt Andalusiens entziehen.

Reiseatlas: S. 8, E 1/2

Sevilla (704 000 Einw.) ist größte Stadt Andalusiens und zugleich Regierungssitz der Region. Alles, was man sich für einen Städtetrip wünscht, ist vorhanden: Sehenswürdigkeiten von Weltformat, schicke Einkaufsstraßen, Plätze und Promenaden zum Flanieren, prächtige Parkanlagen, ein Flussufer mit Terrassencafés und ein aufregendes Nachtleben. Der Besucher sollte sich nicht auf die zahlreichen Kirchen, Paläste und Museen beschränken, sondern die Stadt ganz ohne Besichtigungsstress auf sich wirken lassen.

Ein Blick in die Geschichte Sevillas

Vor ca. 2500 Jahren gab es an diesem Ort schon die phönizische Siedlung Sephala. Das Delta des Guadalquivir war damals längst nicht so ausgedehnt wie heute. Das antike Sevilla muss nahe am Meer gelegen haben. Auch Herkules soll sich in dieser Gegend aufgehalten haben. Er gilt als der mythische Gründer Sevillas. Cäsar kämpfte in Andalusien gegen seinen Widersacher Pompejus, der Córdoba auf seiner Seite hatte. Schon damals begann der Konkurrenzkampf um die Vorrangstellung der beiden Städte.

Unter den Westgoten besaß Sevilla zu Beginn des 7. Jh. mit dem hl. Isidor einen bedeutenden Erzbischof. Im 9. Jh. zerstörten die Wikinger die damals schon maurische Stadt. Der Emir von Córdoba vertrieb sie allerdings schnell wieder. Einige Wikinger durften bleiben und auf der heutigen Isla Menor südlich von Sevilla Viehzucht betreiben. Grund dafür war der Käse, den die Nordmannen produzierten und den die Feinschmecker von Córdoba zu schätzen wussten.

Drei Jahrhunderte war Córdoba als Sitz des Kalifats die bei weitem glänzendere Stadt. Nachdem dieses zusammengebrochen war, wurde Sevilla Zentrum eines Kleinkönigreichs (*taifa*). Als die bedrängten Mauren gegen die Christenheere ihre strengen Glaubensbrüder aus Marokko zu Hilfe holten, blieben diese einfach im Lande und übernahmen die Macht. Sevilla wurde Hauptsitz der Almohaden in Andalusien. Die Bevölkerung litt allerdings unter den harten, wenig gebildeten neuen Herrschern.

Die Bewohner Sevillas rebellierten gegen die Almohaden, wehrten sich aber auch gegen angreifende Christen. Schließlich übernahm Ferdinand der Heilige 1248 die Stadt. An den schweren Kämpfen um Sevilla musste auf christlicher Seite auch der moslemische König von Granada teilnehmen, ein Vasall Ferdinands. Die maurische Kultur wurde in Sevilla zunächst weiterhin gepflegt. So ließ sich Peter I. im 14. Jh. von maurischen Handwerkern aus Granada seinen Alcázar als Residenz errichten.

Mit Beginn des 16. Jh. entwickelte sich Sevilla zum Verbindungsglied zwischen Alter und Neuer Welt. Der Königliche Rat, der für

Mit den Autoren unterwegs

Sevilla im Blick

Von oben: Einen Überblick über große Teile der Stadt hat man von der Giralda aus. Der Aufstieg über die Rampe bringt den Kreislauf ganz schön in Schwung (s. S. 248).

Vom Ufer aus: In den Restaurants an der Uferstraße des Guadalquivir im Stadtteil **Triana,** der **Calle Betis,** lässt es sich herrlich dinieren. Nach Einbruch der Dunkelheit beeindruckt der Blick von den Terrassen auf die beleuchtete Stadt (s. S. 260).

Zauber des Flamenco

Museo del baile flamenco: Sevillas Flamencomuseum zeigt nicht nur Kostüme und Fotos, sondern ermöglicht mit individuell zusammenstellbaren Hörproben und Videoclips eine persönliche Annäherung (s. S. 254).

Für Romantiker

Eine besonders idyllische Unterkunft sind die **Casas de la Judería** (s. S. 262). Die angesagte Kneipenszene liegt praktisch vor der Haustür, dennoch ist es nachts verhältnismäßig ruhig.

Marcha à la Sevillana

Das authentische Nachtleben spielt sich in Sevilla auf den Straßen oder in den zahlreichen Bars der Stadt ab. Man zieht von Kneipe zu Kneipe auf das eine oder andere Gläschen und selbstverständlich auch, um zu sehen und gesehen zu werden. Ab 22 Uhr ist vor allem im **Barrio de Santa Cruz** einiges los. In den lauen andalusischen Sommernächten belebt sich das Ufer des Guadalquivir (s. S. 265 f.).

»Nimm uns mit, Kapitän ...«

Flusskreuzfahrt: Sevilla lernt man auf einer Bootsfahrt auf dem Guadalquivir von seiner schönsten Seite kennen. In der Nebensaison kommen, dann ist genügend Platz auf den Schiffen (s. S. 266).

alle rechtlichen Belange des kolonialisierten Amerikas zuständig war, hatte hier seinen Sitz. Handelshäuser aus ganz Europa gründeten am Guadalquivir Niederlassungen. Die Monopolstellung für den Handelsverkehr mit den Kolonien musste Sevilla jedoch 1717 an Cádiz abgeben. Größere Schiffe konnten den versandeten Guadalquivir nicht mehr passieren. Dennoch blieb Sevilla auch danach eine bedeutende Handelsstadt. Kubanischer Tabak wurde in einer der größten Fabrikanlagen des 18. Jh. zu Zigaretten und Zigarren verarbeitet.

Catedral Santa María

Die **Kathedrale** 1 ist das Prachtstück von Sevilla und eines der gewaltigsten Bauwerke der Christenheit. Sie zählt mit 116 m Länge und 76 m Breite zu den größten gotischen Kirchen der christlichen Welt. Ihre Kuppel ist 56 m hoch. Mit dem Bau wurde 1402 begonnen. Erst 1506 war die Kathedrale vorläufig vollendet. Fünf Jahre später stürzte die Kuppel ein. 1519 wurde sie erneuert und erhielt ihre heutige Form. 69 Kreuz-, Stern- und Netzgewölbe überziehen den Raum, 90 bemalte Glasfenster (16.–19. Jh.) schmücken die Seiten. Gotische Elemente dominieren bis heute. Sie wurden durch Renaissanceanbauten und Bildwerke des Barock ergänzt. Über 100 Künstler arbeiteten über die Jahrhunderte hinweg intensiv an der Ausgestaltung der Kathedrale.

Der Innenraum

Der Eingang für Besucher befindet sich an der Südseite, zum Archivo de las Indias hin. Dort liegen Besichtigungspläne (u. a. in Deutsch) zur besseren Orientierung aus. Durch einen Vorraum mit kirchlichen Kunstwerken betritt man das Innere der Kathedrale. Im Unterschied zu den lichtdurchflute-

Sevilla: Cityplan

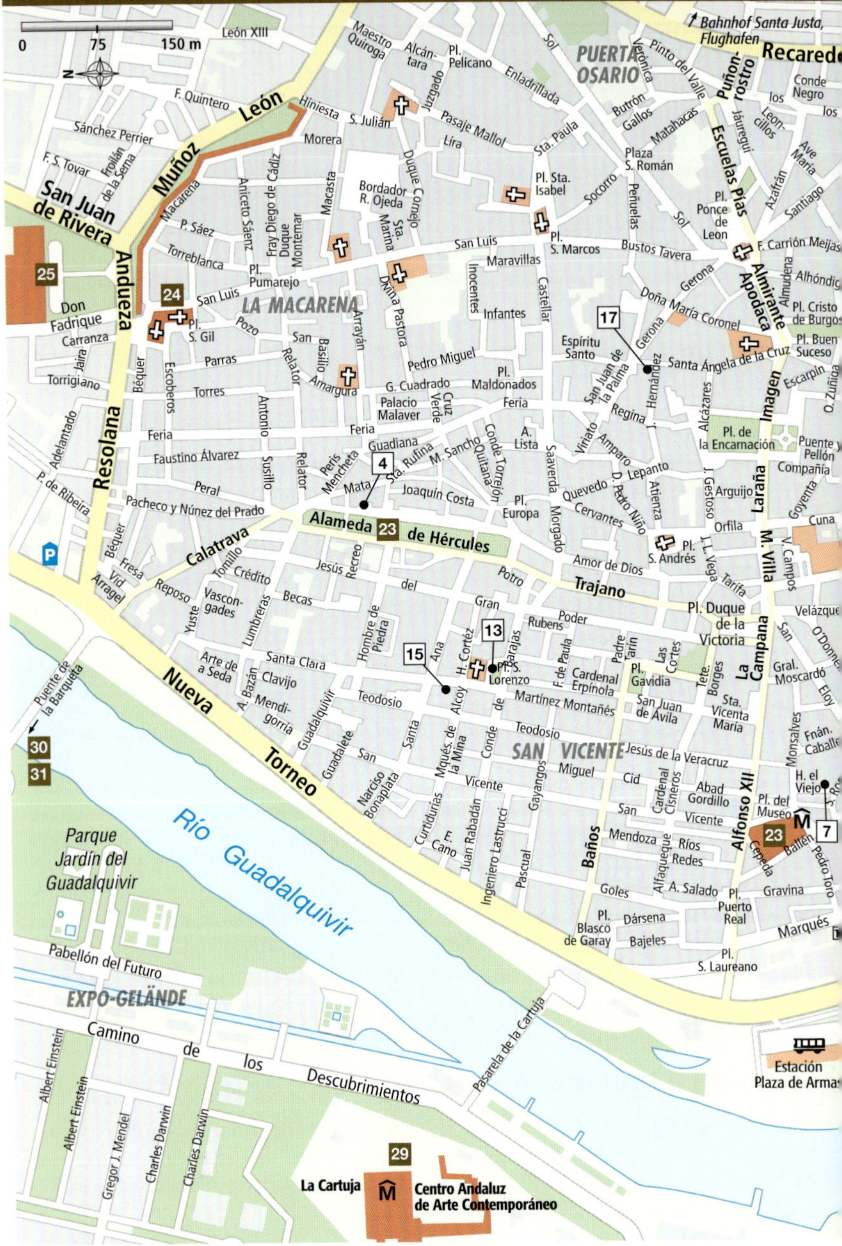

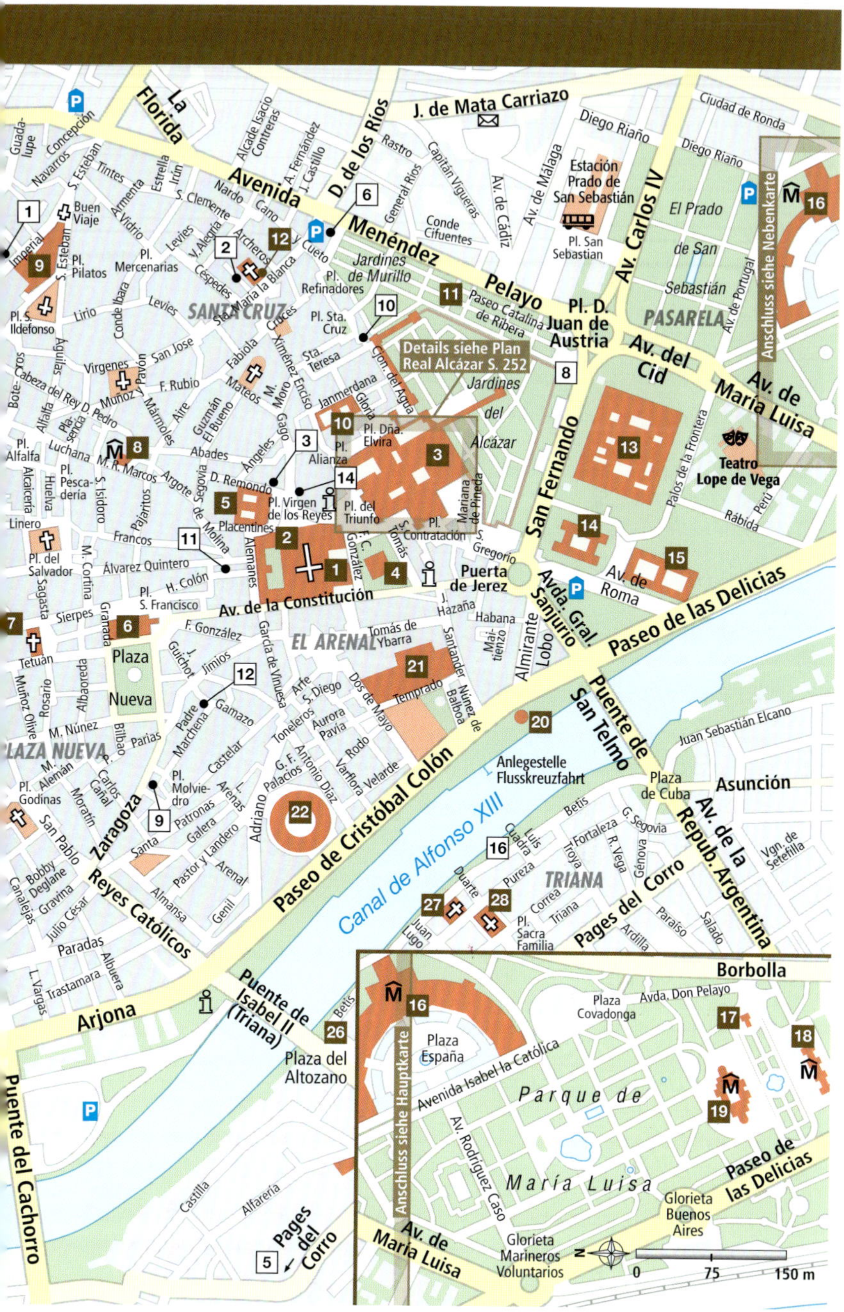

La Florida
Avenida
Menéndez
Pelayo
J. de Mata Carriazo
Diego Riaño
Ciudad de Ronda
Estación Prado de San Sebastián
Pl. San Sebastián
Av. Carlos IV
El Prado de San Sebastián
Anschluss siehe Nebenkarte
PASARELA
Av. de Portugal
Av. del Cid
Av. de María Luisa
Pl. D. Juan de Austria
Paseo Catalina de Ribera
Jardines de Murillo
Refinadores
D. de los Ríos
Rastro
Capitán Vigueras
General Ríos
Conde Cifuentes
Av. de Cádiz
Av. de Málaga
Details siehe Plan Real Alcázar S. 252
Jardines del Alcázar
San Fernando
Palos de la Frontera
Teatro Lope de Vega
Perú
Rábida
Av. de Roma
Avda. Gral. Sanjurjo
Paseo de las Delicias
Puerta de Jerez
SANTA CRUZ
Pl. Sta. Cruz
Sta. Teresa
Cjon. del Agua
Pl. Dña. Elvira
Pl. Alianza
Pl. del Triunfo
Pl. Contratación
Mariana de Pineda
S. Gregorio
Pl. Virgen de los Reyes
Placentines
Alemanes
Av. de la Constitución
EL ARENAL
Tomás de Ybarra
Temprado
Santander
Núñez de Balboa
Almirante Lobo
Habana
Puente de San Telmo
Anlegestelle Flusskreuzfahrt
Canal de Alfonso XIII
Paseo de Cristóbal Colón
Plaza de Cuba
Asunción
Av. de la Repub. Argentina
Juan Sebastián Elcano
TRIANA
Pages del Corro
Pl. Sacra Familia
Betis
Pureza
Duarte
Plaza Nueva
Sierpes
Tetuán
Pl. S. Francisco
Pl. del Salvador
Pl. Alfalfa
Pl. Pilatos
Pl. Mercenarias
Pl. S. Ildefonso
Imperial
Buen Viaje
Concepción
Guadalupe
Zaragoza
Reyes Católicos
PLAZA NUEVA
Pl. Godínas
Pl. Molviedro
Arjona
Puente de Isabel II (Triana)
Plaza del Altozano
Puente del Cachorro
Castilla
Alfarería
Pages del Corro
Borbolla
Plaza Covadonga
Avda. Don Pelayo
Plaza España
Avenida Isabel la Católica
Parque de María Luisa
Av. Rodríguez Caso
Anschluss siehe Hauptkarte
Av. de María Luisa
Glorieta Buenos Aires
Paseo de las Delicias
Glorieta Marineros Voluntarios
0
75
150 m

Sevilla: Cityplan

Sehenswürdigkeiten

1 Catedral Santa María (Kathedrale)
2 La Giralda
3 Real Alcázar
4 Archivo General de Indias
5 Palacio Arzobispal
6 Rathaus/Ayuntamiento
7 Iglesia de El Salvador
8 Museo del baile Flamenco (Flamencomuseum)
9 Casa de Pilatos
10 Hospital de los Venerables Sacerdotes
11 Jardines de Murillo
12 Iglesia Santa María la Blanca
13 Fábrica de Tabacos (Universität)
14 Hotel Alfonso XIII.
15 Palacio de San Telmo
16 Palacio de España
17 Pabellón Real
18 Museo Arqueológico (Archäologisches Museum)
19 Museo de Artes y Costumbres Populares (Museum der Volkskunst und -bräuche)
20 Torre del Oro
21 Hospital de la Caridad
22 Plaza de Toros de la Maestranza (Stierkampfarena)
23 Museo de Bellas Artes
24 Basílica de la Macarena
25 Hospital de las Cinco Llagas
26 Denkmal Plaza Altozano
27 Capilla de los Marineros
28 Iglesia Santa Ana
29 Monasterio de Santa María de las Cuevas
30 Teatro Central
31 Isla Mágica

Übernachten

1 Casa Imperial
2 Las Casas de la Judería
3 Doña María
4 Aparthotel de la Alameda
5 Monte Triana
6 Puerta de Sevilla
7 Zaida

Essen und Trinken

8 Egaña Oriza
9 Taberna del Alabardero
10 La Albahaca
11 Casa Robles
12 Enrique Becerra
13 Az Zait
14 El Giraldillo
15 Eslava
16 Kiosco de las Flores
17 Vegetarum

ten gotischen Kathedralen Frankreichs und Englands ist es – typisch für spanische Kirchen – relativ dunkel. Spanischer Tradition entspricht auch der in die Mitte gesetzte Chor mit dem gegenüberliegenden Hauptaltar. Auch die reich verzierten Gitter vor den Kapellen kennzeichnen eine Besonderheit der spanischen Kirchen.

Kolumbusgrab

An der Puerta de la Lonja tragen vier Herolde den Sarkophag des Christoph Kolumbus. Das Denkmal entstand 1902. Die Träger stehen für die mittelalterlichen Königreiche Kastilien, León, Aragón und Navarra, mit deren Wappen sie geschmückt sind. Von den vorderen Figuren hält die linke als Zeichen der Seeleute ein Ruder, die rechte eine Lanze, die einen Granatapfel aufspießt – eine Allegorie auf die Eroberung Granadas. Kolumbus unternahm nicht nur als Lebender weite Reisen, sondern auch sein Leichnam wurde weit herumgeschickt. Er starb 1506 in Valladolid. Seine sterblichen Überreste kamen einige Jahre später nach Sevilla, wurden 1596 aber nach Santo Domingo auf der Insel Hispaniola (heute Dominikanische Republik) überführt. 1795 landeten dort französische Truppen. Vor ihnen brachten die Spanier den Leichnam nach Havanna in Sicherheit. Als mit Kuba die letzte spanische Kolonie 1898 im Krieg gegen die USA verloren ging, verschiffte man den Weitgereisten wieder nach Sevilla.

Wissenschaftler untersuchten drei Jahre lang die Skelettreste mit Hilfe einer vergleichenden DNA-Analyse. Im Mai 2006 konnten sie den Erweis erbringen, dass zumindest ein Teil der Gebeine von Kolumbus in Sevilla liegt. Wo sich der Rest befindet, ist noch nicht geklärt.

Chor und Hauptaltar

Das 1478 fertiggestellte Chorgestühl besteht aus 117 reich verzierten Sitzen, zu denen 216 Figuren sowie zahlreiche Intarsien und Reliefs gehören. Es gilt als das größte Spaniens und das vielleicht schönste Andalusiens. Im Chor steht das Vorbild für die kleine Madonna von Cano in der Kathedrale von Granada. Sie hat die Augen niedergeschlagen und sieht von links betrachtet ernst aus, während sie zu lächeln scheint, wenn man sie von der rechten Seite anschaut. Ihr Schöpfer, der große andalusische Bildhauer Montañés – Lehrer von Cano – hielt diese Madonna für sein Meisterwerk. Sie entstand 1606.

Der Hochaltar der **Capilla Mayor** (Hauptkapelle) gegenüber vom Chor ist außerordentlich reich gestaltet mit Spinnwebfiligran aus Gold und Hunderten holzgeschnitzter Figuren. Dieser größte gotische Hochaltar überhaupt nimmt mit 23 m Höhe und 12 m Breite die gesamte Rückwand der Kapelle ein. Das Jesus- und Marienleben wird auf 45 Feldern geschildert, außerdem das einiger Heiliger aus Sevilla. Der Mittelteil ist Maria gewidmet. Der obere Bereich zeigt die Auferstehung Christi. Um perspektivische Verzerrungen auszugleichen, sind die oberen Figuren größer, sodass sie von unten nicht kleiner erscheinen.

Der tragende Teil des Altars besteht aus Flachreliefs mit Stadtansichten Sevillas. Auf ihnen sind auch die Kathedrale und die Giralda, allerdings ohne ihren späteren Aufbau, sowie die Stadtheiligen Justina (Justa) und Rufina (s. u.) zu entdecken. 1482 begannen die Arbeiten am Altar. Während der ersten zehn Jahre schnitzte der Flame Pieter Dancart an den Bildwerken, danach etwa 20 weitere Bildhauer, die zur künstlerischen Elite Spaniens gehörten. 1526 wurden die Einzelbilder eingefasst, 1564 war der gesamte Altaraufsatz vollendet. Das beste Licht für die Betrachtung des Hochaltars fällt am frühen Nachmittag in die Kathedrale.

Schätze und Kunstwerke

Kostbarkeiten wie goldene Kreuze und kunstvoll verzierte Reliquienschreine sind im **Tesoro** (Schatzkammer) zu bewundern. Die folgende **Sala Capitular** (Kapitelsaal) mit elliptischem Gewölbe wurde 1530 im Stil der Renaissance angebaut. Gegenüber dem Eingang hängt dort ein großes Marienbildnis von Murillo.

In der **Sacristía Mayor** (Hauptsakristei) sind links und rechts Heiligenbildnisse von Murillo zu bewundern, die Leander und Isidor darstellen. An der hinteren Wand hängen ein schlichtes Bildnis von Zurbarán, das die hl. Teresa von Ávila zeigt, und eine eindrucksvolle, vor allem von Murillo hoch geschätzte »Kreuzabnahme« von Pedro de Campaña aus dem Jahre 1548. Von Juan de Arfe, dessen Vater Enrique de Arfe eine der Kustodien in der Kathedrale von Cádiz schuf (s. S. 193), stammt die 3,25 m hohe Monstranz aus Silber (1581).

Die **Sacristía de los Cálices** beherbergt zahlreiche Gemälde aus der Sevillaner Malerschule. Goyas »Justa y Rufina« zeigt die beiden Stadtheiligen Sevillas, dargestellt vor der Giralda. Sie waren junge Töpferinnen aus dem Stadtteil Triana. Weil sie ein römisches Götterbild zerstörten, mussten sie den Märtyrertod sterben.

Weiter in Richtung Hauptportal, das außerhalb großer Festlichkeiten nur für den König, den Papst und den Kardinal geöffnet wird, befindet sich zentral auf dem Boden die Grabplatte für Fernando Colón, einen Sohn des Entdeckers.

In der **Capilla de Santo Antonio** hängt ein Meisterwerk von Murillo: Das Jesuskind erscheint Antonius von Padua. Anfang des

20. Jh. schnitt ein Dieb die Abbildung des Heiligen heraus. Das gesamte Bild erschien ihm wohl zu groß zum Mitnehmen. Durch Zufall tauchte der Ausschnitt in einem New Yorker Antiquariat wieder auf. Inzwischen staunt Antonius wieder über das ihm erscheinende Jesuskind. Je nach Lichteinfall ist zu erkennen, welcher Teil herausgeschnitten war. In dieser und in den benachbarten Kapellen sind zahlreiche Gemälde des Sevillaner Barocks zu sehen: von Pacheco, Valdés Leal und Zurbarán.

Giralda und Orangenhof

Wahrzeichen der Stadt ist **La Giralda** 2, der Glockenturm der Kathedrale. Bis zu einer Höhe von 70 m kann man auf einer stufenlosen Rampe im Inneren hinaufsteigen. Der Zugang befindet sich im östlichen Teil des Kathedraleninnenraums. Es gilt 35 Stockwerke zu überwinden. Sie sind nummeriert, wohl damit man unterwegs nicht den Mut verliert. Oben bietet sich eine großartige Aussicht auf Sevilla. Aber auch während des Aufstiegs gibt es immer wieder Möglichkeiten, einen Blick auf die Stadt zu werfen.

Der Turm ist in strengem Almohadenstil erbaut, wie man ihn ähnlich auch in den marokkanischen Städten Rabat oder Marrakesch findet. Man kann ihn weit außerhalb der Stadt noch deutlich sehen. Seine Gesamthöhe beträgt 97 m. Das ehemalige Minarett der Almohadenmoschee aus dem 12. Jh. hat 1568 einen dreiteiligen Renaissanceaufsatz bekommen, in dem nun die Glocken der Kathedrale hängen. Auf seiner Spitze war früher als Wetterfahne der sogenannte *giraldillo* befestigt, eine Bronzefigur, die den »Triumph des Glaubens« darstellen sollte – mit Standarte und Palmenzweig in den Händen. Ihr verdankt der Turm seinen Namen (*giralda* = span. Wetterfahne). Die Originalfigur wird derzeit restauriert.

An der Nordseite der Kathedrale liegt der **Patio de los Naranjos** (Orangenhof), an dessen Ausgang die Besichtigung endet. Sein Brunnen soll noch aus der Zeit der Westgoten stammen, also aus dem 7. Jh. Charakteristischer sind jedoch die maurischen Einflüsse, die noch an die ehemalige Almohadenmoschee denken lassen. Der Orangenhof war in maurischer Zeit für rituelle Waschungen vorgesehen. Es war aber auch ein Ort um Recht zu sprechen und Vorlesungen abzuhalten. Darüber hinaus gingen Händler und Ärzte hier ihren Geschäften nach.

Besichtigung von Kathedrale und Giralda: Sept.–Juni Mo–Sa 11–17, So 14.30–18 Uhr, Juli/Aug. Mo–Sa 9.30–15.30, So 14.30–18, 7,50 €, So frei. Zu den Gottesdiensten bis 10.30 Uhr ist der Eintritt ebenfalls frei, die

Wahrzeichen Sevillas – die Giralda: ein Minarett, das zum Glockenturm der Kathedrale umgestaltet wurde

Seitenkapellen sind dann allerdings nicht zugänglich.

Königliche Kapelle

Die **Capilla Real** (Königliche Kapelle) wurde erst Mitte des 16. Jh. im Platereskstil dem Mittelschiff der Kathedrale angefügt. Sie ist offiziell nicht zu besichtigen. Nur Gläubige dürfen sie zur Andacht und Messe von außen betreten, der Zugang vom Kathedraleninneren aus ist versperrt. Hier thront eine der berühmtesten Marienfiguren von Sevilla: die **Virgen de los Reyes** (Jungfrau der Heiligen Drei Könige), Schutzpatronin der Stadt. Sie stammt aus dem 13. Jh. und ist aus Lärchenholz geschnitzt.

Vor dem Altar steht ein reich verzierter Schrein aus Silber und Bronze. In ihm ruht angeblich unverwest Ferdinand III. der Heilige, der Sevilla 1248 eroberte. Sein Banner und Schwert sowie ein Kreuz, das Hernán Cortés bei der Eroberung Mexikos begleitet hatte, gehören zum Schatz der Kapelle. Auf halber Höhe sind an den Seitenwänden rechts die kniende Figur der Beatrix von Schwaben (Gattin Ferdinands III.) und links

Richtig Reisen-Tipp: Semana Santa in Sevilla

Am Palmsonntag, eine Woche vor Ostern, beginnt die Semana Santa (Karwoche). Viele Sevillaner feiern sie noch sehr inbrünstig, auch wenn die Jüngeren inzwischen die arbeits- und schulfreie Woche oft für einen Kurzurlaub nutzen. Alles läuft seit über 300 Jahren nach unveränderten Regeln ab. 57 Prozessionen ziehen in der Semana Santa durch die Straßen, pro Tag bis zu neun. Sie kommen am Nachmittag aus den Pfarrkirchen der Stadtteile.

Dem Leitkreuz folgen in Zweierreihen Hunderte von *nazarenos,* Büßer, wie sie in Sevilla genannt werden, mit spitzen Mützen, die Kopf und Gesicht verdecken. Dieser Brauch geht auf das 14. Jh. zurück, als der Papst die Selbstzüchtigung bei Büßerumzügen verbot. Wer sich weiterhin geißeln wollte (was allerdings inzwischen abgeschafft ist), musste sein Gesicht verdecken. Es folgt eine Bühne mit dem *paso,* einer lebensgroßen Figurengruppe mit dem gekreuzigten Christus, die eine Szene aus der Passionsgeschichte darstellt. Das Gestell darunter ist verhüllt. Durch Klingelzeichen weist der *capataz* (Anführer) den Trägern den Weg. Dann kommen die *penitentes,* eine zweite, von Kapuzen verhüllte Gruppe barfüßiger Büßer mit brennenden Kerzen in der Hand. Einige schleppen Holzkreuze oder ziehen Ketten hinter sich her. Den Abschluss bildet der *paso de la virgen*, die festlich geschmückte Marienfigur.

Prozessionen aus den traditionell ›bürgerlichen‹ Stadtteilen im Zentrum Sevillas laufen oft schweigend ab, nur vereinzelt ertönen Klagegesänge. Die Züge aus den Vorstädten werden von Trommlern, Blasinstrumenten und Gesang begleitet, die *pasos* sind farbenfreudiger dekoriert.

Die Prozessionen werden von den Bruderschaften (die heute teilweise auch Schwestern aufnehmen) bestritten. Jede besitzt eigene Farben und Embleme. Die erste derartige *cofradía* gründete sich in Sevilla schon 1340. Viele weitere folgten im 16. Jh. als Reaktion auf reformatorisches Gedankengut, gegen das sich die katholische Kirche wappnen wollte. Die *pasos* waren ursprünglich Bußstationen in den Straßen, an denen die Gläubigen während der Semana Santa vor Passionsszenen beteten. Im 17. Jh. begann man die *pasos* bei den Büßerprozessionen als Figurengruppen durch die Straßen zu tragen.

Die Prozessionszüge treffen zwischen 17 und 23 Uhr in der Calle Campana ein, um von hier den *itinerario oficial* (offizieller Weg) zu verfolgen: Calle Sierpes – Plaza de San Francisco – Avenida de la Constitución – Kathedrale. Durch diese geht es hindurch zur Plaza Virgen de los Reyes, dort am Erzbischöflichen Palast unter dem Balkon des Kardinals vorbei. Mitten in der Nacht kehren die Prozessionen in ihre Kirchen zurück.

In der Nacht von Gründonnerstag auf Karfreitag erreicht die Semana Santa zur *madrugada* ihren Höhepunkt. Dann ziehen in den frühen Morgenstunden die sechs populärsten Bruderschaften durch die Innenstadt, allen voran ab ca. 0.30 Uhr die älteste, El Silencio, in einer Schweigeprozession. Es folgen u. a. La Macarena mit der am leidenschaftlichsten verehrten Marienfigur Sevillas sowie zum Abschluss ab ca. 6 Uhr Los Gitanos, die Bruderschaft der Gitanos, mit Flamencogesang. Frühestens zum Sonnenaufgang dürfen die Sevillaner nach uralter Tradition in dieser Nacht nach Hause gehen, um kein Unglück heraufzubeschwören.

Programm: Prozessionswege und Zeiten werden erst ca. 14 Tage vorher genau festgelegt. Programm dann unter www.semana-santa.org oder bei den örtlichen Tourismusbüros (s. S. 262).

Tribünenplätze: Der Andrang von Zuschauern am Straßenrand entlang dem *itinerario oficial* ist immens. Am besten verfolgt man das Geschehen von einem Tribünenplatz aus. Tickets dafür gibt es an ambulanten Schaltern in der Innenstadt. Preisspanne: ca. 5–25 €.

die ihres Sohnes Alfons X. des Weisen zu sehen. Beide sind hier bestattet.

Real Alcázar

So wie die Kathedrale an die Stelle der riesigen Moschee der Almohaden trat, ist auch der Ort des Königspalastes über zwei Jahrtausende hinweg derselbe geblieben. Der **Real Alcázar** 3 von Sevilla dient dem König von Spanien noch heute bei einem Besuch als Residenz.

Seine Mauern sind teilweise noch römischen Ursprungs. Seit Cäsar Sevilla befestigen ließ, war der Palast des Herrschers zugleich eine äußerst wehrhafte Festung. Die zinnengekrönten Mauern, die nicht nur die Gebäude, sondern auch die Gärten umschließen, wurden von den Almohaden errichtet.

Das Kernstück des Königspalastes und eine der Hauptsehenswürdigkeiten Sevillas ist allerdings ein späterer Bauabschnitt: die Residenz von Peter dem Grausamen (Pedro el Cruel) von Kastilien, der 1350–69 herrschte. Als christlicher König zählte er den moslemischen Herrscher von Granada zu seinen Bündnispartnern. Peter verhalf dem zeitweise vom Thron gestürzten Mohammed V. wieder zur Macht. Aus Dankbarkeit schickte dieser ihm Baukünstler und Handwerker. Mit dem Königspalast von Sevilla schufen sie ein Meisterwerk maurischer Baukunst. Teilweise arbeiteten sie auch Formen und Symbole der christlichen Tradition ein (Mudéjarstil). Peter der Grausame engagierte sich sehr für diesen Palast. In ihm sollte seine Geliebte María de Padilla wohnen.

Äußerer Festungsbereich

Hinter dem Eingangstor des Festungsbereichs – der Puerta del León – öffnet sich zunächst der begrünte **Patio del León** (Löwenhof). Dahinter liegt der **Patio de La Montería**, der Ausgangspunkt für die Besichtigung der Baukomplexe. Im Gebäude rechts befand sich die **Casa de Contratación**, die 1503 von Isabella I. gegründete Handelskammer, von der aus der Warenverkehr mit Amerika gesteuert wurde. Dort gelangt man zunächst in den Audienzsaal. Hier empfingen die spanischen Könige Seefahrer und Entdecker, z. B. Kolumbus nach seiner zweiten Amerikareise oder Magalhães (Magellan) vor der ersten Weltumsegelung. Dahinter befindet sich eine Kapelle mit einem berühmten Gemälde: Die »Madonna der Seefahrer« wurde 1540 von Alejo Fernández gemalt. Besser bekannt ist sie als »Madonna der guten Winde« (*buenos aires*), die der Hauptstadt Argentiniens ihren Namen gab. Unter ihrem weiten Mantel versammeln sich bekannte Figuren der Weltgeschichte, unter ihnen Karl V. und Kolumbus.

Palast Peters des Grausamen

In den Palast von Pedro el Cruel führt ein schlichtes, aber dennoch auffallendes Eingangstor. Es ist von reich dekorierten Blendarkaden umgeben. Über den Fenstern prangt in kufischer Schrift das Motto des Nasridenkönigs: »Es gibt keinen Sieger außer Allah«. Möglich, dass der christliche König den Text – er wirkt wie ein harmloses Linienornament – nicht entziffern konnte. Es könnte auch sein, dass es ihm ganz recht war, denn Allah bedeutet schließlich nichts anderes als Gott. Im ersten Obergeschoss befinden sich Räumlichkeiten für den jetzigen spanischen König.

Hinter dem Eingangstor folgt zunächst ein winkliger, schmaler Gang, wie man ihn ähnlich auch in der Alhambra findet (s. S. 332 ff). Er führt in das weitläufige, offene Zentrum des Palastes – den **Patio de las Doncellas** (Hof der Damen). Von ihm aus gelangt man in die umliegenden Wohn- und Repräsentationsräume. Manches ist restauriert und hinzugebaut worden. So bekamen die maurischen, auf Doppelsäulen gestützten Fächerbögen des zentralen Hofs 1569 ein Obergeschoss im Renaissancestil.

Die **Sala de Embajadores** (Gesandtensaal) ist besonders prunkvoll. Oben schwebt ein Stalaktitengewölbe. Die Stuckdekoration an den Wänden ist rundherum in einem warmen Goldton gestrichen. Karl V. und Isabella

Real Alcázar

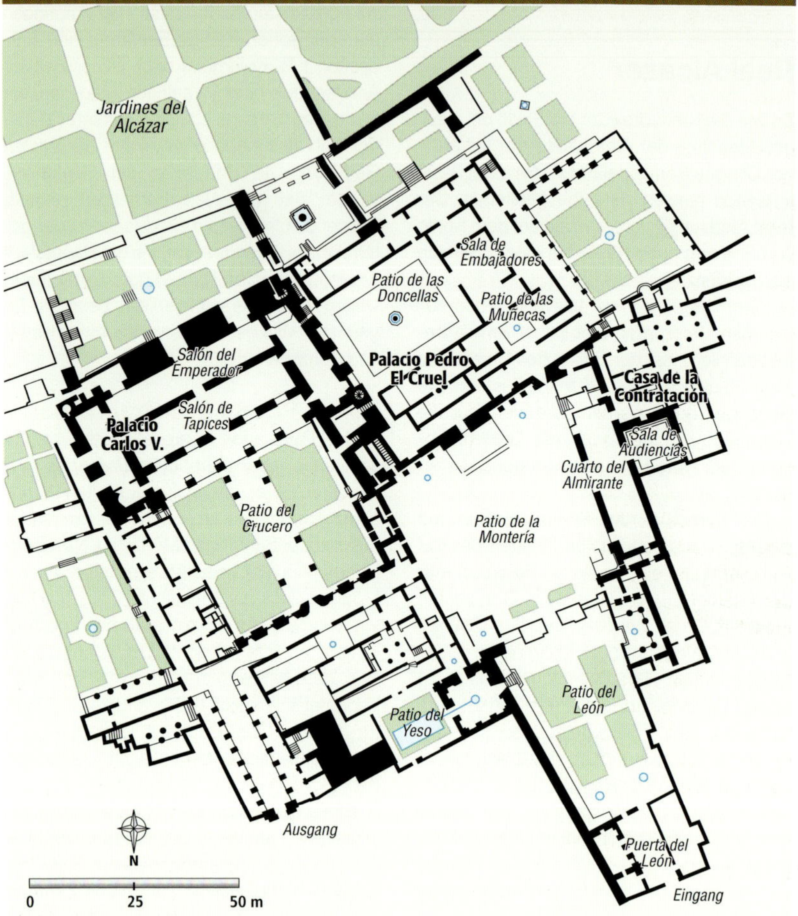

von Portugal gaben sich in diesem Saal das Jawort.

Auch die übrigen Räume sind mit farbigem Stuckwerk reich verziert. Zahlreiche Decken werden von kunstvollen Einlegearbeiten aus Holz geschmückt (*artesonado*). Die großen geschnitzten Türen sind Originale aus dem 14. Jh. Bemalte Fliesen (*azulejos*) säumen als Fries die unteren Teile der Seitenwände. Das Motiv des Zedernbaumes als Zeichen des Lebens schließt den Fliesenschmuck nach oben ab. Im eisernen Gitterwerk, versteckt vor einem Fenster zum Garten, kann man die Form eines Davidsterns ausmachen, vielleicht ein Hinweis darauf, dass einige der beteiligten Handwerker der jüdischen Religionsgemeinschaft angehörten.

Über die ursprüngliche Einrichtung und Aufteilung des Palastes ist nichts Sicheres bekannt. Die zum Garten ausgerichteten Räume gelten als die Gemächer María de Padillas. Hinter der Sala de Embajadores liegt

der lange Speisesaal. Um den kleinen **Patio de las Muñecas** herum befanden sich später die Privatgemächer der Katholischen Könige.

Palast Karls V. und Jardines del Alcázar

Im Vergleich zum Palast von Peter I. wirkt der Palast Karls V. schlicht. In ihn wurden gotische Gebäudereste integriert. Kostbare Gobelins, die die Belagerung von Tunis durch Karl V. (1535) illustrieren, stammen aus der Brüsseler Werkstatt von Willem de Pannemaker (1554). Auch im Palast Karls V. finden sich *azulejos* aus dem 16. Jh. Während die Mauren 200 Jahre zuvor die Farben noch getrennt auftrugen und brannten, war damals schon die Majolikatechnik verbreitet. Sie erlaubt es, eine vielfarbige Glasur auf die Oberfläche der Tonwaren aufzubringen und zu brennen, ohne dass sie verläuft.

Die **Jardines del Alcázar** gleichen besonders um die Mittagszeit einer Oase der Ruhe. Zwischen Orangenbäumen und Palmen, Zedern und Zypressen stehen Parkbänke, der ideale Platz für eine Pause im Schatten. Schöne Blickfänge: Springbrunnen und ein Pavillon. Andalusienreisende rühmten diese Gärten schon vor 500 Jahren! (**Real Alcázar:** Okt.–März Di–Sa 9.30–17, So 9.30–13.30, April–Sept. Di–Sa 9.30–19, So 9.30–17 Uhr, 7 €, Studenten und Rentner frei).

Centro

Das historische Zentrum der Stadt liegt auf der linken, der östlichen Seite des Río Guadalquivir. Markanter Orientierungspunkt ist die Kathedrale mit dem Glockenturm La Giralda. Zahlreiche Sehenswürdigkeiten und Museen sind hier auf engem Raum verteilt.

Archivo General de Indias

Südlich der Kathedrale steht das ehemalige Börsengebäude (Ende 16. Jh.). Es wurde vom Architekten Juan de Herera im strengen Renaissancestil entworfen. Seit 1784 befindet sich hier der Sitz des **Archivo General de Indias** 4, in dem sämtliche Dokumente archiviert sind, die die spanischen Kolonien betreffen: z. B. Nachlässe und Briefe von Kolumbus oder Aufzeichnungen von Amerigo Vespucci, nach dessen Vornamen der gesamte Kontinent vom deutschen Kartografen Waldseemüller 1507 erstmalig Amerika genannt wurde. Man findet auch Notizen und Briefe von Hernán Cortés, der das mexikanische Aztekenreich erobert, und von Francisco Pizarro, der in Peru die Inka unterwarf. Wer über die Geschichte Lateinamerikas forschen möchte, muss sich nach Sevilla begeben. Nur wenige Räume des Archivs sind der Öffentlichkeit zugänglich. Im ersten Obergeschoss werden einige historische Briefe in Kopie ausgestellt. In hohen Regalen stehen leere Dokumentenschachteln, um die Fülle der gelagerten Informationen zu veranschaulichen (Plaza Triunfo, Mo–Fr 10–15 Uhr, Eintritt frei).

Palacio Arzobispal und Ayuntamiento

Östlich der Kathedrale steht an der Plaza de los Reyes der **Erzbischöfliche Palast** 5. Das prachtvolle barocke Eingangstor stammt aus dem 18. Jh. Dahinter liegen schöne Innenhöfe aus dem 16. Jh.

Folgt man der Avenida de la Constitución entlang der Kathedrale nach Norden, so gelangt man direkt zum **Rathaus** 6. Es wurde Mitte des 16. Jh. während der Regierungszeit Karls V. erbaut und zeigt außen zwei verschiedene Gesichter der Renaissance. Zur Plaza Nueva ist die Fassade in schlichtem italienischem Stil gehalten. Dagegen präsentiert sich das Gebäude zur Plaza de San Francisco mit plateresker Verzierung, die allerdings nicht fertiggestellt wurde.

Einkaufsstraßen und Plätze

Nördlich vom Rathaus beginnt das Einkaufsviertel Sevillas. Vor allem in der **Calle Sierpes**, ihrer Parallelstraße Calle Velázquez Tetuán und in den Seitenstraßen bis zur Plaza Duque de la Victoria herrscht während der Geschäftszeiten vormittags und am späten Nachmittag reges Treiben. Hier gibt es fast alles, was das Herz begehrt: schicke Bou-

Traditionscafé: Die **Confitería La Campana** ist ein Traditionscafé (gegründet 1885) am nördlichen Ende der feinen Einkaufsstraße Calle Sierpes. Zum Frühstück oder nach einem Einkaufsbummel lässt sich in gediegener Atmosphäre Kaffee trinken. Das Ambiente erinnert an ein Wiener Caféhaus, die Auswahl an Kuchen, Gebäck und Süßwaren ist ausgezeichnet.

tiquen für Damen und Herren, Juweliere, Kunsthandwerks- und Souvenirsläden. Speziell in der Calle Velázquez Tetuán sind Filialen der großen spanischen Modeketten wie Zara, Mango, Camper oder Massimo Dutti angesiedelt. Wer sich vom Einkaufsstress erholen möchte, findet in den Seitenstraßen einige Tapabars und Cafés.

Altmodischer auf eine sympathische Art wirken die Geschäfte in den Gassen zwischen der Plaza Alfalfa und der Plaza San Salvador. Die urigen Bars mit Tischen auf der Plaza San Salvador erfreuen sich nachmittags und am frühen Abend bei Sevillanern aller Altersgruppen großer Beliebtheit. An der Stelle der **Iglesia de El Salvador** 7 stand im 9. Jh. die erste Moschee der Stadt. Im Innenhof der Kirche sind noch Reste davon zu sehen.

Museo del baile Flamenco

Nördlich der Plaza San Salvador liegt das privat geführte **Flamencomuseum** 8. Ein komplettes Stadthaus aus dem 18. Jh. ist hier dem Flamenco gewidmet. Im Erdgeschoss befindet sich im überdachten Innenhof ein schönes Café. Hier eröffnen in unregelmäßigen Abständen auch Kunstausstellungen. Der angeschlossene Laden hält allerlei Flamencozubehör bereit. Im historischen Keller werden gelegentlich Aufführungen und Vorträge für Gruppen veranstaltet. Die eigentlichen Museumsräume befinden sich im ersten Obergeschoss. Große Leinwände, z. T. auch raumübergreifend, projizieren die verschiedenen Stilformen des Flamenco in alle Räume. Auf zahlreichen kleineren Monitoren kann sich jeder Besucher über Kopfhörer sein musikalisch unterlegtes Infoprogramm zusammenstellen (auch auf Deutsch). Das Museum ist modern gestaltet, die Bild- und Klangqualität ist gut. Ein Raum widmet sich den farbenprächtigen Flamencokleidern und den traditionellen Anzügen der Musiker und Tänzer. Die Galerie über dem Innenhof bietet Platz für eine Fotoausstellung mit stilvollen Schwarz-Weiß-Aufnahmen von den 1960er-Jahren bis heute über die jüngere Geschichte des Flamenco und seine Protagonisten und Künstler. Das zweite Obergeschoss dient wechselnden Kunstausstellungen (Calle Manuel Rojas Marcos 3, www.museoflamenco.com, Nov.–März tgl. 9–18, April–Okt. 9–19 Uhr, 10 €).

Casa de Pilatos

Die **Casa de Pilatos** 9 ist neben dem Alcázar der prachtvollste Stadtpalast Sevillas und das beste Beispiel für den Mudéjarstil. Die Verschmelzung maurischer Dekorationskunst mit den Maßen und Formen der Renaissance ist in diesem Palast auf besondere Weise gelungen. 1519 schloss man die Arbeiten an dem Jahrzehnte zuvor geplanten Palast ab. Bauherr war Ribera, der erste Marqués von Tarifa. Er hatte sich lange Zeit in Jerusalem aufgehalten und wollte der Legende nach das Haus des römischen Statthalters Pilatus nachbauen lassen. Wahrscheinlich ist nichts Wahres an dieser Geschichte. Dennoch überdauerte der Name ›Haus des Pilatus‹ bis heute. Ein Tor hinter dem Eingangshof öffnet sich zu einem von Arkaden gesäumten Renaissancehof mit Springbrunnen. Über den Wasserstrahlen zeigt ein Januskopf seine beiden Gesichter. In den vier Ecken des Patio stehen römische Statuen, darunter Darstellungen der Göttinnen Minerva und Demeter. In den umliegenden Räumen gibt es weitere antike Skulpturen zu sehen, darunter ein römisches Relief, das Leda mit Zeus zeigt, der sich ihr in Gestalt eines Schwans nähert.

Beeindruckend sind auch die *azulejos,* die nicht nur die Innenräume, sondern auch die zum Garten zeigenden Außenmauern schmü-

cken. Die Räume im ersten Stockwerk sind wie ein Museum hergerichtet: alte Möbel, Gemälde und Porzellan zeugen von adeliger Wohnkultur (Plaza de Pilatos 1, Okt.–Feb. tgl. 9–18, Obergeschoss nur 10–14, 15–18, März–Sept. tgl. 9–19, Obergeschoss nur 10–14, 15–19 Uhr, 8, nur Erdgeschoss 5 €, Di 13–17 Uhr für EU-Bürger frei).

Barrio de Santa Cruz

Santa Cruz ist der kleinste und zugleich reizvollste Stadtteil Sevillas. Im Westen wird er von Kathedrale und Alcázar begrenzt, im Osten von der Calle Santa María la Blanca. Santa Cruz besteht aus einem Gewirr enger Gassen und lauschiger Plätze mit zahlreichen Restaurants, Cafés und Bars. Die **Calle de Pimienta** (Pfefferstraße) erinnert an den ehemaligen Reichtum des Viertels. Schon bald nach der Entdeckung Amerikas bezogen die hier ansässigen Händler den ursprünglich aus Indien stammenden Pfeffer aus Peru und Chile. Zeitweise war das Gewürz wertvoller als Gold, entsprechend hohe Gewinne wurden erzielt. Jahrhundertelang war Sevilla auch berühmt für seine Keramikproduktion. Noch heute werden Tonwaren im Barrio de Santa Cruz verkauft.

Sehenswert ist das **Hospital de los Venerables Sacerdotes** 10 an der gleichnamigen, meist sehr belebten und mit Tischen der umliegenden Restaurants belegten Plaza. Das palastartige Gebäude mit eigener Kapelle wurde Ende des 17. Jh. erbaut und diente als Altersheim für Priester. Reizvoll ist der große Innenhof. Heute wird der barock ausgeschmückte Bau für wechselnde Ausstellungen genutzt (Besichtigung nur im Rahmen von Führungen auf Spanisch oder Englisch, tgl. 10–13.30, 16–19.30 Uhr, 4,75 €).

Grün und lauschig ist die **Plaza de Santa Cruz**. Im zentralen Bereich steht ein reich verziertes schmiedeeisernes Kreuz aus dem Jahre 1629. Vom Platz geht die Calle Santa Teresa ab. Im **Haus Nr. 8** soll der sevillanische Maler Murillo gewohnt haben. In der Callejón del Agua lässt sich durch die offenstehenden Torflügel der alten Stadthäuser manchmal ein Blick in die schönen Innenhöfe erhaschen. In der angrenzenden Gartenanlage **Jardines de Murillo** 11 sitzt man unter großen Gummibäumen im Schatten.

Santa Cruz ist auch als ehemaliges Judenviertel bekannt. Als Ferdinand der Heilige 1248 Sevilla eroberte, fand er allerdings kaum Juden vor. Sie waren weitgehend von den fanatisch religiösen Almohaden vertrieben worden. Um den Handel anzukurbeln, holte der christliche König die Juden wieder zurück. Er siedelte sie neben dem Palast an, wo sie unter seinem besonderen Schutz standen. Allerdings währte dieser Zustand nicht lange. Bis 1391 war die heutige **Iglesia Santa María la Blanca** 12 in der gleichnamigen Straße Synagoge. Dann setzte in Sevilla die Verfolgung der Juden ein, rund 100 Jahre vor ihrer endgültigen Vertreibung aus Spanien im Jahre 1492.

Guadalquivir und El Arenal

Fábrica de Tabacos

Bei der ehemaligen **Tabakfabrik** 13 handelt es sich um einen der größten zivilen Baukomplexe Spaniens. Die Ausmaße (250 x 180 m) sind beträchtlich. Ungewöhnlich ist auch, dass eine Fabrik wie ein Palast gebaut wurde – mit schönen großen Innenhöfen. 1757 nahmen die ersten Zigarrendreherinnen hier ihre Arbeit auf. Anfang des 19. Jh. waren es schon um die 12 000. Das königliche Monopolunternehmen wurde streng bewacht, damit keine Ware hinausgeschmuggelt werden konnte. Für diese Straftat verfügte die Fabrik über ein eigenes Gericht und ein Gefängnis. Der französische Schriftsteller Prosper Mérimée machte die Tabakfabrik übrigens zum Schauplatz seiner berühmten Novelle »Carmen« aus dem Jahre 1845. Bis 1949 war sie in Betrieb. Dann begannen Umbauarbeiten, damit Teile der **Universität** einziehen konnten: mehrere Fakultäten, das Rektorat und die Bibliothek. Während des Semesters herrscht meist reges Treiben in den öffentlich zugänglichen Innenhöfen (Calle San Fernando/Calle Palos de la Frontera).

Gelände der Ibero-Amerikanischen Ausstellung 1929

Neben der Universität steht das luxuriöse **Hotel Alfonso XIII.** 14 Das palastartige Gebäude ist im Mudéjarstil errichtet. Der damalige spanische König Alfonso XIII. gab den Bau 1928 für die Ibero-Amerikanische Ausstellung in Auftrag, eine internationale Ausstellung ähnlich der EXPO. Es sollte das prunkvollste Hotel von Europa werden. Tatsächlich übernachtet hier oft nationale und internationale Prominenz aus Politik, Adel und Medien.

Hinter dem Hotel lohnt der **Palacio de San Telmo** 15 einen Abstecher. Der Palast wurde Ende des 17. Jh. erbaut und diente zunächst als Seemannsschule. Im oberen Bereich des Eingangsportals steht eine Statue des hl. Erasmus (span. San Telmo) – des Schutzheiligen der Seefahrer. Heute ist das Gebäude Sitz des andalusischen Ministerpräsidenten. Die Palastgärten wurden der Stadt für die Ausstellung überlassen. Hier stehen die Pavillons der Vereinigten Staaten von Amerika, von Chile, Peru und Uruguay. Das ehemalige Casino der Ausstellung ist heute das **Teatro Lope de Vega**.

Speziell für die Ibero-Amerikanische Ausstellung von 1929 gestaltet wurde der **Parque de María Luisa**. Er ist nach der Herzogin Marie Louise von Montpensier (1627–1693) benannt, die in den Jahren 1651/52 während des Fronde-Aufstands – von Spanien unterstützt – ganz Paris gegen den Kardinal und Staatsmann Mazarin aufwiegelte. Mit seinen Springbrunnen, Teichen, dem künstlichen Hügel und üppigem Pflanzenwuchs ist er eine der schönsten Grünanlagen Spaniens. Besonders am Wochenende treffen sich hier Familien zum Schlendern.

Der **Pabellón de España** 16 – Beitrag Spaniens zur Ibero-Amerikanischen Ausstellung – umschließt halbkreisförmig die Plaza de España. Die Plaza durchzieht ein Kanal, auf dem Boote fahren können. Vier Brücken symbolisieren die mittelalterlichen Königreiche Kastilien, León, Navarra und Aragón, aus denen Spanien hervorging. An der nach innen gerundeten Front des Gebäudes zeigen 52 Fliesenbilder Szenen der spanischen Geschichte. Jedes Bild steht für eine der Provinzen. Maurische, gotische, barocke und klassizistische Stilelemente sind im Palacio de España vereint. Dennoch wirkt das Gebäude nicht überladen. Heute befindet sich hier das **spanische Militärmuseum** (Puerta de Aragón, Di–Sa 10–13.30 Uhr, So/Mo/Fei geschl., Eintritt frei).

Am Südrand des Parque de María Luisa liegt die **Plaza de América**. Hier steht der **Pabellón Real** 17 (königlicher Pavillon). Auch er wurde im Rahmen der Ausstellung von 1929 errichtet, und zwar im spätgotischen Stil. Auffällig auf der Plaza de América sind die zahlreichen weißen Tauben.

Im **Pabellón Renacimiento** – einem Bau im Stil der Neorenaissance – ist an der Plaza de América das **Museo Arqueológico** 18 untergebracht. Es zeigt Fundstücke von der Prähistorie bis zur Maurenzeit, vor allem aus den Provinzen Sevilla, Cádiz und Huelva. Unbestrittener Glanzpunkt im Untergeschoss ist der Goldschatz von Carambolo aus dem 8. Jh. v. Chr. Er wurde 1958 nahe Sevilla gefunden und wird mit der Kultur des untergegangenen Reiches Tartessos (s. S. 29) in Zusammenhang gebracht. In den oberen Stockwerken sind Funde aus dem römischen Itálica (s. S. 268 ff.) ausgestellt, außerdem hellenistische Statuen, die der Konsul Mummius 147 v. Chr. nach dem Sieg über das griechische Korinth per Schiff nach Spanien bringen ließ. Häufig sind Darstellungen der römischen Kaiser Trajan und Hadrian, die beide aus Itálica stammten (Plaza de América, Di 14.30–20.30, Mi–Sa 9–20.30, So/Fei 9–14.30 Uhr, EU-Bürger frei, sonst 1,50 €).

Der **Pabellón Mudéjar** gegenüber beherbergt das **Museo de Artes y Costumbres Populares** 19 (Museum der Volkskunst und -bräuche). Thema ist das Leben in der Stadt

Lädt zum Verweilen ein: die Plaza de España im Parque de María Luisa

Veranstaltungskalender: Die monatlich erscheinende kostenlose **Broschüre El Giraldillo** ist in den Touristeninformationsbüros erhältlich (nur Spanisch, doch mit Grundkenntnissen lässt sich das Wichtigste daraus entnehmen). Sie enthält aktuelle Hinweise auf die verschiedensten Veranstaltungen, u. a. in dem für die EXPO 1992 im postmodernen Stil am Ufer des Guadalquivir errichteten **Teatro de la Maestranza** (Sinfonieorchester, manchmal Opernaufführungen).
Infos im Internet: www.elgiraldillo.es.

im Verlauf der Jahrhunderte. Ausgestellt sind Kleidung, Geräte und Möbel (Plaza de América 3, Di 14.30–20.30, Mi–Sa 9–20.30, So/Fei 9–14.30 Uhr; EU-Bürger frei, sonst 1,50 €).

Guadalquivirufer

Der Name **Guadalquivir** stammt aus dem Arabischen und bedeutet ›großer Fluss‹. In der Anfangszeit des Amerikahandels brachte der Fluss Sevilla großen Reichtum. Allmählich verlandete er aber immer mehr, sodass größere Schiffe nicht mehr bis Sevilla gelangen konnten. Heute wird die Fahrrinne regelmäßig ausgebaggert, Seeschiffe erreichen wieder den Industrie- und Handelshafen südlich des Zentrums. Doch erst seit der Weltausstellung 1992 fließt der Guadalquivir wieder ungehindert direkt am historischen Zentrum vorbei. Im Rahmen dieser gestalterischen Baumaßnahmen ist auch die schöne Promenade am Ostufer entstanden – besonders bei Joggern und Radfahrern beliebt. Abends flanieren die Sevillaner hier gern .

Torre del Oro

Der zweite berühmte Turm Sevillas stammt aus der Almohadenzeit, von 1220. Von der **Torre del Oro** 20 führte ehemals eine Kette zur gegenüberliegenden Seite, um den Fluss gegenüber Eindringlingen abzusperren. Hier legten die aus Amerika kommenden Schiffe an. Am Kai wurde das Gold der Inka und Azteken ausgeladen und im Turm sicher zwischengelagert. Angeblich war seine Kuppel zu jener Zeit mit vergoldeten Ziegeln oder *azulejos* gedeckt (span. *oro* = Gold). Heute befindet sich hier ein Schifffahrtsmuseum, das sich der Geschichte der sevillanischen Seefahrt widmet (Paseo de Cristóbal Colón, Di–Fr 10–14, Sa/So 11–14 Uhr, Fei. und Aug. geschl., 2 € (mit Audioguide), Studenten und Rentner gratis, Di freier Eintritt).

Hospital de la Caridad

Das im 17. Jh. gegründete **Hospital de la Caridad** 21 wird heute als Seniorenheim genutzt. An den Wänden des Einganghofes sind Geschichten aus dem Alten Testament auf flämischen Fliesen dargestellt. In der Kapelle befinden sich einige Meisterwerke von Estebán Murillo und Valdés Leal. Beide wirkten zu dieser Zeit in Sevilla. Während Murillo das Leben in stimmungsvollen Tönen malt, widmet sich Leal in seinen Gemälden dem Schrecken des Todes. Im Eingangsbereich der einschiffigen Kirche hängen zwei Gemälde von Leal. Eines zeigt die verwesenden Leichen eines Ritters, der die Züge des Hospitalgründers Don Miguel Mañara trägt, und eines Erzbischofs. Auf dem anderen löscht ein Knochenmann das Licht des Lebens hinter sich aus. An den Seitenwänden der Kirche selbst sind Gemälde von Murillo zu bewundern, u. a. mit den Themen »Das Wunder der Brotvermehrung« und »Johannes der Täufer als Kind« (Calle Temprano 3, Okt.–März Mo–Sa 9–13.30, 15.30–19.30, So/Fei 9–13, April–Sept. Mo–Sa 9–13.30, 16–20, So/Fei 9–13 Uhr, 5 €).

Plaza de Toros de la Maestranza

Die berühmte **Stierkampfarena** 22 ist eine der größten (14 000 Zuschauer) und ältesten Arenen des Landes (1761). In ihr aufzutreten bedeutet für jeden Torero einen Höhepunkt in seiner Karriere. Die Arena kann besichtigt werden, wenn keine Kämpfe stattfinden. Im angeschlossenen Museum werden Fotografien und Stierkampfzubehör gezeigt (Paseo de Cristóbal Colón 12, Nov.–April tgl. 9.30–19, Mai–Okt. 9.30–20, an Stierkampftagen 9.30–15 Uhr, Besichtigung alle 20 Min., 4 €).

Museo de Bellas Artes

Das **Museum der Schönen Künste** 23 (Museum der schönen Künste) führt in den Räumen eines ehemaligen Klosters aus dem 17. Jh. vor allem den Reichtum der Sevillaner Malerschule vor Augen. Zur ihr gehörten bedeutende Meister des Goldenen Jahrhunderts der spanischen Kunst, als das Land im gesamten katholischen Europa den ersten Rang einnahm. Der wichtigste des 17. Jh. war Diego Velázquez, Hofmaler in Madrid. Er stammte aus Sevilla, wo er auch sein Handwerk erlernte. Zurbarán, ›Maler der Mönche‹, kam zwar aus der Extremadura, war aber schon früh Mitglied der Sevillaner Schule. Valdés Leal gehörte ebenso zur Reihe der Meister. Aber keiner von ihnen ist der Stadt so mit seinen Themen, seinem Stil und auch seinem Leben verbunden wie Murillo. Alle genannten Maler sind im Museum vertreten, daneben Luis de Morales und sein Zeitgenosse El Greco, der aus Kreta stammte und im 16. Jh. in Toledo zu einem der größten Maler Spaniens wurde. Außerdem sind Bilder von Goya und zahlreichen ausländischen Künstlern wie Cranach, Rubens, van Dyck, Coreggio, Tizian, Veronese, Lorrain und Poussin zu sehen (Plaza del Museo 9, Di 14.30–20.30, Mi–Sa 9–20.30, So/Fei 9–14.30 Uhr, EU-Bürger gratis, sonst 1,50 €).

La Macarena

Nördlich des Zentrums schließt der noch sehr authentische Stadtteil La Macarena an. Je weiter man den Bereich der schicken Einkaufsstraßen Sierpes und Velázquez Tetuán Richtung Norden hinter sich lässt, desto eigenwilliger und bunter werden die Auslagen der Geschäfte, besonders deutlich erkennbar in der Calle Amor de Díos und ihren Parallelstraßen. Sie ziehen deutlich jüngere Käufer an.

Alameda de Hércules

Die **Alameda de Hércules** ist eine breite Allee, von Bars und Cafés gesäumt. Diese zogen bislang ein junges, studentisches Publikum an, zu dem sich auch Prostituierte und deren Kundschaft gesellten. Der Umgang miteinander war tolerant. Jetzt hat die Stadt mit einer Umstrukturierung des Viertels zwi-

Flamenco: Andalusienklischee und gelebte Kunstform

schen der Alameda de Hércules und der Calle Feria begonnen, wo bislang weniger begüterte Sevillanos wohnen und viele Häuser renovierungsbedürftig sind.

Erste Umstrukturierungsmaßnahmen betrafen das Gebiet der Alameda de Hércules schon im 16. Jh. Hier floss ursprünglich ein Seitenarm des Guadalquivir. Die Stadtherren ließen ihn trockenlegen und stellten zwei römische Säulen an den Anfang des neu geschaffenen Boulevards. Auf einer der Säulen steht eine Figur des Herkules, daher der Name der Allee.

Basílica de la Macarena

Im Norden begrenzt eine **alte Stadtmauer** den Stadtteil, die noch auf maurische Zeiten zurückgeht. Davor an der Puerta de la Macarena steht die **Basílica de la Macarena** 24. Im Hauptaltar wird die berühmte **Virgen de la Macarena** (auch Virgen de la Esperanza) verehrt, die Schutzheilige der Stierkämpfer, die auch bei den Prozessionen anlässlich der Semana Santa eine wesentliche Rolle spielt (s. S. 250) und als wichtigste Marienfigur von Sevilla gilt. Im angeschlossenen Museum sind Gegenstände zu bewundern, die die Bruderschaft Hermandad de la Macarena während der Semana Santa für die Prozession benötigt.

Hospital de las Cinco Llagas

Das große **Hospital de las Cinco Llagas** 25 mit vier Innenhöfen wurde schon im 16. Jh. erbaut. Erst 1972 musste der Krankenhausbetrieb wegen Baufälligkeit eingestellt werden. Einige Jahre später wurde das Gebäude restauriert und ist seit 1992 Sitz des andalusischen Parlaments. Es kann nur nach längerer Voranmeldung im Rahmen von Führungen besucht werden.

Jenseits des Guadalquivir

Die Brücken

Neun Brücken überspannen im Stadtgebiet von Sevilla den Guadalquivir. Ein Wahrzeichen der Stadt ist der zentrale **Puente de Isabel II.** (auch Puente de Triana), 1852 als reine Eisenkonstruktion erbaut. Vom Stil erinnert die Brücke an den Eiffelturm. Der nördliche **Puente del Cachorro** besticht durch die Segelkonstruktionen als Schattenspender über den Gehwegen.

Am schmalsten ist die nur für Fußgänger bestimmte **Pasarela de la Cartuja**. Sie wurde für die EXPO 1992 erbaut. Die Zufahrt zum damaligen Ausstellungsgelände ermöglichte der **Puente de la Barqueta** von 1989. Mit der spektakulärsten Architektur wartet der **Puente del Almillo** nördlich des EXPO-Geländes auf. Dreizehn Kabel, an einem schrägen Mast befestigt, halten die Brücke.

Südlich des Zentrums führen der **Puente de San Telmo** und der **Puente de los Remedios** in den Stadtteil Los Remedios. Zwischen diesen beiden Brücken und dem **Puente de las Delicias** liegt der Hafen von Sevilla. Letztere ermöglicht als Zugbrücke großen Schiffen die Einfahrt. Am höchsten ist die Autobahnbrücke **Puente del V Centenario**. Wie ihr Name verrät, wurde sie zur 500-Jahr-Feier der Entdeckung Amerikas (die mit der EXPO 1992 zusammenfiel) gebaut. Die Fahrbahn liegt 45 m über dem Fluss. Zu Stoßzeiten ist hier oft Stau, sodass der Beifahrer in Fahrtrichtung Westen einen schönen Blick auf Sevilla genießen kann.

Triana

Dem Zentrum gegenüber liegt das Traditionsviertel Triana: berühmt als die Heimat der Fischer, Seeleute, Töpfer und Flamencointerpreten. Ein **Denkmal** von Juan Belmonte an der **Plaza del Altozano,** direkt an der Triana-Brücke, erinnert an einen berühmten **Stierkämpfer** aus dem Viertel 26. In der Uferstraße **Calle Betis** und der parallel zu ihr verlaufenden Calle Pureza reihen sich Bars, Cafés und Restaurants perlenschnurartig aneinander. Am beliebtesten sind abends die Lokale am Fluss mit Blick auf die beleuchtete Stadt. Traditionell war die Gegend nördlich des Puente de Isabel II. den Handwerkern vorbehalten. Viele Keramiker haben dort heute noch ihre Werkstätten (s. S. 265).

Sevilla bei Nacht: der Puente de Triana mit der Torre del Oro im Hintergrund

In den Straßenzügen südlich der Brücke lebten ursprünglich die Fischer. Hier befindet sich in der Calle Pureza die **Capilla de los Marineros** 27 mit der Virgen de la Esperanza de la Triana (nicht zu verwechseln mit der Virgen de la Macarena s. o., aber fast genauso hoch verehrt).

In unmittelbarer Nähe steht die älteste Kirche Sevillas, die **Iglesia Santa Ana** 28 (13. Jh.). Das große Erdbeben von Lissabon zerstörte 1755 auch einen Großteil dieser Kirche. Danach wurde sie wieder aufgebaut, allerdings mit starken barocken Einflüssen. Erst in den 1970er-Jahren erfolgte eine Restaurierung im ursprünglichen, gotischen Stil.

Isla de la Cartuja

Im Jahr 1992 fand 500 Jahre nach der Entdeckung Amerikas in Sevilla eine Weltausstellung statt. Die Großveranstaltung auf der **Isla de la Cartuja** zog innerhalb eines halben Jahres über 30 Mio. Besucher an. Das Karthäuserkloster **Monasterio de Santa María de las Cuevas** 29 (15. Jh.) diente während der Ausstellung als königlicher Pavillon. Kolumbus hatte in dem Kloster seine zweite Atlantiküberquerung vorbereitet. Im 19. Jh. zog eine Keramikfabrik in die Gemäuer, die bis in die 1970er-Jahre dort produzierte. Die Kamine der Brennöfen blieben erhalten. Inzwischen ist das **Centro Andaluz de Arte Contemporáneo** (Zentrum für zeitgenössische Kunst) eingezogen. Zu sehen sind Werke spanischer Künstler des 20. Jh., u. a. von Miró, Chillida und Saura (Av. Américo Vespucio 2, Okt.–März Di–Sa 10–20, So 10–15, April–Juni u. Sept. Di–Sa bis 21, Juli/Aug. Sa erst ab 11 Uhr, Ausstellung und Kloster 3, nur Ausstellung 1,80 €, Di 13–17 Uhr EU-Bürger gratis).

Das restliche EXPO-Gelände wird nur noch teilweise genutzt. Im **Teatro Central** 30 finden z. B. kulturelle Veranstaltungen statt. Das Theater hat sich auf Avantgardestücke spezialisiert; aber es werden auch Jazz-, Rock- und Flamencoaufführungen gegeben.

Seit 1997 zieht vor allem die **Isla Mágica** 31 jüngere Besucher und Familien an. Der Themenpark liegt inmitten eines 60 000 m² großen Gartens mit 500 000 Pflanzen und 42 000 m² Wasserfläche. Mit Hilfe moderner Technik gehen die Besucher auf eine Reise in die Zeit der Entdeckung Amerikas (www.islamagica.es, April–Sept. unterschiedliche Zeiten, am Wochenende meist 11–23 Uhr, Okt.– März nur sporadisch geöffnet, 16–25, Kinder 8–12 €).

i **Turismo de Sevilla/Naves del Barranco**: Calle Arjona (nahe Puente de Isabel II), 41 001 Sevilla, Tel. 902 19 48 97, Fax 954 22 95 66, www.turismo.sevilla.org, Mo–Fr 8.30–20.45, Sept.–Juni auch Sa/So 9–13.45 Uhr. In der ehemaligen Fischmarkthalle, die von Gustave Eiffel entworfen wurde. Das am besten ausgestattete Infobüro in Sevilla. Weitere städtische Tourismusbüros: Edificio Laredo: Plaza de San Francisco 19, Tel. 954 59 52 88, Fax 954 59 52 89; Costurero de la Reina, Tel. 954 23 44 65, Fax 954 22 95 66. Die städtischen Büros verteilen hervorragende Stadtpläne.

Oficina de Información de la Junta de Andalucía: Av. de la Constitución 29 B, 41 004 Sevilla, Tel. 954 22 14 04, Fax 954 22 97 53, www.andalucia.org, Mo–Fr 9–19, Sa 10–14, 15–19, So 10–14 Uhr. Informationsstelle der andalusischen Regierung. Zweigstellen am **Bahnhof** (Av. Kansas City, Tel./Fax 954 53 76 26) und am **Flughafen** (Ankunftsterminal, Tel. 954 44 91 28, Fax 954 44 91 29).

Turismo de la Provincia: Plaza del Triunfo 1–3, 41 004 Sevilla, Tel. 902 07 63 36/954 21 00 05, Fax 954 21 05 58, www.turismosevilla.org. Informationsstelle der Provinz Sevilla.

Die Preise für Hotelzimmer schwanken saisonal sehr stark. Im Frühjahr zur Zeit der Semana Santa und der Feria de Abril ist es am teuersten und die meisten Unterkünfte sind dann langfristig ausgebucht.

Hotel Casa Imperial [1]: Calle Imperial 29, Tel. 954 50 03 00, Fax 954 50 03 30, www.casaimperial.com. Edles Hotel in einem Stadtpalast (16. Jh.) hinter der Casa de Pilatos, mit malerischen Innenhöfen. Nur Suiten und Juniorsuiten, einige mit eigener Terrasse oder Innenhof, stilvoll eingerichtet und mit modernem Komfort (Safe, Minibar, Fernseher, Klimaanlage, Heizung, ISDN). Gästeparkplatz. Suite für 2 Pers. 200–320, Semana Santa 350–420 €.

Hotel Las Casas de la Judería [2]: Plaza Santa María la Blanca/Callejón Dos Hermanas, Tel. 954 41 51 50, Fax 954 42 21 70, www.intergrouphoteles.com. 4 Sterne, 17 historische Häuser am Rand des Stadtviertels Santa Cruz wurden zu dieser stilvollen Unterkunft zusammengeschlossen. Durch Innenhöfe und Gassen miteinander verbunden. Zimmer individuell eingerichtet, einige mit eigenem Innenhof oder Terrasse. Bar, Restaurant, Pool, Parkgarage. DZ 140–180 €.

Hotel Doña María [3]: Calle Don Remondo 19, Tel. 954 22 49 90, Fax 954 21 95 46, www.hdmaria.com. 4 Sterne, in einem alten Stadthaus nicht weit von der Giralda. Zimmer antik dekoriert und mit modernem Komfort. Schöne Dachterrasse mit kleinem Pool und Aussicht auf die Stadt. DZ 105–240 €.

Aparthotel Patio de la Alameda [4]: Alameda de Hércules 56, Tel. 954 90 49 99, Fax 954 90 02 26, www.patiodelaalameda.com. Im Macarena-Viertel. Große Wohneinheiten mit Küchenzeile für bis zu 4 Pers. Üppig begrünter Innenhof für alle Gäste. Garage gegen Gebühr. Apt. für 2 Pers. 85–99, Semana Santa 198, jede zusätzliche Person 30, Semana Santa 50 €.

Hotel Monte Triana [5]: Calle Clara de Jesús Montero 24, Tel. 954 34 31 11, Fax 954 34 33 28, www.hotelesmonte.com. Günstig im Triana-Viertel gelegen. Helles, modernes Haus, Zimmer funktional-modern. Parkgarage gegen Gebühr. DZ 60–180 €.

Hotel Puerta de Sevilla [6]: Puerta de la Carne 2, Tel. 954 98 72 70, Fax 954 98 73 60, www.hotelpuertadesevilla.com. Freundliches kleines Hotel am Rand des Santa-Cruz-Viertels. Einige Zimmer mit Balkon. DZ 65–85, Semana Santa 150 €.

Hotel Zaida [7]: Calle San Roque 26, Tel. 954 21 11 38, Fax 954 21 88 10, www.hotelzaida.com. In der Nähe des Museo de Bellas Artes, in einer ruhigen Seitenstraße. Typisches Herrenhaus (18. Jh.) mit arabisch anmutendem Innenhof. Zimmer funktional, einige mit französischem Balkon. DZ 45–100 €.

Richtig Reisen-Tipp: Tapear – Tapas essen in Sevilla

Anstatt den Abend in nur einem Restaurant zu verbringen, ist es in Sevilla beliebt, von Bar zu Bar zu ziehen und sich aus den dortigen Tapas-Kreationen ein Dinner auf Raten zusammenzustellen. Aber auch zur Mittagszeit ersetzen die Häppchen ein schweres Essen. Eine Tapa ist dabei die kleinste Einheit. Vier bis fünf braucht man mindestens, um einigermaßen satt zu werden. Nächstgrößere Einheit ist die *media ración* (halbe Portion). Eine *ración* hat dann schon die Ausmaße eines Hauptgerichts.

Tapabars im Barrio de Santa Cruz

Von der Kathedrale kommend liegt in der Calle Mateos Gago die **Cervecería Giralda.** Das Lokal ist eine Institution mit immenser Auswahl. An der Plaza de los Venerables wartet die **Casa Román** auf Gäste. Spezialität sind hier Schinken und Tapas mit Manchego-Käse. Die Tische auf dem engen Platz sind meist belegt. In der schmalen Calle Santa Teresa befindet sich die urige **Bar Las Teresas,** eine Lokalität wie aus dem Bilderbuch. Etwas außerhalb des eigentlichen Viertels gelegen, aber deswegen nicht minder beliebt ist die **Bar La Estrella** in der gleichnamigen Straße (nahe Flamencomuseum). Einheimische sind hier noch in der Überzahl. Vorwiegend werden klassische Tapas serviert, aber auch einige kreative Varianten.

Tapabars in El Arenal

Von der Nordseite der Kathedrale führt die Calle García Vinuesa nach Westen. Hier liegt mit der **Bar Hijos de E. Morales** eine der ältesten Bars von Sevilla, was an der Theke und der rustikalen Einrichtung mit alten Holzfässern unschwer zu erkennen ist. Am Ende der Straße in der **Freiduría de La Isla** kann man frittierten Fisch und Meeresfrüchte nach Gewicht kaufen. Die Köstlichkeiten werden schlicht in Papiertüten gewickelt. In der anschließenden Calle Harinas lohnt ein Stopp im **El Rincón del Pulpo Gallego.** Spezialität ist hier, wie der Name schon sagt, *pulpo* (Krake). Aber auch alle anderen Fisch-Tapas sind empfehlenswert. Näher am Guadalquivir befindet sich in der Calle Afre 25 das Fischrestaurant **La Isla.** Die Tapas bieten einen Vorgeschmack auf die sehr gute, wenn auch nicht ganz billige Küche.

Tapabars im Centro

In der Nähe der Plaza Nueva befindet sich in der Calle Zaragoza 50 die **Casa Cuesta,** ein moderner Ableger des Traditionshauses im Trianaviertel (seit 1880). Die riesige Tapas-Auswahl wird in einer Bar in modernem Bistrostil präsentiert. Während der Siesta und abends ist die Plaza de San Salvador beliebt. Einfache Tapas wie Schinken, Käse oder ein paar Oliven zum Bier gibt es dort in der **Bodeguita Antigua San Salvador.** Hinter der Salvatorkirche liegt die **Bar Europa** an der Plaza del Pan. Traditionelle und kreative Varianten kleiner, aber feiner Tapas werden serviert. Einfache und solide Tapas sowie *montaditos* (Sandwiches) gibt es im **Patio San Eloy** in der Calle San Eloy 9 am Ende der Calle Sierpes. Eine Institution in Sevilla ist die Bar **El Rinconcillo** nordöstlich der Plaza de la Encarnación in der Calle Gerona 20. Die bereits 1670 gegründete und damit älteste Bar von Sevilla wird seit vielen Generationen von derselben Familie betrieben. Die Einrichtung ist museumsreif, die Tapas sind klassisch andalusisch. Gutes gegrilltes Fleisch kommt unweit in der **Bodega Extremeña** (Calle San Estebán 17, östlich der Casa de Pilatos) auf den Tisch. Eine der beliebtesten Tapabars liegt näher am Fluss bei der Iglesia San Lorenzo. Sie gehört zum Restaurant **Eslava** (s. S. 265) und ist oft brechend voll. Wer in gediegenem Rahmen exquisite Tapas essen möchte, dem sei die **Taberna la Tasca** (Ecke Calle Canalejas/Bailén, südlich des Museo de Bellas Artes, s. S. 259) ans Herz gelegt. Sie ist dem Hotel Meliá Colón angeschlossen.

Zum zweiten Frühstück Tapas gefällig?

Egaña Oriza [8]: Calle San Fernando 41, Tel. 954 22 72 54, www.restauranteoriza.com, Mo–Fr 13.30–15.30, 20.30–23.30 Uhr, Sa nur abends, So und Aug. geschl. Feinschmeckerlokal mit klassischem Ambiente. Der Speiseraum erinnert an einen Jugendstilwintergarten. Feine baskische und andalusische Küche. Sehr gute Wein- und Spirituosenauswahl. 3-Gang-Menü à la carte ab 50 €.

Taberna del Alabardero [9]: Calle Zaragoza 20, Tel. 954 50 27 21, www.tabernadelalabardero.com, tgl. 13–16, 20–24 Uhr, Aug. geschl. Gourmetrestaurant in einem Stadtpalast (auch sieben Hotelzimmer). Traditionelle Gerichte auf innovativ interpretiert. 3-Gang-Menü à la carte ab 50, Mo–Fr mittags im EG Tagesmenüs ab 12 € und Tapas.

La Albahaca [10]: Plaza de Santa Cruz 12, Tel. 954 22 07 14. In einem alten Herrenhaus. Das gediegene Restaurant verteilt sich auf drei Räume und eine romantische Terrasse. Traditionelle Fleisch- und Fischgerichte mit kreativem Touch. 3-Gang-Menü ab 37 €.

Casa Robles [11]: Calle Alvarez Quintero 58, Tel. 954 56 32 72, www.roblesrestaurantes.com, tgl. 12–0.30 Uhr. Das Restaurant genießt seit 1954 einen guten Ruf in Sevilla. Klassische, gehobene andalusische Küche. Mit Terrasse und benachbarter Tapabar. 3-Gang-Menü à la carte ab 30 €.

Enrique Becerra [12]: Calle Gamazo 2, Tel. 954 21 30 49, www.enriquebecerra.com. Große Auswahl an traditionellen, aber auch an Fantasietapas, außerdem gute Fleischgerichte. Die Speiseräume verteilen sich auf zwei Häuser aus dem 17. Jh. Mediterrane Einrichtung, schlicht, aber elegant. Im oberen Stockwerk sitzt man besonders gemütlich. 3-Gang-Menü ab 30 €.

Az Zait [13]: Plaza San Lorenzo 1, Tel. 954 90 64 75, So und August geschl. Kreative andalusische Küche, angenehmer Rahmen. Versierter, aufmerksamer Service. Hauptgerichte um 26 €.

El Giraldillo [14]: Plaza Virgen de los Reyes 2, Tel. 954 21 45 25, www.ñsantacruz.com/ giraldillo, tgl. 11–0.30 Uhr. Gute einheimische

Küche mit Schwerpunkt auf Fisch. Speziell die Tische auf der Plaza sind beliebt. Gute Auswahl an Tapas. Hauptgerichte um 20, Tapas 3–4 €.

Eslava 15: Calle Eslava 3/5, Tel. 954 90 65 68, So u. Aug. geschl. Kreative andalusische Küche. Im Restaurant günstige Tagesmenüs, abends Reservierung ratsam. Sehr beliebt auch die Tapabar. Hauptgerichte um 25, Tapas 2–4 €.

Kiosco de las Flores 16: Calle Betis, Tel. 954 27 45 76, www.kioscodelasflores.com. So abends u. Mo geschl. Gegenüber von der Torre del Oro. Große Fenster ermöglichen eine schöne Aussicht auf die Stadt. Terrasse am Fluss. Spezialität ist *pescaito frito* (frittierter Fisch). Hauptgerichte um 20, Raciones 4–10 €.

Vegetarum 17: Calle Santa Ángela de la Cruz 37, Tel. 954 21 61 03, 14–16, 20.30–23 Uhr, So u. Mo abends geschl. Rein vegetarisches Restaurant, große Auswahl an Salaten und Tapas. Tagesmenü ab 10 €.

Mode/Schmuck: In den Einkaufsstraßen **Calle Tetuán und Sierpes** gibt es Boutiquen für Mode und Schmuck. Nette Geschäfte befinden sich auch in der **Calle San Eloy.** Boutiquen für flippige und junge Mode findet man in der **Calle Amor de Diós.** An der **Plaza del Duque** steht ein großes Kaufhaus der spanischen Kette El Corte Inglés.

Keramik: Triana ist das traditionelle Töpferviertel (s. o.). Dort gibt es zahlreiche Keramikläden an der **Plaza Callao,** in den **Calles Alfarería** (Straße der Töpfereien), **Antillano** und **Campos.**

Märkte: Eine neue Markthalle liegt im Triana-Viertel in der **Calle Alfarería** nahe dem Puente de Isabel II. Eine weitere befindet sich zwischen Calle Reyes Católicos und Stierkampfarena in der **Calle Pastor y Landero.**

Haustiermarkt: Am Ufer des Guadalquivir auf der Höhe Calle Tornero findet jeden Sonntagvormittag ein Kleintiermarkt statt. Für Besucher weniger zum Kaufen, sondern eher zum Schauen.

Flohmärkte: Am Donnerstagvormittag werden auf der Calle Feria Antiquitäten verkauft. Fr und Sa findet auf der Plaza del Duque ein bunter Hippiemarkt statt.

Souvenirs: Im Barrio Santa Cruz gibt es zahlreiche kleine, mehr oder weniger kitschige Geschäfte für Mitbringsel. In der Calle Mateos Gago, gleich bei der Giralda, verkauft **Juan Foronda** Fächer und die für Andalusien typischen *mantillas* (Umhängetücher).

Das Nachtleben tobt in Sevilla vor allem am Wochenende (Freitag- und Samstagabend). An den anderen Tagen ist, mit Ausnahme der Vorabende von Feiertagen, sehr viel weniger los. Beliebt sind die Bars an der **Plaza de San Salvador,** der **Plaza de Alfalfa** und der **Calle Betis** im Triana-Viertel. Von Ostern bis Sept./Okt. ist die **Uferpromenade** am Guadalquivir abends sehr belebt. Rund um die **Alameda de Hercúles** fühlt sich ein alternatives Szenepublikum wohl, in unmittelbarer Nachbarschaft das Rotlichtmilieu.

La Carbonería: Calle Leves 18. Urige Bar am Rand des Barrio Santa Cruz. Im Winter wird der Kamin angefeuert, im Sommer gibt es Livemusik (oft Flamenco) auf der Open-air-Terrasse. Sowohl Einheimische als auch Touristen.

Antigüedades: Calle Agrote de Molina 40. Skurril bis schaurig eingerichtete Bar. Gemischtes Publikum.

Boss: Calle Betis 67. Große Club-Disco im Triana-Viertel mit mehreren Bars und Cafeteria. Internationaler Musikmix. Strenge Türsteher: Einlass nur mit schicker und moderner Kleidung.

El Palacio Andaluz: Av. María Auxiliadora 18–B/Ecke Crta. de Carmona, Tel. 954 53 47 20. Tgl. professionelle Flamencogroßveranstaltung in theaterähnlichem Ambiente. Prospekte gibt es in jeder Informationsstelle, zu buchen von allen großen Hotels aus mit Transfer und inclusive Dinner oder auch nur Getränk.

Los Gallos: Plaza de Santa Cruz, Tel. 954 21 69 81, www.ta blaolosgallos.com. Bekannter und beliebter *tablao flamenco,* gilt als einer der besten von Sevilla. Tgl. zwei Shows pro Abend (20 und 22.30 Uhr), 30 €.

Casa Museo de la Memoria de Al Andaluz: Calle Ximénez de Enciso 28, Tel. 954 56 06 70. Kleines Museum im Barrio de Santa Cruz, im Innenhof eines historischen Stadthauses (tgl. 9–14, 18–20 Uhr, 1 €). Abends ab 21 Uhr kann man auch stilvolle Flamencoaufführungen genießen (15 €).
Casa Anselma: Calle Pagés del Corro 49. Urige Bar im Triana-Viertel, wo der Flamenco noch authentisch ›rüberkommt‹. Erst ab 23.30 Uhr. Wird dann aber schnell voll. Eintritt frei.

Feria de Abril: zwei Wochen nach Ostern. Ursprünglich waren *ferias* Viehmärkte. Bei der Feria de Abril feiert die ganze Stadt, täglich finden Stierkämpfe statt. Das Alltagsleben ist während der Festwoche weitgehend lahmgelegt. Die Feria wird nicht für Touristen inszeniert. Fremde bleiben in der Regel ausgeschlossen. Das große Festgelände liegt südlich des Stadtteils Los Remedios. Die meisten Festhäuser *(casetas)* sind privat. Für alle zugänglich sind meist nur die der politischen Parteien.
Bienal de Flamenco: meist alle zwei Jahre im September (nächster Termin 2008). Großes Flamencofestival in den verschiedenen Stadttheatern. Infos unter www.bienalflamenco.org.
Maria Himmelfahrt: 15. August. Fällt mit dem Fest der Stadtpatronin Virgen de los Reyes zusammen; wichtiges religiöses Ereignis.

Bootsfahrten: An der Torre del Oro gibt es einige Anbieter für Rundfahrten auf dem Guadalquivir. Meist fahren die Boote zuerst in Richtung Süden zum Industriehafen und dann nach Norden zum ehemaligen EXPO-Gelände. Unterwegs laufen aus der Konserve Erklärungen in mehreren Sprachen (auch Deutsch) zu den Sehenswürdigkeiten. Die Fahrten dauern ca. 1 Std. (ca. 15 €).
Fahrrad: 2007 ließ die Stadt ein Radwegenetz von 76 km Länge anlegen. Einen Plan mit Routenvorschlägen gibt es in den Touristeninformationstellen und unter www.sevillaenbici.com. Eine der bisher noch seltenen Verleihfirmen in Bahnhofsnähe ist **Alkimoto**

(Calle Fernando Tirado 5, Tel. 954 58 49 27, www.alkimoto.com). Dort gibt es auch Motorräder und Mopeds.

Flüge: Aeropuerto Internacional de San Pablo, 12 km östlich der Stadt an der A-4 nach Córdoba, Info-Tel. 954 44 90 00, www.aena.es (Spanisch, Englisch). Wenige Charterflüge von und nach Deutschland, bisher nicht in die Schweiz und nach Österreich. Linienflüge weltweit (oft mit Umsteigen z. B. in Madrid oder Barcelona). **Taxi ins Stadtzentrum** ca. 20 €, **Stadtbusanschluss** ca. halbstündlich (2,50 €).
Zug: Estación de Santa Justa, Av. Kansas City (östl. des Zentrums, s. S. 73). Gute Verbindungen in alle größeren Städte. Gepäck-

Patio de las Doncellas im Real Alcázar: Im Auftrag eines christlichen Fürsten schufen maurische Handwerker dieses Meisterwerk des Mudéjarstils

aufbewahrungsstelle. Zu Fuß ca. 20 Min. in die Innenstadt, Taxi um 6 €.

Bus: Estación Plaza de Armas (Tel. 954 90 80 40) für Busse in die Provinz Huelva und die Sierra Norte de Sevilla sowie für Fernziele außerhalb Andalusiens (s. S. 72 f.); **Estación Prado de San Sebastian** (Tel. 954 41 71 11) für häufige Verbindungen (mehrmals tgl.) in alle größeren Städte Andalusiens.

Stadtbusse: Die Stadtbusse der **Tussam** (www.tussam.es) verkehren von 9–23.30 Uhr recht häufig. Zentrale Haltestellen liegen z. B. an der Plaza de la Encarnación und der Puerta de la Barqueta, aber auch entlang der Avenidas, die das Innenstadtgebiet umgeben. Einzelfahrt 1 (beim Fahrer), Touristentageskarte 3, 3-Tage-Ticket 7 € (nur am Kiosk).

Busrundfahrten: Zwei Gesellschaften bieten von der Torre del Oro aus für 13 bzw. 15 € Stadtrundfahrten in Doppeldeckerbussen an: **Sevilla Tour** (www.sevillatour.com) und **Sevirama** (www.busturistico.com). An vielen Haltestellen unterwegs kann innerhalb von 24 Std. beliebig aus- und eingestiegen werden. Per Kopfhörer gibt es Erklärungen (auch auf Deutsch).

Mietwagen: Am **Flughafen** und am **Bahnhof** Büros internationaler und lokaler Autovermieter.

Metro: Seit 2003 in Bau, insgesamt vier Linien sind bis zum Jahr 2009 geplant. Teilstücke sind jetzt schon in Betrieb. Aktueller Stand der Bauarbeiten unter www.metrodesevilla.net.

Die Umgebung von Sevilla

Reiseatlas S. 2, 8, 9

Nordwestlich von Sevilla liegt das Ausgrabungsgelände von Itálica, der ältesten Römerstadt in Andalusien. In die Region der Campiña locken die historisch bedeutsamen Städte Osuna, Écija und Carmona, wo man nochmals den Spuren der Römer folgt. Schöne Wandermöglichkeiten bietet die Sierra Norte.

10 Itálica

Reiseatlas: S. 8, E 1

Kurz nachdem der römische Feldherr Publius Cornelius Scipio Africanus d. Ä. im Zweiten Punischen Krieg die Karthager 206 v. Chr. im nahe gelegenen Ilipa, dem heutigen Alcalá del Río, geschlagen hatte, gründete er Itálica. Der Name erinnert an die ersten Siedler, italische Veteranen, die mit einheimischen Frauen Familien gründeten, welche bald eine Vormachtstellung im Süden der Provinz Hispania inne hatten. Aus ihnen gingen auch die späteren römischen Kaiser Trajan und dessen Adoptivsohn und Nachfolger Hadrian hervor.

Itálica war während der gesamten Römerzeit eine bedeutende Stadt an der Kreuzung wichtiger Handelsstraßen, die sich ständig ausdehnte. Bislang ist nur ein kleiner Teil ausgegraben worden. Eindrucksvollstes Bauwerk ist das riesige **Amphitheater** (2. Jh.), das drittgrößte des Römischen Reiches. In dem Oval von 160 m Länge und 137 m Breite fanden 25 000 Zuschauer Platz. Die vorderste Sitzreihe war den Adeligen vorbehalten, deren Namen dort noch eingeritzt sind. Die Gewölbe unterhalb der Ränge dienten als Tierzwinger. Neben Tierhatzen fanden Gladiatorenkämpfe statt. Es müssen wohl sehr viele gewesen sein, denn im Archäologischen Museum von Madrid lässt sich auf einer Bronzetafel der schriftliche Erlass des römischen Kaisers Marc Aurel nachlesen, der für Itálica eine Beschränkung der Gladiatorenkämpfe forderte.

Vom Amphitheater aufwärts geht es in die von Kaiser Hadrian gegründete **Nova Urbs** (Neustadt). Deren Straßensystem ist gut erkennbar, vor allem die breite gepflasterte Hauptstraße *(cardo maximus)*, flankiert von Säulen, die früher Arkadengänge trugen. Auch Teile der unterirdischen Kanalisation, das Forum und die Sockel einiger Villen blieben erhalten. Einige **Mosaikfußböden** bewahrten

Ergänzende Besichtigungen: Zwar verfügt auch die Ausgrabungsstätte über ein kleines Museum (im Eingangsbereich), aber die meisten Funde aus Itálica befinden sich im **Museo Arqueológico** von Sevilla (s. S. 256). Dessen Besuch lohnt ebenso im Anschluss an die Besichtigung der Römerstadt wie ein Abstecher zum **Palácio de Lebrija** (ebenfalls in Sevilla). Den Adelspalast aus dem 16. Jh. ließ ab 1914 die damalige Gräfin von Lebrija, Doña Regla Manjón Mergelina, die sich leidenschaftlich für die Archäologie begeisterte, im pseudorömischen Stil umbauen. Es gelang ihr, etliche Originalfundstücke aus Itálica in ihr Haus zu holen, darunter einige Fußbodenmosaiken (Calle de Cuna 8, www.pala ciodelebrija. com, Mo–Fr 10.30–13, 16.30–19, Mai–Sept. 17–19.30, Sa 10–13 Uhr, EG mit Fußbodenmosaiken 4, gesamtes Haus 7 €).

Mit den Autoren unterwegs

Herzhaft ...

Tapeo in Osuna: Kaum eine Stadt in Andalusien bietet so hervorragende Voraussetzungen für einen *tapeo*. Die Tapabars halten unzählige Varianten der kleinen Leckereien bereit. Man sollte sich also in den typischen Lokalen erst einmal an der Bar mit diesen leckeren Kleinigkeiten beschäftigen, bevor es zum ›richtigen‹ Essen in den Speisesaal geht (s. S. 267 f.).

Ausflüge in die Vergangenheit

Monastério de San Isidoro del Campo: Wer Itálica besucht, sollte auch dieses Wehrkloster mit der Grablege Alonso Pérez de Guzmán, des berühmt-berüchtigten Verteidigers von Tarifa, nicht versäumen (s. S. 269 f).

Römische Nekropole von Carmona: Gewaltige, in den Fels geschlagene Familiengruften aus der Antike sind hier zu besichtigen: allen voran die Tumba de Servilia mit sehenswerten Fresken (s. S. 272).

Café con leche mit Aussicht

Parador de Carmona: Stilgemäß lässt sich in der maurischen Burg die prächtige Aussicht bei einem guten *café con leche* genießen (s. S. 273).

Wandern im Blütenmeer

Bei **El Pedroso** ist das Frühjahr die schönste Zeit, um auf dem Sendero del Arroyo de las Cañas unzählige Wildblumen blühen zu sehen (s. S. 278).

... oder lieber süß?

Das **Backwerk von Constantina** wird weithin gerühmt. Am besten schmecken Mandeltörtchen und Marzipan bei den Nonnen des **Jerónimasklosters** (s. S. 279).

unter einer dünnen Erdschicht über zwei Jahrtausende hinweg eine erstaunliche Farbigkeit. Hervorzuheben sind das kreisförmige Mosaik in der **Casa del Planetario** mit sieben Medaillons der Gottheiten, welche die Planeten repräsentieren, sowie die besonders prächtigen Mosaiken mit Vogeldarstellungen in der **Casa de los Pájaros.** Ganz im Westen der Ausgrabungsstätte liegen die erst z. T. ausgegrabenen **Thermen** (Conjunto Arqueológico de Itálica: April–Sept. Di–Sa 8.30–20.30, So/Fei 9–15, Okt.–März Di–Sa 9–17.30, So/Fei 10–16 Uhr, 1.1., 6.1., 28.2., Karfreitag, 1.5., 15.8., 1.11. u. 25.12. geschl., Eintritt für EU-Bürger frei, sonst 1,50 €).

Santiponce

Im Mittelalter geriet Itálica fast völlig in Vergessenheit. Auf Teilen der Römerstadt, vermutlich über dem ursprünglichen Siedlungskern *(vetus urbs)*, entstand der heutige Ort **Santiponce.** Dessen Bewohner bedienten sich der römischen Ruinen, um Häuser zu bauen und Straßen zu pflastern, zuletzt im 17. Jh., als der Guadalquivir bei einer Überschwemmung schwere Schäden an der Bebauung angerichtet hatte. Naturgemäß waren in Santiponce bisher kaum Grabungen möglich. Allerdings konnte ab 1970 im Ort das **Teatro Romano** freigelegt und rekonstruiert werden. Dieses typische Stadttheater entstand während der Regierungszeit von Kaiser Augustus in den Jahren 30–37 n. Chr. (nur von außen einsehbar).

Am Südrand von Santiponce steht das **Monastério de San Isidoro del Campo.** 1301 gründete Alonso Pérez de Guzmán El Bueno das Wehrkloster als Grablege für seine Familie und siedelte hier Zisterziensermönche an. Später übernahmen Hieronymiten die Anlage und dekorierten im 15. Jh. die Kreuzgänge mit außergewöhnlichen Fresken, die zwischen geometrischen und floralen Mudéjarmotiven verschiedene Heilige darstellen. Der großartige Bildhauer Juan Martínez Montañés aus Sevilla schuf im 17. Jh. für die größere der beiden Klosterkirchen eines seiner Meisterwerke: einen Altaraufsatz, zu dessen

Via Augusta – die alte Römerstraße

Thema

»Alle Straßen führen nach Rom« war schon im 3. Jh. v. Chr. ein geflügeltes Wort. Damals begann der Ausbau der Via Augusta, der wichtigsten Römerstraße auf der Iberischen Halbinsel. Als Via Domitia verlief sie von den Pyrenäen weiter in die römische Hauptstadt. Jetzt soll sie wieder benutzt werden – von Radfahrern und Wanderern auf Entdeckertour.

Zunächst als Heerstraßen gedacht, entwickelten sich die römischen Fernstraßen rasch zu wichtigen Handelswegen. Der Straßenbau war im alten Rom gesetzlich geregelt. Auf gerader Strecke musste die Fahrbahn acht Fuß (knapp 2,50 m) breit sein, in Kurven das Doppelte. Über einem soliden Fundament aus Bruchsteinen erfolgte die Befestigung durch Pflastersteine oder Flussschotter seitlich abfallend, damit Regenwasser in die Gräben rechts und links abfließen konnte. Als Transportmittel dienten Karren, die von Ochsen, Maultieren oder auch Lasteseln gezogen wurden. Schwere Güter beförderten die Händler wenn möglich auf dem Wasserweg, denn die Wagen waren recht klein, da man technisch noch nicht so weit war, die Zugkraft der Tiere voll auszunutzen. Wohlhabende reisten allerdings schon genauso komfortabel wie in neuzeitlichen Kutschen, während die weniger Begüterten auf dem Pferd oder Maultier oder auch zu Fuß unterwegs waren.

Meilensteine zeigten die Entfernung zur nächsten Stadt an. In Abständen von etwa 25 Meilen (knapp 40 km), die einer Tagesetappe entsprachen, fanden die Reisenden gut ausgestattete Raststätten *(mansiones)* vor, wo sie speisen und übernachten konnten. Kaiserliche Post wurde wesentlich schneller befördert. Rund 200 km am Tag legten die Kuriere dank häufiger Pferdewechsel zurück.

Die Meilensteine trugen den Namen des Kaisers, unter dessen Herrschaft der Straßenabschnitt entstanden war. Bei der Via Augusta war es Kaiser Augustus, der die Hauptausbauten zwischen 8 v. Chr. und 2 v. Chr. vornehmen ließ, auch wenn die Straße vorher schon existiert hatte. Ihr andalusischer Teil durchquerte die wirtschaftlichen Zentren des Landes. Sie begann in Gades (Cádiz) und verlief zunächst bis Hispalis (Sevilla), wo sie die ›Silberstraße‹ kreuzte. Dann ging es über Carmo (Carmona) nach Corduba (Córdoba) und Castulo (Linares), einer wichtigen Bergbausiedlung. Bei Valencia, also außerhalb des heutigen Andalusien, erreichte sie die Mittelmeerküste und folgte ihr nun Richtung Norden. Insgesamt war die Via Augusta bis zu den Pyrenäen 1500 km lang.

In maurischer Zeit blieb das römische Straßennetz erhalten und auch die Christen nutzten es in Andalusien noch bis ins 19. Jh. hinein und erneuerten es regelmäßig. Im 20. Jh. folgte man beim Bau der heutigen N IV Cádiz–Sevilla und ihrer inzwischen zur Autovía verbreiterten Fortsetzung, der A-4 Sevilla–Córdoba, im Wesentlichen der antiken Streckenführung. Jetzt hat die Regionalregierung die verbliebenen Reste der Via Augusta als Touristenattraktion ausgemacht. Ein Restaurierungsprogramm sieht die Wiederherstellung von Teilstrecken, die Begrünung mit Schatten spendenden Bäumen und ihre Ausweisung als Rad- und Wanderwege vor.

beiden Seiten Guzmán und seine Frau vor ihren Grabstätten als knieende Figuren dargestellt sind (Tel. 955 99 80 28, Mi/Do 10–14, Fr/Sa 10–14, 17.30–20.30, Okt.–März 16–19, So/Fei 10–15 Uhr, 2 €).

i **Oficina de Turismo:** Calle La Feria, 41 970 Santiponce, Tel. 955 99 80 28, Fax 955 99 64 00, www.ayto-santiponce.es. Beim römischen Theater.

Busse: Mit **Casal** ab Sevilla (Plaza de Armas) Mo–Sa alle 30 Min., So stdl.

Carmona

Reiseatlas: S. 2, F 4

Ein großer Reichtum an Sehenswürdigkeiten erwartet den Besucher in dem 28 000-Einwohner-Städtchen, den es seiner historisch bedeutsamen Rolle an mehreren wichtigen Verkehrswegen durch das Tal des Guadalquivir verdankt. Einlass in die auf einem Hügel gelegene Altstadt gewährt der **Alcázar Puerta de Sevilla.** Die Fundamente des eindrucksvollen, nach Sevilla ausgerichteten Stadttores bestehen noch aus römischem Mauerwerk. Im 9. Jh. bauten die Mauren eine Festung um das Tor herum, womit sie einen mit damaligen militärischen Mitteln praktisch nicht einnehmbaren Verteidigungskomplex schufen. Die mächtigen Quadersteine des Bergfrieds (Torre del Homenaje) stammen noch aus dieser Zeit. Von einem weiteren Turm, der **Torre del Oro,** bietet sich ein hübscher Panoramablick über Carmona. Außerdem sind verschiedene Säle sowie der **Patio de los Aljibes** (Zisternenhof) zu besichtigen (Plaza de Blas Infante, Mo–Sa 10–18, So/Fei 10–15 Uhr, 2 €, Mo gratis).

Vor dem Tor steht die Kirche **San Pedro,** ursprünglich ein gotischer Bau aus dem 15. Jh., der im 17. Jh. umgebaut und mit einem giraldaähnlichen Barockturm versehen wurde. Im ohnehin prächtig verzierten Inneren ist die Capilla del Sagrario (1760) besonders üppig ausgestattet. Sie gilt als schönes Beispiel für den Churrigueraстil (s. S. 51). Beachtung verdienen auch die grünen Keramiktaufbecken aus der Zeit um 1500 (Calle San Pedro, Do–Mo 11–14 Uhr, 1,20 €).

Zentrum der Altstadt

An der runden **Plaza San Fernando** im zentralen Teil der Altstadt erheben sich prächtige, vielfarbige Paläste im Stil des Mudéjar und Plateresco. Cafés und Tapabars stellen ihre Tische unter Palmen. Im Innenhof des **Ayuntamiento** (Rathaus) kann man ein kostbares römisches Mosaik bestaunen, das ein Medusenhaupt darstellt (Calle El Salvador, Mo–Fr 8–15, Di/Do 16–18 Uhr, Eintritt frei). Unweit südlich bietet sich in der Calle de la Haza vor allem am Vormittag ein Besuch der von Arkaden gesäumten **Plaza del Mercado** an, wenn die Markthändler hier ihr vielseitiges Sortiment anpreisen.

Weiter bergauf befindet sich die **Iglesia de Santa María** (15. Jh.). Der maurische *Patio de los Naranjos* (Orangenhof) mit Hufeisenbögen, Vorhof einer Moschee, die zuvor hier gestanden hatte, blieb erhalten. Eine seiner Säulen verrät sogar ihre Herkunft aus westgotischer Zeit durch das in sie eingravierte Kalendarium (6. Jh.) mit den Namenstagen verschiedener Heiliger. Es gilt als ältestes seiner Art in Spanien (Calle Martín López de Córdoba, Mo–Fr 9–14, 17.30–19, Sa 9–14 Uhr, Ende Aug.–Ende Sept. geschl., 3 €).

Tor und Burg im Osten

Der Weg im Osten aus der Stadt führt abrupt oberhalb einer Steilwand durch das zweite noch auf die Antike zurückgehende Tor, die **Puerta de Córdoba.** Seine mächtigen achteckigen Türme fußen auf römischen Steinquadern. Die Fassade ist klassizistisch (18. Jh.). Zwischen der Puerta de Córdoba und der Puerta de Sevilla verlief die römische Fernstraße Via Augusta (s. S. 270).

An der höchsten Stelle der Stadt erhebt sich der **Alcázar del Rey Don Pedro,** eine ehemalige Almohadenburg, die von König Pedro I. dem Grausamen im 14. Jh. erweitert wurde. Er hielt hier Leonór de Guzmán gefangen, die Mätresse seines Vaters. 1504 zerstörte ein Erdbeben den Alcázar. Zwischen den Ruinen steht heute der vielgerühmte **Parador** von Carmona (s. u.). Wer hier nicht nächtigt, sollte der Nobelherberge zumindest einen Besuch abstatten. Der Balkon des Cafés bietet den schönsten Blick über die Umgebung.

Necrópolis Romana

Am Stadtrand nahe der Ausfallstraße Richtung Sevilla liegt eine der bedeutendsten Ausgrabungsstätten Spaniens: die antike **Nekropole** von Carmona mit etwa 1000 Gräbern. Im 1./2. Jh. n. Chr. verbrannten die Römer hier ihre Toten in Gesteinskammern, die manchmal zugleich als Urnen dienten. Meist kam die Asche aber in eine Familiengruft, die oft gewaltige Dimensionen hatte und von außen zugänglich war, damit die Angehörigen Opfer darbringen konnten. Die **Tumba del Elefante** ist nach einer kleinen Elefantenskulptur benannt, die ein langes Leben symbolisieren mag. Bei der größten Grabanlage, der **Tumba de Servilia,** handelt es sich um ein halb in den Fels geschlagenes, zweistöckiges Gebäude mit arkadengesäumtem Innenhof. Fresken an den Wänden des Untergeschosses bilden u. a. eine Harfenspielerin ab. Ein kleines Museum im Eingangsbereich der Nekropole informiert über die Bestattungsformen der Römer und zeigt Grabbeigaben (**Conjunto Arqueológico de Carmona:** Calle San Ildefonso 1, Tel. 954 14 08 11, 15. Juni–16. Sept. Di–Fr 8.30–14, Sa 10–14, sonst Di–Fr 9–18, Sa/So 9.30–14.30 Uhr,

Auf den Spuren verschiedener Epochen: Die Kirche San Pedro in Carmona vereint Elemente aus Gotik, Barock und Churriguerastil

Fei z. T. geschl., Eintritt für EU-Bürger frei, sonst 1,50 €).

Gegenüber der Nekropole liegt die Ruine des römischen **Amphitheaters** (1. Jh. v. Chr.). Es ist nur von außen einzusehen.

Oficina de Turismo y Oficina de la ruta Bética romana: Alcázar de la Puerta de Sevilla, 41 410 Carmona, Tel. 954 19 09 55, Fax 954 19 00 80, www.carmona.org.

Parador de Carmona: Tel. 954 14 10 10, Fax 954 14 17 12, www.parador.es. In den Mauern des Alcázar del Rey Don Pedro (s. o.), mit elegantem maurischem Patio und schönem Garten. Beliebtes Domizil auch für Sevillabesucher, die einen ruhigen Ausklang ihres Besichtigungstages schätzen. DZ 185–196 €.
Alcázar de la Reina: Plaza de Lasso 2, Tel. 954 19 62 00, Fax 954 14 01 13, www.alcazar-reina.es. 4-Sterne-Hotel, aus einem ehemaligen Kloster entstanden, palastartiger Stil. Pool im geräumigen Patio. Ab und zu Flamencodarbietungen. DZ über Veranstalter 84–108 €, laut Preisliste 94–187 €.
El Rincón de las Descalzas: Calle Descalzas 1, Tel. 954 19 11 72, Fax 954 19 16 80, www.elrincondelasdescalzas.com. Zentral gelegen, beschaulich wie in vergangenen Tagen, aber dafür mit modernem Komfort. Individuell dekorierte Zimmer, blühende Patios. DZ 65–130 €.
Hostal Comercio: Torre del Oro 56, Tel. 954 14 00 18. Gut gelegener Gasthof nahe Puerta de Sevilla, stimmungsvoll mit Patio. Ordentliches, preisgünstiges Restaurant (Tagesmenü um 10 €). DZ 45–60 €.

San Fernando: Calle Sacramento 3, Tel. 954 14 35 56, So abends, Mo u. Aug. geschl. Zentral gegenüber vom Rathaus. Feine andalusische Küche mit französischem Esprit, saisonale Wildgerichte. Hauptgerichte 15–18 €.
Mesón La Almazara de Carmona: Calle Santa Ana 33, Tel. 954 19 00 76. An der Bar gute Tapas. Als Menü werden schmackhafte Fleischspeisen serviert, z. B. Ziege und Spanferkel. Viele einheimische Gäste. Hauptgerichte 12–15 €.
Mesón Molino de la Romera: Calle Sor Angela de la Cruz 8, Tel. 954 14 20 00, Mo geschl. Pittoreskes Gasthaus in einer Ölmühle (15. Jh.), die bis 1937 arbeitete. Regionale Küche. Hauptgerichte ab 10 €, Menü 17,50 €.

Ruta Bética romana: Diese von den Tourismusbehörden geschaffene Route folgt den Spuren der Römer. Baetis hieß vom 3. Jh. v. Chr. bis zum 5. Jh. n. Chr. eine römische Provinz, die das Guadalquivirbecken und die angrenzenden Gebiete umfasste. Von hier wurden Wein, Olivenöl, Getreide und Erz nach Rom exportiert. Von Carmona aus sind u. a. La Luisiana, Écija, Córdoba, Osuna und Marchena zur östlichen Ruta Bética romana zusammengeschlossen. Das Tourismusbüro von Carmona (s. u.) ist zugleich Informationsstelle für die Route. **Weitere Infos:** www.betica-romana.org.

Romería de la Virgen de Gracia: erster Septembersonntag. Wallfahrt zur gleichnamigen Ermita an der Straße nach Córdoba. Reiter begleiten die farbenfroh geschmückten Umzugswagen.

Busse: Zentrale Haltestelle am Westrand der Altstadt (Plaza San Pedro). Mit *Casal* nach Sevilla (Prado de San Sebastián) ca. stündlich, mit *Alsina Graells* nach Écija 4 x tgl., Córdoba 2 x tgl.

Durch die Campiña

Reiseatlas: S. 9, B 1/2
Das flachwellige Land südöstlich von Sevilla, zwischen dem Guadalquivir und den südlich angrenzenden Gebirgszügen, ist als Campiña (Feld, Flur) bekannt. Diesen Namen verdankt das Gebiet seinen riesigen Getreidefeldern, die oft mehrere Hügel überziehen und im

Frühjahr grün schimmern, bevor die sommerliche Trockenzeit einsetzt.

Écija

Im Sommer werden in **Écija** besonders hohe Temperaturen erreicht, die in Extremfällen die 45-°C-Marke überschreiten. Deshalb nennen nicht nur die rund 40 000 Bewohner ihre Stadt scherzhaft *»el sartén de Andalucía«* (Bratpfanne Andalusiens). Aber auch die vielen mit Fliesenbildern und -ornamenten besonders aufwendig dekorierten Kirchtürme sind charakteristisch. Die meisten von ihnen entstanden, nachdem ein Großteil der Bebauung 1755 dem Erdbeben zum Opfer gefallen war, das auch Lissabon zerstörte.

Dreh- und Angelpunkt ist die zentrale **Plaza de España,** von der alle Sehenswürdigkeiten zu Fuß zu erreichen sind. Bei Bauarbeiten für eine Tiefgarage gab es dort kürzlich spektakuläre archäologische Entdeckungen. Sowohl römische Thermen als auch ein arabischer Friedhof kamen zutage. Die Ausgrabungen sind noch nicht abgeschlossen.

Ein weiterer Beweis dafür, dass Écija schon in römischer Zeit besiedelt und sogar eine der vier wichtigsten Städte der Provinz Bética war, findet sich im **Ayuntamiento** (Rathaus) in Form eines Bodenmosaiks aus dem 2. Jh. n. Chr. In der mythologischen Szene aus dem antiken Griechenland binden zwei junge Männer Dirke, die Gemahlin des Königs Lykos von Theben, auf den Rücken eines Stiers, um sie zu opfern. Die Jünglinge – Amphion und Zethos, Söhne der Antiope und des Zeus – sind die rechtmäßigen Erben des Throns von Theben, den Lykos ihnen nahm und sie als Kinder aussetzen ließ. Antiope wurde von Dirke wie eine Sklavin behandelt und traf erst nach Jahren ihre Söhne wieder, die nun Rache nahmen. Nach Dirkes Tod erbarmten sich die Götter und ließen eine Quelle an ihrem Grab sprudeln (Plaza de España 1, Mo–Fr 9.30–15, Juli/Aug. bis 14, Sa/So/Fei 10.30–13.30 Uhr, Besichtigung in Begleitung eines Mitarbeiters der Oficina de Turismo, s. u.).

Nahebei im **Palacio de Benamejí** zeigt das **Museo Histórico Municipal** (Historisches Stadtmuseum) Funde aus der Römerzeit. Prunkstücke der Sammlung sind einige Skulpturen aus den Thermen der Plaza de España, die im 3. Jh. im dortigen Wasserbecken versteckt wurden, als frühe Christen begannen, die von ihnen als heidnisch angesehenen römischen Kunstwerke zu zerstören. Unter den erst 2002 geborgenen Plastiken ragt nicht nur wegen ihrer imposanten Größe von 2,11 m eine Marmoramazone heraus, die noch Spuren einer dekorativen Bemalung aufweist. Es handelt sich um eine von mehreren in Rom geschaffenen Kopien eines griechischen Originals (5. Jh. v. Chr.) aus dem Tempel der Artemis in Ephesus (Calle Cánovas del Castillo 4, Okt.–Juni Di–Fr 9.30–13.30, 16.30–18.30, Sa/So 9–14, Juli–Sept. Di–So 9–13 Uhr, Eintritt frei).

Viele ortsansässige Adelsfamilien, durch Weizenanbau und Olivenölproduktion auf ihren Latifundien reich geworden, leisteten sich nach dem Erdbeben einen neuen, eleganten Palast im Barockstil. Der **Palacio de los Marqueses de Peñaflor** z. B. besitzt den angeblich längsten schmiedeeisernen Balkon Europas. Die Fassade des Palastes gefällt durch Freskenmalereien. Demnächst soll das Gebäude ein Hotel beherbergen.

Unter den barocken Kirchentürmen ist der – nicht weit vom Palast der Grafen Peñaflor entfernte – Glockenturm der **Iglesia San Juan** an der gleichnamigen Plaza einen genaueren Blick wert. Auffallend sind helle Ziegelsteine und blau-weiße Azulejos. Dieses Wahrzeichen von Écija wurde schon 1745 errichtet, überstand also das Erdbeben. Der lateinamerikanische Kolonialbarock scheint hier – wie auch bei anderen Türmen in der Stadt – Pate gestanden zu haben.

Von innen zu besichtigen ist die **Casa Palacio de los Palma** (16. Jh.). Der herrschaftliche Palast wurde eigentlich als Kloster errichtet. Aus dieser Zeit stammt die Mudéjar-Artesanadodecke in der Eingangshalle. Später gelangte das Gebäude in den Besitz der Familie De Palma. Die großzügigen Räumlichkeiten sind prunkvoll mit Originalmobiliar aus dem 18./19. Jh. eingerichtet. Hier werden die Wohnverhältnisse andalusischer Adelsfamilien

Campiña heißt Feld: Extensiver Getreideanbau gab dem Gebiet seinen Namen

früherer Jahrhunderte lebendig (Calle Espíritu Santo 10, tgl. 10–14 Uhr, 3 €).

Oficina de Turismo: Plaza de España 1 (Rathaus), 41 400 Écija, Tel./Fax 955 90 29 33, www.ecija.org.

Casa Palacio de los Granados: Calle Emilio Castelar 42, Tel. 955 90 53 44, www.palaciogranados.com. 4-Sterne-Luxus in einem Barockpalast rund um zwei Patios. Antikes und modernes Mobiliar wurden geschickt kombiniert. DZ 145–220 €.
Hotel Platería: Calle Platería 4-A, Tel. 955 90 27 54, Fax 955 90 45 83, www.hotelplateria.net. Nahe Plaza de España im ehemaligen Viertel der Silberschmiede. Hübsche, modern ausgestattete Zimmer. Gutes Restaurant (Hauptgerichte 7–11 €). DZ 60–75 €.

Las Ninfas: Calle Elvira, Tel. 955 90 45 92, Mo Ruhetag. Neben dem Historischen Museum, stilvoll mit Kunst dekoriert. Bodenständige andalusische Küche. Dreigängiges Tagesmenü 9 €.

Busse: Ab Av. Andalucía (beim Stadion, südl. der Plaza de España) mit *Linesur* bis zu 11 x tgl. nach Sevilla (Prado San Sebastián), mit *Alsina Graells* 3–4 x tgl. nach Córdoba und 2–3 x tgl. nach Carmona. Busbahnhof zur Zeit der Drucklegung in der Av. Genil (am südlichen Ortsrand) im Bau.

Osuna

Unter den Herzögen von **Osuna,** einem der seinerzeit führenden Adelshäuser Spaniens, war die Stadt im 16.–19. Jh. ein wichtiges Zentrum von Kunst und Wissenschaft. Juan Téllez de Girón hatte 1548 eine **Universität** in Osuna gegründet. Miguel de Cervantes erwähnte sie in seinem »Don Quijote« und trug dadurch ihren Ruf weit über die Grenzen Spaniens hinaus. Das Lehrinstitut hatte sich insbesondere die Bekämpfung protestantischer Strömungen in Spanien zum Ziel gesetzt. 1824 war die Blütezeit des Feudalismus vorüber. Die Hochschule wurde in ein Gymnasium und später in eine Außenstelle der Universität Sevilla umgewandelt. Heute leben die knapp 18 000 Stadtbewohner vorwiegend von der Olivenölproduktion. An den Glanz früherer Zeiten erinnern zahlreiche Paläste und Kirchen.

Für eine Besichtigung des historischen Zentrums mit den weiß gestrichenen, herrschaftlichen Häusern kann der Rathausplatz Ausgangspunkt sein. Erstes Ziel ist das älteste Gebäude der Stadt, die **Torre del Agua** (12. Jh.). In dem maurischen Turm residiert das **Museo Arqueológico** mit einer Kopie des *Toro de Osuna,* einer Stierskulptur aus der Zeit der Iberer (Calle Arjona, Mai–Sept. Di–So 10–13.30, 16–19, Juli/Aug. Sa/So nachm. geschl., Okt.–April Di–So 10–13.30, 15.30–18.30 Uhr, 1,60 €).

Neben der alten Universität mit ihrem plateresken Innenhof die erhebt sich die Mitte des 16. Jh. errichtete, dreischiffige Renaissancekirche **Colegiata de Santa María.** Von außen wirkt sie schlicht, imponiert aber durch eine hohe, fast fensterlose Fassade und den seitlichen Glockenturm. Zu ihren Schätzen gehören vier Gemälde von José de Ribera in der Sakristei, die hierher gelangten, weil ein Herzog von Osuna Vizekönig von Neapel war, Hauptwirkungsstätte von El Españoleto alias Ribera. Die Bilder zeigen die Heiligen Hieronymus, Petrus, Sebastian und Bartholomäus. Ein weiteres Gemälde von Ribera stellt den Gekreuzigten dar. Durch den Patio del Capellán geht es zum Sepulcro Ducal, der Grabkapelle der Herzöge von Osuna und ihrer Familien, einem herrlichen Beispiel für den Platereskstil (Plaza de la Encarnación, Zeiten s. Museum, nur Führungen, 2 €).

Gegenüber befindet sich der **Convento de la Encarnación,** ein ehemaliges Hospital, das heute als Frauenkloster fungiert. Am schönsten ist der mit bunten Fliesenbildern aus dem 18. Jh. ausgekleidete Kreuzgang. Sie stellen die fünf Sinne, die Jahreszeiten und verschiedene biblische und weltliche Szenen dar. Außerdem wird in vier Sälen eine umfangreiche Kollektion sakraler Kunst gezeigt. Die Nonnen verkaufen Süßwaren aus eigener Herstellung (Plaza de la Encarnación, Zeiten s. Museum, 2 €).

Die Paläste der Stadt im Barockstil stammen vorwiegend aus dem 17. Jh. Sie säumen vor allem die Calle San Pedro und die Calle Sevilla. Im **Palacio Marqués de la Gomera** (Calle San Pedro 20) logiert heute ein Hotel (s. u.). Ein breites, von steinernen Säulen flankiertes Portal beherrscht seine geschwungene Fassade. Auf diesem thront ein repräsentativer Balkon, zu dem aus der Belle Etage ein kleineres Säulenportal führt. Die Fassade des **Palacio del Cabildo Colegial** (Calle San Pedro 16) zieren weiße Fliesen. Dem Portal setzte der Steinmetz eine verkleinerte Ausgabe der Giralda von Sevilla als Flachrelief auf. Ihr stehen die beiden sevillanischen Märtyrer Santa Justa und Santa Rufina zur Seite. Durch eine üppige Dekoration zeichnet sich der **Palacio de los Cepeda** (Calle de la Huerta, nahe Plaza Mayor) aus. Zwei Soldatenfiguren säumen über dem Portal das aufwendig gestaltete Familienwappen der Cepedas. Heute tagt in dem Palast ein Gericht.

Oficina de Turismo: Plaza Mayor, 41 013 Osuna, Tel. 955 81 57 32, www.ayto-osuna.es.

Palacio Marqués de la Gomera: Calle San Pedro 20, Tel. 954 81 22 23, Fax 954 81 02 00, www.hotelpalaciodelmarques.com. 4-Sterne-Hotel in einem barocken Adelspalast (s. o.), komfortable Zimmer und Suiten. Angeschlossen das Restaurant **La Casa del Marqués** mit edler kastilischer Küche (Hauptgerichte um 20 €). Parkgarage. DZ 96–140, Suiten bis 210 €.

Hostal El Caballo Blanco: Calle Granada 1, Tel./Fax 954 81 01 84. Hübsches und gut gelegenes, ruhiges Hostal in der ehemaligen Postkutschenstation mit Restaurant. DZ 50 €.

Doña Guadalupe: Plaza de Guadalupe 6, Tel. 954 81 05 58, Di u. erste Hälfte Aug. geschl. Eines der besten Restaurants der Stadt mit Produkten der Region: Gemüse (u. a. Wildspargel) und Fleisch aus der Umgebung, frischer Fisch aus Malaga. Hervorragende Weinkarte. Hauptgerichte 11–16 €.

Casa Curro: Plazuela Salitre 5, Tel. 955 82 07 58. Eine lange Liste von *tapas* steht auf der

Richtig Reisen-Tipp: Wanderung zur Ruinenstadt Munigua

Nur zu Fuß ist die ehemalige **Römerstadt Munigua** (**Reiseatlas:** S. 2, F 3) zu erreichen, die sich im Hügelland nördlich des Guadalquivir versteckt. Wer eine recht einfache, mit insgesamt 5–6 Std. Gehzeit allerdings ziemlich lange Wanderung nicht scheut, wird durch die besondere Atmosphäre einer touristisch unerschlossenen archäologischen Stätte belohnt. Trotz der abseitigen Lage spielte Munigua eine wichtige Rolle in der Provinz Hispania, was – den zahlreich gefundenen Verhüttungsöfen nach zu schließen – dem Abbau von Kupfer- und Eisenerz, vielleicht auch von Gold, in der Umgebung zu verdanken war. Die ehemals iberische Siedlung wurde ab dem 1. Jh. v. Chr. romanisiert. Trotz der geringen Größe – nur rund 400 Menschen lebten hier – besaß Munigua auffällig viele öffentliche Gebäude. Vermutlich hatte die Stadt einige Bedeutung als regionales Zentrum. Ein Erdbeben richtete im 3. Jh. n. Chr. schwere Zerstörungen an, von denen sich Munigua nie mehr erholte, vielleicht auch, weil die Metallvorkommen inzwischen erschöpft waren. Etwa im 6. Jh. verließen die letzten Bewohner den Ort.

Ausgangspunkt für die Wanderung nach Munigua ist die kleine Bergarbeiterstadt **Villanueva del Río y Minas,** etwa 50 km nordöstlich von Sevilla und von dort aus über die A-431 zu erreichen (Nebenstrecke nach Córdoba nördlich des Guadalquivir). Wer aus Córdoba kommt, wählt nicht die erste, sondern die zweite Abfahrt nach Villanueva. Man fährt bis zum nördlichen Ortsrand, wo eine Brücke über die **Rivera de Huéznar** führt (Schild: Conjunto Arqueológico de Munigua). Danach hält man sich rechts auf eine **Eisenbahnbrücke** zu, wo die Möglichkeit besteht zu parken.

Zu Fuß geht es links vor der Eisenbahnbrücke die ansteigende Straße hinauf, die in das winzige Dorf **Ermita de Santa Barbara** führt. Am Straßenende wenden wir uns wiederum links auf eine **Schotterpiste.** Nach einigen 100 m überschreiten wir die **Bahngleise** und halten uns dann rechts der Schienen. Nach knapp 1,5 Std. stoßen wir auf eine verlassene **Bahnstation.** Wir folgen dem rechts abbiegenden Weg und gehen durch ein mit **Steineichen bewachsenes Tal.** Nach wiederum 1 km geht es an einer Weggabelung rechts.

Bald kommt hoch oben am Hang eine gewaltige, üppig **überwucherte Mauer** in Sicht. Sie gehört zum monumentalen Terrassenheiligtum der **Römerstadt,** das wahrscheinlich dem Kaiserkult diente. Vergleichbare Heiligtümer wurden ansonsten nur im italienischen Latium gefunden, aber nirgendwo in Spanien, eine Tatsache, die den Archäologen immer noch Rätsel aufgibt. Das Terrassenheiligtum wurde lange Zeit für eine arabische Festung gehalten, weshalb Munigua oft als **Castillo de Mulva** auf Karten verzeichnet ist. Um das Ruinengelände zu erkunden, muss zunächst am Fuß des Hangs ein Bach überquert werden, der meist nur wenig Wasser führt. Ein Zaun umgibt die Anlage, das Tor darf aber geöffnet werden.

Seit 1956 führt die Abteilung Madrid des Deutschen Archäologischen Instituts Grabungen in Munigua durch. Im **Forum** fanden die Forscher zwei Bronzeplatten. In eine davon ist der Patronatsvertrag für Munigua eingraviert, ausgestellt 79 n. Chr. vom römischen Kaiser Titus. Berühmtheit erlangte vor allem die Skulptur eines weiblichen Kopfes aus dem Ruheraum der städtischen **Thermen.** Die Wissenschaftler vermuteten zunächst, sie stelle eine Frau aus der römischen Provinz Hispania dar. Inzwischen wird sie allerdings für eine weibliche Gottheit (Venus oder Diana) gehalten. Diese Funde sind nicht an Ort und Stelle zu sehen, sondern befinden sich im Archäologischen Museum von Sevilla (s. S. 256).

Später – vielleicht nach einer Rast unten am Bach – folgen wir dem Weg zurück, den wir gekommen sind.

Schiefertafel der Bar. Im Speiseraum hervorragende Fisch- und Fleischgerichte sowie hausgemachte Nachspeisen. Hauptgerichte 8–11 €.

Züge: Linie A 3a Sevilla–Málaga ca. 4 x tgl., Linie A 3b Sevilla–Granada ca. 1 x tgl. **Bahnhof** 15 Min. Fußweg südwestlich der Plaza Mayor.
Busse: Busbahnhof an der Av. Constitución, ca. 10 Gehmin. südöstlich der Plaza Mayor. Mit **Linesur** ca. 11 x tgl. ab Sevilla (Prado San Sebastián).

Parque Natural de Sierra Norte de Sevilla

Reiseatlas: S. 2, E/F 2/3
Abseits der üblichen touristischen Pfade führt ein Abstecher in die **Sierra Norte de Sevilla,** eine urwüchsige Mittelgebirgslandschaft an der Grenze zur Extremadura, die im Cerro de la Capitana (960 m) gipfelt. Charakteristisch für das Gebiet sind unzählige Wildbäche, die nach Süden zum Guadalquivir hin entwässern. Steineichen- und Korkeichenwälder bedecken die sanften Hänge. Große Teile der Sierra wurden zum mit 165 000 ha Fläche sehr ausgedehnten **Parque Natural Sierra Norte** ausgewiesen. Wildkatze und Luchs sind hier zu Hause, dazu verschiedene Adler- und Geierarten, der Schwarzstorch wie auch Hirsche und Wildschweine. Außerhalb der spanischen Sommerferien sind die Bewohner der alten Dörfer meist unter sich. Dabei ist die Sierra Norte de Sevilla gerade im Frühjahr besonders reizvoll, wenn sie sich in ein riesiges Blütenmeer verwandelt.

Zug: Eine Bahnstrecke, auf der mehrmals tgl. Nahverkehrszüge *(cercanías)* der Linie C-3 von/nach Sevilla verkehren, quert das Kerngebiet der Sierra Norte de Sevilla von Süd nach Nord. Sie halten in El Pedroso sowie an einer Station an der A-455, die 7 km von Cazalla de la Sierra und 12 km von Constantina entfernt ist (Mo–Fr z. T. Anschlussbusse der *Linesur,* (s. S. 73, vorher erkundigen!).
Bus: *Linesur* verkehrt ab Sevilla (Plaza de Armas) 3–6 x tgl. nach El Pedroso/Constantina sowie 2–6 x tgl. nach Cazalla de la Sierra.

El Pedroso

Der hübsche Ort am Südrand der Sierra ist ein gutes Standquartier für Wanderer, die von hier aus eine besonders reizvolle, problemlose Tour unternehmen können. Der 10 km lange, markierte **Sendero del Arroyo de las Cañas** führt durch das relativ flache Gebiet westlich von El Pedroso und empfiehlt sich vor allem im Frühjahr, wenn zahlreiche Wildblumen am Wegrand blühen.

Montehuéznar Spa: Av. de la Estación 15, Tel. 954 88 90 00, www.montehueznar.com. Zwölf liebevoll eingerichtete Zimmer säumen einen schönen Innenhof. Gutes hauseigenes Restaurant (nur Fr–So). Spa mit Pool, Sauna, schottischer Dusche, Duftöldusche und Massage (40 Min. 15 €). DZ 54–65 €, Juniorsuite 65–76 €.

Cazalla de la Sierra

Die attraktive Kleinstadt (5000 Einw.) ist Dreh- und Angelpunkt in der Sierra Norte de Sevilla. Schon die Mauren befestigten den Ort. Anfang des 18. Jh. unterhielt König Philipp V. hier eine Jagdresidenz. Die Bewohner kamen währenddessen mit der Produktion eines berühmten Anislikörs (s. u.), mit der sich bis zu 70 Destillerien im Ort beschäftigten, und dessen Ausfuhr nach Amerika zu Wohlstand. Herrschaftliche Stadthäuser säumen die Plaza Mayor. Die wehrhafte **Iglesia Nuestra Señora de la Consolación** (14.–18. Jh.) mit rotem Ziegelturm zeigt eine seltsame Stilmischung vom Mudéjar über Renaissance bis hin zum Barock. Nebenan steht noch ein maurisches Stadttor. Drei Klöster gab es früher in der Stadt, darunter den barocken **Convento San Francisco,** dessen Kreuzgang heute als Markthalle dient.

In eine liebliche Landschaft eingebettet liegt die **Cartuja de Cazalla.** Im 15. Jh. gründeten Hieronymiten hier ein Kloster, das spä-

ter die Kartäuser übernahmen und im Barockstil großzügig ausbauten. Ordensmitglieder aus der Cartuja in Sevilla (s. S. 261) verbrachten hier ihren Ruhestand und boten zugleich Reisenden geistigen Beistand, Unterkunft und Schutz. Im 19. Jh. wurde das Kloster verlassen und verfiel, bis die Ruine 1977 in den Besitz der spanischen Unternehmerin Carmen Ladrón de Guevara y Bracho überging. Die Kunstmäzenin verwandelte die Klostergebäude in ein Begegnungszentrum für Künstler und richtete im ehemaligen Torhaus ein charmantes Landhotel ein (s. u.).
Anfahrt: A-455 ca. 3 km Richtung Constantina, dann der Beschilderung »La Cartuja« folgen (zu besichtigen tgl. 9–14, 16–20 Uhr, 3 €).

Oficina de Turismo: Plaza Mayor, 41 370 Cazalla de la Sierra, Tel. 954 88 35 62, turismocazalla@yahoo.es.

Hospedería La Cartuja: Ctra. A-455 km 2,5, Tel. 954 88 45 16, Fax 954 88 47 07, www.skill.es/cartuja. Gemütliche, modern eingerichtete Zimmer im ehemaligen Kartäuserkloster, dekoriert mit Bildern von Malern, die im Begegnungszentrum tätig waren. Besonders schön die Suiten im Kreuzgang. Zwei Pools, Reitstall, ausgezeichnetes Abendessen (ca. 22 €) verwöhnen den Gast. DZ 90 €, Suite 120 € .

Mehrere **Brennereien** im Ort pflegen die Tradition der Herstellung von Anislikör *(anisado)* sowie einem Likör aus Wildkirschen *(guinda)*. Die hochprozentigen Spezialitäten werden z. B. bei **La Artesa** (Calle La Plazuela 1) und bei **La Destilería** (Calle Llana 1) verkauft.

Wanderungen: Mehrere beschilderte und markierte Touren im Gelände. Die spanischsprachige Broschüre **Cuaderno de Senderos** enthält die Routenbeschreibungen. Sie wird gegen eine Schutzgebühr beim **Tourismusbüro von Cazalla** (s. o.) sowie im Informationszentrum des Naturparks in **El Roblado** (s. u.) verkauft.

Constantina

Constantina ist der zweite wichtige Ort der Sierra Norte de Sevilla. Vom **Castillo,** das den Westrand der Stadt beherrscht, bietet sich ein wunderbarer Ausblick. Aus der Altstadt ragt die Pfarrkirche **Santa María de la Encarnación** heraus. Ihr 1567 errichteter Glockenturm ähnelt nicht nur zufällig der Giralda von Sevilla, denn hier war der Baumeister Hernán Ruiz II. aus Córdoba tätig. Auch das prunkvolle dreibogige Platereskportal der ansonsten im Mudéjarstil errichteten Kirche ist bemerkenswert.

Centro de Visitantes del Parque Natural El Robledo: Ctra. A-452 Constantina – El Pedroso km 1, Tel. 955 88 15 97, www.sierranortedesevilla.com. Ausstellung über Pflanzenwelt, Fauna und Geschichte des Naturparks, botanischer Garten mit andalusischer Flora.

San Blas: Calle Miraflores 4, Tel. 955 88 00 77, Fax 955 88 19 00, hsanblas@arrakis.es. Modernes und funktional ausgestattetes Haus im Ortszentrum, 19 Zimmer, Pool. DZ 44–62 €.

Cambio de Tercio: Calle Virgen del Robledo 53, Tel. 955 88 10 80. Bekannt für Wild- und Pilzgerichte. Hier soll auch König Juan Carlos schon gesehen worden sein, der gern zur Jagd in die Sierra Norte de Sevilla kommt. Hauptgerichte um 15 €.

Einer arabischen Tradition folgend ist Constantina ein Zentrum der Herstellung von **Backwerk:** Mandeltörtchen, *merengues* (Baiser), Marzipan. Am besten sollen sich die Nonnen aus dem **Monasterio de las Jerónimas** (Plaza de la Carretería 35) auf dieses Handwerk verstehen.

Wandern: Am Nordende des Paseo de la Alameda beginnt der beschilderte **Sendero Los Castañares,** ein 7 km langer Rundweg (ca. 2 Std. Gehzeit) durch Kastanienwälder zu einem Aussichtspunkt auf einem Hügel oberhalb des Ortes.

11 Córdoba

Cityplan S. 282/283, Grundriss S. 284

In der einstigen Hauptstadt des Kalifats ist natürlich die Mezquita eine Hauptsehenswürdigkeit. Ebenso zieht es die Besucher in die malerische Altstadt mit ihren blumengeschmückten Patios. Im eigentlichen Zentrum und in den Einkaufsstraßen lässt sich das moderne Córdoba authentisch erleben.

Reiseatlas: S. 3, C 3
Die heutige Provinzhauptstadt (310 000 Einw.) war im Zenit ihrer Blütezeit – vor 1000 Jahren – Sitz des westlichen Kalifats. Eindrucksvolle, im europäischen Raum einmalige Reste der vergangenen Pracht sind erhalten geblieben. So ist die Mezquita eine der bedeutendsten Sehenswürdigkeiten der Welt. Dennoch wirkt Córdoba ruhig und fast schon provinziell. Seine Altstadt gehört zu den größten und reizvollsten in Südspanien: mit dörflich anmutenden Gassen, verschwiegenen Plätzen, weiß gekalkten Hauswänden und Einblicken in schattige Innenhöfe.

Ein Blick in die Geschichte Córdobas

Schon vor ca. 3000 Jahren gab es am Guadalquivir eine iberische Siedlung. Die Karthager bauten sie zur Stadt aus. 201 v. Chr. vertrieben römische Truppen die Karthager endgültig von der Iberischen Halbinsel und errichteten vermutlich eine Garnison in der bereits existierenden Stadt Corduba. Die dort ansässigen Iberer dürften mit den Römern kooperiert haben. Um die Mitte des 2. Jh. v. Chr. erfolgte dann eine offizielle römische Stadtgründung. Aus dieser Zeit ist allerdings nur wenig bekannt. Erst wesentlich später, möglicherweise 25 v. Chr., wurde Corduba zur Colonia erhoben, in der sich Veteranen ansiedelten, und war von nun an Hauptstadt der römischen Provinz Baetica. Als das Römische Reich zerfiel, kamen im 5. Jh. die Westgoten, deren letzter König Roderich aus Córdoba stammte.

Die maurische Epoche begann 756. In Damaskus, damals Sitz des Kalifats, stürzten die Abbasiden die dort herrschenden Omajaden. Nur einem Prinzen gelang die Flucht nach Andalusien. Als Abd ar-Rahman I. gründete er mit Anhängern seiner Dynastie in Córdoba ein unabhängiges Emirat. Zum Höhepunkt der Macht gelangte dieses in der Regierungszeit von Abd ar-Rahman III., dem ersten Kalifen von Córdoba. Er ließ die Palaststadt Madinat al-Zahra (s. S. 296) erbauen. Es folgte der Kalif Al-Hakam II. Letzter Herrscher vor dem Zerfall des Kalifats war Hischam II. Er zog sich wie in einen goldenen Käfig in seine Palaststadt zurück. Die wirkliche Macht übte sein Schatzmeister und Feldherr Al-Mansur aus, der das Kalifenreich noch einmal bis in den Norden Spaniens ausdehnte. Er ging als legendäre Geißel der Christenheit in die Geschichte ein. Córdoba war damals eine Millionenstadt. Die Besiedlung erstreckte sich bis auf die Hänge des angrenzenden Gebirges. 600 Moscheen, 300 öffentliche Bäder, 80 Schulen und 17 Hochschulen, in der Regel Koranschulen *(medresen)* sowie zahlreiche Bibliotheken und Krankenhäuser zählte die Stadt.

Nach Al-Mansurs Tod übernahmen seine Söhne die führende Stellung. Aber auch ein Sohn des Kalifen beanspruchte die Macht. Es

Mit den Autoren unterwegs

Unterkünfte zum Verlieben

Placete Mirador de Córdoba: Wer lieber in einem ländlichen Herrenhaus logiert und doch das Zentrum von Córdoba in wenigen Minuten erreichen möchte, ist hier goldrichtig. Den Beinamen *mirador* (Aussichtspunkt) verdankt das Haus dem wunderbaren Ausblick (s. S. 293).

Hotel Maestre: Eine empfehlenswerte Unterkunft für Reisende, die mitten im Geschehen und doch ruhig wohnen möchten. Lauschige Innenhöfe laden zum Verweilen ein. Für Autofahrer gibt es eine Garage (s. S. 293).

Perfekter Shopping-Tag

In **Córdoba** bummeln die Einheimischen am liebsten durch die eleganten Einkaufsstraßen am Rand der Altstadt und lassen sich anschließend in einem der Straßencafés auf der **Plaza de las Tendillas** zum Sehen und Gesehenwerden nieder (s. S.295).

Armbänder, Ohrringe und Co.

Silberschmuck: Viele Kunsthandwerker in Córdoba verkaufen traditionellen oder modernen Silberschmuck aus eigener Produktion. Das **Museo Regina** veranschaulicht die Herstellung und verfügt über einen eigenen Shop (s. S. 295).

Wellness à la 1001 Nacht

Baños Árabes: Von einer anstrengenden Besichtigungstour erholt man sich in alter Manier am besten im Hammam, der in moderner Form an arabische Traditionen anknüpft (s. S. 295).

kam zu Unruhen und Bürgerkrieg. Der Aufstand der Berber innerhalb der Armee vervollständigte das Chaos. Diese stürmten 1010 Córdoba und zerstörten Madinat al-Zahra. Damit war nach nur rund 80 Jahren das Schicksal des westlichen Kalifats besiegelt. Das zentral regierte Reich zerfiel in verschiedene Teilkönigreiche. 1031 wurde Córdoba Hauptstadt eines der vielen *taifas*.

Für den Kampf gegen die Christen holten die andalusischen Mauren Berberstämme zu Hilfe, zunächst die Almoraviden, dann die Almohaden, die das Reich wieder einten, aber Sevilla zu ihrer Hauptstadt machten. 1236 schließlich eroberte Ferdinand III., der Heilige, Córdoba für das christliche Königreich Kastilien. An ihre einstige Bedeutung konnte die Stadt auch in der nun folgenden Zeit nicht mehr anknüpfen.

La Mezquita/Catedral

Zweifellos ist **La Mezquita** **1**, die ehemalige große Moschee von Córdoba mit der Kathedrale inmitten der Anlage, der Hauptanziehungspunkt für Besucher der Stadt. 1984 erklärte die Unesco das Ensemble zum Weltkulturerbe. Von außen ist die Mezquita bis auf die verzierten Eingangstore eher unscheinbar. Im Inneren erwartet den Besucher schlichte Eleganz. Beeindruckend ist der Wald aus über 800 Säulen des 104 m langen Betsaales *(Haram)*. Seine 19 Schiffe verteilen sich darin auf 130 m Breite. Mit diesen Ausmaßen war La Mezquita die größte Moschee der mittelalterlichen islamischen Welt. Trotz mehrerer Bauphasen (785–990) zeigt sie ein mehr oder weniger einheitliches Bild, einmal abgesehen von der später hinzugefügten Kathedrale. Die einzelnen Bauabschnitte lassen sich bei einem Rundgang entgegen dem Uhrzeigersinn in einer chronologischen Abfolge besichtigen.

Wer die Möglichkeit hat, sollte die Mezquita an Werktagen vor Beginn der offiziellen Besichtigungszeit, zwischen 8.30 und 10 Uhr besuchen. Dann ist der Eintritt frei, der Andrang viel geringer.

Vorhof und Glockenturm

Ein Eingang befindet sich an der Nordseite in der Calle de Cardenal de Herrera. Hinter der

Córdoba: Cityplan

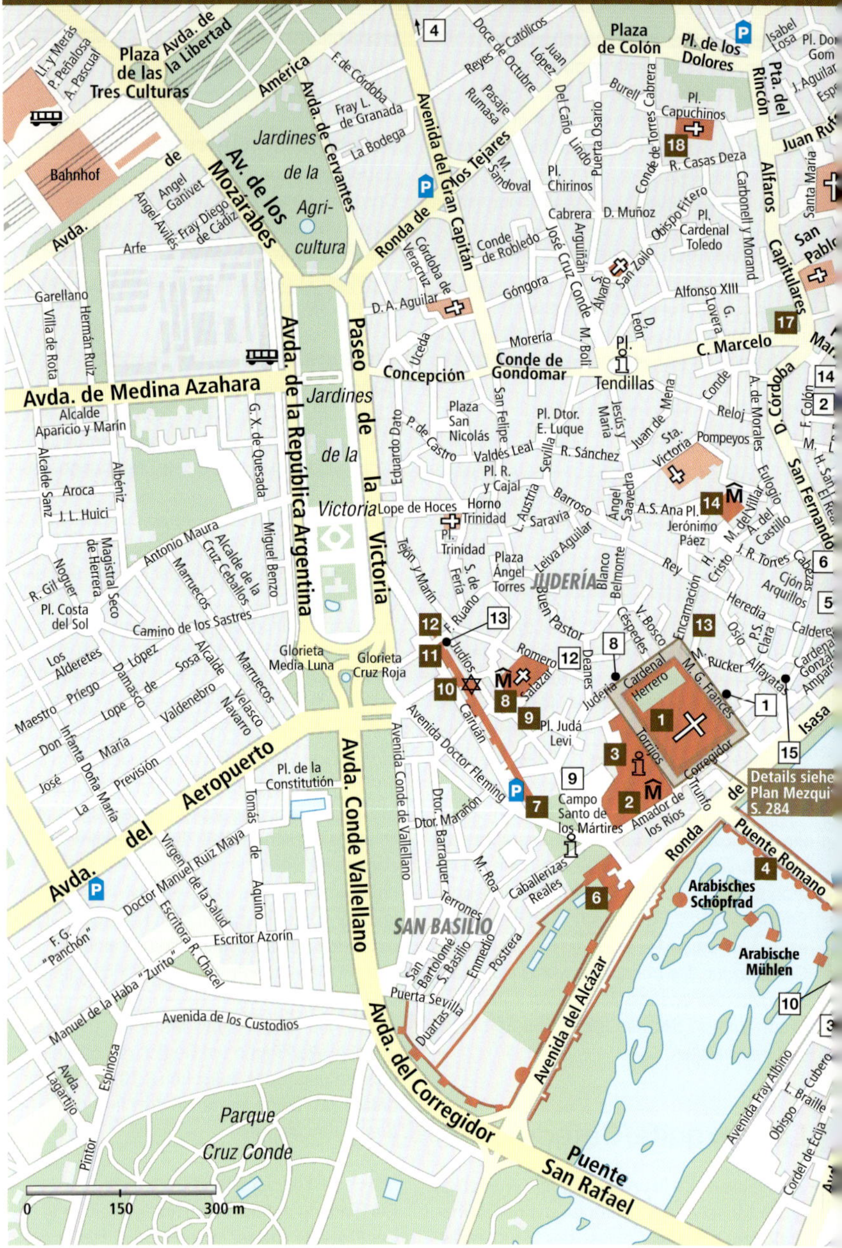

Sehenswürdigkeiten

1 La Mezquita/Catedral
2 Palacio Episcopal/Diözesanmuseum
3 Hospital de San Sebastián/ Kongresspalast
4 Puente Romano
5 Torre de la Calahorra/ Museo Vivo de Al-Andalus
6 Alcázar
7 Baños Califales
8 Museo Taurino
9 Zoco Municipal
10 Synagoge
11 Casa Andalusí
12 Puerta de Almodóvar
13 Calleja de las Flores
14 Museo Arqueológico
15 Posada de Potro
16 Museo Bellas Artes/ Museo Julio Romero de Torres
17 Rathaus/Ayuntamiento
18 Iglesia de los Dolores
19 Palacio del Marqués de Viana
20 Museo Regina

Übernachten

1 Eurostar Conquistador
2 Casa de los Azulejos
3 Hesperia Córdoba
4 Placete Mirador de Córdoba
5 Maestre
6 Hostal Maestre

Essen und Trinken

7 Bodegas Campos
8 El Caballo Rojo
9 Almudaina
10 Al Punto
11 Paseo de la Ribera
12 Taberna Casa Pepe de la Judería
13 Casa Rubio
14 Taberna Salinas
15 Taberna Jaular

La Mezquita: Bauphasen

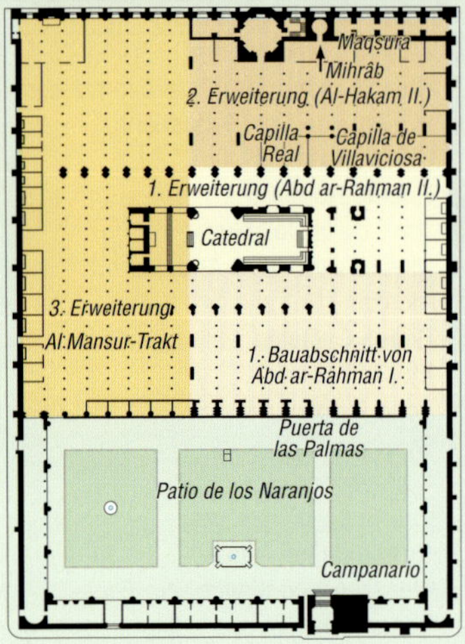

Puerta del Perdón liegt der **Patio de los Naranjos** (Orangenhof). In maurischer Zeit standen hier Zypressen, Oliven- und Lorbeerbäume. Die Gläubigen unterzogen sich an Brunnen der rituellen Waschung, bevor sie den Gebetsraum betraten. Der Vorhof gehörte zum ersten Bauabschnitt unter Abd ar-Rahman I., war damals allerdings kleiner. Erst später ließ Abd ar-Rahman III. den Hof nach Norden ausdehnen und 931 ein Minarett errichten. Erst in christlicher Zeit, im Jahre 1593, wurde der **Campanario** (Glockenturm), der sich über der Puerta del Perdón erhebt, um das Minarett gebaut, welches damit heute praktisch den Kern des Turms darstellt.

Erster Bauabschnitt

Durch die Puerta de las Palmas geht es in den relativ dunklen **Betsaal**. Erst wenn sich die Augen an die Lichtverhältnisse gewöhnt haben, erfasst man den schwindelerregenden Wald von Säulen. Sie werden von rot-weißen Bögen überspannt. Der Wechsel von weißgelbem Sandstein und roten Ziegeln diente nicht nur ästhetischen Zwecken, sondern sollte den Bau auch erdbebensicher machen. Die unteren Säulen stützen Hufeisenbögen, die aufgesetzten Pfeiler tragen Rundbögen. Der Raum scheint sich durch die Doppelbögen nach oben zu strecken. Die niedrige Decke wirkt daher nicht drückend. In maurischer Zeit war der Betsaal zum Vorhof hin offen und das Licht unzähliger Öllämpchen verbreitete eine leichte und luftige Raumwirkung.

Die Säulen sind römischen und westgotischen Ursprungs mit unterschiedlicher Färbung und Oberflächenbearbeitung. Auch die Kapitelle variieren zwischen korinthisch, westgotisch und byzantinisch. Um verschiedene Längen auszugleichen, erhielten einige Säulen einen Sockel, andere wurden in den Fußboden gesenkt.

An der Stelle der heutigen Mezquita-Kathedrale standen schon ein römischer Tempel und darauf folgend eine westgotische Kirche. Nach der islamischen Eroberung teilten sich Christen und Moslems den Raum. Eine Freitagsmoschee wurde jedoch immer dringender benötigt. Abd ar-Rahman I. kaufte den Christen im Jahre 785 ihren Teil ab, ließ die Kirche abreißen und begann mit dem Bau einer ersten Moschee. Sie hatte immerhin schon elf Schiffe und war nach zwei Jahren fertig. Die kurze Bauzeit erklärt sich dadurch, dass die Säulen schon vorhanden waren.

Erste Erweiterung

Mitte des 9. Jh. war wegen der gestiegenen Zahl der Gläubigen eine Erweiterung notwendig. Abd ar-Rahman II. verlängerte die Schiffe um acht Bögen nach Süden (833–848) bis zur heutigen **Capilla de Villaviciosa.** Sie diente den Mauren bis zur zweiten Erweiterung (s. S. 286) als Mihrab (Gebetsnische für den Vorbeter). Auffallend sind die aus dieser Zeit erhaltenen Säulendekorationen in der Capilla Villaviciosa. Eine Besonderheit ist die Konstruktion der Kuppel: Über vier Säulen erheben sich drei Vielpassbögen, über denen sich weitere Bögen verzahnen und schließlich von einem großen Bogen um-

Im Zauberwald der Mezquita wuchsen einst mehr als 1000 Säulen

schlossen werden. So konnte das Problem des Überkuppelns einer großen viereckigen Grundfläche gelöst werden, ohne dass die Kuppel durch ihr Eigengewicht einstürzte. Das Flechtwerk von gewölbten Rippen verkleinerte die Fläche. Als Abschluss reichte daher eine sogenannte Halborange oder Muschel aus – die eigentliche Kuppel erinnert an eine aufgeschnittene Orange oder eine umgedrehte Muschelschale. Möglicherweise ließen sich die Erfinder der Kreuzrippengewölbe in den französischen Kathedralen der Gotik 250 Jahre später davon inspirieren.

Zweite Erweiterung

In den 960er-Jahren erweiterte Al-Hakam II. die Moschee um weitere 12 Bögen auf ihre heutige Länge. In dieser Zeit entstand das Glanzstück der Moschee: der in der Quibla (nach Mekka orientierte Rückwand einer Moschee) eingelassene **Mihrab,** den byzantinische Künstler gestalteten, die im gesamten Mittelmeerraum als Spezialisten für kunstvolle Mosaiken galten. Hier gelang ihnen ein Meisterwerk der frühislamischen Kunst: Über dem Eingang zum Mihrab wiederholen sich die Grundformen der Moschee: Lebensbogen und ordnendes Viereck. Das kufische Schriftband mit den Namen Allahs schließt einen blumigen Farbenbogen ein. Höhepunkt der Handwerkskunst ist jedoch die Kuppel über insgesamt acht Bögen. Vor dem Mihrab öffnet sich die **Maqsura.** Dieser Raum war dem Herrscher zum Gebet vorbehalten und wird von drei Kuppeln in Art der Capilla de Villaviciosa (s. o.) überspannt.

Dritte Erweiterung

Al-Mansur ließ um 990 die Moschee um weitere acht Schiffe nach Osten erweitern. Der Vorhof musste dadurch nochmals vergrößert werden. Damit hatte die Moschee ihre heutige Ausdehnung erreicht. Der hinzugefügte Teil fiel vergleichsweise schlicht aus. Die Kapitelle zeigen einen einheitlichen Stil, die rotweißen Bögen bestehen nicht mehr aus verschiedenen Materialien, sondern sind bemalt. Die steinernen Gewölbe wurden in christlicher Zeit eingebaut.

Capilla Real

Anfang des 16. Jh. beschloss die Katholische Kirche unter dem jungen Kaiser Karl V. den Bau einer **Kathedrale** inmitten der Moschee. Zuvor hatte die Capilla de Villaviciosa (s. o.) als christliche Kirche gedient. Direkt daneben war die **Capilla Real** ursprünglich als Grabkapelle für die Könige Ferdinand IV. und Alfons XI. gedacht, die islamische Künstler schon im 14. Jh. dekorierten. Die Kathedrale selbst zeigt ein Stilgemisch aus Gotik und Renaissance und überragt unübersehbar die Moschee. Für ihren Bau mussten ca. 70 Säulen weichen. Als Karl V. in fertigem Zustand sah, was er zuvor genehmigt hatte, soll er gesagt haben: »Ihr habt etwas gebaut, was man überall hätte bauen können, und etwas zerstört, was einmalig war.« Das Chorgestühl, im 18. Jh. aus Palisanderholz geschnitzt, ist allerdings eine großartige Arbeit (Offizielle Besichtigung: Mo–Sa 10–18, So/Fei 8.30–10.15, 14–18, im Winter jeweils bis ca. 17.30 Uhr, letzter Einlass 30 Min. vor Schließung, 8 €).

Palacio Episcopal und Palacio de Congresos

Neben der Mezquita steht der **Palacio Episcopal** 2 (Erzbischöflicher Palast). Vom 9. Jh. bis zur Eroberung Córdobas durch die Christen befand sich hier der Stadtpalast des Kalifen. Erst im 16. Jh. wurde dieser abgerissen und ein Neubau in einer Stilmischung aus Renaissance und Barock errichtet. Er beherbergt heute das **Diözesanmuseum** (Calle Torrijos: Mo–Sa 9.30–15 Uhr, So/Fei geschl.; 1,50 €).

Direkt daneben erhebt sich der **Kongresspalast** 3, das frühere Hospital de San Sebastián (Anfang 16. Jh.), mit schönem Innenhof. Hier werden Keramik und anderes Kunsthandwerk ausgestellt.

Am Guadalquivir

Puente Romano

4 Die Fundamente gehen auf die Zeit des römischen Kaisers Augustus zurück, doch von der damaligen Brücke blieb kaum etwas

erhalten. Mehrfach wurde sie umgebaut und restauriert, zuletzt 2007. In der Mitte steht eine **Figur des Erzengels Raphael,** wie auch an weiteren Plätzen in der Stadt – der Schutzpatron von Córdoba soll vor Seuchen schützen. Die **Puerta del Puente** an der zum Stadtzentrum angrenzenden Seite stammt aus dem 16. Jh. Im Flussbett befinden sich Ruinen von Wassermühlen. Die Mühle **Noria de Albolafia** geht wahrscheinlich noch auf die Römer zurück. Abd ar-Rahman II. ließ ein großes Mühlrad für die Bewässerung seiner Palastgärten errichten. Die Legende erzählt, dass Königin Isabella die Katholische es abbauen ließ, da sie das Knarren nicht ertragen konnte. Das heutige Rad ist ein Nachbau. Die Brücke bildete lange den einzigen Zugang von Süden zur Stadt und wurde dementsprechend befestigt (s. u.). Heute führt u. a. der neue **Puente de Miraflores** vom zukünftigen Kongresszentrum aus ins Zentrum.

Torre de la Calahorra

Der Südzugang zum Puente Romano besaß seit jeher große strategische Bedeutung. Schon in maurischer Zeit gab es hier eine Festung. König Heinrich II. von Trastámara, Halbbruder und Gegner Peters des Grausamen, ließ sie 1369 erweitern.

Heute ist in der Bastion das **Museo Vivo de Al-Andalus** 5 untergebracht. Es ging aus einer Stiftung des französischen Politikers und Schriftstellers Roger Garaudy mit Unterstützung der Unesco hervor und stimmt auf ungewöhnliche Weise auf das maurische Spanien ein. Hauptanliegen ist es, das friedliche Zusammenleben von Christen, Moslems und Juden in der damaligen Zeit aufzuzeigen. Über ein infrarotgesteuertes Audiosystem (auch in Deutsch) begegnet der Besucher den bedeutenden Philosophen der Epoche sowie dem Kalifen Abd ar-Rahman III. Anhand von Modellen der Alhambra, der Mezquita und des Bewässerungssystems werden die grundlegenden arabischen Bauprinzipien erklärt.

Roger Garaudy (*1913), der Gründer des Museo Vivo de Al-Andalus, ist ein Mensch mit sehr wechselhaften Meinungen. Zunächst war er Kommunist, setzte sich in den 1970er-Jahren für den friedlichen Dialog der Weltreligionen ein und trat dann 1982 zum Islam über. Ein französisches Gericht verurteilte ihn 1998 wegen Leugnung des Holocausts zu einer Geldstrafe. Der Europäische Gerichtshof für Menschenrechte bestätigte das Urteil im Jahre 2003.

Wer möchte, kann am Ende der Besichtigung noch eine 50-minütige Multivisionsschau ansehen (www.torrecalahorra.com, Okt.–April tgl. 10–18, Mai– Sept. tgl. 10–14, 16.30–20.30 Uhr, 4, mit Multivision 5,20 €).

Westlich der Mezquita

Hier befinden sich die meisten Sehenswürdigkeiten von Córdoba. Die ganze Altstadt gilt seit 1994 als Unesco-Weltkulturerbe.

Alcázar und Baños Califales

Vom Erzbischöflichen Palast führt die Calle Amador de los Ríos am Campo Santo de los Mártires vorbei zum **Alcázar** 6. Er wurde im 14. Jh. erbaut und diente den Katholischen Königen während des Krieges gegen das maurische Königreich Granada acht Jahre als Hauptwohnsitz. Später war das Gebäude Sitz der Inquisition bis zu deren Auflösung 1821 und anschließend Gefängnis. Der zugehörige Park mit Wasserspielen und Blumenbeeten im Stil der Renaissance ist zum Teil noch von der alten maurischen Stadtmauer umgeben. In den Innenräumen der Burg befinden sich römische Mosaiken und ein reich gestalteter Sarkophag aus dem 3. Jh. n. Chr. sowie die königlichen Bäder. Gegenüber vom Eingang zur Burg liegen die restaurierten **Baños Califales** 7 (Kalifenbäder) aus dem 10. Jh., die noch in der Zeit nach dem Zusammenbruch des Kalifats genutzt wurden (Alcázar und Baños Califales: Di–Sa 10–14, 16.30–18.30, Sommer bis 19.30, So 9.30–14.30 Uhr, 4 €).

Das alte Stadtviertel **San Basilio** westlich der Burg entstand zur gleichen Zeit. Im Mai lohnt ein Besuch wegen der schön geschmückten Innenhöfe (s. S. 289).

Judería

Das ehemalige Judenviertel mit seinen verwinkelten, malerischen Gassen erstreckt sich westlich und nordwestlich der Mezquita und ist ein weiterer Besuchermagnet. Von der Plaza Campo Santo de los Mártires führt die Calle Tomás Conde auf die Plaza Maimónides. Ein Adelspalast aus dem 16. Jh. beherbergt dort das **Museo Taurino** 8 (Stierkampfmuseum). Besonders der große Stierkämpfer Manuel Laureano Rodríguez Sánchez (Manolete) wird hier mit zahlreichen Ausstellungsstücken gewürdigt. Er starb 1947 im Alter von 30 Jahren durch einen Hornstoß. Auch Ausstellungsstücke rund um Manuel Benítez (El Cordobés) aus Palma del Río, der für seinen Mut und seine artistischen Einlagen bekannt war, finden sich hier. Als Sohn eines mittellosen Landarbeiters gelang ihm eine beispiellose Karriere (Museo Taurino zur Zeit der Drucklegung wegen Renovierung geschl.).

Hinter dem Stierkampfmuseum liegt der **Zoco Municipal** 9, ein kleines Kunsthandwerkszentrum, in dem man wunderbaren hochwertigen Silberschmuck, Lederwaren und Keramik herstellt und verkauft. Die Werkstätten gruppieren sich malerisch um einige Innenhöfe.

In die Plaza Maimónides mündet die Calle Judíos, deren Beginn eine Figur des **Philosophen Maimonides** bewacht. Der jüdische Denker wurde 1135 in Córdoba geboren. Er verließ das Land während der Herrschaft der wenig toleranten Almohaden (s. S. 290).

In der Calle Judíos 20 befindet sich die einzige erhaltene mittelalterliche **Synagoge** 10 Andalusiens. Reicher Mudéjarschmuck bekleidet die Wände. Das Gebäude stammt aus dem Jahre 1315, also schon aus christlicher Zeit – so jedenfalls steht es auf dem hebräischen Schriftband, das die Nische für die Thorarolle in der Ostwand einfasst. Nach der Vertreibung der Juden 1492 diente es als Krankenhaus, später als Versammlungsraum für die Schuhmacherzunft. 1885 wurde die ehemalige Synagoge zum Nationaldenkmal erklärt. Im ersten Stock befindet sich die Galerie für die Frauen (Di–Sa 9.30–14, 15.30–17.30, So/Fei 9.30–13.30 Uhr, EU-Bürger frei, sonst 0,30 €).

Wenig weiter in der **Casa Andalusí** 11 bekommt der Besucher Einblick in das Leben im Córdoba des 12. Jh. Hier wird gezeigt wie damals Papier hergestellt wurde. Das restaurierte Stadthaus hat einen schönen Innenhof (tgl. 10.30–19.30 Uhr, 2,50 €).

Die **Puerta de Almodóvar** 12 am Ende der Calle Judíos begrenzte das ehemalige Judenviertel. Hinter dem Tor steht eine **Bronzefigur,** die **Seneca** (ca. 4 v. Chr.–65 n. Chr.), den berühmten, aus dem römischen Corduba stammenden Philosophen darstellt. Links abwärts kommt man an den besterhaltenen Resten der **maurischen Stadtmauer** und einer **Statue des Averoës** (Ibn Ruschd, 1126–98) vorbei, einer der großen muslimischen Philosophen. Seine Übersetzungen von Aristoteles schienen teilweise dem Koran zu widersprechen. Unter den Almohaden musste er daher das Land verlassen (s. S. 290).

Östlich der Mezquita

An der Nordostecke der Mezquita zweigt von der Calle Velázquez die schmale Sackgasse **Calleja de las Flores** 13 ab. Sie gehört quasi zum Pflichtprogramm in Córdoba. Vom Platz am Ende der Gasse ergibt sich rückblickend ein schönes Fotomotiv: In den freien Himmelsabschnitt zwischen den mit Blumen geschmückten weißen Fassaden der Häuser fügt sich der Glockenturm der Kathedrale ein.

Der **Renaissancepalast Páez de Castilleja** (16. Jh.) beherbergt das **Museo Arqueológico** 14. Es gilt als eines der am besten bestückten archäologischen Museen Spaniens. Zu seinen Exponaten gehören Alltagsgegenstände aus der Vorgeschichte, iberische Kunst aus den vorchristlichen Jahrhunderten sowie römische Skulpturen und Porträts. Mit Edelsteinen besetzte Goldkreuze aus westgotischer Zeit und die Tierfiguren aus der Kalifenstadt Madinat al-Zahra (s. S. 296) zählen zu den interessantesten Stücken (Plaza de Jerónimo Páez, Di 14.30–

Richtig Reisen-Tipp: Die Patios in Córdoba

Eine Besonderheit von Córdoba sind die lauschigen Innenhöfe, die Patios von Privathäusern. Leider sind sie die meiste Zeit des Jahres verschlossen oder nur von außen durch ein Gittertor zu bestaunen. Doch jedes Jahr Anfang Mai stehen knapp zwei Wochen lang viele dieser Patios für Besucher offen. Denn dann feiert die Stadt den **Concurso Popular de Patios.** Die schönsten Höfe werden im Rahmen dieses Festes prämiert. Hausbesitzer, die an dem Wettbewerb teilnehmen, schmücken Wände, Arkadengänge, Treppen, Fensterläden und vieles mehr kunstvoll mit Blumentöpfen, teilweise auch mit Kunsthandwerk. Die Höfe verwandeln sich dadurch in malerische Stillleben. Auch einige öffentliche Einrichtungen, Hotels und Restaurants beteiligen sich. Besonders rege nehmen die Bewohner des Stadtteils **Alcázar Viejo** (San Basilio) westlich der Burg an der Prämierung teil. Eine Konzentration von Patios findet sich in der **Calle San Basilio** und der **Calle Martín Roa.** Im Nordosten der Altstadt im Dreieck zwischen **Plaza San Agustín, Plaza San Lorenzo** und **Plaza San Juan Letrán** wird ebenfalls fleißig geschmückt. Erwähnenswert ist noch die **Calle Barrionuevo** im Osten. In der Judería werden die Innenhöfe des **Zoco Municipal** (s. o.) kunstvoll herausgeputzt, oft mischt auch der **Palacio de los Marqueses de Viana** (s. S. 292) mit. Im Jahr 2007 nahmen außerdem das **Museo Julio Romero** (s. S. 291) mit seinem das ganze Jahr über besuchenswerten Patio und das **Restaurant Bodegas Campos** teil. Die privaten Innenhöfe sind unter der Woche meist ab 19 Uhr zugänglich, am Wochenende schon ab Mittag. Damit niemand den Überblick verliert, halten die Informationsstellen in der Stadt zur Zeit des Festes Pläne mit den teilnehmenden Patios bereit. Infos auch unter www.patiosdecordoba.net (nur Spanisch).

Mein Hof ist mein Wohnzimmer: grün und luftig

Maimonides und Ibn Ruschd

Thema

Nach dem Ende der kulturellen Blüte unter dem Kalifat herrschten ab 1086 die Almoraviden, später die Almohaden über Andalusien. Als dogmatische Verfechter des Islam verfolgten sie Andersdenkende. Aber im erst 1148 durch die Almohaden eroberten Córdoba florierte das intellektuelle Leben weiter.

Muslime, Juden und Christen standen damals im Dialog miteinander. In dieser Zeit spielten zwei bemerkenswerte Philosophen eine Rolle, der eine jüdischen, der andere islamischen Glaubens: Maimonides und Ibn Ruschd (latinisiert: Averroes). Gegen die verbreiteten Traditionen des Wunderglaubens und einer ausschließlich im Glauben erfahrbaren Wahrheit setzten beide die Klarheit der Vernunft.

Moses Maimonides (1138–1204) war zu Lebzeiten für die jüdische Gemeinde eine bedeutende Autorität. Er verfasste Schriften zu Recht und Moral sowie Lebensführung. Seine Werke wurden zu Klassikern, die im Zentrum der intellektuellen Diskussion zwischen jüdischer Religion und Philosophie standen. Aber auch die katholischen Kollegen in Paris, Köln und Bologna bedienten sich des ›Führers der Unschlüssigen‹, so der Titel seines Hauptwerks, für die Konstruktion ihrer scholastischen Lehren. Bedeutende jüdische Philosophen wie Baruch Spinoza und Moses Mendelssohn ließen sich in späteren Jahrhunderten von den Schriften des Maimonides inspirieren.

Maimonides ging 1159 von Córdoba nach Kairo und entging dadurch der Verfolgung. Für den Lebensunterhalt sorgte sein Bruder, ein Diamantenhändler. Als dieser bei einem Schiffsunglück starb, nutzte Maimonides seine Kenntnisse der Naturwissenschaften und arbeitete als Leibarzt am Hof von Sultan Saladin.

Auch der Philosoph Ibn Ruschd (1126–1198) war zugleich Arzt, nämlich am Hof des Kalifen Abu Jakub Jusuf in Marrakesch. 1171 ernannte ihn dieser zum Richter *(kadi)* im andalusischen Córdoba. In der Folgezeit lehrte Ibn Ruschd unter den Arkaden der Mezquita und zählte alle Gebildeten der Stadt zu seinen Freunden. Doch unter Abu Jakub Jusufs Nachfolger hetzten Strenggläubige den Pöbel auf, Ibn Ruschd vor dem Tor zum Vorhof der Moschee zu verspotten und zu bespucken. Schließlich wurde er 1195 nach Lucena verbannt und seine Schriften verboten. Ibn Ruschds Philosophie wirkte nicht in die islamische Welt hinein. Dafür wurde sie im christlichen Europa aufgegriffen. Weil er die Unsterblichkeit der Seele leugnete, ließ die katholische Kirche zwar heftig gegen dieses für das Christentum gefährliche Denken predigen. Jedoch lasen alle Gebildeten Europas seine ins Lateinische übersetzten Schriften, denn sie machten die seit Jahrhunderten verschollene Philosophie des Aristoteles bekannt, mit dem sich Ibn Ruschd kenntnisreich auseinandersetzte. Der Theologe und Philosoph Thomas von Aquin entwickelte Mitte des 13. Jh. auf dieser Grundlage seine Lehre.

Später griffen neuzeitliche Philosophen wie Leibniz, Voltaire, Kant und Hegel Anregungen von Ibn Ruschd wie von Maimonides auf. Heute knüpfen auch islamische Intellektuelle wieder an das Gedankengut von Ibn Ruschd an.

20.30, Mi–Sa 9–20.30, So/Fei 9–14.30 Uhr, EU-Bürger frei, sonst 1,50 €).

Um die Plaza de Potro

Der Brunnen auf der **Plaza de Potro,** eines der Wahrzeichen von Córdoba, stammt aus dem Jahr 1557. Namensgeber ist das Fohlen (span. *potro*) über der Brunnenschale. Am Platz liegt die ehemalige Herberge **Posada de Potro** 15 (15. Jh.), in der schon Miguel de Cervantes sein Haupt bettete. Er verewigte die Unterkunft literarisch in seinem »Don Quijote«. Heute finden hier bisweilen passenderweise Kunstausstellungen statt. Innenhof, Ställe und Gästezimmer können besichtigt werden (2007 wegen Renovierung geschl.).

Am selben Platz lädt auch das **Museo Bellas Artes** 16 (Museum der Schönen Künste) zum Besuch ein. Das von den Katholischen Königen im 15. Jh. gestiftete Gebäude diente ehemals als Krankenhaus. In den schönen Räumlichkeiten sind vor allem Gemälde aus der Region der Stilrichtungen Gotik und Renaissance ausgestellt. Ein Raum bleibt modernen spanischen Künstlern vorbehalten (Di 14.30–20.30, Mi–Sa 9–20.30, So/Fei 9–14.30 Uhr, EU-Bürger frei, sonst 1,50 €).

Im selben Gebäudekomplex brachte man auch das **Museo Julio Romero de Torres** unter. Der Maler (1874–1930) ist gebürtiger Cordobeser. Seine künstlerische Begabung war in Fachkreisen jedoch umstritten. Dennoch gefielen die Bilder vor allem den Männern: Es posierten meist dunkelhaarige, glutäugige Frauen in schüchtern-erotischen Posen vor der Leinwand des Künstlers. Viele seiner Werke sind hier ausgestellt (Di–Sa 10–14, 16.30–18.30, So/Fei 9–14.30 Uhr, 3 €).

Centro und nördliche Stadtteile

Einkaufsstraßen und Boulevards

Eigentliches Zentrum der Stadt und Grenze zu den neueren Wohnvierteln ist die **Plaza de las Tendillas.** In der Mitte des Platzes erhebt sich ein **Reiterstandbild des Gran Capitán,** Heerführer der Katholischen Könige (s. S. 31). Rundum erholen sich die Einheimischen in schönen Straßencafés vom Einkaufsstress. Zwei wichtige Einkaufsstraßen gehen von dem Platz aus: die **Calle Claudio Marcelo** und die Fußgängerzone **Calle Conde de Gondomar** mit einigen Jugendstilhäusern. Letztere führt zur Flaniermeile von Córdoba, dem Bulevar oder **Paseo del Gran Capitán** (in Stadtplänen oft noch Avenida del Gran Capitán). Wegen fehlender Einkehrmöglichkeiten wirkt der von Banken und Bürogebäuden gesäumte Fußgängerbereich etwas steril. In der **Calle Ronda de los Tejares** reihen sich dann wieder Geschäfte, Boutiquen und Kaufhäuser.

Ayuntamiento und Plaza de la Corredera

Vor dem modernen **Rathaus** 17 von Córdoba wurden einige Säulen aufgerichtet, die zu einem römischen Tempel aus dem 1. Jh. n. Chr. gehörten. Von dort führt die Calle R. Martín zur **Plaza de la Corredera**. Der vollständig von Häusern umschlossene Platz war einst Austragungsort für Stierkämpfe und Schauplatz von Hinrichtungen der Inquisition. Nach umfassender Renovierung geht es heute recht lebhaft auf der Plaza zu. In den Cafés, Bars und Antiquitätenläden trifft sich eine alternative Szene. An der Südseite ist im ehemaligen Gefängnis aus dem 16. Jh. eine **Markthalle** untergebracht.

Plaza de los Capuchinos

Am Nordrand des alten Stadtbereichs befindet sich die **Plaza de los Capuchinos** (auch **Plaza de los Dolores**), nicht zu verwechseln mit der etwas weiter südlich gelegenen Plaza Capuchinas. Der Front des Kapuzinerklosters gegenüber steht ein steinernes Kreuz, das acht schmiedeeiserne Laternen umgeben: der **Cristo de los Faroles** – ein weiteres Wahrzeichen der Stadt. Die **Iglesia de los Dolores** 18 an der Längsseite verwahrt die in Córdoba hoch verehrte, reich geschmückte »Jungfrau der Schmerzen« (Virgen de los Dolores), mit durchbrochenem Herzen dargestellt.

Von den Ausgrabungen eines römischen Tempels geht der Blick hinüber zur Plaza de la Corredera, ehemals als Stierkampfarena genutzt

Palacio de los Marqueses de Viana

Der **Palacio del Marqués de Viana** 19 ist der wohl prächtigste Adelspalast von ganz Córdoba. Zwölf blumengeschmückte Innenhöfe, ein Garten und über 100 Zimmer gehören zu dem Komplex. Neben Gemälden der Sevillaner Malerschule sind in den Räumen antike Möbel, Geschirr, Silberschmuck, Lederwaren und andere Produkte des heimischen Kunsthandwerks zu sehen (Mo–Sa 10–13, 16–18, Mai–Sept. nur vormittags, Sa 10–13 Uhr, So/Fei. geschl., 6, nur Innenhöfe 3 €).

i **Oficina de Turismo de la Junta de Andalucía:** Calle Torrijos 10, 14 003 Córdoba, Tel. 957 35 51 79/81, Fax 957 35 51 80, www.andalucia.org, Mo–Fr 9.30–18.30, Sa 10–14, 16–18, So/Fei 10–14 Uhr. Gut ausgestattetes Büro des Landes Andalusien. Auch zahlreiche Informationen zur Stadt.
Die Stadt Córdoba betreibt mehrere Infokioske **(Punto de Información)**, die alle recht gut mit Material bestückt sind, z. B.: **Campo Santo de los Mártires,** tgl. 9.30–19 Uhr; **Plaza de las Tendillas,** tgl. 10–14, 16.30–19.30 Uhr. Zentrale städtische Infonummer: 902 21 07 74, www.turismodecordoba.org.

Das Angebot an einfachen Pensionen und Hostales ist im Bereich der Mezquita zwar relativ groß, doch besonders im Mai zur Zeit der Hauptfeste (s. u.) dürfte in

Córdoba schwer eine Unterkunft ohne Reservierung zu finden sein.

Eurostar Conquistador [1]: Calle Magistral González Francés 15–17, Tel. 957 48 11 02, Fax 957 47 46 77, www.eurostarhotels.com. Gehobenes Mittelklassehotel neben der Mezquita, mit schönen Aufenthaltsräumen und Innenhof. Gästegarage. DZ ca. 180 €.

Casa de los Azulejos [2]: Calle Fernando Colón 5, Tel. 957 47 00 00, Fax 957 47 54 96, www.casadelosazulejos.com. Angenehmes, rustikal-trendiges Hotel im Kolonialstil nahe der Plaza de la Corredera. Alle Zimmer sind unterschiedlich. Reizvoller Innenhof. Das angeschlossene Restaurant **La Guadalupana Cantina** bietet gute mexikanische Küche. DZ 85–140 €.

Hesperia Córdoba [3]: Av. Fray Albino 1, Tel. 957 42 10 42, Fax 957 29 99 97, www.hesperia-cordoba.com. Modernes 4-Sterne-Großhotel an der Südseite des Flusses nahe Puente Romano. Pool im Innenhof. Schöne Panoramabar mit Blick auf die Mezquita (außer im Winter), eigene Garage. Oft Reisegruppen und Geschäftsleute. DZ 60–130 €.

Placete Mirador de Córdoba [4]: Av. El Brillante km 5, Tel. 957 27 21 80/88, Fax 957 27 21 98, www.hotelesjale.com. Auch bekannt als Hotel Al-Mihrab. Außerhalb des Zentrums im Villenviertel von Córdoba gelegenes Hotel in einem Herrenhaus aus dem 19. Jh. im maurischen Stil, mit schönem Blick auf die Stadt. Geschmackvoll eingerichtete Zimmer, Pool, Restaurant, Parkmöglichkeit für Gäste. DZ über Veranstalter 64–84 €, laut Preisliste 80–100 €.

Maestre [5]: Calle Romero Barros 4–6, Tel./Fax 957 47 24 10, www.hotelmaestre.com. Sehr zentral nahe Plaza del Potro. Trotz der niedrigen offiziellen Einstufung stilvoll und gediegen. Angenehme Zimmer, einige können etwas laut sein. Schöne Innenhöfe zum Verweilen. Parkgarage. DZ 40–50 €.

Hostal Maestre [6]: Calle Romero Barros 16, Tel./Fax 957 47 53 95, www.hotelmaestre.com. Etwas einfacher als das zugehörige Hotel, sehr unterschiedliche Zimmer. Gemütlicher Innenhof, schon seit 1974 eine Institution. Wenn Platz frei ist, können Gäste gegen Gebühr die Garage des Hotels benutzen. DZ 30–40 €.

In Córdoba gibt es einige exzellente Restaurants der gehobenen Klasse. Im Bereich um die Mezquita sind viele Betreiber allerdings lediglich auf das schnelle Tagesgeschäft aus. Generell gilt: Je weiter man sich von dem touristischen Trubel entfernt, umso authentischer und solider werden die Lokale.

Bodegas Campos [7]: Calle Los Lineros 32, Tel. 957 49 75 00, www.bodegascampos.com, So abends geschl. Gediegenes Restaurant mit mehreren Speiseräumen, sehr gute Weinauswahl. An der Bar eine große Auswahl an hochwertigen Tapas. Sehr beliebt bei zahlungskräftigen Einheimischen. Hauptgerichte um 35, 3-Gang-Menü ca. 50 €.

El Caballo Rojo 8: Calle Cardenal Herrero 26, Tel. 957 47 53 75, www.elcaballorojo.com, tgl. geöffnet. Bekanntes Nobelrestaurant, ein Klassiker. Andalusische und ›mozarabische‹ Küche. Im zweiten Stock schöne Terrasse. Hauptgerichte um 35 €, 3-Gang-Menü ca. 50 €.

Almudaina 9: Campo Santo de los Mártires 1, Tel. 957 47 43 42, www.restaurantealmudaina.com, im Sommer So geschl., sonst tgl. außer So abends. Herrschaftliche Einrichtung, kreative einheimische Küche. Schöner, mit Glas überdachter Innenhof. Hauptgerichte um 30 €.

Al Punto 10: Av. Fray Albino 1 (im EG des Hotels Hesperia Córdoba, s. o.), tgl. geöffnet. Auch für externe Gäste ein lohnendes Ziel. Zwangloses Cafeteria-Ambiente, doch aus der Küche kommen gehobene einheimische und internationale Speisen. Unkomplizierter, schneller Service. Am schönsten sitzt man draußen mit Blick auf die Mezquita. Hauptgerichte 15–20 €.

Paseo de la Ribera 11: Plaza de la Cruz del Rasto 3, Tel. 957 48 25 82. Solide einheimische Küche, schöne überdachte Sitzgelegenheiten an der kleinen Plaza. Besonders mittags beliebt bei Einheimischen. Hauptgerichte um 15 €.

Taberna Casa Pepe de la Judería 12: Calle Romero 1, Tel. 957 20 07 44, www.casapepejuderia.com, tgl. geöffnet. Ein Klassiker unter den Bars in der Judería mit schönem Innenhof. Große Auswahl an hochwertigen Tapas ca. 2,50 , Raciones um 9, Hauptgerichte im Restaurant (1. Stock) ca. 30 €.

Auch kulinarisch erobert die arabische Lebensart Teile Andalusiens zurück

Casa Rubio [13]: Puerta Almodóvar 5, Tel. 957 42 08 53, So abends/Mo geschl. Typische Bar, kleiner Innenhof. Tapas ca. 2,50, Raciones ca. 9 €.
Taberna Salinas [14]: Calle Tunidores 3, Tel. 957 48 01 35, So und Aug. geschl. Rustikale Bar nahe Plaza de la Corredera, 1879 gegründet. Solide Tapas ca. 2, Raciones um 6 €.
Taberna Jaular [15]: Corregidor Luis de la Cedra/Ecke Cardenal Gonzales, Tel. 957 48 29 76. Nette, lebhafte Taverne mit Sitzgelegenheiten auf dem Gehweg, große Auswahl an Tapas und Bocadillos. Tagesmenü ca. 7,50 €.

Córdoba ist bekannt für seine Lederverarbeitung und für filigranen Silberschmuck. Zahlreiche kleine Geschäfte in der Judería verkaufen vorwiegend touristische Souvenirs. Mit etwas Glück finden sich aber auch hier schöne kunsthandwerkliche Produkte. Eine bewährte Adresse ist der **Zoco Municipal** (s. S. 288). Die Einheimischen kaufen am liebsten um die **Plaza de las Tendillas** ein.
Museo Regina [20]: Plaza de Don Luis Venegas 1 (unweit nordöstlich Plaza de la Corredera), Mo–Fr 9–20, Sa/So/Fei 10–20 Uhr, Eintritt 3 €. Über einem Gewölbe aus dem 16. Jh. wurde das moderne Schmuckmuseum errichtet. Die ständige Ausstellung veranschaulicht die traditionelle Schmuckherstellung und zeigt einige interessante Stücke. Immer wieder gibt es temporäre Schmuckausstellungen. Im angeschlossenen Laden kann man neben hochwertigem Schmuck auch anderes Kunsthandwerk aus Córdoba erwerben.

Im Vergleich zu den anderen großen andalusischen Städten wie Sevilla oder Granada gestaltet sich das Nachtleben in Córdoba eher ruhig. Besonders die Judería wirkt außerhalb der Ladenöffnungszeiten ziemlich verlassen. Ein junges, studentisches Publikum trifft sich abends auf der **Plaza de la Corredera.** Ansonsten ist am ehesten noch in den Bars im eigentlichen Zentrum und um die **Plaza de las Tendillas** etwas los.

El Cardenal: Calle Torrijos 10 (im Kongresspalast), Tel. 957 48 31 12, Fax 957 48 39 25, www.tablaocardenal.com, Mo–Sa ca. 22.30 Uhr. Ansprechende Flamencovorführungen.

Semana Santa: Karwoche. Über die ganze Stadt verteilt mehr als 30 Prozessionen.
Las Cruzes de Mayo: Ende April/Anfang Mai. An vielen Plätzen der Stadt werden geschmückte Maikreuze aufgestellt.
Feria de Mayo/Feria de Córdoba: ca. eine Woche Ende Mai. Hauptfest der Stadt, ging wie die Feria in Sevilla aus einem Viehmarkt hervor. Das Festgelände liegt an der Ostseite des Guadalquivir (Recinto ferial del Arenal). In Festzelten von Vereinen und Parteien wird getanzt, es gibt Flamencoaufführungen und auch Wein fließt in Strömen. Einige der Zelte sind öffentlich. Im Rahmenprogramm finden viele Stierkämpfe statt. Die Sehenswürdigkeiten der Stadt öffnen während des Festes nur eingeschränkt.

Hammam Baños Árabes: Calle Corregidor Luis de Cerda 51, Tel. 957 48 47 46, Fax 957 47 99 17, www.hammamspain.com/cordoba. Verschiedene Becken mit unterschiedlichen Wassertemperaturen. Nur Bad 20 € (1,5 Std.); Bad, Massage und Aromatherapie 27 €.

Züge: Großer moderner Bahnhof mit Gepäckschließfächern in der Av. de América, Tel. 957 40 02 02 (s. S. 73). Stdl. nach Sevilla (z. T. per Schnellzug, ca. 40 Min.), mehrmals tgl. nach Cádiz und Málaga.
Busse: Großer Busbahnhof mit Gepäckschließfächern an der Plaza de las Tres Culturas, Tel. 957 40 40 40 (s. S. 72 f.). Mehrmals tgl. in alle größeren andalusischen Städte.
Stadtbusse: Die Altstadtgassen sind für Busse zu eng. Stadtbusse (pro Fahrt ca. 1 €) verkehren daher nur auf den breiten Straßen rings um die Altstadt und in die Außenbezirke. Linie 3 fährt vom Bahnhof/Busbahnhof in die Nähe der Mezquita.
Mietwagen: Internationale Autovermieter gibt es am Bahnhof.

Sierra de Córdoba und Sierras Subbéticas

Karte S. 300

Die ›grüne Lunge‹ von Córdoba ist die Sierra de Córdoba mit der alten Kalifenstadt Madinat al-Zahra und romantischen Einsiedeleien. Aus den Sierras Subbéticas stammt hervorragendes Olivenöl, die Natur präsentiert sich ungezähmt und die Barockstadt Priego de Córdoba lockt mit kulturellen Kleinoden.

Zur Sierra de Córdoba

Zwei interessante Sehenswürdigkeiten lassen sich zu einem halbtägigen Ausflug ab Córdoba miteinander verbinden. Die Route erschließt den Süd- und Ostabhang der Sierra de Córdoba, eines bis zu rund 600 m hohen Gebirgszugs, der als Teil der Sierra Morena unmittelbar hinter der Stadt aufragt.

Madinat al-Zahra

Reiseatlas: S. 3, C 3

Erstes Ziel ist 8 km westlich von Córdoba die einstige Kalifenstadt **Madinat al-Zahra** (auch Medina Azahara). Der erste Kalif von Córdoba – Abd ar-Rahman III. – ließ sie ab 936 als Residenz errichten und gab ihr den Namen seiner Lieblingsfrau al-Zahra (die Blume). Nach 25-jähriger Bauzeit waren die Arbeiten abgeschlossen. Etwa 20 000 Menschen lebten jetzt hinter den 5 m dicken Stadtmauern von Madinat al-Zahra, das sich schon bald zur Legende entwickelte. Der Kalif empfing hier mit denkbar größtem Prunk seine ausländischen Gäste und Botschafter, die in ihren Heimatländern von seiner 1500 m langen und 750 m breiten Palastanlage berichteten.

Als Berber Madinat al-Zahra im Jahre 1010 zerstörten, bedeutete das auch das Ende des mächtigen Kalifats. Die Stadt diente fortan quasi als Steinbruch. Säulen wanderten in den Königspalast von Sevilla oder an die Fensterbrüstungen der Giralda. Die erhalten gebliebenen Trinkgefäße, Schatullen und Truhen sind über die Museen der Welt verstreut. Jahrhundertelang geriet Madinat al-Zahra in Vergessenheit. Archäologen hielten die Ruinen für Reste einer römischen Patrizierkolonie, als sie 1910 mit den Ausgrabungen begannen. Bis heute sind die Restaurierungs- und Grabungsarbeiten nicht abgeschlossen. Doch kann sich der Besucher bereits wieder ein sehr anschauliches Bild von der einstigen Märchenstadt machen. Der am Eingang ausgegebene **Übersichtsplan** mit Erläuterungen (auch Deutsch) erleichtert die Orientierung auf dem ausgeschilderten Rundweg.

Vom Eingangsbereich ergibt sich ein umfassender Blick über die Anlage. Madinat al-Zahra breitet sich am Fuß der Sierra de Córdoba terrassenförmig in drei Stufen zur Ebene des Guadalquivir hin aus. Im oberen Teil residierte der Kalif. Sein **Palast** wurde teilweise wieder aufgebaut, wobei die Restauratoren nach Möglichkeit Originalfragmente verwendeten. Am eindrucksvollsten sind der Saal des Abd ar-Rahman III. und das Eingangsportal des **Haus des Wesirs** (Casa de Yafar).

Auf der mittleren Terrasse standen die Empfangssäle sowie Verwaltungsgebäude für Schreiber und Übersetzer. Im untersten Bezirk befanden sich Moschee, Tiergehege, Gärten und Kasernen (ab Córdoba gut ausgeschildert, Di–Sa 10–18.30, 1.5.–15.9. bis 20.30, So/Fei 10–14 Uhr, EU-Bürger frei, sonst 1,50 €).

Mit den Autoren unterwegs

Der Balkon der Welt

Las Ermitas: Idyllisch verteilen sich 13 Einsiedeleien in der Landschaft. Vom Balcón del Mundo blickt man weit über Córdoba (s. S. 297 f.).

Cueva de los Murciélagos: In der Tropfsteinhöhle bei Zuheros leben zahlreiche Fledermäuse. In der Steinzeit brachten Jäger hier Felsmalereien an (s. S. 300 f.).

Einkaufen und Bummeln

Wein: In Montilla erzeugen die Winzer einen dem Sherry ähnlichen, oft gelobten Tropfen. Bodegas laden zu Probe und Kauf (s. S. 298).

Olivenöl: Ökologisch produziert, kommt es aus einer Traditionsfabrik in Baena. Bei Carcabuey wird hochwertiges Olivenöl nach modernsten Methoden erzeugt und im schicken Shop verkauft (s. S. 298, 303).

Angenehm schlendert es sich auch durch das Städtchen **Priego de Córdoba,** das durch seine schmucken Barockpalästen, verspielte Brunnen und das herausgeputzten Altstadtviertel **Barrio La Villa** besticht (s. S. 303 f.).

Auf Schusters Rappen

Bei Zuheros ist ein landschaftliches Highlight die Schlucht des **Río Bailón** (s. S. 301 f.). Am **Puerto del Mojón** starten ein Panoramaweg und eine botanische Runde durch die Dehesa (s. S. 303).

Las Ermitas

Reiseatlas: S. 3, C 3

Im Sommer, wenn es in der Niederung des Guadalquivirtals drückend heiß ist, suchen die Cordobeser gern die nahen Ausläufer der Sierra Morena auf. Dort finden sie frische Luft und kühle Wälder. Schon sehr früh wussten Einsiedler diese Vorzüge zu schätzen. Erste Christen sollen sich hier um das Jahr 400 in Höhlen zur Meditation zurückgezogen haben. Das Konzil von Trient beschloss im 16. Jh., Eremiten hätten von nun an zur Sicherheit Klostergemeinschaften zu bilden. Also errichteten die frommen Männer der Sierra Morena das **Monasterio de San Jerónimo.** Es erhebt sich an prominenter Stelle oberhalb von Madinat al-Zahra an der CO-3314 nach Santa María de Trassierra. Zu besichtigen ist es nicht.

Um 1700 verließen die Mönche das Kloster und gründeten an einsamer Stelle auf einem Felsvorsprung hoch über Córdoba **Las Ermitas.** Um zu dieser idyllischen Gruppe von Einsiedeleien zu gelangen, folgt man der CO-3314 über eine Kreuzung hinweg weiter aufwärts. Im weiteren Verlauf kündigen 14 in dichter Folge aufgestellte Steinkreuze Las Ermitas an.

1957 starb das letzte Mitglied der Eremitengemeinschaft. Heute wird die Stätte von Unbeschuhten Karmelitern betreut, von denen einige stets hier wohnen. Besucher bekommen am Eingang ein Faltblatt (auch Deutsch) mit Erläuterungen zu der Anlage. Die 13 Mönchsunterkünfte (eben die *ermitas*) verteilen sich über ein weitläufiges Gelände. Zwei davon sind zu besichtigen – die **Ermita de Santiago** des Pförtnermönchs und die **Ermita de la Magdalena** an der Zypressenallee, die zur gemeinsamen Kirche führt. Die Einsiedler lebten in strenger Klausur. Jeder verfügte über zwei winzige, spartanisch eingerichtete Räume und einen Obst- und Gemüsegarten. Ein Raum diente als Küche, der andere zum Schlafen auf einer einfachen Pritsche und zum Beten vor einem Hausaltar, neben dem noch die Geißelinstrumente hängen, mit denen sich die Mönche selbst peinigten.

Die 1732 erbaute **Iglesia de Belén** ist demgegenüber sehr prunkvoll mit drei vergoldeten Altären dekoriert. Ihren Eingangsbereich zieren Ölgemälde der bedeutendsten Einsiedler von Las Ermitas. Am Zugang zur Kirche steht das **Cruz del Humilladero,** ein Wegkreuz mit in einer Nische eingelassenem

Totenschädel. Dieser soll den Betrachter veranlassen, über die Vergänglichkeit des Irdischen nachzudenken.

Eine Treppe führt durch parkartiges Gelände zur Aussichtsterrasse **El Balcón del Mundo** hinab. Dort ergibt sich ein großartiger Blick auf Córdoba. Ein Pflastermosaik zeigt die Stadt in stilisierter Form, mit Mühlrad, den Wellen des Flusses, Häusern der Altstadt, Palmen und dem Glockenturm der Mezquita. Über dem Balkon erhebt sich eine markante Christusfigur (**Las Ermitas:** Di–So 10–13.30, 16.30–19.45, Juli/Aug. nachm. 17.30–20.45 Uhr, Mo geschl. außer Fei, 1,50 €).

Jenseits von Las Ermitas führt die CO-3314 durch Korkeichenwald weiter und trifft beim Ausflugslokal Assuan auf die CO-3405 Córdoba – Villaviciosa. Dort lohnt ein kurzer Abstecher nach links, wo zwischen km 6 und km 7 die **Hacienda von Manuel Benitez** El Cordobés liegt. Der legendäre Matador der 1960er- und 1970er-Jahre residierte in einem repräsentativen weißes Landhaus mit Turm.

Durch die Sierras Subbéticas

Karte: S. 300
Auf dem Weg von Córdoba nach Granada oder Jaén bietet sich die Route durch die **Sierras Subbéticas** an. Olivenplantagen dominieren die landwirtschaftlich nutzbaren Teile der schroffen, wenn auch mit maximal 1570 m nicht besonders hohen Gebirgszüge. Verkarstungserscheinungen wie Dolinen, Poljen und Höhlen prägen die vorwiegend aus Kalkgestein aufgebaute Landschaft, die auf 31 600 ha Fläche zum **Parque Natural de las Sierras Subbéticas** erklärt wurde. Hier verlief vom 13. bis zum 15. Jh. die Grenze zwischen dem christlichen Teil Andalusiens und dem maurischen Königreich Granada. Über vielen Ortschaften wachen dementsprechend gewaltige Burgen.

Montilla

Montilla 1 (24 000 Einw.) liegt in den Nordausläufern der Sierras Subbéticas inmitten eines bedeutenden Weinbaugebiets, wo ein hervorragender Weißwein erzeugt wird. Dem Sherry ähnlich, unterliegt er einem langen Reifeprozess und wird in *fino, oloroso* und *amontillado* unterschieden, wobei letzterer – ein aromatischer, halbtrockener Aperitif – in Montilla erfunden wurde. Der Montilla wird nicht mit Alkohol ›aufgespritet‹. Ohne weiteres Zutun erreicht er dank der sommerlichen Hitze in diesem Gebiet bis zu 16 % Alkoholgehalt. Dominante Rebsorte ist Pedro Ximénez, von der es heißt, sie sei mit dem Riesling verwandt und im 16. Jh. durch den Deutschen Peter Siemens (dessen Name später hispanisiert wurde) eingeführt worden.

i **Oficina de Turismo:** Calle Capitán Alonso de Vargas 3, 14 550 Montilla, Tel. 957 65 24 62. In der Casa del Inca, wo im 16. Jh. Garcilaso El Inca lebte. Der Sohn eines andalusischen Adeligen und einer Inkaprinzessin verfasste eine romanhaft ausgeschmückte Chronik der spanischen Eroberung von Peru. Ein Museumsraum zeigt Zeugnisse aus jener Zeit.

Bodegas Alvear: Av. María Auxiliadora 1, Tel. 957 66 40 14, Mo–Sa 10–14 Uhr. Älteste Weinkellerei von Montilla, 1729 gegründet. Verkauf auch von Brandy und hochwertigem Essig. Im Sommer um 12.30 Uhr Führungen mit Verkostung (4 €), z. T. auch deutschsprachig. Am Vortag telefonisch anmelden.

Baena

Baena 2 (18 000 Einw.) ist ein wichtiges Zentrum der Olivenölproduktion. Das **Museo del Olivar y el Aceite** (Olivenmuseum) widmet sich in einer ehemaligen Ölmühle der Geschichte und Herstellung, auch in Videovorführungen (nur Spanisch). Man kann probieren und kaufen (Calle Cañada 7, Tel. 957 69 16 41, www.museoaceite.com, Di–Sa 11–14, 16–18, Sommer 18–20, So/Fei 11–14 Uhr, 1,50 €).

In der Altstadt mit den vielen weißen Häusern ist die maurische Vergangenheit noch lebendig. Das charakteristische Gassenlaby-

Aceitunas: **das andalusische ›Gold‹**

rinth mündet im oberen Teil in eine **Burg** aus dem 9. Jh., die später Fernández de Córdoba besetzte, um von hier aus im Auftrag der Katholischen Könige Córdoba zu erobern. Neben dem Castillo wurde die gotische **Iglesia Santa María La Mayor** im 14. Jh. auf den Resten einer Moschee errichtet.

Oficina de Turismo: Calle Virrey del Pino 5, 14 850 Baena, Tel. 957 67 17 57. Zwischen der zentralen Plaza de España und dem Stadtpark.

La Casa Grande: Av. de Cervantes 35, Tel. 957 67 19 05, Fax 957 69 21 89, www.lacasagrande.es. Gediegene Unterkunft in einem renovierten alten Herrenhaus an der Südseite des großzügigen Stadtparks. DZ 65–105 €.

Fábrica de Aceite de Oliva Núñez de Prado: Av. Cervantes 5/6 (Nordseite des Stadtparks), Tel. 957 67 01 41, Mo–Fr 9.30–13, 16–18, Sa 9–12 Uhr, Juli/August nur vormittags. Hier wird das Olivenöl ökologisch hergestellt, das in ganz Andalusien für seine Reinheit und sein Aroma gerühmt wird. Besonders wertvoll ist das fruchtige, säurearme *flor de aceite* (Blume des Öls), das ohne Pressung nur durch das Gewicht des Olivenbreis abtropft. Aus 11 kg Oliven wird so 1 l Öl gewonnen.

Linienbusse in den Sierras Subbéticas: *Carrera* und *El Bauti* fahren von Córdoba nach Montilla ca. stdl., Baena bis 11 x tgl., Zuheros 2–5 x tgl., Lucena alle 1–2 Std., Rute 5 x tgl. und Priego de Córdoba 5–12 x tgl. Teilweise bestehen Querverbindungen zwischen den Ortschaften. Von Priego de Córdoba bedient *Alsina Graells* 4 x tgl. die Strecke nach Granada.

Sierras Subbéticas

Convento Madre de Dios: beim Castillo, Mo–Fr 8–14.30, 16–19.30 Uhr. Die wenigen Dominikanerinnen, die noch in strenger Klausur leben, backen um Weihnachten und Ostern leckere Kuchen. Verkauf durch eine Drehtür am Seiteneingang.

Semana Santa: Karwoche. Mi–Karfreitag liefern sich *coliblancos* (Weißschweife) und *colinegros* (Schwarzschweife) mit Tausenden von Trommeln einen Wettbewerb. Die Gruppen machen durch entsprechenden Kopfputz auf sich aufmerksam und repräsentieren die weißen Großgrundbesitzer und schwarzen Landarbeiter früherer Zeiten. Die *judíos* (Juden) treten in Kleidung des 19. Jh. auf, die während der französischen Besatzungszeit getragen wurde.

Zuheros

Besonders besuchenswert ist **Zuheros** 3 (900 Einw.). Das Dorf liegt am Rand des Naturparks in stark zerklüfteter Landschaft und eignet sich gut als Wanderstandort. Die zentrale **Plaza de la Paz** bietet eine schöne Aussicht auf die Ölbaumhaine der Umgebung. Am Westrand von Zuheros schaut man von drei Miradores tief hinab in den **Cañón del Río Bailón.** Der auf einem Felssporn vorgeschobene **Castillo** wurde im 9. Jh. von den Mauren gegründet und nach der Reconquista – ab 1240 – von den Christen ausgebaut. Nebenan zeigt das **Museo Arqueológico** Funde aus der Cueva de los Murciélagos (s. u.). Burg und Museum sind gemeinsam zu besichtigen (Calle de la Paz, April–Sept. Mo–Fr 10–14, 17–19, Okt.–März 10–14, 16–18 Uhr, meist ein wechselnder Ruhetag, Sa/So/Fei nur im Rahmen von Führungen, die ca. stündlich beginnen, 1,90 €).

Cueva de los Murciélagos

Oberhalb von Zuheros führt die spektakuläre CO-6210, an der liebliche Mandelhaine mit bizarren Felsgruppen und steinübersäten Hängen abwechseln, zu einem 4 km entfernten Parkplatz. Dort beschäftigt sich das **Ecomuseo Cueva de los Murciélagos** eher spielerisch als wirklich informativ mit Fragen der Verkarstung, Höhlenbildung und Felsmalerei. Allerdings verfügt es über einen gut sortierten Buchshop, wo u. a. eine Sammlung von 24 Faltblättern mit **Wegbeschreibungen durch den Naturpark** (nur Spanisch) für

Handwerk mit Tradition: Mancherorts trifft man noch Korbflechter bei der Arbeit an

10 € verkauft wird (Tel. 957 01 59 23, tgl. ca. 10–14, Sa/So auch im Winter 16–19, im Sommer 18–20 Uhr, Nebensaison Mo/Di geschl., z. T. auch an anderen Tagen; Eintritt frei). Nahebei liegt der **Mirador de Zuheros** mit Weitblick über das nördliche Vorland der Sierra mit den Orten Baena und Zuheros.

Vom Parkplatz am Ecomuseo 200 m entfernt ist die **Cueva de los Murciélagos** 4 (Fledermaushöhle). In ihr nisten Dutzende Fledermäuse, vor allem an Sommernachmittagen. Die Karsthöhle birgt aber auch 18 000 Jahre alte steinzeitliche Ritzzeichnungen von Jagdwild sowie Felsmalereien aus der Zeit von 6000–3000 v. Chr. An Tropfsteinen sind vornehmlich von der Decke hängende Stalaktiten im Rahmen von einstündigen Führungen zu bewundern (pro Tag maximal 150 Personen). Die Temperatur im Inneren beträgt ganzjährig 9 °C, weshalb wärmende Kleidung anzuraten ist (Tel. 957 69 45 45, informacion@cuevadelosmurcielagos.com, www.cuevadelosmurcielagos.com, Führungen Mo–Fr 12.30 u. 16.30, April–Sept. 17.30 Uhr, Reservierung Pflicht; Sa/So/Fei April–Sept. 11, 12.30, 14, 17 und 18.30, Okt.–März 11, 12.30, 14, 16 und 17.30 Uhr, Reservierung empfohlen, 1.1. u. 25.12. geschl., Mo–Fr 4,47, Sa/So 5,20 €).

Wanderung durch den Cañón del Río Bailón

An der CO-6210 liegt gleich oberhalb von Zuheros der Picknickplatz **Las Cruces** mit schönem Blick auf den Ort. Dort beginnt ein markierter, 4 km langer Wanderweg (2 Std. Gehzeit, mittelschwer, festes Schuhwerk), der zunächst 15 Min. lang der Straße aufwärts folgt. Bei km 1 zweigt dann ein Pfad ab, der zwischen Nuss- und Feigenbäumen abwärts führt.

Hin und wieder trifft man hier auf Wildschweine. Unten am **Río Bailón** schwenkt die Route bei der **Fuente de la Mora** (Quelle der Maurin) talabwärts. Sie passiert mehrere Höhlen, darunter die auffallend große **Cueva del Fraile.** Dann wird der Abstieg steiler, bis zur Engstelle **Cañón del Charco hondo** bei Zuheros, wo der Weg endet. Mehrfach muss das Flussbett gequert werden, im Sommer

Richtig Reisen-Tipp: Radwandern auf der Vía Verde La Subbética

Eine stillgelegte Bahnstrecke am Nordrand der Sierras Subbéticas ist heute als **Vía Verde La Subbética** ein idealer Radweg, den aber auch Wanderer benutzen können. Er verbindet auf 58 km Länge die Orte **Luque, Zuheros, Doña Mencía, Cabra** und **Lucena.** Richtung Osten findet der Weg seine Fortsetzung in der Provinz Jaén mit der Vía Verde del Aceite.

Ende des 19. Jh. wurde die Strecke gebaut, um den Anschluss der Region an die Häfen von Málaga und Algeciras herzustellen. Zwischen 1893 und 1985 verkehrte hier der **Tren del Aceite** (Olivenölzug), mit landwirtschaftlichen Produkten der Provinzen Jaén und Córdoba sowie mit Blei und Kupfer aus Linares beladen.

Ganz im Osten ist die **Laguna del Conde** (auch Laguna del Salobral) ein Highlight der Route. Der Salzsee bietet rund zwei Dutzend Wasservogelarten Brutplätze und Nahrung. Beste Beobachtungsstelle ist der Mirador de la Laguna. Ein Centro de Interpretación in einem alten Bahnwärterhaus informiert über die unter Naturschutz gestellte Lagune. Im weiteren Streckenverlauf bieten sich von vier Viadukten eindrucksvolle Schluchtenpanoramen. Die beiden längsten sind der **Viaducto de Zuheros** (104 m) und zwischen Doña Mencía und Cabra der **Viaducto de la Sima** (132 m). Hingegen gibt es nur einen Tunnel, den 139 m langen **Tunel del Plantío** östlich vom Viaducto de la Sima. Er ist zwar nicht künstlich beleuchtet, aber es dringt genügend Tageslicht hinein, sodass die Durchfahrt unproblematisch ist. In zwei ehemaligen Bahnhöfen (Luque, Doña Mencía) sorgen Restaurants für das leibliche Wohl, außerdem liegen sechs Picknickplätze an der Route.

Infos: Einen Routenplan (Spanisch/Englisch) der Vía Verde La Subbética verteilen die Tourismusbüros (z. B. in Zuheros S. 300) und das **Centro de Interpretación del Tren del Aceite** im ehemaligen Bahnhof von Cabra (A-340 km 57, Tel. 957 33 40 34). Dort ist eine Ausstellung zur Geschichte des ›Olivenölzugs‹ zu besichtigen.

Fahrradverleih: Im Centro de Interpretación von Cabra (s. o.).

Unterkunft: Mitra, Ctra. A-318 km 138,9, Tel. 957 52 96 00, Fax 957 52 91 46, hotelmitra@hotelmitra.e.telefonica.net. Modernes, komfortables Haus 2,5 km außerhalb von Cabra an der Straße Richtung Doña Mencía. Restaurant. DZ 54–61 €.

meist kein Problem. Im Winter kann es aber recht nass werden.

Oficina de Turismo Zuheros: CO-6209 km 1, 14 870 Zuheros, Tel. 957 69 45 45, www.zuheros.es. An der Straße nach Baena in einem ehemaligen Bahnhof der Vía Verde La Subbética (s. o.). Informationen zu Wanderungen, Stadtplan.

Zuhayra: Calle Mirador 10, Tel. 957 69 46 93, Fax 957 69 47 02, www.zercahoteles.com. Landgasthof im Ortszentrum, geräumige und komfortable Zimmer. Restaurant (Hauptgerichte 5–10 €). DZ 55–65 €.

Mesón Los Palancos: Plaza de la Paz 1, Tel. 957 69 45 38. Eigentlich zwei Lokale: rustikale Tapabar mit Außenterrasse am Hauptplatz und nebenan ein etwas feineres Restaurant. Regionale Kost. Raciones ab 3 €, Hauptgerichte um 10 €.

Bei Zuheros wird leckerer Käse aus Ziegen- und Schafsmilch produziert. Am Ortseingang aus Richtung Baena (**Schild:** Venta de Queso y Productos Ecológicos) ist er käuflich zu erwerben, auch mit Pfeffer oder Holzasche gereift. Außerdem ökologische Produkte, Schinken, Wein, Olivenöl und Honig aus der Region.

Im Parque Natural de las Sierras Subbéticas

Reiseatlas: S. 10, D/E 1/2
Die Passstraße A-339 Cabra–Priego de Córdoba quert den **Parque Natural de las Sierras Subbéticas** 5. Ihre höchste Stelle erreicht sie am **Puerto del Mojón** (792 m). Westlich vom Pass zweigt die knapp 7 km lange CP-115 zur **Ermita de la Virgen de la Sierra** ab. Die Wallfahrtskapelle erhebt sich genau im geografischen Mittelpunkt Andalusiens auf dem **Pichacho** (1217 m) und bietet einen hervorragenden Panoramablick.

Am Puerto del Mojón befindet sich neben einer Bar und einem Picknickplatz das **Centro de Visitantes Santa Rita,** das Besucherzentrum des Naturparks. Zur Zeit der Drucklegung war es wegen Bauarbeiten geschlossen (Infos: Tel. 957 33 40 34). Links daneben beginnen zwei Wanderwege, deren Verlauf auf Tafeln beschrieben ist.

Ziel des **Sendero Sierra de la Cabrera** ist der Mirador de la Cabrera (1085 m) mit einem außergewöhnlichen Panorama (2 Std., mittelschwer). Als Rundweg durch Steineichenwald und duftende Macchie gestaltet sich der **Sendero Botánico Dehesa de Vargas** (2 Std., mittel). Im Frühjahr blühen Rosmarin und wilder Jasmin, ab und zu sind Wildschweine zu beobachten.

Cooperativa Agrícola Virgen del Castillo: A-339 km 16/17, Mo–Sa 9–14, So 10–14 Uhr. Direktverkauf von hervorragendem Olivenöl (*aceite de oliva*). Das moderne Produktionszentrum, eines der innovativsten Andalusiens, steht gleich nebenan.

Romería de los Gitanos: Mitte Juni. Bunte Zigeunerwallfahrt zur Bergkapelle Virgen de la Sierra. Oben wird eine Flamencomesse gelesen und danach die Nacht durchgefeiert.
La Guerra de las Flores: 4. September. Am Nachmittag wird die Statue der Virgen de la Sierra aus ihrer Kapelle nach Cabra gebracht, wo sie eine lange Kutschenprozession durch den Ort geleitet. Das Fest wird zum ›Blumenkrieg‹, der anschließend noch mehrere Tage mit Papierblumen ausgefochten wird.

Priego de Córdoba

Reiseatlas: S. 10, E 1
Eine sehr angenehme Stadt mit gediegener Atmosphäre ist **Priego de Córdoba** 6 (16 000 Einw.). Im 18. Jh. spielte hier die Textil- und insbesondere Seidenherstellung eine große Rolle. An diese Zeit erinnern prächtige Stadthäuser, in denen Produzenten und Händler residierten, ebenso wie einige Kirchen im besonders üppigen Stil des *barroco cordobés,* als dessen Hauptstadt sich Priego gern bezeichnet. Unter Letzteren verdienen die **Iglesia de la Asunción** an der parkartigen Plaza Abad Palomino und die **Iglesia de San Francisco** in der Calle Buen Suceso besondere Beachtung. In beiden schuf der Barockkünstler Jerónimo Sanchez de Rueda eine überbordende Innendekoration. Die **Iglesia de la Aurora** wird von den *Hermanos de la Aurora* unterhalten. In Umhänge gehüllte Mitglieder der Bruderschaft ziehen jeden Samstag um Mitternacht durch die Straßen, preisen die Jungfrau in Lobliedern und sammeln Almosen (alle drei Kirchen ca. 11–13, 17.30–19.30 Uhr).

Stadtpaläste mit prunkvollen Portalen und schmiedeeisernen Balkonen häufen sich entlang der Carrera de Alvarez, der Calle Río und der Carrera de las Monjas. In einem besonders sehenswerten Exemplar ist das **Museo Arqueológico** mit steinzeitlichen Artefakten untergebracht. Aus der mittleren Steinzeit (9000–5000 v. Chr.) stammt das Glanzstück der Sammlung, eine steinerne Plakette, in die der Kopf eines Steinbocks graviert wurde. Dieser Fund ist einzigartig in Andalusien (Carrera de las Monjas, Di–Fr 10–13.30, 18–20.30, Sa 10–13.30, 17–19.30, So 10–13.30 Uhr, Eintritt frei).

Die **Casa Alcalá-Zamora,** in der heute die Tourismusinformation logiert, ist mit Originaleinrichtung aus dem 19. Jh. zu besichtigen. Hier wurde 1877 Niceto Alcalá Zamora y Torres geboren, ein späterer spanischer Staatspräsident (Calle Río 33, Di–Sa 10–13.30, 17–19.30, So/Fei 10–13.30 Uhr, Eintritt frei).

Brunnen

Charakteristisch für Priego de Córdoba sind die zahlreichen Brunnen. Ein beliebter Treffpunkt am Nachmittag ist die **Fuente del Rey** (ausgeschildert) mit 139 in Form von Köpfen gestalteten Wasserspeiern. An dieser Stelle soll sich das Zeltlager von König Alfonso XI. befunden haben, als er 1341 die Festung von Priego de Córdoba eroberte. Ihre heutige Form mit kleinen Fontänen und Kaskaden sowie einer zentralen Marmorfigurengruppe mit dem Meeresgott Poseidon und seiner Gattin Amphitrite erhielt die Kombination aus drei breiten Wasserbecken im 19. Jh. Wie der Volksmund wissen will, ist eine gute Ernte zu erwarten, wenn der Wasserstand Poseidons Gemächte übersteigt ...

Die **Fuente Virgen de la Salud** mit ihrer portalartigen Fassade entstand um 1570, als der Stil des Manierismus – der eine auffällige Vorliebe für Brunnen zeigte – vorübergehend aktuell war. Ihr Baumeister Francisco del Castillo schuf zeitgleich auch die Fassade der **Carnicerías Reales** (Königlicher Fleischmarkt), in deren Innenhof heute oft Kunstausstellungen stattfinden (Calle Doctor Pedrajas, tgl. 10–13, 17–19 Uhr, Eintritt frei).

Barrio La Villa

Das auf die Zeit der Maurenherrschaft zurückgehende, herausgeputzte ehemalige Judenviertel **Barrio La Villa** (**Schild:** Conjunto Histórico-Turístico) besticht durch mittelalterlich anmutendes Flair. Dennoch sind die Bewohner noch weitgehend unter sich, halten sich häufig auf Straßen und Plätzen auf und pflegen einen familiären Umgangston. Alle Gassen des Viertels laufen irgendwie am **Balcón del Adarve** zusammen, einer Aussichtspromenade mit fantastischem Blick zu den Gipfeln La Tiñosa (1570 m) und Bermejo (1476 m), den höchsten Erhebungen der Sierras Subbéticas.

Oficina Municipal de Turismo: Plaza Ayuntamiento, 14 900 Priego de Córdoba, www.aytopriegodecordoba.es. Gegenüber vom Rathaus. Wer der Beschilderung »Conjunto Histórico-Turístico« folgt, fährt genau darauf zu.
Patronato de Turismo: Calle Río 33, Tel./Fax 957 70 06 25, www.turismodepriego.com. Nahe Fuente del Rey.

Huerta de las Palomas: Ctr. Priego-Zagrilla km 3, Tel. 957 72 03 05, Fax 957 72 00 07, www.zercahoteles.com. 4-Sterne-Hotel außerhalb von Priego de Córdoba hübsch gelegen inmitten von Ölbaumplantagen, im Stil eines Gutshofs errichtet. Sehr geschmackvoll und individuell eingerichtete Zimmer. Tennis, Reiten, Quad- und Jeeptouren möglich. DZ über Veranstalter 100–108 €.
La Posada Real: Calle Real 14, Tel. 957 54 19 10, Fax 957 54 09 93, www.laposadareal.com. Zimmer und Ferienwohnungen in zwei schönen Häusern im Barrio de la Villa. Wer hier wohnt, nimmt am Leben der Einheimischen teil. DZ 48 €, Apartment für max. 4 Pers. 80 €.

El Aljibe: Calle Abad Palomino 3, Tel. 957 70 18 56. Uriges Kellerrestaurant gegenüber der Burg, benannt nach einer maurischen Zisterne *(aljibe)*, deren Ruine im Speiseraum zu besichtigen ist. Deftige Fleischgerichte. Den kleinen Hunger stillt die Tapabar im Erdgeschoss. Raciones 4–9, Tagesmenü um 7 €.

Domingos de Mayo: jeden Sonntag im Mai. Mit Umzügen, Musik und Feuerwerk bedanken sich die Einwohner von Priego dafür, dass sie einst von der Pest verschont blieben.
Feria Real: 1.–5. September. Ein Viehmarkt bietet den Rahmen für Stierkämpfe, Reiterparaden, Flamencoaufführungen und Olivenölverkostung.

Mit dem Pkw: Parkhaus ca. 200 m rechts von der Oficina Municipal de Turismo (s. o.); Parkplatz an der Plaza Santa Ana (beim Barrio La Villa).

Jaén und Umgebung

Cityplan S. 310/311, 313, 317, Karte S. 321

Ölbaumplantagen, soweit das Auge reicht, prägen die Landschaft bei Jaén. Nicht nur die Provinzhauptstadt, sondern noch viel mehr die beiden Renaissancestädte Baeza und Úbeda sind wegen ihrer kostbaren Baudenkmäler unbedingt einen Besuch wert. Die wohl grünste Region Andalusiens ist die zum Naturpark erklärte, wasser- und wildreiche Sierra de Cazorla.

Jaén

Cityplan: S. 310/311, **Reiseatlas:** S. 4, F 3

Die Provinzhauptstadt **Jaén** (116 000 Einw.) ist Mittelpunkt des größten Olivenanbaugebiets der Welt. Allein hier erzeugt Spanien mehr Oliven als alle anderen EU-Staaten zusammen. Zunehmend spielt auch die Produktion von Sonnenblumenöl eine Rolle. Touristen kommen kaum nach Jaén, obwohl die Stadt bei näherer Betrachtung durchaus ihre Reize hat. Zwar liegt außen ein Gürtel gesichtsloser Neubauten. Doch das alte Viertel **La Magdalena** mit seinen engen Gassen, Treppen und weißen Häusern ist noch recht ursprünglich. Beim Durchstreifen gibt es arabische Torbögen, schlichte gotische Kirchen und prunkvolle Renaissancepaläste zu entdecken.

Iberer, Karthager und Römer schürften in der Umgebung von Jaén Silber und gründeten eine erste Siedlung. Die Glanzzeit der Stadt fiel allerdings in die Jahrhunderte arabischer Herrschaft. Damals hieß sie *djaijan* (arab., am Karawanenweg), wovon sich der heutige Name ableitet. Nach dem Zerfall des Kalifats war Jaén im 11. Jh. Hauptstadt eines kleinen *taifa*-Reiches. 1245 eroberte Ferdinand III. von Kastilien die Stadt. Deren maurischer Herrscher Ibn al-Ahmar hatte sich schon acht Jahre zuvor nach Granada zurückgezogen, wo er die Nasridendynastie begründete. 1491 zogen die Katholischen Könige in Jaén ihre Truppen zusammen, um in den entscheidenden Kampf gegen das Königreich Granada zu ziehen.

Catedral de la Asunción de la Virgen

Die **Kathedrale** **1** von Jaén gilt als schönste Renaissancekirche Andalusiens und eine der bedeutendsten Spaniens. Ihre eleganten Türme überragen alle anderen Gebäude der Innenstadt. Eine erste, gotische Kathedrale musste Ende des 15. Jh. aus bautechnischen Gründen wieder abgerissen werden. Nach Plänen des bedeutenden einheimischen Architekten Andrés de Vandelvira, der auch in den Städten Baeza und Úbeda wirkte (s. S. 311 ff., 316 ff.), wurde dann 1540–1802 die heutige Kathedrale errichtet. Trotz der langen Bauzeit hielt man an der Grundkonzeption weitgehend fest und erzielte dadurch eine harmonische Gesamtwirkung. An der relativ strengen Hauptfassade schufen 1667 die Steinmetze Pedro und Julián Roldán aus Antequera barocken, aber dezenten Figurenschmuck. Im Zentrum nimmt Ferdinand III., Eroberer von Jaén, mit Schwert und Reichsapfel in den Händen die wichtigste Position ein.

Im Inneren ist die Vierungskuppel zwischen Hauptaltar und Chor eine architektonische Meisterleistung. Berühmt sind auch die Mudéjarschnitzereien des Chorgestühls (16. Jh.) mit Reliefs von Heiligen in der unte-

Mit den Autoren unterwegs

Wie die alten Rittersleut'

Im Gewölbesaal des **Parador Castillo de Santa Catalina,** inmitten des alten Castells auf dem Hausberg von **Jaén,** speist man wie die alten Ritter (s. S. 309).

Unbedingt ansehen

Museo Provincial in Jaén: Die herausragenden Exponate des Provinzialmuseums sind Skulpturen aus iberischer Zeit, die in ganz Spanien ihresgleichen suchen (s. S. 309).
Hacienda La Laguna: Auf dem Landgut beschäftigt sich ein Museum mit allem Wissenswerten rund um Ölbäume und Olivenöl. Wer mag, kann hier auch stilvoll übernachten (s. S. 315).
Guadalquivirquelle: In der Sierra de Cazorla versteckt sich der Ursprung des längsten andalusischen Flusses. Entweder riskiert man die Pistenfahrt bis zur Quelle oder man erreicht sie auf einer Tageswanderung (s. S. 322 f.).

Den Blick schweifen lassen

Redonda de Miradores: Die Aussichtspromenade in **Úbeda** folgt der mittelalterlichen Stadtmauer. Der Blick schweift weit über Ölbaumplantagen und Weizenfelder (s. S. 316).
Puerto de las Palomas: Ein windiger Mirador bietet den besten Blick auf das Hochtal zwischen den Sierras Cazorla und Segura (s. S. 322).

Wildlife!

Parque Cinegético Collado del Almendral: In dem weitläufigen Wildpark in der Sierra de Cazorla leben Hirsche, Steinböcke und Mufflons – am besten zu beobachten um die Morgen- oder Abenddämmerung (s. S. 324 f.).

ren und Szenen aus dem Alten und Neuen Testament in der oberen Sitzreihe.

Hinter dem Hauptaltar wird in einem wertvollen Schrein – einer Goldschmiedearbeit aus Córdoba – **El Santo Rostro** (das heilige Antlitz) verwahrt, ein angebliches Schweißtuch der hl. Veronika mit dem Gesichtsabdruck Christi. Der Bischof von Jaén brachte es 1376 als Geschenk von Papst Gregor XI. mit. Dem Tuch werden wundertätige Kräfte nachgesagt. Jeden Freitag wird es nach den Messen – etwa 11.30 und 17 Uhr – in einer eindrucksvollen Zeremonie den Gläubigen präsentiert, die es dann (hinter Glas) küssen dürfen (**Catedral Santa María:** Plaza de Santa María, Mo–Sa 8.30–13, 16–19, April–Sept. 17–20, So/Fei 9–13, 17–19 Uhr).

Ein prunkvolles Renaissancekellergewölbe wurde um 1550 als Gedächtnis- und Begräbnisstätte für die Stadtherren von Jaén konzipiert. Heute ist darin das **Museo Catedralicio** (Kathedralmuseum) untergebracht. Es verwahrt etwa 100 teilweise recht wertvolle Gemälde, darunter zwei Werke von Ribera, auf denen die Heiligen Matthäus und Jakobus abgebildet sind, sowie von Juan Valdez Leál ein »Haupt des Täufers« und eine Darstellung des Königs Ferdinand III. Außerdem werden fein gearbeitete *rejas* gezeigt, schmiedeeiserne Gitter des örtlichen Meisters Bartolomé (tgl. 10–13 Uhr, nachmittags Zeiten wie die Kathedrale, 1,80 €).

Palacio de Villardompardo

Den prunkvollen **Palacio de Villardompardo** **2** ließ der Vizekönig von Peru, Graf Villardompardo, Ende des 16. Jh. errichten. Damals wurden die **Baños Árabes** aus dem 10./11. Jh. überbaut, die man erst 1913 wiederentdeckt hat. Mit fast 600 m² Fläche handelt es sich um die größten erhaltenen maurischen Bäder der Iberischen Halbinsel. Sie heißen auch Baños de Ali nach einem *taifa*-König, der einst über Jaén herrschte und der Legende nach von einem Rivalen in den Bädern ermordet wurde. Damals waren diese durch einen unterirdischen Gang mit dem angrenzenden Herrscherpalast verbunden, an dessen Stelle später das Dominikanerkloster (heute Historisches Provinzialarchiv) entstand.

Ein Rundgang führt zunächst durch die arabischen Bäder (s. S. 308). Relativ schlecht erhalten blieb das Frigidarium (*sala fría*). Dafür beeindruckt umso mehr das zentrale Tepidarium *(sala templada)* mit einer großen, von Säulen und Hufeisenbögen gestützten Kuppel. Das steinerne Wasserbecken in der Mitte scheint aus nacharabischer Zeit zu stammen, als die Bäder vorübergehend in eine Gerberei umgewandelt wurden. Im Caldarium *(sala caliente)* ist noch das System der Fußbodenheizung zu erkennen.

Im Palast selbst ist das schön gestaltete **Museo de Artes y Costumbres Populares** untergebracht. Es thematisiert sehr anschaulich verschiedenste Handwerksberufe sowie Volkskunst und Bräuche früherer Zeiten. Der Rundgang endet im **Museo Internacional de Arte Naïf,** dem einzigen Museum für naive Kunst in Spanien. Die Grundlage schuf der aus der Gegend von Jaén stammende Museumsgründer Manuel Moral mit seinen eigenen Werken und seiner Sammlung von Malereien und Plastiken aus dem 19./20. Jh. (**Palacio de Villardompardo mit Baños Árabes und Museen:** Di–Fr 9–20, Winter bis 19, Sa/So 9.30–14.30 Uhr, Mo/Fei geschl., EU-Bürger gratis, sonst 1,50 €).

Caldarium in den Arabischen Bädern: Sternförmige Öffnungen in der Kuppeldecke sorgten für den Abzug des Dampfs

Wie funktionierten maurische Bäder?

Thema

Bäder genossen bei den Mauren einen hohen Stellenwert. Sie dienten nicht nur zur Reinigung, sondern waren Stätten des gesellschaftlichen Lebens. Männer und Frauen badeten getrennt. Während die Männer im Hamam politische und wirtschaftliche Entscheidungen trafen, kamen die Mütter zur Brautschau.

Die arabischen Bäder orientierten sich an römischen Vorbildern, wiesen jedoch einige Unterschiede auf. In den Thermen des antiken Roms gab es mehrere Wasserbecken, in einem Hamam nur ein zentrales. Es diente nicht als Bad, sondern als Wärme- und Dampfquelle oder zum Wasserschöpfen. Rituelle und auch reinigende Waschungen waren – so forderte es der Islam – unter fließendem Wasser zu vollziehen.

Zunächst betrat man den Ent- und Ankleideraum, der in einem Hamam zugleich als Ruheraum diente. Um einen zentralen Innenhof gruppierten sich mehrere Räume, in denen meist unterschiedliche Temperaturen herrschten. Überall gab es Wasserquellen, um sich zu übergießen. In einem Raum mit gemäßigter Temperatur und hoher Luftfeuchtigkeit bereitete man den Körper auf die Waschungen vor. Die Wasserbecken der Römer wurden dabei im Hamam durch geheizte Sitz- und Liegenischen ersetzt.

Der Raum mit dem zentralen Wasserbecken ist am ehesten mit einer heutigen Dampfsauna vergleichbar. Die Badenden übergossen sich immer wieder mit warmem Wasser und ruhten auf warmen Steinbänken, um die Poren zu öffnen und die Muskeln zu lockern. Nach dem Schwitzen begab man sich wieder in einen Raum mit gemäßigter Temperatur. Badegehilfen begannen hier mit einer leichten Massage, dann wurde der Badende mit einem rauen Waschlappen von oben bis unten abgerubbelt. Diese Aktion entfernte alle Verunreinigungen und Hautschuppen und förderte eine regelmäßige Durchblutung der Körperoberfläche. Nachdem der Gast gründlich abgespült worden war, seifte ihn der Bademeister mit einem großen weichen Pinsel von oben bis unten ein und wusch ihn ab. Danach war der Badende sozusagen porentief rein und bereit für eine speziellere Massage oder für eine Ruhepause mit Tee. Bei heißen Außentemperaturen sorgten kühle Güsse im Kältebad für eine wohltuende Erfrischung.

Im Hamam wurde streng nach Geschlechtern getrennt gebadet. In größeren Städten gab es separate Bäder. Andernfalls waren bestimmte Zeiten für Frauen und Männer festgelegt. Man zeigte sich auch vor dem eigenen Geschlecht nicht nackt, sondern schlang sich ein Tuch um den Körper.

Im Gegensatz zu römischen Bädern waren die Hamams nicht hell erleuchtet, sondern gedämpftes Licht trat nur durch Öffnungen in der Kuppeldecke ein. Beheizt wurden die Anlagen mit einer Art Fußboden- und Wandheizung. Kanäle mit heißem Wasser durchzogen Boden und Wände des gesamten Bades. Je nach Größe konnte es Stunden oder auch Tage dauern, bis ein ausgekühltes Hamam in allen Bereichen die richtige Temperatur aufwies.

Die modernen arabischen Bäder (z. B. in Córdoba oder Granada, s. S. 295 u. 350) versuchen an diese alte Badetradition anzuknüpfen.

Neustadt

In der Neustadt wird die breite Einkaufsstraße Paseo de la Estación unterbrochen durch die **Plaza de las Batallas** (Platz der Schlachten), an die sich der schöne Stadtpark **Parque de la Victoria** 3 (Park des Sieges) anschließt. Am Platz erinnert ein **Monument** an die beiden bedeutenden Schlachten, die auf dem Boden der Provinz Jaén ausgefochten wurden: 1212 schlugen die vereinigten christlichen Heere bei Navas de Tolosa in der Sierra Morena die Mauren und leiteten die Reconquista in Andalusien ein. 1809 besiegte ein spanisches Heer, von Napoleon verächtlich als »von Pfaffen geführter Bauernhaufen« bezeichnet, bei Bailén die Franzosen. Für Napoleon sollte sich diese erste bedeutende Niederlage als Anfang vom Ende erweisen.

In der Nähe lädt das **Museo Provincial** 4 zur Besichtigung interessanter Funde aus römischer und maurischer Zeit ein. Herausragende Exponate sind allerdings einige iberische Skulpturen (5. Jh. v. Chr.) aus hellem Kalksandstein, darunter die berühmte Stierkampfszene »Toro de Porcuna«. In ihrer Stilisierung und den fließenden Formen zeigen die Skulpturen deutlich einen griechischen Einfluss. In das Museumsgebäude wurden die Renaissanceportale des alten Getreidespeichers sowie der ehemaligen Iglesia de San Miguel einbezogen (Paseo de la Estación 27, Di 14.30–20.30, Mi–Sa 9– 20.30, So/Fei 9–14.30 Uhr, Mo u. an manchen Feiertagen geschl., EU-Bürger frei, sonst 1,50 €).

Castillo de Santa Catalina

Der **Castillo de Santa Catalina** 5 erhebt sich im Westen hoch über der Stadt. Eine 5 km lange Serpentinenstraße führt den Burgberg hinauf. Schon wegen der grandiosen Aussicht lohnt ein Besuch. Von dem abgeflachten Burgberg *(cerro)* ließ sich die gesamte Umgebung kontrollieren. Der beste Blick auf die Stadt bietet sich vom südöstlichen Ende des Bergrückens an einem über dem Abgrund aufgerichteten Steinkreuz *(cruz del castillo)*. Ein Fußweg führt dorthin.

Der heutige Name des aus maurischer Zeit stammenden Kastells geht auf die Reconquista zurück. 1245 eroberte am 25. November, dem Tag der hl. Katharina, ein kastilisches Heer Jaén. In der Burg gibt es auf Spanisch audiovisuelle Erläuterungen und einen 3D-Film über die Geschichte von Jaén (Di–So 10–14, 15.30–19, April–Sept. 17–21 Uhr, 3 €).

i **Oficina de Turismo de la Junta de Andalucía:** Calle Maestra 18, 23 007 Jaén, Tel. 953 21 91 18, Fax 953 23 60 32, www.promojaen.es. Auch Informationen über Ausflüge in die Sierra de Cazorla (s. S. 320 ff.).

Parador Castillo de Santa Catalina 1: Tel. 953 23 00 00, Fax 953 23 09 30, www.parador.es. Beste Adresse in Jaén (4 Sterne). Großartiger Blick auf die Stadt und die Olivenplantagen der Umgebung, Terrasse mit Pool. Sehr gutes Restaurant in altem Gewölbesaal wie in einer Ritterburg (Menü 23 €). DZ 175–186 €.

Husa Europa 2: Plaza de Belén 1, Tel. 953 22 27 04, Fax 953 22 26 92, www.husa.es. Zentral und doch relativ ruhig, große Zimmer mit Mietsafe, Parkgarage. DZ ab 64 €.

Hostal La Española 3: Calle Bernardo López 9, Tel. 953 23 02 54. Im ehemaligen Palast des Grafen Irazu. Altmodisch und recht einfach. DZ mit Bad um 45 €, ohne Bad um 35 €.

Casa Antonio 4: Calle Fermín Palma 3, Tel. 953 27 02 62, So u. Aug. geschl. Kreative Küche auf der Grundlage vieler traditioneller Rezepte. Wohl das derzeitige Spitzenrestaurant von Jaén. 3-Gang-Menü um 45 €.

Casa Vicente 5: Calle Francisco M. Mora 1, Tel. 953 23 22 22, So abends geschl. Lauschiger Innenhof. Regionale Küche: Gazpacho, Pilzgerichte, Lamm, Rebhuhn. 3-Gang-Menü ab ca. 30 €.

Viele preisgünstigere Esslokale säumen die Calle Nueva (in der Neustadt, nahe Südende des Paseo de la Estación), z. B. das auf Meeresfrüchte spezialisierte **La Gamba de Oro** 6 (Nr. 5) oder das sehr stilvolle **Mesón Río Chico** 7 (Nr.14) mit Tapabar im EG und

Jaén: Cityplan

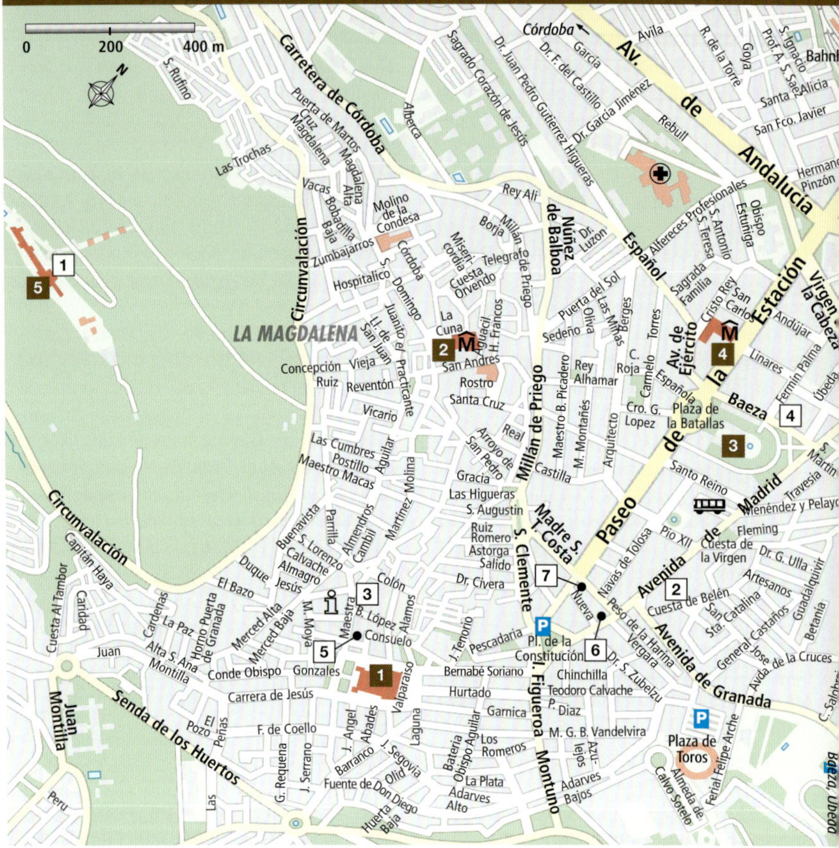

Restaurant im ersten Stock (*raciones* jeweils 4–8 €).

Urige, studentische **Tascas** – so die schon 1888 eröffnete **Bodega Gorrión** – sind in den Calles Arco del Consuelo und Bernardo López zu finden, nahe der Kathedrale. In den meisten kann man auch gut Tapas essen.

Museo del Olivo: Calle Martínez Molina 6, www.museodelolivo.com. Kein Museum, sondern ein Laden rund um die Olive. Hier gibt es angefangen bei Öl, eingelegte Oliven, Olivenholzschnitzereien über Kosmetika mit Olivenöl bis hin zu Ölkännchen aus Blech alles.

Feria de San Lucas: eine Woche um den 18. Oktober. Aus einem Viehmarkt hervorgegangenes und turbulentes Stadtfest mit jeder Menge Musik und täglichen Stierkämpfen. Die spanischen Toreros, die zum Kampf antreten, absolvieren hier den Abschluss ihrer Saison.

Romería de Santa Catalina: 25. November. In Erinnerung an die Reconquista vormittags Wallfahrt zur Burgkapelle des Castillo de

Sehenswürdigkeiten

- **1** Catedral de la Asuncíon de la Virgen/ Museo Catedralicio
- **2** Palacio de Villardompardo/ Baños Árabes
- **3** Parque de la Victoria
- **4** Museo Provincial
- **5** Castillo de Santa Catalina

Übernachten

- 1 Parador Castillo de Santa Catalina
- 2 Husa Europa
- 3 Hostal La Española

Essen und Trinken

- 4 Casa Antonio
- 5 Casa Vicente
- 6 La Gamba de Oro
- 7 Mesón Río Chico

Santa Catalina. Anschließend wird ein großes Picknick veranstaltet.

Züge: Bahnhof am Nordende des Paseo de la Estación, Stadtbuslinie 1 ab Plaza de la Constitución, 1 €. Direktzüge nach Madrid 4 x tgl., Linie A 2 nach Sevilla 1 x tgl. (in Mengibar Umsteigemöglichkeit nach Granada/Almería).

Busse: Busbahnhof an der Plaza Coca de la Piñera (Verlegung in die Avenida de Granada, nahe der Stierkampfarena, steht bevor). Mit *Ureña* nach Córdoba 8 x tgl., mit *Alsina Graells* nach Granada ca. stdl., Úbeda/Baeza Mo–Sa 11 x tgl., Cazorla 3 x tgl.

Baeza

Cityplan: S. 313, **Reiseatlas:** S. 5, A 3

Die Städte Baeza und Úbeda liegen nur 8 km voneinander entfernt, haben eine gemeinsame Geschichte und wurden architektonisch ähnlich gestaltet. 2003 erkannte die Unesco beiden den Status eines Kulturerbes der Menschheit zu. Zahlreiche Adelspaläste, verschwiegene Plätze und dazu eine kleinstädtisch-geruhsame Atmosphäre machen einen Besuch sehr lohnend.

Baeza und Úbeda wurden 1227 als erste christliche Bastionen in Andalusien von Ferdinand III. erobert. Insbesondere Baeza stellte fortan eine wichtige Grenzfeste gegenüber dem Königreich Granada dar. Nach der Einnahme Granadas setzten sich in beiden Städten die großen Adelsfamilien fest, die an der Reconquista mitgewirkt hatten. Baeza und Úbeda entwickelten sich zu bedeutenden Handelsplätzen auf dem Weg zwischen Kastilien und Andalusien und erlebten ihre Blütezeit im 16. Jh.

Paseo de la Constitución

Im etwas kleineren, auf einem Hügel gelegenen **Baeza** (15 000 Einw.) liegen alle Sehenswürdigkeiten nahe beieinander. Ausgangspunkt für eine Stadtbesichtigung ist der **Paseo de la Constitución,** eine weitläufige, von Arkaden gesäumte Anlage, die früher als Markt- und Festplatz diente. Bis heute ist sie Mittelpunkt der Stadt mit Cafés, Bars und Restaurants. An der Westseite erheben sich die **Casas Consistoriales Bajas** **1**, das historische Ratsgebäude aus dem 17. Jh. mit einer Galerie, auf der sich die städtischen Würdenträger anlässlich von Feierlichkeiten zeigten. Auf der anderen Seite der Plaza stehen **La Alhóndiga** **2**, die einstige Getreidemarkthalle mit dreifacher Bogengalerie und dahinter der alte Kornspeicher *(pósito)*. An der mit einigen Straßencafés recht einladenden Plaza de España blieb mit der **Torre de**

los Aliatares 3 ein Baudenkmal aus der maurischen Epoche erhalten. Heute fungiert sie als Uhrturm.

Plaza del Pópulo

Der wohl schönste Platz von Baeza ist die **Plaza del Pópulo** (auch Plaza de los Leones) mit der zentralen **Fuente de los Leones** 4. Die vier Löwenstatuen des Brunnens stammen aus den Ruinen der karthagisch-römischen Stadt Cástulo bei Linares. Die iberisch-römische Frauenfigur stellt der örtlichen Überlieferung zufolge Himilke dar – die aus Cástulo stammende Ehefrau Hannibals.

Bei dem Renaissancebau mit Galerie im ersten Stock und dem gewaltigen Wappen Kaiser Karls V. an der Frontseite handelt es sich um die **Antigua Carnicería** 5 (Altes Schlachthaus, 16. Jh.). Aus heutiger Sicht war das Gebäude – wenn man seinen Zweck bedenkt – erstaunlich prächtig ausgestattet, ein Beleg für den damaligen Reichtum der Stadt.

Das Erdgeschoss der im Plateresksstil mit Balustraden und Blendgiebeln über den Fenstern verzierten **Casa del Pópulo** 6 (1559) diente ehemals den Stadtschreibern – eine Art öffentliche Notare – als Kanzlei. Im ersten Stock tagte das Zivilgericht. Das zinnenbewehrte Stadttor **Puerta de Jaén** gehört zum alten Mauerbezirk. Daneben steht der Triumphbogen **Arco de Villalar** 7 von 1521. Er erinnert an die gleichnamige Schlacht, in der Karl V. das aufständische kastilische Bürgertum *(comuneros)* besiegte, das mehr Rechte forderte. Auf Seiten des Kaisers waren viele Adelige, auch aus Baeza, beteiligt, die um ihre Privilegien fürchteten.

Zona Monumental

Eine Treppe links neben der Casa del Pópulo führt ins Zentrum der Altstadt. Dort steht die 1538 gegründete **Antigua Universidad** 8, die bis ins 19. Jh. hinein als Universität funktionierte. Dann wurde sie in ein Gymnasium umgewandelt, an dem Antonio Machado y Ruiz 1912–1919 als Französischlehrer tätig war. Er gilt als führender Dichter der spanischen Generation von 1898 und starb 1939 gegen Ende des Spanischen Bürgerkriegs im französischen Exil. In seinen – nicht ins Deutsche übersetzten – Werken befasste er sich u. a. mit den gesellschaftlichen Missständen in Spanien. Ihn ehrt ein einfaches **Denkmal** im Innenhof (Calle del Beato Juan de Ávila, Do–Di 10–13, 16–18 Uhr, Eintritt frei).

Gleich um die Ecke erhebt sich an der Plaza Santa Cruz das spektakulärste Gebäude von Baeza: der wuchtige **Palacio del Marqués de Jabalquinto** 9 (15./16. Jh.) mit seiner verspielten Fassade im isabellinischen Stil. Die Linienführung wirkt noch gotisch, gepaart mit maurischer Ornamentik. Dem Stil der Renaissance gehören jedoch die Quadersteine an, die in Form sogenannter Diamantspitzen hervorspringen. Eingerahmt wird das Ensemble von zwei dicken Halbsäulen, die oben kleine Kanzeln tragen. Auch der Orangenhof im Inneren mit doppelstöckiger Galerie, Barocktreppe und Springbrunnen ist sehenswert (Do–Di 10–14, 16–18 Uhr, Eintritt frei).

Gegenüber steht die kleine **Iglesia de la Santa Cruz** 10 von 1227. Es handelt sich um eine der ersten nach der Reconquista in Andalusien erbauten Kirchen. Sie entstand noch im für das Land seltenen romanischen Stil und birgt sehenswerte Fresken (meist Mo–Sa 11–13.30, 16–18, So 12–14 Uhr, Eintritt frei).

Plaza de Santa María

Etwas weiter öffnet sich die großzügig angelegte **Plaza de Santa María.** Die säulenbestückte, dreigeschossige **Fuente de Santa María** 11 in der Mitte ist Brunnen und kleiner Triumphbogen zugleich. Wappen- und emblemgeschmückte Wände tragen gemeinsam mit Säulen und Figuren das Dach eines Tempels. Das Ensemble entstand während der Regierungszeit König Philipps II. Ende des 16. Jh.

Aus der ersten Bauphase der **Catedral Santa María** 12 (13. Jh.) blieb das gotisch-mudejare Westportal Puerta de la Luna erhalten. Die Kathedrale wurde teilweise auf den Mauern einer Moschee erbaut, woran einige mit Pflanzenornamenten und arabischen Inschriften versehene Bögen im Kreuz-

Baeza: Cityplan

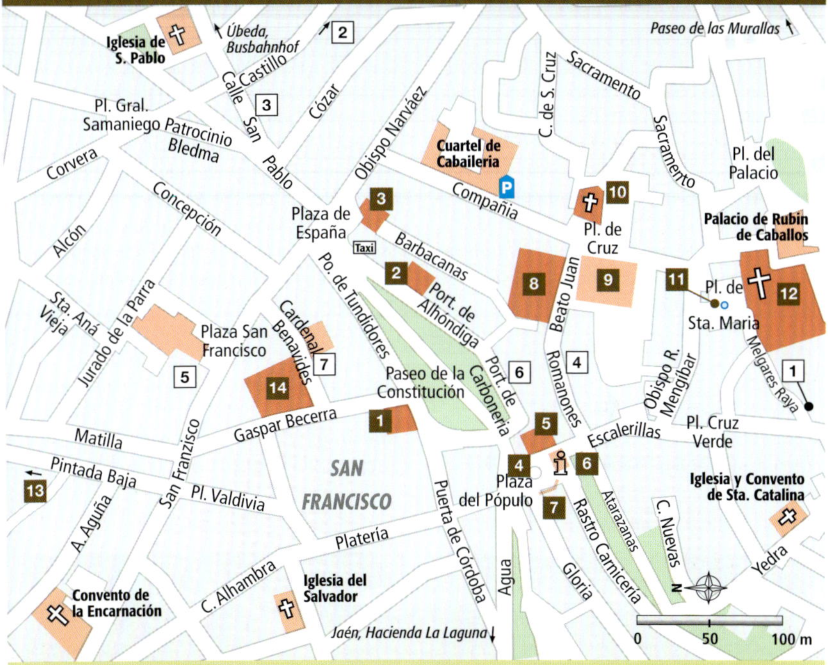

Sehenswürdigkeiten

1. Casas Consistoriales Bajas
2. La Alhóndiga
3. Torre de los Aliatares
4. Fuente de los Leones
5. Antigua Carnicería
6. Casa del Pópulo
7. Arco de Villalar
8. Antigua Universidad
9. Palacio del Marqués de Jabalquinto
10. Iglesia de la Santa Cruz
11. Fuente de Santa María
12. Catedral Santa María
13. Iglesia de Santa María del Alcázar y San Andrés
14. Ayuntamiento (Rathaus)

Übernachten

1. Puerta de la Luna
2. Fuentenueva
3. Hostal Comercio
4. Hostal El Patio

Essen und Trinken

5. Andrés de Vandelvira
6. Asador La Góndola
7. El Sali

gang erinnern. Im 16. Jh. gestaltete Andrés de Vandelvira die Fassade im Renaissancestil neu, obwohl damals der Bischofssitz längst nach Jaén verlegt worden war. Im Inneren beeindruckt vor allem die barocke Rückwand des Hauptaltars, eine aufwendige, mit Blattgold belegte Holzschnitzerei. Vier Bischöfe aus Baeza sind neben den Aposteln

Paulus und Andreas an der schmiedeeisernen Kanzel (1580) zu sehen. Zwei kunstvolle Gitter (am alten Chor und an der Capilla del Sagrario) schuf Bartolomé de Jaén. Neben dem alten Chor gleitet auf Münzeinwurf ein Gemälde beiseite. Dahinter verbirgt sich der größte Schatz der Kathedrale: eine wertvolle Monstranz von 1714, die an Fronleichnam durch die Straßen getragen wird (tgl. 10.30–13, Okt.–März 16–18, April– Sept.17–19 Uhr).

Durch enge Gassen gelangt man zum nahen **Paseo de las Murallas,** wo sich ein Blick auf das Tal des Guadalquivir bietet.

Paläste, Stadtpatronin und Rathaus

Allein in Baeza stehen etwa 50 Paläste, zumeist aus dem 16. Jh. Viele von ihnen säumen die **Calle San Pablo** und die **Calle San Francisco,** die beide von der Plaza de España ausgehen.

Ganz im Westen der Altstadt, in der **Iglesia de Santa María del Alcázar y San Andrés** 13, rief König Ferdinand III. eine militärische Bruderschaft von 200 Bogenschützen ins Leben. Sie bestand aus den Adeligen Baezas, deren Waffentaten während der Reconquista legendär wurden. Den Altarraum der Kirche, in der die Stadtpatronin verehrt wird, schuf Andrés de Vandelvira. Es gilt, neun volkstümliche gotische Tafelbilder mit Szenen aus dem Neuen Testament zu betrachten.

Vor der Rückkehr zum Alten Marktplatz sollte man noch das ehemalige Justiz- und Gefängnisgebäude von 1559 anschauen. Heute dient es der Stadt als **Ayuntamiento** 14. Das linke Tor war ehemals der Eingang zum Kerker, das rechte ins Gericht.

Andalusien zum Mitnehmen: schlichte Keramik mit verspielten Mustern

An der Platereskfassade sind zwischen den Balkonen die Wappen Philipps II., des damaligen Stadtrichters Juan de Borja und der Stadt selbst angebracht.

Oficina de Turismo: Plaza del Pópulo (Casa del Pópulo), 23440 Baeza, Tel./ Fax 953 74 04 44, www.baeza.net, www.baezamonumental.com.

Puerta de la Luna 1: Calle Canónigo Melgares Raya, Tel. 953 74 70 19, Fax 953 74 70 95, www.hotelpuertadelaluna.es. Charmanter 4-Sterne-Adelspalast nicht weit von der Kathedrale. Das Frühstück wird im Mudéjarpatio serviert. Pool, Wellnessbereich, Restaurant und für abends Pacos Bar. Gästeparkplatz. DZ 105–120 €.

Fuentenueva 2: Calle del Carmen 15, Tel. 953 74 31 00, Fax 953 74 32 00, www.fuentenueva.com. Stimmungsvolles Haus mit wechselvoller Geschichte: erst Frauengefängnis, dann Stadtdomizil eines Richters, seit 1940 Herberge. Mit modernen Marmorbadezimmern, Pool, Patio und sehr gutem Restaurant. Hin und wieder Kunstausstellungen. DZ 77–129 €.

Hostal Comercio 3: Calle San Pablo 21, Tel. 953 74 01 00. Viel Atmosphäre, altmodische Zimmer. In Zimmer 215 wohnte der Dichter Antonio Machado (s. o.) drei Jahre lang. DZ 30–35 €.

Hostal El Patio 4: Calle Conde de Romanones 13, Tel. 953 74 02 00, Fax 953 74 82 60. Familiäre Pension in einem schön gelegenen Altstadtpalast, die schlichten Zimmer (teils mit, teils ohne Privatbad) weisen zu einem andalusischen Patio. DZ ca. 27–32 €.

Andrés de Vandelvira 5: Calle San Francisco 14, Tel. 953 74 81 72, So abends und Mo geschl. Allerfeinste Küche mit regionalen Spezialitäten (Stockfisch, Rebhuhn, Artischocken). Im Renaissancekreuzgang eines 400 Jahre alten Klosterpalastes. Degustationsmenü 30 €, Hauptgerichte 8–17 €.

Asador La Góndola 6: Portales de Carbonería 13, Tel. 953 74 29 84, www.asadorlagondola.com. In den Arkaden des Paseo de la Constitución. Authentische Atmosphäre, gute Fleischgerichte vom Holzofengrill, *batatas baezanas* (Bratkartoffeln mit Pilzen). Hauptgerichte 8–14 €.

El Sali 7: Pasaje del Cardenal Benavides 15, Tel. 953 74 13 65, Mi Ruhetag. Gemütliche Tische im Freien mit Blick auf das Rathaus. Spezialität ist *pipirrana* (Schinken mit Gemüse). Auch Tapas. Tagesmenü um 12 €.

La Casa del Aceite: Paseo de la Constitución 9. Verschiedene Sorten und Qualitäten von Olivenöl, Olivenseife, Schnitzereien aus Olivenholz und Keramik.

Romería del Cristo de la Yedra: 7. Oktober. Wallfahrt der Bruderschaften, die auf Prunkkarren oder hoch zu Ross die Statue der Rosenkranzmadonna aus der Iglesia de San Pablo durch die Straßen der Stadt und zum Festgelände im 4 km entfernten Dorf La Yedra begleiten.

Züge: Bahnhof Linares–Baeza 14 km nordwestlich (Mo–Sa 2 x tgl. Busanschluss; Taxi 12 €). Linie A 6.1b nach Granada, Direktzüge nach Madrid.

Ölmuseum: Auf der **Hacienda La Laguna,** einem südwestlich von Baeza gelegenen Landgut aus dem 17. Jh., zeigt das **Museo del Aceite** (Sommer Di–So 10.30–13.30, 16.30–19, Winter 10.30–14, 16–18.30 Uhr, 2,50 €) alles Wissenswerte rund um den Olivenbaum: Geschichte und Gegenwart des Anbaus sowie Herstellung und Verwendung von Olivenöl (Erläuterungen nur auf Spanisch). Im Garten gedeihen verschiedene Ölbaumarten. Auch ein 3-Sterne-Hotel mit Restaurant, beide von einer Hotelfachschule betrieben, sowie ein Reitstall befinden sich auf der Hacienda (Tel. 953 77 10 05, Fax 953 76 50 12, www.ehla guna.com, DZ 67–80 €). Anfahrt ab Baeza: A-316 Richtung Jaén, nach 8 km bei Puente del Obispo rechts (Schild: Complejo La Laguna), dann noch 2 km.

Busse: Busbahnhof in der Avenida Alcalde Puche Pardo 1. Mit *Alsina Graells* nach Jaén 11 x tgl., Úbeda 15 x tgl., Granada 5 x tgl., Cazorla 2 x tgl.

Úbeda

Cityplan: S. 316/317, **Reiseatlas:** S. 5, A 3

Die prächtigsten Renaissancebauten Andalusiens finden sich in **Úbeda** (32 000 Einw., zur Geschichte s. S. 311). Über 70 Stadtpaläste aus dem 16./17. Jh. blieben hier erhalten. Viele von ihnen entwarf Andrés de Vandelvira, der sich auch in Baeza und Jaén als Baumeister verdient machte. Ihn förderten die Adelsfamilien Molinas und Cobos, die Úbeda dank ihrer guten Beziehungen zum Königshof weitgehend beherrschten. Alle Sehenswürdigkeiten sind gut zu Fuß erreichbar, denn die **Zona Monumental** (Altstadt) ist überschaubar.

Plaza del Ayuntamiento

Hier erhebt sich der frei stehende, von Gartenanlagen umgebene **Palacio de las Cadenas** 1, in dem heute das **Rathaus** untergebracht ist. Er diente Juan Vázquez de Molina, dem Staatssekretär König Philipps II., als Residenz und gilt als einer der schönsten Renaissancepaläste Spaniens. Selbstredend schuf ihn der namhafte Architekt Vandelvira. Die Fassade der drei breiten, ungleich hohen Stockwerke ist im unteren Teil durch korinthische Säulen, im mittleren durch ionische, im oberen Geschoss durch Säulenfiguren untergliedert.

Plaza de Vázquez de Molina

Repräsentativ, mit Rosengärten und einem Denkmal für Andrés de Vandelvira geschmückt, erstreckt sich die **Plaza de Vázquez de Molina**. Francisco de los Cobos y Molina, der Staatssekretär Kaiser Karls V., gründete die den Platz beherrschende **Sacra Capilla del Salvador** 2. Sie diente seiner Familie als Privatkapelle. Molina war durch Gold aus den amerikanischen Kolonien zu Reichtum und Wohlstand gelangt und wegen seiner Habgier berüchtigt – sein Vermögen soll zeitweise sogar das des Kaisers übertroffen haben. Er selbst ließ sich in der Krypta der Sacra Capilla del Salvador beisetzen. Von seinem ehemaligen Palast nebenan, den ein Brand zerstörte, steht nur noch ein Teil der Fassade mit dem Portal. Neben Vandelvira arbeitete ein weiterer großer andalusischer Architekt des 16. Jh., Diego de Siloé, an der Capilla del Salvador. Der von zwei runden, niedrigen Türmen flankierte Bau beeindruckt durch die vielgestaltige Renaissancefassade, die durch Säulen gegliedert und plateresk verziert ist. Das Relief über dem Portal zeigt die Verklärung Christi. Heute gehört die Kapelle den Grafen von Medinaceli aus Sevilla, Nachkommen der Familie Cobos (Mo–Sa 10–14, 16.30–18/19, So 10.45–14, 16–18/19 Uhr, 2,50 €).

An der Längsseite des durchaus museal wirkenden Platzes steht mit dem **Palacio del Deán Ortega** 3 (16. Jh.) ein weiterer, durch ästhetische Strenge auffallender Renaissancebau. Auch diese Gebäude ließ Francisco de los Cobos y Molina, diesmal für seinen Privatkaplan, errichten. Heute ist hier ein **Parador** untergebracht (s.u.). Auch wer nicht darin wohnt, kann sich das Vergnügen gönnen, an den Bistrotischen im hübschen, mit Kübelpflanzen begrünten Patio einen Drink zu nehmen.

Nur wenige Schritte sind es bis zur **Redonda de Miradores.** Die Promenade folgt am südöstlichen Stadtrand den Resten der mittelalterlichen Stadtbefestigung. Von hier blickt man auf die von Olivenbäumen geometrisch gemusterte Hügellandschaft, unterbrochen von den großen Vierecken der Getreidefelder. Am Horizont ist die Sierra de Cazorla auszumachen (s. S. 320 ff.). Einige Cafés laden zur Rast ein.

Plaza 1° de Mayo

Am zentralen Platz der Altstadt, Plaza 1° de Mayo, wurden früher Märkte abgehalten, Stierkämpfe ausgetragen und vom Inquisitionsgericht Verurteilte auf dem SCheiterhaufen verbrannt. Die Stadthonoratioren schauten von der prächtigen Renaissanceloggia des **Ayuntamiento Viejo** 4 (Altes Rathaus, 16. Jh.) zu. Heute treffen sich auf

Úbeda: Cityplan

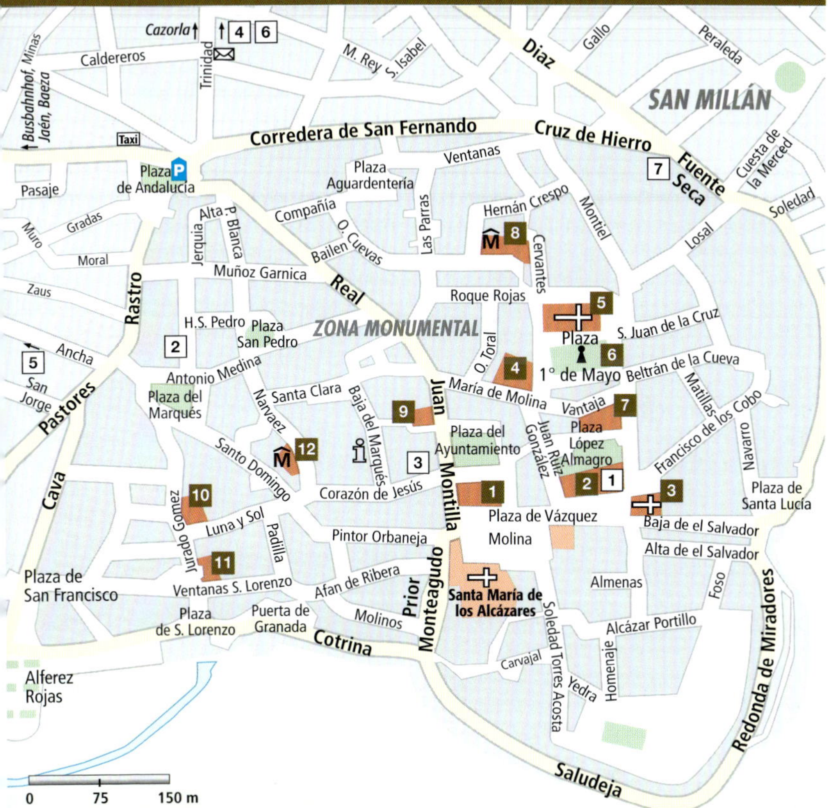

Sehenswürdigkeiten

1 Palacio de las Cadenas
2 Sacra Capilla del Salvador
3 Palacio del Deán Ortega
4 Ayuntamiento Viejo
5 Iglesia de San Pablo
6 Denkmal Juan de la Cruz
7 Casa de los Salvajes
8 Casa Mudéjar/Museo Arqueológico
9 Palacio Vela de los Cobos
10 Palacio de Medinilla
11 Casa de las Torres
12 Museo de Arte Andalusí

Übernachten

1 Parador Condestable Dávalos
2 Palacio de la Rambla
3 María de Molina
4 La Paz

Essen und Trinken

5 Barbacoa Museo Agrícola
6 El Gallo Rojo
7 Mesón Gabino

der Plaza die wenigen, meist älteren Leute, die noch in der Altstadt leben.

Die **Iglesia de San Pablo** 5, nach El Salvador der bedeutendste Kirchenbau der Stadt, erhebt sich an der Nordseite des Platzes. Teile stammen noch aus der Zeit nach der Reconquista, so die gotische Apsis von 1380. Das Hauptportal (1511) mit einer Figur des Apostels Paulus zeigt isabellinischen Stil. Links daneben verdient eine Nische Beachtung. Von hier aus ließen die Stadtherren ihre Dekrete und Verordnungen für das Volk verlesen, z. B. die aktuelle Kleiderordnung oder Reinigungsvorschriften für Straßen und Plätze (tgl. 19.20–20.30 Uhr, Eintritt frei).

In der Mitte der Plaza 1° de Mayo steht ein Kreuzdenkmal für den spanischen Mystiker **Juan de la Cruz** 6 (Johannes vom Kreuz), der 1591 in Úbeda starb. Unter dem Einfluss der hl. Teresa von Ávila hatte er die Unbeschuhten Karmeliten mitbegründet, eine strenge Form des Karmeliterordens. In seinen Schriften befasste er sich – nach mehrmaliger Gefangennahme und Folterung durch Gegner des Ordens – mit den Erfahrungen der Gottverlassenheit und der Vereinigung mit dem Göttlichen durch Meditation.

Ein sehenswerter Palast in der Südostecke des Platzes ist die **Casa de los Salvajes** 7 (Haus der Wilden). Er gehörte Francisco de Yago, dem Kammerherrn des Bischofs von Úbeda. Sein Wappen über dem Eingang stützen zwei in Stein gehauene, bärtige, mit Fellen bekleidete Gestalten – eben die Wilden. Ihre Bedeutung ist unbekannt.

Nördlich des Platzes befindet sich die **Casa Mudéjar** 8 (14. Jh.), das einzige noch erhaltene Haus aus der Zeit kurz nach der Reconquista. Heute bietet sie den Rahmen für das **Museo Arqueológico** (Calle Cervantes 6, Di 15–20, Mi–Sa 9–20, So 9–15 Uhr, Eintritt frei).

Paläste

Im westlichen Teil der Altstadt sind weitere sehenswerte Renaissancepaläste zu entdecken. In der Calle Juan Montilla steht der **Palacio Vela de los Cobos** 9 mit einer die Fassade umspannenden Arkadenreihe im Obergeschoss (Besuch eventuell möglich, in der Touristeninformation nachfragen). Der **Palacio de La Rambla** an der Plaza del Marqués beherbergt heute ein feines Hotel [2]. In der Calle Jurado Gomez befinden sich der **Palacio de Medinilla** 10 und die **Casa de las Torres** 11 mit einem reich verzierten Portal im Platereskstil und einer schönen Balustrade.

In einem alten Stadthaus mit schönem, von Holzbalustraden gesäumtem Innenhof hat ein Privatmann das **Museo de Arte Andalusí** 12 eingerichtet. Es zeigt andalusische Antiquitäten aus dem 11.–16. Jh., die er über 35 Jahre hinweg zusammengetragen hat: maurische Architekturfragmente, Mudéjarkunsthandwerk , Mobiliar (Calle Narváez 11, tgl. Sommer, 11–14, 18–21, Winter 16.30–20.30 Uhr, am So und in der Nebensaison eingeschränkt, 1,50 €).

Oficina de Turismo: Calle Baja del Marqués 4, 23400 Úbeda, Tel. 953 75 08 97, Fax 953 79 26 70, www.ubedainteresa.com. Im Palacio Marqués del Contadero.

Parador Condestable Dávalos [1]: Plaza Vázquez de Molina 1, Tel. 953 75 03 45, Fax 953 75 12 59, www.parador.es. In einem vornehmen Stadtpalast (s. o.). Großzügige, luxuriöse Innenräume, antik möblierte Zimmer. Restaurant mit regionaler Spezialitätenküche. Eigene Parkplätze. DZ 185–196 €.

Palacio de la Rambla [2]: Plaza del Marqués 1, Tel. 953 75 01 96, Fax 956 75 02 67, www.palaciodelarambla.com. Nobel renovierter Palast. Nur acht Zimmer, eingerichtet mit Antiquitäten, Flechtarbeiten und Keramik aus der Region. Schöner offener Patio. Die Eigentümer wohnen im Haus. Parkgarage. DZ 123 €.

María de Molina [3]: Plaza del Ayuntamiento, Tel. 953 79 53 56, Fax 953 79 36 94, www.hotel-maria-de-molina.com. In einem Renaissancepalast in Rathausnähe, angenehme Atmosphäre, ausgezeichnetes Restaurant. DZ 99–121 €.

La Paz [4]: Calle Andalucía 1, Tel. 953 75 21 40, www.hotel-lapaz.com. Ordentliches Haus im neueren Stadtbereich. Zimmer zur Straße relativ laut. Parkgarage (9 €). DZ 72 €.

Barbacoa Museo Agrícola [5]: Calle San Cristóbal 17, Tel. 953 79 04 73. Mit ländlichem Gerät aus alten Zeiten dekoriert. Regionale Küche, Spezialität ist Fleisch vom Grill. Brot aus dem eigenen Holzofen. Tagesmenü um 15 €.

El Gallo Rojo [6]: Calle Manuel Barraca 3, Tel. 953 75 20 38, tgl. durchgehend geöffnet, im Oktober 2 Wochen Betriebsferien. Eines

Im begrünten Innenhof des Parador sollten Sie sich eine Rast gönnen

der populärsten Lokale der Stadt, typisches Ambiente, große Auswahl. Auch draußen stehen Tische. Menü ab ca. 10 €, Hauptgerichte 9–12 €.

Mesón Gabino 7: Calle Fuente Seca, Tel. 953 75 42 07. Originelles Kellerlokal, Tische aber auch im Freien. Regionale Küche, feine Tapas, gute Weinauswahl. Hauptgerichte 6–10 €.

Flamenco: An den meisten Samstagen ab 22 Uhr im Museo de Arte Andalusí (s. o.).

Keramik: Nördlich der Zona Monumental führt das alte Stadttor Puerta de Losal in Úbedas Töpferviertel Barrio San Millán. Dort stellen verschiedene Werkstätten noch dunkelgrün glasierte Keramik her – ein Erbe aus maurischer Zeit. Verkaufsstellen säumen die Straßen Cuesta de la Merced und Calle Valencia.

Flechtarbeiten: Ein weiteres Traditionsprodukt der Stadt sind Matten und Körbe aus Espartogras mit eingewirkten bunten Mustern, z. B. bei **Artesanía Blanco** (Calle Real 47).

Feria y Fiestas de San Miguel: eine Woche um den 29. September. Buntes Stadtfest um den Tag der Reconquista, der mit dem Michaelstag zusammenfällt. Umzüge von Riesenpuppen, Stierkämpfe, Flamencofestival, Feuerwerk.

Züge: Bahnhof Baeza–Linares (s. Baeza) 21 km entfernt; mehrmals tgl. Busanschluss.

Busse: Busbahnhof in der Calle San José 6 (nahe Hospital de Santiago). Mit *Alsina Graells* nach Baeza 15 x tgl., Jaén bis 12 x tgl., Granada 7 x tgl., Cazorla bis 10 x tgl.

Durch die Sierra de Cazorla

Reiseatlas: S. 5/6, B–D 1–4

Die Sierra de Cazorla liegt abseits der Hauptreiserouten, gehört aber zu den Geheimtipps, die sich allmählich herumsprechen. Kiefernwälder, klare Gebirgsbäche, enge Schluchten und tiefblaue Seen prägen die reizvolle Landschaft. Mit 214 336 ha Fläche ist der **Parque Natural de las Sierras de Cazorla, Segura y Las Villas,** in den auch die östlich benachbarte Sierra de Segura integriert ist, größter Naturpark Andalusiens. 1983 wurde er von der Unesco zum Biosphärenreservat erhoben. Bisher suchen ihn vorwiegend einheimische Touristen im Sommer auf, um zu campen und zu wandern. Für Naturerkundungen sind allerdings Frühjahr und Herbst am besten geeignet. Im Winter liegt in den höheren Lagen oft Schnee.

Die Niederschläge in dem am **Cerro de la Empanada** bei 2107 m gipfelnden Gebirge sind mit rund 1200 mm im Jahr für andalusische Verhältnisse recht beachtlich. Der Wasserreichtum und das Kalkgestein verantworten die große Pflanzenvielfalt des Gebiets. Mehr als 1100 Arten zählen die Botaniker, darunter 24 Endemiten, die nur hier vorkommen, wie das Cazorla-Veilchen und zwei Narzissenarten. Von März bis Mai blühen außergewöhnlich viele Orchideen. Auch die Tierwelt ist reichhaltiger als irgendwo sonst in Andalusien. Mit etwas Glück lassen sich – vor allem in der Morgen- und Abenddämmerung – Hirsche, Steinböcke und Wildschweine beobachten. Einfacher ist es, die über den Tälern schwebenden Greifvögel zu entdecken: Adler, Milane, Sperber, Falken, Schmutz- und Gänsegeier.

Cazorla

Cazorla 1 (12 000 Einw.) ist das Tor zur gleichnamigen Sierra. Pittoresk liegt die lebendige Kleinstadt an deren Westabhang. Sie bietet sich als Standort für Unternehmungen im Naturpark an. Zentrale Anlaufstelle ist die Plaza de la Constitución. Durch die Calle Doctor Muñóz geht es von dort aus zum Rathaus und weiter (Schilder »Ruinas de Santa María«) zum **Balcón del Pintor Zabaleta** – einer Aussichtsterrasse mit Blick auf die Sierra und zum Castillo de la Yedra (s. u.).

Von der im Renaissancestil erbauten, von Andrés de Vandelvira entworfenen **Iglesia**

Sierra de Cazorla

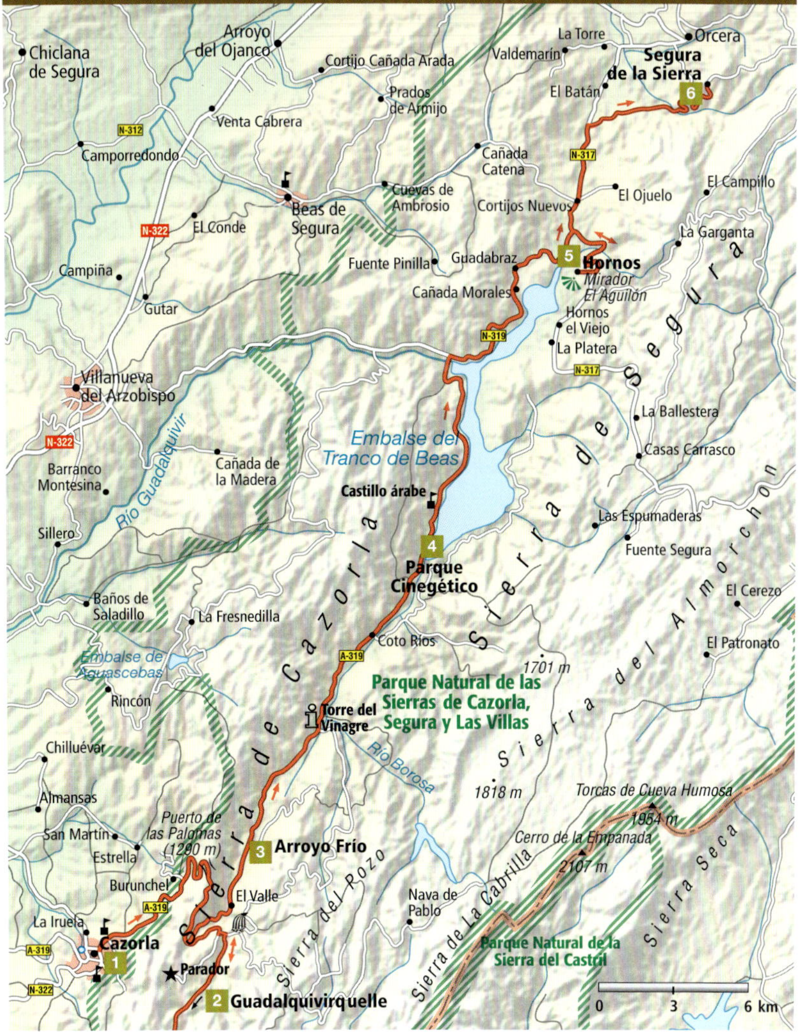

Santa María blieben nur einige frei stehende Bögen. Sie wurde von napoleonischen Truppen Anfang des 19. Jh. in Brand gesetzt. Die Plaza Santa María ziert die **Fuente de las Cadenas** – ein 400 Jahre alter, romantischer Brunnen. Nette Cafés im Schatten von Bäumen laden zu einer Verschnaufpause ein.

In Ortsnähe – von der Plaza de Santa María aus zu Fuß zu erreichen – ragt der **Castillo de la Yedra** empor, eine ehemals maurische, von den Christen im 14. Jh. erweiterte Festung. Mehrere Mauerringe liegen gestaffelt am Hang. Heute beherbergt die Burg das **Museo de Artes y Costumbres Populares**

del Alto Guadalquivir, das sich mit volkskundlichen Aspekten der Region befasst (Di 15–20, Mi–Sa 9–20, So/Fei 9–15 Uhr, EU-Bürger frei, sonst 1,50 €).

Eine zweite Burg, an der Straße zur Sierra de Cazorla spektakulär auf eine Felsnadel gesetzt, ist der **Castillo La Iruela.** Der Templerorden errichtete ihn nach der 1248 erfolgten Reconquista, um die Ebene im westlichen Vorland der Sierra de Cazorla zu überwachen. Geblieben sind nur Ruinen.

i **Oficina Municipal de Turismo Cazorla:** Paseo del Santo Cristo 17, 23 470 Cazorla, Tel. 953 71 01 02, Fax 953 72 00 60, Okt.–März geschl. Nahe der Plaza de la Constitución in der Casa de Cultura beim Stadtpark. Verkauft Wanderkarten.

Hotel & Spa Sierra de Cazorla: La Iruela, Tel. 953 72 00 15, Fax 953 72 00 17, www.hotelsierradecazorla.com. Etwas außerhalb, mit großartigem Blick auf die von Olivenbäumen übersäte Landschaft. Vier Sterne, Außenpool, Restaurant. DZ 90–118, mit Jacuzzi 131–170 €.

Guadalquivir: Calle Nueva 6, Tel./Fax 953 72 02 68, www.hguadalquivir.com. Zentral gelegenes, komfortables Haus. DZ 59–63 €.

La Sarga: Plaza del Mercado (nahe Plaza Constitución), Tel. 953 72 15 07, Di u. Sept. geschl. Das renommierteste Restaurant weit und breit. Auf Wild, Forellen und Pilzgerichte spezialisiert, die Speisekarte variiert mit den Jahreszeiten. Tagesmenü um 18, Hauptgerichte ca. 9–13 €.

Juan Carlos: Plaza Consuelo Mendieta 2, Tel. 953 72 12 01. Auch hier – in etwas schlichterem Rahmen – besonders gute Wildspezialitäten und Forellen. Große Portionen. Tagesmenü um 12 €.

Santísimo Cristo del Consuelo: 17.–21. September. Das Hauptfest von Cazorla lockt mit Rummelplatz und Feuerwerk Besucher von weit her an. Am ersten Tag begleitet eine Prozession ein Christusbildnis aus dem 17. Jh. durch die Straßen.

Busse: Mit *Alsina Graells* nach Jaén 2 x tgl., Úbeda 10 x tgl., Granada 2 x tgl.
Mit dem Pkw: Parkplatz an der Plaza del Mercado (etwas unterhalb Plaza Constitución).

Guadalquivirquelle

2 Die A-319 ab Cazorla führt als großartige Panoramastraße in Serpentinen zum Kamm der Sierra de Cazorla hinauf und über den Pass **Puerto de las Palomas** (mit windigem Mirador) hinweg in das langgestreckte Hochtal zwischen den Gebirgszügen Cazorla und Segura, wo in etwa 1300 m Höhe der Guadalquivir entspringt. Zu der Quelle geht es an der ersten Gabelung hinter dem Pass rechts (Schild: Parador, Vadillo Castril). Man fährt nicht zum Parador, sondern hält sich geradeaus und findet linker Hand – gegenüber

Wachsames Eulenauge: Selbst wenn dem Wanderer keine Tiere begegnen, wird er wahrscheinlich stets beobachtet

der Abzweigung zur Waldarbeitersiedlung Vadillo Castril – den Einstieg in den markierten **Sendero de la Cerrada del Utrero,** einen halbstündigen, abwechslungsreichen Rundweg, der durch felsiges Gelände zum Wasserfall **Cascada de Linarejos** führt.

Zurück auf der Straße geht es 400 m weiter und dann rechts Richtung **Nacimiento del Guadalquivir,** wo man nach 3 km auf den **Puente de las Herrerías** trifft. Die Katholischen Könige ließen die schlichte Steinbrücke während der Reconquista angeblich innerhalb einer Nacht errichten, um den Guadalquivir überqueren zu können. Von der Brücke aus kann man bis zum Picknickplatz **Cañada de las Fuentes** fahren (14 km, großenteils Piste, nur für schmale Fahrzeuge, im Winter oft Schnee). Alternativ läuft man hin und zurück ca. 6 Std. Vom Picknickplatz ist die **Guadalquivirquelle** dann nur noch 300 m entfernt, die in jedem Fall zu Fuß zurückgelegt werden müssen.

Parque Natural de las Sierras de Cazorla, Segura y Las Villas

Der A-319 weiter folgend kommt man durch **Arroyo Frío** 3**,** wo es mit ein paar Unterkünften, Restaurants und Geschäften eine gewisse touristische Infrastruktur gibt. Dann folgt etwa 35 km ab Cazorla das 700 m hoch gelegene **Centro de Interpretación Torre del Vinagre**. Das aus einer Jagdlodge hervorgegangene Besucherzentrum informiert über Wandermöglichkeiten (auch Kartenverkauf) und zeigt eine **naturkundliche Ausstellung.** Ein Film dokumentiert die Entstehung des Parks und seine Flora und Fauna. Im angeschlossenen **Botanischen Garten**

Richtig Reisen-Tipp: Wanderungen am Río Borosa

Vom Besucherzentrum Torre del Vinagre (s. S. 323) erreicht man über den Guadalquivir hinweg die 1,5 km entfernte **Piscifactoría** (Forellenzucht, Schild: Central Eléctrica) mit Wanderparkplätzen. Dort beginnt ein spannender, markierter Wanderweg am Río Borosa aufwärts, zunächst auf einer für den Privatverkehr gesperrten Piste. In dem klaren Wasser des Flusses tummeln sich Regenbogenforellen, die aus der Aufzucht für Angelzwecke hier wie auch in anderen Gewässern der Sierra de Cazorla ausgesetzt werden. Nach 25 Min. geht es an einer Gabelung links (Schild: Laguna de Valdeazores). Nach insgesamt 45 Min. und zweimaliger Überquerung des Flusses auf Brücken zweigt rechts der Pfad zur **Cerrada de Elías** ab, einer eindrucksvollen Klamm, in der schmale Brücken über sprudelnde Stromschnellen führen und die engste Stelle auf einem abenteuerlichen Holzsteg direkt an der Felswand passiert wird.

Hinter der Cerrada de Elías trifft die Route wieder auf die Piste, die die Klamm nördlich umgangen hat. Auf ihr kann derjenige, der nicht weitergehen möchte, dann wieder zur Fischzucht zurückkehren (mit Rückweg 2,5–3 Std.).

Wer eine Gesamtwanderzeit von 7–8 Std. und 600 m Höhenunterschied nicht scheut, kann der Piste am Río Borosa entlang weiter flussaufwärts folgen. Sie geht nach 3 km an der **Central Eléctrica** (Wasserkraftwerk) in einen Wanderweg über (Schild: Lagunas 5 km). Im weiteren Verlauf läuft man am Wasserfall **Salto de los Órganos** vorbei und durch zwei Tunnel, in denen eine Taschenlampe von Nutzen ist. Nach ca. 3 Std. ist der malerische kleine Stausee **Laguna de Aguas Negras** und (über dessen Staumauer hinweg) weitere 30 Min. später die 1300 m hoch gelegene **Laguna de Valdeazores** erreicht. Letztere ist ein äußerst idyllischer, von Schilfrohr und schönen alten Schwarzkiefern gesäumter natürlicher See und in seiner Art einmalig in Andalusien. Auf derselben Route geht es anschließend zum Ausgangspunkt zurück.

gedeihen einheimische Pflanzenarten (A-319 km 18, Tel. 953 71 30 40, www.sierracazorla.com, Di–So 11–14, 16–18/19, Sommer 17–20 Uhr).

Nächstes Ziel an der A-319 ist nach dem Dorf Coto Ríos der **Parque Cinegético Collado del Almendral** 4, ein weitläufiger Wildpark auf einer Halbinsel im Stausee **Embalse del Tranco de Beas,** wo Hirsche, Steinböcke und Mufflons gehalten werden. Vom dortigen Parkplatz führt ein beschilderter Fußweg (1 km) zu drei Miradores auf einem Hügel. Von dort lassen sich die Tiere am besten zu den Fütterungen am frühen Morgen und gegen Sonnenuntergang beobachten. Außerdem bietet sich eine schöne Aussicht über den Stausee, den kurz darauf auch die A-319 erreicht. Baden ist erlaubt, wirklich ideale Badeplätze gibt es aber nicht. Einige Campingplätze und Picknickgelände verteilen sich entlang der Ufer. Bei der Staumauer befinden sich ein paar Restaurants und ein Bootsverleih. Hier biegt der Guadalquivir nach Westen ab und es besteht die Möglichkeit, über **Villanueva del Arzobispo** nach Cazorla zurückzufahren.

Im Norden des Parks

Oder aber es empfiehlt sich ein Abstecher in den weniger dicht bewaldeten, stärker landwirtschaftlich genutzten Nordteil des Naturparks. Das winzige Bergdorf **Hornos** 5 duckt sich unterhalb einer arabischen Burg an einen Felsen. Der Ausblick ist hervorragend, vor allem vom **Mirador El Aguilón**, der durch eine Gasse neben dem Rathaus (dort parken) zu erreichen ist.

Ähnlich malerisch liegt **Segura de la Sierra** 6 inmitten der schroffen Berglandschaft. Auch hier thront über den stillen, weißen Gassen ein **Kastell.** Im 12. Jh. residierte darin Ibn ben Hamusk, der Herrscher eines maurischen *taifa*-Reichs. Nach der Reconquista 1214 übernahm der Ritterorden von Santiago den Ort, der nun an der Grenze zu den noch islamischen Gebieten lag. An diese Zeit erinnern die Ritterkreuze an vielen Häusern. Die restaurierte Burg lohnt einen Besuch wegen der weiten Ausblicke ins Gebirge. Aus der Zeit um 1150 blieb der **Baño Moro** (Maurenbad) mit drei eleganten, mit Hufeisenbögen verzierten Räumen erhalten. Burg und Bad sind in der Regel frei zugänglich.

Oficina Municipal de Turismo Segura de la Sierra: Puerta Nueva, Tel. 953 12 60 53, 23 293 Segura de la Sierra. Neben einem der vier maurischen Stadttore.

Parador de Cazorla: Tel. 953 72 70 75, Fax 953 72 70 77, www.parador.es, Anfang Dez.–Ende Jan. geschl. Gutshofartiges Gebäude, einsam, 27 km von Cazorla entfernt inmitten der Sierra, rustikale Einrichtung, großer Garten mit Pool. Feines Restaurant mit regionaler Küche. DZ 130–162 €.

Complejo Turístico Puente de las Herrerías: Tel./Fax 953 72 70 90, www.puentedelasherrerias.com. Ferienkomplex an der Straße zum Puente de las Herrerías (s. o.), mit Campingplatz, Pool und Restaurant. Jeeptouren und Ausritte zu Pferd werden organisiert. DZ im Hotel Refugio 54 €, Blockhäuser *(cabañas)* ab 52 €.

Hostal Mirasierra: A-319 km 20, Tel./Fax 953 71 30 44, Anfang Jan.–Anfang Feb. geschl. Modernes kleines Hotel mit gutem Restaurant (Forelle probieren!) und Pool, nahe Stausee. DZ um 45 €.

Touren in den Naturpark:

TurisNat (Cazorla, Paseo del Santo Cristo 17, Tel. 953 72 13 51, Fax 953 71 01 02, www.turisnat.org) organisiert verschiedene geführte Touren mit Geländewagen in den Naturpark (halber Tag pro Person ca. 27–30, ganzer Tag 42–46 €). In der Hauptsaison mindestens zwei Wochen vorher anmelden. Reservierung im **Besucherzentrum Torre del Vinagre** (s. S. 323) oder über das **Tourismusbüro von Cazorla** (s. S. 322).

La Mesa Segureña: Segura de la Sierra, Calle Postigo 2, Tel./Fax 958 48 21 01, www. lamesadesegura.com, So Abends und Mo geschl. In der Altstadt. Wirtin Ana María ist auch Künstlerin und vermietet Ferienwohnungen (für 2 Pers. Studio 55, Apartment ab 70 €). Hauptgerichte 8–17, Halbpension 15 €.

Café Arroyo Frío: A-319, km 38 (bei Arroyo Frío), Tel. 958 72 70 07, Di nachmittags und Mi meist geschl. Spezialität ist *ciervo* (Hirsch), meist in Form von Ragout. Hauptgerichte um 10 €.

La Virgen y San Roque: 15.–19. August. In Hornos werden Stiere durch den Ort getrieben, an denen junge Männer ihren Mut erproben. Ein nicht ganz ungefährliches Vergnügen, das der Rest der Bevölkerung hinter Barrikaden versteckt mit Spannung verfolgt.

Busse: Mit *Carcesa* ab Cazorla (Plaza Constitución) Mo–Sa 2 x tgl. über Torre del Vinagre nach Coto Ríos.

Granada: Blick auf den Albaicín

Kapitel 4

Granada, Almería und Küsten

Auf einen Blick: Granada, Almería und Küsten

Kulturelle Höhepunkte und grandiose Natur

Nach **Granada** zieht es Kulturtouristen wegen der Alhambra, aber auch die Grablege der Katholischen Könige und die malerischen Gassen des Albaicín und laden zu einem Aufenthalt ein. Die junge Studentenstadt präsentiert außerdem eine sehr lebendige und vielseitige Kunsthandwerkerszene sowie hervorragende Flamencolokale.

Wer Zeit für eine Erkundung der Umgebung hat, besucht die **Höhlenwohnungen von Guadix**, schaut sich in **Fuente Vaqueros** und **Valderrubio** auf den Spuren des Dichters Federico García Lorca um oder unternimmt einen Abstecher ins benachbarte Hochgebirge, die **Sierra Nevada.** Eine mehrstündige Wanderung führt zu deren zweithöchstem Gipfel, dem **Pico Veleta,** wo die Aussicht einfach traumhaft ist. Am sonnenverwöhnten Südrand der Sierra Nevada, in der urwüchsigen **Alpujarra** mit ihren Mandelhainen, Ginsterwiesen, weißen Häusern und grandiosen Bergblicken urlauben Wanderer, Reiter und Ruhesuchende gleichermaßen.

Granadas Mittelmeerküste heißt nicht von ungefähr **Costa Tropical.** Im Hinterland dehnen sich Plantagen aus, auf denen köstliche tropische Obstsorten gedeihen. Die **östliche Costa del Sol** hat mit der Costa Tropical mehr gemeinsam als mit dem westlich von Málaga gelegenen Küstenstreifen. Hier sind die Ferienorte noch überschaubarer und die Strände meist dunkel und relativ grobsandig, aber mit einer hervorragenden Infrastruktur versehen und gut zum Baden geeignet. Individualisten finden sogar noch völlig naturbelassene Strandbuchten. Beliebte Ferienorte sind **Nerja** und **Almuñécar.** Wer es ruhiger mag, quartiert sich im Hinterland ein, in den authentischen weißen Dörfern der **Axarquía.**

Der Osten Andalusiens ist vom Charakter her rauer und ursprünglicher. Der Hafenstadt **Almería** fehlen die großen Sehenswürdigkeiten. Den Reiz der Stadt macht die nostalgische und zugleich lebendige Atmosphäre aus. An der **Costa de Alméria** gibt es große, moderne Ferienstädte, aber auch längere natürliche, unbebaute Dünenstrände und zugvogelreiche Feuchtbiotope. An das karge **Cabo de Gata** zieht es Wanderer und Indiviualisten, die einsame Badebuchten lieben. Hier findet sich die einzige Vulkanlandschaft des spanischen Festlands. In die

Wüste in Almerías Hinterland lockt die phönizische Grabungsstätte Los Millares. Westernfans kommen in mehreren Filmdörfern auf ihre Kosten. Das weiße Dorf Nijar ist für seine bäuerliche Keramik berühmt, in Sorbas wartet eine Gipskarsthöhle auf entdeckerfreudige Naturen. Wildnis pur ist der Naturpark Sierra María.

Highlights

12 **Granada:** Die Alhambra in Granada – die Palaststadt des letzten maurischen Herrschers auf spanischem Boden – ist weltweit eine der meistbesuchten Sehenswürdigkeiten (s. S. 332 ff.).

13 **Pico Veleta:** Mit 3392 m ›nur‹ der zweithöchste Gipfel in der Sierra Nevada, aber auf einer Tageswanderung unschwer erreichbar (s. S. 354 f.).

14 **Guadix:** Tausende von Menschen leben hier in Höhlenwohnungen, die ebenso komfortabel sind wie Häuser (s. S. 362 f.).

15 **Cabo de Gata:** Die größte Vulkanlandschaft der Iberischen Halbinsel ist reich an botanischen Schätzen (s. S. 397 ff.).

Empfehlenswerte Routen

Auf den Spuren des Federico García Lorca: Spaniens berühmter Dichter lebte in der Vega de Granada (s. S. 351 f.).

Durch die Alpujarra: Die Fahrt über schmale Bergstraßen berührt ursprüngliche Dörfer und großartige Aussichtspunkte (s. S. 356 ff.).

Durch die Axarquía: Kaum irgendwo in Andalusien scheint die maurische Vergangenheit greifbarer als in den kleinen Bauerndörfern der Axarquía (s. S. 376 ff).

Parque Natural Cabo de Gata: Steppenlandschaften, Salzseen mit reicher Vogelwelt, Dünenstrände und karge Vulkanfelsen wechseln sich in rascher Folge ab (s. S. 396 ff.).

Reise- und Zeitplanung

Granada liegt zwischen 600 und knapp 800 m hoch. Die Winter sind kurz, aber hart, Schneefall hinab bis in diese Höhe ist nicht auszuschließen. Im Sommer, wenn das restliche Andalusien unter Hitze leidet, sind die Temperaturen hier dafür sehr viel angenehmer. Während Granada selbst aber eher im Frühjahr und Herbst für einen oder mehrere Tage besucht wird, empfiehlt sich für den Bergurlaub in der Sierra Nevada in jedem Fall der Hochsommer. Die höchsten Gipfel sind nur im August und September mit großer Sicherheit schneefrei.

Wer keine Ambitionen hat Hochgebirgswanderungen zu unternehmen, urlaubt in der Alpujarra am angenehmsten im Frühjahr oder Herbst. Hier lohnt in jedem Fall ein mehrtägiger Aufenthalt, ebenso wie in der Axarquía. Klassische Ferienziele für einen ein- oder mehrwöchigen Aufenthalt sind die Orte an der Costa Tropical, der östlichen Costa del Sol und Costa de Almería – im Winter zum Genießen des milden Klimas, im Sommer zum Baden und Wassersport. Von diesem Standort aus bieten sich auch zahlreiche ein- oder mehrtägige Unternehmungen ins Hinterland an.

Richtig Reisen-Tipps

Strände an den Acantilados de Maro: Die wohl schönsten Playas der Costa del Sol sind völlig naturbelassen (s. S. 371).

In den Naturpark Montes de Málaga: Stille Kiefernwälder vor den Toren der Stadt, mit Wandervorschlägen (s. S. 384).

Die Alcazaba von Almería: Weniger bekannt als die Alhambra, aber von der Anlage her durchaus vergleichbar (s. S. 390).

Naturstrände bei San José: Drei reizvolle Strände sind von Dünen und Vulkanfelsen gesäumt (s. S. 400).

12 Granada und die Alhambra

Cityplan S. 338/339, Grundriss S. 232/233

Granada ist ein Höhepunkt jeder Andalusienreise, schon wegen der Alhambra, einer Sehenswürdigkeit von Weltrang. Malerisch liegt die maurische Königsburg vor der Kulisse der Sierra Nevada. Attraktiv ist aber auch die Stadt selbst mit einer lebendigen Mischung aus Kulturangebot, Shoppingvergnügen und Nachtleben.

Cityplan: S. 338/339, **Reiseatlas:** S. 11, A 2
Das Zentrum von Granada (238 000 Einw.) liegt am Fuß zweier Bergrücken, die sich in die Stadt hineinschieben. Auf dem südlichen thront die Alhambra, auf dem nördlichen befinden sich der alte arabische Stadtteil Albaicín und der Sacromonte mit seinen Höhlenwohnungen. Der Río Darro teilt, zum Teil unterirdisch, die Stadt. Das Erscheinungsbild Granadas wird wesentlich durch den Tourismus und die drittgrößte Universität Spaniens geprägt. Jährlich werden in der Alhambra über 2 Mio. Besucher registriert. An der Universität sind (einschließlich der Sprachschüler) ca. 80 000 Studierende eingeschrieben. Die maurische Kultur wirkt nicht nur in Form der unvergleichlichen Alhambra nach, sondern zeigt auch ein aktuelles Gesicht (s. S. 343). Junge Leute treten zum Islam über, eine Moschee wurde gebaut, Teestuben und marokkanische Geschäfte verleihen Granada ein orientalisches Flair.

Bono Turístico: Wenn man länger in Granada bleibt und viele Sehenswürdigkeiten besuchen möchte, lohnt sich der Bono Turístico. Man erhält ihn für 22,50 € an den Kassen der Alhambra und der Capilla Real oder für 24,50 € übers Internet (www.cajagranada.es, Spanisch/Englisch). Enthalten sind Eintritte (Alhambra, Kathedrale, Capilla Real, Monasterio de la Cartuja, Museo Arqueológico), ebenso wie neun Fahrten mit den Stadtbuslinien. Außerdem gewähren einige Restaurants und Hotels Rabatt bei Vorlage.

Ein Blick in die Geschichte Granadas

Über die Herkunft des Namens Granada gibt es verschiedene Meinungen. Einer Legende zufolge soll Granata, eine Tochter des griechischen Halbgottes Herkules, den Ort gegründet haben. Nach einer anderen Version gleicht die Lage der Stadt mit den beiden Bergrücken und dem Tal dazwischen einem aufgeplatzten Granatapfel. Wie dem auch sei: Im 5. Jh. v. Chr. gab es hier jedenfalls nachweislich eine iberische Siedlung namens Eilbyrge. Es folgten die Römer und im 5. Jh. die Westgoten. Besondere Bedeutung hatte das heutige Granada damals allerdings nicht.

Erst als die Mauren 711 auf die Iberische Halbinsel kamen, begann der Aufstieg Granadas. Nach dem Zusammenbruch des Kalifats 1010 war Granada ein eigenständiges Taifa-Königreich. In dieser Zeit entstand die befestigte Siedlung Albayzín, das heutige ›arabische Viertel‹.

Mohammed ibn Ahmar aus dem Geschlecht der Beni Nasr begründete 1238 in Granada die Dynastie der Nasriden, die Andalusien die letzte Blüte maurischer Kultur bis 1492 bescherten. Mohammed ibn Ahmar stellte sich unter den Schutz der kastilischen

Mit den Autoren unterwegs

Von Königen und Reisenden

Capilla Real in Granada: Die prunkvolle königliche Grabkapelle – Symbol des Sieges über das letzte maurische Reich auf spanischem Boden – birgt die sterblichen Überreste der Katholischen Könige sowie von ihrer Tochter Johanna und deren Gemahl (s. S. 340 f.).

Corral del Carbón: Die einzige aus maurischer Zeit erhaltene Karawanserei Spaniens steht in Granada. Sie war Raststätte für die Karawanen der Handelsreisenden und zugleich auch Großmarkt (s. S. 342).

Postkartenblick

Mirador de San Nicolás: Den beliebten Aussichtsbalkon auf dem Albaicín von Granada mit einmaligem Alhambra-Blick suchen Genießer und Fotografen auf (s. S. 343).

Der Höhlenberg

Centro de Interpretación Sacromonte: Das traditionelle Leben in den Felskavernen bei Granada zeigen originalgetreue Schauhöhlen und ein Lehrpfad (s. S. 345).

Flamenco: In urigen Höhlenbars wird auf dem Sacromonte spontan zur traditionellen andalusischen Musik aufgespielt. Regelrechte Shows veranstaltet Los Tarantos (s. S. 349 f.).

Da fällt die Auswahl schwer

Keramik: In Granada haben die *fajalauza*-Tonwaren Tradition, oft in Grün und Blau und mit einem Granatapfel verziert (s. S. 348).

Intarsienarbeiten: Kunstvolle Einlegearbeiten aus Holz *(la taracea)* sind eine weitere Spezialität der Kunsthandwerker von Granada. Wer nicht gleich ganze Möbelstücke nach Hause befördern möchte, findet Schatullen und kleinere Ziergegenstände im Angebot (s. S. 348).

Treffpunkt

Plaza Nueva: Nette Tapabars und Cafés säumen den zentralen Platz. In den Wintermonaten genießen Einheimische wie auch Touristen die Sonne an den Tischen im Freien, im Sommer freut man sich über die aufgestellten Sonnenschirme (s. S. 348).

Krone, machte sich also zum Vasallen. Bei der Reconquista von Sevilla 1248 musste er mit seinen besten Reitern Waffenhilfe leisten. Nach dem Fall Sevillas kehrte Mohammed ibn Ahmar nach Granada zurück, wo ihn seine Untertanen mit Jubel- und Siegrufen empfingen. Er allerdings antwortete wenig überzeugt: »Es gibt keinen Sieger außer Allah!« Diese Aussage wurde der Leitsatz der Nasriden. Er zieht sich hundertfach wiederholt über die Wände des Königspalastes.

Die Nasriden machten ihr Königreich zu einem hervorragend verwalteten Gemeinwesen. Sie förderten den Handel und legten ein ausgefeiltes Bewässerungssystem an. Landwirtschaftliche Erzeugnisse wie Zucker, Feigen, Mandeln und Orangen konnten exportiert werden. Bergwerke förderten Gold, Silber und Kupfer, die Seidenproduktion florierte. Maurische Flüchtlinge aus den von Christen eroberten Gebieten Andalusiens brachten ihr Vermögen nach Granada in Sicherheit und machten die Stadt reich. Rasch wuchs die Bevölkerung auf 400 000 Einwohner an. Hospitäler, Schulen und eine Universität wurden gegründet. Krankenfürsorge und Bildungsmöglichkeiten waren ausgezeichnet. Währenddessen ließen die Herrscher auch die Alhambra ausbauen.

Das Verhältnis zu den Christen gestaltete sich im Laufe der Zeit immer schwieriger. Auf mit Drohungen verbundene Tributforderungen Kastiliens reagierte der damalige König von Granada 1478 mit Ablehnung. So beschlossen die Katholischen Könige 1481, die maurische Herrschaft auf iberischem Boden endgültig zu beenden. Schon bald nahmen sie eine Stadt nach der anderen ein.

Boabdil (Mohammed XII.) war der letzte islamische Herrscher über Granada. Nach langer Belagerung übergab er kampflos die von Flüchtlingen überfüllte Stadt mit ihren hungernden Bewohnern. Am 2. Januar 1492 zogen die Christen feierlich in Granada ein. Der Bevölkerung wurde Glaubensfreiheit zugesichert und Boabdil verließ Granada. Überliefert sind seine Tränen durch die Bemerkung seiner ehrgeizigen Mutter: »Beweine nicht wie ein Weib, was du nicht wie ein Mann hast verteidigen können.«

Alhambra

1 Nach dem Vatikan ist die Alhambra – von der Unesco zum Weltkulturerbe erklärt – die meistbesuchte Sehenswürdigkeit in Europa. Wegen des großen Andrangs wurden die täglich zugelassenen Besucherzahlen beschränkt (s. S. 337).

Medina und Außenbezirke

Vom Haupteingang führt der Weg zunächst an den unscheinbaren Ruinen der Medina vorbei, einstmals einer regelrechten kleinen Stadt mit Moscheen, Bädern, Wohnhäusern für Handwerker und Stallgehilfen, Geschäften und eigener Verwaltung. Sie diente der praktischen Versorgung der gesamten Anlage. In den ersten Jahren der christlichen Herrschaft entstand gegenüber der Medina ein **Franziskanerkloster.** Heute ist in seinen Gemäuern das Hotel Parador de Granada untergebracht (s. S. 346). An der Stelle einer Moschee errichteten die Christen die Kirche **Santa María de la Alhambra.** Daneben liegen die sorgfältig restaurierten arabischen **Baños de la Mezquita Mayor.**

Der Turm südlich des Palastes Karls V. gehört zur **Puerta de la Justicia.** Zu dieser führt hinter der **Puerta del Vino,** westlich des Palastes, ein Weg hinunter. Das Gerichtstor, das aus zwei Hufeisenbögen gebildet wird, bot ursprünglich Zugang zur Alhambra. Hier fanden Gerichtsverhandlungen und Hinrichtungen statt. Das Symbol der Hand am Schlussstein des größeren Bogens steht für

die fünf Gebote des Islam: Bekenntnis der Einzigartigkeit Gottes, tägliches Gebet, Verteilung von Almosen an die Armen, Enthaltsamkeit durch Fasten und die Pilgerfahrt nach Mekka. Andererseits dient die Hand als Zeichen der Prophetentochter Fatima auch zur Abwehr des bösen Blicks. Das Symbol des Schlüssels am zweiten Bogen steht für den Eingang ins Paradies. Wie für islamische Wehrportale typisch, knickt der Weg im Torbereich ab.

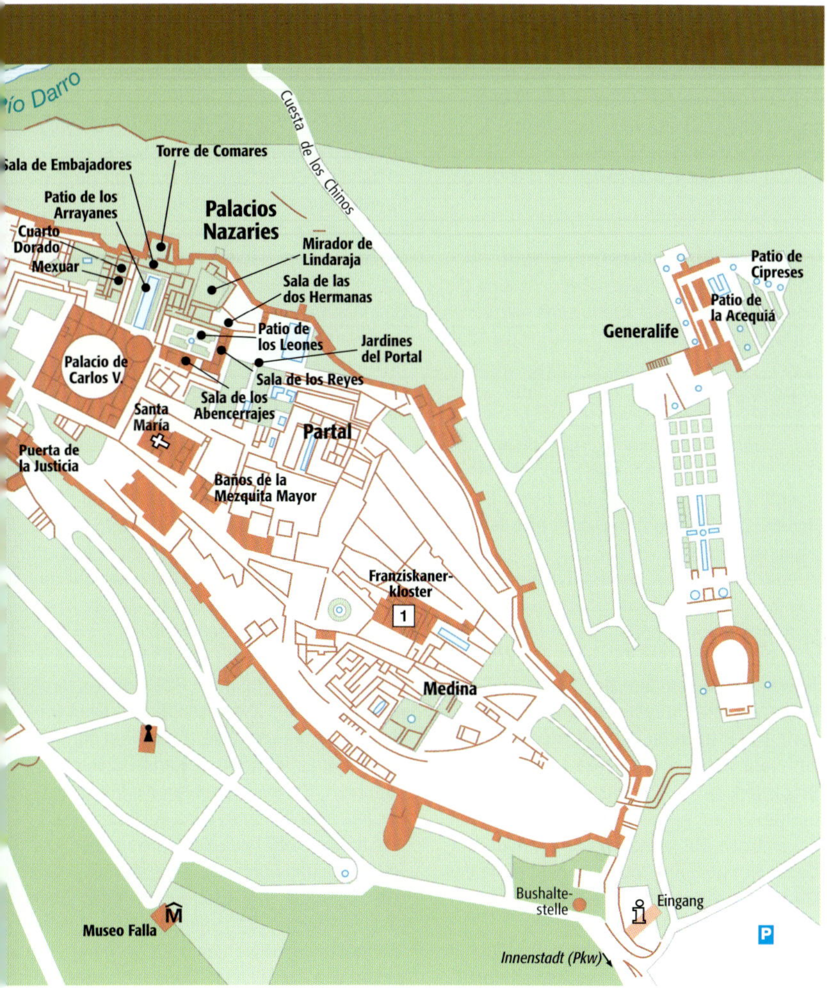

Palacio Carlos V.

Kaiser Karl V. gab im 16. Jh. einen Palast in Auftrag, der direkt an den maurischen grenzt und diesen zumindest von außen betrachtet dominiert. Der Architekt, Pedro Machuca aus Toledo – er lernte bei keinen Geringeren als dem berühmten italienischen Renaissancebaumeister Donato Bramante und bei Michelangelo – konstruierte ihn strikt nach den Prinzipien der Renaissance: Der Grundriss ist quadratisch, der Innenhof mit dorischen und ionischen Säulen in den beiden Stockwerken jedoch kreisrund. Obwohl der Bau damit an eine Stierkampfarena erinnert, diente wahrscheinlich die Villa des römischen Kaisers Hadrian als antikes Vorbild.

Im Erdgeschoss ist das **Museo de la Alhambra** untergebracht. In sieben Räumen werden Funde aus der Alhambra und dem arabischen Granada ausgestellt, neben Kunsthandwerk auch Gebrauchsgegenstände. Unter den Keramiken sticht der **Jarro de la Al-**

hambra hervor, eine 1,30 m hohe Vase von 1320 (Di–Sa 9–14 Uhr, Fei geschl.)

Im Obergeschoss des Palastes befindet sich das **Museo de Bellas Artes** (Museum der Schönen Künste) von Granada mit Skulpturen und Gemälden herausragender Meister vom 15. Jh. bis zur Avantgarde des 20. Jh. (Di–Fr 9–14 Uhr).

Palacios Nazaries

Höhepunkt eines Alhambrabesuchs sind die **Königspaläste.** Zwei nasridische Herrscher – Júsuf I. und Mohammed V. – ließen sie 1333 –1391 erbauen. Von außen sind sie eher schlicht gehalten, im Inneren dafür umso prächtiger verziert. Die Anlage gliedert sich in drei Bereiche: die öffentliche Audienz- und Gerichtshalle *(mexuar)*, den halböffentlichen eigentlichen Palast *(serail)* und den privaten Harem. Die Räume gruppieren sich jeweils um einen Innenhof.

Vom Eingang an der Nordwestecke des Palastes Karls V. geht es zunächst in den **Mexuar.** Aus arabischer Zeit stammen noch die Verzierungen an den Decken und Wänden sowie die Säulenkapitelle. Karl V. ließ den Raum zu einer christlichen Kapelle verändern. Die Fliesen an den Wänden stammen aus dem 16. Jh. Erst 1840 kam das zweite Stockwerk hinzu. Es schließt sich der Patio del Mexuar an, wegen seiner fein gestalteten, ockerfarben leuchtenden Fassade auch Goldener Hof genannt. Von hier geht es in das **Cuarto Dorado** (Goldenes Zimmer), dessen Holzdecke mit Gold verziert ist.

Das linke zweier rechteckiger Tore führt in den **Patio de los Arrayanes** (Myrtenhof). Er ist das Zentrum des halböffentlichen, eigentlichen Palastbereichs. Myrtensträucher säumen das langgestreckte Wasserbecken in seiner Mitte. Beachtung verdienen vor allem die Schmalseiten des Hofes. Die feine Gliederung ihrer Bögen, die durchbrochene Stuckdekoration, Fenster und Galerien sowie das Ziegelwerk des Daches spiegeln sich in dem Wasserbecken wider.

In nördlicher Richtung erhebt sich der mächtige Turm **Torre de Comares.** Zunächst geht es durch den Empfangsraum, die **Sala de la Barca.** Wenn auch die kunstvoll verzierte Holzdecke einem umgedrehten Bootsrumpf gleicht (span. *barca* = Barke), so geht doch der Name des Saales auf den arabischen Begriff *baraka* (Segen) zurück. Besucher des Königs erhielten hier ihren göttlichen Segen.

Dahinter öffnet sich mit die **Sala de Embajadores** einer der prächtigsten Räume des Palastbezirks. Hier empfing der König seine Gäste. Die 20 m hohen Wände sind bis an die Decke mit reichem Stuckwerk verziert. Eine Besonderheit ist die aus mehr als 8000 Teilen zusammengesetzte Holzkuppel. Sie symbolisiert die sieben Himmelskreise, wie sie der Koran beschreibt. Der siebte Himmel gilt als das größte Glück. Die Fenster an den drei Außenseiten des Turmes liegen in tiefen Nischen. So dringt nur schwaches Licht in den Raum. Zu Zeiten einer Audienz ließ der Herrscher sie meist verhängen. Sein Thron stand dem Eingang gegenüber. Besucher mussten sich also zunächst an das Dämmerlicht gewöhnen, während der wartende König seinen Gast bereits einschätzen konnte.

Nächste Station ist der private Haremsbereich mit dem berühmten **Patio de los Leones** (Löwenhof). Zwölf stilisierte Löwen tragen eine Brunnenschale, zu der von den vier Seiten des Hofes schmale Kanäle Wasser heranführen. Sie symbolisieren die vier Flüsse des islamischen Paradieses, während die Löwen für die zwölf Tierkreiszeichen stehen. Die Räume an den Schmalseiten scheinen in den Hof zu ragen. Ihre Giebel schweben über reich verzierten Säulenköpfen. Die feinen Marmorsäulen bilden eine Art Vorhang und wirken wie ein Schleier. Dennoch haben sie tragende Funktion. Zwischen Säulen und Kapitellen haben die maurischen Handwerker Bleiplatten eingelegt, um Materialveränderungen oder Schwankungen durch Erdbeben auszugleichen. Insgesamt 124 solcher Säulen umgeben den Hof. Sie symbolisieren einen Palmenwald des Paradieses.

An der südlichen Längsseite des Löwenhofs geht es in die **Sala de los Abencerrajes.** Deren Gewölbedecke hat die Form eines achtzackigen Sterns, ein achteckiger Brunnen verstärkt die Symmetrie und Raumwirkung.

Einer Legende nach ließ der letzte Nasridenkönig Boabdil hier 36 Mitglieder der Adelsdynastie Abencerrajes enthaupten. Die roten Flecken im Brunnen sollen von ihrem Blut stammen. Wahrscheinlich handelt es sich aber schlichtweg um Rost. Washington Irving berichtet in seinen »Erzählungen von der Alhambra« davon, Chateaubriand hat diese Geschichte zu einem Roman verarbeitet.

In der **Sala de los Reyes** (Saal der Könige) sind in drei Alkoven Gemälde auf Leder an die Gewölbe geheftet. Sie zeigen maurische Jagdszenen und Ess- und Trinkgelage. Dabei verbietet der Islam eigentlich die figürliche Darstellung hoher Persönlichkeiten. Hier macht sich bereits der europäisch-christliche Einfluss bemerkbar. Wahrscheinlich waren die Maler sogar Christen.

Die **Sala de las Dos Hermanas** (Saal der zwei Schwestern) ähnelt der Sala de los Abencerrajes. Beide Räume beeindrucken durch das Wabenwerk ihrer sternförmigen Stalaktitengewölbe *(muquarnas)*. Der Saal der zwei Schwestern trägt seinen Namen wegen der beiden großen Marmorplatten auf dem Fußboden. Von dort aus geht es in die **Sala**

Innenhöfe der Alhambra: Das Zusammenspiel von Architektur und Wasser machen den orientalischen Zauber des Palastes aus

Kapitell im Patio de los Leones: arabische Kalligraphie und florale Ornamentik zu Ehren Allahs

de los Ajimenes mit dem Aussichtspunkt **Mirador de Lindaraja.** In arabischer Zeit war der Blick auf Stadt und Berge noch frei. Heute schaut man auf den **Patio de Lindaraja** und einen weiteren Gebäudetrakt, den Karl V. für seine Privatgemächer errichten ließ – 1829 verbrachte der amerikanische Schriftsteller Washington Irving hier vier Monate.

Von der folgenden Galerie ergibt sich ein schöner Ausblick auf den Stadtteil Albaicín. Dann geht es durch den Patio de Lindaraja in die verwinkelten Räume der königlichen Bäder. Anschließend verlässt man den Palastbereich. Hinter dem Ausgang liegen die **Jardines del Portal.**

Alcazaba

Ältester und wuchtigster Teil der Alhambra ist die Alcazaba. Die Burganlage war namengebend für die gesamte Anlage, da das Mauerwerk in der Abendsonne rötlich leuchtet (arab. *al hamra* = die Rote). Westlich des Palastes Karls V. erstreckt sich zunächst die **Plaza de los Aljibes** (Zisternenplatz). Unter ihr befinden sich die Zisternen für die Wasserversorgung der Alhambra. Ein Kiosk verkauft hier *bocadillos* und Getränke. Westlich davon gelangt man hinter der Mauer mit den Türmen **Torre de Quebrada** und **Torre del Homenaje** in die Burg. Von den Kasernengebäuden blieben nur die Grundmauern erhalten. Auffällig sind runde Öffnungen im Boden. Darunter verbergen sich große Gewölbe, die als Gefängnis dienten. Der schönste Rundblick ergibt sich vom mächtigen Haupt- und Wachturm **Torre de la Vela.** Auf ihm wurde am 2. Januar 1492 nach der Übergabe Granadas an die Christen die Fahne der Katholischen Könige gehisst.

Generalife

Generalife bedeutet ›Garten des Architekten‹. Die maurischen Könige nutzten die Anlage am östlichen Hang oberhalb der Alhambra als Sommersitz. Durch schöne Gärten mit sorgfältig gestutzten Thuja-Hecken gelangt man in den **Palacio de Generalife.** Im Vergleich zum eigentlichen Palast der Nasriden wirkt er eher schlicht. Nach mehreren Innenhöfen öffnet sich der wasserrauschende **Patio de la Acequía** und weiter oben der wildromantische **Patio de Cipreses.** Von der großen Zypresse, die einst hier stand, existiert nur noch ein Stück vom Stamm.

Die Wirkung der Anlage, die einem Märchen aus Tausendundeiner Nacht entsprungen zu sein scheint, ergibt sich aus der Kombination von rauschenden Wasserspielen, Blüten und kunstvoll geschnittenen Hecken. Außerdem genießt man von hier einen schönen Blick auf die tiefer gelegenen Teile der Alhambra. Es empfiehlt sich, noch in die weiter oben gelegenen Gartenabschnitte zu steigen. Man trifft dort auf eine in ihrer Art einmalige Treppe, die von Blättern und Zweigen überdacht ist. Auf dem Geländer rechts und links fließt kühles Wasser, was besonders an heißen Tagen willkommen ist.

Anfahrt: Eingang und Tageskasse liegen auf der vom Zentrum Granadas abgewandten Seite der Alhambra. Autofahrer folgen der A-44, wechseln südlich von Granada auf die Umgehungsautobahn Ronda Sur (Schilder: Alhambra, Sierra Nevada) und folgen dieser bis zur Ausfahrt Alhambra. Am Eingang befindet sich ein großer gebührenpflichtiger Parkplatz. Vom Stadtzentrum (Plaza Nueva) fahren Kleinbusse von *Alhambrabus* zum Eingang (Linie 30, 1 €).

Hinweise zum Besuch der Alhambra: Es gibt Karten für vormittags bis 14 und nachmittags ab 14 Uhr. Zudem ist auf den Karten ein Zeitfenster von einer halben Stunde für den Zugang in den Königspalast der Nasriden angegeben. Nur während dieser Spanne darf man den Palastbereich betreten – wer zu spät kommt hat Pech gehabt. Einmal im Inneren kann man sich dann allerdings beliebig lange aufhalten. Da die täglichen Besucherzahlen auf 5400 (Nov.–Feb.) bzw. 6600 (März–Okt.) beschränkt sind, ist es unbedingt ratsam, Karten zu reservieren. An der Kasse am Eingang gibt es nur Karten für den jeweiligen Tag, ein Vorverkauf findet hier nicht statt. Wenn das Kontingent für den jeweiligen Tag erschöpft ist, schließt die Kasse. Manchmal sind dann über den *Bono Turistico* (s. S. 330) noch Eintrittskarten zu bekommen.

Die Tickets sind ab 31. Juli 2007 auch über **www.servicaixa.com** zu beziehen (nur auf Spanisch zu bedienen). Man kann sie selbst zu Hause ausdrucken und auch das Zeitfenster für die Besichtigung der Paläste selbst bestimmen. Die brandneue Internetseite ist schon funktionsbereit. Außerdem soll es möglich sein, die Tickets landesweit in den Filialen der **Bank La Caixa** an Automaten auszudrucken. (Genauere Angaben können zur Zeit der Drucklegung allerdings noch nicht gemacht werden!)

Fußweg: Von der Plaza Nueva folgt man zunächst der Cuesta de Gomérez, passiert die Puerta de Granada, den Brunnen Pilar de Carlos V. und die Puerta de la Justicia. Dann geht es an der gesamten Anlage vorbei bis zum Eingang. Für eine längere Variante hält man sich am Río Darro entlang bis zu einer Brücke. Dort links in die Cuesta del Rey Chico einbiegen. Diese geht in die Cuesta de Los Chinos über, die dann zum Eingang der Alhambra führt.

Öffnungszeiten und Preise: Nov.–Feb. tgl. 8.30–18, Fr/Sa auch 20–21.30, März–Okt. tgl. 8.30–20, Di–Sa auch 22–22.30 Uhr, 10 €, nur Gärten 5 €.

Granada: Cityplan

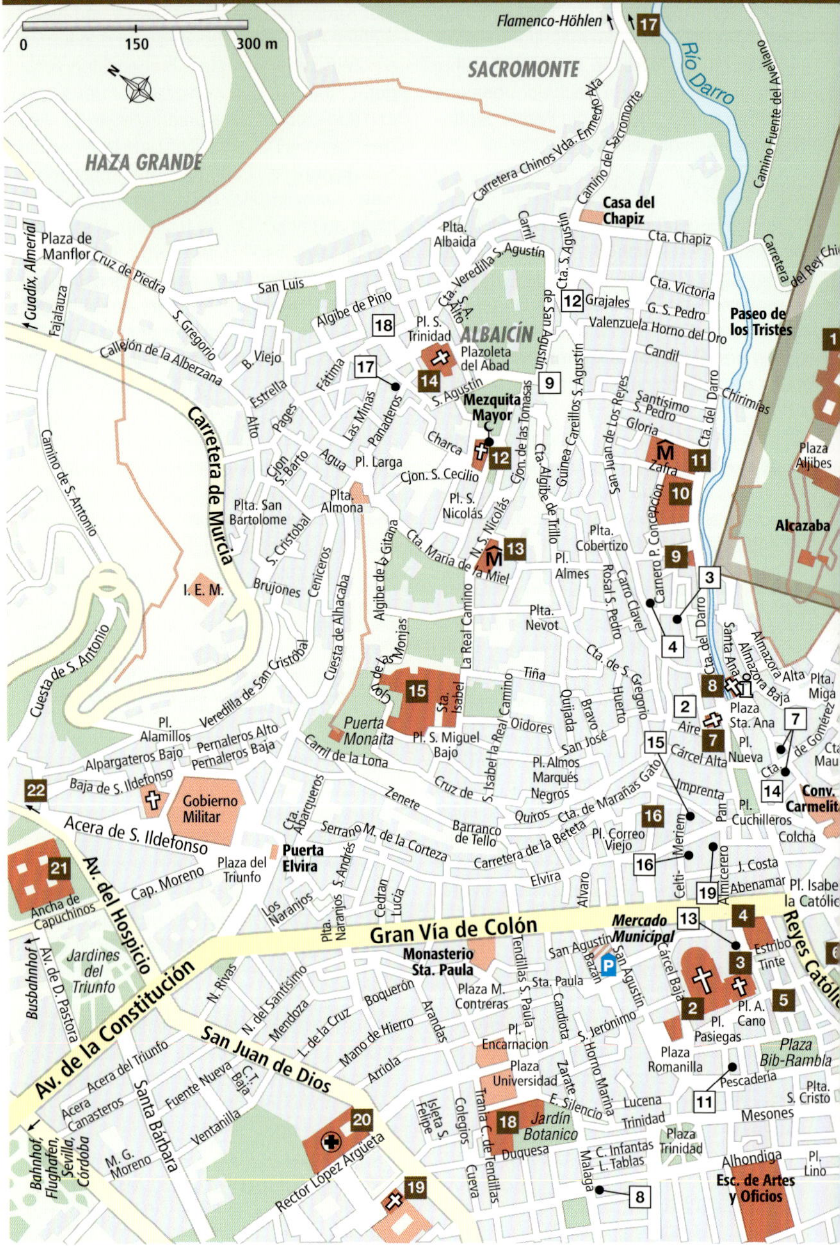

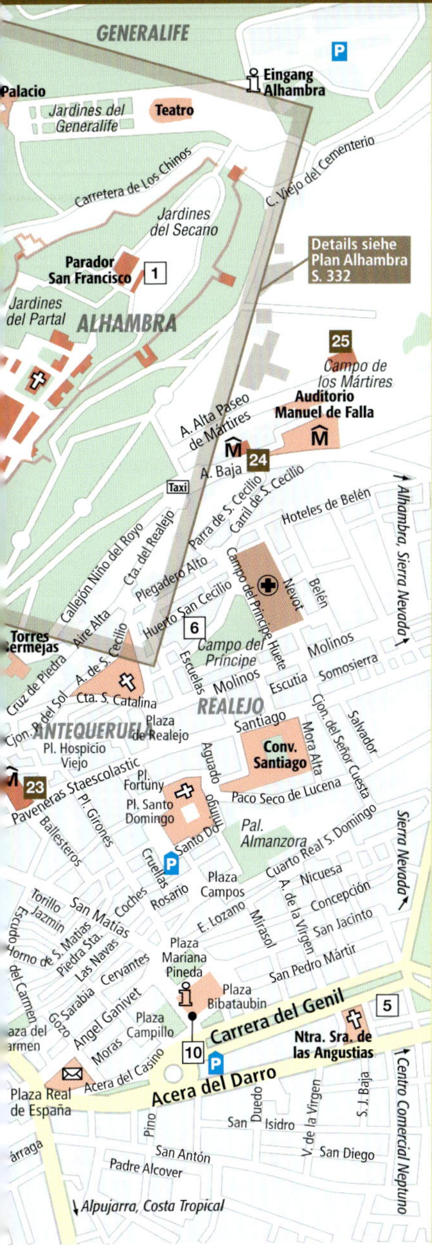

Sehenswürdigkeiten

1 Alhambra
2 Catedral Santa María de la Encarnación
3 Capilla Real (Königliche Kapelle)
4 Madraza
5 Alcaicería
6 Corral del Carbón
7 Real Chancillería
8 Iglesia Santa Ana
9 El Bañuelo
10 Santa Catalina de Zafra
11 Museo Arqueológico (Archäologisches Museum)
12 Mirador de San Nicolás
13 Museo Max Moreau
14 Iglesia San Salvador
15 Kloster Santa Isabel la Real und Palacio de Dar al Horra
16 Calderería Nueva
17 Centro de Interpretación Sacromonte
18 Universidad Literario (heute juristische Fakultät)
19 Iglesia San Jerónimo
20 Hospital San Juan de Díos
21 Hospital Real
22 Monasterio de La Cartuja
23 Casa de los Tiros
24 Casa Museo Manuel de Falla
25 Carmen de los Mártires

Übernachten

1 Parador de Granada
2 Migueletes
3 Palacio Santa Inés
4 Carmen Santa Inés
5 Tryp Albayzin
6 Hostal La Ninfa
7 Hostal Austria/Hostal Viena
8 Pensión Hostal Meridiano

Essen und Trinken

9 Chikito
10 Carmen Mirador de Aixa
11 Mirador de Morayamar

Forts. s. S. 340

Granada: Cityplan

Essen und Trinken Forts.

- 12 Cunini
- 13 Sevilla
- 14 La Gran Taberna
- 15 Samarkanda
- 16 Taberna Salinas
- 17 El Ladrillo II
- 18 Bar El Pañero
- 19 Bodegas Castañeda

Centro

Die Innenstadt Granadas liegt in einer Bucht zwischen den beiden Bergrücken der Alhambra und des Albaicín. Am lebhaftesten geht es im Bereich um die Kathedrale mit den Hauptstraßen **Gran Via de Colón** und **Calle Reyes Católicos** bis zur **Plaza Nueva** zu.

Catedral Santa María de la Encarnación

Die **Kathedrale** 2 sollte ein Wahrzeichen des Sieges der Christen über die Mauren sein. Der Platz war daher vorgegeben: Hier stand in nasridischer Zeit inmitten des geistigen und auch wirtschaftlichen Zentrums der Stadt die Große Moschee. Die vollen Ausmaße des Bauwerks kann man allein vor der Hauptfassade würdigen, da es nur hier möglich ist, ein paar Schritte zurückzutreten.

Ursprünglich sollte die Kathedrale in gotischem Stil errichtet werden. Aber 1528, fünf Jahre nach Baubeginn, entschieden sich die Bauherren – erstmals bei einer spanischen Kathedrale – für den aktuelleren Renaissancestil. Architekt war Diego de Siloé, der bei italienischen Baumeistern gelernt hatte. Sein Nachfolger im 17. Jh. wurde Alonso Cano. Als Maler, Bildhauer und Architekt zugleich gilt er als einer der vielseitigsten Künstler des *siglo de oro* (s. S. 51 f.). Von ihm stammt die Hauptfassade mit den imposanten Triumphbögen über den Eingängen.

Im Inneren ist noch die gotische Grundstruktur mit fünf Schiffen und einem Halbkreis um den Hauptaltar offensichtlich, trotz der palastartigen Ausführung im Stil der Renaissance mit römischen Säulen und korinthischen Kapitellen. Die **Capilla Mayor** (Hauptkapelle) war ursprünglich als Standort des königlichen Grabmals vorgesehen. Daher wirkt sie wie ein Tempel, der in die Kirche hineingebaut wurde. An den zwölf Säulen des unteren Teils stehen die Apostel. Die Gemälde in der Mitte stammen von Alonso Cano und thematisieren das Marienleben. Ein weiteres Beispiel für das Schaffen Canos ist eine winzige, aber ausdrucksstarke Marienplastik in der Sakristei. Sehenswert ist in einer Seitenkapelle daneben das Standbild eines Reiters mit Schwert. Unter den Hufen seines Pferdes krümmt sich ein geschundenes Opfer. Es ist der hl. Jakobus (span. San Tiago oder Santiago), im Volksmund auch *matamoros* (Maurentöter) genannt (Gran Via de Colón, Mo–Sa 10.45–13.30, 16–19 Uhr, 3 €).

Capilla Real

Obwohl die **Königliche Kapelle** 3 direkt an die Kathedrale anschließt, gibt es keinen direkten Zugang mehr. Königin Isabella von Kastilien und König Ferdinand von Aragón verfügten selbst den Bau ihrer Grabstätte. Dort, wo sie die letzten Mauren auf der spanischen Halbinsel besiegt hatten, wollten sie bestattet werden. Beide erlebten das Ende der Arbeiten nicht mehr. Isabella starb 1504, Ferdinand 1516. Bis 1521 wurden die königlichen Särge im Franziskanerkloster der Alhambra aufgebahrt. Erst dann konnten sie in die Capilla Real überführt werden.

Als Eingangsgebäude dient **La Lonja,** die ehemalige Seidenbörse. Dort hängt im Vorraum eine Kopie des Gemäldes »Übergabe von Granada«, auf dem zu sehen ist, wie der letzte Nasridenherrscher Boabdil König Ferdinand den Stadtschlüssel übergibt. Ein schmiedeeisernes, zum Teil vergoldetes Gitter im Renaissancestil aus dem Jahre 1520 teilt den Raum der eigentlichen Kapelle. Dieses Gitter des Meisters Bartolomé de Jaén (s. S. 314) gilt als eines der schönsten seiner Art in ganz Spanien. Es ist doppelt gegossen

Spaniens erste Renaissancekathedrale: architektonisches Erbe antiker Kulturen gepaart mit christlicher Spiritualität

und zeigt daher von beiden Seiten eine Vielzahl plastischer Relieffiguren, fein ausgestalteter Szenen aus der Passion Christi. Hinter dem Gitter befindet sich rechts das Grabmal der Katholischen Könige, das der Italiener Fancelli 1517 schuf. Er fertigte es in Carrara in der Toskana an, woher auch der Marmor stammt. An den Schrägseiten sind viele kunstvoll herausgearbeitete Figuren und Embleme zu sehen. Unten stehen in Nischen die zwölf Apostel. Aus den vier Ecken äugen jeweils ein Greif und über jedem Apostel wacht einer der Kirchenväter: Augustinus, Hieronymus, Ambrosius und Gregorius. Zwei Löwen symbolisieren das Königtum. Der aufgebrochene Granatapfel steht für das besiegte Granada. Die Figur des Ferdinand hält sein Schwert, die Hände von Königin Isabella sind zum Gebet gefaltet. Die Köpfe arbeitete der Bildhauer unterschiedlich tief in die marmornen Kissen. Isabellas Kopf drückt das Kissen stärker ein. Der spanische Volksmund hat eine Erklärung parat: Isabella war die klügere von beiden.

Auf der linken Seite, etwas erhöht, befindet sich das Mausoleum für Johanna die Wahnsinnige und ihren Mann, Philipp den Schönen. Ebenfalls aus Marmor, schuf es der spanische Bildhauer Ordóñez 1520, lange vor dem Tod Johannas. Hinter den Grabmälern führt eine Treppe zur Krypta. In schlichten Bleisärgen sind dort die sterblichen Überreste der Könige aufgebahrt.

Den **Hochaltar** schuf Philippe Vigarny aus Burgund 1520–1522. Er ist Johannes dem Evangelisten und Johannes dem Täufer gewidmet – den Schutzpatronen Isabellas und Ferdinands. Blutige Folterszenen und der in Öl siedende Apostel Johannes sind naturgetreu aus Holz geschnitzt. Rechts und links zeigen plastische Porträts Isabella und Ferdinand nicht als triumphierende Könige, sondern als Gläubige. Auf der unteren Seite sieht man links die Übernahme Granadas, rechts die Zwangstaufe der Mauren.

Die **Sakristei** der Capilla Real birgt Museum und Schatzkammer. Dort sind die silberne Krone, Zepter und Schatztruhe Isabellas sowie das Schwert Ferdinands ausgestellt. Bemerkenswert ist die kleine, aber hervorragende Gemäldesammlung aus dem Besitz der Königin. Eine Reihe flämischer Meisterwerke des 15. Jh. von Rogier van der Weyden, Dierk Bouts und Hans Memling sind zu sehen, außerdem Gemälde von Perugino und Botticelli (Calle Oficios, Mo–Sa 10.30–13, 16–19, So/Fei 11–13 Uhr, 3 €).

Madraza

Gegenüber der Capilla Real steht das alte Rathaus mit seiner Barockfassade (17. Jh.). Die Geschichte des Gebäudes geht allerdings bis zu den Nasriden zurück. Der maurische Herrscher Yusuf I. gründete hier 1349 die **Madraza** 4, eine Lehranstalt für Theologie und Rechtswissenschaften. Aus dieser Zeit blieb der Gebetsraum mit typischer Stalaktitenkuppel erhalten. Unter den Christen diente das Gebäude als Rathaus, gehört aber heute zur Universität von Granada.

Alcaicería

In dem Gewirr schmaler Gassen zwischen Kathedrale und Calle des los Reyes Católicos spielte sich in maurischer Zeit die **Alcaicería** 5 (arab., Markt) ab. Die Händler boten dort vorwiegend Seide und Goldschmuck an. Im 19. Jh. brannte die alte Bebauung ab. Das Viertel wurde aber wieder im arabischen Stil aufgebaut – immer noch liegt hier ein Geschäft neben dem anderen. Heute werden vorwiegend Kunsthandwerk, Schmuck und allerlei Souvenirs verkauft.

Südwestlich der Alcaicería öffnet sich die **Plaza Bip Rambla.** Einst befand sich hier ein arabisches Stadttor. Später hielten die Christen an dieser Stelle wichtige Versammlungen, Turniere und Stierkämpfe ab. Auch Hinrichtungen von sogenannten Ketzern wurden auf dem Platz vollzogen. Heute ist die Plaza dank zahlreicher Straßencafés und Blumenhändler sehr lebendig.

Corral del Carbón

Gegenüber der Kathedrale, jenseits der Calle de los Reyes Católicos, steht die einzige komplett erhaltene **Karawanserei** 6 Spaniens. Den Eingang überspannt ein maurischer Hufeisenbogen. Typisch ist auch das Zwillingsfenster mit einer Säule in der Mitte. Das Gebäude stammt aus dem Jahre 1330. Es war eine Art Großmarkt mit Unterkunftsmöglichkeiten für die Handelsreisenden und mit Ställen für ihre Tiere. Der Brunnen in der Mitte lieferte Trinkwasser für die Menschen und diente zugleich als Viehtränke. Gegen Ende der Nasridenherrschaft waren berittene Soldaten in dem Gebäude stationiert. Nach der Reconquista zogen vorübergehend die Holzkohlenbrenner ein, daher der heutige Name **Corral del Carbón** (Kohlenhof). Im frei zugänglichen Patio befinden sich jetzt die Ateliers von Kunsthandwerkern.

Albaicín und Umgebung

Der wohl schönste Stadtteil von Granada ist der **Albaicín** (auch Albayzin). Die arabische Atmosphäre in den schmalen, steilen Gassen wirkt nicht museal, sondern ist im täglichen Leben verankert und spürbar. Der Name Albaicín geht auf die maurischen Bewohner von Baeza (s. S. 311 ff.) zurück, die nach der Eroberung ihrer Stadt durch die Christen 1277 nach Granada flohen und sich auf dem

Hügel ansiedelten. Neben dem malerischen Erscheinungsbild sind die *carmenes* (arab. *karm* = Landhaus, Weinberg) eine Besonderheit des Albaicín. Wohlhabende maurische Händler errichteten regelrechte Landsitze mit von hohen Mauern umgebenen Gärten inmitten des engen Viertels. Viele dieser Häuser waren seit Jahrzehnten dem Verfall preisgegeben. Doch seit die Unesco den Albaicín 1994 zum Weltkulturerbe erklärte, änderte sich die Entwicklung. Die Häuser werden restauriert und zu hohen Preisen verkauft oder vermietet.

Entlang dem Río Darro

Plaza Nueva und **Plaza Santa Ana** gehen praktisch ineinander über und liegen im geografischen Zentrum der Sehenswürdigkeiten Granadas. Zusätzlich sorgen Bars und Restaurants dafür, dass hier immer etwas los ist. Das auffälligste Gebäude an der Plaza Santa Ana ist die **Real Chancillería** 7 (Königlicher Gerichtshof). Im 16. Jh. diente das Gebäude auch als Gefängnis und auf der Plaza wurden oft die Verurteilten hingerichtet. Heute tagt hier der Oberste Gerichtshof der Region Andalusien. Die **Iglesia Santa Ana** 8 steht am oberen Ende des gleichnamigen Platzes. Obwohl mehrere Jahrzehnte nach der christlichen Eroberung errichtet, ist ihr Glockenturm noch einem Minarett nachempfunden.

Weiter flussaufwärts befindet sich **El Bañuelo** 9, eine kleine arabische Badeanlage aus dem 11. Jh. Sie wurde sorgfältig restauriert. Daher sind die Funktionen der einzelnen Räume leicht zu deuten (Ctra. del Darro 34, Di–Sa 10–14 Uhr, Eintritt frei). Wenig weiter liegt das Kloster **Santa Catalina de Zafra** 10 von 1520, ursprünglich ein maurischer Palast. Die Fassade der Kirche zeigt Renaissancestil, innen ist noch ein arabisches Gebäude aus dem 14. Jh. erhalten. Der Palast **Casa de Castril** nebenan beherbergt die Räume des **Museo Arqueológico** 11. Es zeigt phönizischen Schmuck, iberische Gebrauchsgegenstände, römische Amphoren und maurische Keramik (Di 15–20, Mi–Sa 9–20.30, So 9–14.30 Uhr, EU-Bürger frei, sonst 1,50 €). Danach endet die Uferstraße an der Promenade **Paseo de los Tristes** (auch Paseo del Padre Manjón) – ein schöner Ort, um zu Füßen der Alhambra eine Pause einzulegen.

Auf dem Albaicín

Ins eigentliche Albaicín-Viertel gelangt man z. B. durch die Calle Zafra beim gleichnamigen Kloster. Sie führt zunächst links und dann gleich wieder rechts an das Monastério de la Concepción. Von der Calle San Juan de los Reyes steigt man dann weiter hinauf und sucht sich den interessantesten Weg durch enge Gassen bis zum **Mirador de San Nicolás** 12. Der Vorplatz der gleichnamigen Kirche ist beliebter Treffpunkt von jungen Leuten, vor allem Studenten. Hier entstehen wohl die meisten Fotografien von der Alhambra. Besonders bei Sonnenuntergang posiert sie in leuchtendem Rot im Abendhimmel. Als Hintergrundkulisse ragt, manchmal schneebedeckt, die Sierra Nevada auf.

Nach einigen Auseinandersetzungen mit der Stadtverwaltung und der Bevölkerung konnte neben dem Aussichtspunkt 2003 die moderne **Mezquita Mayor** eröffnet werden. Die Moschee selbst ist nur Muslimen zugänglich, der Garten aber steht allen Besuchern offen (tgl. 11–14, 18–20 Uhr). Direkt unterhalb des Aussichtspunkts liegt das **Museo Max Moreau** 13. Es ist in einem *carmen* mit schönem Innenhof (s. o.) untergebracht. Der belgische Maler Moreau lebte hier bis 1992. Außer seinen Bildern sind manchmal auch Fotoausstellungen zu sehen (Di–Sa 10–13.30, 16–18, Sept/Okt. 18–20 Uhr, Eintritt frei). Weiter oben erhebt sich die **Iglesia San Salvador** 14. Der Innenhof mit den maurischen Hufeisenbögen stammt von einer Moschee aus dem 13. Jh.

Vom Mirador de San Nicolás führt der Callejón de San Cecilio zur **Puerta Nueva** (11. Jh.), die Teil der damaligen Stadtmauer *(Muralla árabe)* war. Hinter der Puerta Nueva liegt mit der belebten **Plaza Larga** das eigentliche Zentrum des Viertels. Von zahlreichen Cafés und Bars aus lässt sich das Treiben beobachten. Die Straße Cuesta de Alhacaba führt entlang der Außenseite der arabischen Stadtmauer abwärts. An der Innen-

LAS CUEVAS

seite steht das Kloster **Santa Isabel la Real,** das Königin Isabella 1501 gründete. Gleich nebenan, im maurischen Palast **Dar al Horra,** soll Aixa, die Mutter des letzten Nasridenherrschers von Granada, Boabdil, gewohnt haben (beide 15; Mo–Fr 10–14 Uhr).

Orientalisches Flair strahlt die Gasse **Caldería Nueva** 16 aus. Kleine Geschäfte verkaufen Teppiche, Seidentücher, marokkanische Keramik und Tee. Treffpunkte für Jung und Alt sind hier nicht wie sonst Bars, sondern maurisch eingerichtete Teestuben *(teterías)* mit einer großen Auswahl an unterschiedlichsten Sorten.

Sacromonte

Das traditionelle Wohnviertel der Gitanos von Granada, **Sacromonte,** wuchs im 16. Jh. Die Menschen leben hier vorwiegend in einfachen Höhlenwohnungen. Um zum Sacromonte zu gelangen, hält man sich von der Plaza Nueva am Río Darro entlang bis zum Ende seiner Uferstraße und dann links die Cuesta del Chápiz aufwärts. Vor der Abzweigung nach rechts in den **Camino del Sacromonte** erhebt sich die gewaltige **Casa del Chápiz** (16. Jh.), wo die Schule für arabische Studien untergebracht ist.

Der Camino del Sacromonte führt hinauf ins gleichnamige Viertel. Dort liegt nach ca. 500 m links das **Centro de Interpretación Sacromonte** 17. In originalgetreuen Schauhöhlen, die Wohnräume, Küche, Werkstatt und Ställe zeigen, erfahren Besucher einiges über das frühere Leben auf dem Sacromonte. Angeschlossen ist ein Lehrpfad. Gelegentlich finden Veranstaltungen für Kultur und Musik statt (Calle Barranco de los Negros, www.sacromontegranada.com, Di–So 10–14, 16–19, Sommer 17–21 Uhr, komplett 4 €, nur Außenanlagen und Mirador mit Alhambrablick 1 €, Buslinie 34 ab Plaza Nueva).

Placeta San Gregorio im Albaicín: im Bodenmosaik das allseits präsente Stadtsymbol – der Granatapfel

Westliche Stadtteile

Das Lehren und Lernen blickt in Granada auf eine lange Tradition zurück. Schon zu Zeiten der Mauren gab es eine Lehranstalt. Die heutige Universität geht auf die Gründung Karls V. im Jahr 1531 zurück. Von der Kathedrale führt die Calle San Jerónimo ins Universitätsviertel, zur Plaza Universidad. In der historischen **Universidad Literario** 18 ist die juristische Fakultät der Universität von Granada untergebracht.

In der Calle Gran Capitán befindet sich die **Iglesia San Jerónimo** 19. Als Grabkirche für den großen Heerführer von Isabella La Católica – Gonzalo Fernández de Córdoba, der auch als El Gran Capitán bekannt ist – wurde sie Anfang bis Mitte des 16. Jh. zunächst im gotischen Stil erbaut. Diego de Siloé gestaltete sie, wie auch die Kathedrale, im Stil der Renaissance um.

Gleich nebenan dient das **Hospital San Juan de Díos** 20 seit 1552 als Krankenhaus. *Azulejos* und Wandgemälde, auf denen die Heilung von Kranken abgebildet ist, zieren die Bogengänge der Innenhöfe, die besichtigt werden können. Die zugehörige Barockkirche (17. Jh.) ist hingegen nur zu Messen zugänglich.

An der Plaza del Triunfo erhebt sich die **Puerta Elvira** mit eindrucksvollem Hufeisenbogen. Im 11. Jh. war sie das Haupttor zur Stadt. Nahebei steht das 1504 von Königin Isabella gestiftete **Hospital Real** 21 (Königliches Krankenhaus). Heute sind darin Rektorat und Bibliothek der Universität untergebracht.

1 km weiter gelangt man am bequemsten per Bus (Linie 8 oder Circular-Bus) ab Gran Via de Colón zum **Monasterio de La Cartuja** 22 (Kartäuserkloster), dessen Gründer kein Geringerer als El Gran Capitán war. Die Anhänger des hl. Bruno aus Köln lebten hier bis 1824 in strenger Klausur in Einzelzellen. Die Sakristei gilt als Paradebeispiel des spanischen Barock. 1727 begannen die Arbeiten und es dauerte 37 Jahre, bis der Marmoraltar, die Intarsienarbeiten der Schränke und der Wanddekor aus weißem Stuck voll-

endet waren. Die beiden kleinen Figuren auf dem Altar – Jungfrau und hl. Bruno – stammen von Alonso Cano.

Realejo und Antequeruela

Östlich des Zentrums, unterhalb des Alhambrahügels, dehnen sich zwei eher ruhige und noch sehr ursprünglich gebliebene Wohnviertel aus: Realejo war früher das Judenviertel. Antequeruela verdankt seinen Namen den Mauren aus Antequera, die nach der Eroberung der Stadt durch die Christen nach Granada flohen.

Von der Plaza de Isabel la Católica führt die Calle Paveneras zur **Casa de los Tiros** 23. Der Adelspalast aus dem 16. Jh. erinnert mit seinen zinnenbewehrten Mauern eher an eine Festung. Die Fassade zieren einige Figuren aus der griechischen Mythologie. Die Räume im Inneren beherbergen ein kleines Ethnologisches Museum (Mo–Fr 9–20 Uhr, Eintritt frei). Über die Plaza del Realejo und weiter durch die Calle Molinos gelangt man zum reizvollen **Campo del Príncipe.** Für die Bewohner des Stadtteils Realejo ist der Platz dank mehrerer Terrassencafés ein beliebter Treffpunkt.

Weiter in Richtung Alhambra liegt die **Casa Museo Manuel de Falla** 24 (1876–1946). In dem kleinen *carmen* lebte der berühmte andalusische Komponist. Hier entstanden seine Opern und Zarzuelas, eine zu seiner Zeit beliebte Form von Operetten (Di–Sa 10–13.30 Uhr). Im modernen Konzertsaal **Auditorio Manuel de Falla** in der Straße Antequeruela alta werden gelegentlich seine Werke aufgeführt.

In der Nähe beginnt die Parkanlage **Campo de los Mártires** (Märtyrerfeld). Während der Herrschaft der Nasriden sollen sich hier Kerker für Christen befunden haben. Im 19. Jh. wurde der **Carmen de los Mártires** 25 gebaut. Das Anwesen ist von einem ruhigen, schattigen Garten umgeben (Paseo de los Mártires, Mo–Fr 10–14, 16–18, April–Sept. 17–19, So/Fei 10–18, April–Sept. 10–19 Uhr, Aug. geschl.).

i **Oficina Provincial de Turismo:** Plaza Mariana Pineda 10, 18 009 Granada, Tel. 958 24 71 28, Fax 958 24 71 27, www.turismodegranada.org, www.turgranada.es. Informationsbüro der Provinz Granada. Etwas abseits gelegen, weniger Andrang.

Oficina de la Junta de Andalucía: Calle Santa Ana 4, 18 009 Granada, Tel. 958 57 52 02, 958 57 52 04, Fax 958 57 52 03, www.andalucia.org, Winter Mo–Fr 9–19.30, Sa 10–19, So/Fei 10–14, Sommer Mo–Fr 9–20, Sa 10–19, So/Fei 10–14 Uhr. Gut ausgestattetes Büro der Region Andalusien. Zweigstelle am Ticketschalter der Alhambra (Tel. 958 22 61 51, Fax 958 22 82 01).

Die Auswahl ist groß. Stilvolle Hotels, meist in restaurierten historischen Häusern, gibt es im Stadtteil Albaicín. Einfachere bis mittlere Pensionen und Hotels konzentrieren sich im Bereich der Plaza Trinidad, entlang der Gran Vía de Colón und östlich des Rathauses. Viele bieten noch günstige Zimmer mit Etagenbad an.

Parador de Granada 1: Real de la Alhambra, s. Plan Alhambra S. 333, Tel. 958 22 14 40, Fax 958 22 22 64, www.parador.es. 4-Sterne-Parador innerhalb der Alhambra im ehemaligen Franziskanerkloster. Einmalige Lage, edles Ambiente. Rechtzeitig reservieren. DZ 302–313 €.

Migueletes 2: Calle Benalúa 11, Tel. 958 21 07 00, Fax 958 21 97 02, www.roommatehotels.com. Stilvolles Hotel in einem Stadthaus aus dem 17. Jh. Alle Zimmer unterschiedlich, geschmackvoll eingerichtet. Gäste können zu günstigem Tarif im Parkhaus Puerta de Real parken. Die Taxikosten von dort übernimmt das Hotel. DZ 90–120, Suite 130–180 €.

Palacio Santa Inés 3: Cuesta de Santa Inés 9, Tel. 958 22 23 62, Fax 958 22 24 65, www.palaciosantaines.com. In einem schönen Stadtpalast (16. Jh.). Unterschiedlich große, individuell dekorierte Zimmer um zwei Mudéjarinnenhöfe. DZ 75–160 €.

Carmen Santa Inés 4: Placeta de Porras 7/ Calle San Juan de los Reyes 15, Tel. 958 22 63 80, Fax 958 22 44 04, www.carmensantaines.com. Historisches *carmen* des Albaicín mit schönem Innenhof und lauschiger Terrasse. Stilvolle Einrichtung. Standardzimmer sind etwas klein, aber gut für eine Person geeignet. DZ Standard 95–115, zur Alleinbenutzung 75–95, größere DZ 105–230 €.

Tryp Albayzin [5]: Carrera del Genil 48, Tel. 958 22 00 02, Fax 958 22 01 81, www.solmelia.com. Klassisches Großhotel, gehobener Standard. Restaurant, Bar, Sauna. Garage in der Nähe. DZ laut Preisliste 70–140, über Veranstalter 92 €.

Hostal La Ninfa [6]: Cocheras de San Cecilio 9, Tel. 958 22 79 85, Fax 958 22 26 61, www.hostallaninfa.net. Liebevoll rustikal eingerichtete Unterkunft. Alle Zimmer mit Klimaanlage und Safe. Gemütliche Bar. DZ ca. 65 €.

Hostal Austria/Hostal Viena [7]: Cuesta de Gomérez 4/Calle Hospital de Santa Ana 2, Tel. 958 22 70 75, Fax 958 22 18 59, www.hostalaustria.com. Ordentliche Unterkunft in der lebendigen, engen Zufahrtsstraße zur Alhambra. Unterschiedlich große Zimmer (bis zu 5 Betten), alle mit Klimaanlage, Heizung und Safe. Einige Garagenplätze vorhanden. Unter österreichisch-spanischer Leitung. DZ ca. 45 €.

Pensión Hostal Meridiano [8]: Calle Angulo 9, Tel./Fax 958 25 05 44, www.hostalmeridiano.com. Freundliche Pension. Gepflegte Zimmer mit Heizung und Klimaanlage. Die Betreiber sprechen gut Deutsch. Parkmöglichkeit in der Nähe. DZ mit Privatbad ca. 40, mit Etagenbad ca. 30 €.

Für Frühstück oder Mittagsimbiss sind die Terrassencafés und Tapabars an der zentralen **Plaza Nueva** und in deren Umgebung gute Anlaufstellen. Unzählige Tapabars reihen sich in der **Calle Las Navas,** die von der Plaza del Carmen wegführt, und in der **Calle Elvira** aneinander. Im Freien sitzt es sich schön am **Campo del Príncipe** (Stadtteil Realejo) und an der **Plaza Bip Rambla.** Rund um Kathedrale und Capilla Real haben sich zahlreiche Restaurants auf Tagesbesucher eingestellt.

Chikito [9]: Plaza del Campillo 9, Tel. 958 22 33 64, tgl. 12–17, 19.30–24 Uhr. Edles Traditionsrestaurant. Klassische andalusische Küche in ebensolchem Ambiente. Im Sommer kann man draußen speisen. Am Wochenende Reservierung ratsam. Hauptgerichte ca. 30 €.

Carmen Mirador de Aixa [10]: Carril de San Agustín 2, Tel. 958 22 36 16, www.miradordeaixa.com, Winter Di–Sa 13.30–15.30, 20.30–23, Sommer Di–Sa 20.30–00.30 Uhr. Von den stilvoll eingedeckten Tischen auf der Gartenterrasse fällt der Blick auf die Alhambra. Traditionelle granadinische Küche mit marktfrischen Zutaten. Hauptgerichte um 30 €.

Mirador de Morayamar [11]: Calle Pianista García Carrillo 2, Tel. 958 22 82 90, www.alqueriamorayma.com, So abends geschl. Besondere Atmosphäre eines *carmen*. In der romantischen Gartenlaube werden Gerichte aus der Alpujarra serviert, von wo auch der hauseigene Ökowein stammt. Hauptgerichte um 25 €.

Cunini [12]: Plaza de Pescadería 14, Tel. 958 25 07 77, www.marisqueriacunini.com, So abends und Mo geschl. Fischlokal der gehobenen Klasse. Gute Fischgerichte und Meeresfrüchte. An der Bar gibt es Tapas. Hauptgerichte ab 25 €.

Sevilla [13]: Calle Oficios 12, Tel. 958 22 12 23, www.lingolex.com/sevilla. Traditionslokal seit 1930, mit prominenter Gästeliste. Großer Speisesaal und Straßenterrasse. Solide andalusische Küche, umfangreiche Karte mit Reis-, Fisch- und Fleischgerichten. Hauptgerichte 20–30 €.

La Gran Taberna [14]: Plaza Nueva 12/Cuesta de Gomérez, Tel. 958 22 88 46. Unten in der Bar Tapas (2–3 €), oben im Restaurant gute einheimische Küche. Hauptgerichte um 20 €.

Samarkanda [15]: Calderería Vieja 3, Tel. 958 21 00 04, tgl. 13–17, 19.30–24 Uhr. Libanese mit bewährter orientalischer Küche. Hauptgerichte um 20 €.

Taberna Salinas [16]: Calle Elvira 13, Tel. 958 22 65 51. Tapabar und Restaurant. Oft voll besetzt. Gute Auswahl an andalusischen Gerichten: Fisch, Fleisch, Wurstwaren. Auch Vegetarisches steht auf der Karte. Große Portionen. Hauptgerichte 10–20 €.

El Ladrillo II 17: Calle Panaderos 13, Tel. 958 29 26 51. Solide spanische Küche, große Auswahl an frittiertem Fisch, Grillgerichten, Paella. Große Portionen. Hauptgerichte um 10–15 €.
Bar El Pañero 18: Plaza Aliatar. Gemütliche Tapabar mit Sitzgelegenheiten im Freien. Gute Auswahl, große Portionen. Tapas um 3, Raciones ca. 7 €.
Bodegas Castañeda 19: Calle Almirecero 1–3, Tel. 958 22 32 22, tgl. 11–16, 19–1 Uhr. Urige Weinstube und Tapabar mit großer Auswahl, guter Qualität und meist flottem Service. Tapas 2–6 €.

Kunsthandwerk/Souvenirs:
Cerámica Fajalauza: Calle Fajalauza 2 (nordwestlich des Albaicín). Lange Tradition hat in Granada die *fajalauza*-Keramik. Der Name stammt von einem ehemaligen Stadttor des Albaicín. Typische Farben sind grün und blau. Oft verziert ein stilisierter Granatapfel Teller, Vasen und Krüge.
Artesanía Árabe Chambo: Cuesta de Chápiz 70, nur vormittags geöffnet. Hier gibt es eine weitere Besonderheit aus Granada: *La Taracea* (kunstvolle Intarsienarbeiten an Möbeln, Schatullen und anderen Ziergegenständen aus Holz).
Berühmt sind auch die **Gitarren** aus Granada. Straße der Gitarrenbauer ist die **Cuesta de Gomérez.** In den dortigen kleinen Geschäften kann man aber auch andere Souvenirs erstehen, z. B. Intarsienarbeiten (s. o.). Viele weitere Andenkenläden gibt es in der **Alcaicería** (s. S. 342), dem ehemaligen Seidenmarkt zwischen Kathedrale und Calle Reyes Católicos.

Markt:
Mercado Municipal: Plaza San Agustín (nahe Kathedrale). Hauptmarkt von Granada mit Riesenauswahl an Lebensmitteln und Blumen.

Mode:
Einkaufszone mit Shops der großen spanischen Modemarken (Zara, Mango usw.) und schicken Boutiquen ist der Bereich südlich der Kathedrale: Calle Reyes Católicos, Calle Los Mesones, Calle Albóndiga, Calle de Recogidas sowie deren Seitenstraßen.

Kaufhäuser/Einkaufszentren:
Centro Comercial Neptuno: Calle Arabial (südwestlicher Stadtrand). Großes, bei Einheimischen beliebtes Einkaufszentrum mit zahlreichen Geschäften, die Mode der bekannten spanischen Marken, Schmuck, Schuhe usw. verkaufen. Außerdem gibt es Bars, Restaurants und Cafés.

Aufgrund der großen Zahl von Studenten ist vor allem während der Semester und am Wochenende einiges los. Bei gutem Wetter und angenehmen Temperaturen spielt sich viel auf der Straße vor den Kneipen ab. Der **Mirador San Nicolás** mit der **Bar Kiki San Nicolás** ist eher tagsüber und in den früheren Abendstunden beliebter Treff einer alternativen Studentenszene und von Romantikern, die bei Sonnenuntergang die Alhambra auf sich wirken lassen. Die **Plaza Nueva** ist auch nachts eine beliebte Ausgehzone für ein gemischtes Publikum. In der **Carrera del Darro** gibt es einige Bars, in der **Calle Elvira** außerdem auch Musikkneipen. Ebenso bevölkern sich der **Paseo de los Tristes** und die umliegenden Kneipen zu später Stunde. Dort findet sich in einigen Bars auch die Schwulen- und Lesbenszene der Stadt ein. Etwas ruhiger, aber alternativ und multikulturell zeigt sich die **Caldererìa Nueva** mit ihren orientalischen Teestuben. Die klassisch spanische Abendgestaltung mit Tapas und ein paar *copitas* (Gläschen) lässt sich am besten in der **Calle Las Navas** und am **Campo del Príncipe** erleben. Jüngere Studenten vertreiben sich die Nächte in der Nähe des Campus Universitario rund um die Plaza Albert Einstein.

Disco:
Granada 10: Carcel Baja 10, zwischen Kathedrale und Caldererìa Nueva, www.granada10.com, So–Do 0.30–6, Fr/Sa u. vor Fei 0.30–7 Uhr. Schicke Disco in altem Kino im Kabarettstil. Bevor der Tanzbetrieb (selten vor

Vor dem Portal von Santa Ana: Warten auf das Brautpaar

1–2 Uhr) beginnt, werden aktuelle Filme gezeigt.

Flamenco:
Traditionell ist der Sacromonte das Viertel des Flamencos. In schummrigen Höhlenbars kann man dort mit etwas Glück authentischen, spontanen Flamenco erleben. Ansonsten gibt es organisierte Shows, für die Tickets in Reisebüros und Hotels verkauft werden:
Venta El Gallo: Barranco de los Negros 5, Tel. 958 22 05 91, www.ventaelgallo.com.

Show mit Abendessen um 21.30 und 23 Uhr. Hoteltransfer und kleine Führung durch das Viertel Sacromonte inklusive. Ca. 50 €.

Los Tarantos: Camino de Sacromonte 9, Tel. 958 22 45 25, www.cuevas-los-tarantos.com. Enge Höhle mit Shows (21.30 und 23 Uhr), in die auch das Publikum einbezogen wird. Bei der späten Vorstellung weniger Touristen. Mit Hoteltransfer ca. 25 €.

Peña de la Platería: Placeta de Toquerso 9 (im Albaicín, etwa in der Verlängerung der Calle Candil), Tel. 958 21 06 50, Vorführungen meist Do und Sa. In dem Laien-Flamencoclub kommen auch viele junge Talente zum Zuge.

Das kulturelle Angebot in Granada ist zu jeder Jahreszeit groß und vielseitig. Die Touristenbüros geben aktuelle Informationen.

Día de la Toma: 2. Januar. Fest zum Gedenken an die Eroberung Granadas durch die Katholischen Könige. Mit Gottesdienst und Prozession.

Fiesta San Cecilio: erster Februarsonntag. Fest zu Ehren des Schutzpatrons der Stadt mit Blasmusik, Folkloredarbietungen und Prozession auf den Sacromonte.

Semana Santa: Karwoche. Nicht ganz so spektakulär wie in Sevilla, aber dennoch mit großem Enthusiasmus gefeiert. Prozessionen im Bereich der Kathedrale. Oft treten auch Musikgruppen von Studentenvereinigungen *(tunas)* auf.

Cruces de Mayo: 3. Mai. Auf vielen Plätzen in der Stadt werden Kreuze geschmückt. Anschließend ist dort bis in die späte Nacht Fiesta.

Corpus Christi: Fronleichnam. Großes einwöchiges Fest. Gottesdienste, Prozessionen, zahlreiche Stierkämpfe, Flamencoaufführungen. Die meisten Feierlichkeiten spielen sich auf dem großen Festgelände Recinto Ferial am südlichen Stadtrand ab.

Festival Internacional de Música y Danza: Mitte Juni–Anfang Juli. Viele stilvolle Musik- und Tanzdarbietungen, auch auf Freilichtbühnen. Besonders eindrucksvoll ist die Bühne im Generalife. Karten in den Touristen-Informationsstellen. Info unter www.granadafestival.org (Spanisch/Englisch).

San Miguel: letztes Septemberwochenende. Fest des Albaicín mit Prozession und Flamencoaufführungen.

Baños Árabes Hammam: Calle Santa Ana 6, Tel. 958 22 99 78, www.hammamspain.com/granada. Baden und Ausspannen wie in maurischen Zeiten. Nur Bad 16, Bad, Massage und Aromatherapie 25 €. Reservierung empfehlenswert.

Flüge: Flughafen ca. 15 km westl. Richtung Málaga, Tel. 958 24 52 00/23, 902 400 500. Nur Inlandsflüge.

Züge: RENFE-Bahnhof, Av. Andaluces (westl.), Tel. 902 27 12 72. Tägliche, aber nur wenige Verbindungen nach Algeciras, Almería, Guadix, Ronda, Sevilla.

Busse: Ctra. de Jaén (nordwestl.), Tel. 958 18 54 80, 958 25 13 58. Stadtbusanschluss mit Linien 3, 33. Mit *Alsina Graells Sur* tgl. in alle größeren Städte Andalusiens, mit *Bonal* 1 x tgl. in die Sierra Nevada (9 Uhr hin, ca. 16.30 Uhr zurück).

Stadtbusse: Die engen und teils sehr steilen Gassen sind ausschließlich für Kleinbusse geeignet. Ab Plaza Nueva mit Linie 30 zur Alhambra, Linie 31 in den Albaicín, Linie 34 zum Sacromonte.

Mit dem Pkw: Im Bereich der Innenstadt ist Parken nur sehr eingeschrankt möglich. Schmale Seitenstraßen meidet man besser, denn sie werden gelegentlich von zuvor versenkten Pilonen abgesperrt. Relativ gut erreichbare **Parkhäuser** gibt es an der **Kathedrale** (Gran Vía de Colón) und der südlich gelegen **Puerta Real.** Für einen **Tagesausflug** bietet sich aber vor allem der große **Parkplatz an der Alhambra** an (von dort per Stadtbus in die Innenstadt). Wer mehrere Tage bleibt, sollte sich ein zentral gelegenes Hotel mit Garage suchen. Die Innenstadt kann gut zu Fuß erkundet werden.

Mietwagen: Büros internationaler Autovermieter am Bahnhof und in dessen Umgebung in der Av. Andaluces. Oft können auch über die Hotelrezeption Autos gemietet werden.

Die Umgebung von Granada

Karte S. 357

Rund um Granada lohnt es sich, die Lebensstationen des großen spanischen Dichters García Lorca nachzuvollziehen. Die Sierra Nevada ist nicht nur für Skifahrer im Winter interessant, sondern auch für Wanderer im Sommer. Letztere quartieren sich gern am Südrand des Gebirges in den ursprünglichen Dörfern der Alpujarra ein.

Vega de Granada

Reiseatlas: S. 10, F 2

Nordwestlich von Granada, im fruchtbaren Tal des Río Genil, bewegt man sich auf den Spuren von Federico García Lorca (1898–1936), einem der bedeutendsten spanischen Dichter und Lyriker. Durch seine Gedichte »Romancero Gitano« (Zigeunerromanzen) machte er sich 1928 einer breiten Leserschaft zugänglich. Die meisten seiner Werke handeln von dramatischer Liebe und Tod in seiner andalusischen, teilweise damals noch ursprünglichen Heimat. Neben den »Zigeunerromanzen« dürften im deutschsprachigen Raum vor allem »Bluthochzeit« (Bodas de sangre, s. S. 53) und »Yerma« bekannt sein. Beide Tragödien liegen in deutscher Übersetzung vor und werden oft in modernen Theatern gezeigt.

1981 verfilmte der bekannte spanische Regisseur Carlos Saura »Bluthochzeit«. Für das Jahr 2007 plant die Stadt Granada, ein neues García-Lorca-Zentrum zu eröffnen. An der zentralen Plaza de la Romanilla soll sich dann auf ca. 4000 m² Fläche alles um den Dichter drehen.

Geburtshaus

Am 5. Juni 1898 wurde Federico García Lorca in **Fuente Vaqueros,** 15 km westlich von Granada, geboren. Hier verbrachte er auch seine ersten Lebensjahre. In der Nähe des Hauptplatzes ist in seinem Geburtshaus heute die **Casa Museo García Lorca** untergebracht. Ausgestellt werden Gegenstände aus seinem persönlichen Besitz, Fotos und Manuskriptseiten (Calle Poeta Federico García Lorca 4, Tel. 958 51 64 53, www.museogarcialorca.org, April–Juni/Sept. Di–So 10–13, 17–19, Juli/Aug. Di–So 10–14, Okt.–März Di–So 10–13, 16–18 Uhr, 1,50 €).

Valderrubio

Von 1907 an verbrachte der junge García Lorca zwei Jahre in dem wenige Kilometer von Fuente Vaqueros entfernten Dorf **Valderrubio,** bevor die Familie 1909 nach Granada zog. Bis 1925 blieb das Haus in Valderrubio Sommersitz der Familie und auch García Lorca logierte immer wieder einige Monate dort. Ab 1919 studierte er jedoch in Madrid. In dem Landhaus ist Originalmobiliar zu sehen (**Casa Federico García Lorca:** Calle Iglesias 20, Tel. 958 45 44 66, Mi–So 10–13.30 Uhr, 1,80 €).

Letzte Stationen

1925 zog die Familie endgültig nach Granada, wo García Lorcas Vater am Südwestrand der Stadt die **Huerta de San Vicente** kaufte. Das Anwesen beherbergt heute die **Casa Museo Federico García Lorca** der Stadt Granada mit einer umfassenden Ausstellung über den Dichter (Calle Virgen Blanca/nahe Calle Arabial, Tel. 958 25 84 66, www.huertadesanvicente.com, Juli/Aug. Di–So 10–14.30, Sept.–Juni Di–So 10–12.30,

Mit den Autoren unterwegs

Warme Quellen

Alhama de Granada: In idyllischer Landschaft sprudeln Heilquellen in Badewannentemperatur aus dem Fels (s. S. 353 f.).

Auf dem Königsweg

Die **Alpujarra** bietet wunderbare Wandermöglichkeiten. Eine idyllische und vergleichsweise einfach zu realisierende Tour verläuft auf dem historischen **Camino Real** (Königsweg) von Bubión nach Pampaneira (s. S. 358).

Wandern macht hungrig

Wer die **Alpujarra** auf einem Tagesausflug kennenlernt, kann sich mit kulinarischen **Spezialitäten der Region** verproviantieren und sie auf einem der idyllischen kleinen **Picknickplätze** auspacken (s. S. 358 f.).

Beliebte Mitbringsel

Schinken: In Trevélez reifen in Einsalzungs- und Trockenräumen Tausende der berühmten Serranoschinken. Probe und Kauf ist vor Ort natürlich möglich (s. S. 360).

Keramik: Typisch für Guadix sind aufwendig dekorierte Tonpokale, die früher bei Hochzeiten die Geldgeschenke für das Brautpaar aufnahmen (s. S. 363).

Wein: Weit und breit der beste Tischwein wird in Laujar de Andarax produziert und in der Bodega der örtlichen Winzerkooperative auch direkt an den Verbraucher gebracht (s. S. 365).

Bergblick inklusive

Komfort und einen wunderschönen Bergblick bietet die einem ›weißen Dorf‹ nachempfundene Anlage **La Alcazaba de Busquistar** in Trevélez. Sie eignet sich gut als Ausgangspunkt für Wanderungen, z. B. zur Cañada de Siete Lagunas am Fuß des Mulhacén. Mit Hallenbad und Sauna (s. S. 360).

Archaische Feste

Die historischen Schlachten zwischen *moros* (Mauren) und *cristianos* (Christen) stellen die Bewohner von **Bubión, Trevélez** und **Valor** einmal im Jahr detailgetreu nach (s. S. 357 ff.). Wer die Alpujarra im Oktober besucht, sollte die rauschenden Feste von **Cádiar** und **Ugíjar** mit Jungbullentreiben, uralten Tänzen und anderen Attraktionen nicht versäumen (s. S. 361 f.).

Okt.–März 16–18.30, April–Juni/Sept. 17–19.30 Uhr, 3 €).

Federico García Lorca jedoch bereiste die Welt. 1929 verbrachte er knapp ein Jahr in New York an der Columbia-Universität und reiste dann über Kuba wieder zurück nach Spanien. Dort beauftragte ihn 1931 das Kultusministerium der Zweiten Republik mit der Leitung der Wanderbühne La Barraca. Mit Studenten als Darstellern versuchte er der einfachen Landbevölkerung die Klassiker des spanischen Theaters nahezubringen. In der Zeit danach entstanden seine bekanntesten Dramen. Er selbst sah sich als unpolitisch. Mit den ihm verfügbaren Mitteln stellte er sich gegen die Falangisten Francos, hatte allerdings in Granada auch Freunde unter ihnen.

Seinen letzten Sommer, 1936, verbrachte er teilweise in der Huerta de San Vicente. Damals spitzte sich der Machtkampf in Spanien immer mehr zu. Im Juli 1936 übernahmen die Anhänger Francos in Granada die Macht. Als Intellektueller war García Lorca nun in Gefahr. Er flüchtete zu seinen Freunden unter den Falangisten, was ihn jedoch nicht retten konnte. Am 18. August desselben Jahres wurde er nach wenigen Tagen Haft erschossen. Die Tragödie spielte sich nahe dem Dorf **Viznar** ca. 10 km nordöstlich von Granada an einer Schlucht ab. In Gedenken an den Dichter und zahlreiche andere Opfer des Spanischen Bürgerkrieges wurde dort der **Parque de Federico García Lorca** angelegt, in dem an seinem Todestag Lesungen veranstaltet werden.

Alhama de Granada

Reiseatlas: S. 10, E 3
In 850 m Höhe liegt südwestlich von Granada abseits der großen Verkehrsströme **Alhama de Granada** (6000 Einw.). Der ehemalige maurische Kurort, erst 1482 von den Christen erobert, ist berühmt wegen seiner 47 °C warmen Heilquelle. Sie gab der Stadt ihren Namen (arab. *al-hammam* = heißes Bad). Bis heute sprudelt sie aus einer arabischen Zisterne mit Kuppeldach, unter der sogar römisches Mauerwerk nachgewiesen wurde. Empfohlen wird das Wasser bei Rheuma, Ischiasbeschwerden und Nervenleiden.

Die Quelle befindet sich auf dem Gelände des idyllisch im schattigen Tal des Río Alhama gelegenen **Hotel Balneario,** das zur Zeit der Drucklegung wegen Luxusrenovierung geschlossen war. Demnächst soll sie aber wieder zu besichtigen sein (Infos: Tel. 958 35 00 11, 958 35 03 66). Noch mit Badewannentemperatur fließt das Wasser in den Fluss, wo Einheimische gern in kleinen Tümpeln baden.

Von der A-402 Richtung Granada 500 m nördlich von Alhama bei einer Brücke über den Río Alhama abzweigen (Schild: Balneario), dann noch ca. 1 km durch die vom Fluss ausgewaschene Schlucht.

Altstadt

Der charmante Ort bietet noch mehr. Zwar zerstörte ein Erdbeben 1884 die Altstadt fast völlig. Doch König Alfonso XII. bewilligte sofort Mittel, um alles originalgetreu wieder aufzubauen. Dieser Tatsache und einigen jüngeren Restaurierungsarbeiten verdankt Alhama de Granada sein harmonisches Stadtbild.

An ein düsteres Kapitel der Vergangenheit erinnern die **Casa de la Inquisición** mit ihrer isabellinischen Fassade sowie an der zentralen Plaza de los Presos das frühere **Gefängnis** aus dem 17. Jh. Noch ein Jahrhundert älter ist der dortige **Getreidespeicher** *(pósito)*, der die für Dürrezeiten bestimmten Kornvorräte des Ortes aufnahm. Die spätgotische **Iglesia de la Encarnación** (15./16. Jh.) geht auf eine Stiftung der Katholischen Könige zurück. Einer ihrer Architekten war Diego de Siloé (s. S. 340, 362, 385). Mit dem breiten, wehrhaften Turm beherrscht der fast fensterlose Bau den Ort. Im **Hospital de la Reina,** einem königlichen Spital aus dem 15. Jh. (heute Tourismusbüro, s. u.), ist die holzgeschnitzte Kassettendecke bemerkenswert. Der **Caño de Wamba,** ein Brunnen mit den Wappen der Katholischen Könige und Kaiser Karls I., stellte lange Zeit die Wasserversorgung von Alhama sicher.

Presa del Río und Tajos de Alhama

Rund 3 km südlich der Stadt liegt an der A-4105 Richtung Játar die **Presa del Río,** ein hübscher kleiner Stausee, der sich am Wochenende bei den Granadinern als Ausflugsziel großer Beliebtheit erfreut. Vor der Staumauer befindet sich rechter Hand ein **Observatorio** (Beobachtungsstand) für Wasservögel. Eine Piste führt am Westufer entlang ca. 500 m weit bis zu einem Picknickplatz am Südende des Sees.

Ein Wanderweg, dessen Verlauf eine Tafel gegenüber der **Hospedería El Ventorro** (s. u.) wiedergibt, erschließt die **Tajos de Alhama.** Diese spektakulären Steilwände, die die enge Schlucht des Río Alhama Richtung Norden begrenzen, stehen unter Naturschutz. Adler, Bussarde und Falken fühlen sich hier wohl, ebenso die wilde Bergziege, die jetzt wieder eine stabile Population bildet. Vom Staudamm der Presa del Río aus geht es am linken Ufer zunächst durch den Talgrund flussabwärts und später steil die Felsen hinauf. Am Wegrand wird in der **Ermita de los Ángeles** eine Madonna verehrt, die der Legende nach vor langer Zeit einem Ritter das Leben rettete, der von den Tajos herab ins Tal gestürzt war. Bei der **Iglesia del Carmen** mündet der Weg schließlich in die Altstadt von Alhama, die unmittelbar an die obere Kante der Tajos grenzt (hin und zurück ca. 1,5 Std.).

i **Información Turística:** Calle Vendederas (Hospital de la Reina), 18 120 Alhama de Granada, Tel. 958 36 06 86.

Hospedería Rural El Ventorro: Ctra. de Játar km 2, Tel. 958 35 04 38, Fax 958 36 01 61, www.elventorro.net. Am idyllischen Ostufer der Presa del Río. Mit einem für Traditionsgerichte (z. B. *torreznos,* geröstete Speckscheiben, und je nach Jahreszeit auch Pilze) bekannten Restaurant (Mo Ruhetag). Der Komplex ging aus einer Schenke hervor, die seit dem 17. Jh. Raststelle für Maultiertreiber war, die Espartogras für die Korbflechter aus den Bergen brachten.

In die Sierra Nevada

Reiseatlas: S. 11, A–C 2/3
Sierra Nevada bedeutet »Schneebedecktes Gebirge«. Tatsächlich tragen die höchsten Gipfel in manchen Jahren von Oktober bis Juli eine Schneehaube. 3482 m erreicht der Mulhacén und ist damit höchster Berg des Iberischen Festlandes. Mit 3392 m steht der Pico Veleta dem Mulhacén kaum nach. Die Passstraße A-395 führt quasi über den Gipfel des Pico Veleta hinweg nach Süden, in die Alpujarra. Sie schmückt sich mit dem Titel »La carretera más alta de Europa« (die höchste Straße Europas), auch wenn sie nicht durchgehend asphaltiert ist. Allerdings dürfen zwischen Hoya de la Mora (2455 m) im Norden und Hoya del Portillo (2150 m) im Süden Privatfahrzeuge nicht passieren.

Eine Fläche von 860 km² im zentralen Teil des Gebirges wurde 1999 zum **Parque Nacional Sierra Nevada** erklärt, dem größten von zwölf spanischen Nationalparks. Der Iberische Steinbock hat hier mit ca. 5000 Exemplaren seinen größten Bestand im ganzen Land. Außerdem ist das Gebiet für seinen Reichtum an Schmetterlingen bekannt. In der Hochgebirgsflora finden sich allein 60 Endemiten, dazu weitere rund 2000 Arten. Enzian, Krokusse und Narzissen sind ebenso vertreten wie das einzigartige, gelblich-violett blühende Sierra-Nevada-Veilchen. Andererseits ist der Baumbestand gering, weshalb das Gebirge an vielen Stellen kahl wirkt. Die Gipfel sind von grobem Gesteinsschutt bedeckt.

Orientierungshilfen: Es gibt zwei empfehlenswerte **Wanderkarten** von der **Sierra Nevada:** Editorial Penibética, Parque Nacional Sierra Nevada/La Alpujarra, 1:50 000 (mit Begleitheft auf Deutsch) und Editorial Alpina, Sierra Nevada/La Alpujarra, 1:40 000 (mit Begleitheft auf Englisch). Beide im örtlichen Handel und im **Centro de Visitantes** (s. u.).

Skistation Sierra Nevada

Drei zwar nicht unbedingt schöne, aber funktionale Retortenhotelsiedlungen bilden gemeinsam die **Estación de Esquí Sierra Nevada.** Diese südlichste Skistation Europas erfreut sich einer recht langen Saison (meist Dez.–März/April), in der überdies häufiger mit Sonne als mit Schneefall zu rechnen ist. Mehr als 20 Bergbahnen und Schlepplifte führen zwischen 2100 und 3300 m Höhe die Flanke des Pico Veleta hinauf, 70 km Pisten wieder hinunter. Auch Après-Ski wird großgeschrieben.

13 Pico Veleta

Reiseatlas: S. 11, A 2/3
Oberhalb der Abzweigung zur Skistation befindet sich an der A-395 die Kontrollstelle der Nationalparkverwaltung **Hoya de la Mora** (2475 m). Kurz davor muss man an dem **Albergue Universitario** (s. u.) den Wagen abstellen. Dort starten etwa Anfang Juni– Ende Sept./Anfang Okt. (abhängig von der Wetterlage, außerhalb der Ferien z. T. nur am Wochenende) Kleinbusse der Nationalparkverwaltung, um Wanderer bis in den Bereich **Las Posiciones del Veleta** (3020 m) zu bringen. Die Busse fahren häufig, der Zeitpunkt der Rückfahrt muss allerdings beim Kauf des Tickets (Fahrpreis hin/zurück ca. 6 €) verbindlich festgelegt werden (Infos und Reservierung: Tel. 630 95 97 39).

Von den Posiciones del Veleta sind zum Gipfel und zurück noch ca. 3 Std. einzuplanen. Erst geht es auf der ehemaligen Straße weiter, später dann in Serpentinen links hinauf. Wer stattdessen die gesamte Strecke ab Albergue Universitario zu Fuß zurücklegen

Überwältigende Aussicht und verdiente Rast: auf dem Gipfel des Veleta

möchte, benötigt hin und zurück knapp 6 Std. Festes Schuhwerk und wetterfeste Kleidung werden in jedem Fall empfohlen.

Von August bis Ende September ist der Pico Veleta in der Regel schneefrei, aber es weht meist ein kräftiger Wind. Wenn klare Sicht herrscht, bietet sich ein unvergleichliches Panorama. Dann ist auch das 2850 m hoch gelegene deutsch-französische **30-Meter-Radioteleskop** an der Nordflanke des Berges zu sehen.

Centro de Visitantes El Dornajo: Ctra. A-395 bei km 23, an der Abzweigung nach Pinos Genil, Tel./Fax 958 34 06 25, 1. Sept.–31. März tgl. 10–14, 16–18, 1. April–30. Sept. 10–14, 18–20 Uhr. Besucherzentrum des Nationalparks Sierra Nevada. Infos über Berghütten, Gratiskarte mit Wander- und Mountainbikerouten, Verkauf von Büchern und Landkarten. Mit **Museo de la Montaña** (tgl. 10.30–13.30 Uhr, im Winter nur Sa/So/Fei, Eintritt frei), von Reinhold Messner 2002 eröffnet, das sich zur Pilgerstätte für Bergsportler entwickelt hat. Es beschäftigt sich mit dem Bergsteigen im Allgemeinen und speziell in der Sierra Nevada.

Albergue Universitario: Ctra. A-395, km 36, Tel. 958 48 01 22, Fax 958 76 33 01. Berghütte, die in der Skisaison immer voll belegt ist, im Sommerhalbjahr aber meist Platz bietet. Schlafplatz 12, mit Halbpension 22 €.

Skifahren: Über die Central de Reservas Sierra Nevada (Tel. 902 70 80 90, Fax 958 24 91 46, www.sierranevadaski.com) können sämtliche Hotels und Apartments der Skistation einschließlich Skipässen, Kursen und Ausrüstung günstiger als direkt vor Ort gebucht werden.

Busse: Mit *Bonal* in der Skisaison 3–4 x tgl., sonst nur 1 x tgl. von Granada bis zum Albergue Universitario.

Durch die Alpujarra

Karte: S. 357
Ein Ausflug in die Alpujarra beansprucht mindestens einen Tag. Angesichts der kurvenreichen Straßen empfiehlt es sich allerdings eine Übernachtung einzuplanen. Bei der **Alpujarra** handelt es sich um das **Hochtal des Río Guadalfeo,** dessen Seitentäler im Norden in die Flanken der Sierra Nevada hineingreifen. Die Landschaft ist wild und großartig. In den letzten Winterwochen beeindrucken die Mandelblüte und in höheren Lagen die Ginsterblüte, im Frühjahr blühen zahlreiche Wildblumen.

In dem abgelegenen Gebiet der Alpujarra brachte sich Boabdil, der letzte Herrscher von Granada, nach dem Fall der Stadt 1492 in Sicherheit. Mit ihm flüchteten Tausende von Mauren. Allerdings wurden sie bald gezwungen, sich der Lebensweise der neuen christlichen Herren anzupassen. Nach einer ersten Welle der Rebellion zu Beginn des 16. Jh. flackerten vor allem 1568–1572 die Moriskenaufstände auf, die von den Truppen Philipps II. blutig niedergeschlagen wurden. 1609, als die Ausweisung der islamischen Restbevölkerung befohlen wurde, verließen die meisten Mauren auch die Alpujarra. Nur zwei Familien pro Dorf durften bleiben, um den neu angeworbenen christlichen Siedlern das arabische Bewässerungssystem und die Seidenherstellung, die noch lange in der Alpujarra gepflegt wurde, zu erklären.

Bis vor wenigen Jahrzehnten galt die Gegend als vergessenes Land. Inzwischen hat sich die Alpujarra gegenüber der Außenwelt geöffnet. Aussteiger und Traveller aus Mittel- und Nordeuropa spielten Mitte der 1990er-Jahre eine Vorreiterrolle. Heute gilt es bei jungen Spaniern als chic, zum Wandern, Reiten oder Mountainbiking in die Alpujarra zu reisen. Als arabisches Erbe blieben die Terrassenfelder, denen die Bauern der Alpujarra immer noch Weintrauben, Zitronen, Orangen und Feigen abgewinnen. Honig und Mandelgebäck, Wein, Käse sowie der hervorragende luftgetrocknete Schinken der Region sind weithin gerühmte Spezialitäten.

Proviant einkaufen: Wer sich für die Weiterfahrt verproviantieren möchte, kann dies im **Mercado Municipal** von **Lanjarón** oberhalb der Kirche tun. Am oberen Ortsrand von **Capileira** und bei **Pórtugos** (s. S. 359) gibt es idyllische kleine Picknickplätze und am Westrand von **Yegen** speist man auf einem zur Aussichtsterrasse umfunktionierten Dreschplatz.

Lanjarón

Das im Westen nahe der A-44 Granada-Motril gelegene **Lanjarón** 1 nennt sich *Pórtico de la Alpujarra* (Eingang zur Alpujarra). Von hier stammt ein bekanntes Mineralwasser, das in ganz Andalusien getrunken wird. Auch für Trinkkuren, Wannenbäder und Massagen wird das Wasser aus den vier örtlichen Quellen geschätzt. So entwickelte sich Lanjarón Anfang des 20. Jh. zu einem beliebten Kurort. Aus dieser Zeit sind am Westrand der Stadt der **Park** und das im verspielten Stil des Neomudéjar errichtete **Heilbad** *(balneario)* geblieben. Ein eher betagtes Publikum fühlt sich von der nostalgischen Atmosphäre angezogen. Etliche preisgünstige Hostales und kleinere Hotels säumen die Straße zwischen Balneario und Stadtzentrum. Die Altstadt wirkt sehr authentisch mit mediterranem Flair und gibt sich von dem Kurbetrieb weitgehend unbeeindruckt.

Fiesta de San Juan: mehrere Tage um den 24. Juni. In der **Johannisnacht** (23./24. Juni) veranstalten die Bewohner um Mitternacht eine gewaltige Wasserschlacht. Jeder, der sich nicht mit dem Regenschirm vorsieht oder ohnehin vorsorglich in Badekleidung unterwegs ist, wird gnadenlos nassgespritzt. Am Samstag davor oder danach zieht ein karnevalistischer Umzug durch die Straßen.

Órgiva

Nächstes Ziel auf der Tour ist das 725 m hoch am Ufer des Río Chico gelegene, in Zitrus-

Alpujarra

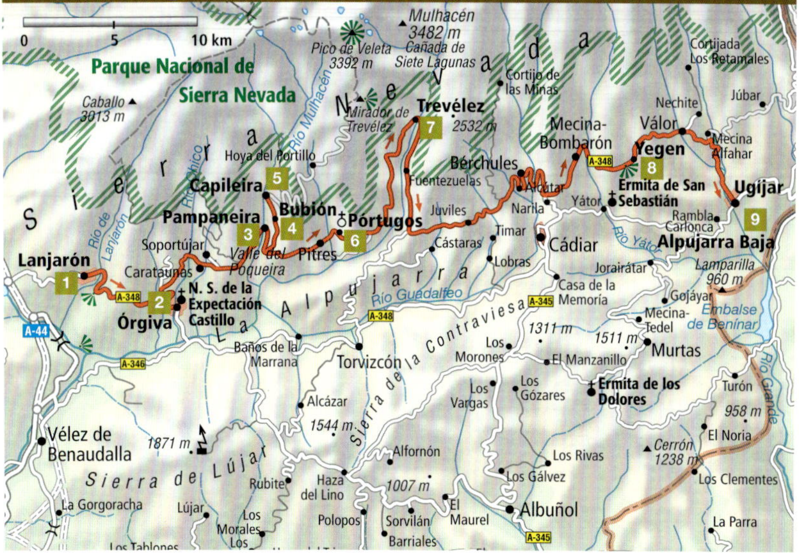

plantagen und Ölbaumhaine eingebettete **Órgiva** 2, für die Bewohner *der* zentrale Ort der westlichen Alpujarra. Die zwei gefliesten Türme der **Iglesia Nuestra Señora de la Expectación** (16. Jh.) gelten als Wahrzeichen von Órgiva. Nahebei steht der **Palast** der Grafen von Sástago, die früher den Ort beherrschten.

Ein Besuch lohnt vor allem am Donnerstag. Dann findet vormittags ein bunter **Wochenmarkt** in den Straßen des *barrio alto* (oberer Ortsteil) statt. Zahlreiche in der Umgebung ansässige oder urlaubende ›Hippies‹, wie junge spanische Alternative genannt werden, zieht es aus diesem Anlass hierher. Einige verkaufen selbst gefertigtes Kunsthandwerk.

Mirasol: Av. González Robles 5 (an der westlichen Ortseinfahrt), 18 420 Órgiva, Tel. 958 78 51 08. Zimmer mit gewissem Komfort, manche besitzen eine Terrasse. Angeschlossen ist die gleichnamige Pension mit einfacherer Ausstattung. DZ ca. 65, in der Pension ca. 40 €.

Busse: Haltestelle in der Av. González Robles 67 (ca. 300 m unterhalb der Kirche). Mit *Alsina Graells* bis zu 9 x tgl. über Lanjarón nach Granada, 2 x tgl. nach Capileira/Bérchules, 2 x tgl. nach Cádiar/Ugíjar, 1 x tgl. nach Málaga.

Valle del Poqueira

Der **Río Poqueira,** ein Zufluss des Río Guadalfeo, hat eine tiefe Schlucht in ein Hochtal gegraben. An deren oberem Rand liegen übereinander gestaffelt drei weiße Dörfer, die als die hübschesten der Alpujarra gelten. Ihre Architektur erinnert an Berbersiedlungen in Nordafrika. Die Flachdächer der Häuser sind mit Tonscherben, Gras und wasserundurchlässigem grauem Lehm *(launa)* sowie einer Schicht Gesteinsgrus abgedeckt. Charakteristisch sind auch die Schornsteine mit hut- oder pilzkopfförmiger Abdeckung, oft mehrere auf einem Dach.

Die wildromantische Landschaft eignet sich in idealer Weise für **Wandertouren.** Auf Terrassenfeldern bauen die Bewohner Obst an, aus dem sie leckere Marmeladen und Feigenbrot zaubern. Viele halten Schafe und leben von der Wollweberei, die in jüngster Zeit einen Aufschwung verzeichnen kann. Überall werden handwerklich gefertigte bunte Flickenteppiche *(jarapas)* verkauft, die auf eine arabische Tradition zurückgehen.

Pampaneira

Durch viele Kurven aufwärts wird zunächst das in 1058 m Höhe gelegene **Pampaneira** 3 erreicht. Erstaunlicherweise hat der beliebte Ausflugsort die Grenzen seines alten Dorfkerns nie gesprengt. An der zentralen Plaza de la Libertad sind neben der **Mudéjarortskirche** (16. Jh.) mehrere Restaurants angesiedelt (s. u.). Ihre traditionellen Spezialitäten sind Schweinefleisch, Schinken und Blutwurst. Pampaneira ist autofrei. An der Avenida de la Alpujarra, die unten am Ort vorbeiführt, gibt es Parkplätze.

Bubión

In maurischer Zeit war **Bubión** 4 Hauptort des Valle del Poqueira. Vom großen Parkplatz an der Hauptstraße führen malerische Gassen und Treppengänge hinab ins *barrio bajo,* wo die **Iglesia de San Sebastián** (16. Jh.) auf einem arabischen Wachturm fußt. Rechts neben der Kirche ist die **Casa Alpujarreña (Museo Municipal)** zu besichtigen, ein typisches Wohnhaus, das im ortsüblichen Stil der 1950er-Jahre eingerichtet ist (Calle Real, Mi–Mo 11–14, Fr/Sa auch 17–19 Uhr, Einlass jede halbe Stunde, 2 €).

Durch Weideland, vorbei an Edelkastanien und Walnussbäumen, führt von Bubión ein historischer **Camino Real** (Königsweg) als Teil des Fernwanderwegs GR-7 in 30 Min. nach Pampaneira. Er beginnt links neben der Kirche (ausgeschildert). Schon im 14. Jh. wurde er nachweislich als Verbindungsweg genutzt. Maulbeerbäume am Wegrand erinnern an die einstige Seidenherstellung in der Alpujarra. Ihre Blätter dienten den Seidenraupen als Nahrung.

Capileira

Das mit 1436 m höchstgelegene Dorf des Valle del Poqueira, **Capileira** 5, zieht die meisten Besucher an. Der Tourismus hat hier wie auch in Bubión ein alternatives Gepräge. Auf den Speisekarten der Restaurants stehen vegetarische Gerichte, die Geschäfte führen esoterische oder fernöstlich angehauchte Sortimente, junge Leute trinken Tee in orientalisch dekorierten Lokalen.

Am Rand des pittoresken alten Ortskerns zeigt die **Casa Museo de Pedro Antonio de Alarcón** eine Ausstellung alter Trachten und Gebrauchsgegenstände (Calle Mentideros, Di–Fr/So 11.30–14.30, Sa 11.30–14.40, 17–20 Uhr, 1 €). Benannt ist das kleine Volkskundemuseum nach einem andalusischen Schriftsteller, der im 19. Jh. als früher Aussteiger einige Zeit in der Alpujarra verbrachte.

Capileira ist Ausgangspunkt für Touren in die Sierra Nevada. Eine Straße (später Piste) führt 12 km talaufwärts bis **Hoya del Portillo** (2150 m). Ab der dortigen Kontroll- und Informationsstelle der Nationalparkverwaltung ist die Weiterfahrt für Privatfahrzeuge gesperrt (s. u.).

i **Centro de Información Parque Natural de Sierra Nevada:** Plaza de la Libertad, 18 411 Pampaneira, Tel. 958 76 31 27, Fax 958 76 33 01. Auskunftsbüro des Naturparks Sierra Nevada, einer Peripheriezone des Nationalparks. Informiert über Wanderungen, ländliche Unterkünfte und Aktivitäten.

Servicio de Interpretación Ambiental de Altas Cumbres: bei der Bushaltestelle, 18 413 Capileira, Tel. 958 76 34 86, capileira @oapn.mma.es. Umweltdienst des Nationalparks Sierra Nevada, informiert über Wanderungen. In den Sommermonaten tgl. geöffnet, sonst nach Bedarf. Platzreservierung für offizielle Kleinbusse, die (abhängig von der Schneelage) von Capileira Mitte Juni–Mitte Okt. an Wochenenden (im Hochsommer tgl.) zum Mirador de Trevélez (2700 m) starten (1 Std. Fahrzeit, Fahrpreis hin/zurück 6 €). Von dort ist der Mulhacén (3482 m) gut zu Fuß zu erreichen (mit Rückweg 5–6 Std.). Der Weg ist relativ einfach zu finden, Bergerfahrung und Trekkingausrüstung sind aber unabdingbar.

Finca Los Llanos: Ctra. de la Sierra, Capileira, Tel. 958 76 30 71, Fax 958 76 32 06, www.hotelfincalosllanos.com, ganzjährig. Ruhige Lage oberhalb des Ortes, Zimmer im regionalen Stil, mit Terrasse und z. T. Kamin, Pool. DZ mit Halbpension ca. 85 €, am Wochenende Mindestaufenthalt 2 Tage.

Casa Diego: Plaza de la Libertad 3, Pampaneira, Tel. 958 76 30 15. Schöne Terrasse im ersten Stock, typische Vorspeisen der Alpujarra, Forelle mit Schinken. Hauptgerichte 7–11,50, Hausmenü 9 € (nur Mo–Sa).
Mesón Bellezmín: Plaza de la Libertad/Calle Cerrillo 17, Pampaneira, Tel. 958 76 31 02. Die Tische auf dem Platz sind bei spanischen Ausflüglern sehr begehrt. Typische Speisen der Region. Hauptgerichte ca. 7–10 €.

Cruz de Mayo: erstes Maiwochenende. Anlässlich des Tages der Auffindung des angeblich einzig wahren Kreuzes Christi (3. Mai) schmücken die Bewohner von **Pampaneira** die Wegkreuze im Ort. Rituelle »Beerdigung der Füchsin«.
Romería Virgen de las Nieves: 4./5. August. Wallfahrt per Eselskarren oder (immer öfter) per Jeep auf den Mulhacén zur dort in einer Gipfelkapelle verehrten Schneejungfrau.
Fiesta de San Sebastián: vorletzter Augustsonntag. In **Bubión** feiert man den Ortspatron mit einer Aufführung der »Moros y Cristianos«, eines in der Alpujarra verbreiteten Kostümspiels, das die Ereignisse während der Reconquista nachstellt.

Wandern: Acht Routen sind im Valle del Poqueira verschiedenfarbig markiert. Die Touren dauern 2–8 Std. Beschrieben sind sie auf Englisch und Spanisch im Beiheft der Karte Sierra Nevada, La Alpujarra (1:40 000) von Editorial Alpina (im örtlichen Handel). So führt z. B. der **›rote‹ Weg** von Capileira talaufwärts zum **Weiler La Cebadilla** (mit Rückweg ca. 2,5 Std.). Etwas weiter (mit Rückweg 6 Std.) ist es bis zum **Refugio Poqueira** (2550 m), einer ganzjährig bewirtschafteten Berghütte (Tel. 958 34 33 49, Schlafplatz pro Person 8,20 €), die guter Ausgangspunkt für Gebirgswanderungen ist. Besteigung des Mulhacén: s. unter Information.

Rundweg um die Sierra Nevada: Erst 2006 eingeweiht wurde der 360 km lange Fernwanderweg **Sendero Sulayr,** benannt nach dem arabischen Wort für Sierra Nevada. Er umrundet das Gebirge komplett. Drei Wochen müssen für die gesamte Strecke kalkuliert werden. Nicht alle der 19 Etappen enden in Orten mit Unterkunftsgelegenheiten. Daher empfiehlt sich die Mitnahme eines Zeltes. Der schönste Abschnitt führt durch die Alpujarra, von Capileira über Trevélez nach Bérchules. Informationen unter www.sulayr.net (mit Routenbeschreibungen, Anreise- und Übernachtungstipps).

Busse: Mit *Alsina Graells* 3 x tgl. von allen drei Orten des Valle del Poqueira nach Lanjarón/Granada sowie nach Trevélez.
Tankstellen: In den höheren Teilen der Alpujarra sind Tankstellen **selten!** Eine gibt es aber bei Pampaneira an der Abzweigung nach Bubión, eine weitere in Pórtugos.

Pórtugos

Der kleine Ort 6 hat seine engen Gassen mit Blumenschmuck herausgeputzt. Als Rundgang ist eine *Ruta Mediévál* (Mittelalterroute) ausgeschildert. Am Ostrand von Pórtugos steht die weiße **Ermita de la Virgen de las Angustias.** Nebenan sprudelt in einer lauschigen Nische im Schatten von Zypressen die **Fuente Agria.** Sie führt rötliches, stark eisenhaltiges Wasser. Trotz seines relativ unangenehmen Geschmacks schätzen es die Einheimischen, denn es soll heilkräftige Wirkungen haben. Der Quelle entspringt ein schmaler Bach, an dessen Ufer der nette Picknickplatz **Fuente Chorrerón** zur Rast einlädt. Ein Kiosk serviert Getränke.

Trevélez

Weiter östlich liegt in 1476 m Höhe **Trevélez** 7 in einem abermals beeindruckenden

Seitental des Río Guadalfeo. Laut Eigenwerbung handelt es sich um den höchstgelegenen Ort der Iberischen Halbinsel. Allerdings trifft dies wohl nur deshalb zu, weil der Gipfel des Mulhacén zum Gemeindegebiet gehört.

In ganz Spanien ist Trevélez Feinschmeckern ein Begriff. Von hier stammt nämlich ein delikater luftgetrockneter Schinken *(jamón serrano)*. Schweine werden in Trevélez allerdings nicht mehr gehalten. Die Schinken kommen inzwischen von weit her, um in der kühlen Bergluft zu reifen, die der bestimmende Faktor für die Qualität ist.

Der untere Ortsteil ist durch modernere Bebauung mit Geschäften, Cafés und Pensionen geprägt. An der Hauptstraße reihen sich die luftigen *Saladeros* und *Secaderos* (Einsalzungs- und Trockenräume) mehrerer Betriebe aneinander, in denen Tausende von Schinken hängen. Natürlich kann die Spezialität im Ort auch probiert und gekauft werden. Hübsch anzusehen sind die beiden traditionelleren Viertel *barrio medio* (mittlerer Ort) und *barrio alto* (oberer Ort) mit ihrem Labyrinth schmaler Gassen.

Bei spanischen Bergwanderern ist Trevélez als Ausgangspunkt für Unternehmungen in der Sierra Nevada sehr beliebt. Eine lange, anspruchsvolle Tour (hin/zurück 8 Std.) führt zur **Cañada de Siete Lagunas** (2850 m) an der **Südostflanke des Mulhacén,** einer wildromantischen Gruppe von Karseen – Relikten der letzten Eiszeit –, wo häufig Steinböcke zu beobachten sind. Am 4./5. August rasten hier Wallfahrer auf dem Weg zur **Kapelle der Virgen de las Nieves** auf dem Mulhacén (s. S. 359). Die Lagunen sind auch vom **Mirador de Trevélez** (s. o.) zu erreichen (hin/zurück 3–4 Std.).

Hotel-Apartamentos La Alcazaba de Busquistar: Ctra. de Cádiar km 37, 18 417 Trevélez, Tel. 958 85 86 87, Fax 958 85 86 93, www.alcazabadebusquistar.com. 4 km außerhalb mit schönem Bergblick. Einem ›weißen Dorf mit Kirche‹ nachempfundene Anlage. Studios und Apartments, z. T. mit Kamin und Terrasse. Der Außenpool ›schwebt‹ über dem Tal. Spa-Bereich mit Hallenbad, Sauna, diversen Anwendungen. Rustikale Lobby, gediegenes Restaurant (Hauptgerichte 9–13 €, z. B. Wildforelle). DZ 85–132 €.

La Fragua: Calle San Antonio 4, Tel. 958 85 86 26, Fax 958 85 86 14, www.hotellafragua.com. Zwei zentral gelegene, komfortable Häuser, dazu ein paar Türen weiter das gute gleichnamige Restaurant. Viele Wanderer. DZ ab 40 €.

González: Plaza Francisco Abellán, Tel. 958 85 85 31, tgl. geöffnet. Am unteren Hauptplatz, *comedor* (Speisesaal) im ersten Stock. Regionale Küche, z. B. Forelle oder Kaninchen vom Grill, Schinken (200 g ca. 9,50 €) und Würste. Hauptgerichte ca. 7–11 €.

Mesón del Jamón: Calle Cárcel, Barrio Medio, Tel. 958 85 86 79, tgl. geöffnet. Trevélez-Schinken nicht nur pur, sondern auch im *plato alpujarreño* (Kartoffelpfanne mit Schinken, Dauerwurst, Ei, Paprika, Zwiebeln). Hauptgerichte 6–12 €.

Mesón Joaquín: Ctra. de Órgiva 22, Tel. 958 85 89 04, tgl. geöffnet. Am westlichen Ortsrand mit großer, zum Mittagessen sehr beliebter Terrasse. Innen hängen die Schinken von der Decke. Tagesmenü (3 Gänge) ca. 8 €.

Fiesta de Moros y Cristianos: 13. Juni. In Erinnerung an die Moriskenaufstände des 16. Jh. spielen die Dorfbewohner eine Schlacht zwischen ›Mauren und Christen‹ nach. Berühmtestes Fest dieser Art in der Alpujarra. Eine ähnlich spektakuläre Aufführung ist am 14./15. September im weiter östlich gelegenen Válor zu sehen.

Busse: vgl. Valle del Poqueira, S. 359.

Yegen

Sofern man nicht von Trevélez schon Richtung Cádiar (s. S. 362) abbiegt, ist nächste Station in Richtung Osten das wesentlich weniger besuchte **Yegen** 8, an einem Hang zwischen Terrassenfeldern und Mandelhainen malerisch gelegen. Der englische Schriftsteller und Hispanist Gerald Brenan verewigte den Ort und seine Bewohner in seinem Buch »Südlich von Granada«. Er kam 1920 per Maultier hier an. Von Órgiva benötigte er drei Tage. Der frühe Aussteiger mietete ein Haus für 120 Peseten pro Jahr und blieb bis 1934. Kollegen aus London, die ihn besuchten, darunter Virginia Woolf, sollen sich schockiert über seine ›primitiven‹ Wohnverhältnisse geäußert haben. Heute weist eine Tafel mit der Aufschrift »La Casa del Inglés« auf Brenans damalige Unterkunft hin.

Auch ein Spazierweg namens **Ruta de Gerald Brenan** wurde beschildert. Die 2 km lange Tour durch die nähere Umgebung beginnt im Ortszentrum unterhalb der Hauptstraße, an einer Plaza mit der verkleinerten Ausgabe des Alhambra-Löwenbrunnens.

El Rincón de Yegen: Camino de las Ersas, 18 460 Yegen, Tel./Fax 958 85 12 70, www.aldearural.com/rincondeyegen, ganzjährig. Ländliches Quartier am östlichen Ortsrand mit Zimmern und kleinen Häusern, gute Ausstattung. Restaurant mit modern-regionaler Küche, z. B. Lammgerichte (Tagesmenü um 11 €). DZ ca. 45 €.

Busse: Mit *Alsina Graells* je ca. 2 x tgl. nach Ugíjar und Cádiar/Órgiva.

Alpujarra Baja

Hinter Válor geht es steil abwärts in einen Talkessel, wo mit dem nur noch 560 m hoch gelegenen Marktzentrum **Ugíjar** 9 (3000 Einw.) die flachere Alpujarra Baja erreicht ist. Der fast schon urban wirkende Ort trägt den Beinamen »Ciudad de las Torres« (Stadt der Türme) wegen seiner Adelspaläste, die mit Wach- und Aussichtstürmen ausgestattet sind. In der Hauptkirche **Santuario de la Virgen del Martirio** wird die Jungfrau vom Martyrium verehrt – die Schutzheilige der Alpujarra. Sie steht oberhalb einer Plaza mit

Trevélez: Der Metzger prüft die Reife des luftgetrockneten Schinkens

Springbrunnen, Bänken, Palmen und Blumenbeeten. In der angrenzenden Hauptstraße finden sich einige Geschäfte.

Richtung Westen geht es von hier aus nach **Cádiar.** Der Ort liegt in einem weiten Hochtal und bietet wenig Spektakuläres außer einer ganz besonderen Unterkunft (s. u.). Schließlich fährt man auf landschaftlich besonders reizvoller Strecke über Torviscón nach Órgiva, wo die Rundfahrt endet.

Hotel Apartamentos Alquería de Morayma: Ctra. de Torvizcón km 1,5, 18 440 Cádiar, Tel./Fax 958 34 32 21, www.alqueriamorayma.com. Eine schon halb verfallene *alquería* (Gutshof) wurde als wunderschöne Ferienanlage wieder aufgebaut. Eines der Zimmer befindet sich in der ehemaligen Hauskapelle, andere wiederum verfügen über eigene Patios. Landschaftlich reizvoll gelegen. Das Restaurant verwendet Produkte aus eigener Landwirtschaft (Tagesmenü 12 €). Reitgelegenheit, Pool. Drei markierte Wanderwege passieren das große Gelände. DZ 65–70 €.

Fiestas del Santo Cristo y la Virgen de la Esperanza: ca. 5.–9. Oktober. **Cádiar** feiert sein wichtigstes Kirchenfest mit einem Jungbullentreiben durch die Straßen, Viehmesse und archaisch anmutenden Tänzen. Der Höhepunkt ist am letzten Tag erreicht, wenn aus dem Brunnen an der zentralen Plaza Wein statt Wasser fließt.
Fiesta de la Virgen del Martirio: 9.–14. Oktober. Zum Fest ihrer Schutzheiligen pilgern Gläubige seit 1606 aus allen Alpujarradörfern nach **Ugíjar,** in Erinnerung an das Martyrium der Jungfrau, das sich 1568 während des Moriskenaufstands abgespielt haben soll: Die Mauren versuchten angeblich, die Statue auf verschiedenste Art und Weise zu zerstören, sie blieb jedoch unbeschadet. Rahmenprogramm: Jahrmarkt, Stierkämpfe und Tontaubenschießen.

Busse: *Alsina Graells* fährt ca. 2 x tgl. von Granada über Órgiva, Torviscón und Cádiar nach Ugíjar. Von Ugíjar besteht 2 x tgl. eine Verbindung nach Almería (über Berja).

14 Guadix

Reiseatlas: S. 11, B 2
Auf einer fast wüstenhaften Hochebene liegt in knapp 1000 m Höhe **Guadix,** das für seine Höhlenwohnungen bekannt ist. Mitsamt Ställen und Lagerräumen wurden sie in weiches, ockerfarbenes Sedimentgestein gegraben, manche schon in prähistorischer Zeit oder zumindest in der Antike. Als sicher gilt, dass Mauren darin wohnten, als Guadix 1489 von christlichen Truppen erobert wurde. Heute leben in den Höhlenvierteln **Barrio de las Cuevas** (eigentlich Barrio Santiago) und **Barrio Ermita Nueva** etwa 5000 Menschen, ein Viertel der Gesamteinwohnerschaft von Guadix.

Im Winter speichert das Gestein die Wärme, im Sommer hält es die Räume angenehm kühl. Die Höhlen sind mittlerweile auch recht komfortabel eingerichtet und verfügen über Wasser- und Stromanschluss. Der Eingangsbereich ist meist wie die Fassade eines Hauses gestaltet. Verbrauchte Luft zieht durch kleine weiße Schornsteine ab. Nicht weit von der **Höhlenkapelle Ermita Nueva** vermittelt das **Cueva-Museo** mit traditionellen Möbeln und Einrichtungsgegenständen ein anschauliches Bild vom früheren Leben in einer Höhlenwohnung (Plaza de la Ermita Nueva, Mo–Sa 10–14, 18–20, Winter 16–18, So/Fei 10–14 Uhr, 1,35 €).

Bei Spaziergängen durch die Höhlenviertel wird man als Tourist manchmal eingeladen, ein Privathaus zu besichtigen. Die Bewohner erwarten dafür allerdings ein großzügiges Trinkgeld.

Centro

Von der Reconquista bis zum 18. Jh. galt Guadix als Verkehrsknotenpunkt. Das Stadtzentrum bewahrt Baudenkmäler aus dieser Blütezeit, so z. B. die **Kathedrale.** Mit ihrer reich verzierten rötlichen Hauptfassade (16.–18. Jh.) ist sie ein Schmuckstück des Platereskstils. Im Inneren verdient das Chorgestühl im Churriguerastil Beachtung. Chorumgang und Sakristei entwarf Diego de Siloé (Plaza de la Catedral, Mo–Sa 10.30–13, 14–19, So 9.30–13 Uhr, 2 €).

Die elegante, arkadengesäumte **Plaza Mayor** hinter der Kathedrale stammt aus der Zeit der Renaissance. Sie wurde unter König Philipp II. angelegt und nach Zerstörungen während des Spanischen Bürgerkriegs wieder aufgebaut. Rundum in den Altstadtgassen gibt es prächtige Adelspaläste zu bewundern.

Auf einem Hügel thront die ursprünglich aus dem 9. Jh. stammende, 200 Jahre später in Ziegelbauweise erweiterte **Alcazaba.** Von den zinnenbewehrten Türmen eröffnet sich eine weite Aussicht bis zur Sierra Nevada. Auch die Höhlenviertel von Guadix sind gut zu überblicken (Calle Baradas 3, Di–Sa 11–14, 16–18.30, So 10–14 Uhr, 1,20 €).

Oficina de Turismo: Av. Mariana Pineda (Landstraße Richtung Granada), 18 500 Guadix, Tel. 958 66 26 65, Fax 958 66 53 38.

Aparthotel Cuevas Pedro Antonio de Alarcón: Barriada San Torcuato, Tel. 958 66 49 86, Fax 958 66 17 21, www.andalucia.com/cavehotel/cuevas.htm. Komfortable Höhlen für bis zu 5 Personen, eine davon mit Jacuzzi. Pool, Restaurant. 2 km außerhalb an der Straße nach Murcia (Schild: Alojamiento en Cuevas). DZ 72–85 €.

Keramik: Juan Manuel Gabarrón, Calle San Miguel 46, Tel. 958 73 92 76. Handgefertigte Tonwaren direkt ab Werkstatt. Der Besitzer hat nebenan in einer früheren Höhlenwohnung das **Museo de Alfarería Cueva La Alcazaba** eingerichtet. Es zeigt 750 regionale Keramikarbeiten aus mehreren Jahrtausenden. Typisch für Guadix ist die *jarra accitana,* ein reich verzierter Tonpokal, in den früher bei Hochzeiten die Gäste Geldgeschenke einwerfen konnten (Mo–Fr 10–13.30,17–20.30, Winter 16–20, Sa/So 11–14 Uhr, 2 €).

Auch der westlich von Guadix gelegene Ort **Purullena,** der praktisch gänzlich aus Höhlenwohnungen besteht, ist für **Keramik** bekannt. Entlang der Landstraße reihen sich die Souvenirläden, in denen allerdings auch viel Industrieware angeboten wird.

Cascamorras: Mit den Bewohnern der etwa gleich großen, 40 km entfernten Stadt Baza verbindet die Bürger von Guadix seit jeher eine gewisse Rivalität. Jedes Jahr am 6. September entlädt sich dieser Zwist in einem seltsamen Fest. Der *cascamorras,* ein Mann aus Guadix, muss sauber und ohne Flecken an der Kleidung bis Baza gelangen. Sollte es ihm jemals gelingen, dann müsste Baza die dort verehrte Figur der Virgen de la Piedad an Guadix abtreten, das diese für sich beansprucht. Doch bisher haben die Einwohner von Baza den Cascamorras und sein Gefolge vor Erreichen des Ziels stets so reichlich mit Dreck beworfen, dass er seine Mission nie erfüllen konnte.

Züge: Bahnhof 1,5 km außerhalb der Stadt Richtung Murcia. Linie A 6.1a nach Granada 4 x tgl., nach Almería 6–7 x tgl.
Busse: Busbahnhof an der Avenida Medina Olmos (Straße nach Almería), 700 m vom Zentrum. Mit *Autedia, Maestra oder Alsina Graells* ca. stdl. nach Granada, 3 x tgl. nach Almería, 7 x tgl. nach Baza.

Von Guadix zur Küste

Reiseatlas: S. 11, B/C 2/3

La Calahorra

Es lohnt sich, von der A-92 Guadix–Almería bei **La Calahorra** abzufahren. Das in Mandelhaine eingebettete Dorf glänzt durch den gleichnamigen **Castillo** eindrucksvoll vor der Kulisse der Sierra Nevada. Das Renaissancebauwerk mit runden Ecktürmen entstand Anfang des 16. Jh., stark beeinflusst von der damals in Italien aktuellen Architektur. Der Innenhof ist im eleganten florentinischen Stil gehalten, mit Galerie und Arkadenbögen. Eine Treppe aus Carraramarmor führt in die

Belle Etage hinauf. Erbauer der Burg war Don Rodrigo de Mendoza, illegitimer Sohn des gleichnamigen Kardinals und Großkanzlers, dem die Katholischen Könige nach der Reconquista die Hochebene zwischen Guadix und der Sierra Nevada als Lehen anvertraut hatten. Don Rodrigo führte ein unstetes Leben, verbrachte auch einige Zeit in Italien, wo er vergeblich um die Papsttochter Lucrezia Borgia warb. Von dort brachte er die Baupläne für sein Schloss mit. Seine spätere Frau, eine Grafentochter, entführte Mendoza als 16-Jährige aus einem Kloster und heiratete sie ohne königliche Zustimmung. Heute befindet sich der Castillo im Besitz der Grafen von Infantado (Mi 10–13, 16–18 Uhr oder nach Voranmeldung bei Antonio Trivaldo unter Tel. 958 67 70 98, 3 €).

Laujar de Andarax

Die aussichtsreiche C-337 führt über die Sierra Nevada nach Süden. Auf rund 2000 m Höhe ist der Pass **Puerto de La Ragua** erreicht. Dort gibt es einen Picknickplatz und einen Informationspunkt des Nationalparks Sierra Nevada (Tel. 950 52 40 20), an dem mehrere markierte Wanderrouten starten.

Jetzt besteht die Möglichkeit, Richtung Almería über **Laujar de Andarax** zu fahren. In dem hübschen Ort, dem Zentrum der zur

Leben im Berg in Guadix: Hinter den ›an die Felsen geklebten Fassaden‹ verbergen sich an die 1300 Höhlenwohnungen

Provinz Almería gehörigen, flacheren Alpujarra, hatte sich Boabdil, der letzte Herrscher von Granada, nach seiner Flucht vor den christlichen Truppen niedergelassen. Auch Aben Humeya, ein Anführer der Moriskenaufstände, schlug hier ab 1568 sein Hauptquartier auf, bevor er zwei Jahre später von seinem Cousin ermordet wurde. Heute ist Laujar vor allem für seinen **Wein** bekannt, der als bester der Provinz Almería gilt.

El Nacimiento

Rund 1 km nördlich von Laujar liegt das bei Einheimischen beliebte Ausflugsziel **El Nacimiento** mit Restaurants und Picknickplätzen (hinter dem Rathausplatz von Laujar ausgeschildert). Dort beginnt der **Sendero de Monterrey,** ein markierter Rundweg (4 Std., leicht–mittel). Auf seinem ersten Abschnitt, am Westhang des **Valle del Andarax** allmählich ansteigend, bietet er eindrucksvolle Ausblicke. Nach 350 Höhenmetern ist am **Vivero de Monterrey** der höchste Punkt der Tour erreicht. Den Platz einer ehemaligen Baumschule für Kiefern, mit denen die umliegenden Hänge aufgeforstet wurden, belegt heute ein kleiner botanischer Garten mit einheimischen Pflanzen. Weiter geht es abwärts zum **Río Andarax,** an dessen Ufern ein außergewöhnlich gut erhaltener natürlicher Galeriewald gedeiht. Stromschnellen und Gumpen (kleine Tümpel) wechseln miteinander ab – in letzteren suhlen sich gerne Wildschweine. Im Talgrund läuft man zurück zum Ausgangspunkt.

Centro de Visitantes Laujar de Andarax: Ctra. A-348 a (500 m westlich), 04 470 Laujar de Andarax, Tel. 950 51 35 48, Fax 950 51 41 63, cvlaujardeandarax@egmasa.es, Do–So 10–14 Uhr, Aug. tgl., an und vor Fei auch nachmittags. Besucherzentrum des Nationalparks Sierra Nevada. Verteilt Pläne mit Wanderbeschreibungen (Spanisch), z. B. vom Sendero de Monterrey (s. o.). Mit Ausstellung über die Alpujarra.

Hostal Fernández: Calle General Mola 4, Tel. 950 51 31 28. Nettes Hostal neben dem Rathaus von Laujar mit gutem Restaurant (Hauptgerichte um 9 €). DZ 31 €.

Bodegas Valle de Laujar: Ctra. A-348a. Tienda der lokalen Weinkooperative mit Gelegenheit zur Probe. Mo–Sa 8.30–12, 15.30–19.30 Uhr.
Außerdem bieten mehrere Betriebe, ebenfalls an der **Straße nach Berja,** Direktverkauf von *embutidos* (Wurstwaren), Olivenöl und *dulces* (süße Backwaren) aus örtlicher Produktion an.

Busse: Mit *Alsa* nach Almería 1 x tgl. (außer Sa).

Costa Tropical und die Axarquía

Karte S. 377

An der Costa Tropical und dem westlich angrenzenden Teil der Costa del Sol ist die legendäre Schönheit der andalusischen Mittelmeerküste noch lebendig. Zwischen sandigen oder felsigen Landzungen liegen einladende Strände. Dahinter ziehen sich grüne Täler mit tropischen Obstplantagen landeinwärts in die Axarquía, eine Hügellandschaft mit kleinen weißen Dörfern.

Zwischen Adra und Motril

Reiseatlas: S. 11, A/B 3/4

Die Küste zwischen den Hafen- und Industriestädten Adra und Motril wird in ihrem östlichen Teil durch eine Reihe von Fischerorten geprägt, in denen in jüngerer Zeit eine rege Bautätigkeit eingesetzt hat. An den Ortsrändern entstehen Ferienapartments und -bungalows. Eine Ausnahme stellt das kleine, noch sehr ursprüngliche Fischerdorf **Melicena** dar. Es hat eine hübsche, wenn auch eher kiesige Playa, die sich zu beiden Seiten des Ortes als Naturstrand fortsetzt. Am Ostrand von Melicena ermöglicht ein kleiner Parkplatz an der A-340 mit Picknicktisch und Aussichtsterrasse den Zugang zum Strand.

Castell de Ferro dehnt sich in einer buchtartig erweiterten, durch Plantagenwirtschaft geprägten Flussmündung aus. Die Atmosphäre im direkt am Meer liegenden Ortskern ist noch recht authentisch, ein paar Lokale stellen Tische vor die Tür. Weiter westlich folgt eine zerklüftete Steilküste. Zwischen km 348 und km 349 lädt dort in einer von Felsen gerahmten Bucht ein ausgesprochen schöner **Naturstrand** zum Baden ein (mit dem Pkw anfahrbar). Viele Aussichtspunkte an diesem Küstenabschnitt sind außerdem mit Picknicktischen möbliert, von denen aus man bizarre Ausblicke genießen kann.

Der alte Kern von **Calahonda** duckt sich unter einen Vorsprung der Steilküste, in deren Schutz kleine Fischerboote liegen. Jenseits der kurzen Meerespromenade reihen sich auf der Landstraße ein paar einfache Hostales. Der Tourismus in Calahonda spielt sich fast ausschließlich in den spanischen Sommerferien ab. Ferienwohnungsblöcke säumen kilometerweit die Küste Richtung Westen. Am Strand öffnen in der Saison einige empfehlenswerte *chiringuitos.*

Salobreña

Reiseatlas: S. 11, A 3/4

Salobreña eignet sich als Standort für Individualreisende, die baden und die Umgebung erkunden wollen. Die weißen, verschachtelten Häuser schmiegen sich dicht an den Osthang eines isoliert aufragenden Felsklotzes. Ganz oben thront der mittelalterliche **Castillo Árabe,** Sommerresidenz der Emire von Granada. Der Legende zufolge quartierte Emir Mohammed IX. seine drei Töchter – Zayda, Zorayda und Zorahayda – hier ein, völlig abgeschottet von der Außenwelt. Der etwas anstrengende Aufstieg (ca. 30 Min.) lohnt wegen der ausgezeichneten Aussicht bis zur Sierra Nevada und dem parkähnlich gestalteten Innenbereich (tgl. 10–13, 16–19, im Sommer bis 21 Uhr, 2,55 €). Ein schöner Mirador befindet sich auch schon unterhalb der Burg, bei der maurisch anmutenden Gartenanlage **Paseo de las Flores.**

Mit den Autoren unterwegs

Die Seele baumeln lassen

Nerja und das ruhigere **Maro** liegen landschaftlich besonders schön oberhalb der von kleinen Sandbuchten unterbrochenen Felsküste (s. S. 370 ff.).

Die kleinen Orte der **Axarquía** sind ideal geeignet, um einen Urlaub in ländlicher Abgeschiedenheit mit Wanderungen und gelegentlichen Badeaufenthalten am Meer zu verbinden (s. S. 376 ff.).

Leuchtende Farben

Ermita de las Angustias: Wertvolle Fresken mit Mariendarstellungen locken in die Barockkirche von Nerja (s. S. 370).

Ermita de los Remedios: Evaristo Guerra aus Vélez-Málaga malte in elfjähriger Detailarbeit seine Kommunionskirche mit naiven Fresken aus – ein erst 2006 vollendetes Werk. In leuchtenden Farben stellte der Künstler im Inneren des Gebäudes die Landschaft seiner Kindheit dar (s. S. 382).

Schatzsuche

Cueva de Nerja: Ein 1400 m langer Rundweg durch die bizarre Tropfsteinhöhle darf individuell begangen werden. Stalaktiten, Stalagmiten sowie auch steinzeitliche Funde und Höhlenmalereien sind von Interesse (s. S. 371).

Cueva del Tesoro: Einmalig für Europa ist diese zum Teil unter dem Meeresspiegel entstandene Karsthöhle, die auch mit einem legendären maurischen Schatz in Verbindung gebracht wird (s. S. 382).

Schlemmen erlaubt

Zuckersirup: Die letzte Fabrik für Zuckersirup arbeitet in Frigiliana. Verkauft wird das süße Produkt überall im Ort (s. S. 373 f.).

Kaviar und Räucherfisch: In **Riofrío** werden Forellen und Störe gezüchtet. Köstliche Fischpasteten, Kavier und Räucherfilets kann man direkt beim Produzenten kaufen oder in einem der zahlreichen Restaurants genießen (s. S. 380).

Viele Bewohner von Granada besitzen eine Ferienwohnung in den Apartmentblocks hinter der gepflegten, sandigen **Playa de la Charca**. Die westlich der Felsspitze **El Peñón** angrenzende **Playa de la Guardia** ist kiesig und praktisch naturbelassen. Dahinter dehnen sich Felder mit Gemüse und Zuckerrohr aus. Letzteres wird in einer Zuckermühle (*ingenio*) zerquetscht und der entstandene Saft weiter in die Sirupfabrik von Frigiliana gebracht.

Oficina de Turismo: Plaza de Goya, 18 680 Salobreña Tel./Fax 958 61 03 14, www.ayto-salobrena.org. Am unteren Rand der Altstadt nahe Rathaus.

Best Western Salobreña: A-340 km 323, Tel. 958 61 02 61, Fax 958 61 01 01, www.hotelsalobrena.com, ganzjährig. 3,5 km westlich hoch über der Küste gelegen, mit Pool und Tennisplatz. DZ 72–116 €.

Hostal Jayma: Calle Cristo 24, Tel./Fax 958 61 02 31, www.hostaljayma.com. Adrette, familiär geführte Pension mit ordentlichen Zimmern. Nicht weit vom Rathaus. DZ 40–50 €.

El Peñón: Playa del Peñón, Tel. 958 61 05 38, www.elpenon.es, Mo geschl. Strandrestaurant auf der gleichnamigen Felsspitze, wo man praktisch über den Wellen sitzt. Spezialitäten: Fisch in Salzkruste und Paella. Hauptgerichte 12–15 €.

Busse: Mit *Alsina Graells* nach Almuñécar und Motril ca. stdl., Granada 9–10 x tgl., Málaga 7 x tgl., Almería 4 x tgl. Stadtbus Mo–Sa ca. stündlich durch den Ort und zum Strand. Haltestelle bei der Touristeninformation (s. o.).

Mit dem Pkw: An der Einfahrt zur Altstadt Parkhaus im Mercadona-Supermarkt (kostenpflichtig). An der Playa de la Charca Parkbuchten entlang der Promenade.

Tropisches Obst

Thema

Die Costa Tropical trägt ihren Namen nicht ohne Grund. Hier wie auch im angrenzenden Abschnitt der Costa del Sol, also etwa zwischen Motril und Málaga, gedeihen in den windgeschützten Tälern tropische Früchte, die auf dem übrigen europäischen Kontinent praktisch unbekannt sind.

Milde Winter, schwülwarme Sommer und ganzjährige Bewässerung dank riesiger Stauseen im Hinterland machen es möglich. Ein Großteil der Produktion ist für den Export bestimmt und findet sich in mitteleuropäischen Feinkostläden wieder. Doch reif geerntet und frisch auf einem der Märkte im Anbaugebiet erstanden, schmecken die empfindlichen Obstsorten gleich doppelt so gut. Hier ein paar Tipps zu Kauf und Verzehr:

Cherimoya (span. *chirimoya):* Die ursprünglich aus Südamerika stammende Frucht sieht einem rundlichen Tannenzapfen ähnlich. In reifem Zustand verwandelt sich ihre grüne Färbung manchmal in ein bräunliches Violett. Ist sie beim Kauf noch hart, lässt man sie einen oder mehrere Tage liegen. Erst wenn man ihre Schale mit dem Finger leicht eindrücken kann, wird sie gegessen. Allzu lange sollte man dann nicht mehr warten, sonst wird sie zu weich. Das Fruchtfleisch, das etwa die Konsistenz und den Geschmack einer Birne hat, wird ausgelöffelt. Die Schale und die großen braunen Kerne isst man nicht mit. Am besten schmeckt die Cherimoya im Winter (Dez.–April).

Japanische Mispel (span. *nispero):* Unter dem Namen Loquat wird diese Frucht bei uns schon seit Jahrzehnten in Konservendosen aus China eingeführt. Frisch ist sie wegen ihrer leichten Verderblichkeit außerhalb der Anbaugebiete kaum zu bekommen. Sie ist eiförmig wie eine Pflaume, aber etwas größer und kräftig orange gefärbt. Ihre dünne Schale isst man mit, nicht jedoch das zentrale Kerngehäuse. Der Geschmack ist angenehm süßsäuerlich. Geerntet wird im Frühjahr (Feb.–Mai).

Mango: Die Mango stammt ursprünglich aus Indien, wo sie schon seit etwa 2000 v. Chr. kultiviert wird. Die sehr druckempfindlichen Früchte müssen für den Export unreif geerntet werden. Vor Ort hingegen werden sie reif angeboten und sind dank ihres hohen Vitamingehalts auch ungemein gesund. Die neueren Sorten sind faserfrei, sodass sich der Kern leicht vom Fruchtfleisch lösen lässt, das in Spalten geschnitten genossen wird (ohne die Schale). Saison ist in Andalusien im Herbst.

Guave (span. *guayaba):* Beheimatet ist die Guave im tropischen Amerika. Schon im 16. Jh. gelangte sie nach Europa. Die rundliche, gelblichgrüne Frucht hat die Größe eines Tischtennisballs. Ihr rosarotes Fleisch schmeckt leicht säuerlich, ähnlich wie bei der Quitte. Man isst die ganze Frucht, mit Schale und Kernen. Die Andalusier verarbeiten Guaven zu Marmelade. Geerntet wird im Winter.

Papaya: Die recht großen Früchte sollten beim Kauf gelblichorange sein und intensiv duften. Man schneidet sie auf, kratzt die an Pfefferkörner erinnernden Kerne aus dem Inneren heraus (sie werden nicht gegessen) und teilt das Fruchtfleisch in Spalten. Es wird ohne die Schale verzehrt. Zucker und Zitronensaft heben den ansonsten eher neutralen Geschmack. Erntezeit ist im Sommer.

Almuñécar

Reiseatlas: S. 10, F 4

Almuñécar ist eine Ortschaft mit Atmosphäre, obwohl es sich um den meistbesuchten Ferienort der Costa Tropical handelt, den zunehmend auch ein mitteleuropäisches Publikum zu schätzen weiß. Entsprechend dicht sind die beiden kiesigen, z. T. grausandigen Strände mit (kleineren) Hotels und Apartmentblocks bebaut. Dahinter erstreckt sich eine erlebenswerte Altstadt, in der die 23 000 Einwohner noch das Straßenbild beherrschen. Zwischen den weißen Häusern öffnen sich hübsche Plätze und romantische Innenhöfe. In vielen sind Bars untergebracht, die zum abendlichen *tapeo* einladen.

Der gewaltige mittelalterliche **Castillo de San Miguel** mit drei Festungsringen und elf Türmen dominiert noch immer die Stadt. Auf einer Felsnase ist es weit ins Meer vorgeschoben. Innen sind Reste des Vergnügungspalastes der Nasridenherrscher mit den dazugehörigen Bädern zu sehen. In den Felsenkerkern *(mazmorras)* mussten in Ungnade gefallene Minister und zu mächtig gewordene Heerführer schmachten (Di–Sa 10.30–13.30, 17–19.30, So 10.30–13.30 Uhr, 2,20 €).

Unterhalb der Burg erstreckt sich in der Avenida de Europa der **Parque Botánico-Arqueológico El Majuelo** mit 182 Pflanzenarten aus Lateinamerika, Afrika, Asien und Neuseeland, die dank des milden Klimas an der Costa Tropical gedeihen (tgl. 9–20 Uhr, Eintritt frei). Im Park sind Tröge zu besichtigen, in denen die Römer vom 4. Jh. v. Chr. bis zum 2. Jh. n. Chr. eine im gesamten Reich begehrte Fischsauce (*garum*) produzierten.

Das **Museo Arqueológico** in der **Cueva de Siete Palacios,** einem römischen Gewölbe, das vielleicht zu einem Tempel gehörte, thematisiert die weit in die Antike zurückreichende Geschichte von Almuñécar. Bedeutendstes Exponat ist eine ägyptische Urne aus dem 17. oder 16. Jh. v. Chr. (Calle de los Siete Palacios, Tel. 958 63 12 52, Di–Sa 10.30–13.30, 18.30–21, So 10.30–13.30 Uhr).

Als neueste Attraktion eröffnet Ende 2007 an der Plaza de Kuwait das **Aquarium Almuñécar,** die größte und modernste Anlage dieser Art in Andalusien. Es zeigt Meeresfauna, speziell die der Costa Tropical.

Oficina de Turismo: Av. de Europa, 18 690 Almuñécar, Tel. 958 63 11 25, Fax 958 63 50 07, www.almunecar.info. Im Palacete de la Najarra, einem Palast aus dem 19. Jh. Außerdem Kiosk an der A-340 beim ›Triumphbogen‹ nahe McDonalds.

Casablanca: Plaza San Cristóbal 4, Tel. 958 63 55 75, www.almunecar.info/casablanca, ganzjährig. Nahe Stadtstrand Playa de San Cristóbal unterhalb vom Castillo. Das **Restaurant Emiliano** mit Tischen im Freien serviert Fisch und Fleisch vom Grill und Paella. Ansprechende maurische Architektur, Zimmer recht komfortabel, Parkgarage. DZ 50–65 €.

Taberna Flamenca – Ricardo de la Juana: Calle Manila 4, Tel. 958 63 51 98, Di–So ab 19 Uhr. Flamenco oft live, außerdem jeden Mi Jazz, Eintritt frei.
Ansonsten spielt sich das nächtliche Geschehen im Sommer vorwiegend in den *chiringuitos* an der **Playa Puerta del Mar** und rund um die **Plaza Kelibia** ab.

Jazz en la Costa: zwei Wochen Anfang–Mitte Juli. Freejazz-Festival im Parque Majuelo mit nächtlichen Konzerten und großen Namen. Infos: Tel. 958 63 11 25, www.jazzgranada.com.

Busse: Busbahnhof an der Av. Juan Carlos I. Häufig mit *Alsina Graells* nach Granada. Innerhalb der Stadt verkehrt ein ›Minizug‹ auf einem Rundkurs.

La Herradura

Reiseatlas: S. 10, F 4

Ein kleinerer Ferienort ist **La Herradura,** wo besonders gerne Taucher ihr Quartier aufschlagen. Sie finden an den angrenzenden Felsküsten sehr gute Sichtverhältnisse unter Wasser vor. Auch für Windsurfer und Segler sind die Bedingungen hervorragend. Im Ort und am Hafen gibt es mehrere spanischsprachige Anbieter für diese Sportarten. Der lange, geschützte Strand ist etwas kiesig, eignet sich aber gut zum Baden. Abends trifft man sich dort in strohgedeckten *chiringuitos* zum Fischessen.

Marina del Este

Zwischen Almuñécar und La Herradura liegt an der Punta de la Mona der Jachthafen **Marina del Este.** Harmonisch ist er in eine größere Ferienhaussiedlung einbezogen, in der die Gartengestaltung sichtlich einen besonderen Stellenwert genießt. Öffentlich zugänglich ist der tropische Park auf einer kleinen Felseninsel, die beim Bau des Hafens in die äußere Mole einbezogen wurde. Im Sommer erfreuen sich die Openair-Lokale an der Marina großer Beliebtheit.

Sol Los Fenicios: Paseo Andrés Segovia, Tel. 958 82 79 00, Fax 958 82 79 10, www.solmelia.com, im Winter geschl. Am Ostrand des Strandes im andalusischen Stil errichtetes 4-Sterne-Hotel mit 42 Zimmern, fast alle mit Balkon. DZ 100–135 €.

Busse: Mit *Alsina Graells* ca. stdl. nach Almuñécar, 10 x tgl. nach Nerja, Fernverbindungen siehe Almuñécar.

Markttermine: Wochenmärkte mit buntem Angebot, auch an Souvenirs, finden an der östlichen **Costa del Sol** und der **Costa Tropical** an folgenden Tagen statt (jeweils ca. 9–14 Uhr):
Montag: Torrox Costa (Urb. Costa de Oro)
Dienstag: Nerja (Calle Antonio Ferrandis), Salobreña (Mercado Municipal)
Donnerstag: Torre del Mar (Calle del Duque)
In Nerja wird außerdem an jedem Sonntag ein Flohmarkt veranstaltet (Calle Antonio Ferrandis).

Nerja

Reiseatlas: S. 10, F 3/4
Der landschaftlich besonders schön über der Felsküste gelegene Ferienort **Nerja** hat ganzjährig Saison. Am Ostrand ist das Ferienviertel **Pueblo Andaluz** vorwiegend von Briten, daneben auch von Deutschen geprägt, die hier in Privathäusern oder kleinen Hotels urlauben. Die Altstadt zeigt sich jedoch vor allem außerhalb der Sommermonate recht ursprünglich.

Dreh- und Angelpunkt ist dort der Kirchplatz mit der schlichten **Iglesia de Santiago** (17. Jh.). Davor schiebt sich auf einem kleinen Kap der **Balcón de Europa** ins Meer hinaus. Einst hielt auf der Terrasse ein Wachposten nach Piraten Ausschau; heute flaniert man unter Palmen. Beiderseits davon liegen kleinere Badebuchten, in denen sich alte Fischerkaten unter die Steilwand ducken, z. B. die **Playa de Calahonda.** Schönster und größter Strand von Nerja ist weiter östlich die 700 m lange **Playa de Burriana.**

Am Nordrand der Altstadt birgt die barocke **Ermita de las Angustias** (17. Jh.) eine Statue der Stadtpatronin und dazu in der Kuppel wertvolle Fresken mit der Muttergottes im Mittelpunkt, die 1705–1720 von einem unbekannten Maler der Schule von Granada geschaffen wurden (Plaza de la Ermita, tagsüber meist geöffnet).

Maro

Ruhiger geht es im östlich von Nerja gelegenen **Maro** zu. Die Bauern des kleinen Ortes betreiben noch Gemüseanbau auf Terrassenfeldern. Ruinen mehrerer Zuckermühlen zeugen davon, dass hier früher Zuckerrohr verarbeitet wurde. Eine hübsche Promenade mit Straßencafés und Restaurants verläuft am südlichen Ortsrand oberhalb der Felsküste. Von hier aus steigt man steil abwärts zu einer Badebucht.

Die vier Stockwerke des viel fotografierten **Acueducto del Águila** (Adler-Aquädukt) überspannen eine Schlucht nahe der A-340 zwischen Nerja und Maro. Diese spektakuläre Wasserleitung wurde im 19. Jh. erbaut,

Richtig Reisen-Tipp: Strände an den Acantilados de Maro

Östlich von Nerja ist die Felsküste zwischen Maro und La Herradura der wohl reizvollste Abschnitt der Costa del Sol. Mit ihrer Abfolge von Naturstränden und steilen Küstenvorsprüngen, auf denen Piratenwachtürme aus dem 16./17. Jh. noch eine geschlossene Reihe mit Sichtkontakt untereinander bilden, steht sie als **Parque Natural Acantilados de Maro – Cerro Gordo** unter Schutz und darf nicht bebaut werden. In den Felsen klettert noch die ansonsten in Andalusien rare wilde Bergziege. Reizvoll ist die karge Küstenvegetation mit seltenen Arten wie dem Malaga-Strandflieder oder dem Weißen Rosmarin. Schnorchler können unter Wasser Korallen entdecken, und auch die Karettschildkröte wird immer wieder gesichtet.

Von der A-340 zweigen Pisten oder Fußwege zu vier Stränden ab. Ganz im Westen liegt die völlig unerschlossene **Playa de las Alberquillas** (Parkplatz zwischen km 299 und km 300, ab dort auf kurzer Piste zu Fuß). Bei km 300 folgt die besonders idyllische **Cala del Pino.** Ein steiler Pfad führt zu dem einsamen, unberührten Kiesstrand hinab.

Die 400 m lange, kiesige **Playa del Cañuelo** (ausgeschildert zwischen km 302 und km 303) wird gepflegt. Sie ist auf einer 1,5 km langen, für den Privatverkehr gesperrten Piste zu Fuß zu erreichen. Im Juli/August wird ein Jeeptransfer vom Parkplatz an der A-340 angeboten (nur Do–So). Das Strandlokal Puente Playa serviert fangfrischen Fisch und Paella (Juni–Sept. tgl., sonst nur am Wochenende).

Schon zur Costa Tropical gehört die 300 m lange, traumhafte, von Pinien gesäumte **Playa de Cantarriján,** ein offizieller FKK-Strand. An der A-340 zwischen km 304 und 305 beginnt die 1,4 km lange, steile Zufahrtsstraße. Wer lieber hinunterläuft, benötigt ca. 30 Min. Von Mai bis Oktober öffnen ein Verleih für Liegen und Sonnenschirme sowie das Strandlokal La Barraca (Tel. 958 34 92 87), das mit frischem Fisch und Meeresfrüchten sowie Paella aufwartet.

um die damalige Zuckerfabrik von Maro mit Wasser zu versorgen.

Cueva de Nerja

Berühmt ist die **Cueva de Nerja** außerhalb der Stadt. Besucher dürfen den 1400 m langen Rundweg durch die bizarre Tropfsteinhöhle ohne offizielle Begleitung unternehmen. Besondere Beachtung verdient die **Sala del Cataclismo** (Saal des Erdrutsches). Hier löste sich vor Jahrtausenden ein zu schwer gewordener Stalaktit von der Decke und zerbrach am Boden in tausend Stücke. Außerdem birgt der Saal eine 32 m hohe Säule, die aus einem Stalaktiten und einem Stalagmiten zusammengewachsen ist. Aus Knochen- und Werkzeugfunden, die in dem kleinen Museum am Eingang ausgestellt sind, schließen die Wissenschaftler, dass sich erstmals vor rund 25 000 Jahren Steinzeitmenschen in der Höhle niederließen. Bis etwa 500 v. Chr. war die Höhle kontinuierlich bewohnt. Das Grab einer Frau (ca. 6300 v. Chr.) ist in der **Sala del Belén** zu besichtigen. In fast allen Sälen wurden prähistorische Felszeichnungen entdeckt. Bei den älteren handelt es sich um Darstellungen von Pferden, Rindern, Ziegen oder Fischen. Sie werden als ›Jagdzauber‹ interpretiert. Dem Ende der Steinzeit (in Südspanien ca. 6000–4000 v. Chr.) sind stilisierte Zeichnungen menschlicher Figuren in roter Farbe zuzuordnen.

Anfahrt: A-340 bis Maro, dann der Beschilderung noch 2 km bis zur Höhle folgen, Tel. 952 52 95 20, www.cuevadenerja.es, tgl. 10–14, 16–18.30, Juli/Aug. bis 20 Uhr, 6 €).

i **Oficina de Turismo:** Calle Puerta del Mar 2, 29 780 Nerja, Tel. 952 52 15 31, Fax 952 52 62 87, www.nerja.es. Beim Balcón de Europa.

Balcón de Europa: Ehemals wachte hier eine Festung über die Küste bei Nerja

Balcón de Europa: Paseo Balcón de Europa 1, Tel. 952 52 08 00, Fax 952 52 44 90, www.hotelbalconeuropa.com. Gediegene Atmosphäre im 4-Sterne-Hotel. Wunderbar sind die Zimmer mit Meerblick an der Steilküste über dem Strand. Zum Land hin ist es in der Saison umtriebiger. Öffentliche Parkgarage nahebei. Hauseigenes Straßencafé. DZ 119–190 €.
Romántico Casa Maro: Maro, Calle Carmen 2, Tel. 627 95 84 56, Fax 952 52 96 90, www.hotel-casa-maro.com. Villenstil, alle Zimmer mit Meerblick. DZ März–Okt. 94 € (mit Frühstück), Nov.–Feb. 60 € (ohne Frühstück).

Udo Heimer: Calle Andalucía 24/27, Pueblo Andaluz, Tel. 952 52 00 32, www.udoheimer.net, Do–Di 19–23 Uhr, Jan. geschl. Eines der renommiertesten Restaurants der Costa del Sol. Klein, aber fein mit innovativer Küche. Vorspeisen 11–14, Hauptgerichte 19–23, Degustationsmenü 47,90 €.
Casa Luque: Plaza Cavana 2, Tel. 952 52 10 04, www.casaluque.com, Do–Di 19.30–23 Uhr. Alteingesessenes Lokal am Platz hinter der Kirche. Gehobene mediterrane Küche, regional inspiriert, Aussichtsterrasse. Hauptgerichte ab 10, 3-Gänge-Menü ab 30 €.

Baden & Beachen: Ein auch im Sommer relativ wenig frequentierter Strand ist westlich von Nerja die kaum bebaute, grobsandige, ca. 2 km lange **Playa Playazo.** Von Maro aus ist in östlicher Richtung die **Playa de las Alberquillas** (s. S. 371) in 10 Min. zu Fuß zu erreichen.

Frigiliana

Reiseatlas: S. 10, E 3

Das schmucke Bergdorf **Frigiliana** schmiegt sich an den Südabhang der Sierra de Almijara. Ein intaktes Ortsbild mit arabisch anmutendem Flair, blumengeschmückten Häusern und Straßencafés lockt viele Tagesausflügler an. Der ländliche Tourismus ist hier im Kommen! Die Gemeinde ließ alte Verbindungswege zu benachbarten Weilern restaurieren, um das Gebiet für Wanderer interessant zu machen.

Der **Casco Histórico** besteht sozusagen aus zwei Flügeln, dessen westlicher, älterer Teil *(barrio morisco)* wegen der Enge der Gassen zwangsläufig autofrei ist. Aus ihrer Mitte ragt im ehemaligen **Palast der Grafen Manrique de Lara** (16. Jh.) – Lehnsherren von Frigiliana – mit dem **Ingenio Nuestra Señora del Carmen** die einzige Fabrik für Zuckersirup (*miel de caña* = wörtl. Zuckerrohrhonig) auf dem europäischen Festland empor. Dieser wird in Frigiliana seit über 400 Jahren aus dem in der Nähe angebauten Zuckerrohr gewonnen. *Miel de caña* findet für allerlei Süßwaren Verwendung, z. B. für die überall in Andalusien erhältlichen *yemas* (Eidotter, die in den kochenden Sirup gegossen werden).

In romantisierender Form stellen in den Altstadtgassen **Fliesenbilder** Szenen aus der Ortsgeschichte dar, z. B. den vergeblichen Aufstand der Morisken in der Axarquía, der am 11. Juni 1569 ein verlustreiches Ende fand (s. S. 376). Schauplatz der endgültigen Niederlage war der **Peñón** (Felshügel) oberhalb von Frigiliana.

Festival Cueva de Nerja: Ende Juli. Im größten Saal der Cueva de Nerja herrschen optimale akustische Bedingungen. Seit Eröffnung der Höhle 1960 findet das schon fast legendäre Festival alljährlich statt. An mehreren Tagen in Folge werden klassische Konzerte gegeben, Ballett und Flamenco aufgeführt. Montserrat Caballé, José Carreras und Joaquín Cortés sind schon hier aufgetreten. Programme im Touristenbüro von Nerja. Infos: Tel. 952 52 95 20.

Busse: Zentrale Haltestelle an der Avenida de Pescia nahe Plaza Cantadero. Mit *Alsina Graells* nah Málaga, Maro (nur Mo–Fr) und Cuevas de Nerja je ca. stdl., Flughafen Málaga halbstdl., Frigiliana 7–8 x tgl. (nur Mo–Sa), Granada 6 x tgl.

Villa Frigiliana: Calle San Sebastián, 29 003 Frigiliana, Tel. 952 53 33 93, Fax 952 53 33 08, www.ihmhotels.com. Komfortables Landhotel im modernen andalusischen Stil mit 35 Zimmern. Zentrumsnah mit schönem Ausblick über die Landschaft. Rustikales Restaurant (Hauptgerichte 8,50–18,50 €), Cafeteria. DZ über Veranstalter 50–70 €.

Artesanía Frigiliana: Plaza del Ingenio 4. In der ehemaligen Kapelle des

Grafenpalastes (heute Zuckerfabrik, s. S. 373). Der originelle Souvenirladen hält Zuckersirup, Málagawein und Olivenöl, Keramik und Flechtarbeiten bereit.

Semana Santa: Höhepunkt ist am Karfreitag die nächtliche Prozession zu Ehren der Virgen de la Soledad (Jungfrau der Einsamkeit). Nur Frauen in Trauerkleidung und mit Kerzen in der Hand nehmen teil.
Cruces de Mayo: 3. Mai. Anlass für das Fest ist die Auffindung des angeblich wahren Kreuzes Christi in Jerusalem im Jahr 326. Am Vorabend hüllen die Dorfbewohner Wegkreuze in Stoff oder Papier und verzieren sie mit Blumen und Kerzen. Am Festtag begrüßen sie das Sommerhalbjahr mit Krachern und Böllerschüssen.
Fiesta de San Antonio: 13. Juni. Kirmes zu Ehren des Ortspatrons Antonius von Padua. Wallfahrer transportieren die Figur des Heiligen auf einem Ochsenkarren zum *pozo viejo* (alter Brunnen) am Río Higuerón, wo sie den ganzen Tag im schattigen Kiefernwald mit Tanz und Musik verbringen.

Wandern: Zunächst auf altem Pilgerweg, dann durch das Flussbett wird entlang dem Río Higuerón die oberhalb des Dorfes gelegene **Ruine des Gutshofs Cortijo de Roma** erreicht (hin und zurück 3–4 Std.). Eine dreistündige Rundwanderung erschließt den Bergrücken **Cuesta de Chillar** östlich von Frigiliana mit herrlichen Ausblicken. Der örtliche Handel verkauft Kartenmaterial.

Busse: Mit *Alsina Graells* von Nerja 7–8 x tgl. (nur Mo–Sa).
Mit dem Pkw: Zentraler Parkplatz zwischen den beiden Altstadtflügeln unterhalb der Zuckermühle.

Torrox

Reiseatlas: S. 10, E 3
Die 1,5 km lange Promenade Paseo Marítimo de Ferrara säumt den breiten Sandstrand von

Torrox Costa (12 000 Einw.). Der Ort rühmt sich, das »beste Klima Europas« zu haben – besonders mild und ausgeglichen. Neben den üblichen Apartmenthäusern mit Ferienwohnungen im Privatbesitz gibt es auch Hotels der gehobenen Mittelklasse, die in den Katalogen deutschsprachiger Reiseveranstalter zu finden sind. Einige werden auch in den Wintermonaten angeboten.

Torrox Pueblo

Knapp 150 m über dem Meer und 4 km landeinwärts liegt **Torrox Pueblo,** das inzwischen fast mit der Küstenurbanisation zusammengewachsen ist. Der frisch renovierte, aber authentische Dorfkern mit steilen Gassen und hübschen Plätzen ist eine maurische Gründung aus dem 12. Jh. Dort wurde im 16. Jh. die **Ermita Nuestra Señora de las Nieves** im Mudéjarstil errichtet. Die ehemalige Klosterkirche gefällt durch ihre *artesanado*-Holzdecke. Weithin sichtbar ist der prächtige Turm der **Iglesia de la Encarnación,** einer üppigen Barockkirche aus dem 17. Jh.

Schafzucht: früher einer der wichtigsten Wirtschaftszweige Spaniens

Oficina de Turismo: Centro Internacional, Bloque 79 Bajo, 29 793 Torrox Costa, Tel./Fax 952 53 02 25, www.turismotorrox.com. Filiale in Torrox Pueblo, Calle Baja, in einem alten Stadtmauerturm.

Riu Ferrara: Paseo Marítimo de Ferrara, Tel. 952 52 75 94, Fax 952 53 45 26, www.riu.com. 4-Sterne-Hotel, komfortable Zimmer, Suiten und Apartments in mehreren Gebäuden im maurischen Stil, großzügige Garten- und Poolanlage an der Meerespromenade, Animations- und Kinderprogramm, Abendunterhaltung. DZ mit Halbpension 107–191 €, in der Nebensaison auch günstiger.

Virgen de Agosto: 15. August. Zu Maria Himmelfahrt befährt eine bunt geschmückte Bootsprozession das Meer vor dem kleinen Fischerhafen El Morche (am Westrand von Torrox Costa).
Fiesta de las Migas: 4. Advent. Einer Tradition folgend werden in Torrox Pueblo *migas* (in der Pfanne mit Olivenöl und etwas Schinken geröstete Brotkrümel) und *ensaladilla arriera* (»Maultiertreibersalat«) gegessen, ehemals die Speisen der Armen. Dazu fließt reichlich Wein. Beginn der Veranstaltung, an der regelmäßig mehr als 30 000 Menschen teilnehmen, ist gegen 13.30 Uhr.

Im Sommer bietet das Tourismusbüro von Torrox kostenlose geführte **Besichtigungstouren** auf den **Spuren der Araber** (Torrox Pueblo) und der **Römer** (Torrox Costa) an. Die **Ruta Romana** (Römerroute) führt zu den Resten einer Villa am Meer (im Leuchtturmgelände), zu einer Nekropole unterhalb des Balcón Mirador, zu einem Keramikbrennofen am Paseo Marítimo und zu den Ruinen römischer Thermen in der Avenida del Faro.

Busse: Mit *Alsina Graells* bestehen häufige Verbindungen zwischen Torrox Costa und Torrox Pueblo sowie nach Nerja und Málaga.

Durch die Axarquía

Karte: S. 377

Die trotz der Nähe zur Costa del Sol noch sehr ursprüngliche **Axarquía** ist ein schönes Ziel für Tagesausflüge, lohnt aber auch einen mehrtägigen Aufenthalt. Mehrere Gebirgszüge schirmen die Axarquía vor kalten Winden aus dem Landesinneren ab. In dem daher besonders milden Klima gedeihen in den Tälern exotisches Obst, Zuckerrohr und Südwein, an den höher gelegenen Hängen Mandeln – die Ende Februar in Blüte stehen – und Oliven. Der Name der Gegend geht auf die Mauren zurück (arab. *as-shark* = östlich) und bezieht sich wohl auf die geografische Lage im Vergleich zu Málaga.

Tief eingeschnittene Täler durchziehen das Hügelland der Axarquía. Um deren Hänge bepflanzen zu können, legten geschickte maurische Ingenieure Terrassenfelder an und bauten Bewässerungskanäle. Bis heute werden Ackerterrassen und Wasserrinnen genutzt. Die Mauren mussten die Gegend allerdings 1571 nach vergeblichen Aufständen gegen die christliche Obrigkeit verlassen. Mit Christen aus Kastilien wurde die Axarquía neu besiedelt. Dennoch bestimmt nordafrikanisches Flair mit weißen, kubischen Häusern und verwinkelten Gassen das Gesicht vieler Orte.

Wandertouren: Die Sierra de Tejeda war lange Zeit als Schlupfloch für *bandoleros* berüchtigt, die bis Anfang des 20. Jh. die Verkehrswege durch Südandalusien unsicher machten (s. S. 378). Heute steht sie gemeinsam mit zwei angrenzenden, höheren Gebirgszügen als **Parque Natural de las Sierras de Tejeda, Almijara y Alhama** unter Schutz. Das Infobüro von Cómpeta verteilt eine Broschüre mit Wanderbeschreibungen im Naturpark. Topografische Karten 1:25 000 hält Marco Polo (Cómpeta, Calle José Antonio 3) bereit.

Eine sehr lange und anstrengende Tour führt z. B. von Cómpeta zum **Pico del Lucero** (1779 m) in der Sierra de Almijara (mit Rückweg 9–10 Std.).

Cómpeta

Am Fuß der Sierra de Tejeda kann man **Cómpeta** 1 (3500 Einw.) als empfehlenswerten Standort wählen. Der ockerfarbene Mudéjarkirchturm steht in Kontrast zu den weißen, würfelförmigen Häusern mit ihren blauen Gitterfenstern. Cómpeta ist außerdem eine gute Adresse für den Einkauf von Likörwein. Schon die Römer betrieben in dieser Gegend Weinbau. Heute säumen Bodegas die engen Gassen, die zu Weinprobe und Kauf einladen. Auch im Museo del Vino (Avenida de la Constitución) besteht die Möglichkeit zur Verkostung der im Ort aus der Moscatel-Traube hergestellten lieblichen oder herben Tropfen. Dazu kann man Teller mit Serranoschinken oder Käse bestellen (je 6 €).

Oficina de Turismo: Avenida de la Constitución, 29 754 Cómpeta, Tel. 951 51 60 60, Mi–So 10–14 Uhr.

Balcón de Cómpeta: Calle San Antonio 75, Tel. 952 55 35 35, Fax 952 55 35 10, www.hotel-competa.com. Zimmer mit Balkon, großzügig und modern eingerichtet. Im Garten Liegeflächen, Pool, Kinderbecken, Tennisplatz. Besonders hübsch die Bungalows mit eigener Küche. Spanisch-britische Leitung. DZ/Bungalow für 2 Pers. 79, Halbpension ca. 16 € pro Person.

Las Tres Abejas: Calle Panaderos 43/45, Tel. 952 55 33 75, www.lastresabejas.com. Zentral gelegenes Gästehaus. Einfach, aber nett eingerichtet. Nur 4 Zimmer, dafür mehrere Terrassen und ein kleiner Pool. DZ 45 €.

Cortijo Paco: Avenida Canillas 6, Tel. 952 55 36 47, www.cortijopaco.es, Mo außer Fei geschl. Hervorragende spanische Küche, dazu von der Terrasse wunderbarer Fernblick bis zum Meer hin. Hauptgerichte 9–15 €.

Noche del Vino: 15. August. Die ›Nacht des Weins‹ beginnt schon am Vormit-

Axarquía

tag und dauert bis weit in die Morgenstunden. Festprogramm mit Flamenco und sevillianischen Rhythmen auf der zentralen Plaza Almijara.

Busse: 3 x tgl. von/nach Málaga über Torre del Mar.

Archez und Sedella

Noch sehr ursprünglich sind die Bergdörfer Archez und Sedella. In der lieblichen Umgebung gedeihen Ölbäume und Weinreben. Dazwischen verteilen sich scheinbar nach dem Zufallsprinzip weiße Fincas.

Das etwas kleinere **Archez** 2 (370 Einwohner) punktet mit einem wertvollen Architekturrest aus der Zeit der maurischen Nasridendynastie. Das aus Ziegelsteinen erbaute, mit *azulejos* dekorierte Minarett dient heute der Pfarrkirche als Glockenturm.

Unter den rund 500 Einwohnern von **Sedella** 3 befinden sich einige britische und niederländische Residenten, die das hier noch lebendige ›alte Spanien‹ schätzen. Am Hauptplatz vor der kleinen Kirche San Andrés (16. Jh.) stellen typische kleine Cafés Tische ins Freie. Die Bars des Ortes sind für ihre Tapas bekannt. Wichtigste Sehenswürdigkeit ist die Casa del Torréon, ein Herrenhaus aus dem 16. Jh. im Mudéjarstil. Den *torréon* (span., Wehrturm) zieren Renaissancefenster mit Zwillingsbögen.

La Posada Mesón Mudéjar: Archez, Calle Álamo 6, Tel. 952 55 31 06, www.posadamesonmudejar.com. Mit der Renovierung des romantischen Stadthauses (18. Jh.) erfüllten sich Loli und Serafin López einen Traum. Sie dekorierten Zimmer und Restaurant *(Mesón)* liebevoll mit südspanischen Antiquitäten. Gekocht wird mit einheimischen Produkten nach Rezepten der Großmutter. DZ ca. 50 €.

Fiesta San Antón: 17. Januar. Das populärste Fest von Sedella ist dem Patron der Tiere (Antonius Eremita) gewidmet. Einer Tradition folgend segnet der Pfarrer nach der Messe die Reittiere, die den Heiligen bei der Prozession begleitet haben.

La Viñuela

Eine schmale, kurvenreiche Straße führt von Sedella in das Tal des Rio de Vélez hinab. Dort erstreckt sich **La Viñuela** 4, dessen Name sich auf die zahlreichen kleinen Weinberge (span. *viña*) bezieht, die bis vor wenigen Jahren noch die Hänge rund um den Ort bedeckten. Inzwischen wurden die Rebstöcke weitgehend durch Avocado- und Orangenbäume ersetzt. La Viñuela lag früher an der Pflasterstraße, die Vélez-Málaga mit Granada verband und die sich in der heutigen schmalen Dorfstraße widerspiegelt. Dort steht neben der Pfarrkirche noch die Venta de Viña, Wirtshaus und Herberge für die Reisenden im 18. Jh. Geblieben ist eine kleine Bar, die sich bei den älteren Männern des Ortes großer Beliebtheit erfreut.

Westlich des Ortes staut sich mit der **Presa de La Viñuela** eine der größten Talsperren Spaniens. Das Wasser des Río Guaro und einiger seiner Zuflüsse wird hier zur Trinkwasserversorgung und Bewässerung der östlichen Costa del Sol gesammelt. Vielen Einheimischen ist der See im Sommer als ruhigere Alternative zu den stark frequentierten Stränden am Meer willkommen. Motorisierter Wassersport ist verboten, Segeln ohne Motor, Surfen und Kanufahren hingegen erlaubt. Am Westufer gibt es einen Campingplatz und zwei beliebte Ausflugsrestaurants.

Rural La Viñuela: A-335 Vélez-Málaga – Alhama, Tel. 952 51 91 93, Fax 952 51 92 82, www.hotelvinuela.com. 4 Sterne, hübsch am Ostufer des Stausees gelegen. Die verspielte Architektur erinnert an arabische Paläste. 37 elegante Zimmer, drei Restaurants, weitläufiger Garten, Spa-Bereich. Bei Golfern beliebt, die von hier aus mehrere Plätze bequem per Auto erreichen können. DZ 94–118, Junior-Suite 114–128, Halbpension 25 € pro Person.

Periana

Weiter flussaufwärts gilt das von weitläufigen Ölbaumplantagen umgebene **Periana** 5 als wichtiges Zentrum der Olivenölproduktion. 1884 wurde der Ort durch ein starkes Erdbeben völlig zerstört. Die heutige Bebauung ist also relativ jungen Datums. Ende des 19. Jh. wurde die sehenswerte Pfarrkirche San Isidro Labrador im Neomudéjarstil erbaut, einer seinerzeit in Spanien sehr populären Bauweise, die an maurische Vorbilder anknüpfte. Aus dieser Zeit stammen auch einige elegante Wohnhäuser im Zentrum.

Etwa 2,5 km nördlich von Periana liegt der Weiler **Baños de Vilo** 6. Über den Terrassen der hübschen, in Reihen angeordneten Häuser ranken Wein und Jasmin. Seine Heilquelle, die in ein bereits in maurischer Zeit angelegtes Badebecken sprudelt, machte den kleinen Ort berühmt. Das mineralreiche Wasser ist angenehme 21 °C warm und speziell gegen Hautkrankheiten angezeigt. Im 18. und 19. Jh. avancierte Baños de Vilo zu einem der bedeutendsten Badeorte Andalusiens. 1828 eröffnete ein Kurhaus mit Gästezimmern, das allerdings 1907 durch einen Erdrutsch zerstört wurde. Derzeit lässt die Gemeinde die Badeanlage restaurieren.

Casa Aguadero: Tel./Fax 952 11 50 83, 29 710 Periana, www.aguadero.com. Familiär geführt von dem Schweizer André Müller und seiner Frau Verena. Leckere Küche, persönliche Tipps, geführte Wandertouren. Hoch über Periana inmitten von Mandelplantagen. Gartenterrassen mit wunderschönem Ausblick zum Mittelmeer, Biopool mit klarem Quellwasser. DZ 70 €. Auf Wunsch wird das ganze Haus vermietet (bis 10 Personen, eine Woche 790 €).

Casas Rurales Cantueso: 29 710 Periana, Tel. 699 94 62 13, www.cantueso.net, Nov. geschl. Zehn rustikal gestaltete Ferienhäuser mit Kamin für bis zu 5 Personen gruppieren sich zu einer Art Finca. Pool, Fahrradverleih, kleiner Laden. Im angeschlossenen Restaurant regionale Hausmannskost. Haus für 2 Personen 55–80 € je nach Aufenthaltsdauer. Hunde können auf Anfrage mitgebracht werden (5 € pro Nacht).

Cooperativa San Isidro: Calle Carrascal 3 (nahe der Kirche). Hervorragende Adresse für *aceite de oliva virgen extra* (Olivenöl aus erster Pressung; 1 l ca. 3,20 €). Das Öl aus Periana ist milder im Geschmack als andernorts in Andalusien.

Fiesta San Isidro Labrador: 15. Mai. Während die Statue des Ortspatrons durch die Straßen von Periana getragen wird, werfen die Umstehenden Blumen und Weizenkörner auf die Prozession.

Alfarnatejo und Alfarnate

Bei den beiden von wildromantischer Berglandschaft umgebenen Orten **Alfarnatejo** und **Alfarnate** (beide 7) handelt es sich mit 858 bzw. 925 m um die höchstgelegenen Dörfer der Axarquía. In Alfarnate bietet sich eine der ältesten Gaststätten Andalusiens zur Einkehr an.

Antigua Venta de Alfarnate: Ctra. Alfarnate–Loja, Tel. 952 75 93 88, Di–Do u. So 11–19, Fr/Sa 11–24 Uhr. Urige Schänke an der Straße zum Alazorespass, seit 1690 wichtige Raststation für Reisende. Nicht sel-

Arabische Einflüsse – bis ins Detail

ten sollen sich früher auch die *bandoleros* (s. S. 376) hier sehen gelassen haben. Vielleicht speisten schon sie das Traditionsgericht *huevos a la bestia* (gemischtes Grillgericht mit Eiern nach ›Lasttierart‹, 9 €).

Riofrío

Wer von Alfarnate die kurvenreiche Fahrt über den 1040 m hohen **Puerto de Alazores** nicht scheut, gelangt durch reizvolle Berglandschaft nach **Riofrío** 8. Der Name des kleinen Ortes (kalter Fluss) deutet schon an, dass hier ideale Lebensbedingungen für Forellen herrschen. Elf (!) Restaurants, die sich am Wochenende mit einheimischen Ausflüglern füllen, bieten sie in verschiedensten Zubereitungsformen an. Auch Stör *(esturión)* kommt aus der hiesigen Fischzucht. Ein ausgeschilderter Spazierweg führt zur Quelle *(nacimiento)* des Riofrío.

Der **Centro de Interpretación Medioambiental** zeigt in der nostalgischen Villa Carmen eine Ausstellung zur örtlichen Umwelt und dient als touristisches Informationsbüro (Plaza de San Isidro, 18 313 Riofrío, Tel. 958 32 11 56, Winter Di–Fr 12–14, 16–18, Sa/So/Fei 11–14, 15–17, Sommer Di–Fr 12–14, 18–20, Sa/So/Fei 12–14, 18–21 Uhr, Ausstellung 1 €).

Piscifactoría Riofrío: Camino de la Piscifactoría 2, Tel. 958 32 26 21. Kaviar und Räucherfilet vom Stör, geräucherte Forellen, ökologisch produzierte Fischpasten und Pasteten.

Kulinarisches aus Colmenar: Wer von Periana Richtung Westen zur Autovía A-15 fährt, kann einen Einkaufsstopp in **Colmenar** 9 einlegen. Am Zubringer zur nördlichen Umgehungsstraße A-356 befindet sich dort eine große Verkaufsstelle für die Produkte der Axarquía: Olivenöl, Wein, Rosinen, Mandelgebäck. Aus Colmenar selbst kommen fantastische *embutidos* (Wurstwaren) und Bienenhonig, dessen Gewinnung hier auf eine jahrhundertelange Tradition zurückblickt. Folgerichtig bedeutet Colmenar auch so viel wie Bienenstock.

Abstecher nach Almáchar und Comares

Karte: S. 377

Zwei Dörfer in den Bergen oberhalb von Vélez-Málaga, die zur historischen Landschaft der Axarquía gehören, lohnen einen Besuch.

Comares

Überragt wird die weithin sichtbare, spektakulär auf einem Felsplateau sitzende Ansiedlung **Comares** 10 von der Ruine des **Castillo** auf dem 720 m hohen Gipfel des Berges. In maurischer Zeit hatte es die Funktion eines Wachturms, wovon auch der Name zeugt (arab. *qumaris* = Bergfestung). Die Straße endet an der **Plaza Balcón de la Axarquía.** Vom dortigen Mirador schweift der Blick in die Ferne bis zur Sierra de Tejeda und zum Mittelmeer. Die Bewohner von Comares erinnern gern an die arabische Vergangenheit, die im Ort in vielerlei Hinsicht noch lebendig ist. In dem engen Gassenlabyrinth verdienen die ornamentalen Bodenmosaiken Beachtung. Fußstapfen sind in Form von glasierten Fliesen in den Gehweg eingelassen. Sie markieren eine interessante Runde, die zunächst durch die Calle del Perdón (Straße der Gnade) führt, wo nach der Reconquista 30 maurische Familien getauft wurden, die daraufhin im Ort verbleiben durften.

Weitere Stationen sind die auf einer Moschee errichtete Mudéjarkirche **Nuestra Señora de la Encarnación** (1505), die hübsche **Plaza de los Verdiales,** auf der Dorffeste abgehalten werden, und die **Calle de los Arcos** mit zwei für die maurische Architektur typischen, aus Ziegelsteinen gemauerten Stützbögen.

Die in Comares ansässigen Bauern bewirtschaften ihre Ölbaum- und Mandelplantagen oft noch traditionell mit Esel oder Maultier. Ihre Freizeit verbringen sie gern in den typischen Bars, eingekauft wird in winzigen Tante-Emma-Läden *(tiendas)*.

Oficina de Turismo: nahe Plaza Balcón de la Axarquía, 29 195 Comares, Tel. 952 50 92 33.

Molino de los Abuelos: Plaza Balcón de la Axarquía 2, Tel. 952 50 93 09, Fax 952 21 42 20. Winziges Hotel in 100-jähriger, liebevoll restaurierter Ölmühle. Verkauf des Olivenöls **Torre de Comares,** von der Besitzerfamilie Díaz Hermoso abgefüllt. ›Müllerfrühstück‹ aus Toast mit Olivenöl, Orangensaft und Kaffee. DZ 55–85 €.

Wanderwege: In der Umgebung von Comares sind mehrere Wanderwege ausgewiesen und markiert, z. B. die **Ruta Fuente Gorda** oder die **Ruta de Buenavista.** Infos im Tourismusbüro (s. o.).

Busse: 1 x tgl. von/nach Málaga.

Almáchar

Umflossen von zwei Bächen liegt der Ort **Almáchar** 11 in einem feuchten Wiesental, in dem Gemüse und Obst gedeihen. Vor allem aber ist er ein wichtiges Zentrum der Rosinenerzeugung, von der 90 % der Bewohner direkt oder indirekt leben. Charakteristisch sind die *paseros,* Flächen, auf denen die Trauben nach der Ernte im August etwa drei Wochen zum Trocknen ausgebreitet werden. Über den Herstellungsprozess informiert anschaulich das in einem Bauernhaus untergebrachte **Museo de la Pasa** (Rosinenmuseum) an der Plaza Santo Cristo (Sa/So 9–14, 17–20 Uhr, Mo–Fr nur nach Anmeldung unter Tel. 952 51 20 02, Eintritt frei).

Die arabische Vergangenheit scheint vor allem im **Barrio de las Cabras** (Ziegenviertel) lebendig, dem verwinkelten ältesten Teil von Almáchar. In typisch andalusischer Manier sind die weißen, kubischen Häuser mit Blumen geschmückt. Die spätgotische **Iglesia San Mateo** (16. Jh.) wurde mit Renaissanceelementen versehen. Den Hochaltar ziert der »Cristo de la Banda Verde«, eine von den Dorfbewohnern hoch verehrte Christusfigur. Ein Panoramablick nach Süden bietet sich von der restaurierten Gartenlandschaft **Jardines de El Forfe.**

Am Río Almáchar liegt der Eingang zur **Cueva del Moro** (Maurenhöhle). Um sie rankt sich eine Legende: Die Mauren sollen 1497 auf der Flucht vor den christlichen Eroberern einen reichen Schatz aus Gold und Juwelen in der Höhle zurückgelassen haben, der nie gefunden wurde. Die genaue Lage des Verstecks war längst in Vergessenheit geraten, als sich 1537 christliche Siedler in Almáchar niederließen, in dem Jahr, für das die erste Taufe im Ort schriftlich bezeugt ist.

Vélez-Málaga

Karte: S. 377

Durch das tropisch anmutende Tal des Río Benamargosa geht es gen Meer, vorbei an Plantagen mit allerlei exotischen Obstkulturen. Die Landwirte ernten hier Avocados, aber auch Cherimoyas, Mangos, Loquats und Zitrusfrüchte.

Etwas abseits vom trubeligen Küstenleben bewahrte sich die gepflegte ›weiße Stadt‹ **Vélez-Málaga** 12 eine lebendige Ursprünglichkeit. Viele nette Geschäfte und Boutiquen verstecken sich im arabisch anmutenden Gassengewirr der Altstadt *(Barrio de la Villa).* Die Hauptkirche **Santa María la Mayor** (16. Jh.) glänzt mit Elementen des Mudéjarstils. Nahe der Stadtmauer birgt die **Iglesia de San Juan** (ebenfalls 16. Jh.) in ihrem Inneren Holzskulpturen von Pedro de Mena aus dem 17. Jh. Die restaurierte Ruine einer **arabischen Burg** erhebt sich auf dem bewaldeten Hügel über der Altstadt.

Palacio de Beniel

Wichtigster Profanbau der Stadt ist der (ausgeschilderte) **Palacio de Beniel,** ein eleganter Renaissancepalast. Alonso de Molina y Medrano, einflussreicher Berater König Philipps II., gab ihn Anfang des 17. Jh. in Auftrag, erlebte aber die Fertigstellung nicht mehr. Seine Erben, die Grafen Beniel de Murcia, nutzten den Palast nie selbst, sondern stellten ihn den Generalkapitänen der Costa de

Granada zur Verfügung. Heute ist er Sitz der **Fundación María Zambrano.** Die Stiftung veranstaltet im Innenhof regelmäßig Kunstausstellungen und Konzerte.

Ermita de los Remedios

An den Palacio de Beniel grenzt die beliebte **Plaza de la Gloria.** Von hier kann man zum **Cerro de San Cristóbal** hinaufsteigen. Auf dem Hügel thront die **Ermita de los Remedios** (17. Jh.), in der ein hoch verehrtes Marienbildnis aus Granada (16. Jh.) aufbewahrt wird. Der einheimische Künstler Evaristo Guerra (geb. 1942) verzierte in elfjähriger Arbeit ihre Wände und Decken mit wunderschönen naiven Fresken, ein Werk, das 2006 vollendet wurde. Die bemalte Fläche ist mit 1150 m² um 300 m² größer als die der Sixtinischen Kapelle in Rom mit den berühmten Fresken von Michelangelo. In leuchtenden Farben ist die Landschaft rund um Vélez-Málaga dargestellt, wie Guerra sie noch aus seiner Kindheit in Erinnerung hatte. Traditionelle Figuren wie Töpfer, Korbflechter, Olivenpflanzer, Bäcker, Zuckerrohr-Erntearbeiter bevölkern die Bilder. Den krönenden Abschluss stellen Szenen aus dem Marienleben dar.

Dila: Av. Vivar Téllez 3/Plaza de San Roque, 29 700 Vélez-Málaga, Tel. 952 503 900, www.hoteldila.com. Modernes Hotel in zentraler Lage. Zimmer schlicht, aber praktisch eingerichtet. DZ 50–66 €.

Real Feria de San Miguel: um den 29. September. Hervorgegangen aus einer Viehmesse, die 1842 erstmals abgehalten wurde. Mehrtägiges Programm mit Prozession, Feuerwerk, Stierkampf, Sportwettbewerben und Auftritten von Verdialesgruppen in ländlichen Trachten. *Verdiales* ist ein arabisch anmutender Gesang zum Tanz, älter als der Flamenco, begleitet durch zahlreiche Saiteninstrumente und Trommeln.

Straßenbahn: Verkehrt häufig zwischen Vélez-Málaga und Torre del Mar. **Busse:** Busbahnhof an der Straße Richtung Torre del Mar. Alle 30 Min. von/nach Málaga.

Torre del Mar

Karte: S. 377

Torre del Mar 13 ist eine recht große Feriensiedlung. Hotels gibt es kaum, dafür viele Hochhäuser mit Zweitwohnungen, die meisten im Besitz wohlhabender Spanier. Das Niveau der Lokale und Geschäfte ist gehoben. Dies gilt auch für das große Einkaufszentrum El Ingenio an der Straße nach Vélez-Málaga. Weiter westlich liegt der Strand von **Benajarafe.** Die niedrige Bebauung hinter der Promenade besteht dort aus einfachen Apartmenthäusern und Hostales.

Zwischen Torre del Mar und Benajarafe, im Mündungsbereich des Rio Vélez, blieb die **Playa de Almayate** erstaunlich unberührt. Gemüse- und Zuckerrohrfelder grenzen an diesen Strand, den gern Individualisten aufsuchen. In dieser Zone erforschen Wissenschaftler die phönizische Kolonisation ab dem 8. Jh. v. Chr. Die Grabungen sind bereits recht weit fortgeschritten, und die Gemeinde Vélez-Málaga plant die Einrichtung eines Archäologischen Parks.

Oficina de Turismo: Av. de Andalucía, 29 740 Torre del Mar, Tel. 952 54 11 04.

Pensión Esperanza: Benajarafe, Ctra. A-340 km 261, Tel. 952 51 31 23. Nette Zimmer mit Balkon und großenteils Meerblick, Pool. DZ 40–65 €.

Cueva del Tesoro

Karte: S. 377

Einmalig in ihrer Art in Europa ist die **Cueva del Tesoro** 14 (Schatzhöhle) bei **Rincón de la Victoria,** auch unter dem Namen Cueva del Higuerón bekannt. Die Karsthöhle entstand unter Wasser und hob sich später durch tektonische Kräfte über den Meeresspiegel. Strömungen und Brandung frästen mehrere Kammern ins Kalkgestein. Harte Gesteinspartien, die das Salzwasser nicht auflösen konnte, blieben als Säulen und Mauern stehen. Als dann Süßwasser eindrang, bilde-

Der andalusische Osborne-Stier: Inzwischen zum Symbol für ganz Spanien mutiert

ten sich zusätzlich die aus Tropfsteinhöhlen bekannten Stalaktiten und Stalagmiten.

Um die Cueva del Tesoro ranken sich mehrere Legenden. So soll sie in der Antike eine Opferstätte für die Mondgöttin Noctiluca (Leuchterin der Nacht) gewesen sein. 86 v. Chr. hielt sich angeblich der römische Politiker Marcus Crassus acht Monate lang in der Höhle versteckt, nachdem er vor den Konsuln Marius und Cinna nach Spanien flüchten musste. Umstrittene Immobiliengeschäfte machten Crassus später zum reichsten Mann Roms.

Vor allem aber wird die Cueva del Tesoro mit einem Schatz in Verbindung gebracht, den möglicherweise der Almoravidenherrscher Tasufin ibn Ali im 12. Jh. hier verstecken ließ. Im 17. Jh. tauchte dieses Gerücht erstmals in schriftlicher Form auf. Seither versuchten immer wieder Schatzsucher ihr Glück. Ein Schweizer kam 1847 bei dem Versuch, zugemauerte Teile der Höhle aufzusprengen, ums Leben. Außer sechs Münzen aus almoravidischer Zeit und einigen arabischen Keramikscherben wurde allerdings nie etwas gefunden (El Cantal, westlich Rincón de la Victoria, Tel. 952 40 61 62, www.rincondelavictoria.es, nur geführte Besichtigungen, vormittags ganzjährig 10.45, 11.30, 12.15, 13, nachmittags 15. Juni–15. Sept. 16.45, 17.30, 18.15, 19, 16. Sept.–14. Juni 15.45, 16.30, 17.15 Uhr, 4,25 €.

Richtig Reisen-Tipp: In den Parque Natural Montes de Málaga

Kiefernwälder bedecken den Westteil des Gebirgszugs **Montes de Málaga** 15 (Reiseatlas: S. 10, D 3), der zum Naturpark erklärt wurde. Unmittelbar vor den Toren der Stadt Málaga leben hier einige seltene Tierarten (Wildkatze, Königsuhu, verschiedene Adlerarten u. a.). Auch das Gemeine Chamäleon ist anzutreffen, die einzige europäische Chamäleonart, die außer in Südspanien noch in Nordafrika und Vorderasien heimisch ist. Im Gebiet gibt es Picknickplätze und ausgewiesene Wanderrouten, die am Wochenende stark von einheimischen Ausflüglern frequentiert werden. An Werktagen ist es im Parque Natural Montes de Málaga erstaunlich einsam.

Die landschaftlich reizvolle Passstraße A-7000 (C-345) führt von Málaga am Ostrand des Naturparks entlang über den **Puerto del León** (900 m) nach Colmenar. Ihr Beginn ist in Málaga nicht ganz einfach zu finden. Am besten folgt man von der Autovía-Ausfahrt 244 (Limoner) den Schildern Richtung »Hotel Humaina« und fragt im Zweifelsfall nach dem »Camino Colmenar«.

Die genügsamen Aleppokiefern der Montes de Málaga wurden erst in den 1930er-Jahren gepflanzt. Sie halten das winterliche Regenwasser fest, das zuvor ungehindert die Hänge hinabgeschossen war und immer wieder Hochfluten des Río Guadalmedina mit zerstörerischen Folgen in Málaga verursacht hatte. Dieses Problem bestand seit der Reconquista, als die natürlichen Wälder der Montes de Málaga abgeholzt wurden, um Platz für den Anbau von Wein und Ölbäumen zu schaffen. Der Befall der Weinberge durch die Reblaus zwang nach 1877 viele Winzer zur Aufgabe ihres Betriebs und machte den Weg für die Aufforstung frei. Heute bemüht sich die Naturparkverwaltung, die eigentlich heimischen Baumarten (Steineiche, Korkeiche, Erdbeerbaum) wieder anzusiedeln.

Von den *lagares* – den Häusern der Winzer, in denen sie lebten und auch ihren Wein produzierten und verkauften – blieben nur wenige in gutem Zustand erhalten. Schönstes Beispiel ist der idyllisch in einem bewaldeten Tal jenseits des Puerto del León gelegene **Lagar de Torrijo** von 1843. Das strahlend-weiße Gebäude hat heute ein volkskundliches Museum bezogen. Jeden September nach der Weinlese wird hier demonstriert, wie das traditionelle Pressen der Trauben vonstatten ging.

Am Lagar de Torrijo startet ein 5 km langer **Rundwanderweg,** den eine Infotafel beschreibt (Lagar–Museo Etnológico Torrijo: 1,7 km lange Zufahrt ab A-7000 zwischen km 14 und 13, Do–So 10–16 Uhr, Mo–Mi und z. T. im Winter geschl.).

Humaina: 3,8 km lange Zufahrt ab A-7000 bei km 15 (Fuente de la Reina), Tel. 952 64 10 25, Fax 952 64 01 15, www.hotelhumaina.es. Entspannung mitten im Wald verspricht das ökologisch geführte, romantische Haus am Westabhang der Montes de Málaga. Mediterran dekorierte Zimmer, Bibliothek mit Kamin, Sonnenterrasse mit Pool, Gratisfahrräder. Regionaltypische Küche mit Obst und Gemüse aus dem eigenen Garten. DZ 73–79 €.

Fuente La Reina: A-7000, km 15. Einfaches Lokal beim gleichnamigen, üppig dekorierten Brunnen mit Tischen vor dem Haus. Serviert kleine Gerichte, z. B. *bocadillos* mit *embutidos* (Schinken- und Wurstwaren) aus Colmenar oder mit Manchegokäse, auf Wunsch mit traditionell gewonnenem Olivenöl aus der Region beträufelt (je ca. 2 €).

Picknick/Wanderung: Oberhalb vom Hotel Humaina liegt der schöne Picknickplatz **El Cerrado.** Daneben startet der **Sendero El Cerrado,** ein knapp 3 km langer Rundweg (ca. 1,5 Std., mittelschwer) über den **Mirador del Cochino** mit schönem Blick auf Málaga. Eine Tafel zeigt den Wegverlauf.

Almería und Umgebung

Cityplan S. 388/389, Karte S. 401

Rau, aber keinesfalls abweisend empfängt der Osten Andalusiens seine Besucher. Die Hafenstadt Almería wirkt wie eine Oase inmitten der sie umgebenden Wüstenlandschaft. Lange Dünenstrände sind oft völlig naturbelassen, vor allem am Cabo de Gata, der größten Vulkanlandschaft Festlandspaniens. Ein Paradies für Wanderer ist die wenig besuchte Sierra María.

Almería

Cityplan: S. 388/389, **Reiseatlas:** S. 12, D 3

In der Provinzhauptstadt (177 000 Einw.) ist das Spanien vergangener Jahrzehnte noch lebendig. Sie bietet zwar verhältnismäßig wenige Attraktionen und wird dementsprechend selten von Touristen besucht, wirkt aber authentisch. Schon in der Bronzezeit gab es hier dank der Zinnvorkommen im Hinterland einen bedeutenden Hafen. Phönizier und Griechen nutzten ihn, die Römer bauten ihn zum *Portus Magnus* (Großer Hafen) aus.

Unter dem ersten Kalifen des Westens, Abd ar-Rahman III., erreichte der zwischenzeitlich in Vergessenheit geratene Ort im 10. Jh. neuen Glanz und hieß nun *Al Mariya* (Spiegel des Meeres). Arabische Händler verschifften von hier Rosinen und Seide ins östliche Mittelmeer. Im 11. Jh. war Almería Sitz eines *taifa*-Reiches, das von Valencia bis Córdoba reichte. 1091 jedoch eroberten die Almoraviden die Stadt und vernachlässigten sie in der Folgezeit. Almería diente fortan als Rückzugspunkt für Seeräuber. Später gehörte der Ort zum Nasridenreich, 1489 übernahmen die Katholischen Könige das Kommando.

Im 19. Jh. stieg Almería zum Ausfuhrhafen für Eisenerz auf, das bis heute – allerdings nur noch in geringen Mengen – im Hinterland abgebaut wird. Seit den 1980er-Jahren gilt Almería vor allem als Umschlagplatz für Obst und Gemüse.

Catedral Fortaleza

Ein Erdbeben zerstörte 1522 weite Teile der Stadt. Ihm fiel auch die arabische Freitagsmoschee mit ihren 800 Säulen zum Opfer. An deren Stelle begannen die neuen christlichen Bewohner von Almería zusammen mit dem Architekten Diego de Siloé zwei Jahre später mit dem Bau ihrer gewaltigen **Festungskathedrale** 1. Das gotische Kreuzrippengewölbe stammt aus dieser Zeit. Da der Bau vor den Überfällen maurischer Piraten Schutz bieten sollte, erhielt er Festungscharakter. Den südlich angrenzenden, dem Meer zugewandten Kreuzgang umschließen fensterlose Mauern. Die fünf runden Wehrtürme waren früher mit Kanonen bestückt.

Schmuckreichen Renaissancestil zeigen das Hauptportal im Norden und das Westportal Puerta de los Perdones, durch das man die Kirche betritt – beide von Juan de Orea. Er setzte ab Mitte des 16. Jh. die Bauarbeiten fort. Sehenswert ist auch das von ihm geschnitzte Chorgestühl von 1558 aus Nussbaumholz mit kuriosen Figurenreliefs, die neben Heiligen, Königen und kirchlichen Würdenträgern auch Menschen aus der einfachen Bevölkerung abbilden (Plaza de la Catedral, Tel. 697 56 24 28, Mo–Fr 10–16.30, Sa 10–13 Uhr, So/Fei keine Besichtigung, 2 €).

La Medina

Westlich der Calle de la Reina dehnt sich das Viertel **La Medina** (auch Almedina) aus, der

Mit den Autoren unterwegs

Sehen und gesehen werden

Der **Paseo de Almería** ist die Flaniermeile schlechthin, wo sich die feingemachte Gesellschaft der Provinzhauptstadt zeigt. Schattige Straßencafés laden zur Rast ein. Abends verlagert sich das Geschehen in den Jachthafen von **Aguadulce,** wo witzige Bars und Pubs ein gemischtes Publikum aller Altersgruppen anlocken (s. S. 387 und 392).

Wild wild West

Filmdörfer: In Europas einziger Wüste, dem Desierto de Tabernas, bieten drei Kulissendörfer kontrolliertes Abenteuer für alle, die schon immer einmal live in einem Western mitmischen wollten (s. S. 394 f.).

Höhlenforscher

Cuevas de Sorbas: Die in ihrer Art so ziemlich einmalige Karsthöhle in Gipsgestein blieb praktisch unerschlossen. Wie ein Höhlenforscher kann man sie mit Schutzhelm und Stirnlampe erkunden (s. S. 396).

Cueva de los Letreros: Als Kulturerbe der Menschheit wies die Unesco den prähistorischen Kultplatz bei Vélez-Blanco aus. Stein- und bronzezeitliche Jäger schufen hier 86 sehr unterschiedliche Felszeichnungen im sogenannten Levantestil (s. S. 406).

Lecker, Fisch!

Isleta del Moro: In der winzigen Fischersiedlung sitzt man im gleichnamigen Lokal direkt am Wasser. Spezialität ist *cuajadera,* eine Fischplatte (s. S. 400).

Garrucha: Im größten Fischereihafen der Region werden vor allem Muscheln und Garnelen angelandet. In den Restaurants an der Uferstraße kommen sie in verschiedensten Zubereitungsformen auf den Teller (s. S. 404).

Wo Adler und Geier kreisen

Sierra María: In dem schroffen, felsigen Bergzug hat die Naturparkverwaltung attraktive Wanderwege ausgewiesen und markiert (s. S. 404 ff.).

älteste Teil der Stadt. Der Verlauf der Straßenzüge entspricht noch dem arabischen Almería. Dessen Hauptstraße war die Calle de la Almedina, heute gesäumt von barocken Stadtpalästen, von denen viele auf ihre Renovierung warten. Sie führt Richtung Westen zur **Iglesia de San Juan** 2 (17. Jh.). Hier hatte bis zum Erdbeben von 1522 die maurische Hauptmoschee aus dem 10./11. Jh. gestanden. Vor einigen Jahren wurden Reste von ihr an der inneren Südwand der Kirche entdeckt: Teile der Quiblawand, welche die Gebetsrichtung nach Mekka vorgab, mit dem Mihrab. Dessen mit Stuck verzierter Hufeisenbogen zeigt pflanzliche Motive (Plaza del Cristo de la Buena Muerte, Tel. 950 22 07 48, tgl. 16.30–19.30 Uhr, Eintritt frei).

Centro

Die architektonisch schöne, von Arkadengängen gesäumte **Plaza de la Constitución** (auch Plaza Vieja) mit dem Rathaus von 1899 war wegen Restaurierungsarbeiten zur Zeit der Drucklegung bis auf Weiteres abgesperrt. Die Mauren hielten hier ihren städtischen Markt ab. Heute erhebt sich in der Mitte des Platzes ein Denkmal für die *coloráos,* die sich Anfang des 19. Jh. gegen die französischen Besatzer erhoben und dafür 1828 hingerichtet wurden. Ihren Namen – die Farbigen – verdankten sie ihrer roten Kleidung.

Gleich nebenan verläuft die wohl älteste Einkaufsstraße Almerías, **Calle de las Tiendas** (Straße der Läden), mit klassischen alteingesessenen Geschäften. Einen Abstecher in die Calle Real lohnt das **Museo del Aceite de Oliva** 3 der Firma Castillo de Tabernas, das anhand von Originalgerätschaften und eines Videos (u. a. auf Deutsch) umfassend über die Olivenölproduktion informiert, zu einer Probe einlädt und hochwertige Öle zum Kauf anbietet (Tel. 950 62 00 02, www.castil

lodetabernas.net, Mo–Fr 10–14, 17–20.30, Sa 10–14 Uhr, Einlass jeweils zur halben und vollen Stunde, Eintritt frei). Die Calle Tenor Iribarne machen die sehr gut erhaltenen **Aljibes Árabes** 4 (arabische Zisternen) attraktiv. Der *taifa*-König Jairán ließ sie im 11. Jh. an der damaligen Stadtmauer anlegen, um die Wasserversorgung der Bewohner sicherzustellen (Tel. 950 27 30 39, Mo–Fr 9.30–14.30 Uhr, Eintritt frei).

Die Calle de las Tiendas mündet in den Verkehrsknotenpunkt **Puerta de Purchena.** Der Name erinnert an ein ehemaliges Stadttor, an dem El Zagal, der letzte maurische Herrscher, Almería 1489 den Christen übergab. Von hier führt der **Paseo de Almería** als Geschäfts- und Flaniermeile diagonal durch den älteren Teil der Stadt bis zum Hafen. Zurechtgestutzte Birkenfeigen *(ficus)* spenden den beliebten Straßencafés Schatten. Nicht versäumen sollte man unterwegs einen kurzen Abstecher zum **Mercado Central** 5, der Markthalle aus dem 19. Jh. (Rambla del Obispo Orbera/Calle Mercado, Mo–Sa 8–14 Uhr). Die Umgebung der Markthalle bietet sich dank einer Reihe kleiner, preiswerter Lokale für eine Mittagspause an.

Boulevards

Der **Rambla de Belén,** einer breiten, mit Palmen bepflanzten, von Wasserbecken durchzogenen und mit Skulpturen ausstaffierten Allee, fehlt es trotz des erkennbar guten Willens der Stadtväter ein wenig an Flair. Sie folgt einem heute ausgetrockneten Flussarm des Río Andarax und begrenzt die eigentliche Innenstadt nach Osten. Jenseits davon liegen neuere Viertel. Dorthin bietet sich ein Abstecher zu dem 2006 in Bahnhofsnähe eröffneten und sogleich mit einem Architekturpreis ausgezeichneten **Museo Arqueológico** 6 an. Es zeigt Funde aus der prähistorischen Siedlung Los Millares (s. S. 393 f.) und aus der römischen Epoche (Carretera de Ronda 91, Di 14.30–20.30, Mi–Sa 9–20.30, So 9–14.30 Uhr, EU-Bürger gratis, sonst 1,50 €).

Unmittelbar gegenüber dem hübschen, 1893 im neomaurischen Stil errichteten alten Bahnhof lockt das **Centro de Arte** 7 Kunstinteressierte mit wechselnden Ausstellungen an (Plaza de la Estación, Tel. 950 26 96 80, nur zu Ausstellungszeiten: Mo 18–21, Di–Sa 11–14, 18–21, So 11–14 Uhr, Eintritt meist frei).

Zum Hafen hin geht die Rambla de Belén in die kurze Avenida Reina Regente über, die sogleich in den **Parque de Nicolás Salmerón** mündet. Diese parkartig gestaltete Meerespromenade erstreckt sich westwärts am Handelshafen entlang. In östlicher Richtung hingegen trifft man auf den ins Meer ragenden **Cable Inglés** 8, eine Anfang des 20. Jh. von einer englischen Firma gebaute Eisenbahnbrücke, die zum Verschiffen von Eisenerz diente. 1970 außer Betrieb gesetzt, hat sich die schwebende Eisenkonstruktion zum Wahrzeichen von Almería gemausert.

i **Oficina de Turismo de la Junta de Andalucía:** Parque Nicolás Salmerón 11, 04 002 Almería, Tel. 950 17 52 20, Fax 950 17 52 21, www.andalucía.org.
Oficina Municipal de Turismo: Rambla de Belén, 04 004 Almería, Tel. 950 28 07 48.

AM Torreluz IV [1]: Plaza de las Flores 5, Tel. 950 23 43 99, Fax 950 23 47 09, www.amhoteles.com. An einem hübschen kleinen Platz ruhig und doch zentral gelegen, klassisch-elegantes 4-Sterne-Ambiente, komfortable Ausstattung, Terrasse mit Pool. Parkgarage. DZ 60–162 €.
Torreluz II und **Torreluz III** [2]: Plaza de las Flores 2–3, Tel. 950 23 49 99, Fax 950 28 14 28, www.torreluz.com. Am selben Platz die preisgünstigere Wahl. Parkgarage in der Calle Real, also nicht direkt am Haus. DZ 42–95 €.

Torreluz Mediterráneo [3]: Plaza de las Flores 1, Tel. 950 28 14 25, www.torreluz.com/mediterraneo, Mo 13.30–16, Di–Sa 13.30–16, 20.30–23 Uhr. Hervorragendes Restaurant unter Leitung von Stephan Streifinger, der auch schon im Münchener Tantris kochte. Hauptgerichte ca. 15–27 €.
Casa Puga [4]: Calle Jovellanos 7, Tel. 950 23 15 30, www.barcasapuga.es, Mo–Sa 12–16, 20–24 Uhr, So/Fei u. Ende Aug.–Mitte Sept. geschl. Traditionslokal von 1870. Mehr

Almería: Cityplan

Sehenswürdigkeiten

1 Catredral Fortaleza
2 Iglesia de San Juan
3 Museo del Aceite de Oliva
4 Aljibes Árabes
5 Mercado Central
6 Museo Arqueológico
7 Centro de Arte
8 Cable Inglés
9 Alcazaba

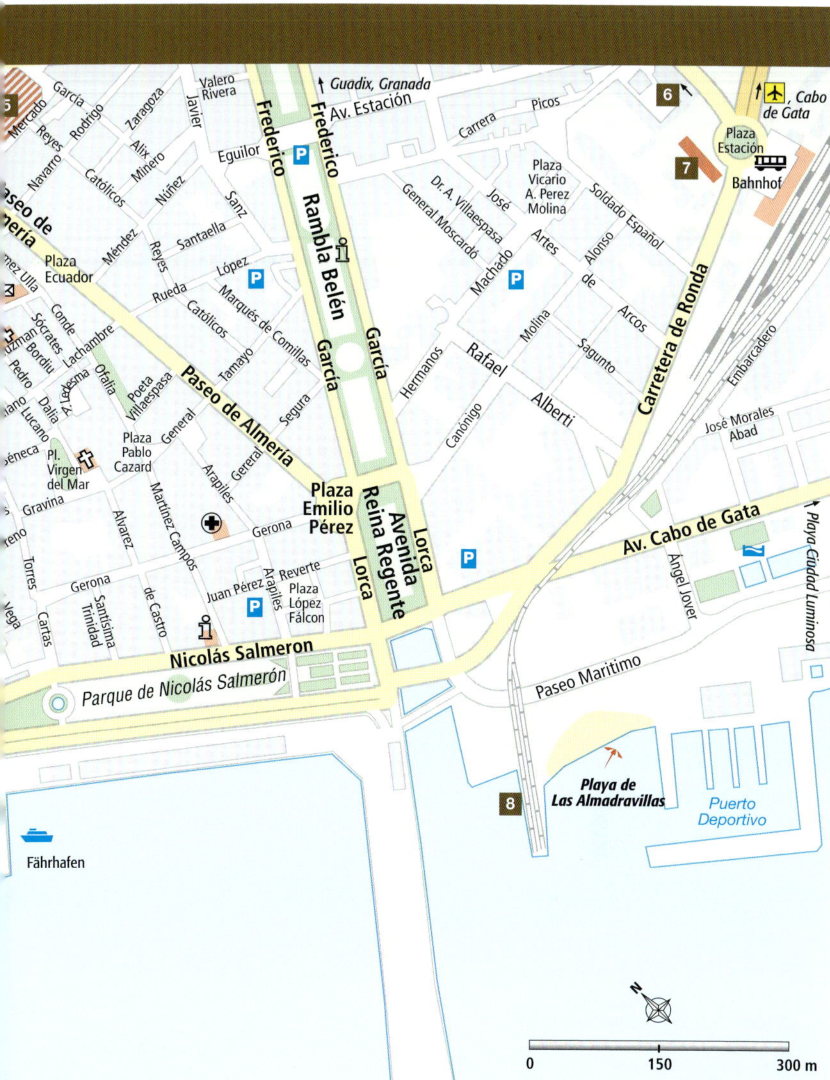

Übernachten

1. AM Torreluz IV
2. Torreluz II/Torreluz III

Essen und Trinken

3. Torreluz Mediterráneo
4. Casa Puga

Richtig Reisen-Tipp: Die Alcazaba von Almería

Die **Alcazaba** 9 von Almería ist die größte und eine der eindrucksvollsten maurischen Burgen in Andalusien. Vom ersten Kalifen Abd ar-Rahman III. schon im 10. Jh. gegründet, soll sie ebenso prächtig wie die Alhambra in Granada gewesen sein. Seit dem 19. Jh. verfiel sie jedoch. Ihr heutiges Aussehen verdankt sie jüngeren Restaurierungsarbeiten.

Der gewaltige Komplex nimmt auf einem 90 m hohen Hügel am Westrand der Altstadt eine Fläche von rund 35 000 m² ein. Im Angriffsfall fanden 20 000 Bewaffnete und Schutzsuchende in ihren Mauern Platz. Auch in christlicher Zeit trat die Alcazaba noch mehrfach in Funktion. So rannten 1567 die aufständischen *moriscos* aus der Alpujarra vergeblich gegen sie an.

Die Festung besteht aus einem dreifachen Mauerring, der mit Wehrtürmen bestückt ist. Hinter dem unteren Ring befinden sich heute attraktive Grünanlagen. Am Ostrand bauten die Christen den **Baluarte de Saliente** an. Von dem Bollwerk bietet sich ein schöner Blick über die Stadt. Die Glocke der **Torre de la Vela** (17. Jh.) schlug im Angriffsfall Alarm, verkündete aber auch Beginn und Ende der Nachtruhe und die Bewässerungszeiten. Innerhalb des zweiten Mauerrings lagen die maurischen Palastbauten. Geblieben sind fast nur Ruinen, darunter diejenigen zweier Badeanlagen. Daneben erhebt sich die Mudéjarkapelle **Ermita de San Juan.**

Die **Ventana de la Odalisca** (Fenster der Haremsdame) soll Schauplatz einer tragischen Liebesgeschichte gewesen sein: Angeblich hatte sich Galiana, eine Konkubine des Maurenherrschers, in einen auf der Burg gefangen gehaltenen Christen verliebt. Als sie mit ihm fliehen wollte, wurden die beiden beim Abseilen aus dem Fenster gestellt. Galiana zog man wieder hinauf, ihr Geliebter stürzte sich in den Tod. Doch wenige Tage später starb auch sie – wohl an gebrochenem Herzen.

Der oberste Bezirk, ein umfriedeter **Waffenhof,** geht auf die Katholischen Könige zurück, deren Wappen an der viereckigen **Torre del Homenaje** prangt. Ein runder Turm, **Torre de la Noria,** trug einst ein Windrad. Es trieb ein Schöpfrad (*noria*) an, das Wasser aus einem 70 m tiefen Brunnen förderte. Am Westrand der Burg steht die **Torre de la Pólvora** (Pulverturm). Von ihr bietet sich ein hervorragender Ausblick (Calle Almanzor, Nov.–März Di–So 9–18.30, April–Okt. Di–So 9–20.30 Uhr, 25. Dez. u. 1. Jan. geschl., EU-Bürger gratis, sonst 1,50 €).

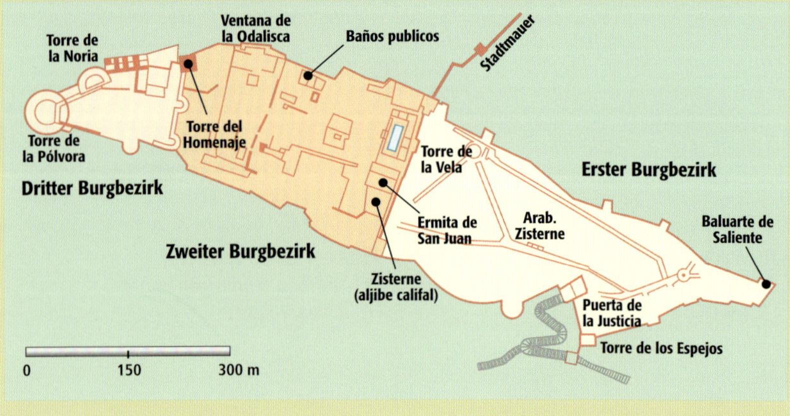

Alcazaba von Almería: Hohe Burgmauern hüten ihre 1000-jährige Geschichte

als 70 Tapas-Variationen stehen auf der Speisekarte, dazu viele gute Wein- und Sherrysorten. Tapas 1, Ración 7,50 €.

Peña El Taranto: Calle Tenor Iribarne 20, Tel. 950 23 50 57, www.eltaranto.net, So geschl. Almerías führender Flamencoclub, in den Aljibes Árabes (s. o.). Fr/Sa oft Live-Vorführungen (20 €). Infos in den Touristenbüros.

Feria y Fiestas de la Virgen del Mar: vorletzter Fr–letzter So im August. Großes Fest mit Konzerten, Reiterumzügen und Stierkämpfen zu Ehren der Meerjungfrau (Stadtpatronin), deren Figur angeblich 1502 am Strand östlich von Almería gefunden wurde und seither in der Basílica an der Plaza Virgen del Mar verehrt wird. Eigentlich zwei Feiern: tagsüber die **Feria de Mediodía** im Stadtzentrum (Paseo de Almería und westlich angrenzendes Ausgehviertel); nachts die **Feria de la Noche** auf einem Festgelände am östlichen Stadtrand mit den typischen Kirmesvergnügungen und den von Gruppen und Vereinen jedes Jahr neu errichteten Backsteinhäusern, in denen Sherry und *bocadillos* verkauft werden. In der Alcazaba an drei Tagen (etwa Mitte der Festwoche) Flamenco.

Almería Bike Tours: Calle Conde Villamonte 36, Tel./Fax 950 31 73 00, www.almeria-bike-tours.de. Deutschsprachige Agentur in einer Finca am Stadtrand, die Mountainbikes verleiht, Tourenvorschläge unterbreitet sowie Individualtouren mit Gepäcktransport organisiert. Auch Kletterkurse und Ausflüge in die Berge. Vermietung des Ferienbungalows El Olivo für 2–4 Personen (300 € pro Woche).

Flüge: Aeropuerto de Almería, 9 km östlich der Stadt an der Straße Richtung Murcia, Tel. 950 21 37 90. Linienflüge ab Madrid und Barcelona mit Iberia. Busanschluss zum Bahnhof von Almería; Taxi ins Zentrum ca. 12 €.
Züge: Estación Intermodal, Plaza de la Estación, 15 Gehminuten östlich der Rambla de Belén). Linie A6.1a/6.2 nach Granada ca. 4 x tgl., auch Direktzüge nach Sevilla, Madrid, Barcelona.
Busse: Estación Intermodal. Mit *Alsina Graells* 6 x tgl. Direktbus nach Granada, 8 x tgl. nach Málaga; mit *Tomás Marín Amar* ca. stdl. nach Roquetas de Mar, ca. 3 x tgl. nach Almerimar; mit *Alsa* 4–5 x tgl. nach Mojácar. Zum Naturpark Cabo de Gata s. S. 397.
Stadtbusse der Firma *Surbus.*
Mit dem Pkw: Im engen Stadtzentrum ist die Parkplatzsuche ziemlich aussichtslos. Stattdessen empfiehlt sich das **Parkhaus Oliveros** in Hafennähe beim Cable Inglés.
Fähren: Mit *Acciona Trasmediterránea* (Tel. 950 23 61 55, www.trasmediterranea.es) nach Melilla (spanische Exklave an der nordafrikanischen Küste) Juni–Sept. 2–3 x tgl., Okt.–Mai 1 x tgl., Überfahrt 8 Std., Ticket oneway ab 29 €. Mit den marokkanischen Linien *Ferrimaroc* (Tel. 950 27 48 00), *Comarit* (Tel. 950 23 61 55) und *Limadet* (Tel. 950 27 07 71) nach Nador (nahe Melilla). Außerdem Verbindungen nach Algerien.

Aguadulce

Reiseatlas: S. 12, D 3
Die Feriensiedlung **Aguadulce** signalisierte Mitte der 1960er-Jahre den touristischen Aufbruch der Region Almería. Aus der Ferne wirken die regelmäßig angeordneten Wohntürme mit privaten Urlaubsapartments eher abschreckend. Doch bei näherer Betrachtung durchziehen Aguadulce gepflegte, von Palmen gesäumte Grünzonen. Es gibt nur wenige Hotels, die sich hinter dem Strand und der angrenzenden Uferpromenade konzentrieren. Einige finden sich in den Katalogen deutscher Reiseveranstalter. Im Winter gibt es günstige Langzeitangebote. Der Ortsname (süßes Wasser) geht auf Erzählungen einheimischer Fischer zurück, wonach am Meeresgrund vor der Küste Süßwasser aus einer Quelle sprudeln soll.

Der elegante Jachthafen von Aguadulce ist bei der Szene von Almería *in*, auch wenn die witzigen Bars und Pubs häufig ihre Besitzer wechseln. Eine feste Größe bleibt die Diskothek **El Bribón de la Habana** beim Hafenbüro mit kolonialem Flair und Tanzfläche unter freiem Himmel.

Busse: Mit *Tomás Marín Amar* 7–20 Uhr ca. stdl. von Almería über Aguadulce nach Roquetas de Mar.

Roquetas de Mar

Reiseatlas: S. 12, D 3
Ebenfalls in den Katalogen vieler Pauschalreiseveranstalter vertreten ist **Roquetas de Mar** (43 000 Einw.), der größte Ort an der Costa de Almería. An dem rund 20 km langen Sandstrand stehen etliche Großhotels, Restaurants, Boutiquen, Golfplatz, Jachthafen und andere Sport- und Freizeitangebote: Windsurfing, Seekajak, Jetski, Bootsausflüge, Wasserpark. Viele deutsche, niederländische und belgische Senioren verbringen in der kalten Jahreszeit einige Wochen in Roquetas de Mar. Im Sommer urlauben hier vor allem Familien.

Dass Roquetas de Mar eine Tradition als Fischerort hat, wird natürlich am Fischerhafen **Puerto de Roquetas** besonders deutlich. Wie eh und je laufen die kleinen weißen Holzboote ein und aus. Die Fischer versteigern ihren Fang in der *lonja* (Fischmarkthalle) und flicken anschließend ihre Netze. An der südlich angrenzenden Promenade bereiten zahlreiche *freidurías* frischen Fisch und Meeresfrüchte zu und locken damit am Wochenende auch viele Einheimische an.

Die Ebene hinter Roquetas de Mar dominieren Plastikplanen, unter denen Gurken, Tomaten, Zucchini und Paprika gedeihen.

Von weitem wirkt die Landschaft durch die Plastikdächer wie ein riesiger See, weshalb böse Zungen auch von der *Costa del Plástico* sprechen. Durch den Export nach Mitteleuropa sind die Landwirte wohlhabend geworden. Die schwere Arbeit in den schwülwarmen Treibhäusern lassen sie von marokkanischen Einwanderern verrichten.

Oficina de Turismo: Av. del Mediterráneo 2, 04740 Roquetas de Mar, Tel./Fax 950 33 32 03, www.info-roquetas.com.

Radfahren: An der Avenida Playa Sirena verleihen mehrere Anbieter Normalfahrräder und vierrädrige Modelle für Familien.

Busse: vgl. Aguadulce, S. 392.

Paraje-Reserva Natural Punta Entinas – Sabinar

Reiseatlas: S. 11, C 4
Südwestlich von Roquetas de Mar ragen zwei Landzungen ins Meer, **Punta del Sabinar** und **Punta Entinas.** Hinter den dortigen Naturstränden und Dünen (FKK üblich) erstrecken sich Feuchtgebiete, die früher teilweise als Salinen genutzt wurden. Heute stehen sie als **Paraje-Reserva Natural Punta Entinas – Sabinar** unter Naturschutz und sind ein Paradies für Wasservögel – häufig kann man Flamingos beobachten. Beste Zeit für einen Besuch ist das Sommerhalbjahr (April–Okt.). Das 1960 ha große Gebiet ist nur zu Fuß oder per Fahrrad zugänglich.

Almerimar

Reiseatlas: S. 11, C 4
In dem künstlich geschaffenen Ferienort **Almerimar** dreht sich alles um den riesigen Jachthafen und den 18-Loch-Golfplatz. Das komfortable Großhotel AR Almerimar befindet sich im Angebot von Reiseveranstaltern. Ansonsten besteht Almerimar vorwiegend aus privaten Ferienanlagen, in die sich eine eher zahlungskräftige, großenteils spanische Klientel eingekauft hat. Der durch viel Grün aufgelockerte Ort liegt abgeschieden auf einer Küstenebene unterhalb einer Felswand. Die beiden insgesamt 7 km langen Sandstrände **Playa de Levante** und **Playa de Poniente,** durch den Hafen getrennt, eignen sich hervorragend zum Baden. Windsurfer finden hier die angeblich besten Bedingungen an der gesamten andalusischen Mittelmeerküste.

Wandern: Am großen Strandparkplatz östlich des Ortes ist der Einstieg in den markierten Fernwanderweg GR-92 möglich, der in 6 Std. durch das Naturschutzgebiet Punta Entinas – Sabinar nach Roquetas de Mar führt, zunächst durch Marschland hinter den Dünenstränden, später an ehemaligen Salinen vorbei.

Busse: Mit *Tomás Marín Amar* ca. 3 x tgl. ab Almería.

Los Millares

Reiseatlas: S. 12, D 3
Die prähistorische Siedlung **Los Millares** ist eine der bedeutendsten Ausgrabungsstätten Andalusiens. Sie liegt rund 20 km landeinwärts von Almería auf einem Bergsporn oberhalb des Río Andarax. Von der Kupfer- bis in die Bronzezeit (etwa 2700–1800 v. Chr.) lebten hier bis zu 2000 Menschen, die sich die Erzvorkommen der Umgebung zunutze machten. Sie waren die ersten im westlichen Mittelmeerraum, denen es gelang, Metall zu verarbeiten. In der Bronzezeit hatten die Handwerker von Los Millares bereits einen sehr hohen Standard bei der Herstellung von Schmuck erreicht, den sie in weit entfernte Gebiete des Mittelmeers exportierten. Wahrscheinlich konnten die damaligen Handelsschiffe den Río Andarax befahren und die Ware direkt vor Ort in Empfang nehmen.

Die restaurierte **Venta de Los Millares,** ein ehemaliges Landgasthaus, dient der archäologischen Stätte als Empfangsgebäude. Von hier aus werden die Reste der Ansiedlung besichtigt: runde und rechteckige Häuserfundamente mit Steinsockeln. Um sich gegen mögliche Angriffe abzusichern, riegelten die Bewohner den Bergsporn durch eine 275 m lange Wehrmauer ab. Außerhalb lag die weitläufige **Nekropole** mit über 100 Kollektivgräbern in Megalithbauweise. Die Grabkammern konnten Dutzende von Toten aufnehmen. Ursprünglich waren sie von künstlich aufgeschichteten Erdhügeln bedeckt. Einen davon haben die Archäologen rekonstruiert.

Grabbeigaben waren in der Kupferzeit sogenannte Glockenbecher aus Ton mit feiner Stempelverzierung, von denen man besonders schöne Exemplare in Los Millares fand. Sie sind, ebenso wie weitere wertvolle Funde, im Archäologischen Museum von Almería ausgestellt (s. S. 387). Der Verteidigung diente zusätzlich eine Kette von Außenforts an den angrenzenden Hängen. An der Venta de Los Millares beginnt ein etwa zweistündiger Wanderweg (festes Schuhwerk!) entlang dieser **Línea de fortines** (Festungslinie). Zwei der Bollwerke wurden restauriert.

Yacimiento Arqueológico de Los Millares: Anfahrt über die A-348 Richtung Alhama de Almería, von dieser rechts Richtung Santa Fé abbiegen und ab da Schildern »Los Millares« folgen, Mi–So 10–14 Uhr, Mo/Di u. Fei geschl., Anmeldung unter Tel. 677 90 34 04 empfiehlt sich, Eintritt frei).

Desierto de Tabernas

Reiseatlas: S. 12, D 2

Wer den Wilden Westen erleben möchte, braucht nicht nach Amerika zu reisen. Im Hinterland von Almería liegt – eingerahmt von mehreren kargen Höhenzügen – mit dem **Desierto de Tabernas** Europas einzige Wüste mit Jahresniederschlagsmengen unter 130 mm. Das praktisch menschenleere Gebiet ist stark durch Erosion gezeichnet. Während der Fahrt auf der A-92 von Almería nordwärts erblickt man Landschaftsformen, wie man sie eher in Arizona oder New Mexico erwarten würde. Vor dieser wilden Bergkulisse liegen drei echte **Filmdörfer.** Sie entstanden in den 1960er-Jahren, um hier europäische Western zu produzieren. Aber auch US-Filmgesellschaften kamen in das seinerzeit vergleichsweise kostengünstige Spanien. Für über 500 Filme wurden hier Szenen gedreht, darunter »Spiel mir das Lied vom Tod«, »Zwei glorreiche Halunken«, »Lawrence von Arabien« und »Der junge Indiana Jones«.

Die Zeit der Filmproduktionen ist inzwischen weitgehend vorbei. Nur selten dienen die Kulissendörfer noch ihrem ursprünglichen Zweck. Dafür lassen hier Stuntmen für zahlende Besucher Kino zur Realität werden: Cowboys, Bösewichte und Indianer inszenieren einen Banküberfall wie im Wilden Westen (die professionellste Show bietet **Mini-Hollywood** tgl. 12, 17, Juni–Sept. auch 20

Uhr). Im geräumigen Saloon tanzen die Ladies einen flotten Cancan (tgl. 13, 16, Juni–Sept. auch 19 Uhr). Wer sich selbst wie ein Westernheld fühlen möchte, kann (übrigens sehr geduldige) Pferde mieten und durch die staubigen Straßen reiten. Vor allem größere Kinder werden begeistert sein. Restaurants und Bars sorgen für das leibliche Wohl. Auch die **Reserva Zoológica,** ein Safaripark mit 700 exotischen Tieren, zählt zu der geräumigen Anlage. (**OASYS-Parque Temático del Desierto de Tabernas/Mini-Hollywood**: Desierto de Tabernas, Tel. 950 36 52 36, Ostern–31. Okt. tgl. 10–21, Nov.–Ostern Sa/So/Fei 10–19 Uhr, 17, Kinder 9 €).

A-92 Almería–Guadix bis Anschlussstelle Tabernas. Die Anlage liegt unmittelbar bei der Ausfahrt.

Zwei weitere, kleinere Westerndörfer sind **Fort Bravo** an der N-340 a zwischen Mini-Hollywood und Tabernas, Tel. 950 16 54 58, www.texashollywood.com, Winter tgl. 12–16, Sommer tgl. 10–20.30 Uhr, 10,50, Kinder 6,50 €) sowie **Western Leone** an der A-92 ab Anschlussstelle Tabernas ca. 1 km Richtung Guadix (April–Sept. 9 Uhr bis Sonnenuntergang, sonst nur Sa/So 9.30–Sonnenuntergang, 9 €). Sie wirken authentischer als Mini-Hollywood, bieten aber weniger Attraktionen.

Sorbas

Reiseatlas: S. 12, E 2
Schon wegen seiner aufregenden Lage auf einer Felsklippe über der Schlucht des Río Aguas lohnt der kleine Ort **Sorbas** einen Abstecher. Akazien spenden der hübschen zentralen Plaza Schatten, an der ein Café und ein Restaurant zur Rast einladen. Einige Töpfer erzeugen in ihren Werkstätten charakteristische rote Keramik.

Die Wüste lebt: Wild-West-Show in Mini-Hollywood

Hauptattraktion sind jedoch die östlich des Ortes gelegenen **Cuevas de Sorbas** (auch Karst en Yesos de Sorbas), ein ausgedehntes Karsthöhlensystem in Gipsgestein (span. *yeso* = Gips), das größte seiner Art in Europa. Hunderte von Einzelhöhlen, in denen teilweise unterirdische Wasserläufe zirkulieren, sind miteinander verbunden. Die Cuevas de Sorbas sind nicht für den Massentourismus erschlossen. Wer sich einer der eineinhalb- bis zweistündigen **Basisführungen** (Ruta Básica) anschließt, wird mit Schutzhelm und Stirnlampe ausgerüstet und kann sich wie ein Höhlenforscher fühlen. Auch anspruchsvollere Führungen stehen auf dem Programm (www.cuevasdesorbas.com, Ruta Básica im Sommer etwa zu jeder vollen Stunde, im Winter ca. 4 x tgl., 11 €, Anmeldung spätestens am Vortag unter Tel. 950 35 47 04, Bürozeiten Mo–Fr 10–14, 16–18 Uhr).

i **Oficina de Turismo de Sorbas:** Calle Terraplén 9, 04 270 Sorbas, Tel. 950 36 44 76, Fax 950 36 40 01, turismo@sorbas.es. **Centro de Visitantes Los Yesares:** Calle Terraplén, Tel. 950 36 44 81. Besucherzentrum des Landschaftsparks rund um die Cuevas de Sorbas.

Hostal Sorbas: am Ortseingang, Tel. 950 36 41 60. Einzige Unterkunft im Ort, wie ein Motel gestaltet. DZ 40 €.

Níjar

Reiseatlas: S. 12, E 3

Am Südostabhang der Sierra de Alhamilla liegt in 356 m Höhe das hübsche weiße Dorf **Níjar** (10 000 Einw.). Tonvorkommen in der Umgebung liefern seit Jahrhunderten das Material für die rustikalen Keramikarbeiten, die in zahlreichen Läden an der Hauptstraße Calle García Lorca verkauft werden. Typischerweise sind sie einfarbig glasiert. Ein weiteres traditionelles Produkt von Níjar sind bunt gestreifte Teppiche *(jarapas)*. Sie werden nach wie vor auf hölzernen Webstühlen gefertigt. Die Werkstätten von Töpfern und Webern, aber auch Tischlern und Korbflechtern befinden sich im westlich an die Hauptstraße grenzenden **Barrio Artesano** (Kunsthandwerkerviertel).

Am oberen Ende mündet die Calle García Lorca in die **Glorieta,** den gefälligen Rathausplatz mit Restaurants, Straßencafés und Touristeninformation. Dort beginnen die verwinkelten Gassen des schon von den Mauren gegründeten **Barrio de la Atalaya** mit der Ruine einer Alcazaba.

Durch den Parque Natural Cabo de Gata-Níjar

Karte: S. 401

Östlich von Almería liegt mit **El Toyo** ein neuer, sehr großzügig konzipierter Ferienort. Dann folgt ein 60 km langer Küstenstreifen, der nicht bebaut werden darf, da er 1987 als **Parque Natural Cabo de Gata-Níjar** einschließlich einer 2 km breiten Unterwasserzone unter Schutz gestellt und inzwischen von der Unesco zum **Biosphärenreservat** erklärt wurde. Die bis knapp 500 m hohe **Sierra del Cabo de Gata** verläuft parallel zur Küste und streicht nach Südwesten im gleichnamigen Kap aus. Sie ist das größte Vulkangebiet des spanischen Festlands. Die letzten Eruptionen fanden vor 8 Mio. Jahren statt.

Von bizarren Felsformationen eingerahmt, finden sich hier mit die schönsten Strände Andalusiens. Im Hinterland gedeihen in kleinen Oasen ein paar Dattelpalmen, ansonsten ist die Vegetation karg und im zeitigen Frühjahr blütenreich. Pflanzliches Symbol des Naturparks ist die Zwergpalme, Europas einzige originäre Palmenart. Der bescheidene Tourismus wird umweltverträglich gestaltet.

Erste Station ist – von Almería auf der AL-3115 kommend – das 600 m rechts der Straße gelegene **Centro de Visitantes Las Amoladeras** (zur Zeit der Drucklegung bis auf Weiteres geschlossen). Dort beginnt der 5 km lange Rundweg **Sendero Las Amoladeras** (Infotafel). Er führt durch die Küstensteppe und ist vor allem wegen seiner Vogelwelt interessant. In diesem Gebiet wurden früher Steine abgebaut, die als Mühlsteine verwendet wurden.

San Miguel de Cabo de Gata

Am Südrand des Fischerdorfs **San Miguel de Cabo de Gata** 1, neben dem Strandparkplatz, liegen bunte Holzboote. Nachts laufen sie zum Fang aus, tagsüber flicken die Fischer ihre Netze. Die Meerespromenade füllt sich an Wochenenden mit Tagesausflüglern aus Almería. Der Ort selbst besteht aus quadratisch-praktischen Fischer- und Sommerhäusern. Es gibt auch ein paar verhältnismäßig einfache, dafür preiswerte Unterkünfte.

Der 6 km lange, beschilderte **Sendero El Pocico-Las Marinas** führt von San Miguel de Cabo de Gata Richtung Nordwesten an der Küste entlang bis El Toyo. Unterwegs wechselt eine charakteristische, aus Sträuchern zusammengesetzte Dünenflora mit Sisalagavenpflanzungen, die in den 1950er-Jahren angelegt wurden. Der Weg berührt den alten Küstenwachturm **Torre García,** neben dem die Ruinen einer römischen Fischfabrik zu erkennen sind, und die **Ermita de Torre García.** Letztere ist jedes Jahr Ende August Ziel einer populären Wallfahrt zu Ehren der Virgen del Mar, der Stadtpatronin von Almería (s. S. 391).

15 Cabo de Gata

Die **Playa del Cabo de Gata** setzt sich nach Süden als naturbelassener Dünenstrand fort, der in der Nebensaison viel freien Raum für jegliche Strandaktivitäten bietet. Dahinter ist das Land flach und von aufgelassenen Salinenbecken durchsetzt. Hier finden 170 gezählte Vogelarten Nahrung und Brutplätze. Regelmäßig sind Flamingos zu beobachten. Betreten werden darf das Feuchtgebiet nur auf einem ausgeschilderten **Lehrpfad** an der Straße zum Cabo de Gata, kurz vor dem Weiler La Almadraba de Monteleva. In der Saison öffnet dort ein kleiner Infoposten (Schild: Observatorio).

Bei **La Almadraba de Monteleva** 2 ist noch eine Salzfabrik in Betrieb. Im Sommer leuchten zum Trocknen aufgeschichtete Kegel aus ›weißem Gold‹ zwischen den Salzpfannen. Pro Jahr werden hier 25 000 t Salz produziert, Abnehmer sind vor allem die andalusischen Schinkenhersteller. Die ungewöhnliche **Iglesia de las Salinas de Cabo de Gata** mit auffällig spitzem Turm bewacht die Salinen. 1907 – zur Gründung von Ort und Fabrik – wurde sie im sogenannten eklektizistischen Stil errichtet. Jetzt ist sie baufällig und soll restauriert werden.

Nächstes Ziel ist der Leuchtturm (19. Jh.) auf der ins Meer ragenden, nur 30 m hohen Landspitze **Cabo de Gata,** auf der lediglich karger *matorral* (niedriges Dorngebüsch) wächst. Ringsum laden naturbelassene Sandbuchten zum Baden ein. Im Wasser liegt unter dem Leuchtturm das Felsriff **Arrecifes de las Sirenas.** Sirenas nannten die Seefahrer die Mittelmeer-Mönchsrobben, die einst in den Höhlen der Küstenfelsen Schutz fanden, weil sie ihre Rufe für Sirenengesänge hielten. 1974 wurden diese scheuen, vom Aussterben bedrohten Tiere letztmals am Cabo de Gata gesichtet. Jetzt sollen sie im Rahmen eines Projekts wieder angesiedelt werden.

Vom Leuchtturm kann man noch ca. 2 km bis zum Aussichtshügel **Cerro de la Vela Blanca** mit altem Wachturm weiterfahren (Beschilderung Aula del Mar folgen). Ihm ist im Meer ein spitzer Felsen vorgelagert – ein von der Erosion verschonter Kern eines ehemaligen Vulkanschlots. Auf diese Weise haben sich auch die Arrecifes de las Sirenas gebildet.

Der wilde und unbewohnte Küstenabschnitt jenseits des Cerro de la Vela Blanca

Verkehrsverbindungen zum/vom Naturpark Cabo de Gata: Nur **ab Almería** verkehren Busse in die Orte im Naturpark , Querverbindungen gibt es nicht: z. B. nach San Miguel de Cabo de Gata 6 x tgl., San José 1–4 x tgl. außer So; *La Isleta* 2 x wöchentl.; *Rodalquilar/Las Negras* 1 x tgl.; *Agua Amarga* Mo–Sa 1 x tgl. In der Sommersaison jeweils häufiger. Aktuelle Infos erhält man im Busbahnhof von Almería (s. S. 73 und 392).

Cabo de Gata: Der vulkanische Ursprung der Landschaft ist noch deutlich zu erkennen

lässt sich auf 3,5 km Länge nur zu Fuß oder per Mountainbike auf einer für den Autoverkehr gesperrten Piste erkunden.

i **Oficina de Información:** Av. Miramar 88, 04 150 San Miguel de Cabo de Gata, Tel. 950 38 00 04. Fahrräder zur Erkundung der flachen Umgebung, 13 € pro Tag, 4 € für 2 Std.
Punto de Información Las Sirenas: Infokiosk am Kap. Mai–Sept. 10–14, 16.30–20.30, Okt.–April 10–15 Uhr, in der Nebensaison aber oft geschl.

Las Salinas de Cabo de Gata: Almadraba de Monteleva 20, Tel. 950 37 01 03, Fax 950 37 12 39, www.lasalinascabodegata.com, ganzjährig. Nur die wenig befahrene Küstenstraße trennt das Haus vom Strand. Komfortable Zimmer, teilweise mit Meerblick. Das angeschlossene Restaurant Morales serviert regionale Spezialitätenküche. Gemütliche Speise- und Kaffeeterrasse. DZ 75–134 €.

Mehrere Fischrestaurants mit Terrassen an der Strandpromenade von San Miguel tischen frischen Fisch auf. Das **La Goleta** ist etwas feiner (Hauptgerichte 13–18, Pizza um 8 €). Nebenan einfachere **Bar Playa,** Tapas (1 €) und Raciones (ca. 7,50 €).

Bootsausflüge: Rutas en Barco, Tel. 637 44 91 70, www.elcaboafondo.

com. 1,5-stündige Ausfahrten an der Küste Richtung Nordosten mit Bade- und Schnorchelpause. Nur Juni–Sept., 4–5 x tgl., 15 €. Ticketschalter neben dem Infokiosk am Leuchtturm.

San José

Autofahrer kehren vom Kap zurück nach San Miguel de Cabo de Gata und müssen jetzt einen Bogen durch das Hinterland schlagen. An der Zufahrt nach San José liegt das Dorf **El Pozo de los Frailes** (Mönchsbrunnen). Mönche des Dominikanerklosters in Almería förderten hier seit dem 18. Jh. die Landwirtschaft, um das zuvor Piratenüberfällen recht schutzlos ausgelieferte Gebiet dichter zu besiedeln. Den gleichnamigen Brunnen gibt es tatsächlich. Auf ihm sitzt seit Beginn des 20. Jh. eine *noria,* ein Schöpfrad aus Holz mit Keramikwassergefäßen. Die Konstruktion wurde von einem im Kreis gehenden Esel angetrieben. Das Wasser speiste ein Becken, aus dem es auf die angrenzenden Felder geleitet wurde. Die *noria* war bis 1983 in Betrieb. Heute befindet sich hier ein **Informationspunkt** des Naturparks (im Winter geschl.).

San José 3 liegt in einer schönen Bucht mit mehreren sandigen Strandabschnitten und ist die größte und dennoch sehr übersichtliche Feriensiedlung im Gebiet. Insgesamt handelt es sich um eine etwas feinere Adresse, sogar mit kleinem Jachthafen, an dem Terrassenrestaurants zum Fischessen verlocken. Selbst in der Nebensaison sind nicht alle Bürgersteige hochgeklappt, weshalb sich der Ort vor allem im Frühjahr und Herbst als Standort eignet.

i **Oficina de Información:** Calle Correo, 04 118 San José-Cabo de Gata, Tel. 950 38 02 99, Fax 950 61 10 55, www.cabodegata-nijar.com. Halb privates Büro der Grupo J.126 an der Hauptstraße. Verkauf von Büchern, Karten und regionalen Produkten, Internetpoint. Veranstaltet saisonabhängig Wanderungen und Jeepausflüge in den Naturpark. Mountainbikeverleih.

Husa Doña Pakyta: Correo 51, Tel. 950 61 11 75, Fax 950 61 10 62, www.husa.es. Wunderschön gelegen mit direktem Zugang zum Strand, hervorragender Service und edle Küche, 13 geschmackvoll eingerichtete Zimmer und Suiten. DZ ab 149 €.
Husa Cortijo El Sotillo: Ctra. entrada a San José, Tel. 950 61 11 10, Fax 950 61 11 05, www.husa.es. Am landwärtigen Ortsrand gelegener ehemaliger Gutshof. Rustikales Ambiente, Restaurant mit traditioneller mediterraner Küche, Pool. DZ ab 139 €.

Tauchen: ISub, Calle Babor 3, Tel. 950 38 00 04, www.isubsanjose.com. Kurse und Tauchausfahrten, Ausrüstungsverleih.
Seekayak: Happy Kayak, Playa de San José, Tel. 609 64 47 22, www.parquenatural.com/

Richtig Reisen-Tipp: Naturstrände bei San José

Drei außerordentlich attraktive Naturstrände liegen südlich von San José. Sie sind auf einer ausgeschilderten Wellblechpiste oder zu Fuß auf dem **Sendero de Genoveses,** der etwa 200 m nach Pistenbeginn abzweigt, erreichbar.

Die 1 km lange, helle, feinsandige **Playa de los Genoveses** begrenzt der 69 m hoch aufragende, steil ins Meer abfallende Felsen **Morro de Genovés**. Ein kleiner Wald bietet Schatten. Die vorgelagerte Bucht diente zur Zeit der großen Segelschiffe Kaufleuten als Ankergrund, um günstige Winde zur Umrundung des Cabo de Gata abzuwarten. 1121 gingen hier Streitkräfte aus Genua und Katalonien vor Anker, um Almería zu erobern und damit das Monopol der Mauren auf den Seidenhandel zu beenden – ohne Erfolg.

Die **Playa Mónsul** ist ein Refugium für FKK-Anhänger. Sie ist rund 350 m lang und dunkelsandig. Dahinter ragt eine Riesendüne auf, die unter Schutz steht und nicht betreten werden darf. Ähnlichen Charakter besitzt die nahe gelegene, etwas kleinere **Playa de Media Luna.**

Strandtransfer: Im Sommer ist die Zufahrt zu den Naturstränden bei San José wegen des großen Andrangs oft gesperrt. Dann gibt es ab **Boca de los Frailes** (wo sich die Straßen nach San José und Los Escullos trennen) einen Gratistransfer.

happykayak. Verleih (30 € pro Tag) und Touren (1,5 Std. für Anfänger 15 €).

Bootsausflüge: Ocioymar, Puerto Deportivo, Tel. 908 05 64 77. In der Saison bis zu 4 x tgl. Ausfahrten zum Cabo de Gata oder entlang der Küste nordöstlich von San José. Erwachsene 15, Kinder 9 €.

Wandern: Ende Febr.–Frühjahr oder auch im Herbst empfiehlt sich der Naturpark Cabo de Gata als Paradies für Wanderer. Die schönsten Wege führen an einsamen Küstenabschnitten entlang, die nicht per Auto zu erreichen sind. Das Faltblatt »Parque Natural Cabo de Gata – Níjar«, das die Informationsbüros der Junta de Andalucía verteilen (z. B. in Almería, s. S. 387), zeigt acht auch im Gelände markierte Wanderrouten mit Beschreibungen (Spanisch).

Los Escullos und La Isleta

Nördlich von San José ist die Küste nochmals an einigen Stellen per Auto anfahrbar. An steppenhaft kargen Hügeln und einer restaurierten Windmühle vorbei geht es nach **Los Escullos** 4, einer winzigen Siedlung, die nur aus einem Hotel, einem Hostal und zwei oder drei Häusern besteht. Die Ruine des Castillo San Felipe (18. Jh.) bewacht das Ensemble. Mehrere sandige Badebuchten sowie eine beliebte Diskothek laden zum Aufenthalt ein. In der Disco treffen sich an Sommerwochenenden junge Leute aus der Umgebung, die auch schon einmal am Strand weiterfeiern.

Der nächste Abzweig führt zu der reizvollen Fischersiedlung **Isleta del Moro** 5. Malerisch liegt sie auf einer ins Meer ragenden, hügeligen Felszunge mit vorgelagerter kleiner Insel. Isleta verdankt seinen Beinamen anscheinend dem Sarazenenpiraten Mohammed Arraez, der immer wieder hier ankerte. Einheimische Taucher geben sich in dem winzigen Ort gern ein Stelldichein. Unmittelbar nördlich grenzt die über eine Treppe zugängliche, ausgesprochen schöne **Playa del Peñón Blanco** an. Was die Fischer mit ihren kleinen Booten anlanden, wird sofort im Restaurant des hiesigen Hostals (s. u.) serviert. Treffpunkt der Frauen ist wie in alten Zeiten der öffentliche Waschplatz.

Hostal La Isleta del Moro: Calle del Paraiso, 04 118 Isleta del Moro (San José), Tel. 950 38 97 13, Fax 950 38 97 64, ganzjährig. Modernes, familiäres Haus. Restaurant mit beliebter Terrasse am Wasser (Hauptgerichte 6,50–12, Tagesmenü 12, Fischplatte Cuajadera 14,50 €). DZ ca. 50 €.

Rodalquilar

Hinter Isleta del Moro windet sich die Straße zum **Mirador de la Amatista,** einem gera-

Cabo de Gata

dezu über der Küste schwebenden Aussichtsbalkon, hinauf. Das etwas abseits vom Meer in einem weiten Tal gelegene **Rodalquilar** 6 gründete in den 1920er-Jahren eine britische Gesellschaft als Goldgräbersiedlung. 1966 war die Mine erschöpft, die rund 1000 Bewohner verließen den Ort. Ihre Häuser sind dem Verfall preisgegeben, während nebenan eine Neubausiedlung entstand. Eine restaurierte Häusergruppe bei der Kirche beherbergt Einrichtungen des **Parque Natural:** eine **Informationsstelle** sowie eine **Ausstellung** über den Goldbergbau und die Geologie des Naturparks (Calle Fundición, Tel. 950 38 98 20, Juni–Sept. tgl. 10–14, 18–20 Uhr, sonst nur Fr–So).

Im angeschlossenen **Jardín Botánico El Abardinal** gedeiht die natürliche Flora der ostandalusischen Halbwüste, die eine Brücke nach Nordafrika schlägt. Auch Kulturpflanzen aus den verschiedensten Weltgegenden sind zu sehen (Tel. 950 38 97 42; Winter Mo–Fr 10–15, Sa/So/Fei 11–14, Sommer Mo/Di 10–12.30, Mi–So 10–12.30, 18–21 Uhr, Eintritt frei).

Ein Abstecher landeinwärts kann zum etwas nördlich der Straße nach Albaricoques gelegenen Gutshof **Cortijo del Fraile** führen. Dem Gebäudekomplex sieht man nicht mehr an, dass sich hier 1928 eine tragische Geschichte ereignete, die Federico García Lorca zu seinem berühmten Bühnenwerk »Bluthochzeit« inspirierte. Das Mädchen Francisca sollte eine von der Familie arrangierte Ehe mit dem Schwager ihrer Schwester eingehen. Doch sie liebte einen Cousin und entschloss sich am Vorabend der Hochzeit gemeinsam mit ihm zur Flucht. Schwester und Schwager verfolgten die beiden, um sie zu töten und so die Familienehre zu retten. Francisca überlebte den Anschlag, im Gegensatz zu ihrem Geliebten. Sie führte fortan ein zurückgezogenes Dasein und hat nie geheiratet. Die Mörder kamen mit geringfügigen Strafen davon.

An der Hofkapelle beginnt der knapp 8 km lange, markierte Wanderweg **Sendero Cortijo del Fraile-Montano-Hornillo,** der zwei weitere, ähnliche Landgüter mit weniger aufregender Vergangenheit berührt.

El Playazo und Las Negras

Nordöstlich von Rodalquilar führt eine 2 km lange, einigermaßen gut befahrbare Piste zum traumhaften Naturstrand **Playa del Playazo** 7. Hohe Felskliffs rahmen die feinsandige, 400 m lange und recht breite Playa ein. Auch hier wacht eine heute als Privathaus genutzte Festung, die Batería de San Ramón (18. Jh.). In der Ferienzeit sorgt eine Strandbar für das leibliche Wohl.

Der winzige, sehr ursprüngliche Fischerort **Las Negras** 8 liegt an einem 300 m langen Kiesstrand. In Wanderentfernung (mit Rückweg 2,5 Std.) liegt weiter nördlich die Cala de San Pedro. Hier sprudeln Süßwasserquellen. Die Bucht zieht daher vor allem im Sommer junge Leute an, die ein Hippieleben unter einfachsten Bedingungen führen. Obwohl wildes Campieren im Naturpark verboten ist, hält sich die Kolonie trotz gelegentlicher Räumungsaktionen durch die Polizei recht hartnäckig.

Cala Chica: Calle Bahía de Las Negras, 04 118 Las Negras (San José), Tel. 950 38 81 81, Fax 950 38 81 75, www.calachica.com, ca. 8. Jan.–20. Feb. geschl. Recht neues, ordentliches, aber nicht luxuriöses Hotel mit Pool. 150 m zum Strand. DZ 65–125 €.

La Palma: Las Negras, Calle Bahía de las Negras, Tel. 950 38 80 42, im Sommer und Ostern tgl., sonst nur Fr–So. Alteingesessenes Fischlokal mit Meeresterrasse. Im Speiseraum hängen Bilder von Malern aus der Umgebung. Hauptgerichte um 10 €.

Agua Amarga

Für einige ruhige Ferientage eignet sich die recht flippige, bei Surfern beliebte Siedlung **Agua Amarga** 9. Um sie zu erreichen, biegt man bei dem Weiler Fernán Pérez rechts in eine frisch asphaltierte Straße ein (auf Karten oft noch als Piste verzeichnet). In Agua Amarga werden Apartments und Privatzimmer vermietet. Man kann sich aber auch in ein paar kleineren, teilweise recht schicken Hotels einquartieren. Die Atmosphäre ist familiär – fast wie in einem ›richtigen‹ Dorf. Wem es an dem feinsandigen, 500 m langen Strand zu voll wird, der kann Richtung Süden auf die kleinen Buchten **Cala de Enmedio** (in der Nebensaison FKK üblich) und **Cala del Plomo** (30 bzw. 90 Min. Fußweg) ausweichen. Letztere ist auch mit dem Wagen auf einer holprigen Piste erreichbar. Die felsigen Küstenabschnitte dazwischen bieten sich zum Schnorcheln an.

Hostal miKasa Suites & Spa: Ctra. Carboneras, 04 149 Agua Amarga, Tel. 950 13 80 73, Fax 950 13 81 29, www.hotelmikasa. com, Mitte Jan.–Mitte Feb. geschl. Die offizielle Einstufung (2 Sterne) ist ein Understatement. Das mit viel Liebe zum Detail romantisch gestaltete Haus erweist sich als sehr komfortabel. Zwei Pools, Jacuzzi, kleines Spa, Tennisplätze. Gourmetfrühstück im Garten. Nebenan in einer alten Villa das hauseigene Restaurant mit kreativer Mittelmeerküche. Beliebt bei zahlungskräftigen Wochenendausflüglern aus Madrid. DZ 119–189, Suiten 149–239 €.

Hostal El Family: Agua Amarga, Calle La Lomilla, Tel. 950 13 80 14, Fax 950 13 80 70. Kleine Pension am Ortsrand unter französischer Leitung mit hübschem Garten, Pool und Patio. Zimmer teilweise mit Meerblick. Renommiertes Restaurant (viergängiges Menü 16 €). Für den Hochsommer sehr frühzeitig reservieren. DZ 65–120 €.

Mojácar

Reiseatlas: S. 12, F 2

Das malerische **Mojácar** (3700 Einw.) war seit den 1960er-Jahren ein Geheimtipp als Rückzugsort für Mittel- und Nordeuropäer. In-

Vom Wasser ins Feuer: ***espetos de sardinas***

zwischen hat es sich zum größten Ferienort an der östlichen Costa de Almería entwickelt. Früher urlaubten hier vorwiegend Briten, neuerdings führen auch deutsche Veranstalter Mojácar im Programm. Unten am Meer, in **Mojácar-Playa,** säumen Hotels, Apartmenthäuser, Restaurants und Einkaufszentren den auf 7 km Länge parallel zum Strand verlaufenden **Paseo del Mediterráneo.**

2 km landeinwärts an einem Hügel klebt förmlich Mojácar-Pueblo, ein weißes Dorf mit andalusischem Flair, das in den Sommermonaten viele Besucher anzieht. Etliche Aussteiger vorwiegend britischer Herkunft haben Häuser in den verwinkelten Gassen renoviert. Kunsthandwerksläden, Cafés und Pubs schossen wie Pilze aus dem Boden. Weite Ausblicke genießt man vom Mirador an der **Plaza Nueva** oder – bei der maurischen Burgruine – vom **Mirador del Castillo** mit Terrassencafé.

An der **Fuente Mora** (Maurenquelle), einem Brunnen mit zwölf Wasserspeiern, übergaben die arabischen Statthalter Mojácar angeblich an die Christen. Während der Moriskenaufstände des 16. Jh. verhielt sich die Stadt königstreu. Daraufhin durfte sie 1574 das Wappen der Habsburger mit dem Doppeladler an der **Puerta de la Ciudad,** dem alten Stadttor, anbringen. Es garantierte den Bewohnern Religionsfreiheit. So wurden der ansonsten landesweiten Inquisition zum Trotz in Mojácar Muslime und Juden bis ins 18. Jh. hinein geduldet.

Oficina de Información Turística: 04 638 Mojácar-Pueblo, Glorieta 1, Tel. 950 61 50 25, Fax 950 61 51 63, www.mojacarviva.com. Mit Filiale am Paseo del Mediterráneo (nahe Parque Comercial).

Mamabel's: Mojácar-Pueblo, Calle Embajadores 5, Tel./Fax 950 47 24 48, www.mamabels.com, ganzjährig. Wunderschön am Altstadtrand, individuell mit Kunstgegenständen eingerichtete 9 Zimmer, 4 mit privater Aussichtsterrasse. Bewährtes Restaurant, nur abends (Menü 19 €). DZ 65–90 €.

Fischlokale in Garrucha: Etwa 5 km nördlich von Mojácar liegt der große Fischereihafen Garrucha. Der Ort selbst macht einen eher verschlafenen Eindruck, trotz der gepflegten, von Palmen gesäumten Strandpromenade. Aber einige Restaurants hinter dem Hafen gelten weit und breit als die besten Adressen für Fisch und Meeresfrüchte. Es empfehlen sich El Almejero (Tel. 950 46 04 05), Escánez (Tel. 950 46 02 78) und Rincón del Puerto (Tel. 950 13 30 42). Spezialitäten des Ortes sind Muscheln und weiße Garnelen. Bezahlt wird meist nach Gewicht, ganz billig kommt ein komplettes Essen nicht (ca. 15–25 €).

Hostal El Torreón: Mojácar-Pueblo, Calle Jazmín 4–6, Tel./Fax 950 47 52 59. Nette Pension in einer Altstadtgasse. Die nur 5 Zimmer (ohne eigenes Bad!) gefallen durch ihre Jugendstileinrichtung. Frühstücksterrasse mit weitem Meerblick. DZ 46–58 €.

Im Sommer spielt sich alles in den *chiringuitos* am Strand ab, zu späterer Stunde auch in den Openair-Discos, von denen es – mit immer wieder einmal wechselnden Namen – etwa sechs im Hotelviertel von Mojácar gibt.

Moros y Cristianos: Wochenende vor oder nach dem 10. Juni. Die Bewohner von Mojácar spielen die Eroberung des vormals maurischen Ortes durch die Christen Ende des 15. Jh. nach. Das bunte Spektaktel wird von vielen Prozessionen und Tänzen begleitet.

Baden & Beachen: Unmittelbar beim Ort ist der Strand dicht bebaut. Aber die Strandzone von Mojácar ist 17 km lang und bietet auch recht einsame Abschnitte. 5 km südlich des Ortes führt beim **Castillo de Macenas** eine Piste zur naturbelassenen **Playa de Macenas** (im Sommer mit Strandlokal). Angrenzend findet man weitere, recht abgeschiedene Badebuchten (FKK möglich) an der hier felsigeren Küste.

Busse: Mit *Alsa Enatcar* 2 x tgl. nach Almería, 4 x tgl. nach Murcia, Abfahrt an der Calle Glorieta (unterhalb Plaza Nueva). In der Saison fährt *Baraza* ca. 10 x tgl. nach Garrucha, Abfahrt vom Hotel Indalo (Mojácar-Playa). Ein Stadtbus (0,75 €) pendelt halbstündlich bis stündlich zwischen Mojácar-Playa und Mojácar-Pueblo.

Mit dem Pkw: Am Beginn der Altstadt Parklücken auf der **Plaza Nueva.** Wenn alles besetzt ist, parkt man an der Zufahrtsstraße oder weicht auf die **ausgeschilderten** *aparcamientos* aus, die aber etwas abseits liegen.

Sierra María

Reiseatlas: S. 6, E 3/4

Der Nordzipfel der Provinz Almería, die **Sierra María,** lohnt einen Abstecher. Der schroffe, felsige Bergzug gipfelt im María (2045 m) und ist Rückzugsgebiet für mehrere Adler- und Geierarten sowie für Uhus. Seit 1990 verbindet eine Partnerschaft den 22 670 ha großen **Parque Natural Sierra María–Los Vélez** mit dem Naturpark Altmühltal in Bayern.

Vélez Blanco

Die angenehme Kleinstadt **Vélez Blanco** – Eingangstor zur Sierra María – zeichnet sich durch gepflegte Gassen, schmiedeeiserne Balkone, rote Ziegeldächer und blumengeschmückte weiße Häuser aus. Sie liegt inmitten einer fruchtbaren, mit Mandel- und Ölbaumhainen bepflanzten Niederung. An die Zeit der Mauren, die in Vélez Blanco 1488 zu Ende ging, erinnert das Stadtviertel **Morería.** Es wird von der zweiten großartigen Renaissanceburg Andalusiens (neben La Calahorra, s. S. 363) dominiert.

Der **Castillo de Los Vélez** (auch Castillo de Fajardo) wurde 1506 vom ersten christlichen Lehnsherrn Marqués de Los Vélez in Auftrag gegeben und vom italienischen Architekten Florentini entworfen. Eine Rampe verbindet die Burg mit dem Bergfried, der zu einer älteren maurischen Festung gehörte. In seiner verspielten mehreckigen Form wirkt der Castillo sehr filigran. Von den Türmen

Von Adlern und Geiern – Andalusiens Greifvögel

Thema

In der wilden Landschaft Andalusiens leben noch Greifvögel in großer Zahl, die andernorts schon selten oder gar ausgestorben sind. Am eindrucksvollsten sind die verschiedenen Adler- und Geierarten. Auch Laien können die Vögel am Flug und ihrer Größe relativ problemlos erkennen.

Majestätisch zeigt sich der **Steinadler** mit einer Spannweite von über zwei Metern. Seine Schwingenenden sind fingerförmig gespreizt, die Vorderseiten fast schwarz. Er ist ein sehr guter Gleiter; während des Flugs sind kaum Flügelbewegungen auszumachen. In schroffen Gebirgen steigt er plötzlich hinter Graten auf oder zieht weit oben seine Kreise. Etwas plumper, gedrungener, aber dennoch beeindruckend wirkt der **Iberische Kaiseradler** mit einer Flügelspannweite um zwei Meter. Er ist mit dem Steinadler kaum zu verwechseln, da er offene Landschaften und Sumpfgebiete bevorzugt. Zudem sind seine Schwingenvorderseiten (Flügelbug) sehr hell.

Schlanker, mit hellem Bauch- und Kopfbereich sowie Flügelbug, ist der **Fischadler** (Spannweite ca. 1,5 m). Aus großer Höhe stürzt er sich auf seine Beute im Meer und taucht ganz unter. Ehe er an Land frisst, entfernt er ›fachmännisch‹ Kiemen, Flossen und Innereien. Er ist an naturbelassenen Küstenabschnitten des Mittelmeers zu sehen.

Bevorzugte Beutetiere des **Schlangenadlers** sind Schlangen und andere Reptilien. Säugetiere und Vögel verschmäht er. Er ist etwas größer als der Fischadler, sein unterseitiges Gefieder ist hellbraun und mit schwarzen Streifen und Punkten gemustert. Oft segelt er wie der Steinadler, jedoch in geringeren Höhen. Auch vermag er wie ein Falke in der Luft zu stehen. Er bevorzugt feuchte Ebenen wie den Nationalpark Coto de Doñana, kommt aber auch in Mittelgebirgen vor, z. B. recht häufig im Naturpark Grazalema. In allen Regionen ist der Zwergadler verbreitet. Auf den ersten Blick ähnelt er dem Mäusebussard. Im Gegensatz zu diesem ist die Unterseite der Flügel im vorderen Bereich sehr hell, Rückseite und Finger dunkelbraun bis schwarz. Sein Schwanz ist länger und schlanker.

Größter Greifvogel Andalusiens ist der sehr seltene, nur in einsamen Bergregionen anzutreffende **Mönchsgeier** (Spannweite bis 2,70 m). Im Flug erscheint er von unten düster dunkelbraun. Seine braune Halskrause ist dann kaum zu erkennen. Viel häufiger und kaum kleiner (Spannweite bis 2,60 m) ist der **Gänsegeier.** Oft sieht man ganze Schwärme. Im Flug wirkt er nicht ganz so dunkel wie der Mönchsgeier, man erkennt helle Schattierungen an der Flügelunterseite. Die Schwingen sind weit, die Finger an den Enden auffällig gespreizt und der Schwanz dunkler. Sein Gefieder ist sandfarben und seine Halskrause hellbraun bis weiß, der Hals stärker gebogen. Besonders häufig ist er in den Sierras von Grazalema und Cazorla. Etwas struppig und im Flug schwarz-weiß zeigt sich der viel kleinere **Schmutzgeier.** Er fühlt sich auch in der Nähe von Siedlungen wohl.

In ruhigen, bewaldeten Mittelgebirgsregionen kann man in der Morgen- oder Abenddämmerung den in Mitteleuropa inzwischen sehr seltenen **Uhu** bei der Jagd beobachten, wie er lautlos, fast geisterhaft, nahe über dem Boden schwebt.

bietet sich ein schöner Blick auf die Umgebung.

Im Inneren allerdings herrscht gähnende Leere. Anfang des 20. Jh. verkaufte der damalige, in finanzielle Not geratene Besitzer alles, was zu Geld zu machen war. Das prächtige Bronzeportal ziert heute eine Privatsammlung in Paris. Die hölzernen Kassettendecken sowie die marmornen Säulen, Treppen und Geländer des Innenhofs erwarb ein New Yorker Millionär für sein Privathaus und vermachte sie später dem Metropolitan Museum of Art (Tel. 607 41 50 55, Sommer Do–Di 11–14, 17–20, Winter Sa/So/Fei 11–14, 16–18 Uhr sowie Mo/Di u. Do/Fr nach telefonischer Vereinbarung, 1 €).

Cueva de los Letreros

Südlich von Vélez-Blanco liegt am Rand des Naturparks die **Cueva de los Letreros,** ein Unesco-Kulturerbe der Menschheit. Es handelt sich dabei genau genommen nicht um eine Höhle, sondern um einen Felsüberhang – wohl den Kultplatz einer prähistorischen Jägergemeinschaft. Insgesamt 86 abstrakte Felszeichnungen aus der Zeit um 5000 v. Chr. blieben erstaunlich gut erhalten. Als Farben dominieren Rot und Schwarz. Die Bilder, deren Größe stark variiert, gehören dem Levantestil an, einer in Ostspanien verbreiteten Darstellungsform, die zeitlich und kulturell zwischen Jungsteinzeit und Bronzezeit anzusiedeln ist.

Früher nahmen die Vorgeschichtsforscher an, es handele sich um Schriftzeichen (span. *letreros*). Einige bilden hingegen – wohl im Rahmen eines Jagdzaubers – Wildtiere und Menschenfiguren ab, darunter den Indalo, eine stilisierte, springende Figur, die mit ausgestreckten Armen einen Bogen hält. Vermutlich handelte es sich um eine mit magischen Kräften ausgestattete Gottheit. Berühmt wurde er als modernes Maskottchen der Provinz Almería (ab der Tankstelle an der A-317 am Südrand von Vélez Blanco 500 m auf befahrbarer Forstpiste, dann 10 Min. zu Fuß; geführte Gratis-Besichtigungen ab dem Informationskiosk am Picknickplatz Pinar del Rey, tgl. 12–18, im Winter 12–16 Uhr).

María

Über die Passhöhe **Puerto de María** (1200 m) gelangt man zur dicht mit Kiefern bewaldeten Nordseite des Gebirges. Hier ist **María** ein günstiger Ausgangspunkt für Wanderungen. Ausgedehnte Mandelplantagen umgeben den Ort. Im Februar hüllen sie sich in ein wunderschönes weißes und rosafarbenes Blütenkleid.

3 km südwestlich erhebt sich am Fuß der Sierra die **Ermita de la Virgen de la Cabeza,** eine der Schutzheiligen von María geweihten Wallfahrtskapelle. Nahebei lädt der **Jardín Botánico Umbría de la Virgen** zum Kennenlernen der regionalen Flora ein (Sommer tgl. 10–14, 16–21, Winter Mi–Fr 10–15, Sa/Fei 10–17 Uhr, Eintritt frei).

Eine knapp dreistündige Wanderung führt durch den **Pinar de la Alfahuara,** einen der besterhaltenen Wälder weit und breit. Die Grafen von Los Vélez unterhielten hier ein Jagdgebiet, das aufgrund eines königlichen Erlasses seit 1591 unter speziellem Schutz stand. Der Wildreichtum des Pinar de la Alfahuara gilt noch heute als außergewöhnlich. Den beschilderten Einstieg in die Route findet man an der A-317, 3 km westlich von María, bei der Ruine eines Zollhauses.

i **Centro de Visitantes Almacén de Trigo:** Av. Marqués de los Vélez, 04 830 Vélez Blanco, Tel./Fax 950 41 53 54. Am Nordausgang der Stadt in einem ehemaligen Getreidespeicher. Infos zu Wanderungen und Berghütten in der Sierra María, Verkauf von Büchern und Karten, Ausstellung zum Naturpark.

Centro de Visitantes Mirador de la Umbría de María: A-317 María–Orce km 2,7, Tel./Fax 950 52 70 05. Mit einer Ausstellung zur Region.

Casa de los Arcos: Vélez Blanco, Calle San Francisco 2, Tel. 950 61 48 05, Fax 950 61 49 47, www.casadelosarcos.net. Landhotel im historischen Zentrum, in renoviertem Herrenhaus (18. Jh.) mit Arkadengang, von dem sich eine großartige Aussicht bietet. 14 mit selbst geschreinerten Möbeln

eingerichtete Zimmer, vier Salons, nettes Restaurant. Deutsche Leitung. DZ um 65 €.
Sierramaría: María, Paraje la Moratilla, Tel. 950 41 71 26, Fax 950 41 71 28, www.hotel-sierramaria.com. Modernes Haus mit 17 Zimmern in ruhiger Lage am Fuß der Sierra, wunderbare Ausblicke. Restaurant mit regionaler Küche, z. B. Spanferkel. DZ um 60 €.
Hostal La Sociedad: Vélez Blanco, Calle Corredera 5, Tel. 950 41 50 27. Zentral gelegen, recht komfortabel. Zimmer mit Privatbädern. Gegenüber die gleichnamige, beliebte Tapabar (Tagesmenü 9 €). DZ 30 €.

El Molino Casa Porchas: Vélez Blanco, Calle Curtidores 1, Tel. 950 41 50 70, Do abends geschl. Uriges Lokal in ehemaliger Wassermühle, im Innenhof fließt noch der Mühlkanal. Deftige Fleischgerichte vom Grill, z. B. Wildgeflügel (Rebhuhn oder Ente). Hauptgerichte 12–15 €.

Wandern: Das Faltblatt »Parque Natural Sierra María – Los Vélez«, das die Informationsstellen verteilen, zeigt sechs Wanderrouten mit Beschreibungen auf Spanisch.

Busse: Mit *Enatcar* von Almería 1 x tgl. nach Vélez Blanco/María, mit *Giménez García* von Lorca 2 x tgl. nach Vélez Blanco/María.

Mandelblüte hautnah: Eseltrekking durch die Provinz Almería

Register

Abd ar-Rahman I. 280
Abd ar-Rahman II. 284
Abd ar-Rahman III. 280, 296, 385, 390
Acantilados de Maro 329, **371**
Acueducto del Águila 370
Adra 366
Agua Amarga 402
Aguadulce 386, 392
Aixa 345
Aktivurlaub 77 ff.
Al-Andalus Expreso 72
Al-Hakam II. 280, 286
Al-Mansur 280, 286
Alájar 213, **233 f.**
Alcalá de los Gazules 177
Aleixandre, Vicente 53
Alfarnate 379 f.
Alfarnatejo 379 f.
Algeciras 132 f.
Algodonales 152 ff.
Alhama de Granada 352, 353
Aljibe 178
Almáchar 380 f.
Almería 12, 328 f., **385 ff.**
– Alcazaba 329, **390**
– Aljibes Árabes 387
– Cable Inglés 387
– Calle de las Tiendas 386
– Catedral Fortaleza 385
– Centro 386 f.
– Centro de Arte 387
– Iglesia de San Juan 386
– La Medina 385 f.
– Mercado Central 387
– Museo Arqueológico 387
– Museo del Aceite de Oliva 386 f.
– Parque de Nicolás Salmerón 387
– Paseo de Almería 386, 387
– Plaza de la Constitución 386
– Rambla de Belén 387
Almerimar 393
Almohaden 242, 290
Almonaster la Real 234 f.
Almonte 222
Almoraviden 290
Almuñécar 328, 369
Alpujarra 328, 329, 352, **356 ff.**
Alpujarra Baja 361 f.
Anreise 69 ff.
Antequera 94, **134 f.**
Antigua Casa del Cabildo 199
Apotheken 86
Aracena 213, **232 f.**
Archez 377
Archidona 135, 138 f.
Architektur 48 ff.
Arcos de la Frontera 95, **159 f.**
Arroyo Frío 323
Ärzte 86
Assilah 168
Atlantikküste 164 ff.
Ausgehen 82
Axarquía 328, 329, 366, 367, **376 ff.**
Ayamonte 228 ff.

Baelo Claudia 29, 167, **170,** 171
Baena 298
Baetica 29 f.
Baeza 12, 240, **311 ff.**
– Antigua Carnicería 312
– Antigua Universidad 312
– Arco de Villalar 312
– Casa del Pópulo 312
– Casas Consistoriales Bajas 311
– Catedral Santa María 312 ff.
– Fuente de los Leones 312
– Fuente de Santa María 312
– Iglesia de la Santa Cruz 312
– Iglesia de Santa María del Alcázar y San Andrés 314
– La Alhóndiga 311
– Palacio del Marqués de Jabalquinto 312
– Paseo de la Constitución 311 f.
– Plaza de Santa María 312
– Plaza del Pópulo 312
– Rathaus 314
– Torre de los Aliatares 311
– Zona Monumental 312
bandoleros 146
Baños Árabes 281
Baños de Hedionda 122
Baños de Vilo 378
Barbate 167, **172 f.**
Basílica Paleocristiana de Vega del Mar 115
Baza 363
Benahavís 116
Benajarafe 382
Benalmádena 107 ff.
Benalup-Casas Viejas 177
Benaocaz 157
Bérchules 359
Berlanga, Luis García 53
Boabdil 332, 345, 356
Bobastro 139
Boca de los Frailes 400
Bollullos Par del Condado 165, **222**
Bolonia 167, **170**
Bonanza 208
Bornos 159
Bourbonen 32, 37
Bubión 352, **358**

Cabo de Gata 328, 329, **397 ff.**
Cabo de Trafalgar 167, **174 f.**
Cabo Roche 181 f.
Cádiar 352
Cádiz 12, 14, 164, 165, **186 ff.,** 243
– Alcázar 187
– Balneario de la Palma y de Real 191
– Baluarte de la Candelaria 190
– Barrio de la Vina 192
– Casa del Obispo 193
– Castillo de San Sebastián 191
– Castillo Santa Catalina 191

Der Haupteintrag ist **fett** hervorgehoben.

- Catedral Nueva 193
- Iglesia de Santa Cruz 193
- Mercado Central 192
- Museo Catedralicio 193
- Museo de Cádiz 165, 170, 187, **190**
- Museo de las Cortes de Cádiz 190
- Oratorio de San Felipe Neri 190
- Parque Genovés 191
- Playa de la Caleta 191
- Plaza de España 187
- Plaza de las Flores 192
- Plaza de Mina 187
- Plaza de San Antonio 187
- Plaza San Francisco 187
- Plaza San Juan de Dios 187
- Teatro Romano 193
- Torre Tavira 187, **192**

Cala de Enmedio 402
Cala del Pino 371
Cala del Plomo 402
Calahonda 366
Caminito del Rey 139
Camino Real 352, **358**
Campiña 240, 241, **273 ff.**
Camping 76
Cañada de Siete Lagunas 360
Cano, Alonso 51, 346
Cañón del Río Bailón 301
Caños de Meca 173 ff.
Canyoning 77
Capileira 356, 358
Carlos I. siehe Karl V.
Carmona 269, **271 f.**
Casares 122
Cascamorras 363
Castell de Ferro 366
Castellar de la Frontera 125 f.
Castro Marim 230
Cazalla de la Sierra 278
Cazorla 320
Cerro de la Empanada 320
Cerro de la Vela Blanca 397
Ceuta 35, 132
Chiclana de la Frontera 183 ff.
Chipiona 209 f.
Christen 331 f., 376
Churriguerastil 51
Colmenar 380
Comares 380
Cómpeta 376
Conil de la Frontera 167, **180 ff.**
Constantina 269, **279**
Córdoba 12, 30, 36, 240, 241, **280 ff.**
- Alcázar 287 ff.
- Baños Califales 287
- Calleja de las Flores 288
- Casa Andalusí 288
- Catedral siehe Mezquita
- Diözesanmuseum siehe Palacio Episcopal
- Iglesia de los Dolores 291
- Judería 288
- La Mezquita 281 ff.
- Markthalle 291
- Museo Arqueológico 288
- Museo Bellas Artes 291
- Museo Julio Romero de Torres 291
- Museo Regina 281
- Museo Taurino 288
- Museo Vivo de Al-Andalus 287
- Páez de Castilleja siehe Museo Arqueológico
- Palacio de Congresos 286
- Palacio del Marqués de Viana 292
- Palacio Episcopal 286
- Patios 289
- Plaza de los Capuchinos 291
- Plaza de Potro 291
- Posada de Potro 291
- Puente Romano 286 f.
- Puerta de Almodóvar 288
- Rathaus 291
- Synagoge 288
- Torre de la Calahorra 287
- Zentrum 291 f.
- Zoco Municipal 288

Cortegana 213, **236**
Cortijo del Fraile 401
Costa de Almería 13, 328, 329
Costa de la Luz 13, 164, 165, **166 ff., 212 ff.**
Costa del Sol 13, **94 ff.,** 328, 329, 366, 371
Costa Tropical 13, 328, 329, **366 ff.**
Cuesta de Maneli 219
Cueva de la Pileta 151
Cueva de los Letreros 386, **406**
Cueva de los Murciélagos 297, **300 f.**
Cueva de Nerja 367, **371**
Cueva del Higuerón siehe Cueva del Tesoro
Cueva del Moro 381
Cueva del Tesoro 367, **382 f.**
Cuevas de Sorbas 386, 396
Cumbres Mayores 236

Dehesa de Roche 167, **182**
Desierto de Tabernas 386, **394 f.**
Díaz, Daniel Vázquez 53, 214
Diplomatische Vertretungen 62
Dolmen de Alberite 159
Dólmenes de Menga, Viera y Romeral 95, **135 ff.**
Drake, Sir Francis 204

Écija 274 f.
Einkaufen 81
Einreisebestimmungen 69
El Bosque 158
El Chorro 140
El Nacimiento 365
El Palmar 175
El Pedroso 269, **278**
El Playazo 402
El Pozo de los Frailes 399

Register

El Puerto de Santa María 164, 187, **196 ff.**
El Rocío 213, **223 ff.**
El Rompido 226
El Terrón 226 f.
Elektrizität 85
Embalse de Guadalteba-Guadalhorce 139
Embalse del Conde de Guadalhorce 139
Embalse del Tranco de Beas 324
Embalse Gaitanejo 139
Ermita de la Virgen de la Cabeza 406
Ermita de los Ángeles 353
Ermita de los Remedios 367, **382**
Ermita de los Santos Mártires 180
Ermita de Torre García 397
Ermita Virgen de los Ángeles 234
Espera 159
Estación de Esquí Sierra Nevada 354
Estepona 94, **118 ff.**

Falla, Manuel de 45, **53,** 187
Ferdinand II. **31,** 36, 37
Ferdinand III. 281
Ferdinand VII. 187
Feria 44
Ferienhäuser 75
Ferienwohnungen 75
Fernsehen 87
Feste 43 ff.
Fischerei 28
Flamenco **45,** 82, 187, 196, 200, 331, 349 f.
Fort Bravo 395
Franco, General 15, 34, 37, 172
Frauen 83
Freilichtmuseum Montenmedio 176
Fremdenverkehrsämter 62
Frigiliana 367, **373 f.**
Fuengirola 109 f.
Fuente de Piedra 140 f.
Fuente Vaqueros 328, **351**
Fuenteheridos 237

Garganta de Las Buitreras 124
Garganta del Chorro 135, **139 f.**
Garrucha 386, **404**
Gärten 50
garum 30, **171**
Gaucín 123 f.
Geld 84
Genalguacil 97, **124**
Geschichte 29 ff.
Gesundheit 86
Gibraltar 35, 94, **126 ff.**
gitanos **39,** 45
Golf 77
Granada 12, 32, 36, 328, **330 ff.**
- Albaicín 330, **342 ff.**
- Alcaicería 342
- Alhambra 329, 330 ff., **332 ff.**
- Antequeruela 346
- Auditorio Manuel de Falla 346
- Campo de los Mártires 346
- Campo del Príncipe 346
- Capilla Real 331, **340 ff.**
- Casa Museo Manuel de Falla 346
- Casa de Castril siehe Museo Arqueológico
- Casa del Chápiz 345
- Carmen de los Mártires 346
- Casa de los Tiros 346
- Casa Museo Federico García Lorca 351 f.
- Catedral Santa María de la Encarnación 340
- Centro 340 ff.
- Centro de Interpretación Sacromonte 331, **345**
- Corral del Carbón 331, **342**
- Dar al Horra 345
- El Bañuelo 343
- Hospital Real 345
- Hospital San Juan de Díos 345
- Iglesia San Jerónimo 345
- Iglesia San Salvador 343
- Iglesia Santa Ana 343
- Karawanserei siehe Corral del Carbón
- Madraza 342
- Mezquita Mayor 343
- Mirador de San Nicolás 331, **343**
- Monasterio de La Cartuja 345 f.
- Museo Arqueológico 343
- Museo Max Moreau 343
- Paseo de los Tristes 343
- Plaza Larga 343
- Plaza Nueva 331, 343
- Plaza Santa Ana 343
- Puerta Elvira 345
- Puerta Nueva 343
- Real Chancillería 343
- Realejo 346
- Sacromonte 330, **345 f.**
- Santa Catalina de Zafra 343
- Santa Isabel la Real 345
- Universidad Literario 345
Grazalema 95, 135, **156 f.**
Greifvögel 405
Gruta de las Maravillas 213, **232 f.**
Guadalquivir 14, 187, 220, **240 ff.**
Guadalquivirquelle 306, **322 f.**
Guadix 328, 329, 352, **362 f.**
Guerra, Evaristo 53, 367
Guzmán, Alonso Pérez de 269

Habsburger 32, 37
Hacienda La Laguna 315
Hamam 308
Herrera, Fernando 53
Hornos 325

Der Haupteintrag ist **fett** hervorgehoben.

Hoya del Portillo 358
Huelva 165, **212**

Ibn al-Ahmar 305
Ibn Ruschd 290
Iglesia de las Salinas de Cabo de Gata 397
Iglesia del Carmen 353
Industrie 25
Internet 62, 87
Isabella I. **31,** 32, 36, 111, 214, 216 f., 345
isabellinischer Stil 51
Isla Canela 228
Isla Cristina 214, 227
Isla Tarifa 166
Islam 41 f.
Islantilla 227
Isleta del Moro 386, **400**
Itálica 29, 241, **268 ff.**

Jabugo 213, **236**
Jachtsport 79
Jaén 240, **305 ff.**
- Baños Árabes 306
- Castillo de Santa Catalina 309
- Catedral de la Asunción de la Virgen 305
- Hacienda La Laguna 306
- La Magdalena 305
- Museo Catedralicio 306
- Museo de Artes y Costumbres siehe Palacio de Villardompardo Populares
- Museo Internacional de Arte Naïf siehe Palacio de Villardompardo
- Museo Provincial 306, **309**
- Neustadt 309
- Palacio de Villardompardo 306
- Parque de la Victoria 309

Jardín Botánico El Abardinal 401
Jardín Botánico Molino de Inca 97, **106**
Jardín Botánico Umbría de la Virgen 406
Jardín de la Concepción 95, **105**
Jerez de la Frontera 12, 164, 165, **199 ff.**
- Alcázar 199
- Catedral La Colegiata de Santa María la Mayor 199
- Centro Andaluz de Flamenco 200
- Museo Arqueológico 199
- Museo del Arte Ecuestre 200 f.
- Museo del Enganche 201
- Museos de la Atalaya 200
- Real Escuela Andaluza del Arte Ecuestre 200
- Zoobotánico Jerez 201 f.

Jimena de la Frontera 124 f.
Jiménez, Juan Ramón **53,** 218
Johanna die Wahnsinnige 31, 32, 331
Juan Carlos I. 34, 37
Jugendherbergen 76

Kajak 79
Kanu 79
Karl V. 15, 31, 32, 36, 42, 251, 253, 286, 345
Karst en Yesos de Sorbas siehe Cuevas de Sorbas
Karten 63
Katholische Könige **31,** 331
Klettern 77
Klima 85
Kolumbusroute 165, **212 ff.**
Kolumbus, Christoph 32, 36, 165, 208, 212, 214, 215, **216 f.,** 246 f.
Krankenversicherungsschutz 86
Kulinarische Spezialitäten 81
Kunst 48 ff.
Kunsthandwerk 81

La Almadraba de Monteleva 397
La Antilla 227
La Barrosa 183
La Calahorra 363 f.
La Cartuja 202
La Herradura 369 f.
la Isla, Camarón de 196
La Isleta siehe Isleta del Moro
La Sauceda 178
La Viñuela 378
Lagar de Torrijo 384
Laguna de Fuente de Piedra siehe Fuente de Piedra
Landwirtschaft 26
Lanjarón 356
Las Bóvedas 115
Las Ermitas 240, **297 f.**
Las Negras 402
Laujar de Andarax 352, **364 f.**
Leal, Juan Valdés 52, 258
Lepe 226
Lesetipps 63
Linares de la Sierra 233
Lorca, Federico García 45, 53, 328, 329, **351 f.**
Los Acantilados 174
Los Alcornocales 97, **120 f.,** 165
Los Escullos 400
Los Millares 329, 387, **393 f.**

Madinat al-Zahra 280, **296**
Maimonides, Moses 290
Málaga 12, 94, **96 ff.**
- Alcazaba 100
- Bischofspalast 100
- Casa Natal de Pablo Ruiz Picasso 100
- Casas de Campos 100
- Castillo de Gibralfaro 102
- Catedral 97 ff.
- El Palo 97
- Iglésia de Santiago 100
- La Malagueta 102

Register

– Mercado de Atarazanas 96
– Museo de Artes y Tradiciones Populares 96
– Museo Picasso 97, **100**
– Parador del Gibralfaro 97
– Paseo del Parque 96
– Pedragalejo 97
– Picasso-Haus siehe Casa Natal de Pablo Ruiz Picasso
– Picasso-Museum siehe Museo Picasso
– Playa de la Malagueta 102
– Plaza de la Constitución 96
– Plaza de la Merced 100
– Plaza de Toros 102
– Rathaus 96
– Römisches Theater 100 ff.
– Stierkampfarena siehe Plaza de Toros 102
– Stierkampfmuseum siehe Plaza de Toros
– Zentrum für Zeitgenössische Kunst 96
Manilva 120
Marbella 94, 95, **111 ff.**
María 406
Marina del Este 370
Marismas 227 f.
Maro 367, **370**
Marokko 165, **168**
Matalascañas 213, **219**
Mauren 30, 48 f., 166, 186, 242, 281, 330, 356, 376, 381
Mazagón 219
Medina Sidonia 165, **179 f.**
Melicena 366
Melilla 35
Mendoza, Don Rodrigo de 364
Mesa, Juan de 51
Mijas 110 f.
Minas de Riotinto 230 f.
Mini-Hollywood 394 f.
Mirador Cerro Colorado 232
Mirador de la Amatista 400 f.
Mirador de San Cristóbal 234
Mirador del Estrecho 167
Mittelmeerflora 17 ff.
Moguer 218
Mohammed ibn Ahmar 330 f.
Mohammed XII. siehe Boabdil
Mojácar 402 ff.
Molina y Medrano, Alonso de 381
Monastério de San Isidoro del Campo 269
Monasterio Santa María de la Rábida 213 f.
Monda 117
Moniz, Felipa 216
Montáñez, Martínez 51
Montano, Benito Arias 234
Montilla 298
Monumento a Cristóbal Colón 212
Motril 366
Mudéjar 49
Muelle de las Carabelas 214
Mulhacén 14, 360
Munigua 241, **277**
Murillo, Bartolomé Estebán **52,** 258

Nasriden 330 f., 345
Nationalparks 23 f.
Natur 16 ff.
Naturpark Montes de Málaga siehe Parque Natural Montes de Málaga
Naturpark Sierra María siehe Parque Natural Sierra María – Los Vélez
Naturparks Breña y Marismas del Barbate siehe Parque Natural Breña y Marismas del Barbate
Naturschutz 23 f.
Naturschutzgebiet Punta Entinas – Sabinar siehe Paraje-Reserva Natural Punta Entinas – Sabinar
Nelson, Admiral 174
Nerja 328, 367, **370 ff.**
Nijar/Níjar 329, 396
Notruf 86
Novo Sancti Petri 167, **183 ff.**

Ocuri 29, 158
Ojén 116
Olivenöl 27
Olvera 152
Orchideen 19
Órgiva 356 f.
Osuna 269, **275 f.**

Pacheco, Francisco Pérez 51
Palos de la Frontera 165, 215, 212, **215 ff.**
Pampaneira 358
Pampeira 352
Paradores 74
Paraje Natural El Torcal 24, 95, **136**
Paraje Natural Marismas del Odiel 212 f.
Paraje-Reserva Natural Punta Entinas – Sabinar 24, **393**
Parque Botánico José Celestino Mutis 214 f.
Parque Cinegético Collado del Almendral 306, **324**
Parque Dunar 213, **219 f.**
Parque Minero de Riotinto 213, **231**
Parque Nacional de Doñana 24, 165, 187, 208, 209, **220 ff.**
Parque Nacional Sierra Nevada 24, **354**
Parque Natural Acantilados de Maro – Cerro Gordo 371
Parque Natural Bahía de Cádiz 185
Parque Natural Breña y Marismas del Barbate 24, 167, **173**
Parque Natural Cabo de Gata – Níjar 24, **396 ff.**

Der Haupteintrag ist **fett** hervorgehoben.

Parque Natural de la Bahía de Cádiz 24
Parque Natural de las Sierras de Cazorla, Segura y Las Villas 24, 320, **323 ff.**
Parque Natural de las Sierras de Tejeda, Almijara y Alhama 24, **376**
Parque Natural de las Sierras Subbéticas 24, **303**
Parque Natural de Los Alcornocales 24, 165, **177 ff.**
Parque Natural del Estrecho 24, 170
Parque Natural Marismas de Isla Cristina 24, **227 f.**
Parque Natural Montes de Málaga 24, 329, **384**
Parque Natural Sierra de Aracena y Picos de Aroche 24, **232**
Parque Natural Sierra de Grazalema 24, 95, **153**
Parque Natural Sierra María – Los Vélez 24, 329, **404**
Parque Natural Sierra Norte 24, **278 f.**
Pedro el Cruel 242, 251, 253, 271
Peña de Arias Montano 234
Periana 378
Peter I. siehe Pedro el Cruel
Philipp I., der Schöne 31, 32, 193
Philipp II. 32, 37, 208, 356, 381
Phönizier 186, 212, 230
Picacho 178
Picasso, Pablo 53, **101**
Pico del Lucero 376
Pico Veleta 328, 329, **354 f.**
Pimentel, Jaime 53
Pinar de la Alfahuara 406
Pinar de la Breña 173
Platereskstil 49 f.
Playa Camarón 211
Playa de Almayate 382
Playa de Burriana 370
Playa de Calahonda 370
Playa de Cantarriján 371
Playa de Casablanca 116
Playa de Hierbabuena 173
Playa de la Barrosa 183
Playa de la Caleta 195
Playa de la Cortadura 195
Playa de la Costilla 211
Playa de la Puntilla 199
Playa de la Victoria 195
Playa de las Alberquillas 371
Playa de Levante 393
Playa de los Bateles 181
Playa de los Genoveses 400
Playa de los Lances 169
Playa de Macenas 404
Playa de Media Luna 400
Playa de Nueva Umbria 226
Playa de Poniente 393
Playa de Regla 211
Playa de Sancti Petri 185
Playa de Valdevaqueros 169
Playa del Cabo de Gata 397
Playa del Cañuelo 371
Playa del Peñón Blanco 400
Playa Fontanilla 181
Playa Los Monteros 116
Playa Mónsul 400
Playa Redondela 227
Playa Tres Piedras 211
Portugal 165, **230**
Pórtugos 356, **359**
Post 87
Pozo del Camino 228
Preisniveau 84
Presa de La Viñuela 378
Presa del Río 353
Priego de Córdoba 297, **303 f.**
pueblos blancos siehe weiße Dörfer
Puerto de Alazores 380
Puerto de la Duquesa 120
Puerto de las Palomas 306
Puerto de María 406
Puerto del León 384
Puerto del Mojón 297
Punta del Moral 228 f.
Punta del Sebo 212
Purullena 363

Radfahren 77
Reconquista 31, 39, 49, 236, 331
Reiseausrüstung 85
Reisekasse 84
Reisezeit 85
Reiten 77 f.
Religion 40 ff.
Reserva Integral Laguna de Fuente Piedra 24
Rincón de la Victoria 382
Río Andarax 365, 393
Río Bailón 297
Río Barbate 173
Río Borosa 241, **324**
Río Bosque 153
Río Darro 330, **343**
Río de las Piedras 226
Río Guadalevín 142
Río Guadalfeo 356
Río Guadiana 227, 230
Río Odiel 212
Río Poqueira 357
Río Tinto 164, 213
Riofrío 367, 380
Rivera, General Primo de 34, 37
Rociana del Condado 222
Rodalquilar 400 f.
Rodríguez, Alberto 53
Römer **48,** 171, 186, 204, 212, 230, 268, 272, 280
Romería 44 ff.
Ronda 12, 94, 95, 134, **141 ff.**
– Alameda del Tajo 148
– arabische Bäder 145
– Ayuntamiento 147

– Bandolero-Museum siehe Museo del Bandolero
– Casa del Gigante 145 ff.
– Casa del Rey Moro 135, **144**
– Casa Don Bosco 147
– El Mercadillo 148
– Hotel Reina Victoria 148
– Iglesia Espíritu Santo 148
– Jardines Ciudad de Cuenca 135, 145
– Kathedrale siehe Santa María la Mayor
– La Ciudad 142
– la Vieja 151 f.
– Minarett 147
– Museo de Lara 147
– Museo de Ronda 147
– Palacio del Marqués de Salvatierra 144
– Palacio Mondragón 147
– Plaza de Toros 148
– Puente Árabe 144 f.
– Puente Nuevo 142 ff.
– Puente Viejo 144
– Puerta de Almocáber 148
– Rathaus siehe Ayuntamiento
– Santa María la Mayor 147 f.
– Museo del Bandolero 147
– Museo Peinado 147
Roquetas de Mar 392
Rota 187, **209 f.**
Routenplanung 64
Rundreisen 66 ff.
Ruta Bética romana 273

Sabinillas 120
Salobreña 366 f.
San Fernando 196
San José 329, **399 f.**
San Luis de Sabinillas siehe Sabinillas
San Miguel de Cabo de Gata 397
Sancho IV. 166
Sancti Petri 165, **185 f.**
Sanlúcar de Barrameda 164, 187, **206 ff.**
Santiponce 269 ff.
Santuario de Nuestra Señora de la Cinta 212
Saura, Carlos 53
Sedella 377
Segura de la Sierra 325
Selwo Aventura 119 f.
Semana Santa **46,** 250
Setenil 152
Sevilla 12, 14, 32, 35, 240, 241, **242 ff.**
– Alameda de Hércules 259
– Archivo General de Indias 253
– Barrio de Santa Cruz 243, **255,** 263
– Basílica de la Macarena 260
– Calle Sierpes 253
– Capilla de los Marineros 261
– Capilla Real 249 f.
– Casa de Pilatos 254 f.
– Catedral Santa Maria 243 ff.
– Centro **253 ff.,** 263
– Centro Andaluz de Arte Contemporáneo siehe Monasterio de Santa Maria de las Cuevas
– El Arenal **255 f.,** 263
– Fábrica de Tabacos 255
– Flamencomuseum 254
– Gelände der Ibero-Amerikanischen Ausstellung 1929 256 ff.
– Giralda 243, 248
– Hospital de la Caridad 258
– Hospital de las Cinco Llagas 260
– Hospital de los Venerables Sacerdotes 255
– Hotel Alfonso XIII. 256
– Iglesia de El Salvador 254
– Iglesia Santa Ana 261
– Iglesia Santa María la Blanca 255
– Isla de la Cartuja 261 f.
– Isla Mágica 261 f.
– Jardines de Murillo 255
– La Macarena 259 ff.
– Monasterio de Santa María de las Cuevas 261
– Museo Arqueológico **256,** 268
– Museo Artes y Costumbres 256 ff.
– Museo de Bellas Artes 259
– Museo del baile flamenco 243, **254**
– Museum der schönen Künste 259
– Orangenhof 248
– Pabellón de España 256
– Pabellón Mudéjar siehe Museo de Artes y Costumbres
– Pabellón Real 256
– Pabellón Renacimiento siehe Museo Arqueológico
– Palacio Arzobispal 253
– Palácio de Lebrija 268
– Palacio de San Telmo 256
– Parque de María Luisa 256
– Plaza de Toros de la Maestranza 258
– Puente de Isabel II. 260
– Puente de la Barqueta 260
– Puente de las Delicias 260
– Puente de los Remedios 260
– Puente de San Telmo 260
– Puente del Almillo 260
– Puente del Cachorro 260
– Puente del V Centenario 260
– Rathaus 253
– Real Alcázar 251 ff.
– spanische Militärmuseum siehe Pabellón de España
– Stierkampfarena 258
– Teatro Central 261
– Teatro de la Maestranza 258
– Teatro Lope de Vega 256
– Torre del Oro 258

Der Haupteintrag ist **fett** hervorgehoben.

- Triana 243, **260 f.**
- Universität 255
Sherry 57, **204 f.,** 207
Sherrydreieck 164, **186 ff.**
Sicherheit 86
Sierra de Grazalema 134
Sierra Blanca 95, 97, **116 f.**
Sierra de Aracena 164, 165, 212, 213, **232 f.**
Sierra de Cazorla 13, 240, **320 ff.**
Sierra de Córdoba 240, 241, **296 ff.**
Sierra de Grazalema 13
Sierra de las Nieves 95, **116 ff.**
Sierra del Cabo de Gata 396
Sierra María 386, **404**
Sierra Morena 14, 16
Sierra Nevada 12, 14, 328, 329, **354 ff.**
Sierras Subbéticas 240, 241, **296 ff.**
Siesta 83
Siloé, Diego de 345, 362
Sorbas 329, **395 f.**
Sotogrande 120
Sport 77 ff.
Sprachführer 88 f.
Sprachurlaub 66
Stierkampf **42,** 141
Stiertreiben 44
Strände 78
Straße von Gibraltar 166
Surfen 79

Tajo de las Figuras 177
Tajos de Alhama 353
Tanger 165, 168
Tapas 55
Tapeo 82
Tarif ibn Mâlik 166
Tarifa 166 ff.
Tasufin ibn Ali 383
Tauchen 79 f.
Telefonieren 87
Tennis 79
Tierwelt 22
Tolox 117
Tómbolo de Trafalgar 174 f.
Torre del Mar 370, **382**
Torre del Tajo 173
Torremolinos 94, **106 f.**
Torres, Julio Romero de 53
Torrox 370, **374 f.**
Tourismus 25
Trevélez 352, **359 f.**
Trinkgeld 84

Úbeda 12, 240, 306, **316 ff.**
- Ayuntamiento Viejo 316 f.
- Casa de las Torres 318
- Casa de los Salvajes 318
- Casa Mudéjar 318
- Iglesia de San Pablo 318
- Juan de la Cruz 318
- Museo de Arte Andalusí 318
- Palacio de La Rambla 318
- Palacio de las Cadenas 316
- Palacio de Medinilla 318
- Palacio del Deán Ortega 316 f.
- Palacio Vela de los Cobos 318
- Plaza 1° de Mayo 316 f.
- Plaza de Vázquez de Molina 316
- Plaza del Ayuntamiento 316
- Redonda de Miradores 316
- Sacra Capilla del Salvador 316
Ubrique 135, **158**
Ugíjar 352, **361 f.**
Umgangsformen 83
Unterkunft 74 ff.

Valderrubio 328, **351**
Valle del Andarax 365
Valle del Poqueira 357 ff.
Valor 352
Vega de Granada 351 f.
Vejer de la Frontera 165, 167, **175 f.**
Velázquez, Diego 51
Vélez Blanco 404
Vélez-Málaga 381 f.
Verkehr 69 ff.
Via Augusta 270
Vía Verde La Subbética 241, **302**
Viehzucht 28
Vila Real de Santo António 230
Villa Onuba 237
Villa Romana de Río Verde 115
Villaluenga del Rosario 157
Villamartín 159
Virgen de la Cabeza 151
Virgen de las Nieves 360
Vivero de Monterrey 365
Viznar 352

Wandern 79
Wasser 26 f.
Wassersport 79 f.
Weiße Dörfer **52,** 95, 134, 152 ff.
Wellness 80
Western Leone 395
Westgoten **30,** 36, 48
Wirtschaft 25 ff.
Wochenmärkte 81

Yegen 356, **360 f.**
Yeguada de la Cartuja-Hierro del Bocado 202
Yunquera 117

Zahara de la Sierra 135, **154 ff.**
Zahara de los Atunes 172
Zambrano, Benito 53
Zeitungen 87
Zuheros 300
Zurbarán, Francisco de 51 f., 202

1 / 2
3 / 4
7 / 8
9 / 10
13 / 14
SPANIEN
PORTUGAL
Sierra Morena
Aracena
Nerva
Córdoba
Andújar
Linares
Jaén
Alcaudete
Écija
Sevilla
Huelva
Almonte
Lucena
Montefrío
Osuna
Morón de la Frontera
Loja
Granada
Alhama de Granada
Colmenar
Lebrija
Arcos de la Frontera
Jerez de la Frontera
Ronda
Ubrique
Málaga
Nerja
Almuñécar
Torremolinos
Cádiz
San Fernando
Medina Sidonia
San Pedro de Alcántara
Marbella
Conil de la Frontera
Costa de la Luz
Golf von Cádiz
Costa del Sol
Gibraltar
(ZU GROSSBRITANNIEN)
Tarifa
Straße von Gibraltar
Ceuta (Sebta)
(ZU SPANIEN)
Tanger
Atlantischer Ozean
MAROKKO

Legende

- Autobahn mit Anschlussstelle
- Schnellstraße mit Anschlussstelle
- Fernstraße mit Nummer
- Hauptstraße mit Nummer
- Nebenstraße
- Straße in Bau; Straße in Planung
- Straße für Kfz gesperrt
- Tunnel
- Eisenbahn
- Fähre, Schiffsverbindung
- Staatsgrenze
- Provinzgrenze
- Nationalpark; Naturpark
- Sperrgebiet
- Hafen; Jachthafen
- Internationaler Flughafen
- Regionaler Flughafen
- Flugplatz
- Grenzübergang
- Sehenswürdigkeit
- Archäologische Stätte
- Kloster; Kirche
- Burg; Burgruine
- Denkmal
- Sendeturm; Leuchtturm
- Badestrand
- Wasserfall; Höhle
- Berggipfel; Pass
- Campingplatz
- Aussichtspunkt

Reiseatlas Andalusien

A
B
C
1
2
3
4
da Boa Nova
Capelins
Venda
Cabeça de Carneiro
Cheles
Alconchel
Táliga
Erm. de Ntra. Senhora de los Santos
Almendral
Nogales
Convento de Rocamador
Barcarrota
Salvaleón
Salvatierra de los Barros
Reguengos de Monsaraz
Monsaraz
Higuera de Vargas
São Marcos do Campo
Mourão
São Leonardo
Villanueva del Fresno
Valle de Santa Ana
Burgillos del Cerro
Zahinos
Jerez de los Caballeros
Granja
Barragem do Alqueva
Oliva de la Frontera
Valencia del Mombuey
La Bazana
Póvoa de São Miguel
Amareleja
Eirinhas
Ribera de Ardila
Sierra de San Salvador
Fregenal de la Sierra
Talabita
Moura
Santo Amador
Barrancos
Encinasola
Higuera la Real
Alvarrão
Safara
PORTUGAL
Cumbres de San Bartolomé
Cumbres de Enmedio
Cumbres Mayores
Pias
Sierra da Adiça
Sobral da Adiça
Sierra de las Contiendas
La Contienda
Parque Natural
de la Sierra de Aracena
Vale de Vargo
Mesangil
Estación de la Nava
Hinojales
El Puerto
Vila Nova de São Bento
Vila Verde de Ficalho
Rosal de la Frontera
Rivera de Peramora
Aroche
La Corte
La Nava
Las Chinas
Cortelazor
Prado y Eritas
Galaroza
Cortegana
Jabugo
Fuenteheridos
Villa Onuba
Los Marines
Viegas
266 m
Sierra Pelada
Aguafría
Almonaster la Real
Aracena
Calabazares
Alájar
Linares de la Sierra
Cabezo Gordo
613 m
El Mustio
Sierra Pelada
657 m
Sta. Ana la Real
Gil Márquez
Lebre
Santa Bárbara de Casa
Río Chanza
Los Pérez
San Telmo
Lomero
Patrás
E. de Odiel
Montaivo
Valdelamusa
Compofrío
E. de Sotiel
Corte Pinto
Paymogo
El Cerro de Andévalo
Mirador Cerro Colorado
Gibraltar
307 m
Río de Malagón
Cabezas Rubias
El Perrunal
Los Silos
Parque Minero
Mina de São Domingos
El Toro
Montes de San Benito
El Villar
Minas de Riotinto
Zalamea la Real
Cabezsa del Pasto
Puebla de Guzmán
Villanueva de las Cruces
Calañas
Las Delgadas
Lagunazo
Membrillo Alto
E. del Chanza
Las Herrerías
La Isabel
Tharsis
La Torerera
Sotiel Coronada
Marigenta
Boca Chanza
Sierra Madroñera
320 m
Alosno
Valverde del Camino
El Granado
El Almendro
Casa de Conal
Quemado
Gatos
326 m
Sanlúcar de Guadiana
Villanueva de los Castillejos
El Cobujón
E. de Sancho
Fuente de la Corcha
La Florida
Navahermosa
El Tumbalejo
Balurcos
Embalse del Pietras
San Bartolomé de la Torre
El Campillo
Río Odiel
Guerreiros do Rio
La Peñuela
Río Tinto
San Silvestre de Guzmán
Tariquejo
Cebollar
180 m
Gibraleón
Trigueros
Villarrasa
Foz
7
N-433
N-435
A-470
EX101
107
112
255
385
386
433
461
472
488
493
495
499

1 cm = 7,5 km 1 : 750.000
0 10 km 20 km

A
B
C
1
2
3
4
Estación de Belalcázar
Estación de Los Pedroches
Alamillo
Castillo del Vioque
Valle de
Sierra de la Um
Castillo Mochue
de la Serena
Monterrubio de la Serena
Río Guadamatilla
Santa Eufemia
Río Guadalmez
Puerto de Castuera 673 m
Belalcázar
San Benito
anta Inés 848 m
Iglesia de San Juan Bautista
Hinojosa del Duque
Virgen de Fátima
Río Zújar
El Guijo
El Viso
Torrecampo
a del Zaucejo
Los Blázquez
Valsequillo
Las Patudas
Pedroche
Villanueva del Duque
Alacaracejos
Pozoblanco
La Granjuela
Alcornocosa 793 m
Sierra de la Grana
Cuenca
El Porvenir
Peñarroya-Pueblonuevo
Villanueva de Córdoba
El Águila
Bélmez
Pelayo 935 m
Río Cuzna
Fuente Obejuna
E. de Sierra Boyera
aga
La Cardenchos
La Coronada
El Hoyo
Doña Rama
Puerto Calatraveño 750 m
Chimorra 959 m
Río Gato
Sierra de los Santos
Cañada del Gamo
Argallón
Los Ránchez
El Entredicho
La Canaleja
Posadilla
Villanueva del Rey
Espiel
Piconcillo
Ojuelos Altos
Sierra Morena
Villaharta
Erillas 896 m
Río Bembézar
Río Benajarafe
Embalse de Puente Nuevo
Obejo
Río Onza
Villaviciosa de Córdoba
El Vacar
Sierra de los Puntales
Río Guadiato
Estación de Obejo
Puerto del Aire 740 m
Cerro Muriano
Tiesa 673 m
Parque Natural de la Sierra de Hornachuelos
Castaño 647 m
Las Jaras
Sierra de Córdoba
Hacienda Benítez
o del erro
Casas de los Ingleses
900 m
Embalse de Bembézar
El Rosal
Las Navas de la Concepción
San Calixto
Las Aljabaras
Santa María de Trassierra
Las Ermitas
Universidad Laboral
Alcolea
Madinat al-Zahra
Los Ángeles
Embalse de Retortillo
Los Ortegas
La Quintera
Alcomocal
CÓRDOBA
Catedral
Villarrubia
El Higuerón
Luis Díaz
E. de la Brena
Hornachuelos
Almodóvar del Río
Veredón
Valchillón
Lope Amarg
Bembézar
La Puebla de los Infantes
Embalse de Juan Toran
Mesas del Guadalora
Posadas
Río Guadalquivir
Torres Cabrera
Moratalla
Villaseca
Céspedes
Ochavillo del Río
Guadalcázar
La Herrería
Vegas de Almenara
Sardinero
Peñaflor
Fuente Palmera
Las Pinedas
Aldea Quintana
Setefilla
Priorato
Palma del Río
Fuencubierta
Estación de Fernán Núñez
Lora del Río
Pedro Díaz
El Arrecife
El Acebuchal
El Calonge
La Graja
Fuente Carreteros
La Carlota
La Victoria
Fernán Núñez
El Álamo
Cañada del Rabadán
La Paz
Monte Alto
Montemay
Mochales
Río Genil
San Sebastián de los Ballesteros
El Zapillo
Cañada Rosal
La Guijarrosa
La Trinidad
Isla del Vicario
Cerro Perea
La Rambla
Montil
La Campana
Montalbán de Córdoba
El Campillo
Santaella
El Toril
Villanueva del Rey
Écija
La Luisiana
Fontanar
Parsa
Pernía
Huertos
Aguilar de Frontera
Santa Clara
Santa Juliana
Río de Cabra
Argamasilla
Fuentes de Andalucía
Lagar de San Antonio
Montur
rmona
Salto del Ciervo
Laguna de Ruiz Sánchez
Pata de Mulo
Isla Redonda
Cuarenta
Los Arenales
Puerto Alegre
Moriles
N-502
N-432
N-331
A-4
A-45
E5
422
449
430
423
437
4202
211
447
433
CO-3405
431
455
457
351
364
388
309
9
3

1 cm = 7,5 km 1 : 750.000

0 10 km 20 km

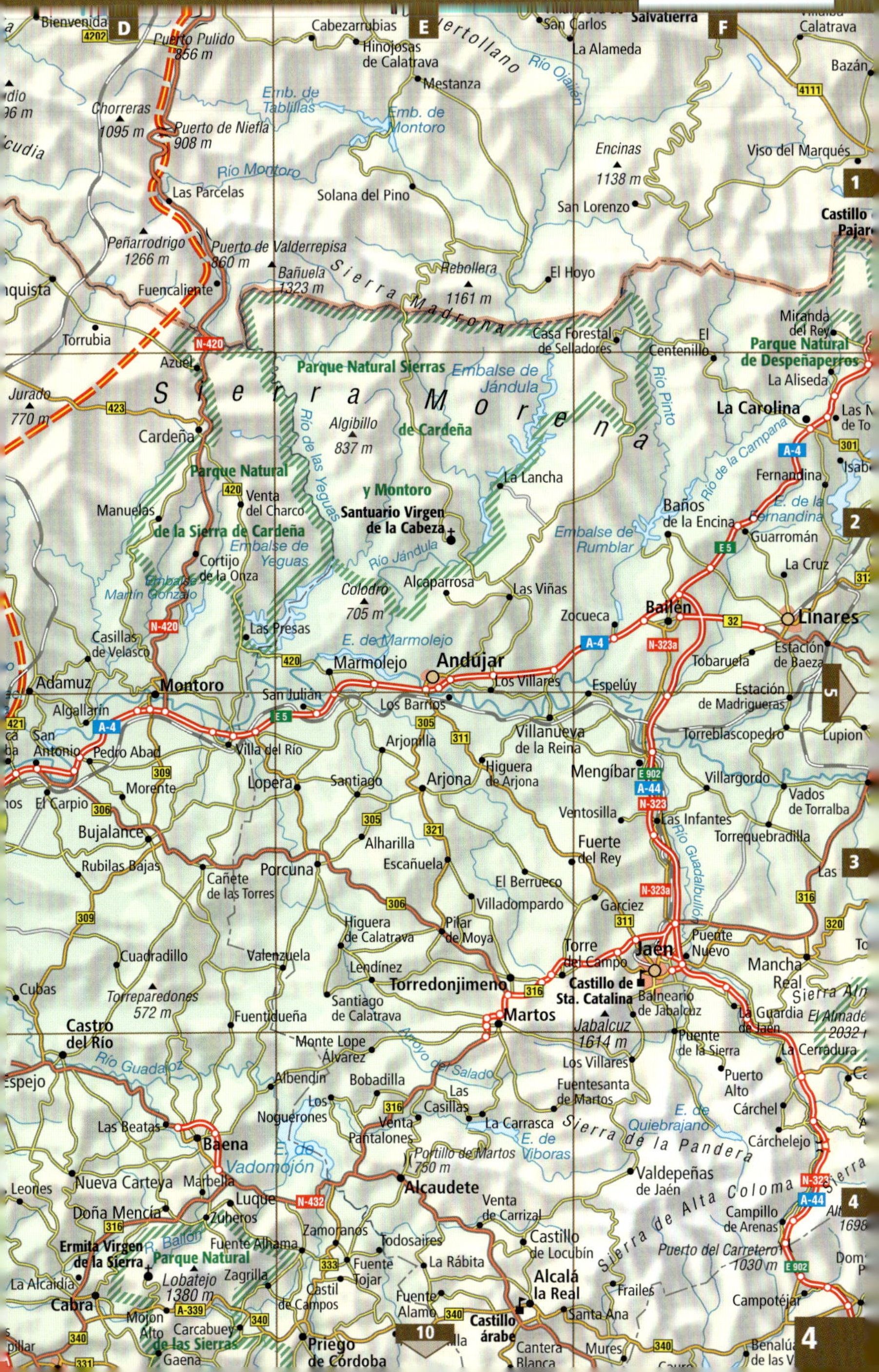

A
B
C
1
2
3
4
5
11
Calatrava
Santa Cruz de Mudela
Ntra. Sra. de la Asuncion
Bazán
Las Virtudes
Ruta de Don Quijote
1155 m
Ntra. Sra. de la Vega
Torre de Juan Abad
Ntra. Sra. de los Olmos
Almedina
Terrinches
Puebla del Príncipe
Villamanrique
Villapalacios
Castellar de Santiago
Castillo de Montizón
Bienservida
Villarodrigo
Almuradiel
Castillo de Pajarón
Aldeaquemada
Casa Nueva de la Torrecilla
Embalse de Guadalmena
Génave
Miranda del Rey
Puerto de los Jardines 870 m
Venta de los Santos
Puente de Génave
Parque Natural Despeñaperros
Santa Elena
Las Sacedillas
Haza Alta
La Puerta de Segura
La Aliseda
Río Guarrizas
Chiclana de Segura
Arroyo del Ojanco
Peñolite
Orcera
Las Navas de Tolosa
Río Guadalén
Santisteban del Puerto
Camporredondo
Cañada Catena
Parque
Isabela
E. de Guadalén
Porrosillo
Castellar de Santisteban
Beas de Segura
Cañada Morales
Vilches
Navas de S. Juan
Fuente de la Torre
Gutar
Hornos
Arquillos
Embalse de Olvera
Villanueva del Arzobispo
Tranco
La Cruz
Guadalén
Casa Forestal de Carrales
Venta de la Muela
Villacarrillo
Río Guadalimar
Río Guadalquivir
de las Sierras
Linares
Miraelrío
Embalse de Giribaile
Bujaraiza
Fuente Segura
Estación de Baeza
Canena
Rus
Sabiote
Mogón
Blanquillo 1830 m
Embalse del Tranco
La Yedra
La Caleruela
Sierra de las Cuatro Villas
Sierra de Cazorla
Cotorrios
Ibros
Torreperogil
Santo Tomé
Baeza
Úbeda
Sorana de Torralba
de Cazorla, Segura y Las Villas
Lupion
San Miguel
El Molar
Río de la Vega
Burunchel
Puerto de las Palomas 1290 m
Cerro de la Empanada 2107 m
Torna 2133
Puente del Obispo
Río Guadalquivir
Vados de Torralba
Peal de Becerro
La Iruela
Cazorla
Sierra de Pozo
Nava de San Pedro
Estación de Jodar
Hornos de Peal
El Chorro
Parque Natural de la Sierra de Castril
Garcíez
Las Escuelas
Jimena
Jódar
Quesada
Río Guadalentín
Embalse de Portillo
Puente Duda
Bedmar
Río Jandulilla
Puerto de Tíscar 1189 m
Cabañas 2028 m
Fátima
Torres
Albánchez de Úbeda
Los Rosales
Tíscar
Embalse de la Bolera
Campo Cebas
Castril
Estación de Larva
Huesa
Parque Natural
Sierra Almadén
Mágina 2167 m
Bélmez de la Moraleda
Larva
Río Guadiana Menor
Campocámara
El Almadén 2032 m
de la Sierra Mágina
Ceal
Hinojares
Castilléjar
La Cerradura
Cabra del Santo Cristo
Peña Cambrón 1191 m
Pozo Alcón
Cambil
Solera
Fontanar
Cortes de Baza
Huelma
Estación de Cabra
Carramaiza
Arbuniel
Villacampo del Moral
Embalse de Negratín
Benamaurel
Sierra de Lucena
Estación de Huelma
Alicún de Ortega
Dehesas de Guadix
Cuevas del Campo
Montejícar
Alamedilla
Villanueva de las Torres
Jabalcón 1492 m
Santuario de N.S. de la Cabeza
Alta Coloma 1698 m
Río Guadahortuna
Guadahortuna
Serrata 1138 m
Zújar
Hoya de B
Bácor-Olivar
Salazar
Domingo Pérez
Pedro-Martínez
Alicún de las Torres
Freila
Ibros
Torre Cardela
Río Fardes
Gorafe
Baza
Palacio de los Enriquez
Mencal 1447 m
Río Gor
Dehesas Viejas
Río Pinar
Hoya de Guadix
Píñar
Moreda
Huélago
Baúl
Quintana 1921 m
Caniles
La Venta
A-4
A-44
A-92N
E 902
N-322
N-323
3129
4111
3200
301
312
316
319
320
323
324
326
334
315
317
401

1 cm = 7,5 km
1 : 750.000
0
10 km
20 km
D
E
F
1
2
3
4
6
12
Reolid
Vianos
Salobre
Paterna de Madera
Bogarra
Alcadozo
Tobarra
Polope
Torre de Castellar
Contijo de Tortas
Liétor
Ermita de Belén
Embalse de Talave
Hellín
Riópar
Isso
Cuevas de Minateda
Los Puentes de Isso
Villaverde de Guadalimar
Molinicos
Elche de la Sierra
Vicorto
Cobatillas
Agramon
Raspilla
Embalse del Cenajo
Cenajo
Macalón 908 m
Río Segura
Siles
Tús
Yeste
E. de la Fuensanta
Letur
Férez
Socovos
Salmerón
Estación de las Mina
Arguellito
Claras
Casas del Collado
Cerezo 1297 m
Tazona
El Chopillo
Arroyos
La Donar
Sege
Otos
Benizar
Las Murtas
Estación de Calasparra
de la Sierra
Parolis
las Juntas
Natural
Tragoncillo 1559 m
Yetas de Abajo
Molata 1505 m
Calasparra
Parralejo
El Sabinar
Río Benamor
Embalse de Alfonso XII
Turrilla
Moratalla
Valentín
La Cabeza
El Peñón
Embalse de Anchuricas
Pajarón 1557 m
Algezares
Pedro Andrés
Buitre 1427 m
Canara
Río Quípar
Nerpio
Los Calares 1553 m
Pinar Negro 1478 m
Caravaca de la Cruz
Cehegín
La Copa
Santiago de la Espada
Sierra de Taibilla
Revolcadores 2001 m
Los Odres 1880 m
Benablón
Río Argos
Pidal
Las Cabras 2081 m
Barranda
Burete 1036 m
Bullas
Puerto del Pinar 1600 m
Los Odres
Navares
El Hornico
Singla
El Entredicho
La Almudena
El Moral
Tornajo 1026 m
Coy
Sagra 2381 m
Almaciles
Moralejo
Tarragolla
Puebla de Don Fadrique
Melgoso 1093 m
Doña Inés
Casas Nuevas
La Junquera
Los Royos
Mandroño 1236 m
Moncayo 1531 m
Avilés
Casa Blanca
Las Cobatillas
Don Gonzalo
La Paca
Zarzadilla de Totana
Topares
Zarcilla de Ramos
Tello 1241 m
Las Terreras
Huéscar
Embalse de Valdeinfierno
Río Turrilla
Zunega
Fuencaliente
La Cañada de Cañepla
Gabar 1500 m
Gigante 1494 m
Río Luchena
Embalse de Puentes
Manilla 989 m
Cuerda del Pino 1207 m
Parque Natural
Puerto María 1200 m
Arroyo de la Cañada
La Parroquia
Galera
Orce
María
Jata
Casablanca
Vélez Blanco
Río Vélez
Los Cautivos
Lorca
Sierra de María
Sierra María-Los Vélez
Las Cuevas de Moreno
Sierra de Viento
Perea 1612 m
María 2045 m
Cueva de los Letreros
Vélez Rubio
MURCIA
Casa Meca
Sierra de Orce
El Margen
Ermita del Niño
Chirivel
1458 m
Henares
Cúllar Baza
Las Vertientes
1218 m
Cueva de las Estalactitas
Puerto Lumbreras
Estación Lumbreras
Purias
Venta
Nuestra Señora del Saliente
Altobor
Venta del Peral 1443 m
1445 m
Ermita de Los Torrentes
Cabezo Jara 1246 m
El Aljibe
Sierra de las Estancias
1314 m
1076 m
Urcal
Medro 856 m
Almendricos
Lúcar 1722 m
1378 m
Oria
Los Chacones
Taberno
Santa María de Nieva
Las Norias
Pozo Higuera
San Francisco
Talavera 1241 m
Partaloa 1106 m
Limaria 705 m
Pulpí
1206 m
Lúcar
Albox
San Isidro
A-30
A-7
A-91
A-92N
E 15
313
3203
3216
3205
3211
3314
415
330
317
327
399
620

A
B
C
1
2
3
4
Lagunazo
Las Herrerías
La Isabel
Sierra Madroñera
320 m
Tharsis
La Torerera
Sotiel
Coronada
Alto
Marigenta
Boca Chanza
E. del Chanza
El Granado
Alosno
Valverde del Camino
El Almendro
Casa de Conal
Quemado
Gatos
326 m
El Cobujón
Sanlúcar de Guadiana
Villanueva de los Castillejos
E. de Sancho
Fuente de la Corcha
La Florida
Navahermosa
El Tumbalejo
Balurcos
El Campillo
Guerreiros do Rio
Embalse del Pietras
San Bartolomé de la Torre
N-435
La Peñuela
Río Tinto
San Silvestre de Guzmán
Tariquejo
Cebollar
180 m
Río Odiel
Gibraleón
Trigueros
Villarrasa
Foz de Odeleite
E. de los Machos
Niebla
Bollullos
Par del Condado
Odeleite
Río Guadiana
499
495
493
472
492
E 1
A-49
N-431
Villablanca
San Juan del Puerto
Lucena del Puerto
Bonares
Cardeñas
Azinhal
Parque Natural Marismas de Isla Cristina
Lepe
Bellavista
Cartaya
Corrales
Moguer
Rociana del Condado
Aljaraque
Castro Marim
Ayamonte
Pozo del Camino
El Terrón
HUELVA
Palos de la Frontera
Almonte
Punta del Moral
La Redondela
El Rompido
Monasterio de la Rábida
El Corchuelo
La Antilla
El Portil
Pinos de Mar
Vila Real de Sto. Antonio
Isla Cristina
Islantilla
Los Bodegones
Isla Canela
Playa de Antilla
Playa de Punta Umbría
Punta Umbría
Los Cabezudos
Playa Canela
Costa de la Luz
Playa de Mazagón
Mazagón
Alcor
A-494
El Abalorio
Torre del Oro
Palacio del Acebrón
Parque Nacional de Doñana
Playa de Castilla
El Acebuche
Cuesta de Maneli
Parque Dunar
Golfo de Cádiz
Océano Atlántico
Atlantischer Ozean
Playa de la
Playa

D
E
F
2
1
2
3
4
9
13
Las Nieves
El Álamo
El Garrobo
Embalse de Gergal
Cantillana
Villanueva del Río y Minas
del Río
Tocina
Alcolea del Río
Fuente 448 m
Las Pajanosas
Castilblanco
Burguillos
Villaverde del Río
La Estación
Los Rosales
La Trinidad
El Campillo
Hato Verde
Guillena
Viar
Brenes
Guadajoz
E. de Agrio
Gerena
Torre de la Reina
Alcalá del Río
El Rosal Alto
Aznalcóllar
Conti
La Rinconada
San José de la Rinconada
Los Jinetes
Tujena
Los Encinares de Sanlúcar la Mayor
Ruinas de Itálica
La Algaba
La Jarilla
El Caudal
Santa Clara
Tejada
Albaida del Aljarafe
Santiponce
Pino Montano
Virgen del Rocío
Necrópolis Romana
Carmona
Escacena del Campo
Castilleja del Campo
Olivares
Salteras
Valencina de la Concepción
Pino de San José
Sanlúcar la Mayor
Castilleja de la Cuesta
SEVILLA
La Cierva
Santo Domingo
Villalba del Algor
Umbrete
Bormujos
Torreblanca de los Caños
El Viso del Alcor
Huévar
Benacazón
Mairena del Aljarafe
Gelves
Alcalá de Guadaíra
Mairena del Alcor
El Palomar
Torrecuadros
Palomares del Río
Bellavista
Gandul
Campiña
Pilas
Almensilla
La Alegría
Hinojos
Aznalcázar
Coria del Río
Tobalina
Dos Hermanas
Castillo del Cincho
La Puebla del Río
Arroyo de Guadaira
El Arahal
Villamanrique de la Condesa
Colinas
Estación de Don Rodrigo
La Compañía
Adriano
Colonia Alfonso XIII
Los Palacios y Villafranca
Utrera
Parque Nacional de Doñana
Isla
Los Molares
Villafranca del Guadalquivir
San Vicente Ferrer
Río Guadaira
Arroyo de Barros
El Rocío
Pinzón
El Trobal
Maribáñez
El Casar 171 m
Colonia Queipo de Llano
Isla Mayor
Menor
La Gironda
José Antonio Valverde
Nuevo Rocío
El Palmar de Troya
Pantano de la Torre del Águila
Río Guadalquivir
Vetaherrado
El Coronil
Parque Nacional
La Señuela
Embalse Torre del Águila
San Leandro
Sacramento
Marismilla
Las Cabezas de San Juan
El Cuervo 181 m
La Encinilla
Montellano
de Doñana
Lebrija
Ermita de la Gloria
Puerto Serrano
Río Guadalete
Trebujena
Castillo
Espera
Villamartín
Sierra Margarita
Gibalbín 412 m
Gibalbín
Casablanca
Bornos
Embalse de Bornos
Dólmen de Alberite
Sanlúcar de Barrameda
Mesas de Asta
Ermita de la Fuensanta
Prado del Rey
La Jara
Arcos de la Frontera
El Santiscal
Chipiona
Los Asientos
Nueva Jarilla
Jédula
Jerez de la Frontera
Circuito de Jerez
Cortijo Fain
Estella del Marqués
Peña del Águila
Pico de Adrión 905 m
Embalse de los Hurones
Embalse de Guadalcacín
Los Alvarizones
La Barca de la Florida
El Portal
La Cartuja
La Ina
Algar
Castillo de Fátima
Fuente-bravía
El Torno
Rota
San Marcos
Costilla
El Manantial
El Ancla
San José del Valle
Torrecera
Cerro del Jaba
El Puerto de Sta. María
Valdelagrana
Sierra de las Cabras
Parque Natural
Pajarete
CÁDIZ
Puerto Real
Paterna de Rivera
Picacho
La Sauceda
Playa de la Victoria
Matagorda
Barriada de Jarana
El Pedroso
Río de Fraja
Aljibe 1091 m
Playa de la Ballena
Castillo árabe de Luna
Torre Gorda
Medina Sidonia
San Fernando
Santa Teresa
Alcalá de los Gazules
Pico del Montero 912 m
Chiclana de la Frontera
Parque Natural
E803
A-66
A-4
E5
A-49
E1
A-92
N-IV
AP-4
N-443
A-48
431
457
477
472
392
380
360
376
394
362
361
471
371
382
393
372
480
491
381
390
375

A
B
C
1
2
3
4
3
8
9
14
Écija
El Campillo
Villanueva del Rey
La Luisiana
Cañada Rosal
La Graja
Río Genil
Isla del Vicario
Cerro Perea
Cañada del Rabadán
La Carlota
La Paz
La Guijarrosa
Monte Alto
San Sebastián de los Ballesteros
La Rambla
Fernán Núñez
Montemayor
Montilla
Montalbán de Córdoba
Santaella
Fontanar
Aguilar de Frontera
Pernía
Huertos
Río de Cabra
Lagar de San Antonio
Monturque
Moriles
Puerto Alegre
Pata de Mulo
Isla Redonda
Salto del Ciervo
Laguna de Ruiz Sánchez
El Remolino
Palomar
Puente-Genil
Matarredonda
El Término
Laguna de Calderón
Marinaleda
El Rubio
Herrera
Cordobilla
Los Piedros
Embalse de Cordobilla
Badolatosa
Jauja
Estepa
Casariche
Corcoya
Palenciana
Gilena
Lora de Estepa
Pedrera
La Roda de Andalucía
Alameda
Mollina 798 m
Mollina
Fuente de Piedra
Humilladero
Laguna de Fuente de Piedra
Reserva Integral Laguna de Fuente Piedra
La Mezquita 526 m
Sierra de Yeguas
Martín de la Jara
Los Corrales
Venta de Cañete
Rosso
Aguadulce
Osuna
Casablanca
Maestre 237 m
La Lantejuela
Los Ojuelos
Arroyo del Término
Marchena
Paradas
El Cincho
Río Corbones
Arroyo de la Alameda
La Puebla de Cazalla
Arroyo de Barros
Castillo árabe
Morón de la Frontera
Esparteros 587 m
Montellano
La Romera
San Antonio del Fontanar
Puerto de la Encina
E. de la Puebla
Puerto de los Barrancos Blancos 545 m
El Saucejo
Villanueva de San Juan
Sierra de San Juan
Terril 1129 m
Algámitas
Almargen
Tablón
Pruna
Coripe
Campillos
Estación de Bobadilla
Embalse del Guadalteba-Guadalhorce
Teba
Cañete La Real
Embalse del Chorro
Embalse del Guadalhorce
Garganta del Chorro
Ermita del Cristo
El Chorro
Bobastro
Paraje Natural El Torcal
Ardales
Carratraca
Álora
Ermita de la Gloria
Puerto Serrano
Lijar 1051 m
Olvera
Torre-Alháquime
Alcalá del Valle
Sierra del Borbollón
Setenil
Ronda la Vieja
Cuevas del Becerro
Algodonales
Sierra Margarita
Zahara de la Sierra
El Gastor
Embalse de Zahara
Cerro Prieto 1155 m
Sierra de Zafalgar
Montecorto
Arriate
El Burgo
Casarabonela
Sierra Prieta
Zalea
Pizarra
Cerralba
Cártama
Prado del Rey
Parque Natural
Grazalema
El Bosque
Castillo de Tavizna
Sierra de Grazalema
Montejaque
Ronda
Sierra Blanquilla
Yunquera
Alozaina
Río Grande
Campiña
Benaoján
Cueva de la Pileta
Parque Natural Sierra de las Nieves
Serranía de Ronda
Torrecilla 1919 m
Tolox
Guaro
Coín
Alhaurín el Grande
Mijas 1150 m
Monda
Sierra de Alpujata
Ubrique
Castillo de Fátima
Pico de Adrión 905 m
Cortes de la Frontera
Jimera de Líbar
Parauta
Río Verde
Sierra Real
Cerro del Jabato
Farajan
Igualeja
Istán
Sierra Blanca
Puerto de Ojén 580 m
Casa de la Ventilla
Ojén
Río de Ojén
Benalmádena
Parque Natural
Algatocín
Jubrique
Río Guadiaro
Sierra Bermeja
Embalse de la Concepción
La Sauceda
El Colmenar
Benarrabá
Genalguacil
Castillo árabe
Castillo de Águila
Gaucín
Canuto Largo 840 m
Benahavís
Las Lomas
Torre Real
Los Monteros
Cala-honda
Marbella
Elviria
Puerto Cabopino
Cala de Mijas
Faro y
Playas de Cabopino
Puerto Banús
San Pedro de Alcántara
Atalaya
San Pablo o Buceite
Casares
Reales 1449 m
Sierra
Lobos
Santa Clara
Santa Juliana
Argamasilla
Fuentes de Andalucía
Los Arenales
La Platosa
Las Cuarentas
Campiña
Santa Iglesia
El Palomar
La Trinidad
El Álamo
Mochales
El Calonge
El Zapillo
La Campana
El Toril
Parsa
A-4
A-7
AP-7
A-92
A-45
N-331
E5
E15
457
380
364
351
388
340
309
361
360
384
366
367
357
343
376
372
375
369
373
355
397
377

1 cm = 7,5 km 1 : 750.000
0 10 km 20 km

A
B
C
5
1
2
3
4
10
Huelma
Arbuniel
Villacampo del Moral
Estación de Cabra
Estación de Huelma
Alicún de Ortega
Dehesas de Guadix
Cuevas del Campo
Fontanar
Carramaiza
Cortes de Baza
Embalse de Negratín
Benamaurel
Santuario de N.S. de la Cabeza
Jabalcón 1492 m
Zújar
Hoya de Baza
Salazar
Freila
Ibros
Baza
Palacio de los Enriquez
Caniles
Montejícar
Sierra de Lucena
Alta Coloma 1698 m
Río Guadahortuna
Guadahortuna
Alamedilla
Villanueva de las Torres
Serrella 1138 m
Pedro-Martínez
Bácor-Olivar
Alicún de las Torres
Domingo Pérez
Torre Cardela
Mencal 1447 m
Río Fardes
Río Gor
Gorafe
Dehesas Viejas
Río Pinar
Piñar
Moreda
Huélago
Fonelas
Hoya de Guadix
Baúl
La Venta
Quintana 1921 m
Iznalloz
Bogarre
Belerda de Guadix
Benalúa de Guadix
Gor
Picón de Gor 2148 m
Santa Bárbara 2271 m
Sierra Harana
Orduña 1943 m
Sillar Baja
Darro
Diezma
Hernán Valle
Sierra de Baza
Parque Natural Santa Barbara de la Sierra de Baza
Deifontes
Parque Natural de la Sierra de Huétor
Cogollos Vega
Purullena
Guadix
Cerro Grande 1778 m
Charces
La Peza
Güevéjar
Alfacar
Peligros
Pulianas
Víznar
Beas de Granada
Tocón
Cogollos de Guadix
Lugros
Alcudia de Guadix
Estación de Calahorra
Estación de Huéneja
Los Chispones 1880 m
Maracena
Huétor-Santillán
Jeres del Marquesado
La Calahorra
Alquife
Dólar
Huéneja
Fiñana
Dos Pi 2086
Alhambra
GRANADA
Pinos-Genil
Puntal de la Canilla 2329 m
Lanteira
Aldeire
Escúllar
Churriana de la Vega
Cájar
Cenes de la Vega
Güéjar-Sierra
Parque Nacional
Abrucena
Abla
Ocaña
Ogíjares
Monachil
Cerro Pelado 3182 m
Alto de San Juan 2781 m
Puerto de la Ragua 2000 m
Cerro del Almirez 2519 m
La Zubia
Parador de Sierra Nevada
Gójar
Balzaín
Estación de Esquí Sierra Nevada
Otura
Dílar
Sierra Nevada
Montenegro 1710 m
Siete Lagunas
Pico de Veleta 3392 m
Mulhacén 3481 m
Paterna del Río
Ohanes
Caballo 3013 m
El Nacimiento
Canjáyar
Padul
Cozvíjar
Dúrcal
Trevélez
Laroles
Válor
Mecina-Bombarón
Padules
Fondón
Laujar de Andarax
Alcolea
Bérchules
Yegen
Ugíjar
Capileira
Pampaneira
Bubión
Busquístar
Cádiar
Sierra de Gádor
Saleres
Béznar
Soportújar
Juviles
Lamparilla 960 m
Morrón 2242 m
Restábal
Lanjarón
Pitres
Pórtugos
Carataunas
Río Guadalfeo
Alpujarra
Embalse de Benínar
Órgiva
Torvizcón
Murtas
Sierra de los Guájares
Pago
Sierra de la Contraviesa
Venta del Tarugo
Guájar-Faragüit
Vélez de Benaudalla
Ermita de los Dolores
Río Grande
Berja
Alcaudique
Félix
Barjis
1871 m
Cerrón 1238 m
Dalías
Campo de Dalías
Sierra del Chaparral
Itrabo
Molvízar
Sierra de Lújar
Albuñol
Polopos
Sorvilán
La Alquería
Santa María del Águila
El Ejido
Salobreña
Motril
Conjuros 832 m
Gualchos
Melicena
La Alcazaba
Adra
Las Norias
El Peñón
Puerto de Motril
Puntalón
Castillo Baños
Castell de Ferro
La Rábita
Punta Negra
Balanegra
Balerma
Matagorda
San Agustín
Torrenueva
Calahonda
Playa de la Rambla
Guardias Viejas
Almerimar
Cabo Sacratif
Punta Entinas
Playa de Poniente
Playa de Levante
Playa de la Guardia
Playa de la Charca
Costa Tropical
Costa de Almería
N-323
A-44
E 902
A-92
N-323a
A-92N
A-7
E 15
N-340
308
323
340
334
395
337
346
347
348
345
358
401
315

D
E
F
6
MURCIA
1
2
3
4
Cúllar Baza
Las Vertientes
Chirivel
Vélez Rubio
Cueva de Letreros
María 2045 m
Sierra de Orce
El Margen
Venta
Venta del Peral
Sierra de las Estancias
Oria
Los Chacones
Nuestra Señora del Saliente
Cueva de las Estalactitas
Ermita de Los Torrentes
Puerto Lumbreras
Estación Lumbreras
Ermita del Niño
Henares
Casa Meca
Purias
Altobordo
El Aljibe
Almendricos
Pozo Higuera
Pulpí
Pilar de Jaravía
San Juan de los Terreros
Los Cautivos
Cabezo Jara 1246 m
Medro 856 m
Urcal
Las Norias
Santa María de Nieva
Taberno
San Francisco
San Isidro
Huércal Overa
Sierra de Almagro
El Pozo del Esparto
Albox
Cantoria
Olula del Río
Almajalejo
Arboleas
Castillo Ermita de San Miguel
Cuevas de Almanzora
Cavernas
Vera
Villaricos
Palomares
El Playazo de Vera
Puerto Rey
Garrucha
Mojácar
Playa de Macenas
Castillo Macenas
Playa del Sombrerico
Playa de Algarrobicos
Carboneras
Playa de la Torre Vieja
Punta de los Muertos
Playa de los Muertos
Playa de Agua Amarga
Agua Amarga
Fernán Pérez
Las Negras
Punta Javana
Playa de Las Negras
Castillo San Ramón
El Playazo
Punta de la Polacra
La Isleta
Castillo San Felipe
Los Escullos
San José
Playa de los Genoveses
Playa Mónsul
Cabo de Gata
Punta Negra
La Almadraba de Monteleva
Salinas del Cabo de Gata
Revancha 384 m
Rellana 378 m
Ruescas
Retamar
Barranquete
Parque Natural Cabo de Gata-Níjar
San Isidro
Campohermoso
Níjar
Venta del Probe
Río Carboneras
La Cueva del Pájaro
Sopalmo
Arraez 919 m
Cortijo Grande
Turre
Los Gallardos
Bédar
Tenderas 766 m
Antas
Río Antas
La Rambla Aljibe
Lubrín
Albánchez
Los Molinas
Sorbas
Los Molinos de Río Aguas
Cantona 754 m
Lucainena de las Torres
Uleila del Campo
El Pilar
Alcudia de Monteagud
Cóbdar
Líjar
Almanzora
Purchena
Tíjola
Serón
Río Almanzora
Macael
Laroya
Sierro
Bayerque
Alcóntar
Lúcar
Higueral
Urrácal
El Hijate
Sierra de los Filabres
Tahal
Tetica 2080 m
Bacares
Calar Alto 2168 m
Castro de Filabres
Senés
Velefique
Olula de Castro
Paraje Natural Desierto de Tabernas
Gérgal
Tabernas
Los Yesos
Turrillas
Colativí 1387 m
Sierra de Alhamilla
Mini Hollywood
Yesón Alto 660 m
Alboloduy
Los Millares
Gádor
Rioja
Balneario de Sierra Alhamilla
Benahadux
Pechina
Huércal de Almería
Viator
Enix
La Alcazaba
El Alquián
La Cañada de San Urbano
Aguadulce
ALMERÍA
Playa de la Romanilla
Roquetas de Mar
Urbanización Roquetas de Mar
Playa Serena
Playa de Cerrillos
Reserva Natural Entinas-Sabinar
Golfo de Almería
Costa de Almería
Mar Mediterraneo
Mittelmeer
A-92N
A-91
A-7
E 15
AP-7
A-92
N-340a

Costa de la Luz
Sanlúcar de Barrameda
Chipiona
Playa de Regla
Costa Ballena
Playa de la Ballena
La Almadraba
Rota
Playa de la Costilla
El Puerto de Sta. María
CÁDIZ
Playa de la Victoria
San Fernando
Parque Natural Bahía de Cádiz
Jerez de la Frontera
Puerto Real
Chiclana de la Frontera
Medina Sidonia
Arcos de la Frontera
Alcalá de los Gazules
Conil de la Frontera
Vejer de la Frontera
Barbate
Cabo de Trafalgar
Parque Natural La Breña y Marismas del Barbate
Ensenada de Zahara
Baelo Claudia
Playa de Bolonia
Playa de Valdevaqueros
Playa de los Lances
Tarifa
Golfo de Cádiz
Océano Atlántico
Atlantischer Ozean
Estrecho (Straße von
Cap Spartel
Herkulesgrotten
Cotta
TANGER
MAROKKO

D
E
F
9
6
1
2
3
4
Algodonales
Setenil
Alcalá del Valle
Sierra Margarita
Zahara de la Sierra
El Gastor
Ronda la Vieja
Cuevas del Becerro
Bobastro
Carratraca
Embalse de Zahara
Cerro Prieto 1155 m
Montecorto
Arriate
Sierra de Zafalgar
El Burgo
Casarabonela
Álora
Almog
Pizarra
Parque Natural
Grazalema
Sierra Blanquilla
Sierra Prieta
Zalea
Estación de Cártama
El Bosque
Montejaque
Yunquera
Cerralba
Castillo de Tavizna
Sierra
Ronda
Benaoján
Parque Natural Sierra de las Nieves
Alozaina
Campiña
Cártama
Ubrique
de Grazalema
Cueva de la Pileta
Serranía de Ronda
Tolox
Río Grande
Alhaurín el Grande
Alhaurín de la Torre
Castillo de Fátima
Torrecilla 1919 m
Guaro
Coín
Cortes de la Frontera
Jimera de Líbar
Parauta
Río Verde
Monda
Mijas 1150 m
Faraján
Igualeja
Sierra Real
Sierra de Alpujata
Sierra de Mijas
Istán
Río del Jabato
Parque Natural
Río Guadiaro
Algatocín
Jubrique
Embalse de la Concepción
Sierra Blanca
Puerto de Ojén 580 m
Casa de la Ventilla
Benalmádena
Mijas
Ojén
Río de Ojén
El Colmenar
Benarrabá
Genalguacil
Castillo árabe
Carvajal
Fuengirola
Castillo de Águila
Gaucín
Sierra Bermeja
Benahavís
Torre Real
Los Monteros
Calahonda
Castillo
Canuto Largo 840 m
Las Lomas
Marbella
Elviria
Cala de Mijas
Puerto Banús
Puerto Cabopino
Reales 1449 m
San Pedro de Alcántara
Playas de Cabopino
San Pablo o Buceite
Atalaya
Playa Bella
Jimena de la Frontera
Casares
Estepona
Ingenio Chico
Bahía Dorada
Manilva
Sabinillas
Costa del Sol
Castillo Fortaleza
San Martín o El Tesorillo
La Duquesa
Castillo de la Duquesa
Castellar de la Frontera
Playa del Negro
Playa de Arenas
Guadiaro
Punta de la Chullera
Finca Almoraima
Sotogrande
San Roque Torre Guadiaro
Sierra del Arca
Playa de Torrecarbonera
San Roque
Punta Mala
Taraguilla
Zabal
La Línea de la Concepción
Carteya
Bahía de
Playa de los Catalanes
Algeciras
Gibraltar
Los Pastores
(ZU GROSSBRITANNIEN)
Punta de Europa
Mar Mediterráneo
El Bujeo
Punta del Carnero
Castillo de Tolmo
Mittelmeer
Gibraltar
Playa Benítez
Isla de Sta. Catalina
Jebel Musa 842 m
Monte Hacho
Punta Almina
Ceuta (Sebta)
(ZU SPANIEN)
Riffien
Souk Tleta Taghramet
Barrage Smir
J. Haouz
AP-7
A-7
E 15
N-340
N-351
E 5
N13

Abbildungsnachweis
Archiv für Kunst und Geschichte, Bonn: S. 33, 217
HB-Verlag (Gonzales, Miquel, Barcelona): S. 2 (2), 3, 5 (3), 6, 7 (2), 9 (3), 13, 47, 57, 64, 113, 118/119, 136, 192, 195, 221, 266/267, 272, 307, 314, 318/319, 336, 341, 355, 361
laif, Köln: Titelbild, S. 1 (2), 3, 4, 8, 60/61, 108/109, 126/127, 131, 149, 150, 154/155, 161, 169, 181, 183, 200/201, 224/225, 248/249, 261, 264, 326/327, 374/375 (Hemispheres), 394/395, 407 (Celentano), 3, 70 (Heuer), 1, 90/91 (Hilger), 4, 22/23 (Hoa-Qui), 191 (Gallagher), 301 (Gluecklich), 123, 344 (Gonzales), 398/399 (Jonkmanns), 275 (JP), 144/145 (Kaiser), 162/163 (Knechtel), 20 (Mueller), 238/239 (REA), 214/215 (Reporters), 372/373 (Tophoven), 335, 349 (Voge), 285, 379 (Zahn)
LOOK, München: Umschlagklappe vorne, 364/365, 391 (Richter), 92/93 (Wiesmeier)
Mauritius Images, Mittenwald: Umschlagklappe hinten (AGE foodstock)
White Star, Hamburg: S. 6, 7, 8, 10/11, 27, 174, 205, 322/323 (Steinert), 6, 40/41, 68, 80, 208, 229, 234/235, 257, 259, 289, 292/293, 294, 383 (Gumm), 102/103, 299, 403

Kartografie
DuMont Reisekartografie, Puchheim

Umschlagfotos
Titelbild: Pfingstwallfahrt in El Rocío
Umschlagklappe vorn: Blick über Casares
Umschlagklappe hinten: In der Mezquita von Córdoba

Über die Autoren: Susanne Lipps ist Reisebuchautorin und Studienreiseleiterin. Für den DuMont Reiseverlag schrieb sie unter anderem Reiseführer über Mallorca, die Kanarischen Inseln und Madeira. Oliver Breda ist Reisebuchautor und freiberuflicher Reiseleiter. Für den DuMont Reiseverlag schrieb er mit Susanne Lipps Reiseführer über Mallorca, Gomera und die Kapverdischen Inseln.

Hinweis: Autoren und Verlag haben alle Informationen mit größtmöglicher Sorgfalt geprüft. Gleichwohl sind Fehler nicht vollständig auszuschließen. Alle Angaben erfolgen ohne Gewähr. Bitte schreiben Sie uns! Über Ihre Rückmeldung zum Buch und über Verbesserungsvorschläge freuen sich Autoren und Verlag:
DuMont Reiseverlag, Postfach 3151, 73751 Ostfildern, E-Mail: info@dumontreise.de

1. Auflage 2008

Grafisches Konzept: Groschwitz, Hamburg
Druck: Rasch, Bramsche
Buchbinderische Verarbeitung: Bramscher Buchbinder Betriebe